순정기독교

중 권

예 수 인

순정기독교

중 권

임마누엘 스베덴보리 지음
이영근 옮김

예 수 인

THE

TRUE CHRISTIAN RELIGION

CONTAINING

THE UNIVERSAL THEOLOGY

OF

THE NEW CHURCH

BY

EMANUEL SWEDENBORG

옮긴이의 머리말

할렐루야! 마라나타!

스베덴보리 선생님의 ≪순정기독교≫(純正基督敎·True Christian Regligion ; 약칭 T.C.R)가 우리말로 번역, 발간된 것은 1995년 8월이었습니다. 지금부터 23여 년 전 일입니다. 어림잡아 1세대가 지났으므로 이른바 개정본판(改訂版)이 나올 시간이 흘렀습니다. 왜냐하면 옮긴 사람의 이 말에 동의하지 않을 분들도 계시겠지만, 사실 이 책 ≪순정기독교≫는 고전(古典)이기 때문에 정적한 기간이 지나가면 그 시대에 맞는 개념이나 용어로 번역, 출간되어야 한다는 것은 일상의 일이기 때문입니다.

이 책을 번역, 출판하는 사람으로 서두에 "할렐루야!·마라나타!"라는 말씀을 외람되게 "표제"(標題)로 삼았습니다. 왜냐하면 이 책의 발간이 지극히 사소(些少)한 일이라고 생각할 수도 있겠지만, 저에게는 한마디로 감격, 그 자체입니다. 그리고 그 감격을 주님에게 드리는 말로는 이 두 말씀, "할렐루야!·마라나타!" 이외에 다른 말이 없다고 생각하였기 때문입니다.

독자 제현께서는 잘 아시는 일이지만 ≪순정기독교≫는 스베덴보리 선생님의 조직신학(組織神學·敎義學)입니다. 어떤 면에서 보면 난삽(難澁)하고, 따라서 이 책을 읽고, 연구한다는 것은 퍽 지루한 일입니다. 그럼에도 불구하고 우리가 곁에 두고, 읽어야 하는 것은, 그 책의 내용이 처음부터 끝까지, 한마디로 교리(敎理)이기 때문입니다. 저자께서는 이 교리를 단순하게 "종교상의 원리나 이치"라는 사전적인 뜻을 넘어서, 넓고 크게는 우리 주님의 계시(啓示)이고, 교회의 설시이고, 따라서, 주님의 강림을 뜻하는 내용으로 개념(槪念), 정의(定義)하고 있습니다.

한마디로 ≪순정기독교≫는 가깝고 밀접하게는 성경말씀(=주님말씀·聖言)의 안내서(案內書)이고, 넓고 높게는 주님나라에 인도하는 대문이고, 초석(礎石)입니다. 이 책을 번역, 발간하는 사람으로서, 외람되겠지만, 후배나 후학들에 당부 드리는 것은 일반적인 내용은 물론이고, 명제 하나, 문장 하나, 용어 하나에 이르기까지 더 정확한 뜻으로 계속해서 번역, 발간하기를 바랍니다.

저는 교조주의자(敎條主義者)는 아니고, 그런 신앙 또한 좋아하지 않지만, 교리(敎理)는 매우 중요한 것이라고 고집합니다. 그것은 교리가 주님말씀에서 비롯된 것이고, 그 교리에 의하여 해석, 이해할 수 있기 때문입니다. 요사이 시쳇어로 말한다면 교리는 진보(進步)적이어야 하고, 삶, 즉 종교적인 삶은 보수(保守)적이어야 한다는 것을 주장합니다. 이것을 아우르는 것은 교리(敎理) 뿐이기 때문입니다.

저희 도서출판 <예수인>은 스베덴보리 선생님의 저서를 70여종 발간하였습니다. 그런 일을 하기에는 자질(資質)도, 학식(學識)도, 심지어 재력(財力)까지도 무척 모자라지만, 첫째는 주님의 은총과 보살핌에 의해서, 둘째는 독자 여러분의 헌신적인 도움과 격려(激勵)로 오늘에 이르렀다는 것을 충심으로 감사드리고, 그 사실을 고백합니다.

금후에도 여러분의 후의(厚意)에 감사드리겠습니다. 감사합니다.

2017년 종려주일 아침
이 영근 목사

목 차

옮긴이의 머리말

제 5 장 : 십성언(十聖言)·그 겉뜻과 속뜻

I. 이스라엘 교회에서 십성언(十聖言·the Decalogue)은 거룩함 자체이다……………………………………………………… 283-286
II. 성경말씀의 문자적인 뜻에서 십성언(十聖言·the Decalogue)은 일반적인 교리와 삶에 속한 가르침(敎訓·precepts)을 담고 있지만, 그러나 영적인 뜻이나 천적인 뜻으로 그것은 보편적인 모든 가르침들을 담고 있다…………………………………………………287-290
III. 십성언의 첫째 계명 : 너희는 내 앞에서 다른 신들을 섬기지 못한다……………………………………………………… 291-296
IV. 십성언의 둘째 계명 : 너희는 주 너희 하나님의 이름을 함부로 부르지 못한다. 주는 자기의 이름을 함부로 부르는 자를 죄 없다 하지 않는다…………………………………………… 297-300
V. 십성언의 셋째 계명 : 안식일을 기억하며 그 날을 거룩하게 지켜라. 너희는 엿새 동안 모든 일을 힘써 하여라. 그러나 이렛날은 주 너희 하나님의 안식일이니, 너희는 어떤 일도 해서는 안 된다……301-304
VI. 십성언의 넷째 계명 : 너희 부모를 공경하여라. 그래야 너희는, 주 너희의 하나님이 너희에게 준 땅에서 오래도록 살 것이다……… 305-308
VII. 십성언의 다섯째 계명 : 살인하지 못한다……………… 309-312
VIII. 십성언의 여섯째 계명 : 간음하지 못한다…………… 313-316
IX. 십성언의 일곱째 계명 : 도둑질하지 못한다………………317-320
X. 십성언의 여덟째 계명 : 너희 이웃에게 불리한 거짓 증언을 하지 못한다………………………………………………………321-324
XI. 십성언의 아홉째 계명 : 너희 이웃의 집을 탐내지 못한다. 너희 이웃의 아내나 남종이나 여종이나 소나 나귀나 할 것 없이, 너희 이웃의 소유는 어떤 것도 탐내지 못한다………………… 325-328
XII. 십성언의 열 계명들은, 하나님사랑에 속한 모든 것들과, 이웃을 향

한 사랑(=인애·仁愛)에 속한 모든 것들을 담고 있다……… 329-331
　영계 체험기 …………………………………………………332-335

제 6 장 : 믿음(Faith)

서문 : 믿음은 시간으로 첫째이고, 인애는 목적으로 첫째이다………336
Ⅰ. 구원하는 믿음(saving faith)은 주 하나님 구세주 예수 그리스도를 믿는 믿음이다………………………………………………337-339
Ⅱ. 믿음의 총체적 개요(the sum of faith)는 착하게 살고, 올바르게 믿는 사람은 주님께서 구원하신다……………………………340-342
Ⅲ. 사람은 주님에게 가까이 나아가는 것에 의하여, 그리고 성경말씀(聖言·the Word)에게서 진리들을 배우는 것에 의하여, 그리고 그 진리들을 따라서 사는 것에 의하여, 믿음을 터득한다………… 343-348
Ⅳ. 풍부한 진리들은 마치 하나의 단으로 묶여(a bundle) 결속(結束)되어 있을 때 고양(高揚)되고, 믿음을 완성한다……………… 349-354
Ⅴ. 인애(仁愛)가 없는 믿음은 믿음이 아니고, 믿음이 없는 인애는 인애가 아니고, 이들 양자는 주님에게서 비롯된 것이 아니면 생명을 가질 수 없다………………………………………………… 355-361
Ⅵ. 사람 안에서 마치 삶·의지·이해가 한 몸(一體)을 이루는 것 같이, 주님·인애·믿음은 하나(一體)를 이룬다 ; 만약에 이것들이 분리(分離)된다면, 마치 진주(珍珠)가 가루로 분쇄(分碎)되듯이, 이들 각각은 소멸한다……………………………………………… 362-367
Ⅶ. 주님께서는 사람 안에서 인애와 믿음이시고, 사람은 주님 안에서 인애와 믿음이다……………………………………………368-372
Ⅷ. 인애와 믿음은 선행들(good works) 안에 공존한다………… 373-377
Ⅸ. 믿음에는 참 믿음(a truth faith)·의사믿음(a spurious faith)·위선믿음(a hypocritical faith)이 있다………………………………678-381
Ⅹ. 악한 사람에게 결코 믿음은 없다………………………………382-384
　영계 체험기 …………………………………………………385-391

제 7 장 : 인애(仁愛)·이웃사랑·선행(善行)

Ⅰ. 보편적인 사랑(universal love)에는 천적인 사랑(the loves of heaven)·이 세상에 속한 사랑(the love of the world)·자기사랑(the love of self)이 있다···394-402
Ⅱ. 이런 세 종류의 사랑들이 올바르게 종속되어 있을 때 사람은 완전한 사람이지만, 그러나 세 사랑들이 올바르게 종속되어 있지 않을 때 그것들은 사람을 오도(誤導)하고, 전도(顚倒)시킨다·········403-405
Ⅲ. 모든 사람은, 그의 선의 성품에 따라서 사랑을 받는, 이웃이다··406-411
Ⅳ. 집합적인 사람(the collective man), 다시 말하면 작은 공동체나 큰 공동체, 그리고 사람이 형성한 혼성의 공동사회들, 다시 말하면 그의 국가는 사랑받아야 할 이웃이다·······························412-414
Ⅴ. 교회는 보다 높은 계도에서 사랑받아야 할 이웃이고, 주님의 나라는 가장 높은 계도에서 사랑받아야 한다························· 415-416
Ⅵ. 그것 자체에서 볼 때 이웃을 사랑한다는 것은 그 사람(the Person)을 사랑하는 것이 아니고, 그 사람 안에 있는 선을 사랑하는 것이다·····417-419
Ⅶ. 인애와 선행들은, 마치 좋은 뜻이나 좋은 행위와 같이 서로 구분되는 둘입니다···420-421
Ⅷ. 인애 자체는, 한 사람이 고용된 임무·사업·고용에서, 그리고 그가 어느 누구와의 거래에서, 공정하고 성실하게 수행하는 것이다·····422-424
Ⅸ. 인애에 속한 선행(the benefactions of charity)들이 빈곤한 자에게 돕고, 시혜(施惠)하는 것이지만, 분별(分別), 신중(愼重)하여야 한다··········425-428
Ⅹ. 인애의 의무들(the duties of charity)에는 공적인 것·가정적인 것·사적인 것이 있다······································· 429-432
Ⅺ. 인애의 소창들(消暢·the diversions of charity)은 정찬들(正餐·dinner)·만찬들(晩餐·suppers)·친목모임들(social gatherings)이다········433-434
Ⅻ. 인내의 첫째 임무는 악들을 버리는 것이고, 그 둘째는 이웃에게 유익한 선들을 행하는 것이다·······································435-438
XIII. 인애의 실천에서 사람은, 모든 선이 주님에게서 온다고 믿는 한, 자신의 행위들에게 공로사상을 두지 않는다······················439-442
XIV. 도덕적인 삶은, 그것이 동시에 영적인 삶일 때, 인애이다····443-445
XV. 그의 영적인 성품과 관계없이 맺어진 사랑의 우정은 사후(死後)에

유해(有害)하다·······················446-449
XVI. 인애에는 가짜 인애(spurious charity)·위선적 인애(hypocritical charity)·죽은 인애(dead charity)가 있다······················ 450-453
XVII. 악한 사람들끼리의 우정은 마치 똥집에서 솟아나는 미움(憎惡)과 같다·································· 454-455
XVIII. 하나님 사랑과 이웃사랑의 결합에 관하여···············456-458
영계 체험기 ··························459-462

제 8 장 : 선택의 자유(選擇의 自由·Freedom of choice)

Ⅰ. 선택의 자유에 관한 현대교회의 가르침들(precepts)과 교리들(敎理·dogmas) ························463-465
Ⅱ. 에덴 동산에서 자란 두 나무들, 즉 생명나무(the tree of life)와 선과 악을 알게 하는 나무(the tree of the knowledge of good and evil)는, 사람에게 주어진 영적인 것들 안에 있는 선택의 자유(=자유의지)를 뜻한다 ································· 466-469
Ⅲ. 사람은 생명(life)이 아니고, 하나님에게서 비롯되는 생명의 수용그릇(a receptacle of life from God)이다 ·················470-474
Ⅳ. 사람은 이 세상에 사는 동안, 그는 천계와 지옥 중간에 있고, 거기에는 영적인 평형(平衡·spiritual equilibrium)이 있는데, 그것이 선택의 자유이다 ························· 475-478
Ⅴ. 사람이 영적인 것들 안에서 선택의 자유를 갖는다는 것은 모두의 내적인 사람이 있는 악에 속한 허용(permission of evil)에게서 명확하다 ····························479-482
Ⅵ. 영적인 사물들에 선택의 자유가 없다면, 성언(聖言·the Word)은 무용지물(無用之物)이고, 결과적으로 교회 또한 아무런 쓸모가 없을 것이다·······························483-484
Ⅶ. 영적인 사물들에 선택의 자유가 없다면, 사람 안에는 그것에 의하여 차례차례 주님 당신과 결합할 수 있는 것은 아무것도 없고, 결과적으로 사람의 탓으로 돌리는 전가(轉嫁·imputation)는 전무(全無)하고, 따라서 거기에는 혐오를 가리키는 철저한 예정(豫定·

predestination)만 있을 뿐이다 ···485-488
Ⅷ. 만약에 영적인 사물들에 선택의 자유가 존재하지 않는다면, 하나님
　　은 악의 근원(the cause of evil)이시고, 따라서 인애나 믿음의 전가
　　(轉嫁) 역시 결코 존재하지 않는다·····································489-492
Ⅸ. 자유의 상태에서, 사람 안에 들어오고 그리고 자유와 함께 수용된,
　　교회에 속한 모든 영적인 것은 남아 있고 영속(永續)하지만, 그 반대
　　는 아니다 ·· 493-496
Ⅹ. 사람의 의지와 이해는 선택의 자유 안에 있다는 것, 그럼에도 불구
　　하고 양계, 즉 자연계나 영계 안에는 악을 행하는 것은 법률에 의하
　　여 억제, 금지되고 있는데, 그것은 만약에 그렇게 하지 않는다면 그
　　두 세계는 소멸할 것이기 때문이다 ································· 497-499
Ⅺ. 만약에 사람들이 영적 사물들 안에 있는 선택의 자유를 가지지 않
　　았다면, 이 세상의 모든 거주자들은 하루에 주님을 믿도록 인도될
　　수 있겠지만, 그러나 이런 일은 전혀 불가능한데, 그 이유는 선택의
　　자유와 함께 사람에 의하여 수용된 것이 아니면 남아 있지 못하기
　　때문입니다 ···500-502
　영계 체험기 ···503-508

제 9 장 : 회개(悔改 · Repentance)

Ⅰ. 회개는 사람 안에 있는 교회의 첫째 것이다 ··············510-511
Ⅱ. 오늘날 믿음에 선행하고, 복음의 위로(the consolation of the gospel)
　　에 의하여 뒤이어진다고 하는 통회(痛悔 · the contrition)는 회개가 아
　　니다 ···512-515
Ⅲ. 어느 누구나 자기는 죄인이라고 하는 단순한 입술의 고백(the mere
　　lip confession)은 회개가 아니다 ································· 516-519
Ⅳ. 사람은 온갖 종류의 악에 기우는 성향을 가지고 태어났고, 그리고
　　회개에 의하여 어느 정도 그의 악이 옮겨지지 않는다면, 그는 그 악
　　들 가운데 남아 있고, 악들 안에 머무르는 자는 구원될 수 없다
　　···520-524
Ⅴ. 회개의 시작은 자기 자신 안에서 죄를 발견하고, 그 죄를 시인하는
　　것이다 ··525-527

Ⅵ. 실제적인 회개는 자기성찰(自己省察)·자기 자신의 죄의 인지와 시인·주님에의 기도(praying to the Lord)·새로운 삶의 시작에 존재한다 ··528-531
Ⅶ. 참된 회개는 자기 자신의 삶에 속한 행위들을 성찰하는 것뿐만 아니라, 자신의 의지에 속한 의도(意圖)도 성찰, 검토하는 것이다 ··· 532-534
Ⅷ. 비록 자기 자신들에 대해서 성찰, 검토하지는 않지만, 그것들이 죄이기 때문에 그것들을 삼가고, 그리고 종교로 말미암아 인애에 속한 일을 실천하는 자들은 회개하는 자들이다 ······················· 535-537
Ⅸ. 반드시 고백은 주 하나님 구세주 앞에서 이루어져야 하고, 뒤이어서는 도움의 간구(懇求)와 온갖 악들을 물리치는 능력의 간구에 의하여 이루어져야 한다 ···538-560
Ⅹ. 실제적인 회개는, 그것을 알고, 실천하는 자들에게는 쉽지만, 그러나 그렇지 못한 자에게는 매우 힘든 일이다 ···················· 561-563
Ⅺ. 결코 회개하지 않고, 자기 자신을 살피고, 검토하지 않는 사람은 종국에 저주하는 악이 무엇이고, 구원하는 선이 무엇인지 아는 것까지 없어진다 ···564-566
영계 체험기 ··567-570

제 10 장 : 개혁(改革·reformation)과 중생(重生·regeneration)

Ⅰ. 만약에 사람이 다시 태어나지 않는다면, 소위 새롭게 창조되지 않는다면, 그 사람은 하나님의 나라에 들어갈 수 없다 ··········572-575
Ⅱ. 새로운 출생, 즉 창조는 이들 둘이 사람의 협동을 뜻하듯이, 인애와 믿음을 통하여 오직 주님에 의하여 성취, 완성된다 ········· 576-578
Ⅲ. 모두는 이미 속량(贖良)되었기 때문에, 각각의 그의 상태에 따라서 모두는 중생될 수 있다 ··· 579-582
Ⅳ. 중생은 사람이 모태에서 수태(受胎)되고, 출생하고, 교육을 받는 것과 같은 유사한 방법으로 이루어진다 ·························· 583-586
Ⅴ. 새로운 탄생의 첫째 장은 이해에 속한 개혁(=바로잡음·改革)이라고 부르고, 둘째 장은 의지에 속하고, 이해에서 비롯된 중생(=거듭남·重生)이라고 부른다··587-590

Ⅵ. 먼저 속사람이 개혁되어야 하고, 그것에 의하여 겉사람이 개혁되어야 한다 ; 이렇게 사람은 중생한다 ·············· 591-595
Ⅶ. 속사람과 겉사람 사이에 다툼이 일어났을 때 한쪽은 다른 쪽을 정복하고, 다스린다 ··· 596-600
Ⅷ. 중생한 사람은 새로운 의지와 새로운 이해를 갖는다 ······ 601-606
Ⅸ. 중생한 사람은 천계의 천사들과의 교제(交際) 안에 있고, 중생하지 못한 사람은 지옥의 영들과의 교제에 있다 ···················607-610
Ⅹ. 사람이 중생되는 것에 비례하여 죄들이 제거되고, 그리고 이 제거는 죄들의 용서를 가리킨다 ·······································611-614
Ⅺ. 영적인 사물들 안에 선택의 자유가 없다면 중생은 불가능하다 ···615-617
Ⅻ. 중생은, 그것에 의하여 믿음이 형성되고, 인애 자체가 그것들과 결합하는, 진리가 없으면 불가능하다····················618-620
영계 체험기 ···621-625

제 5 장

십성언(十聖言) · 그 겉뜻과 속뜻

282. 이 세상에서 살인(殺人)하는 것, 간통(姦通)을 범하는 것, 도둑질(竊盜)하는 것, 거짓 증거하는 것 등등이 사악(邪惡)한 일이라는 것을 알지 못하는 민족은 없고, 그리고 만약에 이런 악들이 법률에 의하여 방호(防護)되지 않는다면, 왕국들이나 공화국들, 그리고 조직된 사회의 모든 형체는 종말(終末)에 이를 것입니다. 그 때 어느 누구가 이스라엘 민족이 이런 악들을 모를 정도로 모든 다른 민족들에 비하여 매우 어리석다고 생각할 수 있겠습니까? 그것이 사실이라면 이 세상에 보편적으로 잘 알려진 법률들이 매우 놀랍고 신기한 방법으로 여호와 당신에 의하여 시내 산에서 반드시 선포(宣布)되어야 했다고 어떤 사람이 생각을 하겠습니까? 그러나 우리 경청(傾聽)하여 보시겠습니까! 이런 법률들은 시민법(市民法 · civil laws)이나 도덕률(道德律 · moral laws)뿐만 아니라, 신령율법(神靈律法 · Divine laws)이라는 것을 명확하게 알게 하기 위하여 매우 놀랍고 신기한 방법(so miraculous a way)으로 그것들이 선포되었다는 것이고, 그리고 그것들에 거슬러 행동하는 것은 이웃에게 악을 행하는 것뿐만 아니라, 다시 말하면 동료 시민이나 사회에 대하여 악을 행하는 것뿐만 아니라, 하나님에 대해서도 죄를 범하는 것이라는 사실을 명확하게 알게 하기 위한 것입니다. 그러므로 여호와에 의하여 시내 산에서 행해진 그것들의 선포에 의한 이런 법률들(=율법들)은 종교에 속한 법률들을 완성한 것입니다. 사실 명확한 것은, 여호와께서 명령하신 것은 무엇이나, 그분께서 그것이 종교에 속한 사안이 되기 위하여 명령하신 것이고, 그리고 따라서 어떤 것은 구원의 목적을 위하여 행해진 것입니다. 그러나 이런 계명들(=명령들 · these commandments)이 설명, 해석되기 전에, 종교가 그것들 안에 있다는 것을 명확하게 하기 위하여

그것들의 거룩함에 관하여 몇몇을 약속하여야 하겠습니다.

I.
이스라엘 교회에서 십성언(十聖言 · the Decalogue)은 거룩함 자체이다.

283. 십성언(十聖言)의 계명들(=명령들 · the commandments)은 성언(聖言)에 속한 첫 열매들(the first fruits of the Word)이고, 그러므로 이스라엘 민족에게 설시된 교회의 첫 열매들입니다. 그리고 그 계명들은 간략하게 요약된 종교에 속한 모든 것들의 복합체(複合體 · the complex of all things of religion)이기 때문에, 그러므로 그것에 의하여 사람과 하나님의 결합, 그리고 하나님과 사람의 결합이 존재하는데, 그 결합은, 그 밖에 다른 것이 없을 만큼 거룩합니다. 그 결합이 가장 거룩하다는 것은 아래의 사실들로 말미암아 매우 명확합니다. 다시 말하면 여호와 당신 주님께서는 천사들에 의하여 동반(同伴), 불 가운데 시내 산에 하강(下降)하셨고, 그리고 거기에서 생생한 음성(a living voice)에 의하여 이들 율법들을 선포하셨습니다. 그리고 그 백성은 삼 일 동안 그것을 보고, 듣기 위하여 스스로 준비하였습니다. 그리고 어느 누구도 근접하는 것을 막고, 그리고 죽는 것을 막기 위하여 그 경계(境界 · bounds)를 그 산 주위로 한정하였습니다. 그리고 사제들(司祭 · priests)이나 장로들까지도 근접(近接)이 허락되지 않았고, 다만 모세에게만 허락되었습니다. 이들 계명들(=명령들)은 하나님의 손가락에 의하여 두 돌판들(two table of stone)에 기술되었습니다. 그리고 모세가 두 번째로 이들 돌판을 가지고 올 때 모세의 얼굴은 빛이 났습니다. 이 돌판들은 그 뒤에 법궤(ark)에 안치(安置)되었다는 것, 그리고 그 법궤는 성막의 극내적인 곳에 보관되었다는 것, 그리고 그 법궤 위에는 시은좌(施恩座 · 속죄소 · the mercy-seat)가 설치되었고, 이 시은좌 위에는 금으로 만든 게르빔(=그룹)이 자리를 잡았습니다. 그리고 그 법궤가 안치된 곳은 지성소(至聖所 · the holy of holies)라고 불리웠습니다. 법궤가 그것 안에 안치된 바깥 휘장(the veil)에는 천계나 교회에 속한 거룩한 것들을 표징하는 다종다양한 것들이 정리, 배열되었는데, 말하자면 그것들은 그것 위에 진설병(陳設

餠 · the bread of faces)이 놓여지는 금으로 입혀진 식탁(食卓 · table), 향불을 위한 금 향단(the golden altar), 일곱 등불로 구성된 촛대들(the golden lampstand)과 그리고 자색과 진홍색의 고운 모시로 만든 휘장들이 있었습니다. 성막 전체의 거룩함은 법궤 안에 안치된 율법(律法 · the law) 이외의 다른 근원에서 비롯된 것이 아닙니다. 법궤에 안치된 율법에서 비롯된 성막의 거룩함 때문에 전 이스라엘 백성은 명령에 의하여 그들 지파에 일치하는 서열에 따라서 성막 주위에 진(陣)을 치고 숙영(宿營)하였고, 그리고 그 순서에 따라서 행군(行軍)하였습니다. 그리고 그 때 거기에는 낮에는 구름이 그 진영을 가리웠고, 밤에는 불기둥이 그 진영을 가리웠습니다. 그 율법의 거룩함 때문에, 그리고 그것 안에 계시는 여호와의 현존(=임재 · presence) 때문에 여호와께서는 그룹들 사이에 있는 시은좌 위에서 모세와 대화를 하셨습니다. 그리고 법궤는 "여호와께서 거기에 계신다" 라고 불리웠습니다. 아론은 그가 죽지 않기 위해서, 희생제물(sacrifices)이나 향(incense)이 없이는 성막 안에 들어가는 것이 허락되지 않았습니다. 또한 율법 안에나 율법 주위에는 여호와의 임재(=현존) 때문에 율법을 담고 있는 법궤에 의하여 여러 기적(=이적 · miracles)들이 일어났습니다. 예를 들면 요단 강의 물이 양쪽으로 갈라졌습니다. 법궤가 그 강의 가운데 머무는 동안 강물이 갈라져서 백성이 마른 땅으로 법궤를 메고 그 강을 통과하였습니다. 그리고 여리고 성 주위를 법궤를 메고 도는 것에 의하여 그 성벽들이 무너졌고, 그리고 블레셋 사람의 신 다곤이 처음에는 법궤 앞에 그의 얼굴이 떨어졌고, 나중에는 그의 머리와 손의 팔들이 잘려서 성전의 문지방에 뒹굴렀습니다. 법궤 때문에 수천 명의 벧세메스 사람들이 죽임을 당하였고, 그리고 웃사가 법궤를 손으로 만지는 것 때문에 그는 죽기도 하였습니다. 법궤는 다윗에 의하여 희생제물을 드리는 것에 의하여, 그리고 기쁨의 축제(jubilation)를 드리는 것에 의하여 시온으로 옮겨졌고, 그리고 그런 일이 있은 뒤 그 성전의 지성소가 제정, 축성된 뒤에는 솔로몬에 의하여 예루살렘의 성전으로 옮겨, 안치되었습니다. 이밖에도 매우 많은 사건들이 있었습니다. 이런 모든 사건들이나 기적들로부터 명확한 것은 이스라엘 교회에서 십성언(the Decalogue)은 거룩함 자체였다는 것입니다.

284. 그 율법의 선포(宣布 · promulgation) · 거룩함(holiness) · 능력

(power) 등에 관해서 위에 제시된 것이 어떤 것인지 성경말씀의 아래의 장절들에게서 잘 볼 수 있겠습니다. 구약의 말씀입니다.

> 마침내 셋째 날 아침이 되었다. 번개가 치고, 천둥소리가 나며, 짙은 구름이 산을 덮은 가운데, 산양 뿔나팔 소리가 우렁차게 울려퍼지자, 진에 있는 모든 백성이 두려워서 떨었다. 모세는, 백성이 하나님을 만날 수 있게, 진으로부터 그들을 데리고 나와서 산기슭에 세웠다. 그 때에 시내 산에는, 주님께서 불 가운데서 그 곳으로 내려오셨으므로, 온통 연기가 자욱했는데, 마치 가마에서 나오는 것처럼 연기가 솟아오르고, 온 산이 크게 진동하였다(출애굽 19 : 16-18 ; 신명기 4 : 11 ; 5 : 22-26).
> 주님께서 모세에게 말씀하셨다. "너는 백성에게로 가서, 오늘과 내일 이틀 동안 그들을 성결하게 하여라. 그들이 옷을 빨아 입고서, 셋째 날을 맞이할 준비를 하게 하여라. 바로 이 셋째 날에, 나 주가, 온 백성이 보는 가운데서 시내 산에 내려가겠다.……그는 백성에게 '셋째 날을 맞을 준비를 하고, 남자들은 여자를 가까이 하지 말라'고 당부하였다(출애굽 19 : 10, 11, 15).
> 그러므로 너는 산 주위로 경계선을 정해 주어 백성이 접근하지 못하게 하고,……산에 들어서면, 누구든지 죽음을 면하지 못할 것이다.……짐승이든지 사람이든지, 아무도 살아 남지 못할 것이라고 일러라.……주께서 시내 산, 곧 그 산 꼭대기로 내려오셔서, 모세를 그 산 꼭대기로 부르시니, 모세가 올라갔다. 주께서 모세에게 말씀하셨다. "너는 내려가서 백성에게, 주를 보려고 경계선을 넘어 들어오다가, 많은 사람이 죽는 일이 없도록 단단히 일러 두어라.……제사장도 자신을 성결하게 하여야 한다. 그렇게 하지 않으면, 나 주가 그들도 쳐서 죽일 것이다."……"산에 경계선을 정하여 그것을 거룩하게 구별하라고 경고하시는 명을 내리셨으므로, 이 백성은 시내 산으로 올라올 수 없습니다."……"모세 너 혼자서만 주에게로 가까이 나아오고,……"(출애굽 19 : 12, 13, 20-23 ; 24 : 2).
> 율법은 시내 산에서 선포되었다(출애굽 20 : 2-17 ; 신명기 5 : 6-21).
> 주께서 시내 산에서 모세에게 말씀을 마치시고, 하나님이 손수(=손가락) 돌판에 쓰신 증거판 두 개를 그에게 주셨다(출애굽 31 : 18 ; 32 : 15, 16 ; 신명기9 : 10).
> 모세가 두 증거판을 손에 들고 시내 산에서 내려왔다. 그가 산에서 내려올 때에, 그의 얼굴에서는 빛이 났다.……모세는, 그들에게 하던 말을 다 마치자, 자기의 얼굴을 수건으로 가렸다.……모세는, 주와 함께 이야기하러 들어갈 때까지는, 다시 자기의 얼굴을 수건으로 가렸다(출애굽 34 : 29-35).
> 내가 너에게 준 증거판을 그 궤 속에 넣어 두어라(출애굽 25 : 16 ; 40 : 20 ;

신명기 10 : 5 ; 열왕기 상 8 : 9).
순금으로, 길이가 두 자 반, 너비가 한 자 반인 속죄판을 만들어라. 금을 두들겨서 그룹 두 개를 만들고, 그것들을 속죄판의 양쪽 끝에 각각 자리잡게 하여라.······너는 그 속죄판을 궤 위에 얹고, 궤 안에는 내가 너에게 준 증거판을 넣어 두어라(출애굽 25 : 17-21).
모세는 주께서 명하신 것을 모두 그대로 하였다. 마침내 제 이 년 첫째 달 초하루에 성막을 세웠는데, 모세는 밑받침을 놓고, 널빤지를 맞추고, 가로다지를 꿰고, 기둥을 세워, 성막을 완성하였다. 또 성막 위에 막을 펴고, 그 위에 덮개를 덮었다.······증거판을 가져다가 궤 안에 넣고, 그 궤에 채를 꿰고, 궤 위에 속죄판을 덮었다. 궤를 성막 안에 들여놓고, 휘장을 쳐서 증거궤를 막았다.······회막 안, 성막의 북쪽 면, 휘장 바깥에 상을 들여놓았다.······상 위에는 주께 바치는 빵을 차려 놓았다.······회막 안의 상 맞은쪽, 성막의 남쪽 면에 등잔대를 놓고, 주 앞에 등잔을 올려놓았다.······금제단을 회막 안, 휘장 앞에 들여놓고, 그 위에 향기로운 향을 피웠다.······성막 어귀에 막을 달고, 성막 곧 회막 어귀에 번제단을 놓고, 그 위에 번제물과 곡식제물을 바쳤다(출애굽기 25장·26장 ; 40 : 17-29).
너는 그 휘장을 갈고리에 걸어서 늘어뜨리고, 그 휘장 뒤에 증거궤(=법궤)를 들여 놓아라. 그 휘장이 너희에게 성소와 지성소를 구별할 수 있게 할 것이다(출애굽 26 : 33).
전 이스라엘 백성은 그 지파의 순서에 따라서 성막 주위에 진을 쳤다(민수기 2장).
그들이 길을 가는 동안에, 낮에는 주의 구름이 성막 위에 있고, 밤에는 구름 가운데 불이 있어서, 이스라엘 온 자손의 눈 앞을 밝혀 주었다(출애굽 40 : 38 ; 민수기 9 : 15-23 ; 14 : 14 ; 신명기 1 : 33).
　내가 거기에서 너를 만나겠다. 내가 속죄판 위, 곧 증거궤 위에 있는 두 그룹 사이에서, 이스라엘 자손에게 명할 모든 말을 너에게 일러주겠다(출애굽 25 : 22 ; 민수기 7 : 89).
(그것 안에 율법이 있기 때문에, 여호와께서 그것 안에 있는 법궤에 관해서 이렇게 언급하였다.) 궤가 떠날 때에 모세가 외쳤다. "주님, 일어나십시오. 주의 원수들을 흩으십시오. 주를 미워하는 자들을 주 앞에서 쫓으십시오." 궤가 쉴 때에도 모세가 외쳤다. "주님, 수천만 이스라엘 사람에게로 돌아오십시오"(민수기 10 : 35, 36 ; 사무엘 하 6 : 2 ; 시편 132 : 7, 8 ; 역대기 하 6 : 41).
주께서 모세에게 하신 말씀이다. "너는 너의 형 아론에게 '죽지 않으려거든, 보통 때에는 휘장 안쪽 거룩한 곳(=지성소) 곧 법궤를 덮은 덮개 앞으로 나아가지 말라'고 일러라. 내가 구름에 휩싸여 있다가 그 덮개 위에서 나타나기 때문이다.……주 앞에서 향가루를 숯불에 태우고, 그 향 타는 연기가 증거궤 위의 덮개(=속죄소·시은좌)를 가리우게 하여야 한다. 그래야만 그가 죽지 않는다"(레위기 16 : 2-14, 그 이하 절).

(법궤 안에 있는 율법의 주님의 능력의 현존 때문에) 주의 궤를 멘 제사장들의 발바닥이 요단 강 물에 닿으면, 요단 강 물, 곧 위에서부터 흘러 내리던 물줄기가 끊기고, 둑이 생기어 물이 고일 것입니다.……온 이스라엘 백성이 마른 땅을 밟고 건너서, 온 백성이 모두 요단 강을 건널 때까지, 주의 언약궤를 멘 제사장들은 요단 강 가운데의 마른 땅 위에 튼튼하게 서 있었다(여호수아 3 : 1-17 ; 4 : 5-20).

법궤가 그 성 주위를 날마다 한 번씩 돌아라.……제사장들이 나팔을 부는 동안 성을 일곱 번 돌아라.……백성은 그 나팔 소리를 듣고 모두 큰 함성을 질러라. 그러면 성벽이 무너져 내릴 것이다.……제사장들이 나팔을 불었다. 그 나팔 소리를 듣고서, 백성이 일제히 큰소리로 외치니, 성벽이 무너져 내렸다(여호수아 6 : 1 -20).

블레셋 사람의 신 다곤이 주의 법궤 앞에 엎어져서 땅바닥에 얼굴을 박고 있었고, 그 뒤에는 다곤의 머리와 두 팔목이 부러져서 문지방 위에 나뒹굴었고, 다곤은 몸통만 남아 있었다(사무엘 상 5장).

이 법궤 때문에 벧세메스 사람들이 두 명 죽었다(사무엘 상 5·6장).

웃사가 하나님의 궤로 손을 내밀어 궤를 꼭 붙들었는데, 주 하나님이 웃사에게 진노하셔서, 거기에서 그를 치시니, 그가 거기, 하나님의 궤 곁에서 죽었다(사무엘 하 6 : 6, 7).

주의 궤가 다윗에 의하여 시온에 옮길 때 다윗이 주의 앞에 번제와 화목제를 드렸다(사무엘 하 6 : 1-19).

솔로몬에 의하여 법궤가 예루살렘의 성전으로 옮길 때에, 성전 안에는, 주의 언약궤를 놓아 둘 내실을 마련하였다(열왕기 상 6 : 19 ; 그 이하 절 ; 8 : 3-9).

285. 그 법궤에 의하여 주님과 사람, 사람과 주님의 결합이 있기 때문에 율법은 "언약"(言約·The Covenant), 또는 "증거"(證據·The Testimony)라고 불리웠는데, 언약이라고 불리운 것은 그것이 결합(結合·conjunction)을 이루기 때문이고, 증거라고 불리운 것은 그것이 언약의 조항들(articles)을 확증해 주기 때문입니다. 왜냐하면 "언약"은 성경말씀에서 결합을 뜻하기 때문이고, "증거"는 성경말씀에서 그 언약의 조항들의 확증과 증거(witnessing)를 뜻하기 때문입니다. 이런 이유 때문에 두 돌판들(two tables)이 있었는데, 하나는 주님을 위한 것이고, 다른

하나는 사람을 위한 것이었습니다. 결합(結合·conjunction)은, 오직 사람이 사람을 위해 돌판에 쓰여진 것을 행할 때, 주님에 의하여 이루어집니다. 왜냐하면 주님께서는 계속해서 사람 안에 들어오시기를 원하시고, 그리고 임재(=현존)하시기 때문이고, 그리고 사람은 그가 주님에게서 취한 자유(自由·freedom)에 의하여, 주님을 향해 반드시 향해, 열고 있어야 하기 때문입니다. 왜냐하면 주님께서 이렇게 말씀하셨기 때문입니다. 묵시록서의 말씀입니다.

> 보아라, 내가 문 밖에 서서, 문을 두드리고 있다. 누구든지 내 음성을 듣고 문을 열면, 나는 그에게로 들어가서 그와 함께 먹고, 그는 나와 함께 먹을 것이다(묵시록 3 : 20).

율법이 그 위에 새겨진 돌판들이 언약의 돌판들(the table of the covenant)이라고 불리웠다는 것, 그리고 그것들 때문에 법궤가 언약의 궤(the ark of the covenant)라고 불리웠다는 것, 그리고 율법 자체가 언약이라고 불리웠다는 것은 여러 장절들 곧 민수기 10장 33절, 신명기 4장 13, 23절, 5장 2, 3절, 9장 9절, 여호수아 3장 11절, 열왕기 상 8장 21절, 묵시록 11장 19절이나 그 밖의 여러 장절들에서 볼 수 있겠습니다. "언약"(covenant)이 결합을 뜻하기 때문에 주님에 관해서 이렇게 언급되었습니다.

> 너를 백성의 언약과 이방의 빛이 되게 할 것이다(이사야 42 : 6).
> 내가 나의 특사를 보내겠다(그가 그 언약의 특사라고 불릴 것이다)(말라기 3 : 1).
> 이것은 많은 사람에게 죄를 사하여 주려고 흘리는 나의 피, 곧 언약의 피(=새 언약의 피)다(마태 26 : 28 ; 스가랴 9 : 11 ; 출애굽 24 : 4-10).

그러므로 성경말씀(=성언·the Word)은 구약(舊約)이나 신약(新約)이라고 불리웁니다. 왜냐하면 언약들은 사랑·우정·사귐(affiliation)·결합을 목적해서 이루어졌기 때문입니다.

286. 그 율법 안에 최고의 거룩함과 가장 큰 능력이 존재한다는 것은 그것이 종교에 속한 모든 것들이 복합체(複合體·the complex)이기 때문입니다. 그것이 두 돌판들 위에 쓰여졌는데, 그것의 하나는 복합체로 하나님에 대하여 주의하여야 할 모든 것들을 담고 있고, 다른 하나는

복합체로 사람에 대하여 주의하여야 할 모든 것들을 담고 있습니다. 그러므로 그 율법에 속한 계명들(=명령들·the commandments)이 "십계명들"이라고 불리웠고(출애굽 34 : 28), 그리고 "십성언"(=열 가지 말씀·the Ten Words)이라고 불리웠습니다(신명기 4 : 13 ; 10 : 4). 그것들이 이와 같이 불리운 것은 "열"(ten)이 전부(all)를 뜻하기 때문이고, 그리고 "말씀들"(words)이 진리들을 뜻하기 때문입니다. 왜냐하면 그것들은 열 말씀들(ten words) 보다 매우 많기 때문입니다. "열"(ten)이 모든 것들(=전부들)을 뜻한다는 것, 그리고 "십분의 일"(=열의 하나·tithes·tenths), 즉 십의 일조가 그것의 뜻 때문에 제정되었다는 것 등은 ≪묵시록 계현≫ 101항의 설명내용에서 잘 볼 수 있습니다. 그리고 율법이 종교에 속한 모든 것들의 복합체라는 것은 아래의 설명내용에서 역시 잘 볼 수 있겠습니다.

II.
성경말씀의 문자적인 뜻에서 십성언(十聖言·the Decalogue)은 일반적인 교리와 삶에 속한 가르침(敎訓·precepts)을 담고 있지만, 그러나 영적인 뜻이나 천적인 뜻으로 그것은 보편적인 모든 가르침들을 담고 있다.

287. 우리가 잘 알고 있는 것은 성령말씀에서 십성언(十聖言·the Decalogue)이 고귀함의 방법에 의하여 율법(律法·the Law)이라고 불리운다는 것입니다. 그것은 그것이 교리와 삶(doctrine and life)에 속한 모든 것들을 담고 있기 때문입니다. 왜냐하면 그것은 하나님을 위한 모든 것들과 사람을 위한 모든 것들을 담고 있기 때문입니다. 이런 이유 때문에 율법은 두 돌판들 위에 쓰여졌고, 그리고 그것의 하나는 하나님에 관해서 표현, 언급하고 있고, 그리고 다른 하나는 사람에 관해서 언급, 다루고 있습니다. 역시 우리가 주지하고 있는 것은 교리나 삶에 속한 모든 것들은 하나님사랑과 관계를 가지고 있고, 그리고 이웃사랑과 관계를 가지고 있다는 것입니다. 이들 사랑들—하나님사랑과 이웃사랑—에

내포된 모든 것들은 십성언에 담겨 있습니다. 전 성경말씀이 이것들 이외에 아무것도 아니라는 것은 주님께서 하신 이런 말씀들에게서 잘 알 수 있겠습니다. 마태복음서의 말씀입니다.

> 예수께서 그에게 말씀하셨다. "'네 마음을 다하고, 네 목숨을 다 하고, 네 뜻을 다하여, 주 너의 하나님을 사랑하여라' 하셨으니,······둘째 계명도 이것과 같은데, '네 이웃을 네 몸과 같이 사랑하여라' 한 것이다. 이 두 계명에 모든 율법과 예언자들의 본 뜻이 달려 있다"(마태 22 : 37-40).

여기서 "율법과 예언자들"은 전 성경말씀(=전 성언 · the whole Word)을 뜻합니다. 또다시 누가복음서의 말씀입니다.

> 어떤 율법교사가 일어나서, 예수를 시험하여 말하였다. "선생님, 내가 무엇을 해야 영생을 얻겠습니까?" 예수께서 그에게 말씀하셨다. "율법에 무엇이라고 기록하였으며, 너는 그것을 어떻게 읽고 있느냐?" 그가 대답하였다. '네 마음을 다하고 네 목숨을 다하고 네 힘을 다하고 네 뜻을 다하여, 주 너의 하나님을 사랑하여라' 하였고, 또 '네 이웃을 네 몸같이 사랑하여라' 하였습니다." 예수께서 그에게 말씀하셨다. "네 대답이 옳다. 그대로 행하여라. 그러면 살 것이다." (누가 10 : 25-28).

여기서 하나님사랑(love to God)과 이웃을 향한 사랑(=이웃사랑 · 仁愛 · love towards the neighbor)이 성경말씀의 전체를 가리키기 때문에, 그리고 십성언(the Decalogue)의 첫째 돌판이 요약하면 하나님사랑에 속한 모든 것들을 담고 있기 때문에, 그리고 둘째 돌판이 이웃사랑에 속한 모든 것들을 담고 있기 때문에, 여기에 뒤이어지는 것을 십성언이 교리와 삶의 모든 것들을 담고 있다는 것입니다. 이렇게 볼 때 두 돌판들이 그와 같이 관계를 가지고 있다는 것은, 또는 그것들이 이런 식으로 연결되었다는 것은, 그분의 석판(=계명들 · 石板 · His table)으로 말미암아 하나님께서는 사람을 주의하여 지켜보시고, 그리고 사람은 사람의 석판(=계명들 · 石板 · his table)으로 말미암아 번갈아 하나님을 주의하여 지켜보고, 따라서 이와 같은 주의, 지켜보는 것은 상호적(reciprocal)이라는 것은 명확합니다. 다시 말하면 하나님께서는 당신의 본분(His part)에서 사람을 살피는 것을 그만두실 수는 없으시고, 그리고 사람의 구원과 관계되는 그런 일들을 운영, 작용하시는 것을 그만두실 수 없다는 것은 아주 명확합니다. 그리고 사람이 자기 자신의 계명들(his table)에 관해서 기록된 것을 영접, 수용하고, 그것을 행할 때 상호적인 결합(a reciprocal conjunction)은 이루어진다는 것 역시 명확합니다. 그리고 그 때 주님께서 율법교사에게 말씀하신 일 "그대로 행하여라. 그러면 너는 살 것이다" 라는 일은 실현될 것입니다.

288. 성경말씀에는 "율법"이라는 낱말이 아주 자주 언급, 거명되고 있습니다. 그리고 율법이 엄밀한 뜻(a strict sense)・넓은 뜻(a broader sense)・가장 넓은 뜻(the broadest sense)으로 뜻하는 것이 무엇인지는 지금 언급, 설명되겠습니다. 엄밀한 뜻(=좁은 뜻・俠義)으로 율법은 십성언(the Decalogue)을 뜻하고, 넓은 뜻으로는 모세에 의하여 이스라엘 자손들에게 주어진 법령들(法令・statutes)을 뜻하고, 가장 넓은 뜻으로는 전 성경말씀을 뜻합니다.

좁은 뜻으로 율법이 십성언을 뜻한다는 것은 잘 알려져 있습니다. 좀 넓은 뜻으로 율법이 모세에 의하여 이스라엘 자손들에게 주어진 법령들을 뜻한다는 것은 개별적인 법령들에게서 명확합니다. 그리고 그것의 개별적인 각각이 "규례"(=법・a law)라고 불리웠다는 것은 출애굽기서에서 명확합니다. 그리고 또한 그것은 레위기서에서도 명확합니다. 그 책의 말씀입니다.

    속건제사를 드리는 규례는 다음과 같다(레위기 7 : 1).
    화목제사의 제물을 드릴 때의 규례는 다음과 같다(레위기 7 : 7, 11).
    곡식제물을 드리는 규례는 다음과 같다(레위기 6 : 14, 그 이하).
    이것은 번제와 곡식제와 속죄제와 속건제와 위임제의 제물에 관한 규례이다(레위기 7 : 37).
    짐승과 새에 관한 규례이다(레위기 11 : 46, 그 이하).
    이것이 바로, 아들을 낳았든지 딸을 낳았든지, 산모가 아이를 낳은 다음에 지켜야 할 규례이다(레위기 12 : 7).
    문둥병에 관한 규례이다(레위기 13 : 59 ; 14 : 2, 32, 54, 57).
    남자가 성기에서 고름을 흘리거나 정액을 흘려서 부정하게 되었을 때에 지킬 규례이다(레위기 15 : 32).
    남편에게서 미움을 받을 때에 하는 의식이다(민수기 5 : 29, 30).
    나실 사람이 지켜야 할 법은 이러하다(민수기 6 : 13, 21).

장막에서 사람이 죽을 때에 지켜야 할 법이다(민수기 9 : 14).
흠 없는 온전한 붉은 암송아지, 곧 아직 멍에를 메어 본 일이 없는 것에 관한 율례이다(민수기 19 : 2).
왕에 관한 율례이다(신명기 17 : 15-19).

사실 모세의 책들을 율법이라고 하였습니다(신명기 31 : 9, 11, 12, 26 ; 누가 2 : 22 ; 24 : 44 ; 요한 1 : 45 ; 7 : 22, 23 ; 8 : 5 ; 그 밖의 여러 곳).
바울도 율법에 속한 일들(=행위들)을 이와 같은 율례들(statues)로 뜻합니다. 그가 말한 곳의 말씀입니다.

> 사람은, 율법의 행위와는 상관없이, 믿음으로 의롭게 하여 주심을 받는다고 우리는 생각합니다(로마 3 : 28).

이 구절의 말씀의 뜻은 아래의 뜻에서 명확한데, 예를 들면 베드로에게 한 말씀입니다. 베드로가 유대화(Judaizing)되는 것에 대한 비난으로 한 구절에서 세 번씩이나 이렇게 말하였습니다. 갈라디아서의 말씀입니다.

> 사람이, 율법을 지키는 행위로 의롭게 되는 것이 아니라, 예수 그리스도를 믿는 믿음으로 되는 것임을 알고, 우리도 그리스도 예수를 믿은 것입니다. 그것은, 우리가 율법을 지키는 행위로가 아니라, 그리스도를 믿는 믿음으로 의롭게 하여 주심을 받고자 하는 것이었습니다. 율법을 지키는 행위로는, 아무것도 의롭게 될 수 없기 때문입니다(갈라디아 2 : 14, 16).

율법은 가장 넓은 뜻으로 전 성경말씀(聖言・the whole Word)을 뜻한다는 것은 아래의 여러 장절들에게서 명확합니다. 요한복음서의 말씀입니다.

> 예수께서 그들에게 말씀하셨다. "너희의 율법에 '내가 너희를 신들이라고 하였다' 하는 말이 기록되어 있지 않으냐?"(요한 10 : 34).

이 말씀은 시편서 82편 6절에 기록된 것입니다.

> 무리가 예수께 말하였다. "우리는 율법에서, 그리스도는 영원히 살아 계시다

는 것을 배웠습니다"(요한 12 : 34).

이 말씀은 시편 89 : 29 ; 110 : 4 ; 다니엘 7 : 14에 기록되었습니다.

이것은 그들의 율법에 '그들은 까닭 없이 나를 미워하였다'고 기록한 말씀을 이루게 하려는 것이다(요한 15 : 25).

이 말씀은 시편 35 : 19에 기록된 말씀입니다.

"지도자들이나 바리새파 사람들 가운데서, 그를 믿은 사람이 어디에 있다는 말이냐? 율법을 알지 못하는 무리는 저주받은 자들이다"(요한 7 : 48, 49).
율법에서 한 획이 빠지는 것보다, 하늘과 땅이 없어지는 것이 더 쉽다(누가 16 : 17).

여기서 율법은 전 성서(the whole Sacred Scripture)를 뜻합니다. 그리고 이러한 내용이나 뜻은 다윗의 시편서에 수도 없이 나오는 것입니다.
289. 영적인 뜻이나 천적인 뜻으로 십성언(the Decalogue)은 보편적으로 교리와 삶(doctrine and life)에 속한 모든 가르침(敎訓 · precepts)을 담고 있습니다. 따라서 믿음이나 인애(faith and charity)에 속한 모든 가르침을 담고 있습니다. 성경말씀의 문자적인 뜻의 모든 개별적인 것들이나 전체적인 것들에는, 그리고 그것의 일반적인 것이나 개별적인 것 안에는 성언(聖言 · the Word)이 있기 때문에, 성경말씀은 내면적인 두 뜻들(two interior senses)을 숨기고 있는데, 그것 중에서 하나는 영적인 뜻이라고 하고, 다른 하나는 천적인 뜻이라고 합니다. 그리고 또한 그것의 빛 가운데 있는 신령진리와 그것의 볕 가운데 있는 신령선은 이들 두 뜻들 안에 있습니다. 그리고 그것의 일반적인 것이나 개별적인 것 안에 성언(聖言 · the Word)이 있고, 그리고 그와 같이 형성되었기 때문에, 십성언(十聖言 · the Decalogue)의 열 계명들(=열 명령들)은 반드시 이른바 자연적 · 영적 · 천적이라고 부르는 이들 셋 뜻들에 따라서 설명되어야 하겠습니다. 성언이 이런 것이라는 것은 앞에서 설명, 입증된 "성서 · 성언"(the Sacred Scripture and the Word)의 장에서(본서 193-208항 참조) 잘 볼 수 있겠습니다.
290. 만일에 성경말씀의 본질(本質)을 알지 못한다면 어느 누구나 그것

의 지극히 작은 개별적인 것 안에 무한(無限·an infinity)이 내재해 있다는 개념을 전혀 가질 수 없습니다. 다시 말하면 성경말씀(聖言)은, 심지어 천사들까지도 다 써서 없앨 수 없는, 헤아릴 수 없이 많은 것들을 담고 있다는 개념을 가질 수 없습니다. 그것 안에 있는 개별적인 것은, 마치 땅바닥에서부터 커다란 나무로 성장할 수 있는, 그리고 종자에서 비슷한 나무들이 생성하는 헤아릴 수 없이 많은 종자들을 맺을 수 있는 한 알의 씨(種子)에 비교되겠습니다. 그리고 이런 나무들은 모여서 멋진 정원을 형성하고, 그리고 이 나무의 씨들에게서 또 다른 정원을 형성합니다. 그리고 이와 같은 성장이나 번식(繁殖)은 무한히 계속 이어집니다. 이런 일련의 내용이 성경말씀의 지극히 작은 개별적인 것들로 표현된 주님의 말씀이고, 그리고 특별하게는 그런 일련의 내용이 십성언입니다. 왜냐하면 성경말씀이나 십성언은 하나님사랑이나 이웃을 향한 사랑을 가르치고 있기 때문에, 이것은 전 성경말씀을 대의(大義)적으로 요약된 것이기 때문입니다. 이런 일련의 내용이나 뜻이 성경말씀의 본질(本質)이라는 것은 주님께서 친히 비유(比喩)에 의하여 가르치셨습니다.
그 비유란 이런 말씀이 되겠습니다.

> 예수께서 또 다른 비유를 들어서, 그들에게 말씀하셨다. "하늘 나라는 겨자씨와 같다. 어떤 사람이 그것을 가져다가, 자기 밭에 심었다. 겨자씨는 어떤 씨보다 더 작은 것이지만, 자라면 어떤 풀보다 더 커져서 나무가 되며, 공중의 새들이 와서, 그 가지에 깃들인다"(마태 13 : 31, 32 ; 마가 4 : 31, 32 ; 누가 13 : 18, 19 ; 에스겔 17 : 2-8).

이러한 일련의 것이 영적인 씨(種子·spiritual seed)의 무한성이라는 것은, 성경말씀에서 비롯된 모든 것을 가리키는, 천사적인 지혜에서 잘 알 수 있겠습니다. 이것은 천사들 안에서 영원히 증대, 성장하고, 그리고 그들이 현명해지면 현명해질수록, 더욱 더 밝게 그들은 끝이 없는 그 지혜를 봅니다. 그리고 그들은 심지어 바깥 뜰에 있는 것들까지도 밝게 지각하고, 그들이 매우 심오(深奧)한 것이라고 부르는, 주님의 신령지혜에 속한 지극히 작은 개별적인 것 안에 있을 수밖에 없는 것까지도 밝게 지각할 수 있습니다. 그것이 주님에게서 비롯되기 때문에, 명료한 것은 성경말씀의 모든 부분 안에는 일종의 무한성이 있다는 것입니다.

십성언의 첫째 계명 : 너희는 내 앞에서 다른 신들을 섬기지 못한다.

291. 이들 말씀들은 첫째 계명들(=명령들)의 말씀입니다(출애굽 20 : 3 ; 신명기 5 : 7). 성경말씀의 문자적인 뜻을 가리키는 자연적인 뜻(the natural sense)으로 문자에 가장 가까운 뜻은 우상들을 결코 예배해서는 안 된다는 것입니다. 그 이유는 이러합니다. 출애굽기의 말씀입니다.

> 너희는 너희가 섬기려고 위로 하늘에 있는 것이나, 아래로 땅에 있는 것이나, 땅 아래 물 속에 있는 어떤 것이든지, 그 모양을 본떠서 우상을 만들지 못한다. 너희는 그것들에게 절하거나, 그것들을 섬기지 못한다. 나, 주 너희의 하나님은 질투하는 하나님이다(출애굽 20 : 4, 5).

이 말씀의 문자에 가장 가까운 뜻으로 이 계명(=명령)은 우상들은 결코 섬기면(=예배하면) 안 된다는 것입니다. 주님의 강림 전이나 주님의 강림 뒤에도 이세아의 대부분의 지역에는 우상숭배(=우상적인 예배)가 만연(蔓延)되었었기 때문입니다. 이런 예배가 만연된 원인은 주님의 강림 이전의 모든 교회들은 표징적이었고, 상징(象徵·typical)적이었기 때문입니다. 그리고 이런 상징들이나 표징들은, 신령한 것들이 다종다양한 모양들이나, 조각(彫刻)된 형체들 하에서 선언, 드러내는 그런 부류의 것들이기 때문입니다. 그리고 이런 뜻들을 잃어버렸을 때 평민(平民·the common people)은 여러 신들로서 그것들을 예배하기 시작하였습니다. 이스라엘 백성이 이집트에서 체류할 때 그들이 이런 예배에 역시 빠져 있었다는 것은 광야에서 여호와 대신에 그들이 예배하였다는 금송아지(the golden calf) 스토리에서 명확합니다. 그리고 그 뒤에 그들이 그 예배에서부터 전적으로 멀리 떨어지지 않았다는 것은 역사서나 예언서의 수많은 장절들에게서 잘 볼 수 있겠습니다.

292. 이 계명, 즉, "너는 내 얼굴에 앞서(=나를 거슬러) 다른 어떤 신들도 있게 해서는 안 된다"(=너희는 내 앞에서 다른 신들을 섬기지 못한다)는 계명은, 자연적인 뜻(the natural sense)으로는 죽은 사람이든, 산 사람(a living man)이든, 하나님의 존재로서 결코 예배해서는 안 된다는 것을 뜻합니다. 역시 이런 일들은 아세아에서, 그리고 주변의 여러 나라들에서 행해졌습니다. 이교도들(=이방 사람들)의 신들의 대부분은 단순한 사람들이었습니다. 예를 들면 바알(Baal)·아스다롯(Ashtaroth)·그모스(Chemosh)·밀곰(Milcom)·바알세불(Beelzebul) 등이고, 그리고 아테네(Athens)나 로마(Rome)에서는 새턴(Saturn)·쥬피터(Jupiter)·네츈(Neptune)·플루토(Pluto)·아폴로(Apollo)·팔라스(Pallas)와 그 밖의 등등이 되겠습니다. 이들 중에서 몇몇은 처음에는 성인들(聖人·saints)로 존경되었고, 그리고 그 뒤에는 거룩한 존재들(divinities)로서, 나중에는 하나님들(gods)로서 섬겨졌습니다. 그들이 살아 있는 사람들을 하나님들(=신들·gods)로서 예배하였다는 것은 메데 왕 다리우스(Darius)의 칙령(勅令·edict)에 잘 나타나고 있습니다. 다니엘서에는 "30일 동안 하나님에게 기도해서는 안 되고, 오직 임금님에게만 구하여야 하고, 이 칙령을 어기면 사자 굴에 던져져야 한다"라고 한 다리우스 왕의 칙령에서 잘 알 수 있습니다(다니엘 6 : 8-28).

293. 성경말씀의 문자적인 뜻을 가리키는, 자연적인 뜻(the natural sense)에서 이 계명은 역시 하나님을 제외하고는, 또는 하나님에게서 발출한 것 이외에는 주님의 말씀에 따라서 (마테 22 : 35-37 ; 누가 10 : 25-28) 그 어떤 존재도 모든 것들 중에서 으뜸으로 사랑을 받으면 안 된다는 것을 뜻합니다. 왜냐하면 어느 누구나, 또는 어떤 사물(=존재)이 모든 것들에 비하여 으뜸으로 사랑을 받는다는 것은, 그와 같이 사랑하는 자에게는 그것이 하나님이고, 신령한 것이기 때문입니다. 예를 들어 보겠습니다. 무엇보다도 으뜸으로 자기 자신을 사랑하고, 또는 세상을 사랑하는 자는 자기 자신이나 세상이 곧 그의 하나님입니다. 그것은 이런 부류의 인물들은 마음에서 어떤 하나님도 시인하지 않기 때문이고, 그리고 결과적으로 이런 부류의 인물들은 지옥에 있는 동일한 자들과 결합하기 때문인데, 거기에는 모든 것들 중에서 으뜸으로 자기 자신이나 세상을 사랑하는 자들이 모두 모이는 곳입니다.

294. 이 계명의 영적인 뜻입니다. 예배 받으셔야 할 주님 예수 그리스도 이외에 다른 하나님은 결코 어디에도 없다는 것입니다. 그 이유는 그분께서는, 이 세상에 강림하셨고, 그리고 이 강림이 없다면 어떤 사람도, 어떤 천사도 구원받을 수 없는 속량의 대업(贖良大業·the redemption)을 성취하신, 여호와이시기 때문입니다. 그분 이외에 하나님이 결코 없다는 것은 성경말씀의 아래 장절들에게서 아주 명확합니다. 구약의 말씀입니다.

> 그 날이 오면,
> 사람들은 이런 말을 할 것이다.
> 바로 이분이 우리의 하나님이시다.
> 우리가 하나님을 의지하였으니,
> 하나님께서 우리를 구원하신다.
> 바로 이분이 주님이시다.
> 우리가 주님을 의지한다.
> 우리를 구원하여 주셨으니
> 기뻐하며 즐거워하자.
> (이사야 25 : 9)
> 한 소리가 외친다(=광야에서 한 소리가 외친다).
> "광야에 주님께서 오실 길을 닦아라.
> 사막에 우리의 하나님께서 오실 큰길을
> 곧게 내어라.……
> 주의 영광이 나타날 것이니,
> 모든 사람이 그것을 함께 볼 것이다.
> 이것은 주께서 친히 약속하신 것이다.……
> 만군의 주 하나님께서 오신다.
> 그가 권세를 잡고 친히 다스릴 것이다.
> 보아라, 그가
> 백성들에게 주실 상급을 가지고 오신다.
> 백성들에게 주실 보상을 가지고 오신다.
> 그는 목자와 같이 그의 양 떼를 먹이시며,
> 어린 양들을 팔로 모으시고 품에 안으시며,
> 젖을 먹이는 어미 양들을
> 조심스럽게 이끄신다."
> (이사야 40 : 3, 5, 10, 11).
> 주께서 말씀하신다.……
> "너에게 기도하는 것처럼 이르기를
> '과연 하나님께서 당신과 함께 계십니다.
> 그 밖에 다른 이가 없습니다.

다른 신은 없습니다' 할 것이다."
구세주, 이스라엘의 하나님,
진실로 주께서는
자신을 숨기시는 하나님이십니다.
(이사야 45 : 14, 15).
"나 주가 아니고 누구냐?
나 밖에 다른 신은 없다.
나는 공의와 구원을 베푸는 하나님이니,
나 밖에 다른 신은 없다."
땅 끝까지 흩어져 있는 사람들아!
모두 나에게 돌아와서 구원을 받아라.
(이사야 45 : 21, 22).
나, 곧 내가 주이니,
나 말고는 어떤 구원자도 없다.
(이사야 43 : 11 ; 호세야 13 : 4)
그리고 나면, 모든 사람이,
나 주가 네 구원자요,
네 속량자요,
야곱의 전능자임을 알게 될 것이다.
(이사야 49 : 26 ; 60 : 16)
우리의 속량자는
그 이름이 만군의 주님,
이스라엘의 거룩하신 하나님이시다.
(이사야 47 : 4 ; 예레미야 50 : 34)
오 나의 반석이시요, 나의 구속자이신 주님.
(시편 19 : 14)
주, 너의 속량자,
이스라엘의 거룩하신 분께서 이르시기를
'나는 주, 네 하나님이다.
네게 유익하도록 너를 가르치며,
네가 마땅히 걸어야 할 길로
너를 인도하는 하나님이다' 하셨다.
(이사야 48 : 17 ; 43 : 14 ; 49 : 7 ; 54 : 8)
너의 구원자,
너를 모태에서 만드신 주님께서 말씀하신다.

"내가 바로 만물을 창조한 주다.
나와 함께 한 이가 없이,
나 혼자서 하늘을 폈으며, 땅도 나 홀로 넓혔다."
(이사야 44 : 24)
이스라엘의 왕이신 주,
이스라엘의 속량자이신
만군의 주님께서 말씀하신다.
"나는 시작이요, 마감이다.
나 밖에 다른 신이 없다."
(이사야 44 : 6)
너를 지으신 분께서
너의 남편이 되실 것이다.
그분의 이름은 만군의 주님이시다.
너를 구속하신 분은
이스라엘의 거룩하신 하나님이시다.
그분은 온 세상의 하나님으로 불릴 것이다.
(이사야 54 : 5)
주께서는 우리의 아버지이십니다.
아브라함은 우리를 모르고,
이스라엘은 우리를
인정하지 않는다 하여도,
오직 주 하나님은
우리의 아버지이십니다.
옛적부터 주님의 이름은
'우리의 속량자'이십니다.
(이사야 63 : 16)
한 아기가 우리에게서 태어났다.
우리가 한 아들을 얻었다.
그는 우리의 통치자가 될 것이다.
그의 이름은 '기묘자, 모사,
전능하신 하나님,
영존하시는 아버지,
평화의 왕'이라고 불릴 것이다.
(이사야 9 : 6)
내가 다윗에게서 의로운 가지가 하나 돋아나게 할 그 날이 오고 있다.……

그는 왕이 되어 슬기롭게 통치하면서, 세상에 공평과 정의를 실현할 것이다. 그 때가 오면 유다가 구원을 받을 것이며, 이스라엘이 안전한 거처가 될 것이다. 사람들이 그 이름을 '우리를 공의로 다스리는 주'라고 부를 것이다(예레미야 23 : 5, 6 ; 33 : 15, 16).

신약의 말씀입니다.

빌립이 예수께 말하였다. "주님, 우리에게 아버지를 보여 주십시오. 그러면 좋겠습니다." 예수께서 대답하셨다. "빌립아, 내가 이렇게 오랫동안 너희와 함께 지냈는데도, 너는 나를 알지 못하느냐? 나를 본 사람은 아버지를 본 사람이다. 그런데 네가 어찌하여 '우리에게 아버지를 보여 주십시오' 한다는 말이냐? 내가 아버지 안에 있고 아버지께서 내 안에 계심을, 네가 믿지 않느냐? 내가 너희에게 하는 말은 내 마음대로 하는 것이 아니다. 아버지께서 내 안에 계시면서, 자기의 일을 하신다(요한 14 : 8-10).
그리스도 안에서는 하나님의 모든 신성이 몸이 되어서, 충만하게 머물러 있습니다(골로새 2 : 9).
우리는, 하나님의 아들이 오셔서, 그 참되신 분을 알 수 있도록, 우리에게 이해력을 주신 것을 압니다. 우리는, 그 참되신 분 곧 하나님의 아들 예수 그리스도 안에 있습니다. 이분이 참 하나님이시요, 영원한 생명이십니다. 어린 자녀 여러분, 여러분은 우상을 멀리 하십시오(요한 1서 5 : 20, 21).

이들 장절들에게서 명확한 것은 주님 우리의 구세주께서, 곧 창조주·속량주·구세주이신, 여호와 당신이라는 사실입니다. 이러한 일련의 내용이 이 계명의 영적인 뜻(the spiritual sense)입니다.
295. 이 계명의 천적인 뜻(the celestial sense)입니다. 그것은 곧 여호와 주님께서 무한(infinite)하시고, 광대(illimitable)하시고, 영원하시다(eternal)는 것입니다. 그리고 그분께서는 전능하시고(omnipotent), 전지하시고(omniscient), 무소부재하시다(omnipresent)는 것이고, 그리고 그분께서는 처음존재(the First)이시고, 마지막 존재(the Last)이시고, 그리고 전에도 계셨고(was), 지금도 계시고(is), 장차에 계실(is to be), 시작과 끝(the Beginning and the End)이시라는 것, 그리고 그분께서는 사랑 자체시고, 지혜 자체시고, 또한 선 자체시고, 진리 자체시라는 것, 결과적으로 생명 자체이시라는 것, 따라서 만물(萬物)이 그분에게서 비롯된 원인이신, 유일 존재(the one only Being)이시라는 것입니다.

296. 사람의 모습(in human form)으로 계시는 여호와 하나님을 가리키는, 주님 구세주 예수 그리스도 이외의 다른 하나님을 시인하고, 예배하는 모든 자는 이 첫째 계명을 거슬러 죄를 짓는 것입니다. 그리고 또한 영원 전부터 계신 이른바 신령삼위(three Divine persons from eternity)에 속한 실제적인 존재(the actual existence)를 자기 스스로 설득하는 자는 이 계명을 거슬러 죄를 짓는 것입니다. 왜냐하면 그들이 그런 오류(誤謬)에서 자기 자신을 확증하기 때문에, 그들은 더욱 더 자연적이 되고, 관능적이 되어, 종국에는 어떤 신령진리도 내면적으로 이해, 파악하지 못하는 그런 존재가 되기 때문입니다. 그리고 만약에 그들이 그 계명을 경청(傾聽)하고, 그것을 수용, 영접한다고 해도, 그들은 여전히 그것을 모독(冒瀆), 더럽히고, 그리고 그 계명을 온갖 오류들로 떡칠을 할 것입니다. 그러므로 그들은 한 집안의 가장 낮은 층이나, 골방에 거주(居住)하는 자들에게 비교되겠습니다. 그리고 결과적으로는 이층이나 삼층에 있는 자들의 대화를 전혀 듣지 못하는 자들에게 비교되겠습니다. 그 이유는 그들 머리 위에 있는 천정이 그들에게 침투(浸透), 감동시키는 것으로부터 음성을 가로막기 때문입니다.

[2] 사람의 마음은 마치 세(3) 층의 집과 같습니다. 그 집의 가장 낮은 층에는 영원부터 계신 세 분 하나님들을 선호, 지지하는 것에 자기 자신을 다짐, 확증하는 자들이 있고, 이에 반하여 이층과 삼층에는 가시(可視)적인 사람의 형체 하에 있는 한 분 하나님을 시인하고, 믿는 자들이, 그리고 그분이 하나님 구세주라고 시인, 믿는 자들이 있습니다. 감관적인 사람이나 관능적인 사람은 전적으로 자연적이기 때문에, 본질에서 보면 전적으로 동물과 같기 때문에, 그리고 그런 사람은 말을 하고, 생각을 할 수 있는 금수적인 동물(a brute animal)이라는 것에서 차이가 있기 때문에, 따라서 그런 사람은 온갖 종류의 야생 동물들이 있는 하나의 이동 동물원에 있고 살고 있는 짐승에 불과하고, 그리고 지금은 거기에 있는 사자와 같이 행동하고, 그리고 호랑이나 표범, 여우와 같이 행동하는 짐승에 불과합니다. 그리고 그 사람은 어린 양처럼 행동할 수도 있지만, 그러나 그 때 그는 마음속에서는 자신에 대하여 조소(嘲笑)할 것입니다.

[3] 전적으로 자연적인 사람은 오직 이 세상의 것들로부터 신령진리들을 생각할 것이고, 그리고 따라서 감관들에 속한 온갖 오류들(=허위들·

fallacies)로부터 생각하는데, 그것은 이것 이상으로 그의 마음을 위로 올릴 수 없기 때문입니다. 그러므로 그가 믿고 신봉하는 교리(=신조 · doctrine)는 마치 그가 진미(珍味)라고 즐겨먹는, 여물로 만든 진한 수프 (pottage)에 비교되겠습니다. 또는 에스겔 선지자, 이스라엘 민족에게 있었던 교회를 표징하기 위하여, 밀과 보리와 콩과 팥과 조와 귀리 따위를 물로 반죽을 해서, 소똥이나 인분(人糞)으로 불을 피워서 만들어 먹으라고 명령된(에스겔 4 : 9, 그 이하 절) 빵(bread)이나 과자(cake)와 같다고 하겠습니다. 그러므로 그것은 마치 그것의 각각이 한 분 하나님이라고 믿는, 영원부터 세 신령삼위(three Divine persons)를 믿는 신념에 기초하고, 육성(育成)된 한 교회의 교리와 같습니다.

[4] 만약에 그것이 본질적으로 사람의 눈 앞에 하나의 그림으로 전시(展示)될 수 있다면 그 믿음에 속한 기형(=괴물 · 奇形 · monstrosity)을 어느 누가 보지 못하겠습니까? 예를 들어 보겠습니다. 만약에 세 것들이 한 줄로 서로 각각에 이어서 질서에 맞게 세워졌다면, 첫째 것은 홀(sceptre)이나 왕관에 의하여 분별, 구분되고, 둘째 것은, 오른손에는 성경말씀을 가리키는 한 권의 책을 들고 있는 것에 의하여, 그리고 왼손에는 피로 물든 금 십자가(a golden cross)를 들고 있는 것에 의하여, 그리고 셋째 것은 날아갈 준비를 하고, 한 발로 서 있는, 날개를 갖추고 있는, 그리고 그 날개에는 "이들 삼위(三位)는 그렇게 많은 신(神)들이지만, 한 분 하나님이시다"는 글귀가 새겨져 있는 것에 의하여 분별, 구분됩니다. 현명한 사람이 이런 그림을 본다면 스스로 하는 말은 "정말 말로 할 수 없는 기괴한 작품이구먼"이라고 말하지 않겠습니까? 만약에 그가 그분의 머리(His Head) 위에 있는 천계적인 빛의 광선에서 한 분 신령인격(one Divine Person)의 그림을 본다면, 그리고 그것 위에 새겨진, "이분이 우리의 하나님, 곧 창조주이시고, 속량주이시고, 구세주이시고, 따라서 구원주이시다" 라는 글귀를 본다면, 달리 무엇을 말할 수 있겠습니까? 현명한 사람이라면 이 그림에 입을 맞추고, 그리고 그의 가슴에 그 그림을 품고, 집으로 가지고 가겠으며, 그리고 그것의 광경에 의하여 그의 마음이 기쁘고, 그리고 그의 아내 · 어린 자녀들 · 그의 하인들의 마음이 어찌 기쁘겠습니까?

십성언의 둘째 계명 : 너희는 주 너희 하나님의 이름을 함부로 부르지 못한다. 주는 자기의 이름을 함부로 부르는 자를 죄 없다 하지 않는다.

297. 문자적인 뜻을 가리키는 이 계명의 자연적인 뜻(the natural sense)으로 하나님의 이름을 함부로 부른다는 것은, 온갖 종류의 대화(對話)에서 그 이름 자체나 그 이름의 남용(濫用)이나 오용(誤用·abuse)을 뜻하고, 특히 거짓을 말하거나, 허언(虛言)이나 거짓말을 뜻하고, 그리고 나쁜 의도(意圖)에서, 다시 말하면 방자(放恣)나 저주를 가지고 하는 맹세로 자기 자신의 결백(潔白)을 주장하는 쓸모없는 맹세들이나 이와 유사한 맹세들에서 거짓을 말하고, 거짓말을 하는 것이나, 또는 사기(詐欺)들이나 마술적인 주문(呪文)들을 채용(採用)했을 때의 그런 맹세들이나 거짓말을 하는 것을 뜻합니다. 그러나 대관식(戴冠式)이나 사제의 서품(敍品·inauguration)에서, 그리고 중요한 직위의 취임식에서 하나님이나 그분의 거룩함으로, 그리고 성경말씀이나 복음(福音·the Gospel)으로 맹세한다는 것은, 만약 그가 맹세를 한 뒤에 헛되게 자신의 약속을 버리지 않는다면, 하나님의 이름을 함부로 부르는 것은 아닙니다. 그러나 하나님의 이름이 거룩함 자체이기 때문에 하나님의 이름은, 예를 들면, 기도에서, 찬송에서, 모든 예배에서, 그리고 설교말씀에서, 종교적인 주제에 관한 저술에서, 교회에 속한 거룩한 것들에서 계속해서 사용될 수밖에 없습니다. 이러한 것은, 하나님께서 종교에 속한 모든 것들 안에 존재하시기 때문에 그러하고, 그리고 그분에게 간청할 때 그분의 이름이나 그분의 이름을 듣는 것을 통하여 그분께서 현존하시기 때문입니다. 이런 방법으로 하나님의 이름은 신성하고, 거룩하게 됩니다. 여호와 하나님의 이름이 본질적으로 거룩하다는 것은, 유대 사람이 그들의 최초 시기부터 여호와의 이름을 감히 부르지 않았고, 그리고 감히 부르지 않았다는 사실은 그 이름에서 명확합니다. 그리고 그들의 목적 때문에 복음서들의 저자들이나, 사도들은 그 이름을 사용하는 것을 원하지 않았고, 그 대신에 이름 주님을 사용하였습니다. 이러한 사실은, 여호와라는 이름 대신에 이름 주님이라는 낱말이 사용된 여러 구절의 장절에서 명확한데, 예를 들면 마태 22장 37절, 누가 10장 27절과 신명기 6장 5

절이나 그 밖의 다른 장절과의 비교가 되겠습니다. 예수라는 이름도 역시 마찬가지로 거룩하다는 것은 이름 앞에 하늘이나 땅의 모두가 무릎을 꿇고, 무릎을 꿇을 것이라고 한 사도들의 말씀에서 명확하고, 그리고 여기서 더 나아가 지옥에 있는 악마는 그 누구도 그 이름을 발설할 수 없다는 것에서 잘 알 수 있겠습니다. 함부로 그 이름을 부르지 말라는 여호와를 가리키는 이름들은 여럿이 있습니다. 예를 들면 여호와·여호와 하나님·만군의 여호와(=여호와 즈바옷)·이스라엘의 거룩한 분·예수·그리스도·성령 등등이 있습니다.

298. 영적인 뜻으로 하나님의 이름(the name of God)은 교회가 성경말씀으로 가르치는 모든 것을 뜻하고, 그리고 그것에 의하여 주님에게 기도하고, 예배되는 모든 것을 뜻합니다. 복합적으로 이런 모든 것들은 곧 하나님의 이름입니다. "함부로 하나님의 이름을 부른다"(=하나님의 이름을 망령되이 일컫는다)는 것은 따라서 이런 것들을 천박(淺薄)한 대화에 끌어들이는 것을 뜻하고, 그리고 거짓을 말하고, 거짓말을 하고, 저주들이나, 온갖 사기(詐欺)들이나, 가지기도(加持祈禱·呪文·incantation)들에 소개, 끌어드리는 것을 뜻합니다. 왜냐하면 이런 짓거리나, 이런 행위들 따위는 필시 하나님을 욕되게 하는 것이고, 그리고 불경(不敬), 모독(冒瀆)하는 것이고, 결과적으로 그분의 이름을 불경, 모독하는 것이기 때문입니다. 성언(聖言·the Word)이나 교회가 그것에서 취한 것을, 따라서 모든 예배가 하나님의 이름이 뜻한다는 것은 아래의 장절들에게서 명확합니다. 구약의 말씀입니다.

> 나의 이름을 부르는 그 사람을
> 해 뜨는 곳에서 오게 하였다.
> (이사야 41 : 25)
> 해가 뜨는 곳으로부터 해가 지는 곳까지, 내 이름이 이방 민족들 가운데서 높임을 받을 것이다. 곳곳마다, 사람들이 내 이름으로 분향하며, 깨끗한 제물을 바칠 것이다.……그런데 너희는, '주께 차려 드리는 상쯤은 더러워져도 괜찮아!' 하면서, 너희들도 싫어하는 음식을 제물이라고 그 위에 바치니, 너희는 지금 내 이름을 더럽히고 있다. 너희는 또 '이 얼마나 싫증나는 일인가!' 하고 말하며, 제물을 멸시한다.……너희가 훔쳤거나 절뚝거리거나 병든 짐승을 제물이라고 가지고 오니, 내가 그것을 너희에게서 달갑게 받겠느냐?(말라기 1 : 11-13).

다른 모든 민족은
각기 자기 신들을 섬기고 순종할 것이다.
그러나 우리는 언제까지나,
주 우리의 하나님만을 섬기고,
그분에게만 순종할 것이다.
(미가 4 : 5)
너희는, 주 너희의 하나님이 당신의 이름을 두려고 거처로 삼으신, 너희 모든 지파 가운데서 택하신 그 곳으로 찾아가서 예배를 드려야 한다(신명기 12 : 5, 11, 13, 14, 18 ; 16 : 2, 6, 11, 15, 16).

다시 말하면 그분께서 그분의 예배를 세우실 곳을 뜻합니다. 신약의 말씀입니다.

두세 사람이 내 이름으로 모이는 자리에는, 내가 그들과 함께 있다(마태 18 : 20)
그를 맞아들인 사람들, 곧 그 이름을 믿는 사람들에게는, 하나님의 자녀가 되는 특권을 주셨다(요한 1 : 12).
아들을 믿는 사람은 심판을 받지 않는다. 그러나 믿지 않는 사람은 이미 심판을 받았다. 그것은 하나님의 독생자의 이름을 믿지 않았기 때문이다(요한 3 : 18).
예수가 그리스도요 하나님의 아들이심을 믿게 하고, 또 그렇게 믿어서 그의 이름으로 생명을 얻게 하려는 것이다(요한 20 : 31).
나는, 아버지께서 세상에서 택하셔서 내게 주신 사람들에게 아버지의 이름을 드러냈습니다(요한 17 : 6, 26).
사데에는 자기 옷(=이름)을 더럽히지 않은 사람 몇이 있다(묵시록 3 : 4).

이 밖에도 수많은 장절들이 있습니다. 앞에서 언급, 설명한 것과 같이, "하나님의 이름"(the name of God)은 하나님에게서 발출하는 신령존재(神靈存在·the Divine)를 뜻하고, 그리고 그것에 의하여 그분은 예배를 받으십니다. 그러나 이름 예수 그리스도(the name Jesus Christ)는 속량에 속한 모든 것을 뜻하고, 그리고 그분의 교리에 속한 모든 것을 뜻하고, 따라서 구원에 속한 모든 것을 뜻합니다. 그것은 "예수"(Jesus)가 속량을 통한 구원에 속한 모든 것을 뜻하기 때문이고, 그리고 "그리스도"(Christ)는 그분의 교리를 통한 구원에 속한 모든 것을 뜻하기 때문

제 5 장 · 십성언(+聖言) · 그 겉뜻과 속뜻 45

입니다.
299. 천석인 뜻으로 "하나님의 이름을 함부로 부르다"는 것은 주님께서 바리새파 사람들에게 말씀하신 것을 뜻합니다. 마태복음서의 말씀입니다.

> 사람들이 무슨 죄를 짓든지, 무슨 신성 모독적인 말을 하든지, 그들은 용서를 받을 것이다. 그러나 성령을 모독하는 것은 용서를 받지 못할 것이다. 또 누구든지 인자를 거역하여 말하는 사람은 용서를 받을 것이다. 그러나 성령을 거슬러 말하는 사람은, 이 세상에서도 오는 세상에서도, 용서를 받지 못할 것이다(마태 12 : 31, 32).

여기서 "성령을 모독한다" 라는 것은 주님의 인성(the Lord's Human)의 신성(神性)을 거스르는 모독(冒瀆)을 뜻하고, 그리고 성언의 거룩함을 거스르는 모독(=신성모독・blasphemy)을 뜻합니다. 주님의 신령인성은 천적인 뜻, 즉 최고의 뜻으로 여호와 하나님의 이름이 뜻한다는 것은 아래의 장절들에게서 명확합니다. 요한복음서의 말씀입니다.

> (예수께서 말씀하셨다.) "아버지, 아버지의 이름을 영광되게 하여 주십시오." 그 때에 하늘에서 소리가 들려 왔다. "내가 이미 영광되게 하였고, 앞으로도 영광되게 하겠다"(요한 12 : 28).
> 너희가 내 이름으로 구하는 것은, 내가 무엇이든지 다 이루어 주겠다. 이것은 아들로 말미암아 아버지께서 영광을 받으시게 하려는 것이다. 너희가 무엇이든지 내 이름으로 구하면, 내가 다 이루어 주겠다(요한 14 : 13, 14).

주님의 기도문에 나오는 말씀입니다.

> 하늘에 계신 우리 아버지,
> 이름을 거룩하게 하시오며……
> (마태 6 : 9)

이 장절들은 천적인 뜻으로 동일한 뜻을 갖습니다. 출애굽기 23장 21절이나, 이사야서 63장 16절의 "이름"의 뜻도 마찬가지를 뜻합니다. 마태복음서 12장 31절, 32절의 말씀에서 성령의 모독(blasphemy of the Spirit)은 사람들에게서 용서되지 않기 때문에, 그리고 이것이 천적인 뜻으로 우리의 계명이 뜻하는 것이기 때문에, "내 이름을 함부로 부르는 자를 여호와께서 그가 죄 없다 하시지 않는다" 라는 말뜻이 부연되었습니다.

300. 어느 누구의 이름이 오직 그 사람의 이름을 뜻하는 것이 아니고, 오히려 그의 모든 성품(性品)을 뜻한다는 것은 영계에서 이름들의 쏨쏨이에서 명확합니다.

거기에는 사람은 누구나 세례를 받을 때 세례명(洗禮名)을 계속해서 가지고 있지 않고, 그리고 이 세상에서, 그의 아버지의 이름, 즉 가계의 이름도 계속해서 가지고 있지 않습니다. 그러나 모두는 그 사람 자신의 성품에 따라서 이름이 주어지고, 그리고 천사들도 그들의 도덕적인 삶이나 영적인 삶에 따라서 이름이 주어집니다. 이러한 사실은 주님의 말씀들에서 뜻하고 있습니다. 요한복음서의 말씀입니다.

나는 선한 목자다.······양들은 그의 음성을 듣는다. 그리고 목자는 자기 양의 이름을 하나하나 불러서 이끌고 나간다(요한 10 : 11, 3).

묵시록서에 이런 말씀도 있습니다.

사데에는 자기 옷을 더럽히지 않은 사람 몇(=이름 몇)이 있다.······이기는 사람은, 내가 내 하나님의 성전에 기둥이 되게 하겠다.······나는 내 하나님의 이름과 내 하나님의 도시, 곧 하늘에서 내 하나님께로부터 내려오는 새 예루살렘의 이름과 또 나의 새 이름을 그 사람 위에 써 두겠다(묵시록 3 : 4, 12).

천사 가브리엘이나 미가엘은 천계에 있는 두 사람들의 이름을 가리키는 것이 아니고, 오히려 그 이름들은 주님에 관한 지혜 안에 있는 천계의 모두를 뜻하고, 그리고 주님을 예배하는 천계에 있는 모두를 뜻합니다. 성경말씀에 나오는 인명들이나 지명들은 사람들이나 장소들을 뜻하지 않고, 교회에 속한 것들을 뜻합니다. 자연계에서 이름은 어느 누구의 이름(人名)만을 뜻하지 않고, 오히려 역시 사람의 성품(=성질)을 뜻합니다. 그것은 성품(=인격)이 그 사람의 이름에 관계되기 때문입니다. 왜냐하면 일반적인 대화에서 관습적으로 하는 말은 "이것은 그가 자신의 이름의 목적으로 한 것"이라고 하고, 또는 "그의 이름의 값으로" 또는

"이 사람은 큰 이름을 가지고 있다" 라고 말하기도 하기 때문입니다. 여기서 "큰 이름을 가지고 있다"는 말은, 그 사람에게 있는 이런 것들을 축하해주기 위한 것을 뜻하는데, 예를 들면 그의 재주·학식·공로나 그 밖의 등등이 되겠습니다. 이름으로 어느 누구를 비방(誹謗), 헐뜯고, 중상(中傷), 모략(謀略)하는 사람은 역시 그의 삶의 행위들을 그렇게 한다는 것을 어느 누가 모르겠습니까? 한 개념 안에는 둘(2)이 함께 결합되어 있고, 그리고 그의 이름의 명성(名聲)은 이와 같이 소멸, 멸망합니다. 마찬가지로 큰 무례(無禮)로 임금·귀족·위대한 사람의 이름을 이러쿵저러쿵 비난, 발설하는 사람은 그의 권위나 존엄 따위에 대하여 오명(汚名)이나 욕지거리를 퍼붓는 것과 같습니다. 그러므로 또한 어떤 사람이 모욕(侮辱)적인 어투로 다른 사람의 이름을 언급하는 사람은 동시에 그의 삶의 행위들을 깔보고, 얕잡아 보는 것입니다. 이런 일은 모두에게 해당되는 것입니다. 모든 나라의 법률에 따르면 어느 누구의 이름을 비방, 훼손(毁損)하여 망치거나 상처를 입히는 것을 법으로 금하고 있습니다. 다시 말하면 그의 인격(人格)이나 결과적으로는 명성이나 신망을 해치지 못하게 금하고 있습니다.

십성언의 셋째 계명 : 안식일을 기억하여 그 날을 거룩하게 지켜라. 너희는 엿새 동안 모든 일을 힘써 하여라. 그러나 이렛날은 주 너희 하나님의 안식일이니, 너희는 어떤 일도 해서는 안 된다.

301. 이것은 셋째 계명으로 우리는 출애굽기 20장 8-10절이나 신명기 5장 12-14절에서 읽을 수 있습니다. 문자적인 뜻을 가리키는 자연적인 뜻으로 이 계명은, 엿새 날들(=6일)은 사람을 위한 것이고, 그의 수고(=노동·labor)를 위한 것을 뜻합니다. 그리고 이렛날(=일곱째 날)은 주님을 위해 있고, 그리고 주님으로 말미암아 사람을 위한 쉼(=휴식·rest)을 위한 것입니다. 어원에서 "안식"(安息·Sabbath)은 휴식을 뜻합니다. 이스라엘 자손에게서 안식(the Sabbath)은 신성한 것들 중에서 신성을 뜻하는 데, 그 이유는 안식이 주님을 표징하기 때문입니다. 그리고 육 일(=여섯 날들·the six days)은 주님의 애씀(勞力·His labors)을 표징하고,

지옥과의 싸움을 표징하기 때문에, 이렛날(=일곱째 날·the seventh)은 지옥을 제압한 주님의 승리를 표징하고, 그리고 쉼(=휴식)을 표징합니다. 그리고 그 날(=일곱째 날)은 주님의 속량의 대업(the Lord's work of redemption)의 전체적인 마감(終結)의 표징이기 때문에, 그러므로 이렛날은 거룩함 자체를 가리킵니다. 그러나 주님께서 이 세상에 강림하셨을 때, 결과적으로는 주님의 표징들이 끝이 났을 때, 그 날(=안식일)은 신령한 것들의 교육의 날이 되었고, 따라서 이 날은, 구원이나 영생(永生)과 관계되는 그런 것들에 대한 애씀들(=노동·labors)로부터 휴식의 날(a day of rest)이 되었고, 그리고 그런 것들에 대한 명상(冥想·meditation)의 날이 되었습니다. 그리고 또한 이 날은 이웃을 향한 사랑의 날(a day of love toward the neighbor)이 되었습니다. 그 날이 신령한 것들로 교육하는 날이 되었다는 것은 이런 말씀에서 명확합니다. 복음서의 말씀입니다.

> 안식일이 되어서, 예수께서 회당에서 (그리고 성전에서) 가르치기 시작하셨다 (마가 6 : 2 ; 누가 4 : 16, 31, 32 ; 13 : 10).
> 예수께서는 중풍병 환자에게 "일어나서, 네 자리를 거두어 가지고 집으로 걸어가거라"라고, 말씀하였고, 그리고 바리새파 사람들에게는 안식일에 제자들이 밀 이삭을 잘라 먹은 것은 합당하다고 말씀하셨습니다(마가 3 : 1-9 ; 누가 6 : 1-5 ; 요한 5 : 9-19).

이런 장절들에게서 볼 때 주님께서 말씀하신 그 이유를 잘 알 수 있겠습니다.

> 인자는 안식일의 주인이다(마태 12 : 8 ; 마가 2 : 28 ; 누가 6 : 5).

주님께서는 이렇게 말씀하셨기 때문에, 뒤이어지는 것은 그 날이 주님의 표징이라는 것입니다.

302. 영적인 뜻으로 이 계명은 주님에 의한 사람의 개혁과 중생(man's reformation and regeneration)을 뜻하고, "애씀의 여섯 날들"(the six days of labor)은 육신(肉身)이나 그것의 욕망들에 대한 사람의 싸움(=투쟁)을 뜻하고, 그리고 동시에 지옥에 있는 자 안에 있는 악들이나 일들이나 거짓들에 대항하여 싸우는 싸움(=투쟁)을 뜻합니다. 그리고 "이렛

날"(=일곱째 날)은 주님과의 결합(結合·conjunction)을 뜻하고, 그리고 그것에 의한 중생(重生·거듭남·regeneration)을 뜻합니다. 사람의 영적인 애씀은 그 싸움이 계속되는 동안 계속 이어지고, 그리고 사람이 중생되었을 때 그가 쉼(=휴식)을 취한다는 것은 다음의 개혁과 중생(reformation and regeneration)의 장에서 언급된 것에서 입증될 것입니다. 특히 그 장에서 다루고 있는 아래의 명제들에서 입증될 것들입니다.
(1) 중생(重生)은, 사람이 수태(受胎)되고, 자궁 안에 옮겨졌다가 출생되고, 그리고 교육을 받는 것과 평행하는 방식으로 이루어집니다.
(2) 이 새로운 탄생(the new birth)에서 첫 번째 행위(=활동·the first action)를 개혁(=바로잡음·改革·reformation)이라고 부르고, 그것은 이해에 속해 있습니다. 둘째 행위(=활동·the second action)는 중생(=거듭남·重生·regeneration)이라고 부르는데, 그것은 의지에 속해 있고, 그리고 거기에서 다시 이해에 속해 있습니다.
(3) 속사람(the internal man)은 먼저 개혁되고, 그리고 그것을 통해서 겉사람(the external man)은 개혁됩니다.
(4) 그 때 속사람과 겉사람 사이에 다툼(=싸움·conflict)이 일어나고, 그리고 그 중에 어느 쪽이 이기면 다른 쪽을 지배합니다.
(5) 중생한 사람(the regenerate man)은 새로운 의지(a new will)와 그리고 새로운 이해(a new understanding)를 가지게 됩니다.
사람의 개혁(改革·바로잡음)과 중생(重生·거듭남)은 영적인 뜻으로 이 계명이 뜻하는데, 그것은 그것들이 지옥과 싸우시는 주님의 애씀(the labor)과 싸움(combat), 그리고 그 싸움을 정복, 승리한 주님의 승리, 그리고 그 뒤에 이어지는 쉼(休息·the rest)은 동시에 일치하여 일어납니다. 왜냐하면 주님께서는 사람들을 개혁시키시고, 중생시키시고, 그리고 사람을 영적인 사람으로 만드시고, 그리고 동일한 방법으로 주님께서는 당신의 인성(人性·His Human)을 영화시키셨고, 그리고 그것을 신령하게 완성하셨기 때문입니다. 이러한 일련의 내용이나 뜻이 "주님을 따르라"(to follow Him)는 명령의 뜻입니다. "애씀들"(labors)이라고 부르는, 주님께서 겪으신 애씀들(=다툼들·싸움들)은 이사야서 53장과 63장에서 잘 볼 수 있고, 그리고 사람들과의 관계에서 "애씀들"(=다툼들·labors)이라고 부르는 것들은 이사야서 65장 23절과 묵시록 2장 2, 3절에서 명확합니다.

303. 천적인 뜻으로 이 계명은 주님과의 결합을 뜻하고, 그리고 지옥으로부터의 지킴(=방어·보호·protect) 때문에 평화에 의한 결합이 뒤이어집니다. 왜냐하면 안식(安息·the Sabbath)은 쉼(rest)을 뜻하고, 그리고 가장 높은 뜻으로 평화(平和·peace)를 뜻하기 때문입니다. 그러므로 주님께서는 "평화의 왕"(the Prince of Peace)이라고 불리셨고, 그리고 주님께서도 역시 당신을 "평화"(Peace)라고 부르셨습니다. 이러한 사실은 아래의 장절들에서 명확합니다.

> 한 아기가 우리에게서 태어났다.
> 우리가 한 아들을 얻었다.
> 그는 우리의 통치자가 될 것이다.
> 그의 이름은 '기묘자, 모사,
> 전능하신 하나님,
> 영존하시는 아버지,
> 평화의 왕'이라고 불릴 것이다.
> 그의 왕권은 점점 더 커지고
> 나라의 평화도 끝없이 이어질 것이다.
> (이사야 9 : 6, 7)
> (예수께서 말씀하셨다.) 나는 평화를 너희에게 남겨 준다. 나는 내 평화를 너희에게 준다(요한 14 : 27).
> 놀랍고도 반가워라.
> 희소식을 전하려고
> 산을 넘어 달려오는 저 발이여!
> 평화가 왔다고 외치며,
> 복된 희소식을 전하는구나.
> 구원이 이르렀다고 선포하면서,
> 시온을 보고 이르기를
> "너의 하나님께서 통치하신다" 하는구나.
> (이사야 52 : 7)
> 나를 대적하는 자들이 많아도,
> 주께서는, 나에게 덤벼드는 자들에게서,
> 내 생명을 안전하게 지켜 주실 것이다.
> (시편 55 : 18)
> 의의 열매는 평화요,

의의 결실은 영원한 평안과 안전이다.
나의 백성은 평화로운 집에서 살며,
안전한 거처,
평온히 쉴 수 있는 곳에서 살 것이다.
(이사야 32 : 17, 18)
(주께서는 달리 일흔 두 사람을 세우셔서,……각 성읍과 각 고장에 둘씩 둘씩 앞서 보내셨다. 그 때에 그들에게 말씀하셨다.) 어느 집에 들어가든지, 먼저 '이 집에 평화가 있기를 빕니다!' 하고 말하여라. 거기에 평화를 바라는 사람이 있으면, 너희가 비는 평화가 그 사람에게 내릴 것이오, 그렇지 않으면, 그 평화가 너희에게 되돌아올 것이다(누가 10 : 5, 6 ; 마태 10 : 12-14).
하나님께서……
주의 백성과 그 경건한 성도들에게
평화를 약속하실 것입니다.……
사랑과 진실이 만나고,
정의와 평화가 입을 맞춘다.
(시편 85 : 8, 10)
그 때에 예수께서 오시어, 그들 가운데 서서, "너희에게 평화가 있기를!" 하고 인사하셨다.……예수께서 오시어, 가운데 서서 "너희에게 평화가 있기를 빈다" 하고 인사하셨다(요한 20 : 19, 21, 26).

더욱이 주님으로부터 사람 안에 들어온 평화의 상태(the state of peace)가 이사야서 65장·66장을 비롯하여 여러 곳에서 다루어졌습니다. 그리고 오늘날 주님께서 세우시고 있는 새로운 교회(the New Church)에 들어온 자들은 이 상태에 있을 것입니다. 천계의 천사들이나 주님 안에 있는 자들이 있는 평화의 상태가 본질적으로 무엇인지는 나의 저서 ≪천계와 지옥≫ 284-290항에서 잘 볼 수 있겠습니다. 이상의 모든 내용이나 설명에서 볼 때 주님께서 당신 자신을 "안식일의 주인이다"고 부르신 이유, 다시 말하면 쉼과 평화의 주인(Lord of rest and peace)이라고 하신 이유를 역시 잘 알 수 있겠습니다.

304. 지옥의 측면에서 볼 때, 온갖 악들이나 거짓들이 거기에서 일어나지 못하고, 그리고 쳐들어오지 못한다는 이른바 천계적인 평화는 자연적인 평화의 측면에서 여러 것들에 비교되겠습니다. 예를 들면 전쟁이 끝이 난 뒤 모든 자들이 적군으로부터 안전한 보안 상태에 있을 때, 그리고 자기 자신이 사는 거주지나 집에 안전하게 있을 때, 또는 자기 자

신의 농토나 정원에 있을 때에 비교되겠습니다. 이러한 내용이나 상태가 예언자가 천계의 평화에 관해서 자연스럽게 언급할 때, 그가 말한 것입니다. 미가서의 말씀입니다.

> 사람마다
> 자기 포도나무와 무화과나무 아래 앉아서,
> 평화롭게 살 것이다.
> 사람마다
> 아무런 위협을 받지 않으면서 살 것이다.
> (미가 4 : 4 ; 이사야 65 : 21-23)

이 말씀은 심한 노동을 한 뒤, 마음의 소창(recreation of mind)이나 휴식에 비교될 수 있겠고, 그리고 아기를 해산(解産)한 뒤 산모가 마음으로 느끼는 마음의 위로(慰勞・consolation)에 비교될 수 있겠습니다. 그 때 이른바 자녀들에게 대한 그들의 부모사랑(parental love・*storge*)은 그것의 기쁨 등을 드러냅니다. 폭풍과 먹구름들이나 천둥 번개가 있은 뒤 평온함(serenity)에 비교되겠고, 엄동설한이 지난 뒤 따뜻한 양춘가절(陽春佳節)에 비교되겠고, 들판에 새로운 싹들에게서 비롯되는 기쁨의 감화(感化)나, 정원들・초장・수목의 기화요초(琪花瑤草)의 만개의 기쁨에 비교되겠고, 바다의 태풍이나 온갖 위험들이 지나간 뒤, 대망(待望)의 땅의 포구에 안착, 발을 디딘 선원들이 경험한 마음의 상태에 비교되겠습니다.

십성언의 넷째 계명 : 너희 부모를 공경하여라. 그래야 너희는, 주 너희의 하나님이 너희에게 준 땅에서 오래도록 살 것이다.

305. 따라서 우리는 이 계명을 출애굽기 20장 12절과 신명기 5장 16절에서 읽습니다. 문자에 속한 것을 가리키는 자연적인 뜻으로 너희 부모(=아버지와 어머니)를 공경(恭敬)한다는 것은, 부모님들을 존경(尊敬)하는 것을 뜻하고, 그분들에게 순종하는 것, 그분들에게 헌신(獻身)하는 것, 그분들이 그들의 자녀들을 위해 먹고, 입는 것(衣食)을 준비, 장만하

는 것을 가리키는 그들이 베푸는 은전(恩典)들에 대해서 그분들에게 감사나 고마움을 돌리는 것, 그리고 그러므로 그들이 시민적인 사람들이나 도덕적인 사람들로서 법이나 윤리 도덕에서 활동하는 이 세상에서 그들을 안내, 인도하신 것에, 그리고 종교적인 계율들에 의하여 역시 자녀들을 천계에 인도하신 것, 따라서 그들의 일시적인 번창(繁昌)이나 부유(富裕)나, 그들의 영원한 행복(幸福)을 마련하는 것 등등에 대한 감사나 고마움을 부모님들에게 돌리는 것을 뜻합니다. 이런 일련의 모든 것들은 부모님들이 주님에게서 받은 사랑으로 말미암아 그들이 행한 것들을 가리킵니다. 상대적인 뜻으로 이 계명은, 만약에 부모님들이 작고(作故)하셨다면 후견인(後見人)들은 그들의 피보호자들(被保護者·their wards)에 의하여 반드시 공경을 받아야 합니다. 넓은 뜻으로 임금이나 나라의 일을 담당하는 자들을 존경, 공경한다는 것을 이 계명은 뜻합니다. 그 이유는 그들이, 개별적으로 그들의 부모님들이 장만, 준비하는, 일반적이고 필수적인 모든 것들을 장만, 준비하기 때문입니다. 가장 넓은 뜻으로 이 계명은, 사람들이 그들의 나라를 반드시 사랑하여야 하기 때문에, 그들의 나라는 사람들을 보호하고, 필수적인 것들을 공급, 조달(調達)하여야 하기 때문에, 그러므로 그들의 나라는 조상에게서 비롯된 조국(祖國·fatherland)이라고 불리웁니다. 그러나 국가·임금·치안 담당자를 그들의 부모들처럼 반드시 공경하여야 한다는 것은 그들에 의하여 그들의 자녀들에게 그런 것들이 이식(移植), 활착되어야 한다는 것을 뜻합니다.

306. 영적인 뜻으로 "부모를 공경한다"는 것은, 하나님을 존경하고, 사랑하고, 그리고 교회를 존경하고, 사랑하는 것을 뜻합니다. 영적인 뜻으로 삼라만상(森羅萬象)의 아버지이신 하나님은 "아버지"(父·father)를 뜻하고, 그리고 "어머니"(母·mother)는 교회를 뜻합니다. 천계에서 어린 아이들이나 천사들은 다른 아버지나, 다른 어머니를 알지 못하는데, 그것은 그들이 거기에서 교회를 통하여 주님에 속한 사람으로서 새롭게 태어나기 때문입니다. 그러므로 주님께서는 이렇게 말씀하십니다. 마태복음서의 말씀입니다.

> 너희는 땅에서 아무도 너희의 아버지라고 부르지 말아라. 너희의 아버지는 하늘에 계신 분, 한 분뿐이시다(마태 23 : 9).

이 말씀은 천계에 있는 아이들이나 천사들에 관해서 언급된 것이지, 이 땅 위에 있는 아이들이나 사람들에 관해서 언급한 것은 아닙니다. 주님께서는 기독교인들의 교회의 보통의 기도문에서 동일한 것을 가르치고 있습니다. 마태복음서의 말씀입니다.

    하늘에 계신 우리 아버지, 이름을 거룩하게 하시오며(마태 6 : 9).

영적인 뜻으로 "어머니"(母·mother)는 교회를 뜻합니다. 그것은 땅에서의 어머니가 그녀의 자녀들을 자연적인 먹거리로 살찌게 키우는 것과 같이, 교회가 영적인 먹거리로 교회의 자녀들을 살지게 키우시기 때문입니다. 이것이 바로 성경말씀에서 교회가 자주 "어머니"라고 불리운 이유입니다. 호세아서의 말씀입니다.

    고발하여라. 너희 어머니를 고발하여라.
    그는 이제 나의 아내가 아니며,
    나는 그의 남편이 아니다.
    (호세아 2 : 2)

이사야서의 말씀입니다.

    내가 너희 어머니를
    쫓아내기라도 하였느냐?
    내가 너희 어머니에게 써 준 이혼증서가
    어디에 있느냐?……
    너희 어머니가 쫓겨난 것은
    너희의 죄 때문이다.
    (이사야 50 : 1 ; 에스겔 16 : 45 ; 19 : 10)

복음서들의 말씀입니다.

    예수께서, 그 말을 전해 준 사람에게 "누가 나의 어머니이며, 누가 나의 형제들이냐?" 하고 말씀하셨다. 그리고 제자들을 손으로 가리키며 "보아라, 내 어머니와 내 형제들이다. 하늘에 계신 내 아버지의 뜻을 따라 행하는 사람이

제 5 장 · 십성언(+聖言) · 그 겉뜻과 속뜻

곧 내 형제요 자매요 어머니이다" 라고 말씀하셨다(마태 12：48-50；마가 3：33-35；누가 8：21；요한 19：25-27).

307. 천적인 뜻으로 "아버지"(father)는 우리 주님 예수 그리스도를 뜻하고, "어머니"(mother)는 온 세상에 두루 퍼져 있는 주님의 교회를 가리키는 성도들의 교제(=성도들의 공동체·the communion of saints)를 뜻합니다. 주님께서 아버지이시라는 것은 아래의 장절들에서 명확합니다.

> 한 아기가 우리에게서 태어났다.
> 우리가 한 아들을 얻었다.
> 그는 우리의 통치자가 될 것이다.
> 그의 이름은 '기묘자, 모사,
> 전능하신 하나님,
> 영존하시는 아버지,
> 평화의 왕'이라고 불릴 것이다.
> (이사야 9：6)
> 주께서는 우리의 아버지이십니다.
> 아브라함은 우리를 모르고,
> 이스라엘은 우리를
> 인정하지 않는다 하여도,
> 오직 주 하나님은
> 우리의 아버지이십니다.
> 옛적부터 주의 이름은
> '우리의 속량자'이십니다.
> (이사야 63：16)

빌립이 예수께 말하였다. "주님, 우리에게 아버지를 보여 주십시오. 그러면 좋겠습니다." 예수께서 대답하셨다. "빌립아, 내가 이렇게 오랫동안 너희와 함께 지냈는데도, 너는 나를 알지 못하느냐? 나를 본 사람은 아버지를 보았다. 그런데 네가 어떻게 '우리에게 아버지를 보여 주십시오' 한다는 말이냐?……내가 아버지 안에 있고 아버지께서 내 안에 계심을 믿어라(요한 14：8-11；12：45).

천적인 뜻으로 "어머니"(mother)가 주님의 교회를 뜻한다는 것은 아래의 장절들에게서 명확합니다. 묵시록서의 말씀입니다.

> 나는 또, 거룩한 도시 새 예루살렘이, 남편을 위하여 단장한 신부와 같이 차리고, 하나님께로부터 하늘에서 내려오는 것을 보았습니다(묵시록 21 : 2).
> 천사 하나가 나에게로 와서 말하기를 "이리로 오너라. 어린 양의 아내인 신부를 너에게 보여 주겠다" 하고, 나를 성령으로 휩싸서 크고 높은 산 위로 데리고 가서, 하나님께로부터 하늘에서 내려오는 거룩한 도시 예루살렘을 보여 주었습니다(묵시록 21 : 9, 10).
> 어린 양의 혼인날이 이르렀다.
> 그의 신부는 단장을 끝냈다.……
> 그 천사가 나에게 말하였습니다. "어린 양의 혼인 잔치에 초대를 받은 사람에게는 복이 있다고 기록하여라"(묵시록 19 : 7, 9).

이밖에도 여러 장절들, 즉 마태 9 : 15 ; 마가 2 : 19, 20 ; 누가 5 : 34, 35 ; 요한 3 : 29 ; 19 : 25-27, 그 외에도 여러 장절들이 있습니다.

여기서 "새 예루살렘"이 오늘날 주님께서 설시하시고 있는 새로운 교회(the New Church)를 뜻한다는 것은 ≪묵시록 계현≫(the Apocalypse Revealed) 880·881항에 설명된 것에서 잘 볼 수 있겠습니다. 앞서의 교회와 달리, 이 교회는 천적인 뜻으로 아내(the wife)나 어머니(the mother)가 가리킵니다. 이 혼인에서 태어난 영적인 자녀(the spiritual offspring)가 인애에 속한 선들(the goods of charity)이고 믿음에 속한 진리들(the truths of faith)입니다. 그리고 주님으로 말미암아 이런 것들 안에 있는 자들은 "혼인의 아들들"(sons of the marriage)·"하나님의 아들들"(sons of God)·"하나님에게서 난 자"(born of God)라고 불리웠습니다.

308. 마음에 꼭 간직하여야 할 것은, 사랑에 속한 신령 천계적인 영기(靈氣·a Divine-heavenly sphere of love)가 자기 스스로 주님에게 헌신하고, 양육되기 원하고, 다시 말하면 그 분에 의하여 교육받기를 원하는 그들의 부모에게 자녀들이 순종하는 것과 같이, 주님에게 순종하는 주님의 교회의 교리를 영접, 가슴에 간직하고 있는 자들에게 계속해서 주님으로부터 입류, 들어온다는 것입니다. 이 천계적인 영기에서 자연적인 영기는 생성, 일어나는데, 그 영기는 젖먹이나 자녀들을 향한 사

랑에 속한 것입니다. 이것이 사람뿐만 아니라, 새들이나 짐승들, 심지어 뱀들까지도 감동시키는 가장 보편적인 영기입니다. 그리고 또한 살아 있는 것들 뿐만 아니라, 죽어 있는 것들에도 감동을 주는 영기입니다. 그러나 주님께서는 영적인 것들에게 작용하듯이, 이런 것들에게 작용, 움직이기 위하여 아버지와 같이 자연계에 있는 태양을 창조하셨고, 어머니와 같은 존재로 땅을 창조하셨습니다. 왜냐하면, 태양은 일반적인 아버지(a common father)와 같이, 그리고 땅은 어머니와 같이, 이들 양자의 결합(=혼인)에서 지면(地面)을 장식하는 모든 초목들이 생성되기 때문입니다. 자연계에 유입하는 천계적인 영기(heavenly sphere)의 입류로 씨에서 열매에 이르는, 그리고 재차 새로운 씨를 낳는, 초목의 매우 놀랍고, 불가사의(不可思議)한 성장을 일으킵니다. 온갖 종류의 식물이, 말하자면, 낮 동안에는 자신들의 얼굴들은 태양을 향하여 돌리고, 그리고 태양이 진 뒤에는 그 얼굴들을 외면하는 일이 이런 이유에서 생겨나는 것입니다. 이런 원인에서 태양이 떠올라 있을 때에는 온갖 종류들의 꽃들이 개화(開花)하고, 해가 졌을 때에는 꽃들이 집니다. 이런 이유에서 우는 새들은 아침 여명(黎明)에는 감미로운 노래를 지저귀고, 그리고 그것들 역시 그들의 어머니 대지(大地)에 의하여 살아가고 있습니다. 따라서 이런 모든 것들은 그들의 부모를 공경하고 있습니다. 이런 모든 사실들이 명료하게 증명하는 것은 우리의 자연계에서 주님께서는 태양과 땅(大地)을 통해서 생명이 있는 것들이나 생명이 없는 무생물들에 이르기까지 그들을 위한 모든 필수적인 것들을 준비, 장만하신다는 것입니다. 그러므로 다윗의 시편서에는 이렇게 노래하고 있습니다. 그 책의 말씀입니다.

> 하늘에서 주님을 찬양하여라.
> 높은 곳에서 주님을 찬양하여라.……
> 해와 달아, 주님을 찬양하여라.
> 빛나는 별들아, 모두 다 주님을 찬양하여라.
> 하늘 위의 하늘아,
> 주님을 찬양하여라.
> 하늘 위에 있는 물아,
> 주님을 찬양하여라.
> 너희가 주의 명을 따라서 창조되었으니,

너희는 그 이름을 찬양하여라.……
땅에서도 주님을 찬양하여라.
바다의 괴물들과 바다의 심연아,
불과 우박, 눈과 서리,
그분이 명하신 대로 따르는 세찬 바람아,
모든 산과 언덕들,
모든 과일나무와 백향목들아,
모든 들짐승과 가축들,
기어다니는 것과 날아다니는 새들아,
세상의 모든 임금과 백성들,
세상의 모든 고관과 재판관들아,
총각과 처녀,
노인과 아이들아,
모두 주의 이름을 찬양하여라.
(시편 148 : 1-13)

욥기서의 말씀입니다.

이제 짐승들에게 물어 보아라.
그것들이 가르쳐 줄 것이다.
공중의 새들에게 물어 보아라.
그것들이 일러줄 것이다.
땅에게 물어 보아라.
땅이 가르쳐 줄 것이다.
바다의 고기들도 일러줄 것이다.
주님께서 손수 이렇게 하신 것을,
이것들 가운데서 그 무엇이 모르겠느냐?
(욥기 12 : 7-9)

"그것들에게 물으면, 그것들이 일러줄 것이다"는 말씀은, 주님 여호와께서 손수 창조하신 이런 것들에 관해서 관찰하고, 연구하고, 판단한다는 것을 뜻합니다.

십성언의 다섯째 계명 : 살인하지 못한다.

309. 자연적인 뜻으로 "너희는 살인하지 못한다" 라는 이 계명은 사람을 죽이지 말라는 것을 뜻하고, 그리고 어떤 상해로 인하여 사람이 죽게 되도록 사람에게 괴로움이나 고통 따위를 주지 말라는 것을 뜻하고, 그리고 또한 사람의 육체를 폭행하지 말고, 불구가 되도록 망가뜨리지 못한다는 것을 뜻합니다. 이 계명은 역시 사람의 이름이나 명성에게 치명적인 손상(損傷)을 입히지 말 것을 뜻하는데 그 이유는 수많은 사람들에게서 명성이나 생명은 서로 협력하고 있기 때문입니다.

넓은 자연적인 뜻으로 살인(殺人·murder)한다는 것은 살육(殺戮)을 고취(鼓吹), 야기(惹起)시키는 적개심(敵愾心·enmity)·증오(憎惡·hatred)·복수(=앙갚음·復讎·revenge) 따위를 뜻합니다. 왜냐하면 이런 것들 안에는 마치 타다 남은 재 속에 불씨가 숨겨져 있는 것과 같이, 살인이 숨겨져 있기 때문입니다. 사실 지옥적인 불(infernal fire)은 이런 것들 외에 아무것도 아닙니다. 그러므로 증오로 흥분, 성을 낸다, 또는 복수심으로 불태운다는 표현들이 있습니다. 이런 표현들에는, 비록 행동은 아니라고 해도, 의도(意圖)에는 살인이 똬리를 틀고 있습니다. 그러니 만약에 법의 두려움이나 또는 보복(報復)이나 복수의 두려움 따위가 그들에게서 제거된다면 그것들은 행동을 일으킬 것이고, 특히 만약에 의도 안에 배반(背叛)이나 만행(蠻行)이 도사리고 있다면 더욱 그런 짓을 일으킬 것입니다. 증오(憎惡)나 미움 따위가 곧 살인을 가리킨다는 것은 주님의 이런 말씀에서 명확합니다. 마태복음서의 말씀입니다.

> "옛 사람들에게 말하기를 '살인하지 말아라. 누구든지 살인하는 사람은 재판을 받아야 할 것이다' 한 것을 너희는 들었다. 그러나 나는 너희에게 말한다. 자기 형제나 자매에게 성내는 사람은, 누구나 심판을 받는다. 자기 형제나 자매에게 모욕하는 사람은, 누구든지 의회에 불려 갈 것이요, 또 형제나 자매를 바보라고 말하는 사람은, 지옥 불 속에 던짐을 받을 것이다(마태 5 : 21, 22).

이 구절은 의도 안에 속해 있는 것은 무엇이나 역시 의지에 속해 있기 때문에, 그러므로 근본적으로 그것들은 행위에 속해 있습니다.

310. 영적인 뜻으로 살인한다는 것은, 다종다기(多種多岐)한 모양들이나 양식(樣式)들을 가리키는, 사람들의 영혼을 죽이고, 파괴하는 것을 뜻합니다. 예를 들어 보겠습니다. 사람들로 하여금 하나님에게서 외면(外面)하, 떠나게 하는 것이나, 종교를 중히 여기지 않게 하는 것, 그리고 이런 것들에 거스르는 수치스러운 생각들을 주입(注入)시키는 것에 의하여 신령예배(Divine worship)을 외면하게 하는 것이나, 또는 혐오감(嫌惡感)이나 심지어 지겨운 것들을 야기시키는 그런 부류의 종지(宗旨・persuasion)들을 야기, 촉진(促進)시키는 것에 의하여 하나님・종교・신령예배를 기피, 외면하게 하는 것 등이 되겠습니다. 이런 부류의 살인자들은 지옥에 있는 악마들이나 사탄들을 가리키는데, 이 세상에 있을 때 그들에게는 교회에 속한 신성(神性)한 것들을 더럽히고, 악용하고, 변절(變節)시키는 무리들과 연결되어 있습니다. 온갖 거짓들에 의하여 영혼들을 파괴시키는 자들은, "아바돈"이나 "아볼루온"이라고 불리우는, 다시 말하면 "파괴자"(the Destroyer)라고 하는(묵시록 9 : 11), 아비소스의 왕(the king of the abyss)이 뜻합니다. 그리고 예언서에서는 그들이 파괴시킨 자들인 "살해된 자"(the slain)라는 말이 뜻합니다. 구약의 말씀입니다.

주 나의 하나님이 이렇게 말씀하신다. "너는 잡혀 죽을 양 떼를 먹여라. 사람들이 그것들을 사다가 잡아도, 벌을 받지 않을 것이다. 그것들을 팔아 넘긴 자도 '주님을 찬양하세, 내가 부자가 되었네!' 하고 좋아할 것이다."······ 나는 잡혀 죽을 양 떼를 돌보았다. 특별히 떼 가운데서도 억압을 당하고 있는 양 떼를 돌보았다. 나는 지팡이 두 개를 가져다가, 하나는 '은총'이라고 이름을 짓고, 다른 하나는 '연합'이라고 이름을 지었다. 나는 양 떼를 돌보기 시작하였다(스가랴 11 : 4, 5, 7).
우리가 날마다 죽임을 당하며,
잡아먹힐 양과 같은 처지가 된 것은,
주님 때문입니다.
(시편 44 : 22)
앞으로, 야곱이 뿌리를 내릴 것이다.
이스라엘이 싹을 내고,
꽃을 피울 것이니,
그 열매가 땅 위에 가득 찰 것이다.

주께서, 야곱을 친 자들을 치신 것처럼,
그렇게 혹독하게 야곱을 치셨겠느냐?
주께서,
야곱을 살육하던 자들을 살육하신 것처럼,
그렇게 많이 야곱을 살육하셨겠느냐?
(이사야 27 : 6, 7)
도둑은 다만 훔치고 죽이고 파괴하려고 오는 것뿐이다. 나는, 양들이 생명을 얻고 더 얻어서 풍성함을 얻게 하려고 왔다(요한 10 : 10).

이 밖에도 여러 장절이 있습니다(이사야 14 : 21 ; 26 : 21 ; 에스겔 37 : 9 ; 예레미야 4 : 31 ; 12 : 3 ; 묵시록 9 : 4, 5 ; 11 : 7).
그러므로 악마는 이렇게 불리웠습니다. 요한복음서의 말씀입니다.

너희는 너희의 아버지인 악마에게서 났고, 또 그 아버지의 욕망대로 하려고 한다. 그는 처음부터 살인자였다(요한 8 : 44).

311. 천적인 뜻으로 살인한다는 것은 주님에게 분별없이 화를 내는 것을 뜻하고, 그리고 주님을 미워하는 것을 뜻하고, 그리고 주님의 이름을 더럽히거나, 말살(抹殺)시키기를 열망하는 것을 뜻합니다. 이런 부류의 무리에 관해서, 그들이 주님을 십자가에 못을 박았다고 언급되었고, 그리고 유대 사람이 그렇게 한 것과 같이, 만약에 예전과 같이 주님께서 이 세상에 강림하시면, 그들은 역시 그 짓을 할 것이라고 언급되었습니다. 아래의 장절은 이런 내용을 뜻합니다. 묵시록의 말씀입니다.

그 어린 양은 죽임을 당한 것과 같았습니다(묵시록 5 : 6).
그 도시는 영적으로 소돔 또는 이집트라고도 하는데, 곧 그들의 주님이 십자가에 달리신 곳입니다(묵시록 11 : 8 ; 히브리 6 : 6 ; 갈라디아 3 : 1).

312. 만약에 주님께서 개혁(=바로잡음・改革・reformed)시키지 않으셨다면 사람의 내적인 성품이 어떤 것인지 지옥에 있는 악마들이나 사탄들을 보는 것에서 나에게는 명확합니다. 왜냐하면 그들은 변함없이 마음 속에서는 주님을 살해(殺害)하겠다는 욕망을 가지고 있기 때문입니다. 그리고 그들이 이 짓을 할 수 없기 때문에 그들은 주님에게 헌신하는

자들을 죽이려는 애씀의 상태에 빠져 있습니다. 그러나 그 짓도 할 수 없었습니다. 사람들이 이 세상에 있을 때 이 짓거리를 하기 위하여 그들은 그들의 영혼을 파괴하려고 모든 노력을 다하고 있습니다. 다시 말하면 그들 안에 있는 믿음이나 인애를 멸망, 파괴시키려고 무진 애를 씁니다. 그들에게 있는 본질적인 증오(=미움・憎惡)나 복수(=앙갚음)는 불꽃이 이글이글 타는 모습으로 나타나지만, 그럼에도 불구하고 이런 것들은 불꽃들이 아니고, 다만 그렇게 보이는 외현들일 뿐입니다. 그들의 마음에 속한 잔악함이나, 무자비함은 가끔 그들 위의 공중에서 마치 천사들과 그들의 살인자가 싸우고, 천사들을 이기는 것처럼 보이기도 합니다. 이런 부류의 잔악한 비웃음이나 냉소 따위는 천계에 거스르는 그들의 분노나 미움에서 일어납니다. 더욱이 멀리에서는 이와 동일한 영들은 온갖 종류의 야생 짐승들 같이, 예를 들면 호랑이・표범・늑대・여우・들개・악어나 여러 종류의 뱀들과 같이 보입니다. 그리고 그들이 표징적인 모습으로 유순한 동물들을 보게 되면 그들은 환상 가운데 그것들에게 돌진(突進)하고, 그리고 그것들을 갈기갈기 찢으려고 애를 씁니다. 한번은 내 시야에 어린 아이들과 함께 있는 여인들 곁에 있는 용들이 보였습니다. 그들은 그 어린 것들을 삼켜 버리려고 하고 있었는데, 말하자면, 이런 광경은 묵시록서 12장에 기술된 모습과 같았습니다. 그러나 이들은 주님과 주님의 새로운 교회에 거스르는 증오(憎惡)의 표징 이외에 아무것도 아니었습니다. 이 땅에서 주님의 교회를 파괴, 멸망시키기를 열망한 사람들이 이런 영들과 같은 모습이라는 것은 그들의 동료들에게는 아주 명확하지 않습니다. 왜냐하면 그들이 도덕적인 것들을 통해서 그것들을 실제적으로 실천하는, 그들의 육신적인 몸들은 이런 것들을 모두 흡수하고, 그리고 그것들을 숨기기 때문입니다. 그러나 그들의 육신적인 것들이 아니고 그들의 영적인 것들을 주시, 관찰하는 천사들에게 그들은, 위에서 기술한 것과 같이, 마치 악마들의 모습들로 나타납니다. 주님께서 어떤 자들의 시각을 열어 주시지 않는다면, 그리고 영계를 두루 관찰할 수 있는 능력을 그 누구에게 허락하지 않는다면, 어느 누구가 이런 사실을 알겠습니까? 그리고 만약에 주님께서 그런 일을 허락하시지 않는다면, 그밖에 가장 중요한 사안들도 모두 영원히 사람에게서는 숨겨 있지 않겠습니까?

십성언의 여섯째 계명 : 간음하지 못한다.

313. 자연적인 뜻으로 이 계명은 간통(姦通) 따위를 범하지 않는 것을 뜻할 뿐만 아니라, 또한 외설(猥褻)적인 것들을 뜻하고, 그런 것을 행한 것이나, 호색(好色)적인 것들에 관해서 생각하고, 말로 지껄이는 것들에 주목하지 말아야 할 것을 뜻합니다. 단순하게 간음을 저지르는 것을 마음에서 그리는 것도 간음을 저지른 것이라는 것은 주님의 말씀에서 명확합니다. 마태복음서의 말씀입니다.

> "'간음하지 말아라' 하고 이른 것을, 너희가 들었다. 그러나 나는 너희에게 말한다. 여자를 보고 음욕을 품는 사람은, 누구나 이미 마음으로 그 여자와 간음한 것이다(마태 5 : 27, 28).

이 말씀의 이유는 음욕(淫慾·lust)이 의지에 들어오면, 그것은, 말하자면, 행위가 되기 때문입니다. 왜냐하면 성적인 유혹은 다만 이해에 들어오지만, 그러나 그것이 의지에 들어오면 그것은 의도가 되기 때문입니다. 그리고 음욕의 의도는 곧 행위를 가리키기 때문입니다. 그러나 이 주제에 관한 상세한 내용은, 1768년 암스텔담에서 발간한 나의 저서 ≪혼인애≫에서 다룬 혼인애와 간통애(婚姻愛·姦通愛·Marriage Love and Scortatory)는 정반대이고(전게서 423-443항 참조), 그리고 사통(私通·Fornication)에 관하여(전게서 444-460항 참조), 간음과 그 종류와 그 계도에 관하여(전게서 478-499항 참조), 처녀능욕의 정욕에 관하여(전게서 501-505항 참조), 다양함을 추구하는 정욕에 관하여(전게서 506-510항 참조), 강간(强姦)의 정욕에 관하여(전게서 511·512항 참조), 이노센스를 타락시키는 정욕에 관하여(전게서 513·514항 참조), 혼인적인 사랑과 간통적인 색욕의 전가에 관하여(전게서 523-531항 참조) 라는 내용에서 잘 볼 수 있겠습니다. 이런 일련의 모든 내용들이 자연적인 뜻으로 이 계명이 뜻하는 것입니다.

314. 영적인 뜻으로 "간음을 범한다" 라는 것은 성언에 속한 선들을 섞음질하는 것을 뜻하고, 그리고 성언의 진리들을 위화하는 것을 뜻합니다. "간음을 범한다" 라는 말씀이 이런 뜻이나 내용이라는 것은 지금까지 알려지지 않았습니다. 그것은 성경말씀의 영적인 뜻이 지금까지

감추어져 있었기 때문입니다. 이런 내용이 성경말씀에서 "간음을 범한다" 라는 말씀의 뜻이라는 것, 그리고 또는 "간통한다"(to adulterate), "매춘을 범한다"(to commit whoredom) 라는 등등의 말들 역시 이런 뜻이라는 것은 아래의 장절들에게서 명확합니다. 구약의 말씀입니다.

"예루살렘에 사는 사람들아,
예루살렘의 모든 거리를 두루 돌아다니며,
둘러보고 찾아보아라.
예루살렘의 모든 광장을
샅샅이 뒤져 보아라.
너희가 그 곳에서,
바르게 일하고 진실하게 살려고 하는 사람을
하나라도 찾는다면,
내가 이 도성을 용서하겠다.……
내가 그들을 배불리 먹여 놓았더니,
그들은 창녀의 집으로 몰려가서,
모두가 음행을 하였다."
(예레미야 5 : 1, 7)
이제
내가 예루살렘의 예언자들에게서
끔찍한 일들을 보았다.
그들은 간음을 하고 거짓말을 한다.
(예레미야 23 : 14)
이것은, 그들이 이스라엘 사람으로서 절대로 해서는 안 될 망측한 일을 하였기 때문이다. 그들은 자기 이웃의 아내들과 간음하였고, 나의 이름을 팔아, 내가 시키지도 않은 거짓말을 하였다(예레미야 29 : 23).
아무리 먹어도 배부르지 않고,
아무리 음행을 하여도
자손이 불어나지 않을 것이다.
이 백성이 다른 신들을 섬기려고
나 주를 버렸기 때문이다.
(호세아 4 : 10)
어느 누가, 혼백을 불러내는 여자와 마법을 쓰는 사람에게 다니면서, 그들을 따라 음란한 짓을 하면, 나는 바로 그자에게 진노하여 그를 자기 백성에게서 끊어지게 하겠다(레위기 20 : 6).

너희는 그 땅에 사는 사람들과 언약을 세우지 말아라. 언약이라도 세웠다가, 그들이 자기들의 신들을 음란하게 따르며, 그 신들에게 제사를 드리면서 너희를 초대하면, 너희가 그 초대를 거절하지 못하고, 그리로 가서, 그 제물을 먹지 않겠느냐?(출애굽기 34 : 15).

바빌론이 다른 자들에 비하여 더 많이 성언을 섞음질하고(=모독하고), 위화하였기 때문에 바빌론이 큰 창녀(the great harlot)라고 불리웠고(묵시록 17 : 1), 묵시록서에는 그녀에 관해서 이렇게 언급되었습니다.

"세상의 왕들이 그 여자로 더불어 음행을 하였고, 땅에 사는 사람들이 그 여자의 음행의 포도주에 취하였다" 하고 말하였습니다(묵시록 17 : 2).
큰 도시 바빌론이 무너졌다. 바빌론은 자기 음행으로 빚은 진노의 포도주를 모든 민족에게 마시게 한 도시다(묵시록 14 : 8).
그분의 심판은 참되고 의로우시다.
음행으로 세상을 망친
 그 큰 창녀를 심판하셨다.
자기 종들의 피를 흘리게 한
그 여자를 멸하셨습니다.
(묵시록 19 : 2)

유대 민족이 성언을 위화하였기 때문에, 그 민족은 주님에 의하여 이렇게 불리웠습니다.

악하고 음란한 세대(마태 12 : 39 ; 16 : 4 ; 마가 8 : 38).
간통하는 자와 창녀의 씨들(이사야 57 : 3).

이 밖에도 수많은 장절들이 있는데, 어디에서나 "간통들"(adulteries)이나 "매춘들"(=우상숭배・whoredoms)은 성경말씀(聖言)의 섞음질(=모독・adulteration)이나 위화들(falsifications)을 뜻합니다. 예를 들면 이런 장절들이 되겠습니다. 예레미야 3 : 6, 8 ; 13 : 27 ; 에스겔 16 : 15, 16, 26, 28, 29, 32, 33 ; 23 : 2, 3, 5, 7, 11, 14, 16, 17 ; 호세아 5 : 3 ; 6 : 10 ; 나훔 3 : 4 등입니다.

315. 천적인 뜻입니다. "간음을 범한다" 라는 것은 성언의 거룩함(the holiness of the Word)을 부인하는 것을 뜻하고, 그것을 모독(冒瀆)하고,

더럽히는 것을 뜻합니다. 이러한 뜻은, 성언의 선들을 모독하고, 섞음질 하는 것이나 성언의 진리들을 위화하는 것을 가리키는 선행하는 영적인 뜻에서 뒤이어집니다. 교회에 속한 모든 것들이나 종교에 속한 모든 것들을 마음 속에서 조롱하는 자들에 의하여, 성언의 거룩함((the holiness of the Word)은 부인되고, 모독됩니다. 왜냐하면 기독교계에서 교회나 종교에 속한 모든 것들은 성언(=성경말씀·the Word)에서 오기 때문입니다.

316. 그 때 사실 그 사람 자신은 절대적으로 부정(不貞)하고, 음탕하면 서, 사람이 자기 자신에게는 물론 다른 자들에게도 정숙하게 보이려는 데는 수많은 원인들이 있습니다. 그것은 온갖 탐욕들이 의지를 독차지 하고 있다는 것을 그가 알지 못하기 때문이고, 그리고 그것이 행위(行爲·deed)이고, 그리고 회개한 뒤에 주님에 의한 것이 아니면 제거될 수 없다는 것을 모르기 때문입니다. 사람은 행동하는 것을 삼가는 것에 의 하여 정숙하게 만들지 못하고, 오히려 행동하는 것이 가능할 때 그것이 죄이기 때문에 원하고 뜻하는 것을 삼가는 것에서 정숙하게 만드는 것 이기 때문입니다. 어느 누구가 단순히 시민법이나, 그 법의 형벌들의 두려움 때문에 간음이나 매춘 따위를 삼간다면, 그리고 명성이나 명예 따위의 실추(失墜)의 두려움 때문에, 그것들에게서 야기되는 온갖 질병 들의 두려움 때문에, 집안에서 아내의 질책(叱責)이나 비난(非難)들의 두 려움, 결과적으로는 생활의 불화(不和)의 두려움 때문에, 남편이나 일가 친척들의 복수의 두려움 때문에, 그들의 종들에 의한 매질의 두려움 때 문에 삼간다면, 그리고 또한 온갖 탐욕 때문에, 질병·비난·무기력의 여러 원인들에 의한 병약(病弱)이나 질환 때문에 간음을 삼가는 것이라 면, 만약에 자연법, 즉 도덕률 때문에 그가 간음을 삼가지만, 동시에 영 적인 법 때문에 삼가는 것이 아니라면, 그럼에도 불구하고 그는 내적으 로는 간음자(adulter)이고, 간통자(fornicator)입니다. 왜냐하면 더욱이 간 음이나 매춘 따위가 죄가 아니라고 믿는 사람은 거의 없기 때문에 그러 므로 하나님 앞에서 그는 그것들을 영으로는 불법적인 것을 행한다고 믿지 않기 때문입니다. 따라서 그가 이 세상 앞에서 육신적으로 그것들 을 범하지 않았지만, 영으로는 그가 그것들을 범하였습니다. 결과적으 로 그가 사후에 영이 되었을 때 그는 공개적으로 그런 것들을 선호해서 떠버릴 것입니다. 더욱이 간통자들은 온갖 계약들을 파기(破棄)하는 자

에게 비교되겠습니다. 그리고 또한 간통자들은, "우리와 장난치고 놀 처녀들은 어디에 있고, 약혼할 미혼 여자들은 어디에 있고, 결혼할 아낙들은 어디에 있습니까?"라고 소리를 지르면서 숲 속에서 돌아다니던, 고대의 호색한(好色漢·satyr)이나 프리아피(priapi)에 비교되겠습니다. 그리고 더욱이 영계에서는 간음자들은 실제로 호색가나 프리아피의 모습으로 나타납니다. 그들은, 그것들의 암내에 홀려서 암캐를 따라다니는 거리의 수캐들이나 숫염소 따위에 비교되겠습니다. 그들이 남편이 되었을 때 그들의 정력은 며칠 안에 꽃잎이 다 떨어지는 봄철에 피는 튤립에 비교될 수 있겠습니다.

십성언의 일곱째 계명 : 도둑질하지 못한다.

317. 자연적인 뜻으로 이 계명은 그것의 문자에 따라서 평화 시에 도둑질하지 말라는 것, 빼앗지 말라는 것, 해적질을 하지 말라는 것을 뜻하고, 그리고 일반적으로는 몰래, 또는 어떤 구실로, 어느 누구의 재물(goods)을 탈취(奪取)하지 말라는 것을 뜻합니다. 이 계명은 역시 모든 사기들이나, 불법적인 재물, 고리대금 행위(高利貸金行爲·usury)·강탈(强奪·exaction)에까지 연장, 확대되고, 세금이나 관세 부과에서 부정행위를 하는 것이나, 부채를 면제하는 일에서 부정행위를 하는 것을 뜻합니다. 노동자들(=피근로자들)은, 그들이 자기 자신들의 과업을 불성실하게, 부실(不實)하게 할 때 이 계명을 범하는 것입니다. 상인들은, 그들이 그들의 상거래에서 저울 눈금이나 자막대기의 치수를, 그리고 그들의 거래에서 속이는 짓을 할 때, 이 계명을 범하는 것이고, 장교들은, 그들이 부하들의 급료들에서 빼돌릴 때 이 계명을 범하는 것이고, 법관들은, 그들이 우정관계 때문에, 사례금(謝禮金)이나 친인척 관계 때문에 어떤 판결을 내릴 때, 또는 그 밖의 다른 이유들 때문에 법을 악용하거나 증거를 방해하는 짓을 할 때, 이 계명을 범하는 것입니다. 그리고 정당한 남의 재산을 빼앗을 때 이 계명을 역시 범하는 것입니다.

318. 영적인 뜻으로 도둑질한다(to steal)는 것은 거짓들이나 이단사설(heresies)에 의하여 행하는 것을 가리키는, 다른 사람들에게서 그들의 믿음에 속한 진리들을 빼앗는 것을 뜻합니다. 만약에 오직 재물이나 소

득을 위해서 또는 명예에 대한 욕망에서 사제의 직무를 하는 사제들은, 그리고 참된 것이 아닌 것을 알고 있거나 알 수 있는 것을 성경말씀에서 가르치는 사제들은 영적인 도둑들(spiritual thieves)입니다. 왜냐하면 그 백성에게서 믿음의 진리들을 가리키는 구원의 길을 제거하기 때문입니다. 이런 부류는 아래의 장절에서와 같이 성경말씀에서 도둑들이라고 불리웠습니다. 복음서의 말씀입니다.

> 양 우리에 들어갈 때에, 문으로 들어가지 않고 다른 곳으로 넘어 들어가는 사람은 도둑이요 강도이다.……도둑은 다만 훔치고 죽이고 파괴하려고 오는 것뿐이다(요한 10 : 1, 10).
> 도둑들이 뚫고 들어와서 훔쳐간다. 너희 재물을 하늘에 쌓아 두어라. 도둑들이 뚫고 들어와서 훔쳐 가지도 못한다(마태 6 : 19, 20).

예언서의 말씀입니다.

> 너에게 도둑 떼가 들거나,
> 밤중에 강도 떼가 들이닥쳐도,
> 자기들에게 필요한 만큼만 빼앗아 간다.
> (오바댜 1 : 5)
> 그들은 성 안으로 들어간다.
> 성벽을 뛰어넘고, 건물을 기어오르고,
> 도둑처럼 창문을 넘어
> 집 안으로 쳐들어간다.
> (요엘 2 : 9)
> (그들은) 서로 속이고,
> 안으로 들어가서 도둑질하고,
> 밖으로 나가서 떼지어 약탈한다.
> (호세아 7 : 1)

319. 천적인 뜻으로 도둑들(thieves)은 주님에게서 그분의 신령능력을 빼앗아가는 자를 뜻하고, 그리고 또한 주님의 공로(His merit)나 의(義)를 자기 자신의 것으로 요구하는 자들을 뜻합니다. 심지어 그들이 하나님을 경배, 예배한다고 해도 여전히 그들은 주님을 신뢰하지 않고, 오히려 자기 자신을 신뢰, 믿을 것이고, 그리고 또한 하나님을 믿지 않고,

오히려 자기 자신을 믿을 것입니다.

320. 비록, 그들이 성경말씀을 읽고, 그리고 그것으로 말미암아 거짓된 것이나 참된 것을 안다고 해도 거짓이나 이단사설을 가르치고, 그리고 그것이 참된 것이고, 정설(正說)이라고 보통 사람들을 설득하는 자들은, 그리고 또한 온갖 오류들에 의하여 종교에 속한 거짓들을 확증하고, 그리고 그것에 의하여 사람들을 유혹(誘惑), 속이는 자들은 사기꾼들(impostors)이나 온갖 종류의 사기(詐欺)들에 비교될 수 있겠습니다. 그리고 이런 사기들은 영적인 뜻으로 본질에서는 도둑들(thefts)이고, 그리고 이런 부류의 작자들은 위조주화(僞造鑄貨)들을 도금(鍍金)해서 겉보기에는 금회(金貨)로 위조(僞造)하여 정상적인 금화로 유통시키는 화폐위조자들(貨幣僞造者·counterfeiters)에게 비교되겠고, 그 때 그들은 크리스탈을 기술적으로 정교하게 자르고, 광을 내고, 그것들을 잘 갈고 닦아서, 그것들을 다이아몬드로 팔아먹는 방법을 잘 알고 있는 자들에게 비교될 수 있고, 그리고 또한 원숭이들을 데려다가 사람들처럼 옷을 입히고, 그들의 얼굴들을 가리고, 말들이나 노새 등에 태우고, 성내를 두루 돌아다니면서, 그들이 바로 고대 혈통 가문의 귀족들이라고 떠벌이는 작자들에게 비교될 수 있겠습니다. 그들은 또한 여러 색깔의 페인트로 칠을 한 가면(假面)을 씌우고, 본래의 멋질 얼굴을 가리고, 숨기는 자들과 같습니다. 그들은 또한, 마치 금이나 은에서 빛을 내는 것과 같이, 투명 석고나 운모(雲母)같이 보여 주고, 매우 값진 광맥에서 취한 것으로 그것들을 팔려고 애쓰는 자들에게 비교되겠습니다. 그들은 또한 참된 신령예배에서 사람들을 연극기법들에 의하여 인도하고, 그리고 교회들에서 극장(playhouse)으로 안내하는 자들과 같습니다. 온갖 종류의 거짓을 만들어 놓고, 한순간도 진리들을 생각하지 않고, 오직 금전이나 자신의 영예의 탐욕 때문에 목회자의 임무를 수행하는, 따라서 영적인 도둑들과 같이, 어느 집 문을 열고 들어가 도둑질하는 자와 같고, 그리고 날카로운 눈을 가지고 살진 먹이를 찾는, 표범이나 독수리와 같습니다.

십성언의 여덟째 계명 : 너희 이웃에게 불리한 거짓 증언을 하지 못한다.

321. "이웃에게 거짓 증언을 한다" 또는 거짓으로 증언한다는 것은 자연적인 뜻인 문자에 가장 가까운 뜻으로는 법관 앞에서, 또는 법정은 아니라고 해도 다른 사람들 앞에서 거짓된 증거의 역할을 담당하는 것을 뜻하고, 그리고 분별없이 남을 비난하고, 고소하는 자들에 대하여, 그리고 하나님의 이름이나, 거룩한 것으로 악의로 다른 사람을 고소나 고발을 지지하는 것, 또는 어느 개인의 영향력이나, 그의 개인적인 명성의 힘에 의하여 고소나 고발을 지지하는 것을 뜻합니다. 보다 넓은 자연적인 뜻으로 이 계명은, 악한 목적에 대하여 시민적인 생활에서 온갖 종류의 거짓말이나 위선적인 행위들을 금지하는 것을 뜻하고 그리고 또한 이웃을 비방(誹謗), 중상하는 것을 금지하는 것을 뜻하고, 그리고 사람의 전 인격이 그것에 의존하고 있는 이웃의 명예·이름·명성 따위를 위해(危害)하는 것을 금지하는 것을 뜻합니다. 그리고 가장 넓은 자연적인 뜻으로 이 계명은 다른 사람에 대하여 음모(陰謀)를 획책(劃策)하는 것이나, 교활한 방책(方策)들을 꾸미는 것을 금지하는 것들, 그리고 갖가지 근원에서 솟아나는 어느 누구에 대하여 사전에 생각, 계획하는, 예를 들면 적대(敵對)·미움·복수·질투·경쟁심이나 이와 비슷한 것들이 되겠습니다. 왜냐하면 이런 악들은 그것들 안에 거짓증거를 감추고 있기 때문입니다.

322. 영적인 뜻으로 "거짓 증거"(=거짓을 증거한다)는 거짓된 신념이 참된 신념이고, 악한 삶이 선한 삶이라고 설득하는 것을 뜻하고, 그리고 그것의 반대를 뜻하고, 그리고 무지(無知)에서가 아니고, 어떤 목적에서 이런 짓을 하는 것을 뜻합니다. 다시 말하면 그 전에는 아니지만, 참된 것이 무엇이고, 선한 것이 무엇인지 배운 뒤에도 이런 짓거리를 하는 것을 뜻합니다. 왜냐하면 주님께서 이렇게 말씀하셨기 때문입니다. 요한복음서의 말씀입니다.

> 예수께서 그들에게 말씀하셨다. "너희가 눈이 먼 사람들이라면, 도리어 죄가 없었을 것이다. 그러나, 너희가 지금 본다고 말하니, 너희의 죄가 그대로 남아 있다(요한 9 : 41).

성경 말씀에서 아래 장절에서와 같이, 이런 종류의 거짓을 "거짓말"(a lie)이라고 하고, 목적이나 의도를 "속임"(=사기·deceit)이라고 하겠습니다. 예언서의 말씀입니다.

"우리는 죽음과 언약을 맺었고
스올과 협약을 맺었다.
거짓말을 하여 위기를 모면할 수도 있고,
속임수를 써서 몸을 감출 수도 있으니,
재난이 닥쳐와도
우리에게는 절대로 미치지 않는다."
(이사야 28 : 15)
이 백성은 반역하는 백성이요,
거짓말을 하는 자손으로서,
주의 율법은
전혀 들으려 하지 않는 자손이다.
(이사야 30 : 9)
예언자와 제사장까지도
모두 한결같이 백성을 속였다
(예레미야 8 : 10)
백성들은 거짓말장이들이다.
그들의 혀는 속이는 말만 한다.
(미가 6 : 12)
거짓말을 일삼는 자들을 멸망시키시고,
피를 흘리는 것과 속이기를 좋아하는 자들을
몹시도 싫어하십니다.
(시편 5 : 6)
누구나 이렇게 자기 이웃을 속이며,
서로 진실을 말하지 않고 있다.
그들의 혀는 거짓말을 하는 데
길들여져 있다.
죄 짓는 일을 그치려 하지 않는다.
서로 속고 속이는 일을 되풀이하면서
기만 가운데 살기 때문에,
아무도 나를 알려고 하지를 않는다.

(예레미야 9 : 5, 6)

"거짓말"(a lie)이 거짓된 것을 뜻하기 때문에 주님께서는 이렇게 말씀하십니다. 요한복음서의 말씀입니다.

그가 거짓말을 할 때에는 본성에서 그렇게 하는 것이다. 그는 거짓말쟁이요, 거짓의 아버지이기 때문이다(요한 8 : 44).

아래의 장절에서 "거짓말"은 거짓된 것을 뜻하고, 그리고 거짓을 말하는 것을 뜻합니다. 예레미야 23 : 14, 32 ; 에스겔 13 : 6-9 ; 21 : 29 ; 호세아 7 : 1 ; 12 : 1 ; 나훔 3 : 1 ; 시편 120 : 2, 3이 되겠습니다.

323. 천적인 뜻으로 거짓 증언을 한다는 것은 주님이나 성언을 모독(冒瀆・blaspheming)하는 것, 따라서 교회에게서 진리 자체를 추방하는 것을 뜻합니다. 왜냐하면 주님께서 진리 자체이시기 때문이고, 성언(聖言)이시기 때문입니다. 다른 한편 천적인 뜻으로 증언한다는 것은 진리를 말하는 것을 뜻하고, 그리고 증거(testimony)는 진리 자체를 뜻합니다. 이런 이유 때문에 십성언(十聖言・the Decalogue)은 "증거"(the testimony)라고 불리었습니다(출애굽 25 : 16, 21, 22 ; 31 : 7, 18 ; 32 : 15, 16 ; 40 : 20 ; 레위기 16 : 13 ; 민수기 17 : 4, 7, 10). 그리고 주님께서는 진리 자체이시기 때문에 주님께서는 당신 자신에 관해서 그분께서 증거한다고 말씀하십니다.

내가 곧 길이요 진리요 생명이다(요한 14 : 6 ; 묵시록 3 : 7, 14).
우리는 우리가 아는 것을 말하고, 우리가 본 것을 증언한다(요한 3 : 11 ; 8 : 13-19 ; 15 : 26 ; 18 : 37, 38).

324. 사기에서, 또는 의도적으로 거짓들을 말하고, 이른바 위화된 것을 가리키는, 성경말씀에서 비롯된 진리들을 그것들과 뒤섞어서 더욱 그런 것같이 꾸민, 영적인 정동을 모방한 음색으로 그것들을 발성하는 사람들을 고대 사람들은 그들을 마술사들(魔術師・sorcerers)이라고 불렀습니다. 이들에 관해서는 《묵시록 계현》 462항에서 읽을 수 있겠습니다.

그리고 그런 부류의 마술사들은 역시 비단뱀(=이무기·pythons)들이나, 선과 악의 지식의 나무의 뱀들(serpents of tree of the knowledge of good and evil)이라고 하였습니다. 이런 부류의 거짓말쟁이들(=위조자들·falsifiers)·거짓말쟁이들(liars)·사기꾼들(deceivers)은 부드럽고 우정어린 예의나 말투로 그들이 미워하는 자들과 대화하는 사람들에게 비교될 수 있겠습니다. 또한 등 뒤에는 죽이려고 칼을 숨기고 말하는 자들에게 비교될 수 있겠습니다. 그들은 마치 그들의 칼에 독을 바르고, 그들의 적군들을 공격하는 자들에게 비교될 수 있겠습니다. 그리고 또한 그들은, 마치 물과 독약을 뒤섞는 자들에게, 또는 포도주와 사탕과자에 독약을 섞는 자들에게 비교되겠습니다. 그리고 그들은 또한 악성 질병에 감염된 자가 곱게 꾸민 창녀나 멋진 사내들에게 비교될 수 있고, 그리고 코에 가까이 댔을 때 후각을 찌르는 관목(灌木)들과 같고, 그리고 감미로운 독약과 같고, 가을철 메마른 땅에서 냄새를 풍기는 오물들에 비교되겠습니다. 이런 무리들이 성경말씀에서는 표범들에 의하여 묘사, 기술되었습니다(≪묵시록 계현≫ 572항 참조).

십성언의 아홉째 계명 : 너희 이웃의 집을 탐내지 못한다. 너희 이웃의 아내나 남종이나 여종이나 소나 나귀나 할 것 없이, 너희 이웃의 소유는 어떤 것도 탐내지 못한다.

325. 현재 사용되고 있는 교리문답집(敎理問答集·the catechisms)에서 이 계명은 두 개로 나뉘어져 있는데, 아홉째를 형성하는 것은 "너희는 이웃의 집을 탐내지 못한다"라는 것이고, 열째를 형성하는 둘째 것은 "너희는 너희의 이웃의 아내나 남종이나 여종이나 소나 나귀나 할 것 없이, 너희 이웃의 소유는 어떤 것도 탐내지 못한다"라는 것입니다. 이 두 계명은 하나의 계명으로 이루고 있기 때문에, 그리고 출애굽기 20장 17절과 신명기 5장 21절에서도 한 구절로 이루어져 있기 때문에, 나는 이들 둘을 한 계명으로 묶어서 다루었지만, 그것은 이들 둘을 한 계명으로 묶어버리는 것이 바라는 것이 아니고, 그러나 지금까지 이들 둘은 둘로 나누어서 다루어졌는데, 그 이유는 그 계명들이 구약, 즉 히브리어 성서에서 "열 가지 말씀"(=십 성언들·the Ten Words)이라고 불

리웠기 때문입니다(출애굽기 34 : 28 ; 신명기 4 : 13 ; 10 : 4).
326. 이들 두 계명들은 앞서의 계명들과 관계를 가지고 있습니다. 그리고 가르치고, 요구, 강요하고 있는 것은, 온갖 악들은 결코 행해서는 안 된다는 것이고, 그리고 그것들을 열망해서도 안 된다는 것입니다. 결과적으로 악들은 겉사람(the external man) 뿐만 아니라, 속사람(the internal man)에게 관계하거나, 어울려도 안 된다는 것입니다. 그것은 악들을 행하는 것을 억제, 삼간다고 해도, 그럼에도 불구하고 일반적으로 겉사람은 그것들을 행하기를 열망하고, 그리고 여전히 그것들을 행하기 때문입니다. 왜냐하면 주님께서 이렇게 말씀하셨기 때문입니다. 마태복음서의 말씀입니다.

> "'간음하지 말아라' 하고 이른 것을, 너희가 들었다. 그러나 나는 너희에게 말한다. 여자를 보고 음욕을 품는 사람은, 누구나 이미 마음으로 그 여자와 간음한 것이다"(마태 5 : 27, 28).

그리고 오직 음욕들이 제거되었을 때, 겉사람은 속사람이 되고, 또한 겉사람은 속사람과 같이 한 사람으로 행동합니다. 역시 이 사실도 주님께서는 이런 말씀으로 가르치셨습니다. 마태복음서의 말씀입니다.

> 율법학자들과 바리새파 사람들아! 위선자들아! 너희에게 화가 있다! 너희는 잔과 접시의 겉은 깨끗이 하지만, 그 안은 탐욕과 방종으로 가득 채우기 때문이다. 눈먼 바리새파 사람들아! 먼저 잔 안을 깨끗이 하여라. 그리하면 그 겉도 깨끗하게 될 것이다(마태 23 : 25, 26).

이 장 전체는 동일한 내용을 가르치고 있습니다. 바리새파 사람들이 가리키는 내적인 것들은 십성언(十聖言)의 첫째・둘째・다섯째・여섯째・일곱째・여덟째 계명에서 행하는 것을 금하고 있는 것들을 열망하는 것들입니다. 우리가 이미 주지하고 있는 것은, 주님께서 이 세상에 계실 때 주님께서는 교회에 속한 내적인 것들을 가르치셨고, 그리고 이런 내적인 것들은 악을 열망하는 것이 아니라는 것입니다. 그리고 주님께서는 속사람과 겉사람이 하나를 이루기 위하여 그와 같이 가르치셨다는 것입니다. 이러한 하나됨이, 주님께서 요한복음의 3장에서 니고데모에게 그것에 관해서 말씀하신, "누구든지 다시 나야 한다" 라는 말씀의 뜻입니다. 그리고 주님에게서 비롯되는 것을 제외하면, 사람은 그 누구도 다시 태어날 수 없고, 따라서 중생될 수 없습니다. 결과적으로 주님으로 말미암은 것을 제외하면 속사람이 될 수 없습니다. 이들 두 계명들은 앞서의 계명들과 관계를 가지고 있습니다. 그것에서 금하고 있는 모든 것들은 열망해서는 안 되는 것들이기 때문에, 제일 처음에는 집(house)이 언급되었고, 그 뒤에는 아내, 그리고 그 뒤에는 남종, 여종, 소, 나귀가 언급되었고, 마지막으로 이웃의 모든 것들이 언급되었습니다. 왜냐하면 가정에서 남편이 주인인 것과 같이, 아내는 집안의 여자 주인이기 때문입니다. 그리고 남종들이나 여종들은 이들 주인들 아래에 있고, 소와 나귀는 후자들 아래에 있고, 그리고 이웃의 모든 것들을 가리키는 마지막의 것들은 아래에나 밖에 있기 때문입니다. 그러므로 이들 두 계명들 안에 있는 것은 일반적인 것이나 개별적인 것으로, 또는 넓은 뜻이나 한정적인 뜻으로 이들 양자들은 앞서의 것들에 관련되어 있다는 것은 분명합니다.

327. 영적인 뜻으로 이 두 계명은 영적인 것에 정반대되는 것은, 따라서 주로 믿음이나 인애에 관계되는 것을 가리키는, 교회에 속한 영적인 것들에 정반대가 되는 모든 욕망들은 금하여야 한다는 것입니다. 왜냐하면, 만약에 이런 욕망들이 억제, 제압되지 않는다면, 느슨해진 육신은 모든 사악한 것에 저돌(猪突)적으로 달려갈 것이기 때문입니다. 그것은 바울의 이런 말씀에서 잘 알 수 있습니다. 갈라디아서의 말씀입니다.

> 육체의 욕망은 성령을 거스르고, 성령이 바라시는 것은 육체를 거스릅니다. 이 둘이 서로 적대 관계에 있으므로, 여러분은 자기가 원하는 일을 할 수 없게 됩니다(갈라디아 5 : 17).

야고보서의 말씀입니다.

> 사람이 시험을 당하는 것은 각각 자기의 욕심에 이끌려서, 꾐에 빠지기 때문입니다. 욕심이 잉태하면 죄를 낳고, 죄가 자라면 죽음을 낳습니다(야고보 1 : 14, 15).

베드로서의 말씀입니다.

> 주님은 경건한 사람을 시련에서 건져 내시고, 불의한 사람을 벌하셔서, 심판 날까지 가두어 두실 것입니다. 특히 더러운 정욕에 빠져서 육체를 따라 사는 자들과, 권위를 멸시하는 자들을, 그렇게 하실 것입니다(베드로 후서 2 : 9, 10).

간추려서 요약해서 말하면, 영적인 뜻으로 이 두 계명들은 앞서의 영적인 뜻으로 언급, 설명된 모든 것들과 관계를 가지고 있다고 이해되겠는데, 그것은 곧 반드시 욕망을 따르면 안 된다는 것입니다. 그러므로 마찬가지로 앞에서 천적인 뜻으로 언급, 설명된 모든 것들과 관계를 가지고 있으므로 그 내용들을 다시 반복해서 설명할 필요는 없겠습니다.

328. 온갖 욕망에서 분리된, 다시 말하면 영에 속한 정동들이나 바람들, 또는 기쁨들에게서 분리된 육신의 욕망이나 시각의 욕망, 또는 그 밖의 다른 감관들에 속한 욕망은 짐승들의 욕망과 전적으로 같습니다. 결과적으로 그것들은 본질적으로 짐승의 것들과 꼭 같습니다. 그러나 영에 속한 정동들은 천사들이 가지고 있는 그런 것이고, 그러므로 그런 것들은 참된 사람이라고 할 수 있겠습니다. 이런 이유 때문에 어느 누구나 육신에 속한 욕망이나 정욕들로 만족하는 것에 비례하며 그는 짐승이고, 야생동물입니다. 그러나 어느 누구나 영에 속한 바람들로 만족하는 것에 비례하여 그는 사람이고, 천사입니다. 육체에 속한 욕망이나 정욕은, 시들고 말라비틀어진 포도나 들포도(wild grapes)에 비교되겠지만, 그러나 영에 속한 정동들은 맛있고 향기로운 포도즙에 비교될 수 있고, 그리고 그것들에게서 짜낸 포도주의 감칠맛에 비교될 수 있겠습니다. 육체에 속한 욕망들이나 정욕들은 나귀들·염소들·돼지들이 뒹구는 두엄간에 비교될 수 있지만, 그러나 영에 속한 정동들은 멋지고, 고상한 말들·양들·어린 양이 사육(飼育)되는 우리에 비교될 수 있겠습니다. 그리고 이런 것들의 차이는 마치 당나귀와 말의 차이와 같고, 그리고 염소와 양, 돼지와 어린 양의 차이와 같습니다. 일반적으로는 녹슨 철조각과 순금의 차이와 같고, 석회석과 은의 차이나, 석탄이나 루비의 차이나, 그 밖의 등등의 차이와 같습니다. 욕망(=정욕·lust)과 행위(行爲·deed)는 마치 피와 살(flesh)이, 그리고 불꽃과 기름과 같이,

아주 밀접한 관계입니다. 왜냐하면 욕망(=정욕)은 행위 안에 있기 때문이데, 그것은 마치 폐장에서 나오는 공기가 숨 쉬는 것이나, 말하는 것에 있는 것과 같고, 그리고 배가 순풍에 돛을 달고 갈 때와 같이 바람은 돛에 있습니다. 그리고 기계의 움직임(motion)이나 작동(action)에서 물은 수차(水車)에 있는 것과 같습니다.

십성언의 열 계명들은, 하나님사랑에 속한 모든 것들과, 이웃을 향한 사랑(=인애·仁愛)에 속한 모든 것들을 담고 있다.

329. 십성언(十聖言)에서 첫째·둘째·다섯째·여섯째·일곱째·여덟째·아홉째·열째의 여덟 계명에는 하나님사랑과 이웃사랑에 관해서 언급된 것은 아무것도 없습니다. 그것은 하나님께서는 사랑받아야 하고, 그 분의 이름은 거룩히 여김을 받아야 하고, 그리고 이웃은 사랑을 받아야 한다고 언급되지 않았기 때문입니다. 결과적으로 사람은 신실하게, 공정하게 다루어져야 한다고 언급되었습니다. 그리고 또한 언급된 것은 "너희는 내 앞에서 다른 신들을 섬기지 못한다" "너희는 주 너희 하나님의 이름을 함부로 부르지 못한다" "살인하지 못한다" "간음하지 못한다" "도둑질하지 못한다" "너희 이웃에게 불리한 거짓 증언을 하지 못한다" "너희 이웃에 속한 것을 탐내지 못한다" 라고 언급되었습니다. 지극히 일반적인 것은 하나님이나 또는 이웃에게 거스르는 악은 의지나 생각(=이해)에서 품지 말라는 것이고, 그리고 행동하지 말라는 것입니다. 이런 것들이 사랑이나 인애에 직접적으로 관계되는 것으로 명령되지 않고, 다만 그런 것들에 반대되는 것들이고, 그리고 행하지 말라고 언급된 이유는 사람이 죄이기 때문에 악들을 멀리하고, 기피(忌避)하는 것에 비례하여, 그 사람은 사랑이나 인애에 속한 선들을 원하는 것이기 때문입니다. 하나님사랑이나 이웃사랑에 속한 으뜸 되는 것은 악을 행하지 않는 것이고, 그 둘째는 선을 행하는 것이라는 것을 인애를 다루고 있는 우리의 책에서(본서 7장 참조) 잘 볼 수 있겠습니다.

[2] 사랑들-하나님사랑과 이웃사랑-에 반대되는 것이 둘(2)이 있는데, 하나는 선을 열망하고, 선을 행하는 사랑이고, 다른 하나는 악을 열망

하고, 악을 행하는 사랑입니다. 후자는 지옥적인 사랑(=애욕)이고, 전자는 천계적인 사랑입니다. 왜냐하면 지옥은 오로지 악을 행하는 것에 속한 사랑(=애욕) 안에 있기 때문이고, 그리고 천계는 오로지 선을 행하는 것에 속한 사랑 안에 있기 때문입니다. 그 때 사람은 온갖 종류의 악들 가운데 태어나기 때문에, 그러므로 출생에서부터 사람은 지옥에 속한 것에 기울어있습니다. 그리고 그가 다시 나고, 중생하지 않는다면 그는 천계에 들어갈 수 없기 때문에, 지옥에 속한 악은, 천계적인 것을 가리키는 선들을 그가 열망하기 전에 반드시 옮겨야 합니다. 왜냐하면 사람이 악마에게서 분리, 떠날 때까지, 어느 누구도 주님에 의하여 적용될 수 없기 때문입니다. 그러나 악들이 어떻게 제거되고, 그리고 사람이 어떻게 선을 행할 수 있게 옮겨지는지는 회개(Repentance)와 그리고 개혁과 중생(Reformation and Regeneration)의 두 장에서 입증될 것입니다(본서 9·10장 참조).

[3] 사람이 행하는 선이 하나님의 안전(眼前)에서 선이 되기 전에는 악들을 반드시 버려야 한다는 것은 주님께서는 이사야서에서 이렇게 가르치셨습니다. 이사야서의 말씀입니다.

> 너희는 씻어라.
> 스스로 정결하게 하여라.
> 내가 보는 앞에서
> 너희의 악한 행실을 버려라.
> 악한 일을 그치고,
> 옳은 일을 하는 것을 배워라.
> 정의를 찾아라.
> 억압받는 사람을 도와주어라.
> 고아의 송사를 변호하여 주고
> 과부의 송사를 변론하여 주어라.
> 주께서 말씀하신다.
> "오너라! 우리가 서로 변론하자.
> 너희의 죄가 주홍빛과 같다 하여도
> 눈과 같이 희어질 것이며,
> 진홍빛과 같이 붉어도
> 양털과 같이 희어질 것이다."

(이사야 1 : 16-18).

예레미야서의 아래 장절도 비슷한 내용입니다.

> 주의 성전 문에 서서, 주를 경배하려고 문으로 들어오는 모든 유다 사람에게 주의 말씀을 큰소리로 일러주라고 하셨다. "나 만군의 주 이스라엘의 하나님이 말한다. 너희의 모든 생활과 행실을 고쳐라. 그러면 내가 이 곳에서 너희와 함께 머물러 살겠다. '이것이 주님의 성전이다, 주님의 성전이다, 주님의 성전이다' 하고 속이는 말을, 너희는 의지하지 말아라.……너희는 모두 도둑질을 하고, 사람을 죽이고, 음행을 하고, 거짓으로 맹세를 하고, 바알에게 분향을 하고, 너희가 알지 못하는 다른 신들을 섬긴다. 너희는 이처럼 내가 미워하는 일만 저지르고서도, 내 이름으로 불리는 이 성전으로 들어와서, 내 앞에 서서 '우리는 안전하다' 하고 말한다. 너희는 그런 역겨운 모든 일들을 또 되풀이하고 싶어서 그렇게 말한다. 그래, 내 이름으로 불리는 이 성전이, 너희의 눈에는 도둑들이 숨는 곳으로 보이느냐? 여기에서 벌어진 온갖 악을 나도 똑똑히 다 보았다. 나 주의 말이다(예레미야 7 : 2-4, 9-11).

[4] 온갖 악들에게서 씻기어지기 전에, 또는 악으로부터 정화(淨化)하기 전에 하나님에게 드리는 기도가 경청(傾聽)되지 않는다는 것은 역시 이사야서에서 가르쳐졌습니다.

> 슬프다!
> 죄 지은 민족, 허물이 많은 백성,
> 흉악한 종자, 타락한 자식들!
> 너희가 주님을 버렸구나.
> 이스라엘의 거룩하신 분을 업신여겨서,
> 등을 돌리고 말았구나.……
> 너희가 팔을 벌리고 기도한다 하더라도,
> 나는 거들떠보지도 않겠다.
> 너희가 아무리 많이 기도를 한다 하여도
> 나는 듣지 않겠다.
> 너희의 손에는 피가 가득하다.
> (이사야 1 : 4, 15)

사람이 십성언에서 명령된 것인 악을 기피(忌避)할 때, 사랑이나 인애가 뒤이어진다는 것은 요한복음서의 주님의 말씀에서 명확합니다. 그 책의 말씀입니다.

> (예수께서 말씀하셨다.) "내 계명을 받아서 지키는 사람은 나를 사랑하는 사람이요, 나를 사랑하는 사람은 내 아버지의 사랑을 받을 것이다. 그리고 나도 그 사람을 사랑하여, 그에게 나를 드러낼 것이다."……예수께서 그에게 대답하셨다. "누구든지 나를 사랑하는 사람은 내 말을 지킬 것이다. 그리하면 내 아버지께서 그 사람을 사랑하실 것이요, 우리는 아버지께로 가서 아버지와 함께 살 것이다"(요한 14 : 21, 23).

이 구절에서 계명들은 개별적으로는 십성언의 계명들을 뜻하는데, 그것은 악들은 반드시 행하면 안 된 다는 것, 그리고 그것들을 열망해서도 안 된다는 것이고, 그리고 그 악의 제지, 멀리 옮겨졌을 때 하나님에 대한 사람의 사랑이나, 사람을 향한 하나님의 사랑은, 선이 오듯이 뒤이어지기 때문에, 뒤따른다는 것입니다.

330. 사람이 악한 것을 기피하는 것에 비례하며 그가 선한 것을 원한다는 것은 이미 앞에서 언급하였습니다. 그것은 악들이나 선들이 서로 상반되기 때문에 그러한 것입니다. 왜냐하면 악들은 지옥에서 오고, 선들은 천계에서 오기 때문입니다. 그러므로 지옥이, 다시 말하면 악이 멀리 옮겨지는 것에 비례하여 천계는 가까이 오고, 그리고 그것에 비례하여 사람은 선을 동경(憧憬)하고, 우러릅니다. 이것이 사실이라는 것은 십성언의 여덟 계명들을 깊이 관찰, 고찰할 때, 그것에서 아주 명확합니다. 따라서

(ⅰ) 어느 누구나 다른 신들을 예배하는 것을 삼가는 것에 비례하여 그는 하나님을 진정으로 예배한다.

(ⅱ) 어느 누구가 하나님의 이름을 함부로 부르는 것을 삼가는 것에 비례하여 그는 하나님에게서 비롯된 것을 사랑한다.

(ⅲ) 어느 누구가, 살인을 범하는 것, 미워하고, 복수하기를 원하는 것을 삼가는 것에 비례하여 그는 이웃이 잘 되기를 원한다.

(ⅳ) 어느 누구가 간음을 범하여 원하는 것을 삼가는 것에 비례하여 그는 한 부부로서 정숙하게 살기를 원한다.

(ⅴ) 어느 누구가 도둑질하기를 원하는 것을 삼가는 것에 비례하여 그는 신실을 설득한다.
(ⅵ) 어느 누구가 거짓 증거를 원하는 것을 삼가는 것에 비례하여 그는 참된 것을 생각하고, 그것을 말한다.
(ⅵ·ⅶ) 어느 누구가 이웃에게 속한 것을 탐하는 것을 삼가는 것에 비례하여 그는 이웃이 자기 자신의 것을 향유(享有)하기를 원한다.
이상의 것들을 볼 때 명확한 것은, 십성언의 계명들은 하나님사랑과 이웃사랑에 속한 모든 것들을 담고 있다는 것입니다. 그러므로 바울은 이렇게 말씀하고 있습니다. 로마서의 말씀입니다.

> 서로 사랑하는 것 외에는, 아무에게도 빚을 지지 마십시오. 남을 사랑하는 사람은 율법을 다 이루어졌습니다. "간음하지 말아라. 살인하지 말아라. 도둑질하지 말아라. 탐내지 말아라" 하는 계명과, 그 밖에 또 다른 계명이 있을지라도, 모든 계명은 "네 이웃을 네 몸과 같이 사랑하여라" 하는 말씀에 요약되어 있습니다. 사랑은 이웃에게 해를 입히지 않습니다. 그러므로 사랑은 율법의 완성입니다(로마서 13 : 8 - 10).

이것에 새로운 교회의 섬김(service)을 위한 두 가지 규범들(規範·canons)을 부가하겠습니다. 즉,
(ⅰ) 어느 누구도 자기 스스로 죄들이기 때문에 악들을 기피할 수 없다는 것, 그리고 어느 누구도 자기 스스로 하나님의 안전에서 선을 행할 수 없지만, 그러나 어느 누구가 죄들이기 때문에 악들을 기피하는 것에 비례하여, 비록 자기 힘으로 하는 것은 아니고, 다만 주님으로 말미암아 선을 행한다는 것.
(ⅱ) 사람은 반드시 죄들이기 때문에 악들을 기피하여야 한고, 그리고 마치 자기 스스로 하는 것처럼, 악들을 대항해서 싸워야 한다는 것, 그러나 만약에 그가, 그것들이 죄들이기 때문이라는 것 이외의 다른 이유 때문에 악들을 기피한다면, 그는 악들을 기피하는 것이 아니고, 오히려 이 세상 앞에서 그것들의 겉모습만 가리는 것에 지나지 않다는 것.
331. 선과 악은 공존할 수 없습니다. 악이 제거되는 것에 비례하여 선은 선으로서 존중되고, 선으로 느끼게 됩니다. 그 이유는 영계에서 모두에게서는 자기 자신의 주변에 자신의 사랑에 속한 영기(靈氣)가 뿜어

나와 감동을 주기 때문이고, 그리고 동정심들(sympathies)이나 혐오감(antipathies)을 야기 시키기 때문입니다. 이런 부류의 영기들에 의하여 선한 사람은 악한 사람에게서 분리, 격리됩니다. 선이 알 수 있고, 지각될 수 있고, 사랑받기 위하여 먼저 악이 제거되어야 한다는 것은 자연계의 수많은 것들에 비교되겠습니다. 예를 들어 보겠습니다. 어떤 사람이 자기 방에 표범이나 호랑이를 가두고 먹이를 주면서 사육하기 때문에 자기 자신은 안전하게 산다고 여길지 모르지만, 그런 야생짐승들이 제거되기 전까지는, 어느 누구도 그 사람을 방문할 수 없는 것과 같습니다.

[2] 어느 누가, 귀한 식탁에 초대된 사람이 손발을 씻고, 얼굴을 깨끗이 하기 전에 임금이나 여왕의 식탁에 나아갈 수 있겠습니까? 또는 자신의 몸을 모두 깨끗이 닦고, 혼인 예복을 갖추어 입고, 혼인 예식을 치루기 전에 어느 누가 신혼 방에 들어갈 수 있겠습니까? 순금과 순은을 얻기에 앞서 어느 누가 불로 광석(鑛石)을 정련(精鍊), 불순물에서 분리하지 않겠습니까? 어느 농부가 그의 알곡을 곳간에 저장하기 전에 알곡을 쭉정이나 독보리(tares)에서 분리시키지 않겠습니까? 식탁에 음식을 가져오기 전에 어느 누가 날 음식을 식탁에 내놓겠습니까?

[3] 어느 누가 날 음식물을 식탁에 가져오기 전에, 먹을 수 있도록 요리를 하지 않겠습니까? 어느 누가, 잎이 마르고, 그것에 의하여 열매가 떨어지는 것을 막기 위하여, 그의 정원에 있는 과수(果樹)들의 잎을 갉아 먹는 벌레들을 잡아 버리지 않겠습니까? 특히 왕이나 왕비, 또는 공주의 방문이 있을 때, 어느 누가 집의 더러운 곳 구석구석을 깨끗이 청소하지 않겠습니까? 질병으로 앓고 있고, 얼굴은 흉측스럽게 여드름이나 부스럼으로 도배를 한 얼굴에 화장을 하고, 멋진 옷으로 단장을 하였고, 갖은 교태(嬌態)나 애교(愛嬌)를 부린다고 해도, 어느 누가 그런 처녀와 혼인을 하고 싶겠습니까?

[4] 사람은 스스로 반드시 악으로부터 정화되어야 합니다. 자기 자신의 협력 없이 주님께서 이것을 해 주실 것을 기대해서는 안 됩니다. 만약 스스로 정화하지 않는다면, 마치 한 사람이 오물(汚物)이 묻은 얼굴이나 남루한 옷을 입고, 더럽혀진 몸으로 주인을 찾아가, "주인님, 나를 깨끗이 씻어 주집시오." 하고 애걸하는 것과 같습니다. 그 때 그의 주인은 그에게 "이 어리석은 사람아, 지금 그대는 무슨 말을 하는 것입니까?

여기에 물도 있고, 비누와 수건도 있지 않은가? 그러니 그대는 그대의 손으로, 그것들을 이용해서, 스스로 깨끗이 씻으십시오"라고 말씀하실 것입니다. 그러므로 주 하나님께서는 이렇게 말씀하실 것입니다. "여기에 나에게서 비롯된 정화의 수단들이 있고, 그리고 나에게서 비롯된 원하고 행하는 너의 능력이 주어졌으니, 그러므로 그대는, 그대 스스로 하는 것처럼 내가 준 재능과 부여된 재주를 가지고, 그대 스스로 깨끗하게 하십시오"라는 말씀이나, 이와 비슷한 말을 할 것입니다. 속사람에 의한 것을 제외하면, 겉사람이 정결하게 되지 않는다는 것은 주님께서는 마태복음서 23장의 처음부터 마지막까지에서 가르치셨습니다.

332. 여기에 영계 체험기 넷(4)을 부가하겠습니다. 그 첫째입니다.
나는 언젠가 낮은 곳에서부터 물 흐르는 것 같은 큰소리를 들었습니다. 하나는 왼쪽을 향하여 "그 얼마나 의로운가!"라는 소리였고, 또한 오른쪽을 향해 "이 얼마나 박학(博學)한가!"라는 소리였고, 그 셋째는 뒤에서부터, "이 얼마나 지혜로운가!"라는 소리였습니다. 그때 나에게 떠오른 생각은, 심지어 지옥에도 의로운 사람·박학한 사람·지혜로운 사람이 있을까 하는 것이었습니다. 그래서 나는 지옥에 그런 인물들이 있는지 알고 싶은 열망이 생겨났습니다. 하늘에서 내게 일러진 것은, "그대는 그런 사실을 보고, 또 들을 것입니다"라는 것이었습니다.
나는 영의 상태에 있었고, 그리고 나는 내 앞에 입구가 열려 있는 집한 채를 보았습니다. 나는 그 집에 가까이 가서, 그 집안을 살펴보았습니다. 나는 아래로 내려가는 사닥다리를 보았고, 그것을 이용해서 아래로 내려갔습니다. 내가 아래에 내려갔을 때, 가시덩쿨과 엉겅퀴들로 뒤섞여 있는 잡목(雜木)들로 가득 뒤덮인 넓은 평원을 보았습니다. 나는 여기가 지옥인지를 물었습니다. 그들은, "여기는 지옥 바로 위에 있는 소위 낮은 땅(the lower earth)이라는 곳입니다"라고 말하였습니다. 그때 나는 계속해서 나는 소리를 따라서 갔습니다. 나는 처음에는 "이 얼마나 의로운가!"라는 소리가 나는 쪽으로 갔습니다. 나는 이 세상에 있을 때 이른바 친분(friendship)이나 뇌물 따위로 부패했던 법관들의 무리를 보았습니다. 그 다음에는 "이 얼마나 박학한가!"라는 소리를 따라서 갔습니다. 나는 이 세상에 있을 때 추론자들이었던 자들의 무리를 보았습니다. 그 뒤에는 "이 얼마나 지혜로운가!"라는 소리가 나는 쪽으로 갔는데, 나는 이 세상에 있을 때 무엇을 확증하는 일에 종사했던 확증자들(confirmers)의 무리를 보았습니다.
나는 후자의 무리에서 처음의 무리로 되돌아갔습니다. 그 처음의 무리는 이 세상에 있을 때 공정하게 재판을 한다는 평이 좋은 법관의 무리였지만, 그들은 친분이나 뇌물 따위로 부패한 자들의 무리였습니다. 나는 거기에서 벽돌로 지어졌고, 검은 기와로 지붕을 엎은 원형의 극장의 벽면을 보았습니다. 그리고 거기에 그들의 법정(法廷·tribunal)이 있다는 것이 내게 일러졌습니다. 북쪽과 서쪽에는 그 법정에 들어가는 입구가 셋이 있었지만, 남쪽과 동쪽에는 입구가 없었습니다. 이러한 모습은 그들의 판결(判決)이 공정한 판결이 아니고, 제멋대로이고, 독단적이라는 것을 암시(暗示)하고 있는 것입니다.

[2] 그 원형극장의 중앙에는 큰 난로가 있었고, 그 난로에는 불을 때는 화부가 있었는데, 그 화부는 유황과 역청(瀝靑)을 발라서 말린 소나무(pitch-pine)를 그 난로에 넣고 있었습니다. 회반죽으로 두껍게 바른 벽면에는 거기에서 나온 불빛이 어른거렸는데, 그것은 밤새(夜鳥)의 형상을 나타내었습니다. 그러나 이 난로나 그 난로에서 나오는 불빛의 어른거림의 형상들은 그들의 판결의 내용을 드러내보여 주는 것이었습니다. 그것들은 어떤 경우에는 사실들을 잘 드러냈고, 그리고 그것들은 그들 자신의 편애(偏愛)나 선입관(先入觀)에 일치하는 하나의 겉모습을 제공하였습니다.

[3] 반시간이 지났을 때 노인들과 젊은이들이 그 극장에 들어왔습니다. 그들은 법복(法服)을 입고, 법모(法帽)는 옆에 끼고 있었습니다. 그리고 법관의 자리에 착석, 재판을 진행하였습니다. 나는 그들의 친분의 보상 때문에 그들의 판결이 얼마나 숙련(熟練)되고, 기묘하고 정교한지를(ingeniously) 잘 듣고, 깨달았습니다. 그들은 그들의 판결들을 공정하게 보이려고 하는데 치우쳤고, 그리고 왜곡(歪曲)하였습니다. 그리고 이런 사실은 그들이 공정한 것을 제외하면 그들의 불공정을 보지 못한다는 것, 다시 말하면 불공정한 것이나 공정한 것을 보지 못한다는 정도라는 것을 드러내는 일을 하고 있었습니다. 이런 사안들에 관한 그런 부류의 신념이나 구변(口辯)은 그들의 얼굴에서 묻어나왔고, 그리고 그들의 음색(音色)에서 여실히 드러났습니다. 그 때 나에게 천계로부터 조요(照耀)가 허락되었고, 내가 그것에 의하여 그것의 개별적인 것의 지각을 가질 수 있었는데, 그것은 곧 그것이 얼마나 공정한지, 공정하지 않은 지를

깨닫는 지각이었고, 그리고 나는, 그들이 얼마나 불공정으로 공정한 것을 매우 열심히 숨긴다는 것을 볼 수 있었습니다. 그리고 그들은 불공정한 것을 마치 공정하게 보이려고, 그리고 법률에서 그것들이 옳다는 것을 보이기 위해 법조항을 찾는지를 알 수 있었습니다. 그들은, 이런 것들에 대하여, 문제의 사안으로 왜곡시키는지, 그리고 교묘한 추론에 의하여 별것 아닌 것으로 만드는지를 알 수 있었습니다. 그들의 이런 판결이 내려진 뒤에 그들은 그 판결을 밖에 있는 그들의 의뢰인에게, 그들의 친구들이나, 그들의 도당(徒黨)들에게 공표, 알리고, 그리고 긴 줄로 늘어선 그 지지자들에게서 "이 얼마나 공정한가! 이 얼마나 공정한가!"를 연호(連呼), 소리 지르게 하였습니다.

[4] 이런 일이 있은 뒤 나는 천계에서 온 천사들과 이런 것들에 관해서 대화를 하였고, 나는 그 때 내가 보고, 들은 것들의 어떤 것들은 그들에게 말하였습니다. 그리고 천사들은, 이런 부류의 법관들은 다른 사람들에게는 무척이나 예리하고, 총명스러운 선견(先見)을 하사(下賜)받은 것처럼 보이겠지만, 사실 그 때 그들은 공정이나 공평(公平)에 관해서는 편린(片鱗)도 보지 못하였습니다. 만약에 어느 누구에 대한 그들의 친분관계를 제거한다면 마치 그들은 조각된 신상이 재판관의 자리에 앉아서, 그저 단순하게 "나는 그것을 승인, 시인한다, 나는 이것이나 저것에 대해서도 동의, 찬성한다" 라고 말할 것입니다. 이러한 일은 그들의 모든 판결이 비뚤어지게 한 것이기 때문이고, 그들의 비뚤어진 편견적인 판결은 처음부터 마지막까지 그런 경우였습니다. 결과적으로 그들은 그들의 친구의 이해관계(利害關係)를 제외하면 그 사안에서 아무것도 보지 못하였습니다. 그리고 작고 큰 모든 일에서 이것에 반대되는, 소위 사시(斜視)적으로 보고, 대충 힐끗 보는 정도로 그것을 관찰합니다. 그리고 만약에 그들이 그 사안을 재차 살핀다면, 그들은 그것을, 마치 거기가 그들의 거미줄에 걸린 먹이를 거미줄로 칭칭 감듯이, 온갖 추론들 가운데서, 해석, 취급할 것입니다. 그러므로 여기서 얻는 결론은 그들이 그들의 편견의 맥락을 따라가지 않는다면, 그들은 올바른 것을 볼 것입니다. 그들은 그들이 잘 볼 수 있는지에 관해서 살핀다면 그들은 자신들이 그러하지 못한다는 것을 발견할 것입니다. 여러분의 세상에 사는 자들은 이런 사실에 대하여 놀랄 것이지만, 그러나 그들에게 이것이 천계의 천사들이 검토, 조사된 참된 것이라는 것을 말해주십시오. 그들은

공정에 속한 것은 아무것도 볼 수 없기 때문에, 천계에 있는 우리는 사람들과 같이 그것에 관해서 생각하지 못하고, 오히려 마치 사람들 모양의 괴물같은 형상으로 여기는데, 그 괴물 같은 형상에서 그것의 머리부위는 친분에 속한 것들로 이루어졌고, 가슴부위는 불공정에 속한 것들로 이루어졌고, 그들의 손이나 발의 부위는 궤변들에 속한 것으로 이루어졌고, 다만 그들의 발바닥 부위는 공정에 속한 것으로 이루어졌습니다. 만약에 자신들의 친구들에게 그 어떤 사안이 불리한 경우, 그들은 그것을 발바닥에 던지고, 그것을 발바닥으로 뭉개버립니다.

[5] 그러나 이제 당신은 본질적으로 그들의 성품을 살펴보면 그들의 진짜 성품이 무엇인지 잘 보게 될 것입니다. 왜냐하면 그들은 그들의 종말이 가까이 이르렀기 때문입니다" 라고 말하였습니다.

 놀라지 마십시오. 갑자기 땅이 열리고, 그리고 원형극장과 함께 책상들이 붕괴, 겹겹이 쌓이고, 사람들을 한 입에 삼켜지고, 그리고 동굴 속에 던져져서, 거기에 감금(監禁)되었습니다.

그 때 내가 거기에 있는 자들을 보고 싶은지 내게 질문되었습니다. 보십시오, 그들의 얼굴은 광택(光澤)이 나는 철판 같았고, 그들의 몸통은, 목에서부터 허리까지는 표범의 가죽으로 감싼 조각품 같았고, 그들의 발은 뱀들과 같았습니다. 그리고 나는 책상 위에 놓여 있던 법률 서적들이 놀이하는 카드로 바뀐 것을 보았고, 그리고 지금은 법관들이 하는 연출하던 것 대신에, 그들의 얼굴을 주홍색의 화장품으로 예쁘게 보이는 일을 하는 창녀들을 보았습니다.

이런 것들을 보았기 때문에, 나는 다른 두 모임 자리를 보기를 원하였습니다. 그 중에 하나는 단순한 추론자들로 구성된 것이고, 다른 하나는 단순한 확증자들로 구성된 것이었습니다. 그러나 잠깐 기다릴 것이 내게 일러졌습니다. 그리고 동행하는 천사가 나에게 와서, 가장 가까이에서 그런 영들 위에 있는 한 사회로부터 잘 안내할 것이고, 그리고 그들을 통해서 주님으로부터 나에게 빛이 주어졌고, 나는 아주 경이로운 것들을 보게 될 것이라는 것이 일러졌습니다.

333. 둘째 영계 체험기

한참 지난 뒤에, 나는 전에 들었던 것과 같은, 낮은 땅으로부터 "이 얼마나 박학한가! 이 얼마나 박학한가!" 하고 감탄을 외치는 소리를 들었습니다. 나는 누가 있는지를 보기 위해 두리번거렸습니다. "이 얼마나 박학한가!"라고 외치는 자들 바로 위에 천계에서 온 천사들이 있었습니다.
나는 그들에게 그 외침에 관해서 물었습니다. 그들은, "이들 유식한 영들은 한 사물이 그러한지 아닌지, 단순하게 추론하는 자들이고, 그리고 그것이 사실이라고 단순하게 생각하는 자들이라고 말하였습니다. 그러므로 그들은 아무런 일이 없이 스쳐 가는 바람과 같고, 속이 텅 빈 나무와 같고, 조개껍데기와 같고, 과육(果肉)이 없는 둥근 모양의 나무 열매와 같습니다. 왜냐하면 그들의 마음은 내면적인 판단이 결여(缺如), 없기 때문이고, 육체적인 감관들과 단순하게 합쳐진 것에 불과하기 때문입니다. 그러므로 만약 이런 것들이 무엇인가를 결정한다면 그들은 아무런 결론을 맺을 수 없을 것입니다. 한마디로 그들은 감각론자이고, 그리고 우리는 그런 자들을 가리켜 추론자들(推論者・reasoners)이라고 부릅니다. 그들이 그와 같이 불리는 것은 그들이 결코 어떤 사안에 관해서 아무런 결론을 도출(導出)하지 못하고, 다만 그들은 들은 것을 화제로 삼아, 마치 그것이 그러한가, 그렇지 않은가에 관해서 끝없는 논쟁만을 다투기 때문입니다. 그들은 진리들을 공격하고, 그것들을 도마 위에 올려놓고 수많은 조각들로 난도질을 하는 것 이외에는 결코 아무것도 좋아하지 않습니다. 이들은 자신들이 이 세상에서 어느 누구에 비하여 월등하게 많은 것을 배워, 터득하였다고 자부하고 있습니다"라고 말하였습니다.

[2] 이런 말을 듣자, 나는 천사들에게 나를 그들에게 안내해 주시기를 청하였습니다. 그들은 나를 한 동굴로 데리고 갔습니다. 동굴에서는 낮은 땅(the lower earth)으로 걸어서 내려갔습니다. 우리가 내려가는 동안, "이 얼마나 박학한가!"라고 외치는 소리는 계속되었습니다. 보십시오. 어떤 장소에 수백의 영들이 모여서 그 땅에서 발을 구르고 있었습니다. 이 광경을 보고 놀라운 생각이 들어, 나는 그들이 왜 거기에 모여서, 그들이 발로 그 땅을 구르고 있는 이유를 물었습니다. 그리고 그 물음에 이어서 저들이 저렇게 발을 구르면 그 땅에 구멍이 생기는 것 아닌지도 물었습니다.

이 물음에 천사들은 미소를 지으면서, 대답하였습니다. "그들은 그와 같이 변함없이 서 있는 것으로 보이는 것뿐인데, 그것은 어떤 주제에 관한 그들의 생각은, 어떤 결론을 맺는 일이 결코 없이, 그저 이렇다,

저렇다 하고 논쟁만 계속 이어지기 때문입니다. 그리고 그들이 그들의 생각에서 그 이상 너머에 이르지 못하기 때문이고, 그리고 그들은 앞으로 전혀 진척(進陟)이 없고, 다만 한 자리에서 발을 구르고 있는 것 같이 보이는 것입니다"라고 말하였습니다.

천사들은 더 말을 계속하였습니다. "자연계에서 저 세상에 들어온 자들은, 그들이 자연계가 아닌 저 세상에 있다는 것을 알게 되면, 그들은 여러 곳에 떼를 지어서 무리를 형성하고, 그리고 천계가 어디에 있고, 지옥은 어디에 있으며, 어디에 하나님이 있는지를 묻습니다. 그리고 그들이 그 대답을 듣게 되면, 그들은 하나님이 존재하는지 여부에 관해서 다시 추론하고, 논쟁하고, 그 답을 찾기 시작합니다. 그들이 이런 일을 하는 것은, 그들이, 오늘날과 같이 자연계에 있을 때 거기에는 수많은 자연주의자(naturalists)가 있기 때문이고, 그리고 종교가 논쟁의 주제가 되데 되면 그들 자신이나 다른 자들 역시 하나님의 존재에 대한 토론에서는 거의 결론에 이르지 못하는 문제로 남게 되기 때문입니다. 이런 일이 있은 뒤 자신들이 더욱 사악한 자들과 어울리게 되고, 그리고 더욱 사악하게 되는데, 그것은 하나님으로 말미암은 것을 제외하면 어느 누구도 선에 속한 사랑으로 말미암아 어떤 선도 행할 수 없기 때문입니다"라고 하였습니다.

[3] 이런 일이 있은 뒤 나는 다른 모임에 안내되었습니다. 놀랍게도 나에게 나타난 사람들은 잘 생긴 얼굴과 멋진 옷으로 정장한 모습이었습니다. 천사들이 말하였습니다. "이들은 그들 자신들의 빛 가운데 있을 때 그런 모습입니다. 그러나 만약에 천계의 빛이 그들에게 들어오게 되면 그들의 얼굴 모습이나 그들의 의상들은 모두 바뀌게 됩니다"라고 하였습니다. 그리고 천계의 빛이 비추어졌을 때, 그들은 거무스름한 안색이었고, 그리고 아주 조잡한 의상을 걸친 모습으로 나타났습니다. 그러나 천계의 빛이 사라지자 그들은 종전의 모습으로 나타났습니다. 나는 그 모임의 어떤 자와 이야기를 나누었습니다. 그리고 "나는 큰 무리가 당신에 관해서 '이 얼마나 박학한가!'라고 외치는 소리를 들었습니다. 그러므로 가능하시다면 가장 뛰어난 학문의 사안에 관해서 이야기를 나누었으면 합니다"라고 말하였습니다.

그들이 "당신이 무엇을 원하시는지 말씀을 하십시오. 우리는 기꺼이 대답을 하겠습니다"라고 대답하였습니다.

나는 "어떤 종교가 사람의 구원을 위해 필요한 것일까요?"라고 물었습니다.
그들은 "우리는 그 문제를 몇 개로 나누겠습니다. 그리고 우리는 그 문제들이 결정하기까지는 대답을 할 수가 없겠습니다. 우리는 아래와 같이 그 문제를 검토하겠습니다.
(1) 종교란 무엇인가? (2) 구원이라는 것은 있는 것인가? 없는 것인가? (3) 어느 종교가 다른 종교에 비하여 보다 더 효험(効驗)이 있는 것일까? (4) 천계나 지옥이 있는 것인가? (5) 사망 뒤에 영생(永生)은 있는가? 이 밖에도 다른 여러 문제들이 있겠습니다."
나는 종교란 무엇인가? 라는 첫 번째 질문에 관해서 물었습니다. 그리고 그들은 여러 논점의 주장들을 가지고 그 사안을 의논하기 시작하였습니다. 나는 그들에게 그 모임에서 다루어주기를 당부하였습니다. 그들은 그렇게 하였습니다. 그리고 일반적인 대답은, 이런 사안은 저녁 때 전에는 끝이 날 수 없는 그런 수많은 검토와 연구가 요구되는 명제라는 것이었습니다.
나는 그들이 일 년 안에는 마칠 수 있는지를 그들에게 물었습니다.
그들 중 하나는, 그 사안은 100년 안에도 끝이 날 수 없는 것이라고 대답하였습니다.
나는 "그러는 동안에는 당신은 종교가 없이 사시겠습니다. 그리고 구원은 종교에 의존하고 있기 때문에, 그러나 당신은 구원에 속한 어떤 개념도 없을 것이고, 그것에 관한 신념이나 소망 따위도 없겠습니다"라고 응대하였습니다.
그는 "제일 먼저 거기에 종교라는 것이 있는지 여부를 증명한 뒤에, 그리고 그것이 있다면 그것이 무엇인지 입증하는 것이 일의 순서가 아니겠습니까? 만약에 종교가 있다면 그것은 틀림없이 현명한 사람을 위해 있을 것이고, 만약에 종교가 없다면 그것은 일반 서민(vulgar)을 위한 것이겠지요. 주지하고 있는 사실은 종교는 일종의 속박(束縛・bond)이라고 부르는 것인데, 그 속박은 누구를 위한 것이겠습니까? 만약에 진정으로 일반 서민을 위한 것이라면 그것이 무슨 의미가 있는 것입니까? 만약에 현명한 사람을 위한 것이 아니라면 그 때 그것은 어떤 의미 있는 것이겠지요."라고 대답하였습니다.
[4] 이런 그의 대답을 듣고서 나는 "당신은 유식한 학자이군요. 왜냐하

면 당신은 한 사물이 그러한지 아닌지를 생각할 수 있기 때문이고, 그리고 어떤 때는 이편을 들어서 어떤 때는 저편을 들어서 생각하기 때문입니다. 만약에 사람이 마치 길을 걷는 것과 같이 한 발자국씩 지혜에게 점진적으로 이르는 지혜에 속한 지식 안에서 확신이나 진전에 대한 그 어떤 것을 알지 못한다면, 어떻게 그 사람을 유식한 사람이라고 할 수 있겠습니까? 만약에 그렇지 않다면, 그대는 손가락 끝으로 진리들을 건드릴 수도 없을 것이고, 오히려 그것들에게 멀리 떨어지고, 그리고 그것을 보는 것에서 조차 멀리 피하겠지요. 그러므로 한 사물이 그런지 아닌지에 관해서 추론한다는 것은 마치 모자나 신발을 써보지도 않고, 신어 보지도 않고, 그것이 적합한 것이다, 아니다 라고 이러쿵저러쿵 생각하는 것과 같습니다. 그 때 어떤 사물이 진정으로 있는 것인지, 아니면 그저 단호한 생각에 불과한 것인지, 알 수 없는 것이 이외에 무슨 일이 있겠습니까? 이와 같이 구원이라는 것이나, 죽음 뒤의 영생, 또는 어떤 종교가 다른 종교에 비하여 월등히 좋다든지, 천계나 지옥이 있다, 없다든지 하는 것은 이런 것들에 불과한 것 아닙니까? 이런 주제들에 관해서 당신은 첫 발자국부터 어떤 것에 생각을 고정시키고 움직이지 못한다면, 앞으로 한 발자국씩 진전하는 일은 전혀 없고 거기에 멈추어 있는 것 이외에 아무것도 생각조차 할 수 없을 것입니다. 당신의 마음이 판단의 문 밖에 서서, 마치 소금 기둥처럼, 굳어버리지 않도록 당신 자신을 살피십시오" 라고 대답하였습니다.

이런 말을 주고받은 뒤 나는 거기를 떠났습니다. 그 때 그들은, 화가 나서, 나에게 돌을 던졌습니다. 그 때 그들은 나에게는 마치 인간적인 추론에 속한 것이 전혀 없는 망부석같이 보였습니다.

나는 천사들에게 그들의 처지가 어떨 것인지를 물었습니다. 천사들은, 그들 중에 가장 나쁜 처지는 사막에 있는 어떤 깊은 곳에 던져졌고, 거기에서 무거운 짐을 나르는 고역(苦役)에 종사하였습니다. 그 때 그들은 이성으로부터 무엇을 생각할 수 없기 때문에, 그들은 답이 전혀 없는 것을 지껄이었고, 그리고 멀리에서 보기에는 당나귀가 짐을 나르는 것처럼 보였습니다.

334. 셋째 영계 체험기

이런 일이 있은 뒤 천사 하나가 "그들이 이 얼마나 현명한가! 라고 소리를 지르는 곳에 가도록 나를 따라 오십시오"라고 말하였습니다. "아마도 당신은 괴물 같은 사람들을 볼 것이고, 얼굴이나 몸은 사람 같지만, 그럼에도 불구하고 그들은 사람들이 아닙니다" 라고 말하였습니다.
"그렇다면 그들은 짐승입니까?"라고 나는 물었습니다.
그 천사는 "그들은 짐승들은 아니지만 일종의 짐승 같은 사람들(獸人·a beast-men)이라고 할까요. 왜냐하면 그들은, 진리가 진리인지 아닌지, 전혀 알지 못하고, 다만 그들이 원하는 것은 무엇이나 진리처럼 만드는 재주를 가지고 있기 때문에 이런 부류의 작자들을 논증자들(論證者·confirmers)이라고 부르지요." 라고 대답하였습니다.
우리는 소리 나는 쪽을 따라갔고, 그 장소에 이르렀습니다. 보십시오. 사람들의 무리가 있었고, 그리고 그들 주위에는 역시 사람들이 떼 지어 있었고, 그리고 그 무리들 중에는 귀족 출신도 있었습니다. 이들이, 그들 자신이 말한 것이 확실한 것으로 동의한다는 것을 들었을 때, 그들이 돌아와서 "이 얼마나 슬기로운 것인가!" 라고 외친다는 것입니다.
[2] 그러나 천사는 나에게 이렇게 말하였습니다. "우리가 그들에게 가지 말고, 그들 중의 하나를 우리에게 오라고 부릅시다." 그래서 우리는 그들 중의 하나를 불러서, 우리 곁에 오게 하였고, 그리고 여러 가지 주제들에 관해서 말을 하였습니다. 그는, 그들이 확실하게 참된 것으로 보인다고 할 때까지 하나씩 하나씩 그것을 입증하였습니다.
우리는 그 사람에게 서로 상반되는 한 사물도 확증, 입증할 수 있는지를 물었습니다. 그는 상반되는 것도 그런 것이 아니라고 입증할 수 있다고 말하였습니다. 그 때 그는 그의 마음에서부터 공개적으로 "무엇이 진리입니까? 사람이 그것이 참된 것이라고 만드는 것 이외에 사물들의 본성 안에 참된 것이 있습니까? 당신이 무엇인가를 말씀하시지요. 나는 그것이 참된 것이라고 만들겠습니다" 라고 공언하였습니다.
나는 "믿음이 교회에 속한 전부라는 명제를 증명해 보십시오" 라고 말하였습니다. 그는 이 일을 아주 능숙하게도, 훌륭하게 증명하였기 때문에 참석했던 유식한 사람은 감탄을 하였고, 박수갈채를 보냈습니다. 그 때 나는 그에게 인애(仁愛·charity)가 교회에 속한 전부라는 것이 참된 것이라는 것을 입증하기를 청하였습니다. 그는 역시 그 일도 잘 처리하였습니다. 그리고 나는 그가 인애가 교회의 중요한 것이 아니라는 것을 입증할 것을 청하였습니다. 그는 이 두 명제를 멋지게 입증, 표현하였기 때문에 참석했던 자들은 서로 얼굴을 마주 보면서, "그는 현명한 사람이 아닌가?" 라고 말하였습니다.
그 때 나는 "착하게 사는 것이 인애이고, 잘 믿는 것이 믿음이라는 것을 모르시나요? 착하게 사는 사람이 역시 잘 믿는 사람이라는 것을 모르시요? 따라서 믿음은 인애에 속한 것이고, 인애는 믿음에 속한 것이라는 것을 모르십니까? 이것이 참된 것이라는 것을 당신은 아십니까?" 라고 말하였습니다.
그는 이렇게 대답하였습니다. "나는 그것을 참된 것이라고 만들 수 있고, 그리고 그것을 알 수도 있을 것입니다. 그는 그것을 입증하였고, 그리고 그는 나는 지금 이것을 알고 있습니다" 라고 말하였습니다. 그러나 즉시 그는 반대되는 명제를 참된 것으로 입증하였고, 그리고 "이것이 참된 것이라는 것을 알고 있다"고 말하였습니다.
우리는 이 말에 웃으면서 "그것들은 서로 상반되는 것 아닙니까? 상반되는 것이 어떻게 참된 것이 될 수 있습니까?" 라고 말하였습니다.
우리의 이런 의문에 화가 났기 때문에, 그는 "당신은 틀렸습니다. 사람이 참된 것이라고 만든 것 이외에 참된 것은 아무것도 없기 때문에 상반되는 양자는 모두 참된 것입니다"라고 말하였습니다.
[3] 이 세상에서 살 때 높은 직위의 대사(大使)를 지냈던 사람이 가까이에 서 있었습니다. 그는 그가 하는 말에 놀라서, "나는 세상에서 살 때 그와 비슷한 이야기를 들은 적이 있지만, 그러나 어쨌든 당신은 제정신이 아닌 것 같습니다. 당신이 할 수 있으면 빛이 어두움이고, 어두움이 빛이라는 것이 참된 것이라고 증명해 보시지요" 라고 말하였습니다. 그는 말하였습니다. "나는 그것쯤은 아주 쉽게 증명할 수 있습니다. 빛이라는 것이나, 어둠이라는 것은 눈의 상태들 이외에 무엇입니까? 사람이 그의 눈을 찬란한 태양에 고정시키고 볼 때와 같이, 눈은 그 강한 빛으로 말미암아 빛이 어둠으로 바뀌는 것 아닙니까? 그 때 눈의 상태가 어둠으로 바뀐다는 것을 어느 누가 모릅니까? 그러므로 그 같은 현상은 빛이 어둠으로 나타나는 것을 어느 누가 모릅니까? 또 다시 눈의 상태가 그전의 상태로 되돌아왔을 때 이 어둠은 빛으로 나타는 것이지요. 올빼미는 한 밤의 빛을 마치 한낮의 빛처럼, 그리고 한낮의 빛을 마치 한밤의 빛으로 보는 것 아닙니까? 심지어 태양 자체도 불투명하고, 거무스름한 둥근 물체가 아닙니까? 만약에 사람이 올빼미의 것과 같은 눈을 지녔다면 그 빛이라고 부르는 것은 무엇이고, 그가 어둠이라

도 부르는 것은 무엇입니까? 그 때 빛이라는 것은 눈의 상태 이외에 무엇입니까? 만약에 빛이 눈의 상태라면, 빛은 어둠이고, 어둠은 빛이 아닙니까? 그러므로 이들 두 명제는 모두가 참된 것입니다"라고 하였습니다.
[4] 이런 확증이 몇몇을 황당하게 만들었기 때문에, 나는 이렇게 말하였습니다. "내가 밝히 지적하고 싶은 것은 이 논증자는 참된 빛(a true light)과 거짓 빛(a fatuous light)이 있다는 것을 모르고 있고, 그리고 이 두 종류는 빛처럼 보인다는 것 역시 모르고 있습니다. 그럼에도 불구하고 거짓 빛은 사실은 빛이 아니고 다만 참 빛이 어둠이라는 것에 비교된 것입니다. 올빼미는 거짓 빛에 있습니다. 왜냐하면 그것의 눈 안에는 다른 종류의 새들을 잡아먹겠다는 비애의 열정(a passion for tearing)이 있기 때문이고, 그리고 이런 빛은 그의 눈이 밖에 무엇을 보게 하는데, 그것은 고양이의 경우에서도 아주 똑같은데, 어두운 지하실에서 고양이의 눈은 불이 붙은 초들처럼 보기 때문입니다. 그러므로 확실하게 태양의 빛은 참 빛이고, 그리고 탐욕의 빛(the light of greed)은 거짓 빛입니다"라고 하였습니다.
[5] 이런 일이 있은 뒤, 그 대사는 까마귀가 검지 않고, 희다는 것을 입증하기를 논증자에게 요청하였습니다,
그는 "나는 그것 역시 쉽게 증명할 수 있습니다"라고 대답하였습니다. 그는 이렇게 말하였습니다. "바늘이나 예리한 면도칼을 가져 오십시오. 까마귀의 깃털을 자르거나 열어 보시겠습니까. 그 때 잘리거나 뽑힌 까마귀의 피부를 보십시오. 그것은 희지 않습니까? 검다고 하는 것도 그것을 감싸고 있는 그늘(=어둠) 이외에 무엇입니까? 우리는 그것에서 까마귀의 색깔을 판단하는 것 아닙니까? 왜냐하면 검다고 한 그 증명은 다만 그늘(=어둠)에 지나지 않습니다. 광학(光學)의 권위자에게 자문(諮問)하여 보십시오. 그 권위자는 당신에게, 만약에 당신이 검은 돌(a black stone)이나 검은 유리(black glass)를 가루로 분쇄, 간다면 당신은 그 가루가 희다는 것을 잘 볼 수 있을 것입니다 라고 말해 줄 것입니다"라고 말하였습니다.
그 논증자는 이렇게 대답하였습니다. "당신은 어떤 주제를 외현들(外現·appearances)에서 관찰, 생각하기를 좋아하는 사람이군요? 사실 당신은 까마귀가 검다는 외현에 따라서 말할 수도 있지만, 그러나 그렇게

생각할 수는 없습니다. 예를 들어 보겠습니다. 외현에 따라서 당신은 태양이 지고, 뜬다고 말할 수는 있지만, 그러나 당신이 사람이기 때문에, 당신은 그렇게 생각할 수는 없습니다. 그 이유는 태양은 결코 움직이지 않고, 다만 지구가 움직이기 때문입니다. 까마귀의 경우도 그와 꼭 같습니다. 외현은 외현일 뿐입니다. 까마귀는 전적으로 희다고 말해 보십시오. 아마도 그것이 꼬꼬 할아버지가 되면 희게 되겠지요. 나는 늙어서 희게 된 까마귀를 보았습니다" 라고 말하였습니다.

이런 일이 있은 뒤 배석했던 자들은 나를 쳐다보았습니다. 그래서 나는 이렇게 말하였습니다. "까마귀의 날갯죽지나 우모(羽毛)가 속은 희다는 것은 사실입니다. 그리고 그것의 살갗도 그렇습니다. 그러나 이런 경우는 까마귀뿐만 아니라, 우주의 모든 새들도 그와 꼭 같습니다. 어느 누구나 그것들의 보이는 색깔들에 의하여 새들을 구분, 분별합니다. 만약에 이런 일이 있을 수 없다면 우리는 아마도 모든 새는 희다고 말할 수 있겠지요. 그것은 매우 터무니없는 것이고, 의미가 전혀 없는 것이지요" 라고 하였습니다.

[6] 그 때 그 대사는 그에게 "당신이 정상적인 사람인지, 미친 사람인지 증거하실 수 있겠습니까?" 라고 물었습니다. 그는, "나는 능히 그렇게 할 수 있지만, 나는 그렇게 하는 것을 원치 않습니다. 어느 누구가 미친 사람이 아니겠습니까?" 라고 대답하였습니다.

마지막으로 그들은 그에게 그가 농담으로 말한 것인지 아닌지, 또는 사람이 참된 것이라고 만든 것 이외에는 참된 것이 아니라고 믿는 것이 진정 맞는 것인지를 진정으로 말해주기를 청하였습니다. 그 때 그는 "나는 맹세하지만 그것이 사실이라고 믿소" 라고 대답하였습니다.

이런 일이 있은 뒤 만능, 박식한 논증자(universal confirmer)는, 그의 성품을 검증하는 천사들에게 보내졌습니다. 검사가 끝난 뒤, 천사들은 그는 이해에 속한 것은 편린(片鱗)만큼도 가지고 있지 않다고 말하였습니다. 그것은 그 사람 안에 있는 합리적인 것 이상의 것은 모두 닫혀 있기 때문이고, 그리고 다만 합리적인 것 아래에 있는 것만 열려 있기 때문이라고 하였습니다. 합리적인 것 위에는 영적인 빛이 있고, 합리적인 것 아래에는 자연적인 빛이 있다고 하는 것은 무엇이나 그 빛에 의하여 입증, 확증할 수 있는 그런 것이라고 하였습니다. 영적인 빛이 자연적인 빛에 유입하지 않을 때 사람은 어떤 진리가 진리인지 알 수 없고,

그러므로 또한 바보스러운 것이 어떤 것인지도 알 수 없습니다. 참된 것이나 바보스러운 것은 반드시 자연적인 빛 안에 있는 영을 가리키는 천계의 하나님에게서 옵니다. 그러므로 만능, 박식한 논증자는 사람도 아니고, 그렇다고 짐승도 아닌, 일종의 수인(獸人·a beast-man)일 뿐입니다.

[7] 나는 천사들에게 그들의 처지가 어떻게 될지를 물었습니다. 다시 말하면 그들이, 사람이 영적인 빛에서 비롯된 생명을 가지고 있었기 때문에, 그리고 그의 이해가 영적인 빛에서 비롯되었기 때문에, 그들이 살아 있는 존재가 될 수 있는지 그들의 처지를 물었습니다. 그들은 이렇게 대답하였습니다. 그들은 그들이 혼자 있을 경우, 그들은 전혀 생각할 수도 없고, 따라서 말을 할 수도 없었지만, 그러나 그들은 마치 기계화된 자동인형들(automatons)처럼, 말하자면 깊은 잠에 빠진 사람처럼, 귀머거리 같이, 또는 장승처럼 서 있는 그런 존재이지만, 그러나 그들은 무엇인가가 그들의 귀를 때리면 그 즉시 잠에서 깨어나는 그런 존재지요 라고 대답하였습니다. 그들은 이 말에 더 부연해서 즉 내적으로 사악한 자들은 모두가 이런 부류의 존재라고 하였습니다. 이들에게는 위에서부터 영적인 빛이 유일될 수 없고, 다만 오직 이 세상을 통해서 오는 어떤 영적인 것만 있는데, 그들은 그런 것에서 이른바 궤변(詭辯)적인 것을 굳히는 그들의 능력이나 기능 따위를 취하는 것뿐입니다.

[8] 이런 저런 이야기가 언급된 뒤, 나는 그 사람을 검토, 살핀 천사들에게서 비롯된 한 소리를 들었습니다. 즉 "당신이 들은 것에서 당신은 보편적인 어떤 결론을 지어 보시지요" 라는 것이었습니다.
그 결론은 이러하였습니다. 어느 누구가 좋아하는 것을 확증하는 능력은 이해를 드러내는 그것의 암시가 아니고, 오히려 진리가 진리라는 것을, 그리고 거짓은 거짓이라는 것을 아는 능력을 가리키고, 그리고 그것을 확증한다는 것은 이해의 직시(an indication of understanding)입니다.
이런 말을 한 뒤, 나는 논증자들을 에워싸고 "이 얼마나 슬기로운가!" 하고 소리를 지르는 자들의 무리를 둘러보았습니다. 어쩐 일입니까! 거무스레한 구름이 그들을 가리고, 덮고 있었고, 그리고 그 구름 안에는 구름 속을 날고 있는 박쥐들과 올빼미들이 보였습니다. 그리고 내게 일러진 말은, 그 구름 속을 날고 있는 올빼미들이나 박쥐들은 대응(對應·

correspondences)들이고, 따라서 그것들은 그들의 논증자들의 생각들의 외현(外現)들을 나타낸다는 것입니다.
그것은 이 세상에서 그들이 진리들처럼 보이게 하는 정도에 이르도록 거짓들의 확증들은 밤새들의 형체 하에서 표징, 드러내기 때문입니다. 그리고 그것들의 눈은 거짓 빛 안에서 사물을 밝히 보기 때문입니다. 그리고 그 눈에 의하여 그것들은 마치 빛 가운데서 보듯이 어둠 속에서 대상물을 잘 보기 때문입니다. 그들이 진리들처럼 볼 수 있을 때까지 그리고 그들은 그것이 진리들이라고 믿을 때까지 거짓들을 확증하는 자들이 가지는, 그리고 그런 일을 하는 빛이 바로 거짓스러운 영적인 빛입니다. 이런 부류의 작자들은 일종의 뒤를 보는 시각은 가지고 있지만, 앞을 보는 시각은 가지고 있지 않습니다.

335. 넷째 영계 체험기

나는 어느 날 이른 아침에 잠에서 깨어났을 때 나는 내 눈 앞에 다양한 모습의 유령(幽靈·specters)들을 보았습니다. 한낮이 되었을 때 나는 서로 상이한 형체의 거짓 빛(=도깨비 불빛·fatuous lights)을 보았는데, 어떤 것은 글씨가 가득 쓰인 양피지(羊皮紙·sheets of paper)같았는데, 그것은 접고, 또 접혀서, 마침내 공중에 떨어지는 유성(流星)처럼 사라져 버렸습니다. 그리고 어떤 것은 펼친 책들 같았는데, 어떤 것은 작은 달들(little moons)처럼, 또는 불이 붙여진 촛불처럼, 빛이 났습니다. 이들 책들 중의 어떤 것은 아주 높이 올리어졌다가 거기에서 사라졌습니다. 나머지 것들은 땅에 떨어졌고, 그리고 산산조각으로 부서졌습니다. 이런 광경들에게서 내가 짐작한 것은, 그들이 매우 중요한 것으로 여기는 것인, 어떤 상상적인 사안들에 관해서 서로 논쟁하는 자들 아래에 여럿이 있다고 생각하였습니다. 왜냐하면 영계에서 이런 부류의 현상들(phenomenons)은 아래에 있는 자들의 추론들에게서 비롯된 분위기에서 나타나기 때문입니다.

즉시 내 영의 시각이 열리었고, 나는 머리에 월계수 가지로 만든 소위 월계관을 쓰고, 꽃무늬가 있는 겉옷을 입은 수많은 영들을 보았습니다. 이런 광경은 그들이 이 세상에 있을 때 박학한 학문으로 명성을 날린 자들을 뜻합니다. 나는 영의 상태에 있었기 때문에, 그 무리에 접근하였고, 그들과 어울려 뒤섞였습니다. 그 때 내가 명확하게 들은 사실은, 어떤 사람에게는 출생에서부터 짐승들이 가지고 있는 것과 같이 이른바 생득적 관념들(生得的 觀念·connate ideas)이 있는지 여부에 관해서 심하게 논쟁을 하고 있다는 것입니다.
그것에 대하여 부정하는 무리는 그것을 지지하는 자들에게서 떠났고, 종국에 그들은 두 무리로 갈라져서, 손에 칼을 들고 싸우려는 군대들처럼 두 무리들이 서로 대치(對峙)하였습니다. 그러나 그들은 칼을 가지고 있지 않았기 때문에 그들은 예리한 말들(the points of words)을 가지고 싸웠습니다.
[2] 그러나 어디선가 갑자기 그들 중앙에 천사적인 영이 나타났고, 그리고 그 영은 큰소리로 말하였습니다. "나는 여러분들에게서 좀 떨어진 곳에서 여러분들이, 짐승들과 같이 생득적으로 사람들 안에 생득적인 관념이 있는지 여부에 관해서 논쟁(論爭)하는 것을 들었습니다. 그러나 내가 여러분에게 말할 수 있는 것은 사람들은 그와 같은 생득적인 관념들을 결코 가지고 있지 않다는 것이고, 그리고 짐승들도 전혀 그런 관념들을 가지고 있지 않다는 것입니다. 그러므로 여러분은 아무것도 아닌 것(nothing)에 관해서 서로 다투고 있는 것이고, 그것은 마치 염소의 털(goat's wool)이냐, 아주 옛날 옛날의 수렴이냐에 관해서 다투는 것과 같습니다"라고 일갈하였습니다.
이 말을 듣자 그들은 몹시 화가 나서, 소리를 질렀습니다. "저 놈을 내쫓으시오! 저자는 상식에도 어긋나는 소리를 짓거리는 것이요"라고 하였습니다.
그러나 그들이 그를 내쫓으려고 할 때 그들은, 그들이 그것을 뚫고 들어갈 수 없는 천계의 빛으로 그가 에워싸여 있는 것을 보았습니다. 왜냐하면 그는 천사적인 영이었기 때문입니다. 그러므로 그들은 뒤로 물러났고, 그에게서 떨어졌습니다. 천계의 빛이 사라진 뒤에 그 천사가 그들에게 말하였습니다. "왜 당신들은 분노하십니까? 우선 잘 들으십시오. 그리고 내가 제안하려는 이유들을 전적으로 수용하십시오. 그리고 당신들 스스로 그것들에게서 좋은 결론을 맺으십시오. 내가 예견하는 것은, 여러분 가운데서 판단하는 일에 뛰어난 자는 동의할 것이고, 그리고 여러분의 마음에서 일어나는 큰 소란들을 진정시킬 것입니다"라고 하였습니다.
이런 지적들에 대해서 그들은, 여전히 분이 가라앉지 않은 음성으로 "말해 보시오, 우리가 들으리다"라고 말하였습니다.

[3] 그래서 그 천사는 말하기를 시작하였습니다. "여러분께서 필히 믿어야 할 것은 그것들의 행동들이 생각에서 나오는 것처럼 보인다는 사실에서 여러분은 추론, 생각하기 때문에, 짐승들이 생득적인 관념들(connate ideas)을 가지고 있다는 것인데, 그럼에도 불구하고 짐승들은 그 어떤 생각을 결코 가지고 있지 않고 있으며, 그리고 관념들은 생각에 속한 것이라고 단정하는 것뿐입니다. 더욱이 이런 저런 목적에서 이런 저런 방법이나 모양으로 행동을 생각하는 자들이 생각하는 생각의 특성이 그런 것뿐입니다. 그러므로 아주 완벽한 기술을 가지고 거미줄로 자연의 집을 짓는 거미가 그 작은 머리에서 그 일을 생각하는지 여부를 같이 생각해 보십시오. 그 거미가 나는 이런 식으로 나의 실(=거미줄)을 자아내서 그것들을 가지고 이렇게 저렇게 얽어매어서, 나의 집(=거미줄)이 바람의 세찬 공격에도 날아가는 일이 없게 하겠다고 생각하고 집(=거미줄)을 짓는 것이 아니고, 그리고 또한 그 집 중앙에 자리를 잡고 있다가 무엇인가가 거미줄에 걸리면 쏜살 같이 달려가서, 만약에 그것이 파리면 그것을 즉시 얽어매고, 그 놈을 먹거리로 먹어야지 라는 생각을 가지고 하는 것은 아닙니다. 그리고 또한 벌이 작은 머리를 가지고, 나는 멀리 날아가서, 넓은 들에 꽃들이 어디에 있는지 알고 있고, 그리고 그 꽃들에서 밀랍(wax)을 취해 오고, 그리고 그 꽃들에서 꿀을 따다가, 밀랍으로는 아주 견고한 작은 방들의 집을 짓고, 그리고 우리의 동료들이 쉽게 마치 대로를 왕래하듯이 그 집을 드나들 수 있게 하고, 그 때 넉넉한 꿀들을 모아 저장해서 다가오는 겨울을 위해 죽지 않기 위해 준비를 하자는 등등, 그 밖의 수많은 놀라운 사람들의 정치적인 것이나 경제적인 영특함으로, 아니 그것보다 더 월등한 것들로 경쟁하는 것일까요? 이런 것에 관해서는 본서 12항을 참조하십시오.

[4] 다시 말벌들에 관해서 생각해 보겠습니다. 그것들이 그들의 작은 머리에서 우리의 동료들이 종이 같이 얇은 원질로 우리들의 집을 짓고, 그 집의 벽들을 미로(迷路)모양으로 만들고, 그리고 그 곳의 깊숙한 곳에는 하나의 광장을 만들고, 그리고 그리로 통하는 통로를 만들고, 그리고 우리의 동료들 외에는 거기에 들어오는 길을 모르게 하여, 우리의 비밀 장소를 엿보지 못하게 하자 라고 어느 누가 생각하겠습니까? 다시 누에에 관해서 생각해 볼까요. 그것들이 벽들 주위를 기어 다닐 때, 애벌레들이 되고, 번데기가 되고, 나중에 나비가 되어야겠다고 생각하겠

습니까? 그리고 파리가 그것들이 서로 교미할 장소에 관해서 무슨 생각을 가지고 있겠습니까?
[5] 이런 작은 것들에 비하여 큰 동물들의 경우도 꼭 같습니다. 온갖 종류의 새들이나, 날개를 가지고 나는 피조물들도 때가 되면 짝짓기를 하고, 자신들의 둥지를 짓고, 거기에 알을 낳고, 그 알을 품고, 새끼들을 부화(孵化)하고, 새끼들을 위한 먹이를 준비, 장만하고, 그 새끼들이 날갯짓을 하고 하늘을 날 때까지 새끼들을 돌보고, 그리고 그런 뒤에는 그것들이 마치 자기 새끼가 아닌 것처럼, 그것들을 둥지에서 쫓아냅니다. 이 밖에도 다른 많은 것들이 있습니다. 그리고 이런 일은 땅 위의 짐승들이나, 뱀들이나, 물고기들도 꼭 같습니다. 여러분 중에서 그 누가 이런 설명들이나 사실에서, 이런 피조물의 자발적인 행위들이 이른바 오직 개념들이라고 단정할 수 있는 그 어떤 생각들로부터 유입된 것이 아니라는 것을 모르시지 않겠지요? 짐승들이 관념들을 가지고 있다는 잘못은, 그것들이 사람들과 꼭 같이 생각한다는 것이나, 그리고 그것들과 차이가 있다면 말을 꼭 같이 하지 못한다는 것을 가리키는 신념(persuasion) 이외의 다른 근원에서 생각난 것은 아닙니다" 라고 말하였습니다.
[6] 이런 일이 있은 뒤 천사적인 영은 주위를 둘러보았습니다. 그는, 아직도 짐승들이 생각(=사고·thought)을 가지고 있는지 아닌지 여전히 주저하고 있다는 것을 보았기 때문에, 그 천사적인 영은 그의 소견(所見)을 계속해서 말을 하였습니다. "사람들의 행동(human action)과 비슷한 행동을 하는 가축(家畜)들의 몸짓들로부터 내가 깨달은 사실은 그 가축들이 생각(=사고)을 가지고 있다는 공상적인 개념(the fanciful idea)이 여러분에게 밀착(密着)되었다는 것입니다. 따라서 나는 여러분에게 그런 행동들이나 행위들의 근원에 관해서 언급, 설명하겠습니다. 모든 짐승·모든 새·모든 물고기·파충류·곤충 등등 자기 자신의 자연적인 사랑(=애정), 감관적인 사랑(=애정), 현세적인 사랑(=애정)을 가지고 있고, 그리고 그것의 주거(住居)는 그것의 머리(head)이고, 거기에 있는 두뇌(brains)입니다. 그것들의 두뇌들을 통해 영계는 직접적으로 그들의 몸통의 감관들에 유입하고, 그리고 그것들을 통해서 그들의 행위나 동작에 유입합니다. 이것은 그것들의 몸통적인 감관들(bodily senses)이 사람들의 그것에 비하여 더 정교(精巧)한 이유입니다. 영계에서 비롯된

그 입류(入流·influx)가 이른바 본능(本能·instinct)이라고 부르는 것입니다. 그것이 본능이라고 부르는 것은 그것이 생각(=사고)에 속한 중개(=조정·仲介·調停·the mediation of thought) 없이도 존재하기 때문입니다. 거기에는 또한 관습(habit)에서 야기되는 본능에 부수되는 것들이 있습니다. 그러나 그것들을 통해서 영계에서 오는 행위에 종결되는 그들의 사랑은 먹는 것과 번식(繁殖)하는 것에 전적으로 매달려 있고, 그리고 그것에 의하여 사람들 안에 있는 사랑은 점차적으로 성장, 발전하는 지식·총명·지혜 따위와는 아무런 관계를 가지고 있지 않습니다"라고 설명, 언급하였습니다.

[7] 사람의 생득적인 관념들(connate ideas)을 결코 가지고 있지 않다는 것은 그가 생득적인 사고(connate thought)를 결코 지니고 있지 않다는 사실에서 매우 명확합니다. 사고(thought)가 없는 곳에는 관념들 역시 없습니다. 왜냐하면 이것들은 상호적이므로 각자에게 속해 있기 때문입니다. 이러한 사실은 갓 태어난 유아들(乳兒)에서 짐작할 수 있겠는데, 유아에게서 보면 그들은 젖을 빠는 일과 숨을 쉬는 일 외에는 아무것도 할 수 없습니다. 그들의 젖을 빠는 일은 그 어떤 선천적인 것에서 비롯된 것이 아니고 다만 어머니의 자궁 안에서 하던 계속적인 젖을 빠는 일(a continual sucking)에서 비롯된 것이고, 그리고, 그들이 살아 있기 때문에 그들은 숨을 쉴 수 있는 것입니다. 왜냐하면 숨을 쉬는 호흡도 생명에 속한 보편적인 것(a universal of life)이기 때문입니다. 심지어 그들의 육체적인 감관들도 거의 불영명한 상태에 있고, 그리고 이런 불영명의 상태로부터 그들의 운동을 반복하는 연습에 의하여 운동능력을 얻는 것과 같이, 그들의 육체적인 감관들은 대상물들에 의하여 점차적으로 낱말들을 발음하는 것을 배우고, 그리고 처음에는 어떤 관념이 없이 낱말들을 소리 내지만, 거기에 젖먹이의 불영명한 요소(some obscure element of fancy)가 저장됩니다. 그리고 이것이 보다 명료하게 성장하기 때문에 상상적인 불영명한 요소는 배태(胚胎)되고, 그리고 그것에서부터 사고(=생각·사상·thought)의 요소도 생겨납니다. 이런 상태의 형성과 같이 관념들(ideas)도 생겨나는데, 이것은 앞에서 언급한 것과 같이 생각(=사고)과 함께 한 몸을 이룹니다. 그리고 생각(=사고)이 전혀 없는 것에서부터 생각(=사고)은 교육(教育·instruction)에 의하여, 계발(啓發), 성장합니다. 그러므로 그 과정에서 사람들은 관념들을 터득, 지니

게 되는데, 그것들은 생득적인 것이 아니고, 오히려 뒤에 형성된 것이고, 그리고 그것들로부터 언어(speech)나 행동들(actions)은 유입합니다. 사람에게서 아는 능력(a capacity to know)이나, 그리고 이해하고, 현명하게 되는 능력 따위를 제외하면 이른바 생득적인 것은 전혀 있지 않다는 것, 그리고 마찬가지로 이런 것들을 사랑하는 성향(性向・inclination)뿐만 아니라, 이웃이나 하나님을 사랑하는 성향도 생득적이 아니라는 것은 본서 48항의 '영계 체험기'나 그 밖의 체험기들에서 잘 볼 수 있겠습니다.

이런 일이 있은 뒤 나는 주위를 둘러보았습니다. 그리고 내 가까이에 있는 라이프니츠(Leibnitz)와 볼프(Wolf)를 보았는데, 그들은 천사적인 영에 의하여 이미 추론에 대하여 깊은 관심을 가지고 있었습니다. 라이프니츠는 가까이 다가와서 자신의 동의(同意)를 표하였지만, 볼프는 부인도, 긍정도 하지 않고 떠나갔습니다. 왜냐하면 그는 라이프니츠에 비하여 내면적인 판단이 뛰어나지 않았기 때문입니다.

제 6 장

믿음(Faith)

336. 고대사람들의 지혜로부터 이런 주의(主義·교의·敎義·tenet)가 생성되었는데, 그것은 보편적인 것이나 개별적인 것, 그리고 그것 안에 있는 모든 것들은 선과 진리에 관계된다는 것입니다. 그것은 사랑이나 인애에서 유입하는 모든 것은 선한 것이라고 불리고, 믿음에서 유입하는 모든 것은 참된 것이라고 불리기 때문입니다. 그 때 인애와 믿음(charity and faith)은 명확하게 구분되는 둘(2)이지만, 그럼에도 불구하고 사람이 교회에 속한 사람이 되기 위해서, 다시 말하면 교회가 그 사람 안에 있기 위하여 이들 둘(2)은 사람 안에서 하나(one)를 이루어야 합니다. 이것은 논쟁(論爭)의 사안이었고, 그리고 고대 사람들에게서도 논쟁거리였습니다. 다시 말하면 이들 양자 중에서 어느 것이 으뜸이냐라는 논쟁거리였고, 그러므로 그것의 특권에 의하여 그것은 장자(長子)라고 불리웠습니다. 그들 중에서 어떤 이들은 진리가 으뜸이라고, 그리고 결과적으로는 인애가 으뜸이라고 하였습니다. 왜냐하면 그들은 사람이 태어난 뒤 즉시 사람이 말하고, 생각하는 것을 배운다는 것을 보았기 때문이고, 그리고 그것에 의하여, 지식들에 의하여 행해지는 이해에서 완전하게 되는 것을 보았기 때문이고, 그리고 이것에 의하여 사람은 참된 것을 배우고, 이해하기 때문입니다. 그런 뒤에는 사람은 이것에 의하여 선한 것을 배우고 이해하기 때문입니다. 결과적으로 사람은 제일 먼저 믿음이 무엇인지 배우고, 그 뒤에 인애가 무엇인지 배웁니다. 이런 주제나 내용을 잘 파악한 사람들은 믿음에 속한 진리(the truth of faith)가 장자라고 생각하였고, 그리고 인애에 속한 선(the good of charity)은 그 뒤에 태어난다고 생각하였습니다. 이런 이유 때문에 그들은 믿음에게 장자 상속권의 고귀함이나 특권(the eminence and prerogative of primogeniture)을 부여하였습니다. 그러나 그와 같이 추론, 추측한 자들은, 믿음을 지지, 선호하고 수많은 논쟁들과 더불어 자기 자신의 이해를 압도, 질식하기에 이르렀습니다. 그리고 믿음이 인애와 결합하지 않으면 그 믿음이 진정한 믿음이 아니라는 것을 알지 못하였기 때문에, 그리고 인애가 믿음과 결합하지 않았으면, 그 인애가 진정한 인애가 아니라는 것을 알지 못하였기 때문에, 따라서 만약에 그것들이 결합하지 않으면, 그것들이 하나를 이룬다는 것 역시 알지 못하였고, 그리고 그것들이 없으면 교회 안에 어떤 것도 존재하지 않는다는 것도 알지 못하였습니다. 이들 둘―인애와 믿음―이 절대적으로 하나를 이룬다는 것은 아래에서 잘 입증되겠습니다.

[2] 이들 서문의 단평(短評)에서 그것들이 어떻게 하나를 이루는지, 또는 그것들이 하나를 이루는 것에 관해서 간략하게, 언급, 입증하고자 합니다. 그것에 의하여 뜻하는 믿음은 시간 안에서 첫째입니다. 이에 반하여, 그것에 의하여 선을 뜻하는 인애는 목적에서 첫째입니다. 목적에서 첫째가 실제적으로 첫째를 가리킨다는 것은, 그것이 첫째이고, 중요한 것이기 때문입니다. 그러므로 역시 그것은 장자(長子)입니다. 이에 반하여 시간에서 첫째인 것은 실제적으로는 첫째가 아니고, 다만 외현적으로 그렇게 보일 뿐입니다. 그러나 이것을 명확하게 이해하기 위하여 성전(聖殿) 건축이나 집을 짓는 것에 비교해서, 그리고 정원의 꾸밈이나 밭을 경작하는 것에 비교해서 예증하고자 합니다. 성전을 건축하는 일입니다. 그 일에서 시간으로 첫째 되는 것은 기초를 놓는 것이고, 벽들을 똑바로 쌓는 것이고, 그리고 지붕을 위에 얹는 것입니다. 그리고 그 다음에는 제단을 세우고, 설교단을 세우고 봉헌(奉獻)하는 것입니다. 이에 반하여 목적으로 첫째 되는 것은 거기에서 드려지는 하나님의 예배(the worship of God)입니다. 왜냐하면 하나님의 예배는 선행된 일의 목적이기 때문입니다. 집을 짓는 일입니다. 시간에서 그 일의 첫째 되는 것은, 그것의 외적인 부분들을 짓는 것이고, 그리고 역시 필수적인 다양한 가구들로 그것들을 준비, 마감하는 것입니다. 이에 반하여 목적에서 첫째 되는 것은 주인 되는 사람이나 그의 식솔들을 형성하는 그 밖의 사람들을 위한 안락한 주거(a switable dwell)입니다. 정원을 꾸미는 일입니다. 그 때 시간적으로 제일 먼저 하는 것은 땅을 고르는 일이고, 토양을 잘 준비하고, 거기에 나무를 심거나, 유용하게 사용할 것

들의 씨를 파종(播種)하는 것입니다. 이에, 반하여 목적에서 첫째로 하는 것은 그것의 소출의 추수입니다. 밭(=농장)을 경작하는 것에서 시간적으로 제일 먼저 하는 것은 땅을 갈고, 고르고, 써레질을 하고, 그리고 다음에는 거기에 씨를 파종합니다. 이에 반하여 목적에서 제일 먼저 하는 것은 곡식을 추수하는 것입니다. 그리고 따라서 다시 그것을 잘 사용하는 것입니다. 이런 일련의 비교들에게서 어느 누구나 할 수 있는 결론은 무엇이 실제적인 첫째인가 라는 것입니다. 어느 누가 성전이나 집을 지을 때, 그리고 정원을 가꾸고, 밭을 경작할 때, 그 어떤 선용(=쓸쓸이)을 첫째로 의도하고, 생각하지 않겠습니까? 그 사람은 그의 마음에 이것을 계속해서 간직할 것이고, 그리고 그것에 소용되는 방법들을 고려, 꾀하지 않겠습니까? 그러므로 우리가 결론을 짓는 것은 믿음의 진리(the truth of faith)는 시간에서 첫째이지만, 그러나 인애의 선(the good of charity)은 목적에서 첫째라는 것입니다. 이 후자는, 그것이 중요한 것이기 때문에, 실제적으로 마음에서는 장자입니다.

[3] 그러나 본질적으로 믿음이 무엇인지, 그리고 본질적으로 인애가 무엇인지 밝히 안다는 것은 필수적입니다. 이러한 필수적인 것을 안다는 것은, 그 각각의 것을 여러 명제들로 나누어서 연구하지 않는다면 거의 알 수가 없습니다. 따라서 믿음은 그것의 명제대로 나누고, 인애 역시 그것의 명제대로 나누어서 연구, 검토되겠습니다. 그러므로 믿음은 아래의 수제(首題)에 따라서 다루어지겠습니다.

 1. 구원하는 믿음(saving faith)은 주 하나님 구세주 예수 그리스도를 믿는 믿음이다.
 2. 믿음의 총체적 개요(the sum of faith)는 착하게 살고, 올바르게 믿는 사람은 주님께서 구원하신다.
 3. 사람은 주님에게 가까이 나아가는 것에 의하여, 그리고 성경말씀(聖言·the Word)에게서 진리들을 배우는 것에 의하여, 그리고 그 진리들에 따라서 사는 것에 의하여, 믿음을 터득한다.
 4. 풍부한 진리들은 마치 하나의 단으로 묶여(a bundle), 결속(結束)되어 있을 때 고양(高揚·exalt)되고, 믿음을 완성한다.
 5. 인애가 없는 믿음은 믿음이 아니고, 그리고 믿음이 없는 인애도 인애가 아니고, 이들 양자는 주님에게서 비롯되는 것을 제외하면 생명을 가질 수 없다.

6. 주님・인애・믿음은, 마치 사람 안에서 생명・의지・이해가 하나를 이루는 것과 같이, 하나를 이룬다 ; 만약에 이것들이 분리, 나뉜다면, 진주가 가루가 되는 것과 같이, 그것의 각각은 모두 소멸(消滅)한다.
7. 주님께서는 사람 안에서 인애와 믿음이시고, 사람은 주님 안에서 인애와 믿음이다.
8. 인애와 믿음은 선행들(good works) 안에 공존한다.
9. 믿음에는 참된 믿음(a true faith)・의사 믿음(疑似・spurious faith)・위선적 믿음(僞善的・hypocritical faith)이 있다.
10. 악한 사람 안에는 믿음이 전혀 없다.
이 명제들은 개별적으로 설명되겠습니다.

I.
구원하는 믿음(saving faith)은 주 하나님 구세주 예수 그리스도를 믿는 믿음이다.

337. 구원하는 믿음은 하나님 구세주를 믿는 믿음입니다. 그것은 그분께서 하나님이시고, 사람이시기 때문이고, 그리고 그분께서 아버지(聖父・the Father) 안에 계시고 아버지(聖父)께서 그분 안에 계시기 때문입니다. 따라서 그들은 곧 한 존재이십니다. 그러므로 그분에게 가까이 나아가는 사람은 동시에 아버지에게 나아가는 것이고, 따라서 한 분이시고, 유일하신 하나님에게 나아가는 것이고, 그리고 구원하는 믿음은 이 외의 다른 것에는 결코 존재하지 않습니다. 사람들이, 예수 그리스도라고 불리시고, 여호와로 말미암아 수태(受胎)하시고, 처녀 마리아에게 태어나신, 하나님의 아들을 속량주이시고 구원주(the Redeemer and Saviour)로 반드시 믿고, 즉 믿는 믿음을 가져야 한다는 것은, 주님께서 아주 자주 반복해서, 그리고 그 뒤에는 그분의 사도들에 의하여 명령하신 명령들에게서 명확합니다. 그분을 믿는 믿음이 그분께서 친히 명령하셨다는 것은 아래의 장절들에게서 아주 명료합니다. 요한복음서의 말씀입니다.

또한 아들을 보고 그를 믿는 사람이면 누구나 영원한 생명을 얻게 하시는 것이 내 아버지의 뜻이다. 나는 마지막 날에 그들을 다시 살릴 것이다(요한 6 : 40).

아들을 믿는 사람에게는 영원한 생명이 있다. 아들에게 순종하지 않는 사람은 생명을 얻지 못한다. 그는 도리어 하나님의 분노를 산다(요한 3 : 36).

그것은 그를 믿는 사람마다 영원한 생명을 얻게 하려고 하는 것이다. 하나님이 세상을 이처럼 사랑하셔서 독생자를 주셨으니, 누구든지 그를 믿으면 멸망하지 않고 영생을 얻을 것이다(요한 3 : 15, 16).

예수께서 마르다에게 말씀하셨다. "나는 부활이요 생명이니, 나를 믿는 사람은 죽어도 살고, 살아서 나를 믿는 사람은 영원히 죽지 않을 것이다(요한 11 : 25, 26).

내가 진정으로 진정으로 너희에게 말한다. 믿는 사람에게는 영생이 있다. 나는 생명의 빵이다(요한 6 : 47, 48).

나는 생명의 빵이다. 내게로 오는 사람은 결코 주리지 않을 것이요, 나를 믿는 사람은 다시는 목마르지 않을 것이다(요한 6 : 35).

예수께서 일어서서, 큰소리로 말씀하셨다. "목마른 사람은 다 나에게로 와서 마셔라. 나를 믿는 사람은, 성경에 이른 것과 같이, 그의 배에서 생수가 강처럼 흘러 나올 것이다"(요한 7 : 37, 38).

그들이 예수께 물었다. "우리가 무엇을 하여야 하나님의 일을 하는 것이 됩니까?" 예수께서 그들에게 대답하셨다. "하나님께서 보내신 이를 믿는 것이 곧 하나님의 일이다(요한 6 : 28, 29).

너희는 빛이 있는 동안에 그 빛을 믿어서, 빛의 자녀가 되어라(요한 12 : 36). 아들을 믿는 사람은 심판을 받지 않는다. 그러나 믿지 않는 사람은 이미 심판을 받았다. 그것은 하나님의 독생자의 이름을 믿지 않았기 때문이다(요한 3 : 18).

여기에 이것이나마 기록한 목적은, 여러분으로 하여금, 예수가 그리스도요 하나님의 아들이심을 믿게 하고, 또 그렇게 믿어서 그의 이름으로 생명을 얻게 하려는 것이다(요한 20 : 31).

내가 그이라는 것을 너희가 믿지 않으면, 너희는 너희의 죄 가운데서 죽을 것이다(요한 8 : 24).

(예수께서 말씀하셨다.) 그가 오시면, 죄와 의와 심판에 관한 세상의 그릇된 생각을 꾸짖어 바로잡아 주실 것이다. 나를 믿지 않는 것이 바로 죄라는 것을 말씀해 주실 것이다(요한 16 : 8, 9).

338. 사도들의 믿음도 주님 예수 그리스도를 믿는 믿음 이외의 다른

것이 아니었다는 것은 그들의 서간서들의 수많은 장절들에게서 명확한데, 그 장절들에게서 아래의 말씀을 제시하겠습니다.

> 이제 사는 것은 내가 아닙니다. 그리스도께서 내 안에서 사시는 것입니다. 내가 지금 육신 안에서 사는 것은 나를 사랑하셔서, 나를 대신하여 자기 몸을 내주신 하나님의 아들을 믿는 믿음 안에서 사는 것입니다(갈라디아 2 : 20).

라고 바울 사도는 증거하였습니다.

> 나는 유대 사람에게나 그리스 사람에게나 똑같이, 회개하고 하나님께로 돌아올 것과 우리 주 예수를 믿어야 한다고 증언하였습니다(사도행전 20 : 21).
> "두 분 선생님, 내가 어떻게 해야 구원을 얻겠습니까?" 하고 말하였다. 그들이 말하였다. "주 예수를 믿으시오. 그리하면 그대와 그대의 집안이 구원을 얻을 것입니다"(사도행전 16 : 30, 31).
> 그 아들을 모신 사람은 생명을 가진 사람이고, 하나님의 아들을 모시지 않은 사람은 생명을 가지지 못한 사람입니다. 나는 하나님의 아들의 이름을 믿는 여러분에게 이 글을 씁니다. 그것은, 여러분이 영원한 생명을 가지고 있음을 알게 하려는 것입니다(요한 1서 5 : 12, 13).
> 우리는 본디 유대 사람이요, 죄인인 이방 사람이 아닙니다. 그러나 사람이, 율법을 지키는 행위로 의롭게 되는 것이 아니라, 예수 그리스도를 믿는 믿음으로 되는 것임을 알고, 우리도 그리스도 예수를 믿은 것입니다. 그것은, 우리가 율법을 지키는 행위로가 아니라, 그리스도를 믿는 믿음으로 의롭게 하여 주심을 받고자 하는 것이었습니다. 율법을 지키는 행위로는, 아무도 의롭게 될 수 없기 때문입니다(갈라디아 2 : 15, 16).

그들의 믿음이 예수 그리스도를 믿는 믿음이었기 때문에, 그리고 또한 믿음은 그분에게서 오기 때문에, 그들은 그 믿음을 예수 그리스도의 믿음이라고 불렀습니다. 그것은 바로 인용된 갈라디아 2장 16절에서 명확하고, 그리고 아래의 장절들에게서 명확합니다.

> 하나님의 의는 예수 그리스도를 믿는 믿음을 통하여 모든 믿는 사람에게 옵니다. 거기에는 아무 차별이 없습니다.······지금 이 때에 자기의 의를 나타내신 것은, 하나님께서는 의로우신 분이시라는 것과 예수를 믿는 사람은 누구

나 의롭게 하여 주신다는 것을 나타내시려는 것입니다(로마 3 : 22, 26).

율법에서 오는 나 스스로의 의가 아니라, 그리스도를 믿는 믿음으로 말미암아 오는 의, 곧 믿음에 근거하여 하나님께로부터 오는 의를 가지려는 것입니다(빌립보 3 : 9).

하나님의 계명과 예수를 믿는 믿음을 지키는 성도들(묵시록 14 : 12).

성경은 그리스도 예수를 믿는 믿음으로 말미암아, 구원에 이르는 지혜를 그대에게 줄 수 있습니다(디모데 후서 3 : 15).

그리스도 안에서는,······사랑으로 역사하는 믿음입니다(갈라디아 5 : 6).

이상의 장절들을 볼 때 지금 교회에서 자주 인용하는 바울 사도께서 하신 말씀에서 믿음이 뜻하는 것이 무엇인지 잘 알 수 있겠습니다. 로마서의 말씀입니다.

사람은, 율법의 행위와는 상관없이, 믿음으로 의롭게 하여 주심을 받는다고 우리는 생각합니다(로마 3 : 28).

다시 말하면 하나님 아버지를 믿는 것은 믿음이 아니고, 아들을 믿는 것이 믿음입니다. 더욱이 이런 순서에 따라서, 즉 한 분으로 말미암아 한 분을, 그리고 그분의 목적 때문에 다른 분을, 그리고 그분을 통해서 구원이 온다는 셋째 분을 믿는, 이른바 삼신 하나님(three Gods)을 믿는 것은 결코 믿음이 아닙니다. 오늘날 교회에서 믿고 있는 이른바 삼인격의 믿음(tripersonal faith)은 그렇게 말씀하신 바울 사도가 뜻하는 내용입니다. 이런 이유 때문에 14세기 동안, 심지어 니케아 종교회의 이래, 교회는 다른 믿음은 결코 시인하지 않았습니다. 그리고 결과적으로 교회는 다른 믿음을 알지 못하였습니다. 그러므로 교회는 이 믿음이 유일무이(唯一無二)한 믿음이라고 믿고, 신봉하고, 그리고 다른 믿음은 전적으로 불가능하였습니다. 그러므로 신약 성경에 등장하는 낱말 믿음은 어디에서나 의례 삼인격의 삼신(三神)을 믿는 믿음을 뜻하는 것으로 생각하였습니다. 그리고 또한 모든 것을 그것에 따라서 적용하였습니다. 그러므로 하나님 구세주를 믿는 믿음을 가리키는 유일한 구원하는 믿음(the only saving faith)은 소멸하였습니다. 결과적으로 수많은 오류들(fallacies)과 건전한 이성을 거스르는 수많은 모순된 역설들(=불합리한 역설·paradoxes)은 교회가 믿고 신봉하는 교리들에게 기어들어 왔습니다. 왜냐하면 천계나 구원에 이르는 길을 가르치고, 제시하는 교회의 교리는 믿음에 의존하기 때문입니다. 그리고 그와 같이 교회에 스며든 수많은 오류들이나 역설들은, 앞에서 언급한 것과 같이, 그런 것들은, 이해(understanding)가 반드시 믿음에 종속(從屬)되어야 한다는, 교회의 독단적 교리(dogma)를 선포, 선언하는데 필수적인 것이 되어 버렸습니다. 그러나 바울 사도가 로마서 3장 28절에서 공언한 말씀 때문에 '믿음'(faith)이라는 낱말은 하나님 아버지를 믿는 믿음을 뜻하지 않고, 오히려 그분의 아드님을 믿는 믿음을 뜻하게 되었습니다. 그리고 율법의 일들(=율법의 행위들·works of the law)은 거기에서는 십성언(十聖言·the Decalogue)의 계명들의 행위들을 뜻하지 않고, 오히려 유대 사람들을 위한 모세적인 율법의 행위들(the works of the Mosaic law for the Jews)을 뜻합니다. 이러한 내용은 현대 교회의 믿음의 초석이 된, 그 장절에 뒤이어지는 것이나, 서간문 갈라디아서 2장 14, 15절에서 명백합니다. 그리고 이 믿음과 더불어 그것 위에 세워진 성전은, 마치 땅 위에는 지붕만 남고, 땅 속으로 가라앉은 파괴된 가옥과 같이 되어 버렸습니다.

339. 사람들은 반드시 하나님 구세주 예수 그리스도를 믿어야만 한다는 것, 다시 말하면, 하나님 구세주 예수 그리스도를 믿는 믿음을 가져야 한다는 것은, 그것이 보이지 않는 하나님(the invisible)을 믿는 믿음이 아니고, 보이는 하나님(a visible God)을 믿는 믿음은 사람 안에 들어오고, 수용되기 때문입니다. 왜냐하면 비록 그것의 모양에서는 자연적이지만, 영적이기 때문입니다. 그것의 본질에서 믿음은, 결과적으로 사람에게서 이런 믿음은 영적 자연적(spiritual-natural)이기 때문입니다. 왜냐하면, 사람에게서 어떤 것이 되기 위해서 어떤 영적인 것은 반드시 자연적인 것 안에 있는 수용그릇(a recipient)을 가져야 하기 때문입니다. 벌거벗은 영적인 것(the naked spiritual)은 사실은 사람 안에 들어오지만, 그러나 그것은 수용(受容)되지 않습니다. 그것은 마치 에텔과 같은데, 그것은 결코 어떤 결과(effect)에 유입하지도 못하고, 무엇을 생성하지도 못합니다. 왜냐하면 결과를 생성하려면 반드시 지각(perception)이 있어야 하고, 결과적으로는 수용(reception)이 있어야 하는데, 이들 양자는 사람의 마음 안에 있기 때문입니다. 그러나 이런 부류의 지각은 사람의 자연적인 것 안에 있는 것을 제외하면 사람에게서는 진정으로

불가능하기 때문입니다. 그러나 다른 한편 단순한 자연적인 믿음, 즉 영적인 본질이 결여(缺如)된 믿음(faith destitute of a spiritual essence)은 믿음이 아니고, 다만 종지(宗旨·persuasion), 즉 지식(knowledge)일 뿐입니다. 외적인 것들 안에 있는 이런 종지가 믿음을 흉내 내고 있지만, 그러나 그것의 내적인 것 안에는 영성(靈性·spirituality)이 존재하지 않기 때문에, 따라서 그것 안에는 구원하는 믿음은 결코 존재하지 않습니다. 이런 부류의 것이 주님의 신령인간(the Lord's Human)의 신성(神性·Divinity)을 부인하는 자들에게 속한 믿음입니다. 이런 부류가 아리안파의 믿음이나 소시니언파의 믿음입니다. 왜냐하면 이들은 주님의 신성(the Lord's Divinity)을 배척, 부인하기 때문입니다. 무엇인가를 지향(志向)하는 대상(=목적·object)이 없는 믿음이 무엇이겠습니까? 그것은 시각이 사라져 버리는, 우주에 빠지는 시각(視覺·gazing)과 다르지 않고, 이른바 진공(眞空) 속으로 사라지고, 잃어버리는 것과 다르지 않습니다. 그것은 마치 대기권을 넘어 에텔 층을 나는 새와 같아서, 마치 숨이 멈추어 버린 진공에 있는 것과 같습니다. 사람의 마음에서 이 믿음이 살아 머무는 주거는 이어러스(=바람의 신·Aeolus)의 날개들 속에 있는 빛의 주거에 비교되겠습니다. 그것은 마치 긴 꼬리를 지닌 혜성(彗星·comet)이 일으키는 것과 같고, 그리고 그것이 지나가고, 소멸하는 것에 비교되겠습니다.

[2] 한마디로 보이지 않는 하나님을 믿는 믿음(faith in an invisible God)은 실제적으로 눈먼 믿음입니다. 그것은 인간적인 마음이 그것의 하나님을 보는 것에 실패하기 때문입니다. 영적 자연적인 믿음이 아닌 그런 믿음에 속한 빛은, 도깨비불과 같은 거짓 빛이고, 그런 빛은, 마치 반딧불과 같은 그런 빛이고, 한밤에 늪지나, 유황기가 있는 땅에서 보이는 빛과 같은 것이고, 썩은 나무 등걸의 발광성과 같은 것입니다.
이런 부류의 빛에서는, 외견상 보이는 것(the apparent)이 사실적인 것(the real)이라는 신념을 빚는, 그럼에도 불구하고 그것은 존재하는 것이 아닌, 환상(幻想·fantasy)에 속한 것을 제외하면, 아무것도 생겨나는 것은 없습니다. 보이는 하나님을 믿는 믿음은, 하나님은 영이시라고 생각할 때, 그리고 영은 마치 에텔과 같다고 생각할 때의 빛 이외의 다른 빛을 비추지 않습니다. 사람이 에텔이라고 생각하기 때문에 사람에게서 하나님에 관한 생각이 무엇이 나오겠습니까? 결과적으로 사람은 우주에

서 하나님을 찾을 것이지만, 그러나 사람은 거기에서 하나님을 찾지 못하므로 그는 우주에 속한 자연이 하나님이라고 믿습니다. 이것이 오늘날 팽배(澎湃)해 있는 자연주의(自然主義·naturalism)의 근원입니다. 주님께서 이렇게 말씀하셨습니다.

> 일찍이 하나님을 본 사람은 아무도 없으나, 아버지의 품 속에 계시는 독생자이신 하나님이 그분을 나타내 보이셨다(요한 1 : 18).
> 이 말은, 하나님께로부터 온 사람 외에 아무도 아버지를 본 사람이 없다는 뜻이다. 하나님께로부터 온 사람만이 아버지를 보았다(요한 6 : 46).
> 나로 말미암지 않고서는, 아무도 아버지께로 올 사람이 없다(요한 14 : 6).

더욱이 이렇게 말씀하셨습니다.

> 너희가 나를 알았더라면, 내 아버지도 알았을 것이다. 이제 너희는 내 아버지를 알고 있으며, 그분을 이미 보았다(요한 14 : 7-12).

[3] 그러나 주님 하나님 구세주를 믿는 믿음은 전혀 다릅니다. 그분께서는 하나님이시고 사람이시기 때문에, 그분에게 가까이 다가갈 수 있고, 그리고 우리의 사고(=생각)에서 비올 수 있기 때문입니다. 그분을 믿는 믿음은 불확실하거나 막연하지 않고, 오히려 그것에서 발출되고, 그리고 그것에 이르는, 하나의 목적(=목표·an object)을 가지고 있고, 그리고 한 번 수용된 것은 불변적이고, 영구적입니다. 이러한 것은 마치 어느 누가 황제나 임금을 보게 되면, 그를 회상(回想)할 때마다 그의 영상이 되살아나는 것과 같습니다. 그 믿음의 일견(=봄·一見·faith's sight)은 마치 그것의 중심에 사람을 초청하는 천사가 있는 밝은 구름을 목격, 일견하는 것과 같아서, 그러므로 그는 천계에 오릅니다. 따라서 주님께서는 당신을 믿는 믿음을 가진 자들에게 자신을 의지하고 시인하는 것에 비례하여 모든 사람에게 가까이 가십니다. 그리고 그것은, 사람이 곧 악들을 멀리하고, 선을 행하는 것을 가리키는, 주님의 계명들을 알고 지키는 것에 비례하기 때문입니다. 종국에 주님께서는 사람의 집(man's house)에 들어오시고, 그리고 그분 안에 계시는 아버지(聖父)와 더불어 그 사람에게서 당신의 거처를 이루십니다. 이러한 사실은 요한복음서의 말씀과 일치합니다. 그 책의 말씀입니다.

내 계명을 받아서 지키는 사람은 나를 사랑하는 사람이요, 나를 사랑하는 사람은 내 아버지의 사랑을 받을 것이다. 그리고 나도 그 사람을 사랑하여, 그에게 나를 드러낼 것이다.······우리는 아버지께로 가서 아버지와 함께 살 것이다(요한 14 : 21, 23).

이상의 내용은 내가 이것을 기술하고 있는 동안, 주님께서 나에게 보내신 주님의 열두 사도들의 목전에서 기술한 것입니다.

II.
믿음의 총체적 개요(the sum of faith)는 착하게 살고, 올바르게 믿는 사람은 주님께서 구원하신다.

340. 사람은 영원한 생명(永生)을 위하여 창조되었다는 것, 그리고 모든 사람이, 성경말씀에 규정, 지시된 구원의 방법에 일치하여 사는 삶을 산다면 영생을 상속받는다는 것은 모든 기독교인이나, 종교나, 건전한 이성을 가지고 있는 모든 이교도에게 허용되고 있습니다. 뿐만 아니라, 비록 개별적으로나 전체적으로나 그들이 착하게 사는 것이나 올바르게 믿는 것과 관계를 가지고 있고, 또한 따라서 인애와 믿음과 관계를 가지고 있고, 따라서 구원의 방법들은 다종다양합니다. 왜냐하면 착하게 산다는 것(living well)은 인애를 가리키고, 올바르게 믿는다는 것(believing rightly)은 믿음을 가리키기 때문입니다. 구원에 속한 이들 두 일반적인 방법들은 성경말씀에 규정, 지시되었을 뿐만 아니라, 계명들을 부과(附課)하고 있습니다. 그리고 그것들이 명령되었기 때문에, 그것에서 뒤이어지는 것은 그것들에 의하여 사람은, 하나님에 의하여 그 사람 안에 활착(活着)되었고, 주어진 능력(能力·power)으로 말미암아 자신을 위한 영생을 획득(獲得)할 수 있습니다. 그리고 사람이 그 능력을 활용하고, 동시에 하나님을 우러르는 것에 비례하여 하나님께서는 자연적인 인애(natural charity)에 속한 모든 것을 영적인 인애(spiritual charity)에 속한 모든 것으로 바꾸시는, 그리고 자연적인 믿음(natural faith)에 속한 모든 것을 영적인 믿음(spiritual faith)으로 바꾸시는 일에서 그것을 효과적으로 완성하시는 것에 비례하여, 따라서 하나님께서는 죽은

인애나 믿음(dead charity and faith)을 살아 있는 것으로 이루시고, 그리고 또한 살아 있는 사람으로 완성하십니다.

[2] 사람이 착하게 살고, 바르게 믿는다고 말할 수 있기 전에 이들 양자―인애와 믿음―는 반드시 공존(共存)해 있어야 합니다. 교회에서 이들 양자는 속사람(the internal man)과 겉사람(the external man)이라고 불립니다. 속사람의 의지가 올바르고(right), 겉사람이 올바르게 행동할 때, 이들 양자는 한 몸(一体)을 이룹니다. 겉사람은 속사람으로 말미암아 행동하고, 그리고 속사람은 겉사람을 통하여 행동할 때, 따라서 사람은 하나님으로 말미암아, 하나님은 사람을 통하여 행동할 때, 한 몸을 이룹니다. 그러나 다른 한편, 만약에 속사람의 의지가 악하고, 그럼에도 불구하고 겉사람이 올바르게 행동한다면, 이들 양자는 그럼에도 불구하고 지옥으로부터 행한 것입니다. 왜냐하면 그 때 사람의 뜻이나 바람(the man's willing)은 지옥에서 비롯된 것이고, 그리고 그의 행동은 위선(僞善)적이기 때문입니다. 그리고 위선(僞善·hypocrisy) 안에 있는 지옥적인 것을 가리키는 그의 바람이나 뜻은 풀숲에 있는 뱀이나, 꽃 속에 있는 벌레와 같이 내면적으로는 숨겨 있습니다.

[3] 속사람(an internal man)과 겉사람(an external man)이 있다는 것을 아는 사람은, 그가 그 사람들이 어떤 것인지 알고 있고, 그리고 이 두 사람이 실제적으로 한 사람처럼 행동할 수 있고, 그리고 겉보기에 한 사람처럼 행동할 수 있다는 것을 아는 사람은, 더욱이 죽은 뒤에 겉사람은 땅에 묻히지만 속사람은 산다는 것을 아는 사람은 효능에서 이 세상이나 천계의 비의(祕義)를 풍부하게 가지고 있습니다. 그리고 이들 양자를 결합시키는 사람은 본질적으로 영원히 행복하게 되지만, 다른 한편 이들 양자를 분리, 나누는 사람은, 더욱이 그 양자를 악 안에서 결합시키는 사람은 영원히 불행하게 됩니다.

341. 선하게 살고 올바르게 믿는 사람이 구원받지 못한다는 신념 아래에, 그리고 하나님께서는 당신이 원하는 사람은 구원하시고, 또는 정죄하는 것에 매우 자연스럽고, 하고 싶은 대로 하신다는 신념 아래에서 정죄, 벌을 받은 사람은 당연히 무자비하시고, 가혹하시고, 심지어 잔인하신 하나님이시라고 비난(非難)할 것이고, 그리고 하나님을 하나님이 아니라고 부인할 것입니다. 그 사람은 역시 그분의 말씀에서 하나님은 부질없는 것들을 말씀하셨고, 결코 중요하지 않은 것들을 엄명(嚴命)하

셨고, 역시 시시한 하찮은 것들을 명령하셨다고 주장할 것입니다. 또는 만약에 착하게 살고, 바르게 믿은 사람이 구원을 받지 못한다면, 그분께서 시내 산에서 손가락으로 친히 두 돌판에 쓰시고, 만드신 그분의 언약을 파기(破棄)하고, 모독하는 하나님이시라고 비난할 것입니다. 하나님께서 그분의 계명들(=명령들)에 따라서 살고, 그분을 믿는 믿음을 가진 자들을 구원하실 수밖에 없다는 것은 요한복음서 14장 21-24절의 주님의 말씀에서 아주 명확합니다. 종교를 가지고 있고, 건전한 이성 안에 있는 자는 누구나 스스로 이것을 능히 확증할 수 있습니다. 즉 그가 하나님께서는 변함없이 사람 안에 계시고, 그리고 사람에게 생명을 주시고, 그리고 이해하고 사랑하는 능력을 주시는 분이시라 생각한다면, 하나님께서는 반드시 착하게 살고, 올바르게 믿는 사람을 사랑하시고, 그리고 그분께서는 사랑에 의하여 당신 자신과 그 사람을 결합하신다는 것을 확신할 것입니다. 이러한 것은 하나님께서 모든 사람이나 피창조물에 각인(刻印)시키신 것 아닙니까? 아버지와 어머니가 그 자녀들을, 그리고 어미 새가 자기 새끼를, 어느 짐승이 자기 새끼를 배척(排斥), 물리칠 수 있겠습니까? 호랑이들이나 표범들, 심지어 뱀들까지도 이런 짓은 할 수 없습니다. 왜냐하면 하나님께서 이와 다르게 행하시는 것은 그분께서 계시는 질서에 반대되는 것이고, 그분께서 그것에 일치하여 행하는 질서에 맞지 않는 것이고, 그리고 또한 그분께서 그것에 따라서 사람을 창조하신 질서에도 위반(違反)되는 것이기 때문입니다. 그러므로 하나님께서 착하게 살고, 올바르게 믿는 사람을 정죄(定罪)한다는 것은 전혀 불가능하고, 다른 한편 악하게 살고, 따라서 거짓된 것을 믿는 사람을 그분께서 구원하신다는 것은 역시 불가능하기 때문입니다. 역시 이러한 일은 질서에 반대되는 것이고, 따라서 오직 정의의 길 (the path of justice)에서만 행하신다는 하나님의 전능(God's omnipotence)에 정반대되는 것이고, 그리고 정의에 속한 율법은 변경, 바꿀 수 없는 진리들이기 때문입니다. 왜냐하면 주님께서 이렇게 말씀하셨기 때문입니다. 누가복음서의 말씀입니다.

    율법에서 한 획이 빠지는 것보다, 하늘과 땅이 없어지는 것이 더 쉽다(누가 16 : 17).

이러한 사실은, 하나님의 본질(the essence of God)이나 사람의 자유의지(=선택의 자유·man's freedom of will)에 관해서 아는 사람은 누구나 밝히 잘 알 수 있는 것입니다. 예를 들어보겠습니다. 아담은 생명나무의 열매를 먹는 자유의 상태에 있었고, 그리고 그는 역시 선과 악에 속한 지식의 나무의 열매를 먹는 자유의 상태에 있었습니다. 만약에 아담이 생명의 나무 열매만을 먹었다면, 하나님께서 그를 에덴 동산에서 내쫓는 일이 가능하셨겠습니까? 나는 그럴 수 없다고 믿습니다. 그러나 아담이 선과 악의 지식의 나무의 열매를 따먹은 뒤, 그 동산에 그를 그대로 둔다는 것이 하나님께서는 가능하셨을까요? 나는 그렇지 않았을 것이라는 것을 믿습니다. 이와 마찬가지로 하나님은 천계에 영입(迎入)된 천사를 지옥으로 추방(追放)하실 수 없다는 것이나, 그리고 또한 저주를 받은 악마를 천계에 들일 수 없으십니다. 하나님께서는 당신의 신령전능(His Divine omnipotence)으로 말미암아 이런 일을 하실 수 없다는 것은 신령전능(神靈全能) 항목에서 잘 볼 수 있겠습니다(본서 49-70항 참조).

342. 앞서의 단락에서(본서 336-339항 참조), 밝히 입증된 것은 구원하는 믿음(saving faith)은 주 하나님 구세주 예수 그리스도를 믿는 믿음이라는 것입니다. 그러나 여기에서도 의문은 계속 일어납니다. 즉, 그분을 믿는 믿음에 속한 첫째 원칙(the first principle)은 무엇인가? 라는 질문입니다. 그것에 대한 대답은, 그분께서는 하나님의 아들(the Son of God)이시라는 시인(是認)입니다. 이것은, 주님께서 이 세상에 강림하셨을 때 그분께서 계시(啓示)하시고 선포(宣布)하신 믿음에 속한 첫째 원칙이었습니다. 왜냐하면 만약에 사람들이 그분께서 하나님의 아들이심을 제일 먼저 시인하지 않는다면, 따라서 그분께서 하나님에게서 비롯된 하나님이시라는 것을 제일 먼저 시인하지 않는다면, 그분 당신이나, 그분 뒤의 그의 사도들이 그분을 믿는 믿음을 가르치고, 선포하셨다는 것은 모두가 헛된 것이기 때문입니다. 오늘날도 마찬 가지이지만 역시 그 때에도 자신들의 어리석음에서, 다시 말하면 겉사람, 즉 자연적인 사람에게서 비롯된, 자기 자신에게 자문(自問)하는 것을 가리키는, 어떻게 여호와 하나님께서 아들을 낳으실 수 있을까? 그리고 어떻게 사람이 하나님이 될 수 있을까? 라는 의문입니다. 이런 의문에 대하여 성경말씀으로부터 믿음의 첫째 원칙(this first principle of faith)이라는 것을 확

증하고, 정립하는 일은 필수적인 것입니다. 이런 이유 때문에 아래의 장절들을 인용하겠습니다. 복음서의 말씀들입니다.

   (천사가 마리아에게 말하였다.) "보아라, 네가 잉태하여 아들을 낳을 것이니, 그의 이름을 예수라고 하여라. 그는 위대하게 되고, 가장 높으신 분의 아들이라고 불릴 것이다. 주 하나님께서 그에게 그의 조상 다윗의 왕위를 주실 것이다. 그는 영원히 야곱의 집을 다스리고, 그의 나라는 무궁할 것이다." 마리아가 천사에게 말하기를 "나는 남자를 알지 못하는데, 어떻게 이런 일이 있겠습니까?" 하였다. 천사가 마리아에게 말하였다. "성령이 너에게 임하시고, 가장 높으신 분의 능력이 너를 감싸 줄 것이다. 그러므로 태어날 아기는 거룩한 분이요, 하나님의 아들이라고 불릴 것이다."(누가 1 : 31-35).
   예수께서도 세례를 받으시고, 곧 물에서 올라오셨다. 그 때에 그에게 하늘이 열렸다. 그는 하나님의 영이 비둘기 같이 내려와 자기 위에 오시는 것을 보셨다. 그리고 하늘로부터
   "이는 내 사랑하는 아들이다.
   내가 그를 좋아한다."
하시는 소리가 들려왔다(마태 3 : 16, 17; 마가 1 : 10, 11 ; 누가 3 : 21, 22).
   [2] 예수께서 제자들에게 물으셨다. "사람들이 인자를 누구라고 하느냐?" 제자들이 대답하였다. "세례자 요한이라고 하는 사람들도 있고, 엘리야라고 하는 사람들도 있고, 예레미야나 예언자들 가운데 한 분이라고 하는 사람들도 있습니다." 예수께서 그들에게 말씀하셨다. "그러면 너희는 나를 누구라고 하느냐?" 시몬 베드로가 대답하였다. "선생님은 살아 계신 하나님의 아들 그리스도십니다." 예수께서 그에게 말씀하셨다. "시몬 바요나야, 너는 복이 있다. 너에게 이것을 알려 주신 분은, 사람이 아니라, 하늘에 계신 나의 아버지시다. 나도 너에게 말한다. 너는 베드로다. 나는 이 반석 위에다가 내 교회를 세우겠다. 죽음의 세력이 그것을 이기지 못할 것이다"(마태 16 : 13-18).

예수께서는, 이 반석(=바위) 위에, 다시 말하면 그분께서 하나님의 아들이시라는 진리의 고백 위에 그분께서 그분의 교회를 세우시겠다고 말씀하셨습니다. 왜냐하면 "반석"(=바위 · rock)은 진리를 뜻하기 때문이고, 그리고 역시 신령진리의 측면에서 주님을 뜻하기 때문입니다. 그러므로 그분께서 하나님의 아들이시라는 이 진리를 고백하지 못하는 자들에게 교회는 존재하지 않습니다. 그러므로 위에서 언급한 것과 같이, 이것이 곧 예수 그리스도를 믿는 믿음의 첫째 원칙이고, 그리고 그것이 그것의

제 6 장 · 믿음(Faith)

근원에서 믿음입니다. 신약의 말씀입니다.

그런데 나는 그것을 보았습니다. 그래서 나는, 이분이 하나님의 아들(=하나님이 택하신 분)이라고 증언하였습니다(요한 1 : 34).

나다나엘이 예수께 말하였다. "선생님, 선생님은 하나님의 아들이시요, 이스라엘의 왕이십니다"(요한 1 : 49).

우리(=열두 제자들)는 선생님이 하나님의 거룩하신 분이심을 믿고, 또 알았습니다(요한 6 : 69).

그 영광은 아버지께서 주신 독생자의 영광이며, 그 안에는 은혜와 진리가 충만하였다.……아버지의 품속에 계시는 독생자이신 하나님이 그분을 나타내 보이셨다(요한 1 : 14, 18 ; 3 : 16).

대제사장이 예수께 말하였다. "내가 살아 계신 하나님께 맹세하고 그대에게 명령하니 대답하시오. 그대가 하나님의 아들 그리스도요?" 예수께서 그에게 대답하셨다. "당신이 말하였소. 내가 당신들에게 다시 말하오. 이제로부터 당신들은, 인자가 권능의 보좌 오른쪽에 앉아 있는 것과 하늘 구름을 타고 오는 것을 보게 될 것이요"(마태 26 : 63, 64 ; 27 : 43 ; 마가 14 : 61, 62 ; 누가 22 : 70).

배 안에 있던 사람들은 그에게 무릎을 꿇어서 경배 드리고, "선생님은 참으로 하나님의 아들이십니다" 하였다(마태 14 : 33).

세례받기를 원하는 내시가 빌립에게 말하였다. "나는 예수 그리스도가 하나님의 아들이심을 믿습니다"고 하였다(사도행전 8 : 37).

그(=바울)는 곧, 여러 회당에서 예수가 하나님의 아들이심을 선포하였다(사도행전 9 : 20).

내가 진정으로 진정으로 너희에게 말한다. 죽은 사람들이 하나님의 아들의 음성을 들을 때가 온다. 지금이 바로 그 때이다. 그리고 그 음성을 듣는 사람들은 살 것이다(요한 5 : 25).

아들을 믿는 사람은 심판을 받지 않는다. 그러나 믿지 않는 사람은 이미 심판을 받았다. 그것은 하나님의 독생자의 이름을 믿지 않았기 때문이다(요한 3 : 18).

여기에 이것이나마 기록한 목적은, 여러분으로 하여금 예수가 그리스도요 하나님의 아들이심을 믿게 하고, 또 그렇게 믿어서 그의 이름으로 생명을 얻게 하려는 것이다(요한 20 : 31).

나는 하나님의 아들의 이름을 믿는 여러분에게 이 글을 씁니다. 그것은, 여러분이 영원한 생명을 가지고 있음을 알게 하려는 것입니다(요한 1서 5 : 13).

우리는, 하나님의 아들이 오셔서, 그 참되신 분을 알 수 있도록, 우리에게 이해력을 주신 것을 압니다. 우리는, 그 참되신 분, 곧 하나님의 아들 예수 그리스도 안에 있습니다. 이분이 참 하나님이시요, 영원한 생명이십니다(요한 1서 5 : 20).

누구든지 예수를 하나님의 아들로 시인하면, 하나님께서 그 사람 안에 계시고, 그 사람은 하나님 안에 있습니다(요한 1서 4 : 15).

이 밖에도 여러 곳에, 예를 들면, 마태 8 : 29 ; 27 : 40, 43, 54, ; 마가 1 : 1 ; 3 : 11 ; 15 : 39 ; 누가 8 : 28 ; 요한 9 : 35 ; 10 : 36 ; 11 : 4, 27 ; 19 : 7 ; 로마서 1 : 4 ; 고린도 후서 1 : 19 ; 갈라디아서 2 : 20 ; 에베소서 4 : 13 ; 히브리서 4 : 14 ; 6 : 6 ; 7 : 3 ; 10 : 29 ; 요한 1서 3 : 8 ; 5 : 10 ; 묵시록 2 : 18 등이 있습니다. 그리고 다른 많은 장절에서 그분께서는 여호와에 의하여 "아들"(Son)이라고 불리셨고, 그리고 여러 곳에서 그분께서 여호와 하나님을 그분의 아버지라고 부르셨습니다. 요한복음서의 말씀입니다.

> 아버지께서 하시는 일은 무엇이든지, 아들도 그대로 한다. 아버지께서는 아들을 사랑하여, 하시는 일을 모두 아들에게 보여 주시기 때문이다.……아버지께서 죽은 사람들을 일으켜 살리시니, 아들도 자기가 원하는 사람들을 살린다.……그것은, 아버지께서 자기 안에 생명이 있는 것처럼, 아들에게도 생명을 주셔서, 그 안에 생명이 있게 하여 주셨기 때문이다(요한 5 : 19 - 27).

따라서 이 밖에도 많은 장절들이 있습니다. 시편서의 말씀입니다.

> 나 이제 주께서 내리신 칙령을 선포한다.
> 주께서 나에게 이르시기를
> '너는 내 아들,
> 내가 오늘 네 아버지가 되었다(=너를 낳았다).……
> 그의 아들에게 입맞추어라.
> 그렇지 않으면, 그가 진노하실 것이니,
> 너희가, 걸어가는 그 길에서 망할 것이다……
> 주께로 피신하는 사람은
> 모두 복을 받을 것이다
> (시편 2 : 7, 12)

[3] 상술한 것에서 지금은 이런 결론을 얻겠습니다. 즉, 참된 그리스도인이 되기를 갈망하고, 그리고 주님에 의하여 구원받기를 열망하는 사람은 모두가 예수께서 살아계신 하나님의 아드님이시라는 것을 반드시 믿어야 한다는 것입니다. 이것을 믿지 않고 다만 그분이 마리아의 아드님이라고 믿는 사람은 그의 마음 안에 그 구원을 해치는 유해하고, 파괴하는, 그분에 대한 다종다양한 관념들이 생겨나고, 활착합니다(이런 내용에 관해서는 본서 92·94·102항을 참조하십시오). 이것에 관해서는 마치 유대 사람들이 행한 것과 같이, 마태복음서에 이렇게 언급되었습니다.

> 가시로 면류관을 엮어 머리에 씌우고, 오른손에 갈대를 들게 하였다.……포도주에 쓸개를 타서, 예수께 드려서 마시게 하였다.……(예수를 모욕하고) 말하기를 "네가 하나님의 아들이거든, 너나 구원하여라. 십자가에서 내려와 보아라" 하였다(마태 27 : 29, 34, 40).
> 그런데, 시험하는 자가 와서, 예수께 말하였다. "네가 하나님의 아들이거든, 이 돌들에게 빵이 되라고 말해 보아라."……"네가 하나님의 아들이거든, 여기에서 뛰어내려 보아라"(마태 4 : 3, 6).

이 장절들은 모두가 주님의 교회와 성전을 모독하고 있습니다. 그리고 또한 주님의 교회나 성전을 도둑들의 소굴(巢窟)로 만들었습니다. 이들은 바로, 주님 예배를 마호메트를 섬기는 자들로 만드는 자들이고, 그리고 주님의 예배를 가리키는 참된 기독교 신앙과 자연주의(naturalism)를 분별, 구분하지 못하는 무리들입니다. 이런 무리는 마치 엷은 얼음판 위를 말이나 마차를 타고 지나가다가 얼음이 깨져서, 얼음물 속에 빠지는 자들에 비교될 수 있겠습니다. 그리고 또한 갈대로 엮어서 배를 만들고, 거기에 역청을 바르고 항해하다가 그 배와 함께 몽땅 물에 빠지는 자들에게 비교될 수 있겠습니다. 그들은 바닷물에 빠져서, 바다의 심연(深淵)에 삼켜져서, 수장(水葬) 되는 자들에게 비교되겠습니다.

III.
사람은 주님에게 가까이 나아가는 것에 의하여, 그리고 성경말씀(聖言 · the Word)에게서 진리들을 배우는 것에 의하여, 그리고 그 진리들을 따라서 사는 것에 의하여, 믿음을 터득한다.

343. 앞 단락에서 믿음이 어떻게 근원이 되고, 시작이 되는지 입증하였습니다. 다시 말하면 주님에게 가까이 나아가는 것과, 성경말씀으로부터 진리들을 배우는 것과, 그리고 그 진리들에 일치하여 사는 것에 의하여 믿음이 시작되고, 근원이 된다는 것을 입증하였습니다. 따라서 제일 먼저 믿음에 속한 개요들(概要 · summaries of faith)을 설명한다는 것은 필수적이라고 하겠습니다. 그것은 앞으로 여러 장을 통하여 다루어질 일반적인 개념들을 그것에서 터득하기 때문입니다. 왜냐하면 이런 것에서 우리의 책 믿음에 관한 장에서 가르치는 것이 무엇인지 잘 알 뿐만 아니라, 인애 · 자유의지(Free Will) · 회개(Repentance) · 개혁(=바로잡음 · Reformation) · 중생(=거듭남 · Regeneration) · 전가(轉嫁 · Imputation)에 관해서도 보다 더 명료하게 이해될 수 있기 때문입니다. 왜냐하면 믿음은 신학의 체계(a system of theology)에 속한 전체적인 부분이나 개별적인 부분에 들어오고 있기 때문입니다. 그것은 마치 혈액(blood)이 인체의 모든 조직이나 기관들에 유입하고, 그것들을 생기발랄하게 하는 것과 꼭 같기 때문입니다. 현대교회가 믿음에 관해서 가르치고, 신봉하는 것이 무엇인지는 일반적으로는 기독교계에서, 그리고 개별적으로는 기독교계의 성직자 계급에서 잘 알려져 있습니다. 왜냐하면 오직 "믿음만으로" 또는 "믿음이라는 것"을 주장하는 책들은 교회의 도서관에 차고 넘치기 때문입니다. 그리고 거의 대부분 이것들의 범위를 넘어선 것은 오늘날 신학계에서는 쓸모가 없는 것으로 간주(看做)되기 때문입니다. 그러나 현대교회가 그 교회의 믿음에 관해서 가르치고 있는 것이 무엇인지 받아들이기 전에, 반드시 고찰하고 검토하여야 할 것은 새로운 교회(the New Church)가 그 믿음에 관해서 가르치고 있는 일반적인 원칙들을 제시, 다루고자 합니다. 사실 이것에 관해서는 우리의 책 부록에서 다루어질 것입니다. 그것들은 대략 아래와 같습니다.

344. 새로운 교회에 속한 믿음의 요체입니다.
1) 주 하나님 구세주 예수 그리스도를 믿는 신뢰(信賴·trust)이다.
2) 그 신뢰는 착하게 살고 올바르게 믿는 사람은 그분에 의하여 구원받는다.
새로운 교회에 속한 믿음의 본질은 성경말씀(聖言)으로 말미암아 존재한다는 것입니다.
1) 영적인 시각(spiritual sight)
2) 진리들에 속한 일치
3) 확신(conviction)
4) 마음에 각인(刻印)된 시인(是認)
새로운 교회에 속한 믿음의 상태들입니다.
1) 유아(乳兒)적인 믿음·청춘(靑春)적인 믿음·성인(成人)적인 믿음
2) 본연의 진리에 있는 믿음과 진리의 외현에 있는 믿음
3) 기억의 믿음·이성의 믿음·빛의 믿음(faith of the memory·faith of reason·faith of light)
4) 자연적인 믿음·영적인 믿음·천적인 믿음(natural faith·spiritual faith·celestial faith)
5) 살아 있는 믿음·기적에 기초한 믿음(living faith·faith founded on miracle)
6) 자유로운 믿음·강요된 믿음(free faith·forced faith)
새로운 교회에 속한 믿음의 형체 자체는 보편적인 견해와 개별적인 견해에서 설명, 상술되었습니다(본서 2·3항 참조).

345. 영적인 믿음의 구성 요소들(the constituents of spiritual faith)은 요약해서 이미 언급, 제시하였기 때문에 그러므로 본질적으로 허위(=가짜)적인 믿음의 종지(宗旨·a persuasion counterfeiting faith)를 가리키는, 단순한 자연적인 믿음에 관해서 언급, 제시될 것이고, 그리고 이단적인 믿음(heretical faith)이라고 부르는 거짓에 속한 종지에 관해서 언급, 제시될 것입니다. 그리고 그것은 아래와 같이 계획, 언급되겠습니다.
1) 진리들과 뒤섞인 거짓이 있는 의사믿음(疑似·spurious faith).
2) 위화된 진리들에게서 비롯된 저속한 믿음(meretrcious faith)과 섞음질된 선들에게서 비롯된 간통적인 믿음(adulterous faith).
3) 비록 그것들이 참인지 거짓인지, 또는 이성을 초월한 것인지 이성에

반대되는 것인지, 잘 알지 못한다고 해도, 신비적인 것들 안에 있는 믿음으로 믿는 폐쇄된 믿음(closed faith), 즉 맹목적인 믿음(blind faith).
4) 다신적인 것을 믿는 믿음을 가리키는 방랑하는 믿음(wandering faith).
5) 참 하나님 이외의 다른 존재들을 믿는 믿음을 가리키는 반소경적인 믿음(purblind faith)과 주 하나님 구세주 이외의 그 어떤 존재를 믿는 기독교인들 가운데 있는 반소경적인 믿음.
6) 마음(=심령)에 속한 것은 아니고, 입술에 속한 믿음을 가리키는, 위선적인 믿음, 즉 바리새파적인 믿음.
7) 그것의 솔직, 천진한 확증에 의한 진리와 같이 보이기 위하여 날조된 거짓을 가리키는 환상적인 믿음(visionary faith)과 왜곡된 믿음(distorted faith).
등등입니다.

346. 사람 안에 있는 그것의 존재(=실재)에 관한 그 믿음이 영적인 시각(spiritual sight)이라는 것은 이미 앞에서 언급, 설명되었습니다. 지금은 이해의 시각을 가리키는 영적인 시각, 따라서 마음에 속한 시각과 눈의 시각(the sight of the eye), 따라서 육신에 속한 시각을 가리키는 자연적인 시각(natural sight)은 상호적으로 대응하기 때문에 믿음에 속한 모든 상태는 눈에 속한 어떤 상태나 그것의 시각에 속한 어떤 상태, 다시 말하면 눈의 시각에 속한 모든 정상적인 상태와 함께 있는 믿음의 상태나, 눈의 시각에 속한 모든 타락된 상태와 함께 있는 거짓된 것 안에 있는 믿음의 상태에 비교될 수 있겠습니다. 그 경우 시각의 두 종류, 즉 그것들의 왜곡된 상태들의 측면에서 정신적인 것과 육체적인 두 종류의 시각의 대응에 비교해보겠습니다. 진리들과 뒤섞인 거짓들 안에 있는 의사믿음(疑似 · spurious faith)은, 시각의 어두움(dimness of sight)을 생각하는 각막(角膜 · cornea)에 있는 하얀 반점들(white specks)이라고 부르는, 눈의 질병, 결과적으로는 시각의 질병에 비교되겠습니다. 위화된 진리들에게서 비롯된 저속한 믿음(meretricious faith)이나 섞음질된 선들에게서 비롯된 간통적인 믿음(adulterous faith)은 수정체의 수양액(the crystalline humor)의 마름(乾燥)이나 경화증(hardening)을 가리키는, 녹내장(綠內障 · glaucoma)이라고 부르는 눈의 질병이나, 결과적으로는 시각의 질병에 비교되겠습니다. 비록 그것이 참된 것인지, 그릇된

것인지 알든 모르든, 또는 그것이 이성(理性)을 초월한 것인지, 그것에 반대되는 것인지 알든 모르든, 이른바 믿어진다는 신비적인 것들을 믿는 믿음을 가리키는, 폐쇄된 믿음(closed faith), 또는 맹목적인 믿음(blind faith)은, 시신경의 폐색증에서 야기된, 비록 눈이 완벽하게 본다고 하지만, 여전히 시각의 상실을 가리키는 흑내장(黑內障)이나 청맹과니라고 부르는 눈의 질병에 비교되겠습니다. 다신적인 신들을 믿는 믿음을 가리키는, 변덕스러운 믿음(=방랑하는 믿음・erratic faith)은 공막(鞏膜)과 망막(網膜) 사이에 생기는 장애에서 비롯되는 시력의 상실을 가리키는 이른바 백내장(白內障)이라고 부르는 눈의 질병에 비교되겠습니다. 참 하나님 이외의 다른 존재를 믿는 믿음을 가리키는 반소경적인 믿음(purblind faith)이나, 주 하나님 구세주 이외의 다른 신을 믿는 기독교인들 가운데 있는 반소경적인 믿음은, 사팔눈(斜視)이라고 부르는 눈의 질병에 비교되겠습니다. 마음(=심령)에 속한 것이 아니고, 입술에 속한 믿음을 가리키는, 위선적인 믿음, 즉 바리새파적인 믿음은 눈의 위축증(萎縮症・atrophy), 결과적으로는 시각의 상실에 비교되겠습니다. 그것의 솔직, 천진한 확증에 의한 진리와 같이 보이기 위하여 날조된 거짓을 가리키는 환상적인 믿음(visionary faith)이나 왜곡된 믿음(distorted faith)은 어두운 빛에서 비롯된 흑암에서 보이는 것을 가리키는, 야맹증(夜盲症・nyctalopia)이라고 부르는 눈의 질병에 비교되겠습니다.

347. 믿음의 형성에 관하여

믿음의 형성은 사람이 주님에게 가까이 나아가는 것, 그리고 성경말씀(聖言・the Word)에서 진리들을 배우는 것, 그리고 그 진리들에 따라서 사는 것 등등에 의하여 이루어집니다. 그 첫째는 사람이 주님에게 가까이 나아가는 것에 의하여 믿음이 형성됩니다. 그것은 진정한 믿음이라고 하는 믿음, 다시 말하면 구원하는 믿음은 주님에게서 오는 것이고, 그리고 주님 안에 있는 것이기 때문입니다. 믿음이 주님에게서 비롯된다는 것은 주님의 제자들에게 하신 주님의 말씀들에서 아주 명료합니다. 요한복음서의 말씀입니다.

> 언제나 내 안에 머물러 있어라. 그러면 나도 너희 안에 머물러 있겠다.…… 나는 포도나무요, 너희는 가지다. 사람이 내 안에 머물러 있고, 내가 그 사람 안에 머물러 있으면, 그는 많은 열매를 맺는다. 너희는 나를 떠나서는 아무

것도 할 수 없다(요한 15 : 4, 5).

그것이 주님을 믿는 믿음을 가리킨다는 것은 앞에서 이미 넉넉하게 제시, 언급한 장절들에게서 명확합니다(본서 337・338항 참조). 그 결과에 대해서 사람들은 반드시 그 아드님(聖子・the Son)을 믿어야 한다는 것입니다. 그 때 믿음은 주님에게서 오고, 그리고 주님 안에 있기 때문에 주님께서는 믿음 자체라고 언급될 수 있겠습니다. 왜냐하면 그것의 생명(=삶・its life)이나 본질은 그분 안에 존재하기 때문이고, 따라서 그분에게서 비롯되기 때문입니다.

[2] 그 둘째는 믿음은 사람이 성경말씀에서 진리들을 배우는 것에 의하여 형성된다는 것입니다. 그것은 그 본질에서 믿음은 진리이기 때문입니다. 왜냐하면 믿음 안에 들어온 모든 것들은 진리들이기 때문입니다. 결과적으로 믿음은 사람의 마음에서 빛을 발하는 진리들의 복합체 이외에 아무것도 아니기 때문입니다. 왜냐하면 진리들은 사람이 반드시 믿어야 할 것을 가르칠 뿐만 아니라, 역시 그 사람 안에서 믿어야 한다는 것과 그리고 그가 믿어야 할 것이 무엇인지를 가르치기 때문입니다. 진리들은 반드시 성경말씀(聖言・the Word)에서 취하여야 하는데, 그것은 구원으로 인도하는 모든 진리들은 성경말씀 안에 있기 때문입니다. 그리고 그것들은 주님에 의하여 주어졌기 때문에 그것들 안에는 효험(效驗・efficacy)이 존재하고, 그러므로 그것들은 전 천사적인 천계에 각인(刻印)되어 있습니다. 결과적으로 사람이 성경말씀에서 진리들을 배울 때, 그가 알고 있는 것을 초월하여 그 사람은 천사들과의 내통(內通)과 제휴 안에 있게 됩니다. 진리들이 결여된 믿음은 그것의 내적인 본질(=씨눈)이 없는 낱알(grain)과 같아서, 그것이 밭에 파종되었을 때 쭉정이 이외에는 아무것도 산출하지 못하지만, 이에 반하여 진리들에게서 비롯된 믿은 생명이 있는 낱알들과 같아서 밀의 경우는 밀가루를 생산합니다. 한마디로 믿음에 속한 본질들은 진리들입니다. 그리고 만약에 진리들이 믿음 안에 존재하지 않고, 살지 않는다면, 그리고 또한 믿음을 형성하지 못한다면 그것은 마치 바람결에 속한 날카로운 소리와 같지만, 그러나 진리들이 믿음 안에 머물러 있고, 믿음을 형성한다면 그 믿음은 기쁜 것들의 화음(和音)과 같습니다.

[3] 셋째는 믿음이 사람이 진리들에 따라서 사는 것에 의하여 형성된

다는 것입니다. 그것은 영적인 생명이 진리들에 일치하기 때문이고, 그리고 진리들이 행위들 안에 있기 전까지는 실제적으로 사는 것이 아니기 때문입니다. 행위들에게서 추상된 진리들은 다만 생각(=사상)에 속한 사안들이고, 더욱이 그것들은 의지에 속한 것은 더욱 아니고, 다만 그것들은 사람에게 들어가는 입구에 있는 것이고, 따라서 그 사람 안에 내적으로 있는 것은 아니기 때문입니다. 진리들을 배우고, 그것들을 실천하지 않는 사람은 마치 땅을 잘 고르지 않는 밭에 씨를 뿌리는 사람과 같습니다. 결과적으로 그 씨는 빗물에 부풀어서, 터져서 못쓰게 되는 것과 같습니다. 그러나 진리들을 배우고 그것들을 실천하는 사람은 씨를 파종하고, 흙을 잘 덮어주는 사람과 같고, 그리고 그 씨는 적당한 양의 수분을 받아서, 싹이 나고, 자라서 훌륭한 곡식을 맺는 것과 같다고 하겠습니다. 주님께서 하신 요한복음의 말씀입니다.

> 너희가 이것을 알고 그대로 하면, 복이 있다(요한 13 : 17).

다시 마태복음서의 말씀입니다.

> 좋은 땅에 뿌린 씨는 말씀을 듣고서 깨닫는 사람을 두고 하는 말인데, 그 사람이야말로 열매를 맺되, 백 배 혹은 육십 배 혹은 삼십 배의 결실을 낸다(마태 13 : 23).

역시 마태복음서의 말씀입니다.

> 그러므로 내 말을 듣고 그대로 하는 사람은, 반석 위에다 자기 집을 지은, 슬기로운 사람과 같다고 할 것이다.……그러나 내 말을 듣고서도 그대로 행하지 않는 사람은, 모래 위에 집을 지은 어리석은 사람과 같다고 할 것이다(마태 7 : 24, 26).

주님의 모든 말씀들은 진리들입니다.

348. 이상 앞에서 언급, 설명된 것에서 우리가 밝히 알 수 있는 것은 사람 안에서 믿음이 형성되는 방편들이 셋(3)이 있다는 것입니다. 그 첫째는 주님에게 가까이 나아가는 것이고, 둘째는 성경말씀(聖言)에서 진리들을 배우는 것이고, 그 셋째는 그 진리들에 따라서 사는 것이라는

등등입니다. 지금은 이것들이 서로 분별, 구분되는, 서로 각각 다른 것이기 때문에, 여기서 뒤이어지는 것은 그것들이 구분, 분별될 수 있다는 것입니다. 왜냐하면 사람이 주님에게 가까이 나아가지만, 하나님이나 주님에 관해서는 역사적인 진리들(historical truths) 이외의 것은 거의 알지 못하기 때문입니다. 그리고 또한 사람이 성경말씀으로부터 넉넉하게 많은 진리들을 안다고 하지만, 그럼에도 불구하고 그것들에 따라서 살지 못하기 때문입니다. 그러나 이런 것들이 그 사람 안에서 분리되었을 때, 다시 말하면 그 사람 안에서 하나가 다른 것에서 분리, 구분된다면 거기에는 구원하는 믿음(saving faith)은 결코 존재하지 않습니다. 구원하는 믿음은, 이들 셋(3)이 하나처럼 결합되었을 때 생겨나는 것이고, 그 셋은 마치 하나의 결합과 같은 것이 됩니다. 이들 삼자들이 분리된 곳에서 믿음은 마치 번식을 못하는 종자(a sterile seed)와 같아서, 그것이 땅에 떨어지면 그 종자는 흙먼지로 바뀌고 맙니다. 그러나 이 삼자가 결합된 것에서 믿음은 하나의 나무로 성장하는 땅에 심어진 종자와 같고, 그것의 열매는 역시 그것들의 결합에 일치합니다. 이들 삼자가 분리된 것에서 믿음은 마치 다산적인 본질(prolific principle)을 전혀 담지 못한 계란(=무정란·無精卵)과 같지만, 그러나 이런 것들이 결합된 것에 있는 믿음은 예쁜 새가 생산되는 계란(=유정란·有精卵)과 같습니다. 이런 삼자들이 분리된 것들의 믿음은, 마치 그것들이 삶아졌거나, 구워진 고기의 눈알이나, 갑각류의 게들의 눈알에 비교되겠습니다. 그러나 이런 삼자가 결합된 것이 있는 그것들의 믿음은 수정체(the crystalline humor)에서부터 망막에 이르는 투명한 해맑은 눈에 비교되겠습니다. 이런 것들이 분리된 믿음은 마치 검은 돌에 어두운 색깔로 그린 그림에 비교되겠습니다. 그러나 이런 것들이 결합된 믿음은 투명한 수정에다 멋진 색깔들로 그린 그림에 비교되겠습니다. 분리된 것들의 믿음의 빛은 한밤중에 여행자의 손에 들려 있는 관솔불의 빛에 비교되겠습니다. 이에 반하여 결합된 것들의 믿음의 빛은, 길을 걷는 밤길에 명료하게 주위를 밝히는, 횃불이 잘 타는 그것의 불빛에 비교되겠습니다. 진리들이 결여(缺如)된 믿음은 마치 들포도를 맺는 포도나무와 같습니다. 그러나 진리들에게서 비롯된 믿음은 감미로운 포도즙으로 가득 찬 포도송이를 맺는 포도나무에 비교되겠습니다. 진리들이 없이 주님을 믿는 믿음은, 시간이 가면서 점점 어두워지는 창공에 나타나는 새로운 별에 비교될 수 있지만, 그러나 진리들과 함께 주님을 믿는 믿음은, 전혀 변함없이 빛이 남아 있는 항성(恒星·붙박이별)에 비교될 수 있겠습니다. 진리는 믿음의 본질입니다. 그러므로 진리가 그런 것이기 때문에 믿음 역시 그러합니다. 진리들이 결여된 믿음은 방랑 즉, 떠도는 믿음(a wandering faith)이지만, 그러나 진리들과 함께 있는 믿음은 불변, 고정되어 있습니다. 더욱이 진리들에서 비롯된 믿음은 마치 하늘에 있는 별과 같이 빛을 밝힙니다.

IV.
풍부한 진리들은 마치 하나의 단으로 묶여(a bundle) 결속(結束)되어 있을 때 고양(高揚)되고, 믿음을 완성한다.

349. 오늘날 널리 만연(蔓延), 지배적인 믿음의 개념에서 그것에 정통하고 있는 사람은 어느 누구도 믿음이 진리들의 복합체(a complex of truths)라는 것을 알지 못하고 있고, 더욱이 사람이 자기 자신을 위하여 믿음을 획득하는데 무엇을 공헌할 수 있다고 생각하는 사람은 아무도 없습니다. 그럼에도 불구하고 그것의 본질에서 믿음은 진리입니다. 왜냐하면 믿음은 자기 자신의 빛 가운데 있는 진리이기 때문입니다. 그리고 진리가 터득될 수 있기 때문에 믿음 역시 터득할 수 있습니다. 만약에 사람이 그렇게 하기로 작정, 원한다면 어느 누구가 주님에게 가까이 갈 수 없겠습니까? 만약에 사람이 그렇게 하기로 작정, 원한다면, 어느 누구가 성경말씀에서 진리들을 수집(蒐集)할 수 없겠습니까? 그리고 성경말씀에 있는, 그리고 성경말씀에서 비롯된, 모든 진리는 빛을 주고, 그리고 빛 가운데 있는 진리는 곧 믿음입니다. 빛 자체이신 주님께서는 모든 사람에게 입류하십니다. 그리고 성경말씀에서 비롯된 진리들이 내재해 있는 모든 사랑 안에서 주님께서는 진리들로 하여금 빛을 발하게 하시고, 따라서 진리들로 하여금 믿음에 속한 진리들이 되게 하십니다. 그리고 이러한 사실을 주님께서는 요한복음서에서 가르치셨습니다. 그 책의 말씀입니다.

너희가 내 안에 머물러 있고 나의 말이 너희 안에 머물러 있으면, 너희가 무엇을 구하든지 다 그대로 이루어질 것이다(요한 15 : 7).

주님의 말씀들은 진리들입니다. 그러나 마치 수많은 진리들이 질서정연하게 체계화되어 있고, 그것들이 믿음을 고양(高揚)시키고, 완벽하게 하고 바르게 이해하기 위하여 그 주제의 연구, 고찰(考察)이 아래의 명제들 하에서 설명, 다루어지겠습니다.
(1) 믿음에 속한 진리들은 무한히 증대(增大)될 수 있다.
(2) 믿음에 속한 진리들은 시리즈로 배열(排列)되어 있고, 따라서 이른 바 묶음들(bundles)로 되어 있다.
(3) 그것들의 넉넉함과 밀착에 따라서 믿음은 완벽(完璧)해진다.
(4) 진리들이 아무리 수도 없이 많고, 다종다양(多種多樣)하게 보인다고 해도, 그것들은 주님으로 말미암아 하나(一体)를 이룬다. 주님께서는 말씀(聖言・the Word)이시고, 천지(天地)의 하나님이시고, 모든 사람(=육체)의 하나님이시고, 포도원, 즉 교회의 하나님이시고, 믿음의 하나님이시고, 빛 자체이시고, 진리 자체이시고, 영생(永生)이시다.

350. (1) 믿음에 속한 진리들은 무한히 증대(增大)될 수 있다.
이 명제는 천계의 천사들의 지혜가 무한히 증대된다는 사실에서 명료합니다. 더욱이 천사들이 증언, 하는 말은 지혜에는 끝이 없다는 것입니다. 그것은 그것의 근원이 주님에게서 입류하는 빛에 의하여 신령진리들이 분석적으로 여러 형체들로 배포(配布)되는 것 이외의 다른 근원이 아니기 때문입니다. 참된 총명(truly intelligence)이라고 일컬어지는 사람의 총명(人間的 聰明)은 결코 다른 근원에서 비롯되지 않습니다. 신령진리는 무한히 증대될 수 있는데, 그것은 주님께서 신령진리 자체시기 때문이고, 그리고 그것의 무한(無限)에서 진리이시기 때문이고 그리고 주님께서는 모든 사람들을 당신에게 끌어들이시기 때문입니다. 그러나 천사들이나 사람들은 유한(有限)하기 때문에, 비록 그 흡인력(吸引力・the force of the attraction)이 무한히 존속한다고 해도, 그들의 한계나 능력에 따라서 그 흡인력의 추세(the current of the attraction)는 작용합니다. 비록 사람에게는 그것의 영적인 뜻들이나 천적인 뜻들이 전혀 알려지지 않았다고 해도, 그리고 그것이 주전자 안에 있는 물방울같이 보인다고 해도, 주님의 말씀은 모든 천사적인 지혜가 그것에서 비롯되는 근원인 진리들에 속한 매우 깊고 큰 대양(大洋)입니다. 무한히 증대하는 믿음에 속한 진리들의 증대는, 마치 그것의 하나에서부터 세세토록 씨 족들이 번식, 증대하는 사람들의 종자(the seed of men)에 비교될 수 있 겠습니다. 믿음에 속한 진리들의 다산성(多産性・prolification)은, 마치 옥토(沃土)나 정원에 심어진 종자에게서 영속적으로 수천 수억으로 번 식, 증대하는 씨앗의 번식에 비교될 수 있겠습니다. 성경말씀에서 "씨" (種子・seed)는 진리 이외에 아무것도 아니고, "옥토"는 교리를 뜻하고, "정원"(garden)은 지혜를 뜻합니다. 사람의 마음(the human mind)은 토 양과 같고, 그것에 뿌려진 영적인 진리들이나 자연적인 진리들은 씨와 같고, 끝없이 증대, 증식하는 종자에 비교될 수 있겠습니다. 사람은 하 나님의 무한성(the infinity of God)에서 이것을 찾고, 취하는데, 하나님 께서는 당신의 별과 빛(His heat and light)으로 사람 안에 영원히 존재 하시고, 그리고 생식의 기능(the faculty of generating)으로 존속하십니 다.

351. (2) **믿음에 속한 진리들은 시리즈로 배열(排列)되어 있고, 따라서 이른바 묶음들(bundles)로 되어 있다.**

이러한 사실은 지금까지 알려지지 않았습니다. 이 사실이 지금까지 알 려지지 않은 것은 전 성경말씀을 구성하고 있는 그것의 영적인 진리들 이, 현대신학의 모든 관점을 형성하고 있는 신비적인 믿음이나 수수께 끼 같은 믿음 때문에, 전혀 보이지도 않았고, 볼 수도 없었기 때문입니 다. 결과적으로 그 진리들은, 창고에 보관되듯이, 땅 속 깊이 매장(埋藏) 되었습니다. 이 시리즈나 묶음들이 뜻하는 것이 무엇인지 명확하게 하 기 위하여 그것이 개별적으로 설명되겠습니다. "하나님 창조주"를 다룬 이 책의 첫 장은 여러 단원들로 나누어 다루었는데, 그것의 첫째는 "하 나님의 단일성"(the Unity of God)이었고, 그 둘째는 "여호와가 뜻하는 신령존재"였고, 그 셋째는 "하나님의 무한성"이고, 그 넷째는, 신령사랑 과 신령지혜를 가리키는 "하나님의 본질"(the Essence of God)이고, 그 다섯째는 "하나님의 전능"(the Omnipotence of God)이고, 그 여섯째는 "우주의 창조"(the Creation of the universal)였습니다. 그 각각의 단원들 의 배열은 그 시리즈들을 형성하는 그것의 단락들(its articles)로 세분되 었고, 그리고 그 단락들의 내용들은, 마치 묶음들처럼, 서로 묶였습니 다. 일반적이든 또는 개별적이든, 따라서 합쳐진 것이든 나누어진 것이 든, 이들 시리즈들은 그것들의 풍부함이나, 결합(=집결)에 따라서 진리들을 내포(內包), 담고 있고, 그리고 그것은 믿음을 고양(高揚)시키고, 완벽하게 합니다.

[2] 사람의 마음이 유기적으로 조직된 조직체이고, 그리고 또한 그 마음에 일치하여, 그리고 그 마음 안에서 그것의 개념들이나 생각들(=사상들)을 생산하는 자연적인 유기체(a natural organism) 안에 종착하는 영적인 유기체(a spiritual organism)라는 것 등을 알지 못하는 사람은 반드시 생각하여야 할 것은 지각들(perceptions)・생각들(thoughts)・개념들(ideas)은 볕(heat)에 입류하는 빛(light)에 속한 발광들(radiations)이나 변화들(variations) 이외에 아무것도 아니고, 그리고 이성이 하는 것과 같이, 사람이 보고, 시인하는 형체들을 제시하는 것 이외에 아무것도 아닙니다. 그러나 이러한 것은 매우 바보스러운 어리석음입니다. 왜냐하면 모든 사람이 알고 있는 것은, 머리는 뇌들(brains)로 채워져 있다는 것, 그리고 뇌들은 유기적인 것들로 조직되어 있다는 것, 그리고 그것들 안에 사람의 마음이 산다는 것이고, 그리고 그것의 관념들이 그것 안에 밀착, 고정되어 있다는 것이고, 그리고 그것들이 수용되고, 확증되는 것에 비례하여 그것은 영구적인 것들이라는 것 등등이기 때문입니다. 그러므로 문제는 그 조직의 성질이 무엇이냐? 라는 것이고, 그리고 그 대답은 곧 이른바 묶음들 안에 시리즈로 있는 모든 것들의 배열(排列)이라는 것이고, 그리고 이런 식으로 믿음에 속한 진리들은 사람의 마음에 정리 정돈되었다는 것 등입니다. 이러한 내용이 사실이라는 것은 아래의 것들과 같이 예증되겠습니다.

[3] 두뇌는 두 본질(substance)로 구성되었습니다. 하나는 선(腺・샘・glandular)으로 그것은 외피적 원질(the cortical substance)이나, 회질적 원질(the cineritious substance)이라고 부르고, 다른 하나는 소섬유(小纖維・fibril)이고, 골수의 원질(the medullary substance)이라고 부릅니다. 첫째 것, 즉 선의 원질(the glandular substance)은 포도나무의 포도 알맹이의 포도송이처럼 정리되어 있는데, 이런 송이들의 형체들은 시리즈로 구성되어 있습니다. 둘째 것, 즉 골수의 원질에 앞서 골수 원질의 샘들에서 생겨난 작은 섬유들의 영속적인 묶음들로 형성되었습니다. 이들 섬유들의 묶음들도 시리즈로 구성되어 있습니다. 뇌에서 시작되고, 그리고 각양의 기능들을 수행하기 위하여 인체에 뻗쳐 있는 모든 섬유의 신경(神經)들은 섬유들의 뭉치들(groups)이나 묶음들(bundles) 이외에

아무것도 압니다. 이와 마찬가지로 모든 근육들도 그러하고, 그리고 일반적으로 인체의 모든 내장(the viscera)이나 기관들도 그러합니다. 이런 것들이 그런 것들이라는 것은 정신적인 유기체(the mental organism) 안에 있는 여러 시리즈들에 대응하기 때문입니다.

[4] 더욱이 자연 안에는 작은 묶음들의 시리즈들로 형성되지 않은 것은 아무것도 없습니다. 모든 나무·모든 관목·모든 작은 나무들·식물, 아니, 낱알의 이삭이나, 전체적이든 개별적인 것이든, 모든 풀들의 잎새까지도 그렇게 형성되었습니다. 그것의 보편적인 원인은 그런 것들이 신령진리들의 확증(the confirmation of Divine truths)이기 때문입니다. 왜냐하면 우리는 모든 삼라만상이 말씀(聖言·the Word)에 의하여 창조되었다고 성경에서 읽기 때문입니다. 다시 말하면 신령진리에 의하여 창조되었다고 읽기 때문입니다. 그리고 이 세상도 역시 말씀에 의하여 창조되었다고 읽기 때문입니다(요한복음 1 : 1, 그 이하 절). 이런 모든 것에서 볼 때 밝히 알 수 있는 것은 만약에 사람의 마음(the human mind) 안에 이와 같은 원질의 정리 정돈(an arrangement of substance)이 없다면, 어느 누구나 이런 정리정돈에 일치하는, 따라서 말하자면 밀착하는 진리들에 속한 그의 공급에 일치하는 것을 가리키는, 분석적으로 추론하는 능력은 결코 가지지 못하였을 것입니다. 그리고 이와 같은 정리정돈은 자유에서 비롯된 그의 이성의 선용(his use of reason)과 일치합니다.

352. (3) 그것들의 넉넉함과 밀착에 따라서 믿음은 완벽(完璧)해진다.
앞서의 설명된 내용에서, 그리고 그것들이 하나의 단위로 밀착, 결합되었을 때 그것들이 증식된 시리즈로 이루어진 것이 무엇인지 추론들을 수집하고, 조심스럽게 관찰할 때 모두에게 명료하다는 것이 뒤이어집니다. 왜냐하면 하나의 시리즈는 다른 시리즈를 강화하고, 확증하고, 그리고 그것들은 함께 하나의 형체를 형성하고, 그것이 행동에 옮겨질 때 그것은 마치 하나의 행위처럼 명확하게 나타나기 때문입니다. 그 때 그것의 본질에서 믿음은 진리이기 때문에, 여기서 뒤이어지는 것은, 진리들의 넉넉함과 밀착에 따라서 믿음은 영적으로 더욱 더 완벽하게 되기 때문에, 따라서 감관적 자연적인 것은 점점 더 줄어든다는 것입니다. 왜냐하면 그것이 마음에 속한 보다 높은 영역에 오르게 되면, 그 영역에서 그것은 그것 아래에 있는 자연계에 있는 확증들의 무리들을 내려다 보기 때문입니다. 그리고 참된 믿음은, 마치 하나의 묶음에서처럼 밀착된 진리들의 넉넉함에 의하여, 보다 더 빛이 나고, 보다 더 잘 지각되고, 더 확실하고 명료하게 되고, 그리고 참된 믿음은 인애에 속한 선들과 더 잘 결합될 수 있게 됩니다. 결과적으로 모든 악들에게서 떨어져 더욱 격리(隔離), 이간(離間)되고, 그리고 눈이나 육신의 탐욕이나 욕망의 유혹(誘惑)에서 점차적으로 옮겨지고, 그러므로 본질에서 그것은 더욱 행복하게 됩니다. 특히 그것이 악들이나 거짓들에 거스르는 힘이 더욱 강해지면 그것은 살아 있는 믿음이 되고, 구원하는 믿음이 됩니다.

353. 이미 앞에서 언급한 것은, 천계에서 모든 진리는 빛을 발하고, 그리고 그러므로 그것의 본질에서 믿음은 빛을 밝히는 진리라는 것 등이었습니다. 결과적으로 믿음에 속한 진리들이 증식될 때 그 밝음에 의하여 이루어진 믿음에 속한 아름다움이나 미모(美貌)는, 서로 다른 다양한 색깔들이 멋지게 결합, 조화에 의하여 이루어진 다종다양의 형체들이나, 대상물들이나, 그림들에 비교되겠습니다. 그리고 그것은 또한 우림이나 둠밈이라고 부르는, 아론의 가슴받이(胸牌)의 다양한 색깔의 보석들에 비교될 수 있고, 그리고 마찬가지로 장차 건축될 새 예루살렘의 성벽의 기초들에 속한 보석들에게(묵시록 21장) 비교될 수 있겠습니다. 그리고 그것은 역시 임금님의 왕관에 박힌 수많은 색깔의 보석들에 비교될 수 있겠습니다. 우리가 잘 알고 있듯이 사실 보석들(precious stones)은 믿음에 속한 진리들을 뜻합니다. 그리고 그것은 무지개의 영롱한 아름다움에 비교될 수 있고, 꽃밭의 다양한 꽃들의 아름다움이나 또는 양춘가절(陽春佳節) 온갖 꽃들이 만개(滿開)한 아름다움에 비교될 수 있겠습니다. 조화로운 멋진 진리들에게서 비롯된 믿음에 속한 빛이나 광명은 여러 가지 촛대에 의하여 꾸며진 교회의 조명(照明)에, 또는 샹들리에에 의한 집안의 조명에, 그리고 멋진 거리의 가로등들의 조명에 비교될 수 있겠습니다. 진리들의 넉넉함에 의한 믿음의 고양(高揚)은 음악회에서 여러 종류의 악기들의 연주에서 비롯되는 조화로운 음향이나, 선율의 고조(高調)의 비교에 의하여 예설될 수 있겠고, 발산하는 향기의 증대에 비교될 수 있겠습니다. 그리고 거짓들이나 악들에게 정반대되는, 진리들의 증대에서 형성된 믿음의 능력(the power of faith)은 정초(定礎)된 초석의 견고함에, 그리고 그 교회의 기둥들이나, 천정을 잘 떠받치고 있는 기둥들의 견고함에 비교될 수 있겠습니다. 좌우로 잘 정렬된 정방

형의 병사들의 대군(大軍)에 비교될 수 있겠고, 그리고 하나의 힘과 같이 활동하는 형체나 행위에 비교될 수 있겠고, 그리고 비록 수도 없이, 그리고 서로 다르게 자리를 차지하고 있는, 그럼에도 불구하고 행동에서는 하나의 힘을 형성하는 등등 잘 조화롭게 짜여 져 있는 인체의 근육들에 비교될 수 있겠습니다.

354. (4) 진리들이 아무리 수도 없이 많고, 다종다양(多種多樣)하게 보인다고 해도, 그것들은 주님으로 말미암아 하나(一体)를 이룬다. 주님께서는 말씀(聖言·the Word)이시고, 천지(天地)의 하나님이시고, 모든 사람(=육체)의 하나님이시고, 포도원, 즉 교회의 하나님이시고, 믿음의 하나님이시고, 빛 자체이시고, 진리 자체이시고, 영생(永生)이시다.

믿음에 속한 진리들은 각양각색이고, 그리고 사람에게는 그것들이 서로 다른 것 같이 보입니다. 예를 들어 보겠습니다. 그 진리들 중 어떤 것은 하나님 창조주와 관계를 가지고 있고, 어떤 것은 주님 속량주와 관계를 가지고 있고, 어떤 것은 성령과 신령역사, 어떤 것은 믿음과 인애, 어떤 것은 선택의 자유·회개·개혁·중생·전가 등등과 관계를 가지고 있습니다. 그럼에도 불구하고 그것들은, 주님으로 말미암아 주님 안에서, 사람 안에서, 하나(一体)를 이루고 있는데, 그것은 마치 한 포도나무의 여러 가지들과 같습니다(요한 15:1, 그 이하 절). 왜냐하면 주님께서 흩어져 있고, 분리된 진리들을 하나의 형체로 결합, 모으시기 때문입니다. 말하자면 그 형체 안에서 그것들은 한 모습(aspect)으로 드러내고, 한 행위(action)에서 공개, 전시됩니다. 이러한 내용이나 사실은 인체 안에 있는 지체들·내장들·기관(器官)들과의 비교에 의하여 실증되겠습니다. 그리고 다종다양하고, 그리고 사람의 시각에서는 서로 다른 것 같이 보이지만, 그럼에도 불구하고 그것들은 그것들의 일반적인 형체(their general form)인 사람은 하나의 것으로 느끼고, 그리고 사람이 그것들로 말미암아 행동하게 되면, 그는 마치 하나에서 비롯된 것처럼 행동합니다. 이러한 사실은 천계에서도 아주 꼭 같은데, 비록 천계는 헤아릴 수 없이 수많은 사회들로 나뉘어 있지만, 그럼에도 불구하고 주님의 시야에서는 하나처럼 보입니다. 그 천계가 마치 한 사람(one Man)처럼 보인다는 것은 이미 앞에서 언급, 입증하였습니다. 이러한 것은 비록 여러 통치 형태들(several governments)로, 그리고 여러 행정 지역이나 도시들로 나뉘어 있지만, 그럼에도 불구하고 정의와 공평으로 다스리는 임금님 아래에서는 하나로 보이는 나라와 꼭 같습니다. 그러므로 교회가 그것으로 말미암아 진정한 교회를 이루게 하는 믿음에 속한 진리들은 주님으로 말미암아 하나인 것과 같습니다. 그것은 주님께서 말씀(聖言·the Word)이시고, 그리고 천지(天地)의 하나님이시고, 모든 인간(=육체)의 하나님이시고, 포도원, 즉 교회의 하나님이시고, 믿음의 하나님·빛 자체·진리 자체나 영생(永生)의 하나님이시기 때문입니다.

[2] 주님께서 말씀(聖言·the Word)이시고, 그러므로 천계와 교회의 진리이시라는 것은 요한복음서의 말씀에서 명확합니다. 그 책의 말씀입니다.

> 태초에 말씀이 계셨다. 그 말씀은 하나님과 함께 계셨다. 그 말씀은 하나님이셨다.······말씀이 육신이 되어 우리 가운데 사셨다(요한 1 : 1, 14).

주님께서 천지(天地)의 하나님이시라는 것은 마태복음서에서 명확한데 그 책의 말씀입니다.

> 예수께서 다가와서, 그들에게 말씀하셨다. "나는 하늘과 땅의 모든 권세를 받았다"(마태 28 : 18).

주님께서 모든 혈육(=인간·all flesh)의 하나님이시라는 것은 요한복음서에서 명확히 볼 수 있겠습니다. 그 책의 말씀입니다.

> 아버지께서는 아들에게 주신 모든 사람(=모든 육체)에게 영생을 주게 하시려고, 모든 사람을 다스리는 권세를 아들에게 주셨습니다(요한 17 : 2).

주님께서 포도원, 즉 교회의 하나님이시라는 이사야서의 말씀입니다.

> 내가 사랑하는 이에게
> 노래를 해 주겠네.
> 그가 가꾸는 포도원을 노래하겠네.
> 내가 사랑하는 사람은
> 기름진 언덕에서 포도원을 가꾸고 있네.
> (이사야 5 : 1).

제 6 장 · 믿음(Faith)

요한복음서의 말씀입니다.

> 나는 포도나무요, 너희는 가지다. 사람이 내 안에 머물러 있고, 내가 그 사람 안에 머물러 있으면, 그는 많은 열매를 맺는다. 너희는 나를 떠나서는 아무 것도 할 수 없다(요한 15 : 5).

바울 사도께서 주님께서는 믿음의 하나님이시라고 가르치신 말씀입니다. 빌립보서의 말씀입니다.

> 율법에서 오는 나 스스로의 의가 아니라, 그리스도를 믿는 믿음으로 말미암아 오는 의, 곧 믿음에 근거하여 하나님께로부터 오는 의를 가지려는 것입니다(빌립보 3 : 9).

주님께서 빛 자체이시라는 것은 요한복음서에 잘 드러나고 있습니다. 그 책의 말씀입니다.

> 그 빛이 세상에 오셨으니, 모든 사람을 비추는 참 빛이시다(요한 1 : 9).

또 다른 곳의 말씀입니다.

> 나는 빛으로 세상에 왔다. 그것은 나를 믿는 사람이면, 누구든지 어둠 속에 머무르지 않게 하려는 것이다(요한 12 : 46).

주님께서 진리 자체이시라는 것은 요한복음서에 잘 나타나 있습니다. 그 책의 말씀입니다.

> 예수께서 대답하셨다. "내가 곧 길이요 진리요 생명이다. 나로 말미암지 않고서는, 아무도 아버지께로 올 사람이 없다"(요한 14 : 6).

주님께서 영생(永生)이시라는 요한 서신의 말씀입니다.

> 우리는, 하나님의 아들이 오셔서, 그 참되신 분을 알 수 있도록, 우리에게 이해력을 주신 것을 우리는 압니다. 우리는, 그 참되신 분, 곧 하나님의 아들 예수 그리스도 안에 있습니다. 이분이 참 하나님이시요, 영원한 생명이십니

다(요한 1서 5 : 20).

[3] 여기에 아래의 내용이 반드시 부가되어야 하겠습니다. 그것은 사람은 자신의 직업들 때문에 자기 자신을 위하여 또는 믿음에 속한 진리들에 관해서 조금 밖에 터득하지 못한다는 것입니다. 그럼에도 불구하고 만약에 사람이 오직 주님에게 가까이 나아가고, 오직 그분만을 예배한다면 그는 모든 진리들의 지식을 얻는 능력을 얻는다는 것입니다. 그러므로 그전에는 그가 알지 못하였던 믿음에 속한 어떤 진리를 듣는 순간 그것을 알고, 시인하고, 수용, 영접하면, 그는 하나님의 참된 예배자입니다. 이런 이유 때문에 주님께서는 그 사람 안에 계시고, 그 사람은 주님 안에 있습니다. 결과적으로 진리의 빛은 그 사람 안에 있고, 그리고 그는 진리의 빛 안에 있습니다. 왜냐하면 앞에서 언급한 것과 같이, 주님께서는 빛 자체이시고, 그리고 진리 자체이시기 때문입니다. 이러한 사실이나 내용은 아래의 경험에 의하여 확증, 확인되겠습니다. 소박한 사람들처럼 보이는 자들로 이루어진 무리 가운데 있는 한 영이 나에게 나타났습니다. 그 이유는 그는, 천지(天地)의 하나님으로 주님만을 오로지 시인하기 때문이고, 그리고 성경말씀에서 비롯된 몇몇 진리들에 의하여 이와 같은 그의 믿음은 힘을 얻고, 강건(强健)하여졌기 때문입니다. 이 영은 보다 지혜로운 천사들이 있는 천계에 올리어졌습니다. 그리고 내게 일러진 말은, 그 영은 거기에 있는 것만큼 지혜롭다는 것이고, 그리고 그가 전에는 전혀 알지 못했던 것들에 관해서 매우 풍부함 가운데서 진리들을 마치 자기 자신에게서 비롯된 것처럼 말을 한다는 것 등입니다.

[4] 이런 상태는 주님의 새로운 교회에 들어온 자와 같습니다. 이 상태가 예레미야서에 기술된 내용입니다. 그 책의 말씀입니다.

> 그러나 그 시절이 지난 뒤에, 내가 이스라엘 가문과 언약을 세울 것이니, 나는 나의 율법을 그들의 가슴 속에 넣어 주며, 그들의 마음 판에 새겨 기록하여, 나는 그들의 하나님이 되고, 그들은 나의 백성이 될 것이다.……그 때에는 이웃이나 동료끼리 서로 '너는 주를 알아라' 하지 않을 것이니, 이것은 작은 사람으로부터 큰 사람에게 이르기까지, 그들이 모두 나를 알 것이기 때문이다.
> 내가 그들의 허물을 용서하고,

그들의 죄를 다시는 기억하지 않겠다.
(예레미야 31 : 33, 34)

이런 상태는 이사야서에서도 기술되었습니다. 그 책의 말씀입니다.

이새의 줄기에서 한 싹이 나며
그 뿌리에서 한 가지가 자라서
열매를 맺는다.……
그는 정의로 허리를 동여매고
성실로 그의 몸의 띠를 삼는다.
그 때에는, 이리가 어린 양과 함께 살며,
표범이 새끼 염소와 함께 누우며,
송아지와 새끼 사자와 살진 짐승이
함께 풀을 뜯고,
어린 아이가 그것들을 이끌고 다닌다.……
젖먹는 아이가
독사의 구멍 곁에서 장난하고,
젖뗀 아이가 살무사의 굴에 손을 넣는다.
"나의 거룩한 산 모든 곳에서,
서로 해치거나 파괴하는 일이 없다."
물이 바다를 채우듯,
주님을 아는 지식이
땅에 가득하기 때문이다.
그 날이 오면, 이새의 뿌리에서 한 싹이 나서, 만민의 깃발로 세워질 것이며, 민족들이 그를 찾아 모여들어서, 그가 있는 곳이 영광스럽게 될 것이다(이사야 11 : 1, 5, 6, 8-10)

V.
인애(仁愛)가 없는 믿음은 믿음이 아니고, 믿음이 없는 인애는 인애가 아니고, 이들 양자는 주님에게서 비롯된 것이 아니면 생명을 가질 수 없다.

355. 사도들의 서간경(=서간문・書簡經・Epistles)에서 명확한 것은, 오늘날 교회는 오직 믿음만이 의롭게 하고, 율법에 속한 선한 행위 없이 구원받는다는, 그러므로 인애(仁愛・charity)는 믿음과 결합할 수 없다는 등등의 가르침에 의하여, 인애에서부터 믿음이 분리될 것이라는 것은 사도들의 마음에 결코 들어갈 수 없다는 것입니다. 그것은 믿음이 하나님으로 말미암아 존재하고, 율법의 선행들에서 표현되는 것에 비례하여 인애는 사람에게서 비롯되기 때문입니다. 그러나 이와 같은 분리(分離・separation)나, 분열(=나눔・分裂・division)은, 기독교회가 하나님을 세 인격들(=삼위들・三位・three persons)로 나눌 때, 그리고 그 각각의 인격(=삼위)에 동일한 신성(神性・Divinity)을 귀속시킬 때, 기독교회(the Christian Church)에 소개되었습니다. 그러나 믿음이 인애에서 분리될 때 결코 믿음은 존재하지 않는다는 것, 그리고 이들 양자는 주님으로 말미암은 것을 제외하면 생명을 가지지 못한다는 것은 아래의 장(章)에서 명확하게 될 것입니다. 지금은 그 길을 준비하기 위하여 아래의 명제가 설명, 입증되겠습니다.
(1) 사람은 자기 자신을 위하여 믿음을 터득할 수 있다.
(2) 인애도 자기 자신을 위하여 터득할 수 있다.
(3) 그리고 양자—믿음과 인애—의 생명도 터득할 수 있다.
(4) 그럼에도 불구하고 오직 주님에게서 비롯되는 것을 제외하면 사람에게서 비롯되는 믿음이나 인애의 생명, 그리고 그 양자의 생명에 속한 것은 전무(全無)하다.

356. **(1) 사람은 자기 자신을 위하여 믿음을 터득할 수 있다.**
이 명제는 앞서의 명제들에서 이미 입증하였습니다(본서 343-348항 참조). 그리고 아래에서 입증될 것은, 그것의 본질에서 믿음은 진리라는 것, 어느 누구나 성경말씀(聖言・the Word)에서 진리들을 터득할 수 있다는 것, 그리고 어느 누구나 자기 자신을 위하여 그것들을 터득하는 것에 비례하여, 그리고 그것들을 애지중지(愛之重之), 사랑하는 것에 비례하여 자기 자신 안에 믿음에 속한 시작들(the beginnings of faith)을 주입시킨다는 것 등등입니다. 여기에다가 부가할 것은, 만약에 사람이 자기 자신을 위하여 믿음을 터득할 수 없다면, 믿음에 관해서 성경말씀에 엄명(嚴命)된 모든 것은 쓸모가 없고 무용지물(無用之物)이 될 것이라는 것입니다. 왜냐하면 우리가 성경말씀을 읽을 때 거기에서 우리는 아버지(聖父·the Father)의 뜻(=바람)은 사람들이 반드시 아드님(聖子·the Son)을 믿어야 한다는 것, 그리고 그 아드님을 믿는 사람은 누구나 영원한 생명(永生)을 얻지만, 믿지 않는 사람은 영생을 알지도 못한다는 것 등등을 읽기 때문입니다. 그리고 또한 우리는, 예수께서 보혜사(保惠師·성령·the Paraclete)를 보내 주실 것이고, 보혜사 성령께서는, 그분을 믿지 않기 때문에 죄에 관한 세상의 그릇된 생각을 꾸짖어 바로잡아 주실 것이라는 말씀을 읽고, 그리고 그밖에 다른 설명들이나 명제(命題)들을 읽기 때문입니다(본서 337·338항 참조). 더욱이 사도들이 믿음에 관해서 전파·설교한 믿음, 즉 그 믿음은 주 하나님 구세주 예수 그리스도를 믿는 믿음을 가리킵니다. 그러나 만약에 움직이는 관절들을 지닌 조각된 망부석(望夫石)과 같이 자신의 손발을 구어박고 우두커니 서 있으면서, 그리고 어떤 입류를 기다린다면 이런 말씀들이 무슨 의미가 있겠습니까? 그리고 다른 한편 믿음에 관계되는 것을 전혀 가지고 있지 않는 어떤 것을 향해 내적으로 믿음을, 영접, 수용하는 그런 관절들이면, 이런 말씀들이 무슨 소용이 있겠습니까? 왜냐하면 로마 가톨릭 교회에서 분리된 이른바 기독교계의 어떤 영역의 현대 정통 교리(正統敎理·modern orthodoxy)는 이렇게 가르치고 있기 때문입니다. 즉, 사람은 전적으로 타락(墮落)하였고, 그리고 사람이 중생하기까지는 사람의 성품 안에 거하지 못하고, 그 타락(=몰락·the fall) 때문에 사람의 성품 안에 계속해서 머물러야 하는 선에 대해서 죽은 것이고, 심지어 하나님의 은혜(God's grace)가 주어질 때 그것을 자기 스스로, 또는 자기 자신에 의하여 그것을 이해, 파악, 수용하고, 유지, 보존하는 수단인 어떤 영적인 힘(=능력)에 속한 한 가닥의 빛도 남아 있지 않았다는 것이고, 그리고 또한 사람은 자기 자신을 위하여 영적인 것들에서 그것을 이해하고, 믿고, 채택, 신봉하고(embrace), 생각하고, 원하고, 시작하고, 행동에 옮기고, 운영하고, 협동하고, 그 은혜에 대하여 자기 자신을 적용, 적응하고, 자기 자신의 회개(悔改)나 개과천선(改過遷善)을 향해 전체적이든 부분적이든, 또는 지극히 적은 분량에서도, 어떤 것을 전혀 할 수 없는 존재가 되었다는 것입니다. 그리고 영혼의 구원에 관한 영적인 것들에서 사람은 마치 롯의 아내의 소금기둥처럼 되었고, 그리고 보고, 말하는, 그리고 다른 감관을 지닌 것에 불과한 생명이 전혀 없는 나무 등걸이나 망부석처럼 되어 버렸습니다. 그럼에도 불구하고 사람은 이곳에서 저 곳으로 옮기는 힘을 지녔고, 그의 외적인 기관들을 지시할 수 있고, 공공의 모임에 참석하고, 그리고 성경말씀이나 복음을 들을 수 있는 능력을 가지고 있다는 것입니다. 이와 같은 가르침이나 주장은 1756년 출판업의 중심지였던 라이프치히(Leipsic)에서 출간된 이른바 ≪일치신조≫(the Formula Concordiae)라고 부르는 복음적인 교회들의 책(the book of the Evangelical churches)에 설명되었습니다(그 책 656·658·661-663·671-673쪽 참조). 그 책에 따라서, 결과적으로는 그 믿음에 따라서 사제들은 그들의 서품식(敍品式) 때 맹세를 하였습니다. 개혁교회들도 동일한 믿음의 가르침(=교리)을 가졌습니다. 그러나 밝은 이성이나 종교를 가진 사람은 어느 누구가 이런 내용들이나 사실들이 불합리한 것들이고, 어리석은 것들이라고 비난(非難), 꾸짖지 않겠습니까? 그리고 그는 자기 자신에게 이렇게 말할 것입니다. "믿음이 그렇다고 하자, 그러면 성경말씀은 무엇이고, 또는 종교나 사제들이나 그들의 설교들은 무엇이고, 그리고 이런 것은 전혀 아무것도 아닌 속빈 강정이고, 허공을 가르는 메아리 소리에 지나지 않는다는 것입니까? 그리고 어떤 판단을 가지고 있고, 개종(改宗)하기를 원하고, 그리고 그가 개종이나 믿음에 관해서 이런 부류의 교리에 있는 자에게 이런 사실을 말한다면 그 사람은, 아무것도 없는 텅 빈 그릇을 우러르는 사람과 같다고, 기독교를 보지 않겠습니까? 왜냐하면 자기 자신이 전부인 것처럼 믿고 있는 능력을 사람에게서 빼앗아 버린다면 그 사람은 마치 텅 빈 깡통이 아니고 무엇이겠습니까?" 그러나 이런 내용이나 주제는 우리의 책 "선택의 자유"를 다룬 장에서 보다 명료한 빛이 있을 것입니다(본서 8장 참조).

357. (2) **사람은 자기 자신을 위하여 인애(仁愛)를 터득할 수 있다.**
이 명제의 내용은 믿음의 경우와 꼭 같습니다. 왜냐하면 성경말씀은 믿음과 인애 이외에 가르치는 것이 무엇이겠습니까? 그것은 이 둘 양자가 구원의 본질적인 것이기 때문입니다. 왜냐하면 우리는 이런 말씀들을 읽기 때문입니다. 복음서의 말씀입니다.

> 예수께서 그에게 말씀하셨다. "'네 마음을 다하고, 네 목숨을 다 하고, 네 뜻을 다하여, 주 너의 하나님을 사랑하여라' 하셨으니, 이것이 가장 중요하고 으뜸 가는 계명이다. 둘째 계명도 이것과 같은데, '네 이웃을 네 몸 같이 사

랑하여라' 한 것이다. 이 두 계명에 모든 율법과 예언서의 본 뜻이 달려 있다"(마태 22 : 34-40).
이제 나는 너희에게 새 계명을 준다. 서로 사랑하여라. 내가 너희를 사랑한 것 같이, 너희도 서로 사랑하여라. 너희가 서로 사랑하면, 모든 사람이 그것으로써 너희가 내 제자인 줄을 알게 될 것이다(요한 13 : 34, 35 ; 15 : 9 ; 16 : 27).

이 말씀이 가르치는 것은, 사람은 반드시 좋은 나무와 같이 좋은 열매를 맺어야 한다는 것, 그리고 선을 행하는 사람은 부활로 보상(補償)을 받을 것이라는 것이나, 그 밖의 여러 비슷한 것들입니다. 만약에 사람이 스스로 인애를 실천할 수 없다면, 또는 어떤 방법으로 자기 자신을 위하여 터득할 수 없다면, 그것에 속한 모든 선용이 무엇이겠습니까? 사람이 자선행위를 통해서 불쌍한 사람을 도울 수 있고 자기 집안이나, 직장에서 좋은 일을 할 수 있는 것 아닙니까? 사람은 누구나 십성언(十聖言)의 계명들에 따라서 살아야 하는 것 아닙니까? 사람이 이런 것들을 행할 수 있는 영혼을 가지고 있는 것 아닙니까? 그리고 이런 목적이나 저런 목적을 위해 행동하는 자신을 인도할 수 있는 합리적인 마음을 가지고 있는 것 아닙니까? 그런 것들이 성경말씀에 행하라고 명령되었기 때문에, 따라서 하나님께서 명령하셨기 때문에 사람은 반드시 그런 것들을 행하여야 한다고 생각할 수 있는 것 아닙니까? 사람은 이런 일을 하는데 힘이 부족한 것은 결코 아닙니다. 이런 이유 때문에 주님께서는 우리 모두에게 그 힘을 주셨습니다. 그리고 주님께서는 마치 자신의 것인 양 그것을 우리 사람에게 주셨습니다. 왜냐하면 인애를 실천할 때 그것이 자기 자신에게서 비롯된 것 이외의 다른 것이라고 어느 누가 알겠습니까?

358. (3) 사람은 자기 자신을 위하여 믿음의 생명(=삶)이나 인애의 생명(=삶)도 터득할 수 있다.
여기서 그것은 꼭 같이 반복되겠습니다. 왜냐하면 사람이 생명 자체이신 주님에게 나아갈 때 그는 자신을 위해 이 생명(=삶)을 터득하기 때문이고, 그리고 주님에게 가까이 가는 것은 사람 누구에게도 닫혀 있지 않습니다. 왜냐하면 주님께서는 모든 사람에게 당신에게 오라고 계속해서 초대를 하시기 때문입니다. 왜냐하면 주님께서 이렇게 말씀하셨기 때문입니다. 요한복음서의 말씀입니다.

> 예수께서 그들에게 말씀하셨다. "나는 생명의 빵이다. 내게로 오는 사람은 결코 주리지 않을 것이요, 나를 믿는 사람은 다시는 목마르지 않을 것이다.……아버지께서 나에게 주시는 사람은 다 내게로 올 것이요, 또 내게로 오는 사람은, 내가 물리치지 않을 것이다"(요한 6 : 35, 37).
> 예수께서 일어서서, 큰소리로 말씀하셨다. "목마른 사람은 다 내게로 와서 마셔라"(요한 7 : 37).

다시 마태복음서의 말씀입니다.

> 예수께서 다시 여러 가지 비유로 그들에게 말씀하셨다. "하늘 나라는 자기 아들의 혼인 잔치를 베푼 어떤 임금에게 비길 수 있다. 임금이 자기 종들을 보내서, 초대받은 사람들을 잔치에 불러오게 하였는데, 그들은 오려고 하지 않았다.……혼인 잔치는 준비되었는데, 초대받은 사람들은 이것을 받을 만한 자격이 없다. 그러니 너희는 네거리로 나가서, 아무나, 만나는 대로 잔치에 청해 오너라"(마태 22 : 1-9).

이 초대나 부름이 어느 누구가 보편적이라는 것을 모르겠습니까? 그리고 어느 누가 초대나 부름이 접대(=영접)의 은혜라는 것을 모르겠습니까? 사람은, 주님께서 생명 자체이시기 때문에, 그리고 주님께서 믿음의 생명(=삶)뿐만 아니라, 인애의 생명(=삶)이시기 때문에, 주님에게 가까이 나아가는 것에 의하여, 생명을 얻습니다. 주님께서 그 생명이시라는 것, 그리고 사람은 생명을 주님에게서 취한다는 것 등등은 아래의 성경말씀에서 명확합니다. 요한복음서의 말씀입니다.

> 태초에 말씀이 계셨다. 그 말씀은 하나님과 함께 계셨다. 그 말씀은 하나님이셨다.……그의 안에 생명이 있었다. 그 생명은 사람의 빛이었다(=그의 안에서 생겨난 것은 생명이었으니, 그 생명은 모든 사람의 빛이었다)(요한 1 : 1, 4).
> 아버지께서 죽은 사람들을 일으켜 살리시니, 아들도 자기가 원하는 사람들을 살린다(요한 5 : 21).
> 그것은, 아버지께서 자기 안에 생명이 있는 것처럼, 아들에게도 생명을 주셔서, 그 속에 생명이 있게 하여 주셨기 때문이다(요한 5 : 26).
> 하나님의 빵은 하늘로부터 내려오는 것인데, 그것은 세상에 생명을 준다(요한

6 : 33).
> 내가 너희에게 한 그 말은 영이요 생명이다(요한 6 : 63).
> 예수께서 다시 그들에게 말씀하셨다. "나는 세상의 빛이다. 나를 따르는 사람은 어둠 속에 다니지 않고, 생명의 빛을 얻을 것이다"(요한 8 : 12).
> 나는, 양들이 생명을 얻고 더 얻어서 풍성함을 얻게 하려고 왔다(요한 10 : 10).
> 나는 부활이요 생명이니, 나를 믿는 사람은 죽어도 살 것이다(요한 11 : 25).
> 내가 곧 길이요 진리요 생명이다(요한 14 : 6).
> 내가 살아 있고, 너희도 살아 있을 것이기 때문이다(요한 14 : 19).
> 예수가 그리스도요 하나님의 아들이심을 믿게 하고, 또 그렇게 믿어서 그의 이름으로 생명을 얻게 하려는 것이다(요한 20 : 31).
> 이분이 참 하나님이시요, 영원한 생명이십니다(요한 1서 5 : 20).

믿음의 생명(=삶)이나 인애의 생명(=삶)은 영적인 생명(a spiritual life)을 뜻하는데, 그것은 사람이 육신을 입은 자연적인 삶을 살 때 주님께서 사람에게 주십니다.

359. **(4) 그럼에도 불구하고 오직 주님에게서 비롯되는 것을 제외하면 사람에게서 비롯되는 믿음의 생명이나 인애의 생명, 그리고 그 양자의 생명에 속한 것은 전무(全無)하다.**

왜냐하면 우리는 요한복음서에서 이런 말씀을 읽기 때문입니다.

> 요한이 대답하였다. "하늘이 주시지 않으면, 사람은 아무것도 받을 수 없다"(요한 3 : 27).

예수께서는 이렇게 말씀하셨습니다. 요한복음서의 말씀입니다.

> 사람이 내 안에 머물러 있고, 내가 그 사람 안에 머물러 있으면, 그는 많은 열매를 맺는다. 너희는 나를 떠나서는 아무것도 할 수 없다(요한 15 : 5).

그러나 이 말씀은 이렇게 이해될 수 있겠습니다. 사람은 자기 자신을 위해서는 자연적인 믿음(natural faith) 이외에 어떤 것도 터득할 수 없는데, 그 자연적인 믿음은 몇몇 권위를 가진 사람들이 그러하다고 말하였기 때문에 한 사물이 그러하다고 하는 종지(宗旨 · persuasion)를 가리킵니다. 그리고 또한 자연적인 인애(natural charity) 이외에 어떤 것도 터득할 수 없는데, 그 자연적인 인애는 어떤 반대급부(反對給付)에 대한 관점을 가지고 선호하는 재물을 얻기 위한 애씀(endeavor)을 가리킵니다. 이런 부류의 믿음이나 인애에는 사람의 자아적인 것에 내재해 있는데, 거기에 주님에게서 비롯되는 생명은 결코 있지 않습니다. 그럼에도 불구하고 사람은 이런 부류의 믿음이나 인애에 의하여 자기 자신을 주님에게 속한 수용그릇이 되기 위하여 준비하여야 합니다. 사람이 자기 자신을 수용그릇이 되는 것을 준비하는 것에 비례하여 주님께서는 그 사람에게 들어오시고, 그리고 그의 자연적인 믿음을 영적인 믿음이 되게 하시는데, 그의 인애도 그와 마찬가지입니다. 따라서 주님께서는 이 양자를 살아 있는 것이 되게 하십니다. 그리고 이러한 일은, 사람이 천지(天地)의 하나님이신 주님에게 가까이 나아갈 때, 행해집니다. 사람이 하나님의 형상으로 창조되었기 때문에, 사람은 하나님에 속한 거처(居處)입니다. 그러므로 주님께서는 이렇게 말씀하십니다. 요한복음서의 말씀입니다.

> 내 계명을 받아서 지키는 사람은 나를 사랑하는 사람이요, 나를 사랑하는 사람은 내 아버지의 사랑을 받을 것이다. 그리고 나도 그 사람을 사랑하여, 그에게 나를 드러낼 것이다.……누구든지 나를 사랑하는 사람은 내 말을 지킬 것이다. 그러면 내 아버지께서 그 사람을 사랑하실 것이요, 우리는 아버지께로 가서 아버지와 함께 살 것이다(요한 14 : 21, 23).

묵시록서의 말씀입니다.

> 보아라, 내가 문 밖에 서서, 문을 두드리고 있다. 누구든지 내 음성을 듣고 문을 열면, 나는 그에게로 들어가서 그와 함께 먹고, 그는 나와 함께 먹을 것이다(묵시록 3 : 20).

이상의 모든 것에서 얻은 결론입니다. 사람이 주님을 영접하기 위하여 자기 스스로 자연적으로 준비하는 것에 따라서 주님께서는 그 사람 안에 내적으로 들어오셔서 사람 안에 있는 모든 것을 영적으로 이루시고, 따라서 살아 있게 하십니다. 그러나 다른 한편 사람이 자기 자신을 준비하지 않는 것에 비례하여 그는 자기 자신에게서 주님을 멀리 떼어놓고, 그리고 오직 자기 자아로 말미암아 모든 것을 행합니다. 그리고 자기 자신으로 말미암아 행한 것은 그것 안에 결코 진정한 생명을 가질 수 없습니다. 그러나 이런 내용들은, 우리의 책에서 인애나 선택의 자유(Freedom of Choice)에 관해서 다루어지기 전까지는(본서 7·8장 참조) 빛 가운데 나타나는 것 같이 전혀 명료하게 드러날 수는 아직까지 없지만, 그러나 그것들은 개혁과 중생의 장(본서 10장 참조)에서 명료하게 될 것입니다.

360. 위에서 언급된 것은 사람에게서 초기의 믿음은 자연적이라는 것과, 그리고 사람이 주님에게 가까이 나아갈 때 믿음은 영적인 것이 된다는 것이었습니다. 그리고 인애의 경우도 그와 같다는 것이었습니다. 그러나 사람은 어느 누구도 아직까지 자연적인 믿음과 인애 사이에, 영적인 믿음과 인애 사이에 존재하는 명료한 구분(=분별·distinction)을 알지 못하고 있습니다. 그러므로 이와 같은 큰 비의(祕義)는 반드시 밝혀져야 하겠습니다. 거기에는 이른바 두 세계, 즉 자연계와 영계가 있고, 그 각각의 세계에는 하나의 태양이 있고, 그리고 그 각각의 태양에서 별과 빛(heat and light)이 발출합니다. 그러나 영계의 태양에서 비롯된 별과 빛에는 그것 안에 생명을 가지고 있습니다. 그리고 이 생명은 그 태양의 중심에 계시는 주님에게서 비롯합니다. 이에 반하여 자연계에 있는 태양에서 오는 별과 빛은 그것들 안에 생명에 속한 것은 전혀 아무것도 지니고 있지 않습니다. 자연계의 태양에서 비롯되는 별과 빛은, 전자, 즉 영계의 태양에서 비롯되는 별과 빛을 사람에게 그것들을 운반하는 수용그릇으로서 단순하게 봉사, 종사합니다. 이와 같은 도구적인 역할들이나 원인들은 언제나 그것들의 주요한 역할이나 원인들에게 종속, 보조할 뿐입니다. 그러므로 반드시 이해하여야 할 것은 영적인 모든 것들은 영계의 태양의 별이나 빛으로 말미암아 존재한다는 것입니다. 그리고 그것들은 그것들 안에 영(靈)이나 생명을 지니고 있기 때문에 그것들은 모두가 영적입니다. 이에 반하여 자연적인 모든 것들은 자연계의 태양의 별과 빛에서 비롯되는데, 그것 자체를 살펴보면, 영이나 생명은 전혀 없습니다.

[2] 이 경우 믿음은 빛에 속한 사안이고, 인애는 별에 속한 사안이기 때문에 여기서 명확한 사실은, 사람이 영계의 태양에서 발출하는 별이나 빛 안에 있는 것에 비례하여 그 사람은 영적인 믿음이나 영적인 인애 안에 있습니다. 이에 반하여 사람이 자연계의 태양에서 발출하는 별

과 빛 안에 있는 것에 비례하여 그는 자연적인 믿음이나 자연적인 인애 안에 있습니다. 그러므로 명확한 것은 영적인 빛은 마치 그것의 수용그 릇 안에, 또는 작은 상자 안에 있는 것과 같이, 자연적인 빛 안에 내적 으로 존재하기 때문에, 그리고 역시 영적인 별은 마찬가지로 자연적인 별 안에 존재하기 때문에 그러므로 영적인 믿음은 내적으로 자연적인 믿음 안에 존재하고, 영적인 인애는 내적으로 자연적인 인애 안에 존재 합니다. 이러한 결과는 사람이 자연계에서부터 영계에로 진전하는 것의 정도에 따라서, 이루어집니다. 그리고 이러한 일은, 주님께서 밝히 가르 치신 것과 같이 빛 자체이시고, 길 자체이시고, 진리 자체이시고, 생명 자체이신 주님을 믿는 믿음에 비례하여 이루어집니다.

[3] 이러한 내용이 사실이기 때문에 명확한 사실은 사람이 영적인 믿음 안에 있을 때 그 사람 역시 자연적인 믿음 안에 있습니다. 왜냐하면 바로 위에서 언급한 것과 같이, 영적인 믿음은 내적으로 자연적인 믿음 안에 있습니다. 그리고 믿음이 빛에 속한 사안이기 때문에 여기서 뒤이 어지는 것은 영적인 믿음의 주입에 의하여 사람의 자연적인 것은, 말하 자면, 투명(透明)한 것이 되고, 그리고 인애와 그것의 결합의 본성에 따 라서 아름다운 색깔로 채색됩니다. 이것은 인애가 붉은 색(ruddy)으로, 믿음은 흰색(white)을 발하기 때문입니다. 그리고 인애는 영적인 불의 불꽃에서 붉은 색이고, 믿음은, 그것에서 발하는 빛의 광채로 말미암아 희색을 발합니다. 영적인 것이 자연적인 것 안에 내적으로 존재하지 않 고, 오히려 자연적인 것이 내적으로 영적인 것 안에 있을 경우에는 그 반대의 일이 일어납니다. 그와 같은 일은 믿음과 인애를 배척, 부인하 는 사람들의 경우가 되겠습니다. 그들이 자신들의 생각에만 남아 있을 때 그들이 차지하고 있는 그들의 마음의 내적인 것은 지옥적이고, 그리 고 비록 그들이 그것을 알지 못한다고 해도, 그들은 지옥으로 말미암아 생각합니다. 이에 반하여, 세상에서 그들의 동료들과 그것으로 말미암 아 대화를 할 때, 그런 부류의 인물들의 마음의 외적인 것은, 마찬가지 로 영적이지만, 그러나 그것은 마치 지옥에 있는 것들과 같은 불결한 것으로 가득 차 있습니다. 결과적으로 그들은 지옥에 있습니다. 왜냐하 면 전자의 상태에 비교하면 그들은 도치(倒置)된 상태에 있기 때문입니 다.

361. 따라서 그 때 밝히 알 수 있는 것은, 영적인 것은 주님을 믿는 믿음 안에 있는 자들의 자연적인 것 안에 있고, 동시에 이웃을 향한 인애 안에 있다는 것입니다. 결과적으로 그것들 안에 있는 자연적인 것은 투명하고, 그리고 그것에서 뒤이어지는 것은, 그렇게 되는 범위까지 사람은 영적인 것에서 현명하고, 그리고 그것으로 말미암아 그 사람은 자연적인 것에서도 현명합니다. 왜냐하면 사람이 무엇인가에 관해서 생각하고, 듣고, 읽을 때 그 사람은, 그것이 진리인지, 또는 진리가 아닌지, 자기 자신 안에서 내적으로 직시(直視)하기 때문입니다. 이러한 것은, 그분에게서 영적인 빛이나 영적인 볕이 그 사람의 이해의 보다 높은 영기(靈氣)에 입류하시는 주님으로 말미암아 지각하기 때문입니다.

[2] 사람 안에서 믿음과 인애가 영적인 것이 되는 것에 비례하여 그는 자기의 자아(自我・固有屬性・own)에서 뒤로 물러나고, 그리고 자기 자신을 우러르는 것이나, 보상이나 반대급부에 대한 것들이 멈추고, 소멸됩니다. 그리고 그는 믿음에 속한 진리들을 지각에서의 희열만을 동경(憧憬)하고, 그리고 사랑에 속한 선행을 실천하는 것에서의 기쁨만을 동경합니다. 그리고 이 영성(靈性・spirituality)이 증대하는 것에 비례하여 그 기쁨(喜悅)은 지복(至福)이 됩니다. 이른바 영생이라고 부르는 사람의 구원은 이것에서 비롯됩니다. 사람의 이런 상태는 이 세상에 있는 가장 아름다운 것들이나 가장 매력적인 것들에 비교되겠습니다. 성경말씀에서 그런 것들은 이런 것들에 비유되었습니다. 예를 들면 아름다운 나무들이나, 그런 나무들이 있는 정원에 비유되었고, 그리고 만개(滿開)한 꽃들이나, 보석들이나, 진미(珍味)나, 혼인이나 혼인 잔치나 그것의 기쁨이나 환희 등등이 되겠습니다.

[3] 그러나 그 반대의 경우에는 이렇게 말할 수 있겠습니다 자연적인 것이 내적으로 영적인 것 안에 있을 때, 결과적으로 그의 내적인 것들 안에 있는 사람은 악마적이지만, 그러나 그의 외적인 것들 안에 있는 사람이 천사와 같을 때, 그 사람은 값비싼 나무와 나무에 금박을 한 관 속에 있는 죽은 사람에 비교될 수 있겠습니다. 그리고 그는 사람과 같이 옷을 입히고 몸단장을 잘하고, 멋진 마차에 누워 있는 뼈다귀에 비교될 수 있고, 다이아나의 성전 같이 잘 지은 무덤에 있는 송장에 비교될 수 있겠습니다. 그리고 그의 내적인 것은 굴속에 우글거리는 뱀들의 무리들에 비교될 수 있고, 그의 외적인 것들은 온갖 종류의 색깔들로

색칠한 날개를 가지고 있는 나비들과 같지만, 그러나 그럼에도 불구하고 그들은 유익한 나무의 잎들에 알을 슬고, 그리고 열매들을 파먹는 나비들과 같습니다. 또는 이런 것들의 내적인 것은 비둘기의 덮치려는 매에 비교되고, 이런 것들의 외적인 것은 비둘기에 비교될 수 있겠습니다. 그리고 그들의 믿음이나 인애는 도망하는 비둘기를 추적해서, 종국에는 그것이 기진맥진하게 하고, 그 때 쏜살같이 그것 위에 날아가 덮치고 그것을 잡아먹는 매에 비교될 수 있겠습니다.

VI.
사람 안에서 마치 삶·의지·이해가 한 몸(一體)을 이루는 것 같이, 주님·인애·믿음은 하나(一體)를 이룬다. 만약에 이것들이 분리(分離)된다면, 마치 진주(珍珠)가 가루로 분쇄(分碎)되듯이, 이들 각각은 소멸한다.

362. 지금까지 학계(學界)에 알려지지 않은, 결과적으로 교계(敎界)에 알려지지 않은 몇몇 사실들을 먼저 설명, 언급되어야 하겠습니다. 땅 속에 깊이 묻혀 사장(死藏)되어 있는 것들은 너무나도 많은 것들이 있지만, 그럼에도 불구하고 그것들은 지혜에 속한 보물들입니다. 만약에 이런 것들이 발굴(發掘)되어, 학계나 교계에 알려지지 않는다면 사람은 하나님·믿음·인애·사람 자신의 생명의 상태에 속한 올바른 지식의 성공에 허무하게 애만 쓰고, 고생할 것입니다. 그리고 사람은 영생의 상태를 위하여 그것을 지휘, 감독하고, 준비하는 일에도 마찬가지로 헛수고를 할 것입니다. 지금까지 알려지지 않았다는 것들은 이런 것들이 되겠습니다. 사람은 다만 생명의 기관(器官·a mere organ of life)이다, 그것에 속해 있는 모든 것과 더불어 생명은 주님을 가리키는, 천계의 하나님에게서부터 입류한다, 사람에게는, 이른바 의지(will)와 이해(understanding)라고 부르는 생명의 두 기능(two faculties)이 존재한다, 그리고 의지는 사랑의 수용그릇이고, 이해는 지혜의 수용그릇이다, 그러므로 역시 의지는 인애의 수용그릇이고, 이해는 믿음의 수용그릇이라는 것 등등입니다.

[2] 사람이 원하는 모든 것이나, 사람이 이해하는 모든 것이 밖에서부터 사람에게 유입합니다. 다시 말하면, 사랑이나 인애에 속한 선들이나, 지혜나 믿음에 속한 신리들은 주님으로부터 입류하고, 이런 것들에 반대되는 것들은 지옥으로부터 유입(=접신·接神)합니다. 비록 사람 자신에 속한 것은 아무것도 없지만, 사람이 밖에서부터 유입한 것이, 자기 자신의 것인 양, 자기 안에서 느끼고, 그리고 결과적으로는 자기 자신의 것으로서 그것이 자신에게서 생겨난 것처럼, 느끼는 것은 주님께서 섭리하시는 일입니다. 그럼에도 불구하고 그것에서 그가 원하고 (willing), 생각하는(thinking) 자신의 선택의 자유(his freedom of choice) 때문에, 그 사람의 것으로 그에게 전가(轉嫁)되고, 그리고 자신의 일시적인 생명(his temporal life)이나 그의 영원한 생명(his eternal life)에 안내, 인도하는 것을 그 사람이 자유스럽게 선택하는 것을 가리키는, 그에게 주어진 선과 진리의 지식 때문에, 그 사람의 것으로 그에게 전가됩니다.

[3] 이런 진리들에 대하여 의심의 눈길로 보는 사람은, 또는 한쪽 눈으로만 그것들을 보는 사람은, 그런 것들에게서 수많은 어리석은 결론들을 도출(導出)하지만, 그러나 그것들을 정확한 눈으로, 그리고 똑바른 눈으로 직시하는 사람은 수많은 현명한 결론들을 도출합니다. 이러한 사실이 옳고, 결코 그르지 않다는 것은, 제일 먼저는 하나님이나, 신령 삼일성(神靈 三一性·the Divine Trinity)에 관한 결론들이나 교의(敎義)에 관해서 반드시 언급, 설명되어야 하겠고, 그리고 그 뒤에는 믿음과 인애, 선택의 자유, 개혁과 중생(Reformation and Regeneration), 그리고 전가(Imputation) 등등에 관한 그 밖의 결론들이나 교의들을 정립하는 것이고, 그리고 그 때 방법들로서 회개(悔改·Repentance)·세례(洗禮·Baptism)·성만찬(聖晩餐·the Holy Supper)에 관한 것들이 설명, 정립되어야 하겠습니다.

363. 그러나 지금의 명제, 다시 말하면 마치 사람 안에서 생명·의지·이해가 한 몸을 이루는 것과 같이, 주님·인애·믿음도 한 몸을 이룬다는 것, 그리고 만약에 이런 것들이 분리된다면 이들 각각은 마치 진주가 가루로 부서지는 것과 같이, 소멸한다는 명제가 진리로서 밝히 알아야 하고, 시인되기 위하여, 아래의 순서에 따라서 그것을 심사숙고(深思熟考)한다는 것은 명료하겠습니다. 그 순서는 이러합니다.

(1) 주님께서는, 그분의 신령사랑・그분의 신령지혜, 따라서 그분의 신령생명과 함께 모든 사람에게 입류하신다.
(2) 결과적으로 주님께서는 믿음과 인애의 모든 본질과 함께 입류하신다.
(3) 이런 것들은, 사람 자신의 형체(=모습・본질)에 따라서 그 사람에게 영접, 수용된다.
(4) 그러나 주님・인애・믿음을 분리하는 사람은, 그것들을 파괴하는 형체이고, 그것들을 영접, 수용하는 형체(=모습・본질)가 아니다.

364. (1) 주님께서는, 그분의 신령사랑・그분의 신령지혜, 따라서 그분의 신령생명과 함께 모든 사람에게 입류하신다.
우리는 창세기에서 이런 말씀을 읽습니다. 그 책의 말씀입니다.

> 하나님이 당신의 형상대로 사람을 창조하셨으니,……주 하나님이……그의 코에 생명의 기운을 불어넣으셨다(창세기 1 : 27 ; 2 : 7).

이 말씀은 사람이 생명이 아니고, 다만 생명에 속한 기관(=그릇)이라는 것을 기술하고 있습니다. 왜냐하면 하나님은 당신 자신과 다른 어떤 존재를 창조하실 수 없으셨습니다. 만약에 하나님께서 그렇게 하셨다면, 거기에는 사람들이 많이 있듯이 하나님들(gods)이 많이 있었을 것입니다. 빛이 창조될 수 없었던 것과 꼭 같이, 하나님께서는 생명을 창조할 수 없으셨고, 다만 하나님께서는 사람을 생명의 형체(a form of life)로 창조하셨는데, 그것은 그분께서 눈을 빛의 형체(a form of light)로 창조하셨던 것과 같습니다. 또한 하나님은 당신의 본질이 하나이고, 불가분(不可分)이기 때문에, 하나님은 당신의 본질을 나누시지도 못하셨고, 나누시지도 않으셨습니다. 그러므로 하나님께서만 홀로 생명이시기 때문에, 거기에서 뒤이어지는 것은, 하나님께서는 당신의 생명으로 말미암아 모든 사람에게 생명을 주셨다는 것, 그리고 생명을 주는 일(life-giving)이 없다면 사람은 그의 육신의 측면에서 보면, 한낱 스펀지(海綿・sponge) 이외의 아무것도 아니고, 그의 뼈들의 측면에서 보면 해골(骸骨) 이외에 아무것도 아니라는 것, 등등의 의문은 없다는 것입니다. 그것은 마치 추(錘・weight)나 용수철(spring)이 함께 하는 하나의 흔들이(pendulum)에서 비롯되는 그의 움직임(動作・motion)을 가지고 있는 하나의 시계 외에, 사람 안에는 결코 생명은 가지고 있지 않은 것과 꼭 같습니다. 이것이 사실이기 때문에 역시 그것에서 이어지는 것은, 하나님께서는 그분의 신령생명에 속한 모든 것과 더불어 모든 사람에 입류하신다는 것, 다시 말하면 그분의 신령사랑과 신령지혜와 함께 입류하신다는 것입니다. 여기서 이들 양자, 즉 신령사랑과 신령지혜는 그분의 신령생명(His Divine life)을 형성하는데, 이것에 관해서는 본서 39·40항을 참조하십시오. 왜냐하면 신령존재(神靈存在·the Divine)는 불가분(不可分)적이기 때문입니다.

[2] 그러나 하나님께서 그분의 신령생명 전체와 더불어 어떻게 입류하시는지는, 별과 빛을 가리키는 그것의 본질과 더불어 이 세상의 태양이 모든 나무·모든 관목·모든 꽃·일반적인 보석이든, 모든 돌에게 유입한다는 것을 관찰하는 동일한 방법에서 어느 정도는 깨달을 수 있겠습니다. 그리고 각각의 대상물이 일반적인 입류(the common influx)에서 자기 자신의 몫(own portion)을 차지하는 것을 제외하면, 그 태양은 이 대상물이나 저 대상물에게 하나의 몫을 분배(分配)하는 것을 가리키는 그것의 별(熱)이나 빛(光)을 분배, 살포(撒布)하지 않습니다. 이러한 사실은, 별을 가리키는 신령사랑이나 빛을 가리키는 신령지혜가 그것에서 발출하는 근원인, 천계의 태양에도 꼭 같습니다. 그 태양의 별과 빛이 인체들에게 입류하듯이 그것들은 사람의 마음들에게 입류하고, 그리고 그것들의 형체의 성질에 따라서 사람의 마음들에게 생기를 주고, 그리고 그 각각의 형체는 일반적인 입류에서 자신에게 필요한 필수적인 것을 취합니다. 아래의 주님의 말씀은 이것에 적절한 것이라고 하겠습니다. 마태복음서의 말씀입니다.

> 아버지께서는, 악한 사람에게나 선한 사람에게나, 똑같이 해를 떠오르게 하시고, 의로운 사람에게나 불의한 사람에게나, 똑같이 비를 내려 주신다(마태 5 : 45).

[3] 더욱이 주님께서 편재(遍在·무소부재·omnipresent)하시고, 그리고 주님께서 계시는 곳에는 주님께서 그분의 전 본질과 함께 계십니다. 그리고 그것의 어떤 부분은 어느 누구에게도 허락하시지 않고, 어느 누구에게 허락하는 일은 하나님에게서는 불가능하시지만, 그러나 하나님께

서는 모두에게 그것을 주시고, 그리고 하나님께서는 많이, 또는 적게 취하는 능력(ability)을 사람에게 주십니다. 더욱이 주님께서는, 당신의 계명들을 지키는 사람과 거처를 함께 하신다고 말씀하셨고, 그리고 신실한 자(the faithful)는 그분 안에, 그리고 그분께서는 그들 안에 계신다고 말씀하셨습니다. 한마디로 모든 것들은 하나님 안에 충만하게 있고, 그리고 그 충만함에서 사람 각자는 자신의 몫을 취합니다. 이러한 내용은 일반적인 것들에 속한 진실입니다. 그것은 마치 대기(大氣)나 대양(大洋)에서도 꼭 같습니다. 대기는, 그것의 가장 큰 영역에서와 같이, 그것의 지극히 작은 영역에서도 꼭 같습니다. 대기는 자체의 부분을 사람의 호흡을 위해 배분하지 않으며, 공중에서 알게 하기 위하여 새들에게 그것의 부분을 배분하지 않고, 그리고 풍차(風車)들의 날개에 대기의 부분을 배분하지 않지만, 그러나 그것들의 각각은 그 자신의 몫에서 대기를 취하고, 그리고 충분할 만큼 자신에게 적용합니다. 이러한 것은 마치 곡식이 가득한 곡간에서도 꼭 같은데, 그 곡간에서 곡간 임자는 자신의 먹거리를 매일매일 취하는 것과 같습니다. 그렇다고 곡간이 그것을 배분하는 것은 아닙니다.

365. (2) **결과적으로 주님께서는 그분의 신령사랑・그분의 신령지혜, 따라서 그분의 신령생명과 함께, 모든 사람에게 입류하신다.**
신령지혜에 속한 생명은 믿음의 본질(the essence of faith)이기 때문에, 그리고 신령사랑에 속한 생명은 인애의 본질(the essence of charity)이기 때문에, 이 명제는 앞서의 것에서 뒤이어집니다. 그러므로 주님의 온당한 것을 가리키는, 다시 말하면 신령지혜와 신령사랑을 가리키는 이런 것들과 주님께서 현존(現存・임재・present)하실 때, 주님께서는 역시 믿음에 속한 모든 진리들과, 그리고 인애에 속한 모든 선들과 함께 현존하십니다. 왜냐하면 사람은 주님으로 말미암아 지각하고, 생각하고 말하는 모든 진리를 포함, 내포하고 있기 때문입니다. 그리고 인애는 사람이 그것에 의하여 주님으로부터 감화 감동하는 모든 선을 내포하고 있기 때문입니다. 결과적으로 사람은 그것을 원하고, 행하는 것이기 때문입니다.
[2] 앞에서 언급한 것과 같이, 태양이신 주님에게서 발출하는 신령사랑은 별(熱)을 가리키는 것으로 천사들에 의하여 지각하고, 그리고 빛을 가리키는 그것에서 발출하는 신령지혜를 지각합니다. 그러나 태양이신

주님에게서 발출하는 볕과 빛은, 주님 안에 있는 모든 무한한 것들을 그들의 품에 담고 있습니다. 다시 말하면 볕(the heat)은 주님의 사랑에 속한 모든 무한한 것들을 담고 있고, 빛(the light)은 주님의 지혜에 속한 무한한 것들을 담고 있고, 따라서 인애에 속한 모든 선을 무한히 담고 있고, 그리고 믿음에 속한 모든 진리를 무한히 담고 있습니다. 이와 같은 이유는, 태양은 어디에서나 자신의 볕이나 빛 가운데 드러내는 자체이기 때문입니다. 그것은 마치 밀접하게 주님 주위를 두르고 있는 후광(後光・환・環・circle)과 같은데, 그 양자들은 주님의 신령사랑과 주님의 신령지혜에서 유출, 발산합니다. 왜냐하면 이미 앞에서 언급, 설명한 것과 같이, 주님께서는 그 태양의 중앙에 계시기 때문입니다.

[3] 지금까지의 이 모든 사실이나 내용은, 주님께서는 편재하시기 때문에 주님에게서 인애에 속한 모든 선이나 믿음에 속한 모든 진리를 취하는 사람의 능력이나 재능(the capacity of man)을 제한하거나 금지하는 것은 전무하다는 것을 밝히 입증하기 위한 것입니다. 이러한 것들에 제한하거나 금지하는 것이 결코 존재하지 않는다는 것은 주님에게서 천계의 천사들이 소유하고 있는 사랑과 지혜에 의하여 명확하게 입증되겠습니다. 그런 것들 안에는 자연적인 사람은 이해할 수도 없고, 말로 표현할 수도 없는 것들이 내재해 있고, 그리고 또한 영원히 증대하는 능력이 내재해 있기 때문입니다. 비록 그것들이 볕이나 빛으로 단순하게 지각되는 것이지만, 주님에게서 발출하는 볕과 빛 안에 무한한 것들이 내재, 포함되어 있다는 것은 우리의 자연계에 있는 다종다양한 것들에 의하여 예증될 수 있겠습니다. 예를 들면 사람의 음성이나 언어에 속한 소리는 단순한 소리로서 듣지만, 그럼에도 불구하고 천사들이 그것을 들을 때에, 천사들은 거기에 내재해 있는 그의 사랑에 속한 모든 정동들을 지각합니다. 그리고 그들은 그것이 무엇인지, 그것들의 성질이 무엇인지 명확하게 지각합니다. 심지어 사람이 그에게 말하는 사람의 어조(語調)나 음색(音色)에서 어느 정도 지각한다고 해도 이런 것들이 음성에 속한 소리에 숨겨져 있다는 것입니다. 예를 들면 그런 것들 안에는 경멸(contempt)・빈정거림(sarcasm)이나 미움이나 증오가 있는지 없는지, 또는 사랑・자비심・기쁨이나 그것 안에 있는 그 밖의 감정들 따위가 있는지 여부를 지각합니다. 그리고 이런 것들은 서로 바라보고 있을 때 눈 빛에서도 숨겨져 있습니다.

[4] 이런 사실이나 내용은 아주 큰 정원에서 내뿜는 향내음에서, 그리고 기화요초(琪花瑤草)로 뒤덮인 넓은 평원에서 내뿜는 향기에 의하여 예증되겠습니다. 이런 것들에게서 내뿜는 향내음은 수천의 향기나, 심지어 서로 상이한 수억의 향기로 이루어졌지만, 그럼에도 불구하고 본질적으로 그것들은 여러 겹으로 싸여져 있습니다. 사실 동정적인 것들이나 반감적인 것들까지도 마음에서 야기되는 온갖 감정들이나 정동들에서 발산(發散)하는 것들 이외의 다른 것이 아닙니다. 그리고 그것은 유사한 것들에 따라서는 서로 반감을 일으킵니다. 비록 육체적인 감각들에 의하여 헤아려지지도 않고, 지각되지도 않는다고 해도, 그럼에도 불구하고 그런 것들은 영혼에 속한 감각에 의해서는 하나(一體)처럼 지각됩니다. 영계에서 모든 결합이나 교제들이나 제휴들은 그런 것들과 일치하여 이루어집니다. 이런 일련의 모든 것들은 주님에게서 발출하는 영적인 빛에 관해서 앞서 언급, 설명된 것이 무엇인지 예증하고 있다는 것을 설명하고 있습니다. 그것 안에 있는 지혜에 속한 것들이 머물러 존재해 있고, 그리고 따라서 믿음에 속한 것들이 존재해 있습니다. 그것이 바로 마치 우리의 눈이 자연적인 것들을 균형에 맞게 보고, 지각하는 것과 같이, 합리적인 것들을 분석적으로 보고, 지각하는 우리의 이해가 보고, 지각하는 그 빛입니다.

366. (3) 주님으로부터 입류하는 것은 사람의 형체(=본질·모습)에 일치하여 사람이 영접, 수용한다.

여기서 형체(形體·form)는 그 사람의 사랑이나 지혜에 대한 사람의 상태를 뜻합니다. 결과적으로는 인애에 속한 선들을 위한 그의 정동들에 대한, 그리고 믿음에 속한 진리들의 그의 지각에 대한 사람의 상태를 뜻합니다. 하나님께서는 한 분이시고, 불가분의 존재이시고, 그리고 영원부터 영원까지 동일하신 존재시라는 것, 그리고 단순한 동일 존재가 아니라, 오히려 끝없이 동일 존재시라는 것, 그리고 주님께서 그것 안에 계시는 주체 안에 있는 모든 변화라는 것은 이미 앞에서 설명, 입증되었습니다. 수용형체(the recipient form)나 상태가 변화들을 생성한다는 것은, 젖먹이의 생애에서부터 어린 아이들·청년들·장년들·노년들의 생애에서 잘 알 수 있겠습니다. 그리고 이들 시기의 각각에는 역시 동일한 생명이 있는데, 그것은 유아기부터 노년기에 이르기까지 동일한 영혼이 있기 때문입니다. 그러나 그 각각의 상태는 나이에 따라서, 그리고 그것에 적합한 것에 일치하여 변하기 때문에, 그와 같이 생명은 지각됩니다.

[2] 모든 것 안에, 그리고 그것의 충만함 안에 있는 하나님의 생명은 선하고, 경건한 사람들 안에 있을 뿐만 아니라 사악하고, 불경건한 사람들 안에도 있고, 그리고 마찬가지로 천계의 천사들이나, 지옥의 악령들 안에 있습니다. 그것의 차이는, 하나님께서는 그들의 마음이 낮은 영역들(the lower regions)에 들어가는 것을 반드시 막아야 하시기 때문에 사악한 사람에게는 그 길을 차단하고, 그 문을 닫지만, 이에 반하여 선한 사람에게는 그 길이 명료하고, 그 문이 열려 있다는 것입니다. 그리고 하나님께서는, 마치 하나님 당신이 가장 높은 영역에 계시는 것과 같이, 그들의 마음의 낮은 영역으로 초대, 안내하신다는 것입니다. 그리고 이와 같이 그들은, 거기에 입류하는 사랑과 인애를 위하여 의지의 상태를 조성하고, 그리고 거기에 입류하는 지혜와 믿음을 위한 이해의 상태를 조성하고, 결과적으로는 하나님의 영접, 수용을 위한 상태를 조성한다는 것입니다. 그러나 사악한 사람은, 육신에 속한 다종다양한 탐욕들이나 영적인 더럼들(spiritual defilements)에 의하여 그 입류를 방해하고, 차단합니다. 그런데 그런 것들은 그 길을 뒤엎어 버리고, 차단, 막아버립니다. 그럼에도 불구하고 당신의 신령본질(His Divine essence)과 함께 하나님께서는 그들의 마음의 가장 높은 영역에 계시고, 그리고 그들에게 선을 원하고, 진리를 이해하는 능력(=재능·capacity)을 부여하십니다. 그러나 모두가 가지고 있고, 그리고 가질 수 있는 이 능력이나 재능은 사람의 영혼 안에 계시는 하나님에게서 비롯된 삶(=생명)에 의한 것이 아니면 결코 소유할 수 없는 그런 것입니다. 심지어 사악한 사람도 이 능력이나 재능이 주어져서 가지고 있다는 것은, 내가 그것에 관해서 밝히 알게 하기 위하여 허락된 수많은 경험들에서 아주 명료합니다.

[3] 모든 사람은 자기 자신의 생김새(形體)에 따라서 하나님으로부터 생명을 영접, 수용한다는 것은 여러 종류의 식물들과의 비교에 의하여 예증될 수 있겠습니다. 모든 수목들, 모든 잡목들, 모든 종류의 잡초들이나, 그것들의 잎들은 그것의 각각의 형체들에 따라서 볕과 빛의 입류를 수용하는데, 그것이 사람에게 유익한 것이든 해로운 것이든, 그것들은 모두가 동일합니다. 태양은, 그것의 볕과 더불어 그것들의 형체들을

바꾸지 않지만, 그러나 그 형체들은 자체적으로 그 태양의 효과들이나 효력들을 변화시킵니다. 이와 같은 일은 광물계의 각각 주체들에게서도 꼭 같습니다. 그것들의 각각은,, 비록 값진 것이든, 펴평범한 일반적인 것이든, 그것을 형성하는 부분들의 짜임새의 형체들에 일치하여 입류를 영접, 수용합니다. 따라서 서로 상이한 돌이나, 서로 상이한 광석이나, 서로 다른 광석들도 자신들의 짜임새의 형체들에 일치하여 그 입류, 영접, 수용합니다. 그것들 중에 어떤 것들은 아주 멋진 형형 색깔로 단장하기도 하고, 어떤 것들은 전혀 변화가 없이 그 빛을 반사(反射), 전달하기도 하고, 어떤 것들은 자체들 안에서 흐리게 지워버리기도 하고, 전적으로 소멸(消滅)시키기도 합니다. 이와 같은 극소수의 예들에서 볼 때 우리가 밝히 알 수 있는 것은, 이 세상의 태양은, 그것의 볕이나 빛과 더불어, 다른 객체들에서와 꼭 같이, 하나의 객체 안에 마치 임재한 것처럼 존재한다는 것입니다. 하지만 이에 반하여 사실 그것은 그것의 운영들(=활동들・Its operation)을 변화시키는 그것들의 수용 형체들(their recipient forms)이고, 그러므로 주님 당신이시라는 것입니다. 사실 주님께서는, 당신께서 그것의 중앙에 계시는 천계의 태양으로부터 본질적으로 사랑을 가리키는 그분의 볕(His heat)으로 모든 사람들 안에 임재, 현존하시고, 본질적으로 지혜를 가리키는 그분의 빛(His light)으로 모든 사람들 안에 임재, 현존하시고, 그리고 그것은 곧 그의 생명의 상태들에 의하여 그 사람에게 유발하는 사람의 형체이고, 그리고 주님의 운영들을 다양하게 바꾸는 것이고, 결과적으로는 사람이 중생하지 못하고, 구원받지 못하는 원인은 주님이 아니시고, 사람 자신이라는 것입니다.

367. (4) **그러나 주님・인애・믿음을 분리하는 사람은, 그것들을 파괴하는 형체이고, 그것들을 영접, 수용하는 형체(=모습・본질)가 아니다.**
왜냐하면 인애나 믿음에서 주님을 분리시키는 사람은 그것들에서 삶(=생명・life)을 분리시키기 때문이고, 그리고 이런 일이 행해졌을 때, 인애나 믿음은 모두 존재하는 것을 멈출 것이고, 그리고 중절(中絶)이나 실패들이기 때문입니다. 주님께서 생명 자체시라는 것은 이미 앞에서 밝히 알 수 있겠습니다(본서 358항 참조). 주님을 시인하고 그 곁에 인애를 두는 사람은 단지 입술로만 주님을 시인하고, 그리고 그의 입술의 시인이나 고백(告白・confession)은 생기를 잃은 냉랭함이고, 그리고 그것 안에는 전혀 믿음이 없습니다. 왜냐하면 그것은 영적인 본질을 잃은 것이기 때문인데, 그 이유는 믿음의 본질이 인애이기 때문입니다. 그러나 인애를 실천하지만, 주님께서 친히 가르치신 것과 같이 아버지(聖父)와 한 분이신 천지(天地)의 하나님으로서 주님을 시인하지 않는 사람은, 그것 안에 영원한 생명(永生·eternal life)이 전혀 있지 않는, 단순한 자연적인 인애(merely natural charity)를 실천합니다. 교회에 속한 사람이 반드시 주지하여야 할 것은, 본질적으로 선을 가리키는 모든 선은 하나님에게서, 결과적으로는 참된 하나님과 영원한 생명이신(요한 1서 5 : 20) 주님에게서 비롯된다는 사실입니다. 그러므로 역시 인애의 경우도 꼭 같은데, 그것은 선과 인애가 하나이기 때문입니다.

[2] 인애에서 분리된 믿음은 진정한 믿음이 아닙니다. 그것은 믿음이 사람의 생명(=삶)에 속한 빛이기 때문이고, 그리고 인애는 사람의 생명에 속한 별이기 때문입니다. 그러므로 믿음에서 분리된 인애는 마치 빛에서 분리된 별과 같습니다. 그 때 사람의 상태는 지상의 모든 것이 다 죽어 있는 사람의 상태는 한 겨울의 이 세상의 모든 것과 같습니다. 왜냐하면 인애가 진정한 인애이고, 믿음이 진정한 믿음인 것은, 인애나 믿음이 마치 의지와 이해가 분리될 수 없는 것과 같이, 결코 분리될 수 없는 것이기 때문입니다. 만약에 의지와 이해가 서로 분리된다면 이해는 아무것도 아닌 것이 되는 것이고, 그리고 그 즉시 의지 역시 아무것도 아닌 것이 되어 버리는 것입니다. 이와 같은 일은 인애와 믿음에게서도 동일합니다. 그것은 인애가 의지 안에 존재, 거하기 때문이고, 그리고 믿음도 역시 이해 안에 존재, 거기에 거하기 때문입니다.

[3] 믿음에서 인애가 분리하는 것은 마치 형체(形體·form)와 본질(本質·essence)을 분리하는 것과 같습니다. 일반적으로 학계(學界)에 잘 알려진 것은, 형체를 떠난 본질이나, 본질을 떠난 형체는 아무런 가치가 없는 것이라는 것입니다. 왜냐하면 본질은 형체에서 비롯된 것을 제외하면 결코 그 어떤 성질(quality)을 가질 수 없기 때문이고, 그리고 또한 본질에서 비롯된 것을 제외하면 형체 역시 실제적인 실체(a subsistent entity)는 아니기 때문입니다. 결과적으로 이들이 서로서로에게서 분리된 것이라면 이것들은 아무것도 아닌 것이라고 단언할 수 있겠습니다. 인애는 믿음의 본질이고, 믿음은 인애의 형체라는 것은, 바로 앞에서 언급한 것과 같이, 선이 진리의 본질이고, 진리가 선의 형체라는 것과 같습니다.

[4] 여기에 있는 양자, 다시 말하면 개별적인 것이든 전체적인 것이든, 모든 것들 안에 존재하는 선과 진리는 본질적인 실재(實在·essential existence)를 가지고 있기 때문에, 그러므로 거기에는 인애와 믿음이 있습니다. 왜냐하면 인애는 선에 속한 것이기 때문이고, 그리고 믿음은 진리에 속한 것이기 때문입니다. 이러한 사실이나 내용은 인체(人體)에 있는 수많은 것들과의 비교에 의하여 예증될 수 있겠고, 그리고 지상에 있는 수많은 것들과의 비교에 의하여 예증될 수 있겠습니다. 이런 것들은 폐장의 호흡이나 심장의 박동(拍動)에 아주 적합하게 비교될 수 있겠습니다. 그것은 인애가, 마치 심장이 폐장으로 말미암아 작동하는 것 이상으로, 믿음에서 분리되었을 때에는 결코 아무것도 할 수 없기 때문입니다. 왜냐하면 심장의 맥박(脈搏·pulsation)이 멈추었을 때, 그 즉시 폐장의 호흡이 멈추기 때문이고, 그리고 폐장의 호흡이 멈추었을 때 인체의 모든 감관들은 무기력하고, 활기가 없기 때문이고, 그리고 모든 근육은 운동에서 자제되고, 거절되기 때문이고, 그리고 짧은 시각에 심장 역시 박동을 멈추고, 그리고 생명 또한 전적으로 떠나버리기 때문입니다. 이상과 같은 것들에 의한 비교는 정말 적정한 것인데, 그것은 심장이 의지에 대응하기 때문이고, 따라서 인애에 대응하기 때문이고, 그리고 폐장의 호흡은 이해에 대응하고, 따라서 믿음에 대응하기 때문입니다. 왜냐하면 앞에서 언급한 것과 같이, 인애는 의지 안에 살고, 존재하기 때문이고, 믿음은 역시 이해 안에 살고 존재하기 때문입니다. 이러한 것은 "심장"(heart)과 "호흡"(breath)이 성경말씀에서 뜻하는 것입니다.

[5] 다시 말하면 인애와 믿음의 분리 사이에는, 그리고 피(blood)와 살(flesh)의 분리 사이에는 일종의 병행(並行)적인 대비(a parallel)가 있습니다. 왜냐하면 살에서 분리된 피를 피딱지(gore)가 가리키고, 그것은 부패(腐敗)가 되기 때문입니다. 이에 반하여 피에서 분리된 살은 점차적으로 부패, 악취가 나고, 벌레들이 생겨납니다. 그러므로 역시 영적인 뜻으로 "피"는 지혜나 믿음에 속한 진리를 뜻하고, "살"은 사랑이나 인애에 속한 선을 뜻합니다. "피"의 뜻이 이러하다는 것은 ≪묵시록 계현≫ 379항에서 볼 수 있고, "살"의 뜻이 이러하다는 것은 같은 책 382항에서 볼 수 있습니다.

[6] 인애와 믿음은, 사람에게서 먹거리와 마실 물, 또는 빵과 포도주

이외의 것으로 결코 분리될 수 없을 때, 별것이 아닙니다. 왜냐하면 물이나 포도주가 없이 먹는 먹거리(food)나 빵은 그저 단순하게 위(胃)만 부풀리기 때문이고, 그리고 그것은 마치 소화되지 않은 덩어리처럼 위를 해칠 것이고, 그것은 부패한 음식물과 같이 될 것이기 때문입니다. 그러므로 먹거리, 즉 빵이 없이 마시는 물이나 포도주는 위를 확장시키고, 그리고 마찬가지로 혈관들이나 기공(氣孔)들을 확장시키기는 하지만, 영양분의 공급이 없는 자양분의 결핍 때문에, 사람의 몸을 죽음에까지 내몰고 갑니다. 이와 같은 예가 영적인 뜻으로 "먹거리"(food)나 "빵"이 사랑의 선이나 인애의 선을 뜻하고, 그리고 "물"이나 "포도주"가 지혜의 진리나 믿음의 진리를 뜻하기 때문에, 매우 적절한 것이라고 할 수 있는 것은 ≪묵시록 계현≫ 50·316·778·932항을 참조하십시오.

[7] 상호 번갈아서 믿음과 인애가, 인애와 믿음이 결합한다는 것은 마치 흰색과 붉은 색이 멋지게 배합(配合)된 아름다운 처녀의 얼굴에 비교될 수 있겠습니다. 이와 같은 비교는, 영계에서 사랑이나 인애는 거기에 있는 태양의 불에서 온 붉은 색이고, 이에 반하여 거기에 있는 진리와 믿음은 그 태양의 빛에서 온 흰색이기 때문에, 아주 적절한 비교가 되겠습니다. 그러므로 믿음에서 분리된 인애는 여드름들 따위로 붉게 된 얼굴에 비교되겠고, 그리고 인애에서 분리된 믿음은 마치 시체의 창백한 얼굴에 비교되겠습니다. 인애에서 분리된 믿음은, 이른바 반신불수(半身不隨)라고 부르는, 그리고 그런 상태에서 그 증상이 심해지면 사람이 죽음에 이르는 사람의 한쪽의 마비(痲痺)에 비교될 수 있겠습니다. 그리고 그것은 독거미에 물린 그것의 독에 의하여 생겨나는 성 비투스(St. Vitus)나 성 구이(St. Guy)의 춤에 비교될 수 있겠는데, 합리적인 기능은 그런 독거미에 물린 사람처럼 될 것인데, 마치 그 사람은 미친 듯이 요동치겠지만, 그래서 정말 살아 있는 것 같이 보일 것이지만, 그럼에도 불구하고 그 때 그 사람의 상태는 다종다양한 이성들이 정상적인 이성으로 결코 교정될 수 없게 되었고, 그리고 그 사람이 영적인 진리들에 관해서 생각할 때, 그것은 마치 잠잘 때 가위 눌리는 꿈에 시달리는 사람의 그것에 비교되겠습니다. 이상의 예증들이나 설명들은 우리의 본문장의 두 중요 관점들을 증명하기에 충분할 것입니다. 그 첫째입니다.

(1) 인애가 없는 믿음은 진정한 믿음이 아니라는 것. 그리고 믿음이 없는 인애 역시 진정한 인애가 아니라는 것. 그리고 이런 믿음이나 인애는 주님에게서 비롯된 것이 아니라면, 어느 것 하나도 생명을 가지고 있지 않다는 것 등입니다.
(2) 사람 안에서 생명・의지・이해가 한 몸을 이루는 것같이, 주님・인애・믿음은 한 몸을 이룬다는 것. 그리고 만약에 그것들이 서로 나뉘어져 분리된다면, 진주가 가루로 부서지는 것과 같이, 그것의 각각은 모두 소멸한다는 것입니다

Ⅶ.
주님께서는 사람 안에서 인애와 믿음이시고, 사람은 주님 안에서 인애와 믿음이다.

368. 교회에 속한 사람이 주님 안에 있고, 그리고 주님께서 그 사람 안에 계신다는 것은 성경말씀의 아래의 장절들에게서 잘 알 수 있겠습니다. 신약의 말씀입니다.

> (예수께서 말씀하셨다.) 언제나 내 안에 마물러 있어라. 그러면 나도 너희 안에 머물러 있겠다.……나는 포도나무요, 너희는 가지다. 사람이 내 안에 머물러 있고, 내가 사람 안에 머물러 있으면, 그는 많은 열매를 맺는다. 너희는 나를 떠나서는 아무것도 할 수 없다(요한 15 : 4, 5).
> 내 살을 먹고 내 피를 마시는 사람은 내 안에 있고, 나도 그 사람 안에 있다 (요한 6 : 56).
> 그 날에 너희는, 내가 아버지 안에 있고, 너희가 내 안에 있고, 또 내가 너희 안에 있음을 알게 될 것이다(요한 14 : 20).
> 누구든지 예수를 하나님의 아들로 시인하면, 하나님께서 그 사람 안에 계시고, 그 사람은 하나님 안에 있습니다(요한 1서 4 : 15).

그럼에도 불구하고 사람 자신은 주님 안에 있을 수 없지만, 그러나 주님에게서 비롯된 그 사람 안에 있는 인애와 믿음이 주님 안에 있는데, 이 양자들로 말미암아 그는 본질적으로 사람이 되는 것입니다. 그러나 이 비의(秘義)가 이해에서 명료하게 하기 위하여 아래의 순서에 따라서

검토, 연구되겠습니다.
(1) 하나님과의 결합(結合)에 의하여 사람은 구원을 받고, 영생(永生)을 얻는다.
(2) 주님을 통해서 하나님 아버지와 결합하고, 주님과의 결합을 제외하면, 하나님 아버지와의 결합은 불가능하다.
(3) 주님과의 결합은 상호(相互)적이다. 다시 말하면 주님께서는 사람 안에 계시고, 사람은 주님 안에 있다.
(4) 주님과 사람의 상호적인 결합은 인애와 믿음에 의하여 이루어진다.
이들 명제들의 참된 내용은 아래의 설명에서 명료하게 될 것입니다.

369. 하나님과의 결합에 의하여 사람은 구원을 받고, 영생(永生)을 얻는다.

사람은 하나님과 결합할 수 있는 존재로 창조되었습니다. 왜냐하면 사람은 천계의 주민(a native of heaven)으로 창조되었고, 그리고 또한 이 세상의 주민으로 창조되었기 때문입니다. 그리고 사람이 천계의 주민인 것에 비례하여 그는 영적인 존재이고, 이에 반하여 그가 이 세상의 주민인 것에 비례하여 그는 자연적인 존재입니다. 그리고 영적인 사람은 하나님에 관해서 생각할 수 있고, 그리고 하나님에 속한 이런저런 것들을 지각할 수 있습니다. 역시 사람은 하나님을 사랑할 수 있고, 그리고 하나님에게서 비롯된 것에 의하여 감화 감동됩니다. 이런 사실들에게서 뒤이어지는 것은 사람이 하나님과의 결합이 가능하다는 것입니다. 사람이 하나님에 관해서 생각할 수 있다는 것, 그리고 하나님에 속한 것으로서 이런저런 것들을 지각할 수 있다는 것은, 의심의 여지가 없습니다. 왜냐하면 사람은 하나님의 단일성(the unity of God)을 생각할 수 있기 때문이고, 그리고 여호와를 가리키는, 하나님의 존재(the Esse of God)에 관해서 생각할 수 있고, 그리고 하나님의 무한성과 영원성(the immensity and eternity of God)에 관해서 생각할 수 있고, 그리고 하나님의 본질을 형성하는, 그리고 하나님의 전능(全能)·하나님의 전지(全知)·하나님의 편재(遍在)를 형성하는 신령사랑과 신령지혜를 생각할 수 있기 때문이고, 그리고 구세주 하나님의 아들 주님·속량(贖良)과 중재(仲裁)에 관해서, 그리고 성령에 관해서, 그리고 마지막으로는 신령삼일성(神靈三一性·the Divine trinity)에 관해서 생각할 수 있기 때문입니다. 그리고 이런 모든 것은 곧 하나님에 속한 것이고, 사실인즉슨 하나님이십니다. 더욱이 사람은, 주로 믿음과 인애를 가리키는, 하나님의 역사들(the operations of God)을 생각할 수 있고, 그리고 이들 양자—믿음과 인애—에게서 발출하는 그 밖의 것들에 관해서 생각할 수 있기 때문입니다.
[2] 사람이 하나님에 관해서 생각할 수 있을 뿐만 아니라, 그분을 사랑할 수 있는 존재라는 것은 하나님 당신의 두 계명들에서 명확한데, 우리는 그것을 이렇게 읽습니다. 마태복음서의 말씀입니다.

> (예수께서 그에게 말씀하셨다.) "'네 마음을 다하고 네 목숨을 다하고, 네 뜻을 다하여, 주 너희의 하나님을 사랑하여라' 하셨으니, 이것이 가장 중요하고, 으뜸 가는 계명이다. 둘째 계명도 이것과 같은데 '네 이웃을 네 몸과 같이 사랑하여라' 한 것이다"(마태 22 : 37-39 ; 신명기 6 : 5).

사람이 하나님의 명령들(=계명들)에 복종할 수 있다는 것, 그리고 이것이 바로 그분을 사랑하는 것이고, 그리고 그분에 의하여 사랑을 받는다는 것은 아래의 장절들에게서 명확합니다. 요한복음서의 말씀입니다.

> (예수께서 말씀하셨다.) "내 계명을 받아서 지키는 사람은 나를 사랑하는 사람이요, 나를 사랑하는 사람은 내 아버지의 사랑을 받을 것이다. 그리고 나도 그 사람을 사랑하여, 그에게 나를 드러낼 것이다"(요한 14 : 21).

[3] 더욱이 믿음이라는 것은 이해에 속한 진리들에 의한, 그리고 그것에서 비롯된 생각에 속한 진리들에 의한, 하나님과의 결합 이외에 무엇이겠습니까? 그리고 사랑이라는 것은 의지에 속한 선들에 의한, 그리고 그것에서 비롯된 정동에 속한 선들에 의한, 하나님과의 결합 이외에 무엇이겠습니까? 사람과 하나님의 결합은 자연적인 것 안에 있는 영적인 결합을 가리킵니다. 그리고 하나님과 사람의 결합은 그 영적인 것에서 비롯된 자연적인 결합을 가리킵니다. 왜냐하면 목적(目的·an end)으로서의 이 결합을 위하여 사람은 천계의 주민으로 창조되었기 때문입니다. 그리고 천계의 주민으로서 그는 영적이고, 이 세상의 주민으로서는 그는 자연적입니다. 그러므로 만약에 사람이 영적-합리적(spiritual-rational)이 되고, 또한 영적-도덕적(spiritual-moral)이 된다면, 그 사람은 하나님과 결합한 것이고, 그리고 그 결합을 통하여 그 사람은 구원

을 받고, 영생(永生)도 받습니다. 그러나 다른 한편, 만약에 사람이 단순한 자연적-합리적(natural-rational)이고, 또한 자연적-도덕적(natural-moral)이라면, 거기에는 사실 사람과 하나님의 결합은 있지만, 그러나 하나님과 사람의 결합은 없습니다. 이것이 바로 영적인 죽음의 근원(the source of spiritual death)인데, 그것은 본질에서 보면 영적인 생명에서 떠난 자연적인 생명입니다. 왜냐하면 하나님의 생명이 그것 안에 내재해 있는 영적인 생명은 그 때 사람 안에는 사멸(死滅)한 것(extinct)이기 때문입니다.

370. (2) 주님을 통하여 하나님 아버지와 결합하고, 그리고 주님과의 결합을 제외하면, 하나님 아버지와의 결합은 불가능하다.

이 명제는 성경말씀이 가르치는 것이고, 우리의 이성(理性·reason)이 알고 있는 것입니다. 성경말씀이 가르치는 것은, 하나님 아버지께서는 결코 사람의 눈에 보이지도 않고, 귀에 들리지도 않고, 그리고 또한 사람이 보고, 들을 수 있는 분이 아니라는 것입니다. 결과적으로 오직 그분 자신으로 말미암아서 그런 존재이십니다. 다시 말하면 그분은 그분 자신의 존재(His own Esse)와 그분 자신의 실재(His own Essence) 안에 계시기 때문에, 그분께서는 사람 안에서 전혀 역사(役事)하실 수 없습니다. 왜냐하면 주님께서 이렇게 말씀하고 계시기 때문입니다. 복음서의 말씀입니다.

> 하나님께로부터 온 사람 외에는 아무도 아버지를 본 사람이 없다는 뜻이다. 하나님께로부터 온 사람만이 아버지를 보았다(요한 6 : 46).
> 아버지 밖에는 아들을 아는 이가 없으며, 아들과 또 아들이 계시하여 주고자 하는 사람 밖에는 아버지를 아는 이가 없다(마태 11 : 27).
> 너희는 그의 음성을 들은 일도 없고, 그의 모습을 본 일도 없다(요한 5 : 37).

이 말씀은, 그분께서 모든 것들의 첫째 것들 안에, 그리고 모든 것들의 원칙(=원리)들 안에 계시기 때문입니다. 따라서 사람의 마음에 속한 모든 영역 위에 월등히 초월해서 계십니다. 왜냐하면 그분께서는 지혜에 속한 모든 것들의 첫째 것들이나, 그리고 원칙들 안에 계시기 때문이고, 그리고 사랑에 속한 모든 것들의 첫째 것들이나, 원칙들 안에 계시기 때문이고, 그리고 사람은 그것과의 어떤 결합도 가질 수 없기 때문입니다. 결과적으로 만약에 그분 친히 사람에게 접근하시든지, 또는 사람이 그분에게 가까이 접근한다면, 사람은 마치 매우 강력한 화경(火鏡·a powerful sun-glass)의 촛점(焦點)에 놓여 있는 불쏘시개처럼, 모두 타버리고, 사라져버릴 것이거나, 아니면 태양 자체에 던져진 어떤 신상(神像)처럼 될 것입니다. 그러므로 하나님 보기를 열망하는 모세에게 이렇게 일러졌습니다. 출애굽기서의 말씀입니다.

> 내가 너에게 나의 얼굴은 보이지 않겠다. 나를 본 사람은 아무도 살 수 없기 때문이다(출애굽기 33 : 20).

[2] 그러나 주님을 통한 하나님 아버지와의 결합이 가능하다고 하는 것은 바로 인용된 장절들에게서 명확합니다. 그것은 아버지(聖父)의 품 속에 계신 분은 아버지(the Father)가 아니고, 독생자 아드님이시기 때문이고, 그리고 그분께서 아버지를 보았고, 그리고 하나님에게 속한, 그리고 하나님에게서 비롯된 그런 것들이 시야(視野)에 옮겨졌고, 그리고 계시되었기 때문입니다.
이러한 것은 역시 아래의 장절에서 명확합니다. 요한복음서의 말씀입니다.

> 그 날에 너희는, 내가 내 아버지 안에 있고, 너희가 내 안에 있고, 또 내가 너희 안에 있음을 알게 될 것이다(요한 14 : 20).
> 나는 아버지께서 내게 주신 영광을 그들에게 주었습니다. 그것은, 우리가 하나인 것과 같이, 그들도 하나가 되게 하려는 것입니다. 내가 그들 안에 있고 아버지께서 내 안에 계신 것은, 그들이 완전히 하나가 되게 하려는 것입니다.……그것은, 아버지께서 나를 사랑하신 그 사랑이 그들 안에 있게 하고, 또한 나를 그들 안에 있게 하려는 것입니다(요한 17 : 22, 23, 26).
> 예수께서 대답하셨다. "내가 곧 길이요 진리요 생명이다. 나로 말미암지 않고서는, 아무도 아버지께로 올 사람이 없다. 너희가 나를 알았더라면, 내 아버지도 알았을 것이다. 이제 너희는 내 아버지를 알고 있으며, 그분을 이미 보았다."……예수께서 대답하셨다. "빌립아, 내가 이렇게 오랫동안 너희와 함께 지냈는데도, 너는 나를 알지 못하느냐? 나를 본 사람은 아버지를 본 사람이다. 그런데 네가 어떻게 '우리에게 아버지를 보여 주십시오' 한다는 말이

냐?"(요한 14 : 6, 7, 9).

같은 책의 말씀입니다.

나를 보는 사람은 나를 보내신 분을 보는 것이다(요한 12 : 45).

주님께서 이렇게 말씀하셨습니다. 요한복음서의 말씀입니다.

예수께서 다시 말씀하셨다. "내가 진정으로 진정으로 너희에게 말한다. 나는 양들이 드나드는 문이다.……나는 문이다. 누구든지 이 문으로 들어오면 구원을 받고, 들어오고 나가면서 꼴을 얻을 것이다"(요한 10 : 1-9).

주님께서는 또한 이렇게 말씀하십니다. 같은 책의 말씀입니다.

사람이 내 안에 머물러 있지 않으면, 그는 쓸모 없는 가지처럼, 버림을 받아서 말라 버린다. 사람들이 그것을 모아다가, 불에 던져서 태워 버린다(요한 15 : 6).

[3] 이것은 주님 우리 구세주께서 인간의 형체(in human form)로 계시는 여호와 아버지 당신 자신이시기 때문입니다. 왜냐하면 여호와께서 사람에게 가까이 가시기 위하여, 그리고 사람이 그분에게 가까이 오게 하기 위하여, 그리고 이와 같이 결합을 이루시기 위하여, 그리고 그 결합을 통하여 사람이 구원을 받게 하고, 영생을 취하게 하기 위하여, 여호와께서는 내려오셨고(下降), 그리고 사람(原人間 · Man)이 되셨기 때문입니다. 왜냐하면 하나님이 사람(原人間 · Man)이 되셨을 때, 따라서 사람-하나님(人神 · Man-God)이 되셨을 때, 그 때 그분께서는 사람에게 가까이 가실 수 있고, 그리고 하나님-사람(God-Man)으로, 사람-하나님(人神 · Man-God)으로서 사람에게 순응(順應), 화해(和解)하는 존재가 되셨습니다. 거기에는 아래의 순서와 같은 세 가지 것들이 있습니다. 다시 말하면 순응(=화해 · accommodation) · 적용(適用 · application) · 결합(結合 · conjunction)입니다. 순응(=화해)은 적용이 있기 전에 반드시 함께 있어야 합니다. 그리고 순응(=화해)과 적용은 결합이 있기 전에 반드시 함께 있어야 합니다. 하나님의 측면(God's part)에서 순응(=화해)은 그분께서

사람(原人間·Man)이 되시는 것이고, 하나님의 측면에서 적용은, 사람이 보답으로 자기 자신을 적용하는 것에 비례하여 변함없이 영구적입니다. 그리고 이 일이 행해지는 것에 비례하여 역시 결합은 이루어집니다. 이들 삼자(三者)가, 개별적인 것이나 전체적인 것들에서 그것들의 순서에 따라서 서로서로 뒤이어지고, 그것에서 발출하는데, 그것은 하나(one)가 되고, 동시에 공존(共存·coexist)합니다.

371. (3) 주님과의 결합은 상호(相互)적인 결합이다. 다시 말하면 주님께서는 사람 안에 계시고, 사람은 주님 안에 있다.

주님과의 결합이 상호적이라는 것은 성서가 가르치는 것이고, 그리고 우리의 밝은 이성(理性)이 잘 알고 있는 것입니다. 그분의 아버지와 그분의 결합에 관해서 주님께서 가르치신 것은 그것이 상호적이라는 것입니다. 왜냐하면 주님께서 빌립에게 이렇게 말씀하셨기 때문입니다. 요한복음서의 말씀입니다.

> 내가 아버지 안에 있고, 아버지께서 내 안에 계심을 네가 믿지 않느냐?······ 내가 아버지 안에 있고, 아버지께서 내 안에 계심을 믿어라. 믿지 못하겠거든, 내가 하는 그 일들을 보아서라도 믿어라(요한 14 : 10, 11).
> 내가 그 일을 하거든, 나를 믿지는 않더라도 그 일은 믿어라. 그러면 너희는, 아버지께서 내 안에 계시고, 또 내가 아버지 안에 있다는 것을, 깨달아 알게 될 것이다(요한 10 : 38).
> 아버지, 때가 왔습니다. 아들을 영광되게 하셔서, 아들이 아버지께 영광을 돌리게 하여 주십시오(요한 17 : 1).
> 나의 것은 모두 아버지의 것이고, 아버지의 것은 모두 나의 것입니다(요한 17 : 10).

사람과 주님의 결합에 관해서, 다시 말하면 그 결합이 상호적이라는 것은 주님에 의하여 동일한 것이 언급되었습니다. 왜냐하면 주님께서 이렇게 말씀하셨기 때문입니다. 요한의 글들입니다.

> 언제나 내 안에 머물러 있어라. 그러면 나도 너희 안에 머물러 있겠다.······사람이 내 안에 머물러 있고, 내가 그 사람 안에 머물러 있으면, 그는 많은 열매를 맺는다(요한 15 : 4, 5).
> 내 살을 먹고 내 피를 마시는 사람은 내 안에 있고, 나도 그 사람 안에 있다

(요한 6 : 56).
그 날에 너희는, 내가 내 아버지 안에 있고, 너희가 내 안에 있고, 또 내가 너희 안에 있음을 알게 될 것이다(요한 14 : 20)
그리스도의 계명을 지키는 사람은 그리스도 안에 있고, 그리스도께서도 그 사람 안에 계십니다(요한 1서 3 : 24 ; 4 : 13).
누구든지 예수를 하나님의 아들로 시인하면, 하나님께서 그 사람 안에 계시고, 그 사람은 하나님 안에 있습니다(요한 1서 4 : 15).
누구든지 내 음성을 듣고 문을 열면, 나는 그에게로 들어가서 그와 함께 먹고, 그는 나와 함께 먹을 것이다(묵시록 3 : 20).

[2] 이상의 분명한 설명들에게서 볼 때 명확한 것은 주님과 사람의 결합은 상호적이라는 것입니다. 그리고 그 결합이 상호적이기 때문에, 그것은 필수적으로 아래와 같은 것이 뒤이어지겠습니다. 즉, 주님께서 그 사람 자신에게 결합하시기 위해서 사람은 반드시 자기 자신을 주님에게 결합시켜야 한다는 것이고, 그리고 그렇지 않으면 사람과 주님의 결합은 이루어지지 않고, 오히려 서로 물러나고, 결과적으로 분리(分離)만 있게 된다는 것입니다. 그럼에도 불구하고 그와 같은 일은 주님의 측면에서가 아니고, 오히려 사람의 측면에서 일어날 뿐입니다. 이와 같은 상호적인 결합이 존재하기 위해서는, 그 사람으로 하여금 천계를 향한 길을 걸을 것인지, 아니면 지옥을 향한 길을 걸을 것인지 그 사람에게 선택의 능력이 주어지는, 선택의 자유(freedom of choice)가 주어져야 한다는 것입니다. 사람에게 주어진 이 자유로부터 사람에게는 그 사람으로 하여금 주님과 그 사람 자신이 결합하게 하는 서로 주고받는 능력이 입류합니다. 그러나 사람에게 주어진 이 자유가 무엇인지, 그리고 사람에게 그 자유가 주어진 이유가 무엇인지, 우리의 책 아래에서 선택의 자유(選擇 自由・Freedom of Choice)・회개(悔改・Repentance)・개혁(改革・Reformation)・중생(重生・Regeneration)・전가(轉嫁・Imputation)를 다루게 될 때 상세하게 실증하겠습니다(본서 8・9・10・11장 참조).

[3] 그러나 우리가 애석(哀惜)해야 할 것은, 비록 그것이 성경말씀에 아주 명료하게 눈에 띄지 않는다고 해도, 주님과 사람의 상호적인 결합이 작금의 기독교계에 알려지지 않고 있다는 것입니다. 그와 같이 잘 알려지지 않은 이유는 믿음과 선택의 자유에 관한 그 어떤 가설들(假設・hypotheses) 때문입니다. 믿음에 관한 가설은, 믿음은 그것의 터득을 향

한 사람의 그 어떤 기여나 공로 없이도 사람에게 주어진다는 것이고, 그리고 또한 그것의 영접, 수용에 대하여 일종의 나무토막이나 등걸 이외의 더 이상 아무것도 자기 자신에게 적용하고 적응하는 일 없이 그 믿음이 사람에게 주어진다는 것입니다. 선택의 자유에 관한 가설들은, 사람이 영적인 것들에서 선택의 자유에 속한 단 하나의 편린(片鱗)도 지니고 있지 않다는 것입니다. 그러나 인류의 구원이 의존하고 있는 주님과 사람의 상호적인 결합은 더 이상 알려지지 않은 채 남아 있을 수는 없었고, 응당 그것에 관한 설명이나 폭로는 당연지사이고, 그리고 그와 같은 일은 여러 예들에 의하여 실증하는 것이 가장 바람직한 일이 되겠는데, 그 예증들이 그 사실을 잘 드러내 주고 있기 때문입니다.

[4] 결합이 성취되는 것에는 두 종류의 상호적인 교호작용(=상호적인 응대)(應對·reciprocation)이 있는데, 그 하나는 교체적인 것(alternate)이고, 다른 하나는 상호적인 것(mutual)입니다. 이것에 의하여 일어나는 교체적인 응대는 호흡작용에서의 폐장들의 운동에 의하여 예증될 수 있겠습니다. 사람이 대기에서 공기를 끌어들이면, 그것에 의하여 가슴(胸廓)은 팽창(膨脹)합니다. 그 때 사람은 흡입(吸入)된 공기를 배출(排出)하고, 그리고 그것에 의하여 가슴(=흉곽)을 수축(收縮)시킵니다. 이 흡입작용(inhalation)과 그것에 의한 팽창작용(expansion)은 그것의 기둥들에 균형을 이루는 대기의 압력에 의하여 일어나고, 이에 반하여 배출작용과 그것의 수축작용은 근육들의 힘에 의한 갈비뼈들에 의하여 일어납니다. 공기와 폐장의 상호적인 결합은 이런 것입니다. 그리고 인체의 모든 감각이나 운동(=작용)은 이런 상호적인 결합에 의존하고 있습니다. 왜냐하면 호흡작용이 멈출 때 이와 같은 일련의 감각들이나 작용들은 쇠약해지고, 사라지게 되기 때문입니다.

[5] 교체적인 것(=작용·alternation)에 의하여 일어나는 상호적인 결합은 폐장과 심장의 결합과 심장과 폐장의 결합에 의하여 예증될 수 있겠습니다. 심장은 그것의 오른쪽 방(心室·chamber)에서 폐장에 피를 쏟아 붓고, 그리고 폐장은 그것을 다시 심장의 왼쪽 심실에 피를 다시 되돌려 붓습니다. 따라서 전 인체의 생명(=삶)은 전적으로 이와 같은 상호적인 결합에 의존하고 있다고 하겠습니다. 심장에게 있는 피의 결합(conjunction of the blood)과 꼭 같은 것은 그 반대에서도 마찬가지입니다. 몸 전체의 혈액은 정맥(靜脈)을 통해서 심장에 유입되고, 그리고 그

심장에서부터 동맥(動脈)을 통해서 전 인체에 유입합니다. 여기서의 작용과 반작용(action and reaction)은 이 결합에 의하여 일어납니다. 이와 같은 작용과 반작용은, 꼭 같은 변함없는 결합에 의한, 태아와 어머니의 자궁 사이에도 동일하게 있습니다.

[6] 그러나 주님과 사람 사이의 상호적인 결합은 결코 그런 부류의 것은 아닙니다. 여기에서의 상호적인 결합(a mutual conjunction)은 앞서 예를 든 것과 같은, 작용과 반작용에 의한 것이 아니고, 오히려 협력(=협동·협업·co-operation)에 의하여 일어납니다. 왜냐하면 주님께서 활동(=작용·역사·action)하시고, 사람은 주님에게서 그 활동(=작용·action)을 받고, 그리고 마치 자기 스스로인 것처럼 사람은 활동하기 때문이고, 심지어 사람은 마치 자기 자신으로 말미암아 주님께서 활동하시는 것으로 여기기 때문입니다. 주님에게서 비롯된 사람의 이와 같은 활동(operation of man)은 사람 자신의 것처럼, 사람에게 전가(轉嫁)되는데, 그것은 주님에 의하여 선택의 자유의 상태에 변함없이 사로잡혀 있기 때문입니다. 이런 현상이나 사실에서 빚어진 선택의 자유는, 주님으로 말미암아 뜻하고(to will), 생각하는(to think) 능력입니다. 다시 말하면 성언(聖言·the Word)에서부터 뜻하고 생각하는 능력입니다. 그리고 또한 그것은 어떤 경우에는 악마로부터 뜻하고, 생각하는 능력이기도 합니다. 다시 말하면 주님이나 성언에 정반대되는 능력이기도 합니다. 주님께서 사람에게 주시는 이 자유나, 그리고 사람이 주님과 상호적으로 결합하게 하기 위하여 주어지는, 상호적인 결합이 없다면, 그리고 그 결합에 의하여 주어지는 영생이라는 지복(至福)이나, 이 자유는, 그것이 이러한 성질의 것이기 때문에, 만약에 상호적인 결합이 없다면, 전적으로 불가능할 것입니다.

[7] 공통적인 것(mutual)을 가리키는 상호적인 결합은 사람의 인체 안에 있는 것들이나 이 세상에 있는 다종다양한 것들에 의하여 역시 예증될 수 있겠습니다. 모든 사람의 영혼이나 인체(soul and body)의 결합에 의한 것입니다. 그와 같은 결합은 곧 사람의 의지와 행위의 결합과 같고, 생각과 언어의 결합과 같습니다. 그리고 그것은 사람의 두 눈, 두 귀, 두 콧구멍의 공통적인 결합과 같기도 합니다. 두 눈의 공통적인 결합(the mutual conjunction of two eyes)이 마찬가지로 상호적(reciprocal)이라는 것은 시신경(the optic nerve)에서 명확한데, 그것 안에 있는 대

뇌(cerebrum)의 뇌반구(hemisphere)에서 비롯된 섬유들(fibers)은 전적으로 감싸져 있고, 그리고 따라서 양쪽 눈에까지 확장되는 것에까지 감싸여져 있습니다. 이러한 것은 두 귀나 두 콧구멍에서도 꼭 같습니다.

[8] 빛과 눈(目 · eye) 사이에, 소리와 귀 사이에, 냄새와 코 사이에, 맛과 혀 사이에, 촉감과 살갗 사이에 상호적인 결합이나 공통적인 결합이 존재해 있습니다. 왜냐하면 눈은 빛 안에 있고, 빛은 눈 안에 있기 때문입니다. 그리고 소리는 귀 안에 귀는 소리 안에, 냄새는 코 안에 코는 냄새 안에, 맛은 혀 안에 혀는 맛 안에, 촉감은 몸의 살갗에 살갗은 촉감 안에 있기 때문입니다. 이와 같은 상호적인 결합은 말(馬)과 마차, 황소와 쟁기, 바퀴와 기계, 돛과 바람, 관악기와 숨결 등에 비교될 수 있겠습니다. 한마디로 이런 것들은 목적과 원인의 상호적인 결합에 비유될 수 있겠고, 그리고 원인과 결과의 상호적인 결합에 비유될 수 있겠습니다. 그러나 이런 부류의 예들은 일일이 설명, 언급할 필요나 시간은 없겠습니다. 왜냐하면 그와 같은 일은 수많은 쪽의 과업량이기 때문입니다.

372. (4) 주님과 사람의 상호적인 결합은 인애와 믿음에 의하여 이루어진다.

오늘날 잘 알려진 사실은, 교회가 그리스도의 몸(the body of Christ)을 형성한다는 것이고, 교회가 그 안에 있다는 교회에 속한 모두는 마치 인체의 어떤 지체들 안에 있는 것과 같은데, 이러한 것은 바울의 가르침에 일치합니다. 예를 들면 에베소 1 : 23 ; 고린도 전서 12 : 27 ; 로마서 12 : 4, 5 등이 되겠습니다. 그리스도의 몸이라는 것은 신령선과 신령진리 이외에 무엇이겠습니까? 이러한 내용이나 뜻은 요한복음서의 주님의 말씀이 뜻하고 있습니다. 그 책의 말씀입니다.

　　내 살을 먹고 내 피를 마시는 사람은 내 안에 있고, 나도 그 사람 안에 있다 (요한 6 : 56).

여기서 주님의 "살"(flesh)이나 "빵"(bread)은 신령선을 뜻하고, 주님의 "피"(blood)나 "포도주"(wine)는 신령진리를 뜻하는데, 이러한 것은 이 책의 제 13장 성만찬(the Holy Supper)에서 잘 볼 수 있겠습니다. 이러한 큰 뜻에서부터 아래의 내용들, 다시 말하면 사람은 인애에 속한 선들이나, 믿음에 속한 진리들 안에 있는 것에 비례하여 그 사람은 주님 안에 있고, 주님께서는 그 사람 안에 계신다는 것이 뒤이어지겠습니다. 왜냐하면 주님과의 결합은 영적인 결합이고, 그리고 영적인 결합은 오로지 인애와 믿음에 의하여 이루어지기 때문입니다. 주님과 교회의 결합이 있다는 것, 결과적으로는 성경말씀의 개별적인 것들이나 전체적인 것들에는 선과 진리의 결합이 있다는 것 등등은, 본서 제 4장 "성서(聖書)·주님의 말씀"에서 입증되었습니다(본서 248-253항 참조). 인애가 선을 가리키고, 믿음이 진리를 가리키기 때문에 성경말씀의 모든 곳에는 인애와 믿음의 결합이 있습니다. 그러므로 앞서의 설명에서 뒤이어지는 것은, 주님께서는 사람 안에 있는 인애와 믿음이시고, 사람은 주님 안에 있는 인애와 믿음이라는 것입니다. 왜냐하면 주님께서는 사람의 자연적인 인애나 믿음 안에 있는 영적인 인애와 믿음이시고, 그리고 사람은 주님의 영적인 인애나 믿음에서 비롯된 자연적인 인애와 믿음이시기 때문입니다. 그리고 결합된 이들 둘(兩者)은 영적 자연적인 인애와 믿음(a spiritual-natural charity and faith)을 생성합니다.

Ⅷ.
인애와 믿음은 선행들(good works) 안에 공존한다.

373. 사람에게서 발출(發出)하는 모든 것 안에는, 그 사람의 기질이나 본질적인 성품 안에 있는 그런 것들에 속한 그 사람 전체(the whole man)가 있습니다. 그 기질(disposition)은 그 사람의 사랑의 정동(his love's affection)을 뜻하고, 그리고 그것에서 비롯된 생각을 뜻합니다. 이런 것들은 그의 성품(his nature)을 형성하고, 일반적으로는 그의 삶(=생명·his life)을 형성합니다. 만약에 우리가 이런 식으로 행위들(works)을 살피고, 검토한다면 그 행위들은 마치 사람의 내면적인 것들과 같겠습니다. 이것들이 금수(禽獸)들이나 야생짐승 안에 있는 모든 것들에 의하여 예증될 수 있겠습니다. 그리고 그것들의 행위들에게서 볼 때 금수는 금수이고, 야생짐승들은 야생짐승들입니다. 행위들에 속한 모든 것 안에는 늑대는 늑대가 있고, 호랑이는 호랑이가 있고, 여우는 여우가 있고, 사자는 사자가 있습니다. 그리고 양이나 양 새끼에도 꼭

같은 그런 것이 있습니다. 사람에게서도 꼭 같습니다. 그러나 사람은 그의 속사람 안에 있는 사람이 진정한 사람입니다. 만약에 사람이 그의 속사람 안에 늑대나 여우와 같은 존재로 있다면, 그 때 그가 행한 일은 모두 내적으로는 늑대적인 것일 것이고, 여우같은 것입니다. 그리고 그와 반대로 그가 양이나 어린 양과 같다면 그의 모든 것은 그런 것들을 닮은 것과 같을 것입니다. 그러나 사람이 행한 모든 것 안에 있는 그런 부류의 것은 그의 겉사람 안에서는 명확하지 않은데, 그것은 외적인 것은 내적인 것 주위에 있는 다종다양한 모양들을 취하기 때문입니다. 뿐만 아니라 내적인 것 안에는 그 본성(=성품·quality)이 내적으로 숨겨져 있기 때문입니다. 주님께서 말씀하십니다. 누가복음서의 말씀입니다.

> 선한 사람은 그 마음 속에 선한 것을 쌓아 두었다가 선한 것을 내고, 악한 사람은 그 마음 속에 악한 것을 쌓아 두었다가 악한 것을 낸다. 마음에 가득 찬 것을 입으로 말하는 법이다(누가 6 : 45).

같은 책의 말씀입니다.

> 나무는 각각 그 열매를 보면 안다. 가시나무에서 무화과를 거두어들이지 못하고, 가시덤불에서 포도를 따지 못한다(누가 6 : 44).

사람에게서 나온 개별적인 것들이나 전체적인 것들 안에 있는 사람이 곧 그의 속사람 안에 있는 그런 것들이라는 것은 사후(死後) 조금도 틀림없이 그 사람 자신에게서 명료하게 드러납니다. 그것은 그 때 그가 겉사람으로 산 것이 아니고, 속사람으로 살기 때문입니다. 주님·인애·믿음이 사람의 속사람 안에서 사는 경우 그 사람 안에 있는 선이나, 그리고 그 사람에게서 나온 모든 행위가 선하다는 것이 어떠한 것인지 아래의 순서에 따라서 설명, 입증되겠습니다.

(1) 인애는 잘 되기를 바라는 것(善意·willing well)을 가리키고, 그리고 선행들(善行·good work)은 잘 되기를 바라는 것(善意)에서 잘 된 행위(doing well)이다.
(2) 인애와 믿음은, 만약에 그것들이 가능한 경우 행위들로 종결(終結)되지 않고, 그리고 그것들 안에서 공존(共存)하지 않는다면, 그것들은

단순한 마음적인 것들(mental things)이고, 그리고 소멸하기 쉬운 것들에 지나지 않는다.
(3) 선행들은 인애에 의하여 단독으로 생성되는 것이 아니고, 더욱이 믿음 단독에 의하여 생성되는 것이 아니고, 다만 인애와 믿음이 함께 해서 생성된다.

374. (1) 인애(仁愛·charity)는 잘 되기를 바라는 것(善意·willing well)을 가리키고, 그리고 선행들(善行·good works)은 잘 되기를 바라는 것(善意)에서 잘 된 행위(doing well)이다.
인애와 선행은, 마치 의지와 행위가 서로 다른 것과 같이, 또는 마음의 정동(the mind's affection)과 인체의 활동(the body's operation)이 서로 다른 것과 같이, 서로 다릅니다. 결과적으로 마치 속사람(the internal man)과 겉사람(the external man)이 다른 것과 같이 다릅니다. 이들 양자는 원인과 결과(cause and effect)와 같이 서로 다른 관계입니다. 그것은 모든 사물들의 원인들은 속사람 안에서 형성되기 때문이고, 그리고 모든 결과들은 이런 것에서 겉사람 안에 생성되기 때문입니다. 그러므로 인애가 속사람에게 속해 있기 때문에, 인애는 잘 되기를 바라는 것(善意)을 가리키고, 그리고 선행들이 겉사람에 속해 있기 때문에 선행들은 잘 되기를 바라는 것(善意)에서 비롯된 선행(doing well)입니다.
[2] 그럼에도 불구하고 서로 상이한 사람들의 선한 바람(the good willing) 사이에는 무한한 다양성(多樣性·infinite diversity)이 있습니다. 왜냐하면 어떤 사람이 다른 사람에 대하여 좋은 뜻(好意)으로 행한 모든 것이 좋은 뜻(good will)이나 또는 자비심(慈悲心·benevolence)에서 비롯된 것이라고 믿기도 하고, 그렇게 보이기도 하지만, 그럼에도 불구하고 어느 누구나 그 선행들이 인애에서 나온 것인지, 또는 아닌지는 잘 모르고 있고, 더구나 그런 행위들이 진정한 인애에서 나온 것인지, 또는 비슷한 인애(疑似仁愛·spurious charity)에서 비롯된 것인지 잘 모르고 있습니다. 이와 같은 무한한 다양성은, 목적들이나 의도, 그리고 결과적으로는 종결되는 목적들에서 서로 상이한 사람들의 후의(厚意·good will)에서 생겨납니다. 이런 것들은 내적으로는 선을 행하는 의지 안에 숨겨져 있고, 그리고 그런 것들로부터 모든 사람의 의지에 속한 성질은 유래됩니다. 의지는 역시 결과들을 가리키는 그것의 목적들을 성취하는 방법들(means)이나 양태들(modes)에 대한 이해를 찾고, 탐색

(探索)하고 있고, 그리고 이해에서 의지는 적정한 때(時期)나 방법에 존재하는 행위에 자체의 종결을 위한 추론들뿐만 아니라 여러 기회들까지를 볼 수 있는 빛에 이르게 합니다. 따라서 선행들(=일들·works)을 가리키는 그것의 결과들을 생성합니다. 그리고 동시에 의지는 이해 안에 행동하는 능력에 자신을 초대합니다. 이렇게 볼 때 여기서 뒤이어지는 것은 선행들(works)은, 본질적으로 의지에 속한 것이고, 형식적으로는 이해에 속한 것이고, 그리고 행위적으로는 몸에 속한 것이라는 사실입니다. 이와 같이 인애는 선행들(good work)에 전해집니다.

[3] 이러한 내용이나 사실은 한 나무의 비교에 의하여 예증될 수 있겠습니다. 사람에게 속한 모든 것들 안에 그 사람 자신은 마치 한 그루의 나무와 같습니다. 이 나무의 종자에게는, 말하자면 목적이나 의도와 그리고 열매를 생산하는 목표를 숨기고 있습니다. 씨에 관해서 이런 것들에는, 위에서 언급한 것과 같이, 이런 세 가지 것들을 내포하고 있는, 사람 안에 있는 의지에 대응합니다. 다시 예증하겠습니다. 그것의 내적인 것에서부터 뿌리를 뻗고, 그리고 가지들이나 곁가지들이나 그것의 수많은 잎들로 자신을 감싸는, 그러므로 열매를 가리키는 그것의 목적에 대한 수단으로서 자신을 준비, 장치하는 씨에 비교되겠습니다. 이와 같은 모든 일련의 비교에서 나무(木·tree)는 사람 안에 있는 이해에 대응합니다. 마지막으로 때가 이르게 되고, 그리고 종결에 대한 기회가 도래하면, 나무는 꽃을 피우고, 사람에게서 선행들에 대응하는 열매들을 생산합니다. 이런 것들에서 명확한 것은 그것들이 본질적으로는 씨(種子)에게서, 형식적으로는 가지들이나 잎들에게서, 그리고 실질적으로는 나무의 목질(木質·wood)에서 비롯된다는 것입니다.

[4] 이런 일련의 내용은 성전의 비교에 의하여 예증될 수 있겠습니다. 사람은, 바울 사도의 말과 같이(고린도 전서 3 : 16, 17 ; 고린도 후서 6 : 16 ; 에베소 2 : 21, 22), 하나님의 성전(a temple of God)입니다. 하나님의 성전인 사람의 목적·의도·목표는 구원이고, 영생(永生)이기 때문에 이런 것―목적·의도·목표―에는 이런 세 가지를 담고 있는 의지와의 대응이 있습니다. 그리고 사람은 부모님들·선생님들·목사님들에게서 믿음의 교리적인 것들이나 인애의 교리적인 것들을 터득한 뒤, 그리고 그가 자기 자신의 판단에 속한 실천의 상태에 이르게 되면, 그는 목적에 이르는 방법들인 그것의 모든 것을 성경말씀이나 교리적인 책들에게

서 배우고, 그것들을 터득합니다. 그리고 이런 것들에는 이해와 일치하는 대응이 있습니다. 마지막으로 방법들인 교리적인 것들에 일치하여 선용들에 속한 종결에 이르게 되는데, 이런 일은, 선한 일들(善行)이라고 부르는 육체적인 행위들에 의하여 이루어집니다. 따라서 목적은 중간적 원인들(mediate cause)을 통하여 본질적으로는 목적에 속하고, 형식적으로는 교회의 교리적인 것에 속하고, 실제적으로는 선용들에 속한 결과들을 생산합니다. 이와 같이 사람은 하나님의 성전이 됩니다.

375. (2) 인애와 믿음은, 만약에 그것들이 가능한 경우 행위들로 종결(終結)되지 않고, 그리고 그것들 안에서 공존(共存)하지 않는다면, 그것들은 단순한 마음적인 것들(mental things)이고, 그리고 소멸하기 쉬운 것들이다.

사람은 목(neck)에 의하여 연결된 머리(head)와 몸(body)을 지니고 있지 않습니까? 머리에는 뜻하고(will), 생각하는(thinking) 마음(mind)이 없고, 그리고 몸에는 수행(遂行)하고, 행동하는 힘이 없습니다. 그러므로 만약에 사람이 인애로부터 그저 단순하게 좋은 것을 원하고, 생각하지만, 선은 행하지 않고, 따라서 선용들을 수행하지 않는다면, 그 사람은, 마치 몸에서 분리되어 계속해서 존재할 수 없는 머리와 같고, 따라서 마음과 같지 않겠습니까? 이렇게 볼 때 인애와 믿음이 단순히 머리나 그것의 마음에는 있지만, 몸에 있지 않는다면, 그 인애나 믿음이 진정한 인애나 믿음이 아니라는 것을 그 누가 모르겠습니까? 왜냐하면 그 때 그것들은 지상에 어떤 쉴 곳이 없이 공중을 나는 새들과 같고, 또는 새들이 둥지를 가지고 있지 않아서 그것들이 자신들의 알들을 공중에 낳고, 또는 나무들의 가지에 낳기 때문에, 알들이 땅에 떨어져서, 박살이 나는, 알을 낳는 곳이 준비되지 않은 새들과 같기 때문입니다. 몸에 있는 어떤 대응적인 것을 가지고 있지 않고, 따라서 구체화된 것(體現·embodiment)이라고 부르는, 그것의 대응적인 것을 가지고 있지 않은 것은 마음에서 아무것도 될 수 없습니다. 그러므로 인애와 믿음이 다만 마음을 차지하고 있다면, 그것들은 사람 안에서 구체적인 체현을 전혀 가지고 있지 않은 것이고, 그리고 그것은 마치 망령들(specters)이라고 부르는 공상적인 존재들에게 비교되겠고, 그리고 머리에는 월계관이, 손에는 나팔을 지닌, 옛날 사람들에 의하여 그려진 훼임(Fame)에 비교되겠습니다. 이런 부류의 망령들은, 온갖 종류의 궤변(詭辯)에서 비롯된 추론들에 의하여 야기된 것을 가리키는 온갖 거짓들에 의하여 반드시 중단될 수밖에 없는 이른바 생각할 수 있는 그런 것들이고, 다른 한편 늪 밑에는 빈 조개껍질이 깔려 있고, 수면 위에는 개구리들이 울어대는, 바람에 흔들리는 갈대 숲의 갈대들에게 비교될 수 있겠습니다. 사람들이 성경말씀에서 인애와 믿음에 관한 그 어떤 것을 단순하게 알지만, 그러나 그것들을 실천하지 않을 때 이런 일이 일어난다는 것을 그 누가 모르겠습니까? 더욱이 주님께서는 이렇게 말씀하십니다. 복음서의 말씀입니다.

"그러므로 내 말을 듣고 그대로 하는 사람은, 반석 위에다 자기 집을 지은, 슬기로운 사람과 같다고 할 것이다.……그러나 내 말을 듣고서도 그대로 행하지 않는 사람은, 모래 위에 집을 지은 어리석은 사람과 같다고 할 것이다"(마태 7 : 24, 26 ; 누가 6 : 47-49).

실천에 옮기지 않은 것은 허울 좋게 지어낸 그것들의 개념들과 함께 인애나 믿음은, 참새라는 놈이 그것을 보는 순간 달려들어서 잡아먹는 공중에 나는 나비들에게 비교될 수 있겠습니다. 주님께서 또한 이렇게 말씀하십니다. 마태복음서의 말씀입니다.

"보아라, 씨를 뿌리는 사람이 씨를 뿌리러 나갔다. 그가 씨를 뿌리는데, 더러는 길가에 떨어지니, 새들이 와서, 그것을 쪼아 먹었다"(마태 13 : 3, 4).

376. 인애와 믿음은, 그것들이 그의 육신의 측면에 오직 남아 있지 않는 한, 다시 말하면 그의 머리에 머물러 있지 않고, 일들에 결부(結付)되어 있지 않다면, 사람에게 아무런 유익이 되지 않는다는 것은 성경말씀의 수천의 장절들에게서 아주 명확합니다. 그 장절들에 관해서 여기에 이런 장절들을 부연하겠습니다.

좋은 열매를 맺지 않는 나무는, 찍어서 불 속에 던진다(마태 7 : 19-21).
더러는 좋은 땅에 떨어져서 열매를 맺었는데, 어떤 것은 백 배가 되고, 어떤 것은 육십 배가 되고, 어떤 것은 삼십 배가 되었다.……좋은 땅에 뿌린 씨는 말씀을 듣고서 깨닫는 사람을 두고 하는 말인데, 그 사람들이야 말로 열매를 맺되, 백 배 혹은 육십 배, 혹은 삼십 배의 결실을 낸다.……그 때에 의인들은 그들의 아버지의 나라에서 해와 같이 빛날 것이다(마태 13 : 3-9, 23, 43).

예수께서 그들에게 말씀하셨다. "하나님의 말씀을 듣고 행하는 이 사람들이 나의 어머니요, 나의 형제다"(누가 8 : 21).

하나님께서는 죄인들의 말은 들어 주시지 않으시지만, 하나님을 공경하고, 그의 뜻을 따라 사는 사람의 말은 들어주시는 줄을, 우리는 압니다(요한 9 : 31).

너희가 이것을 알고 그대로 행하면, 복이 있다(요한 13 : 17).

"너희가 나를 사랑하면, 내 계명을 지킬 것이다.……내 계명을 받아서 지키는 사람은 나를 사랑하는 사람이요, 나를 사랑하는 사람은 내 아버지의 사랑을 받을 것이다. 그리고 나도 그 사람을 사랑하여, 그에게 나를 드러낼 것이다.……누구든지 나를 사랑하는 사람은 내 말을 지킬 것이다, 그러면 내 아버지께서 그 사람을 사랑하실 것이요, 우리는 아버지께로 가서 아버지와 함께 살 것이다"(요한 14 : 15-21, 23).

너희가 열매를 많이 맺어서 나의 제자가 되면, 이것으로 나의 아버지께서 영광을 받으실 것이다.……너희가 나를 택한 것이 아니라, 내가 너희를 택하여 세운 것이다. 그것은 너희가 가서 열매를 맺어, 그 열매가 언제나 남아 있게 하려는 것이다(요한 15 : 8, 16).

하나님 앞에서는 율법을 듣는 사람이 의로운 사람이 아닙니다. 오직 율법을 실천하는 사람이라야 의롭게 될 것이기 때문입니다(로마서 2 : 13 ; 야고보서 1 : 22).

하나님께서 진노를 터뜨려 의로운 심판을 하실 그 날을 앞에 두고, 자기가 받을 진노를 스스로 쌓아 올리고 있습니다. 하나님께서는 "각 사람에게 그가 한 대로 갚아 주실 것이다"(로마서 2 : 5, 6).

우리는 모두 그리스도의 심판대 앞에 나타나야 합니다. 그래서 각 사람은, 선한 일이든지 악한 일이든지, 몸으로 행한 모든 일에 따라, 마땅한 보응을 받아야 합니다(고린도 후서 5 : 10).

인자가 자기 아버지의 영광에 싸여 자기 천사들을 거느리고 올 터인데, 그 때에 그는 각 사람에게 그 행실대로 갚아 줄 것이다(마태 16 : 27).

나는 또 하늘에서 들려 오는 음성을 들었습니다. "기록하여라. 이제부터 주님 안에서 죽는 사람은 복이 있다." 그러자 성령이 말씀하셨습니다. "그렇다. 그들은 수고를 그치고 쉬게 될 것이다. 그들의 업적이 언제나 그들 뒤에 남아 있기 때문이다"(묵시록 14 : 13).

그리고 책들을 펴놓고, 또 다른 책 하나를 펴놓았는데, 그것은 생명의 책이었습니다. 죽은 사람은 그 책에 기록되어 있는 대로, 자기들의 행위대로 심판을 받았습니다.……그들은 각각 자기들의 행위대로 심판을 받았습니다(묵시록 20 : 12, 13).
"보아라, 내가 곧 가겠다. 나는 너희 각 사람에게 그 행위대로 갚아 주려고 상을 가지고 가겠다"(묵시록 22 : 12).
주께서는 계획하는 일도 크시고, 실천하는 힘도 강하시며, 사람들의 모든 삶을 감찰하시고, 각자의 행동과 행실의 결실에 따라서 갚아 주십니다(예레미야 32 : 19).
내가 그 행실대로 벌하고,
한 일을 따라서 갚을 것이다(호세아 4 : 9).
만군의 주께서는, 우리가 살아온 것과 우리가 행동한 것을 보시고서, 결심하신 대로 우리가 마땅히 받아야 할 것을 내리셨다고 하였다(스가랴 1 : 6).

이 밖에도 수많은 장절들이 있습니다. 이상에서 볼 때 우리가 밝히 알 수 있는 것은, 인애와 믿음은, 그것들이 행위들(=일들·works) 안에 존재하기까지는, 진정한 인애도 믿음도 아니라는 것입니다. 이에 반하여, 그것들이 일들(=행위들) 위에 있는 넓은 창공에 있다면, 다시 말하면 단순히 마음에만 있는 것이라면, 그것은 마치 공중누각(空中樓閣)과 같은 창공의 성막이나 성전의 외현들과 같은 것이고, 그리고 신기류(蜃氣樓) 이외에 아무것도 아니고, 그래서 곧 사라질 것이고, 또한 좀들이 먹은 종이 위에 그려진 그림들과 같고, 그리고 집안에 있는 것 대신에 쉴 곳(sleeping-place)이 전혀 없는 지붕 꼭대기에 있는 비바람을 막지 못하는 거실과 같을 것입니다. 이상의 모든 예증들이나 설명내용은, 인애와 믿음이 가능한 한, 그것들이 행위들에 존재하고, 그것들에 공존하지 않는다면, 그것들은 단순히 마음에 떠도는, 쉽게 소멸할 그런 것들에 지나지 않는다는 것을 잘 입증하고 있습니다.

377. (3) 선행들은 인애에 의하여 단독으로 생성되는 것이 아니고, 더욱이 믿음 단독에 의하여 생성되는 것이 아니고, 다만 인애와 믿음이 함께 해서 생성된다.
이 명제는 이미 앞에서 입증된 것과 같이(본서 356-361항 참조), 믿음에서 분리, 떨어진 인애는 진정한 인애가 아니고, 그리고 인애에서 분리, 떨어진 믿음도 진정한 믿음이 아니기 때문입니다. 그러므로 인애는 자기 혼자서는 존재할 수 없습니다. 그리고 따라서 여기서 말할 수 있는 것은, 인애는 본질적으로 어떤 선행(善行)들도 생산하지 못한다는 것이고, 또한 믿음도 본질적으로는 어떤 선행들도 생산하지 못한다는 것입니다. 이와 같은 사실은 의지나 이해의 경우에서도 동일합니다. 의지는 자기 혼자서는 결코 존재할 수도 없고, 그러므로 의지는 자기 혼자서는 아무것도 생산할 수 없습니다. 이와 꼭 같이, 이해는 자기 혼자서는 존재할 수 없고, 그리고 역시 아무것도 생산할 수 없습니다. 그러나 모든 생산이나 존재는 양자가 함께 하여 이루어지고, 그리고 다른 말로는 의지로 말미암아 이해에 의하여 그것이 이루어집니다. 이들 양자에게는 이와 같은 비슷한 점(類似性·similarity)이 있는데, 그것은 의지가 인애의 주거(住居)이기 때문이고, 그리고 이해가 믿음의 주거지이기 때문입니다. 따라서 여기서 결론으로 말할 수 있는 것은 믿음은 자신 홀로 선행들을 생산할 수 없다고 하겠는데, 그것은 믿음이 진리이기 때문이고, 그리고 믿음은 진리들을 생산하도록 역사(役事)하기 때문입니다. 그리고 이것들은 인애와 그것의 실천들을 설명하고 있습니다. 진리들이 이와 같이 밝히 설명한다는 것은 주님께서 가르치고 있는데, 주님께서는 요한복음서에서 이렇게 말씀하고 있습니다.

 진리를 따르는(=행하는) 사람은 빛으로 나아간다. 그것은 자기의 행위가 하나님 안에서 이루어졌음을 드러내려는 것이다(요한 3 : 21).

결론적으로 사람이 진리에 따라서 선행들을 실천, 행할 때, 그는 그것들을 빛 안에서 행하는 것입니다. 다시 말하면 총명스럽고 지혜스럽게 행하고, 실천하는 것입니다. 인애와 믿음의 결합은 마치 남편과 아내의 혼인과 같습니다. 아버지로서의 남편과 어머니로서의 아내에게서 모든 자연적인 자녀(all natural offspring)는 태어납니다. 이와 마찬가지로 아버지로서의 인애에게서, 어머니로서의 믿음에게서 선과 진리의 지식들을 가리키는 모든 영적 자녀(all spiritual offspring)는 태어납니다. 이러한 사실은 영적인 가족들(spiritual families)이 어떻게 생성되는지를 명료하게 합니다. 더욱이 성경말씀에서 "남편"(husband)과 "아버지"(father)는 영적인 뜻으로 인애에 속한 선(the good of charity)을 뜻하고, "아내"(wife)와 "어머니"(mother)는 믿음에 속한 진리(the truth of faith)를 뜻합니다. 그리고 이러한 내용은 재차, 인애 혼자서, 그리고 믿음 혼자서 선행들을 생산할 수 없다는 것을 밝혀 주고 있습니다. 그것은 마치 남편 혼자서, 또는 아내 혼자서 자녀를 생산할 수 없다는 것과 같습니다. 믿음에 속한 진리들은 인애를 밝게 설명해 주고 있을 뿐만 아니라 더욱이 인애를 살지게 양육합니다. 그러므로 인애는 가지고 있지만, 결코 믿음에 속한 진리를 가지지 않은 사람은 마치 한밤중에 과수원을 거닐면서, 과수들에게서 열매를 따면서 그 열매의 씀씀이에서 어떤 과일이 좋고, 어떤 과일이 나쁜지를 모르고, 무조건 마구잡이식으로 과일을 훑는 작자와 같습니다. 앞에서 언급한 것과 같이, 믿음에 속한 진리들은 인애를 밝게 설명하고 있을 뿐만 아니라, 그것의 성품을 종결하기 때문에, 여기서 뒤이어지는 것은, 믿음에 속한 진리들이 없는 인애는 마치 과즙(果汁)이 없는 열매와 같고, 그리고 말라 비틀어진 쭉정이 무화과나, 그리고 그것에서 포도즙을 채취(採取)한 뒤의 포도찌꺼기와 같습니다. 앞에서 언급한 것과 같이 진리들이 믿음을 양육, 살지게 하기 때문에, 여기서 뒤이어지는 것은, 만약에 인애가 믿음에 속한 진리들이 없다면, 그것은 불에 태운 빵조각을 먹고, 썩은 물이 고인 못에서 길은 더러운 물을 마시는 것에서 사람이 취하는 것을 제외한 전혀 영양분이 없는 것을 섭취하는 것과 같습니다.

IX.
믿음에는 참 믿음(a truth faith)·의사믿음(a spurious faith)·위선믿음(a hypocritical faith)이 있다.

378. 기독교회는 그것의 요람기(搖籃期)부터 종파분리론자들(schisms)이나 이단자들(heresies)에 의하여 공격을 받고 분열되었습니다. 그리고 시간이 지나면서 기독교회는, 비유말씀에 언급된 것과 같이, 여러 갈래로 찢겨졌고, 수족이 절단된 거의 병신 같이 되었습니다. 누가복음서의 비유말씀입니다.

어떤 사람이 예루살렘에서 여리고로 내려가다가 강도들을 만났다. 강도들이 그 옷을 벗기고 때려서, 거의 죽게 된 채로 내버려 두고 갔다(누가 10 : 30).

이것은 다니엘서에 교회에 관해서 기술된 것과 꼭 같은 일이 일어난 것과 같습니다. 다니엘서의 말씀입니다.

> 그 대신에 성전의 가장 높은 곳에 흉측한 우상을 세울 것인데, 그것을 거기에 세운 사람이 하나님이 정하신 끝 날을 맞이할 때까지, 그것이 거기에 서 있을 것이다(다니엘 9 : 27).

주님의 말씀도 역시 이 말씀들에 일치합니다. 마태복음서의 말씀입니다.

> 하늘 나라의 복음이 온 세상에 전파되어서, 모든 민족에게 증언될 것이며, 그 때에야 끝이 올 것이다. 그러므로 너희는 예언자 다니엘이 말한 바 '황폐하게 하는 가증스러운 물건이 거룩한 곳에 선 것'을 보거든, 읽는 사람은 깨달아라(마태 24 : 14, 15).

그 교회의 처지나 형편은, 마치 값진 상품들을 가득 실은 배가 항구를 떠나자마자 즉시 폭풍에 휘말려, 얼마 안 가서 난파(難破)되어 깊은 물 속으로 가라앉고, 그 배에 실린 진귀한 상품들은 노도(怒濤)에 거의 깨지고, 더러는 유실(遺失)되고, 더러는 물고기들에 갈기갈기 찢겨진 한 척의 배에 비교되겠습니다.
[2] 그 교회의 초기부터 기독교회가 교회사에서 볼 때 심한 고통을 겪고, 찢겨졌다는 것은 명확합니다. 예를 들어 보겠습니다. 심지어 사도시대에서는 사마리아에서 출생한 직업적인 요술쟁이 시몬에 의한 것이고(사도행전 8 : 9-20), 디모데에게 보낸 바울의 두 번째 서신에 언급된 것과 같이, 후메내오와 빌레도에 의한 것이고, 그리고 묵시록 2 : 6과 사도행전 6 : 5에 언급된 것과 같이, 그들에게서 그들의 이름이 명명된 니골라 당에 의한 것이고, 그리고 세린터스(Cerinthus)에 의한 것 등등입니다. 사도시대가 지난 뒤에 여러 다른 종파(sects)들이 일어났는데, 예를 들면, 마르키온파(the Marciontes)·노에투스파(the Noetians)·바렌티누스파(the Valentinians)·엔크라티스파(the Encratites)·카타프리지언파(the Cataphrygians)·사십일 교도파(the Quarto-Decimans)·알로기파(the Alogians)·카타리파(the Catharians)·오리게네스파(the Origeniists)·아담파(the Adamites)·사벨리우스파(the Sabellians)·사모사테네파(the Samosatenes)·마니교파(the Manichaeans)·멜리티오스파(the Meletians)와 마지막으로 아리안파(the Arians) 등등이 되겠습니다. 이런 종파들 뒤

에는 이단무리의 집단들이 교회를 침략하였는데, 예를 들면 그런 무리는, 도나팃파(the Donatists)·포티노스파(the Photinians)·아카키오스파(the Acaians)·반 아리안파(the Semiarians)·유노미오스파(Eunomians)·마케도니오스파(the Macedonians)·경교(景敎·the Nestorians)·예정론파(the Predestinarians)·교황주의파(the Papists)·쯔빙글리파(the Zwinglians)·재세례파(the Anabaptists)·슈벵크펠스파(the Schwenckfeldians)·신입협력파(the Synergists)·소시니안파(the Socinians)·반(反) 삼위일체파(the Anti Trinitarians)·퀘이커파(the Quakers)·모라비안파(the Moravians)와 그 밖의 여럿들이 되겠습니다. 이런 것들 위에 널리 유행, 득세하였던 무리로는 루터파(Luther)·멜랑히톤파(Melancthon)·칼빈파(Cavin)이고, 그리고 이들의 교리들은 오늘날에도 지배력을 가지고 있습니다.

[3] 교회 안에서의 수많은 분열과 분리의 원인들은 주로 셋이 되겠습니다. 그 첫째는 신령 삼일성(the Divine trinity)이 이해되지 않는다는 것이고, 그 둘째는 주님에 관한 올바른 지식(right knowledge of the Lord)이 없다는 것이고, 그 셋째는 십자가의 고통(the passion of the cross)이 속량(贖良·redemption) 자체로 잘못 알고 있다는 것입니다. 믿음의 진정한 본질적인 것들이라는 이런 세 가지 것들이 지속하는 한, 그리고 이런 것들로 말미암아 교회가 존재하고, 그리고 이런 것들로부터 말미암아 교회라고 불리우는 한, 교회는 진정으로 바르게 이해되지 않습니다. 여기서 필수적으로 일어나는 것은 교회에 속한 모든 것들은 그들의 참된 정도(正道)에로 방향을 바꾸어야 하고, 그리고 최종적으로는 지금까지의 방향에서 정반대 방향으로 바꾸어야 한다는 것입니다. 그리고 교회는 여전히 하나님을 믿는 참된 믿음을 가지고 있다고 믿을 것입니다. 이런 상태에서의 그들은 마치 그들의 눈을 그들의 보자기로 가리고 있는 사람들과 같을 것이고, 그리고도 그들은 똑바른 선을 따라서 걷고 있다고 상상할 것입니다. 그럼에도 불구하고 그들은 점점 더 정도에서 이탈(離脫)할 것이고, 종국에는 그들이 거기에로 떨어지는 동굴을 향한 정반대 방향으로 가고 있는 어리석고 멍청한 사람들과 같습니다. 그러나 올바른 교회에 속한 사람은 그의 이와 같은 유리방황하는 상태에서부터 참된 믿음이 무엇인지, 의사(疑似)적인 믿음이 무엇인지 위선적인 믿음이 무엇인지, 배우는 것에 의하여 진리에 속한 길로 되돌릴 수 있습니다. 그러므로 이런 명제들이 설명, 입증될 것입니다.

(1) 참된 믿음은 유일무이한 믿음으로, 그것은 주님을 하나님 구세주 예수 그리스도를 믿는 믿음이고, 그리고 이와 같은 참된 믿음은 그분께서 하나님의 아들(the Son of God)이시고, 천지(天地)의 하나님이시고, 그리고 성부(the Father)와 한 분이시라고 믿는 자들에게 주어진다는 것.
(2) 의사믿음(spurious faith)은, 유일무이한 믿음을 가리키는 참된 믿음에서 이탈한 모든 믿음을 가리키는데, 이 믿음은, 어떤 다른 길을 기어오르는 자들에게 주어지고, 그리고 주님을 하나님으로 주시, 존중하지 않고, 다만 그저 단순한 사람들로 여기는 자들에게 주어지는 믿음이다.
(3) 위선적인 믿음은 결코 믿음이 아니라는 것.
379. **(1) 참된 믿음은 유일무이한 믿음으로, 그것은 주님을 하나님 구세주 예수 그리스도를 믿는 믿음이고, 그리고 이와 같은 참된 믿음은, 그분께서 하나님의 아들(the Son of God)이시고, 천지(天地)의 하나님이시고, 그리고 성부(the Father)와 한 분이시라고 믿는 자들에게 주어진다는 것.**
참된 믿음(true faith)은 유일한 믿음입니다. 그것은 믿음이 진리이기 때문입니다. 그리고 진리는, 왼쪽에 치우치거나, 또는 오른쪽에 치우치는 것과 같이, 이렇게 저렇게 나뉠 수도 없고, 쪼개질 수도 없고, 믿음의 진리는 시종일관 한 상태로 남아 있기 때문입니다. 일반적인 뜻으로 믿음은 헤아릴 수 없는 수많은 진리들로 이루어져 있습니다. 왜냐하면 믿음은 그것들의 집합체이기 때문입니다. 그러나 이들 수많은 진리들은, 이른바 한 몸(a single body)을 형성하기 때문이고, 그리고 그 몸 안에는 그것의 지체들을 형성하는 진리들이 있습니다. 그리고 어떤 것들은, 팔이나 손에서와 같이, 가슴 부위에 종속하는 지체들을 형성하고, 그리고 다른 어떤 것들은, 다리나 발에서와 같이, 허리에 종속하는 부위들을 형성합니다. 이에 반하여 내면적인 진리들은 머리 부위를 형성하고, 그리고 그것들에게서 발출하는 처음 진리들은 얼굴에 자리 잡고 있는 감각적인 부위들을 형성합니다. 내면적인 진리들은, 내면적인 것들이 보다 높은 것이나 동일한 것을 뜻하기 때문에, 머리부위를 형성합니다. 왜냐하면 영계에서 내면적인 것은 어떤 것이든 역시 보다 높이에 있기 때문입니다. 이러한 것은 거기에 있는 세 천계들에서도 참된 것입니다. 그 몸이나 그 몸의 지체들의 모든 영혼이나 생명은 주 하나님 구세주이신데, 이것은 교회가, 바울 사도께서 언급한 것과 같이, "그리스도의 몸"(the body of Christ)이라고 불리우는 이유입니다. 그리고 그 교회에 속한 사람들은, 인애나 믿음에 속한 그들의 상태에 일치하여 그 몸의 지체들을 형성합니다. 참된 믿음이 유일한 믿음이라는 것은 바울 사도께서 이렇게 가르치십니다. 에베소서의 말씀입니다.

> 여러분이 부르심을 받았을 때에 한 희망으로 부르심을 받은 것과 같이, 몸도 하나요, 성령도 하나요, 주님도 하나요, 믿음도 하나요, 세례도 하나요, 하나님도 한 분이십니다. 그분은 만유(=천지 만물)의 아버지이시며, 만유 위에 계시고, 만유를 통하여 일하시고, 만유 안에 계십니다. 그러나 하나님께서는 우리 각 사람에게, 그리스도께서 나누어 주시는 선물의 분량을 따라 은혜를 주셨습니다.……그분이, 어떤 사람은 사도로, 어떤 사람은 예언자로, 어떤 사람은 복음 전도자로, 또 어떤 사람은 목회자와 교사로 삼으셨습니다. 그것은 성도들을 준비시켜, 봉사의 일을 하게 하고, 그리스도의 몸을 세우게 하시려는 것입니다. 그리하여 우리 모두가 하나님의 아들을 믿는 일과 아는 일에 하나가 되고, 온전한 사람이 되어, 그리스도의 충만하심의 경지에까지 이르게 됩니다(에베소서 4 : 4-13).

[2] 유일한 믿음을 가리키는 참된 믿음이 주님을 하나님 구세주 예수 그리스도로 믿는 믿음이라는 것은 앞에서 이미 충분하게 설명, 입증하였습니다(본서 337-339항 참조). 그러나 주님을 하나님의 아들(the Son of God)이라고 믿는 자들은 참된 믿음을 역시 갖는다고 했는데, 그것은 그들이 주님을 하나님이시라고 믿기 때문이고, 그리고 만약에 믿음이 하나님을 믿는 믿음이 아니라면 그것은 참된 믿음이 아니라고 하기 때문입니다. 믿음에 들어오고, 그리고 믿음을 형성하는 모든 진리에 속한 진리들 중에서 첫째라는 것은 베드로에게 하신 주님의 말씀에서 명확합니다. 마태복음서의 말씀입니다.

> 시몬 베드로가 대답하였다. "선생님은 살아 계신 하나님의 아들 그리스도이십니다." 예수께서 그에게 말씀하셨다. "시몬 바요나야, 너는 복이 있다. 너에게 이것을 알려 주신 분은 사람이 아니라, 하늘에 계신 나의 아버지시다. 나도 너에게 말한다. 너는 베드로다. 나는 이 반석 위에다가 내 교회를 세우겠다. 죽음의 세력이 그것을 이기지 못할 것이다"(마태 16 : 16-18).

여기에서나 또는 성경말씀 어디에서나 "반석"(=바위·rock)은, 신령진리의 측면에서 주님을 뜻하고, 그리고 주님에게서 비롯된 신령진리를 뜻합니다. 이 진리가 첫째 되는 진리이고, 그리고 그리스도의 머리 위에 있는 면류관(diadem)과 같고, 그리스도의 손에 들려 있는 홀(笏·scepter)과 같다는 것은, 주님께서 그 바위 위에 주님의 교회를 세우시겠다는 주님의 말씀에서, 그리고 지옥의 세력(the gates of hell)이 그 교회를 이기지 못할 것이라고 말씀하신 주님의 말씀에서 아주 명확합니다. 그리고 이것이 믿음에서 첫째라는 것은 사도 요한의 서신서의 말씀에서 명확합니다.

> 누구든지 예수를 하나님의 아들로 시인하면, 하나님께서 그 사람 안에 계시고, 그 사람은 하나님 안에 있습니다(요한 1서 4 : 15).

[3] 유일한 믿음이 가리키는 참된 믿음에 존재하는 이와 같은 특성 외에도 또 다른 특성이 있는데, 그것은 바로 주님께서 천지(天地)의 하나님이시라는 것을 믿는 것입니다. 이 특성은 전자, 즉 그분께서 하나님의 아들이시라는 것에 뒤이어지는 것이고, 그리고 또한 아래의 내용에서 뒤이어지는 것입니다.

> 그리스도 안에서는 하나님의 모든 신성이 몸이 되어서, 충만하게 머물러 있습니다(골로새 2 : 9).
> 나는 하늘과 땅의 모든 권세를 받았다(=그분께서는 천지의 하나님이시다)(마태 28 : 18).
> 아버지는 아들을 사랑하여, 모든 것을 아들의 손에 맡기셨다(요한 3 : 35).
> 아버지께서 가지신 것은 다 내 것이다(요한 16 : 15).

주님을 믿는 자들의 세 번째 입증은 내면적으로는 그분을 믿는 믿음 안에 있는데, 따라서 유일무이한 믿음을 가리키는 참된 믿음 안에 있는 셋째 입증은 주님께서 하나님 아버지와 더불어 한 분이시라고 믿는 그들의 믿음입니다. 주님께서 하나님 아버지와 하나이시고, 그리고 그분께서 인성(人性)으로 계시는 아버지 당신(the Father Himself)이시라는 것 등등은 우리의 책 제 2장 "주님 속량주"를 다룬 곳에서 충분하게 입증하였습니다. 그리고 주님 당신께서 하신 말씀들에서 아주 명확합니다. 요한복음서의 말씀입니다.

> 나와 아버지는 하나다(요한 10 : 30).
> 아버지께서 내 안에 계시고, 또 내가 아버지 안에 있다(요한 10 : 38 ; 14 : 10, 11).
> (예수께서 제자들에게 말씀하셨다.) 너희가 나를 알았더라면, 내 아버지도 알았을 것이다. 이제 너희는 내 아버지를 알고 있으며, 그분을 이미 보았다. ……빌립아, 내가 이렇게 오랫동안 너희와 함께 지냈는데도, 너는 나를 알지 못하느냐? 나를 본 사람은 아버지를 본 사람이다.……내가 아버지 안에 있고, 아버지께서 내 안에 계심을 믿어라(요한 14 : 7-10).

[4] 이들 세 가지 특성들은, 사람들이 주님을 믿는 믿음을 가지고 있다는 것, 그리고 따라서 유일무이한 믿음을 가리키는 참된 믿음을 사람들이 가지고 있다는 명확한 증거들입니다. 왜냐하면 주님에게 가까이 나아가지 않는 사람은 모두 주님을 믿는 믿음을 가지지 못하기 때문이고, 그리고 또한 참된 믿음은 내적이고 동시에 외적이기 때문입니다. 그리고 믿음에 속한 이들 세 가지 귀중한 것들(=명확한 증거들)을 가지고 있는 자들은 그것의 내적인 것이나 외적인 것 양자 안에 있기 때문입니다. 그러므로 그들의 심령(=마음) 가운데 이런 보물(寶物)을 가지고 있을 뿐만 아니라, 그들의 입에도 보석(寶石)을 가지고 있습니다. 그러나 만약에 천지의 하나님으로 주님을 시인하지 않는 사람에게는 사정은 전혀 다릅니다. 이런 부류의 사람들은, 비록 이 능력이 아드님에 의하여, 대리적인 직권에 의하여, 또는 속량의 대업 때문에 어느 누가 그분께서 속량하신 자들을 통치할 수 있는 자격이 충분하신 아드님에 의하여 실제적으로 실천되었다고 해도, 그와 같은 능력을 가지신 또 다른 하나님들(other gods)을 내면적으로 우러릅니다. 그러나 이런 부류의 인물들은, 하나님의 단일성(the unity of God)을 분할, 분리하는 것에 의하여, 참된 믿음을 여러 조각들로 깨부수는 자들입니다. 그리고 이와 같은 깨부수는 일이 행해질 때, 거기에는 더 이상 믿음이 존재하지 않고, 오히려 그것에 속한 망령(亡靈·ghost)만 있는데, 그것은 자연적으로 볼 때에는 그것에 속한 닮은 형상(image of it) 같이 보이지만, 영적으로 볼 때에는 그저 단순한 키메라(chimera), 즉 사자의 머리, 염소의 몸, 뱀의 꼬리를 하고 불을 뿜는 괴물이 있을 뿐입니다. 그러므로 어느 누가 참

된 믿음은 천지의 하나님이신 한 분 하나님을 믿는 믿음이고, 결과적으로는 인간적인 모습(a human form)으로 계시는 하나님 아버지를 믿는 믿음이라는 것, 다시 말하면 주님을 믿는 믿음이라는 것을 부인할 수 있겠습니까?

[5] 주님을 믿는 믿음이 믿음 자체라고 하는, 이들 세 가지 특징들(three marks), 증거들(testimonies)이고, 바람직한 조치들(indications)이라는 것은 마치 그것에 의하여 금이나 은을 시험하는 시금석들(試金石・touch stones)과 같이 잘 알고 있습니다. 그리고 또한 그것들은 마치 한 분이시고 참된 분이신 하나님께 예배드려지는 성전으로 안내하는 길을 가리키는, 노변(路邊)의 이정표들(里程標)이나 도로 표지판들(finger posts)과 꼭 같습니다. 그리고 또한 그것들은 마치 한밤중에 바다를 항해하는 사람들이 그들이 지금 어디에 있는지 알려 주고, 그들의 배가 가야 할 방향을 알려 주는, 바다 한 가운데 있는 바위에 있는 등대와 같습니다. 주님께서 살아 계신 하나님의 아드님이라고 하는 믿음에 속한 첫째 되는 특징이나 특성은 주님의 교회에 들어가는 모든 자들에게는 마치 아침 새벽별(the morning star)과 같습니다.

380. (2) **의사믿음(spurious faith)은, 유일무이한 믿음을 가리키는 참된 믿음에서 이탈한 모든 믿음을 가리키는데, 이 믿음은, 어떤 다른 길을 기어오르는 자들에게 주어지고, 그리고 주님을 하나님으로 주시, 존중하지 않고, 다만 그저 단순한 사람들로 여기는 자들에게 주어지는 믿음이다.**

유일무이한 참된 믿음에서 이탈(離脫)한 모든 믿음이 의사믿음이라는 것은 자기 스스로 입증하고 있습니다. 왜냐하면 만약에 유일무이한 믿음이 진리라고 하면 그것에서 뒤이어지는 것은, 그것에서 이탈하는 것은 모두가 진리가 아니기 때문입니다. 교회에 속한 모든 선과 모든 진리는 주님과 교회의 혼인(the marriage of the Lord and church)에 의하여 증식(增殖), 전파(傳播)되기 때문입니다. 따라서 본질적으로 인애를 가리키는 모든 것이나, 본질적으로 믿음을 가리키는 모든 것은 바로 이 혼인에게서 비롯됩니다. 그리고 다른 한편, 이 혼인에서 비롯되지 않은 인애나 믿음에 속한 것은 무엇이나 불법적으로 태어난 서자(庶子)들이지 결코 합법적인 적자(嫡子)는 아니고, 따라서 일부다처적인 혼인이나 간음에서 태어난 자식들입니다. 주님을 시인하지만, 그러면서도 이단사설의 거짓들을 적용하는 믿음은 일부다처의 침상에서 비롯된 것이고, 그리고 하나의 교회에서 세 분 주님들(three Lords)을 시인하는 믿음은 간음에서 비롯된 것입니다. 왜냐하면 이런 믿음은 창녀(娼女)에게, 또는 한 남자와 혼인을 한 여자가, 그 남자와 잠자리를 같이 할 때는 각자 그녀의 남편이라고 부르면서, 다른 두 남자들과 그녀의 밤들을 보내는 어느 여자에게 비교될 수 있기 때문입니다. 그러므로 이런 믿음을 가리켜 의사믿음(spurious faith)이라고 부르고, 그리고 주님께서는 성경말씀의 여러 곳에서 이런 믿음을 붙들고, 신봉하는 자들을 가리켜 "간부들"(姦婦·adulterers)이라고 불렀고, 그리고 요한복음서에서는 도둑들이나 강도들이 뜻하는 자들입니다. 그 책의 말씀입니다.

> 내가 진정으로 진정으로 너희에게 말한다. 양 우리에 들어갈 때에, 문으로 들어가지 않고, 다른 곳으로 넘어 들어가는 사람은, 도둑이요, 강도다.……나는 문이다. 누구든지 이 문으로 들어오면 구원을 받고, 들어오고 나가면서 꼴을 얻을 것이다(요한 10 : 1, 9).

양 우리에 들어온다는 것은 교회에 들어오는 것을 가리키고, 그리고 또한 천계에 들어오는 것을 가리킵니다. 천계에 들어오는 것은, 천계와 교회가 하나(one)를 이루기 때문이고, 그리고 그것 안에 있는 교회를 제외하면 천계를 이루는 것은 아무것도 없기 때문입니다. 결과적으로 주님께서는 교회의 신랑이고 남편이기 때문에, 그러므로 주님은 역시 천계의 신랑이고 남편이십니다.
[2] 믿음이 앞에서 언급된 세 가지 바람직한 것들에 의하여 합법적인 자녀인지, 아니면 서자나 의사자녀(a spurious offspring)인지 여부를 조사하여야 하고, 명확하게 알아야 하겠습니다. 다시 말하면 하나님의 아들로서의 주님의 시인, 천지의 하나님으로서의 주님의 시인, 그리고 주님께서 아버지와 하나이신 시인에 대해서 조사하고, 명확하게 알아야 하겠습니다. 그러므로 어떤 믿음이 이와 같은 믿음의 본질적인 것들에서 이탈된 것에 비례하여, 그것은 의사(疑似)적인 믿음입니다. 믿음은, 주님께서 하나님으로서 아니고, 그저 단순한 사람으로서 우러르는 자들에게서는 의사믿음이거나 간음적인 믿음(adulterous faith)입니다. 이것이 사실이라는 것은 두 종류의 혐오스러운 이단사설들에게서 아주 명확한

데, 그와 같은 혐오스러운 이단사설은, 기독교회에서 저주, 추방되었고, 그리고 파문, 제명된, 이른바 아리우스파 학설(Arianism)과 소시니언파 학설(Socinianism)이 되겠는데, 이것은 그들이 주님의 신성(the Lord's Divine)을 부인하기 때문이고, 그리고 몇몇 다른 길로 출세하였기 때문입니다. 그러나 내가 걱정하는 것은 이와 같은 혐오스러운 주장들이나 가르침들이 오늘날 교회에 속한 수많은 일반적인 사람들의 영에 스며든다는 것입니다. 이런 것들의 특성은 학문이나 판단력에서 다른 자들에 비하여 자기 자신이 월등하다고 여기면 여길수록 스며드는 아주 쉽게 주님께서 하나님이 아니시고, 사람이시라는 개념(=사상)을 자신에게 전유(專有)시키고, 그것에 사로잡힌다는 것 등입니다. 그리고 주님께서는 평범한 사람이기 때문에 하나님이 되실 수 없다는 것입니다. 그리고 어느 누가 이런 개념들이나 생각들을 자신에게 전유시키고, 그리고 앞서 언급한 영계에서 지옥에 있는 아리안파 사람들이나, 소시니언파 사람들과의 교제에 있게 됩니다.

[3] 이런 부류가 오늘날 교회에 속한 사람들의 일반적인 영의 상태입니다. 그것은 모든 사람에게는 협력하는 영, 즉 동료 영(an associate spirit)이 있기 때문입니다. 왜냐하면 만약에 협력하는 한패의 영이 없다면 사람은 분석적으로나 합리적으로나, 영적으로 생각할 수가 없기 때문이고, 그리고 따라서 그는 사람이 아니고 짐승이 되기 때문입니다. 더욱이 모든 사람은 자기 자신에게 자기 자신의 의지에 속한 정동과 조화롭게 한 영을 부착(附着)시키기 때문이고, 결과적으로는 자신의 이해의 지각에 조화롭게 한 영을 자기 자신에게 부착시키기 때문입니다. 천계에서 온 천사는, 성경말씀에서 비롯된 진리들에 의하여 자기 자신을 선한 정동들에 소개하고, 그리고 그 진리들에 일치하여 자신을 삶에 인도하는 사람에게 결합시킵니다. 이에 반하여 자기 자신에게 거짓들의 확증에 의하여 악한 정동들을 소개하고, 그리고 사악한 삶은 자기 자신을 지옥에서 온 영에게 결합합니다. 그리고 이런 일이 행해질 때 사람은, 말하자면 사탄들과 함께 하는 형제애(fraternity) 속에 깊이깊이 들어가고, 그리고 성경말씀 안에 있는 진리들에게 정반대되는 거짓들 속에서 자기 자신을 확증합니다. 아리안파나, 소시니언파 안에 있는 주님에게 거스르는 혐오들에게 더욱 더 빠져 들어갑니다. 이러한 일은 사탄은 결코 성경말씀에서 비롯되는 어떤 진리도 참고, 들을 수가 없기 때

문이고, 그리고 또한 이름 예수라는 낱말을 참고, 들을 수 없기 때문입니다. 그리고 만약에 사탄들이 이런 낱말들을 듣게 되면, 그들은 원령(furies)들과 같이 되고, 그리고 주위를 이리저리 날뛰고, 그리고 불경스러운 말을 짓거릴 것입니다. 그리고 그 때 만약에 천계로부터 한 줄기 빛이 드리워지면, 그들은 머리를 아래로 쑤셔 박고 동굴 속으로 자신들의 몸을 던지고, 그리고 마치 칠흑과 같은 흑암에 있는 올빼미와 같이, 쥐들을 응시하는 지하실에 있는 고양이와 같이, 그들에게는 거기에 빛이 있는 것과 같은 자신을 짙은 흑암에 내던집니다. 마음이나 믿음에서 주님의 신성을 부인하고, 성언의 거룩함(the holiness of the Word)을 부인하는 자들은 죽음 뒤에 이런 부류의 처지가 됩니다. 그들의 속사람은 이런 성품이고, 그렇지만 그의 겉사람은 마치 기독교인들처럼 흉내를 내고, 속이는 짓을 합니다. 나는, 이것이 사실이라는 것을 잘 알고 있는데, 그것은 내가 그런 일을 수도 없이 보고 들었기 때문입니다.

[4] 입술로는 주님을 속량주(the Redeemer)로, 구세주(the Saviour)로 존경하지만, 다른 한편 마음이나 영으로는 그들은 그분을 단순한 사람으로 존경하는 자들에 관해서는 이렇게 말할 수 있겠습니다. 그들이 이런 것들을 말하고, 가르칠 때에 그들의 양쪽 볼은 마치 꿀단지(a bag of honey)와 같고, 그들의 마음은 쓸개즙이 담긴 호리병(a bag of gall)과 같고, 그들의 말은 마치 입에서 살살 녹는 사탕발림의 과자들 같지만, 한편 그들의 생각들은 독으로 윤기가 흐르는 멋진 독버섯과 같습니다. 그리고 그들은 마치 속에 뱀들이 들어 있는 만두와 같습니다. 만약에 이런 작자들이 사제들이라면, 평화를 애호하는 나라의 국기를 달고 바다를 항해하는 해적(海賊)들과 같지만, 그러나 자기 주위를 항해하는 배가 있으면, 마치 친구들을 만난 듯이 그 배를 나포(拿捕)하고, 선원들을 노예로 팔아먹는 해적과 같습니다. 그들은 또한 선과 악의 지식의 나무(=선악과 나무)의 뱀들과 같아서, 마치 생명나무에서 딴 열매처럼 꾸미고 있지만, 그들의 손에는 선악과 열매를 들고 빛의 천사들과 같이 접근합니다. 그리고 그들은 그것들을 제시하면서 이런 말을 합니다. 창세기서의 말씀입니다.

> 하나님은, 너희가 그 나무 열매를 먹으면, 너희의 눈이 밝아지고, 하나님처럼 되어서, 선과 악을 알게 된다는 것을 아시고, 그렇게 말씀하신 것이다(창세기

3 : 5).

그들이 이것들을 먹었을 때 그들은 뱀을 따라서 낮은 세계(the lower world)에 내려갔고, 그리고 그들은 함께 거기에서 삽니다. 그 세계의 주변에는 아리우스나 소시누스의 사과들을 먹은 사탄들이 있습니다. 이런 부류의 인물들은 이런 사람이 뜻하는 자들입니다. 마태복음서의 말씀입니다.

> 임금이 손님들을 만나러 들어갔다가, 거기에 혼인 예복을 입지 않은 사람이 한 명 있는 것을 보고서 "친구여, 그대는 혼인 예복을 입지 않았는데, 어떻게 여기에 들어왔는가?" 하고 물으니, 그는 아무 말도 하지 못하였다.……"이 사람의 손발을 묶어서, 바깥 어두운 데로 내던져라. 거기에서 슬피 울며 이를 갈 것이다"(마태 22 : 11-13).

여기서 "혼인예복"(the wedding garment)은 곧 주님을 하나님의 아들로서, 그리고 천지의 하나님으로, 그리고 하나님과 한 분으로, 믿는 믿음을 뜻합니다. 그저 단순히 입이나 입술로는 주님을 공경, 존경하지만, 그러나 마음이나 영으로는 단순한 보통 사람으로 그분을 생각하는 사람들은, 만약에 그들이 그들의 생각들을 선포하고, 그 밖의 다른 것들을 설득한다면, 그들은 영적 살인자들이고, 그리고 그들의 말이나 주장 따위는 영적 식인종(食人種)들입니다. 왜냐하면 사람의 생명은 주님을 사랑하는 주님사랑이나, 주님을 믿는 믿음에서 오기 때문입니다. 만약에 주님께서 하나님 사람(God-Man)이시고, 사람 하나님(Man-God)이시라는 믿음이나 사랑에 속한 이런 본질적인 요소가 제거된다면 사람의 생명은 죽은 생명입니다. 따라서 사람은 이런 식으로 살해되고, 어린 양은 늑대에게 이런 식으로 잡아먹힐 것입니다.

381. (3) 위선적인 믿음(hypocritical faith)은 결코 믿음이 아니다.
사람은, 그가 자기 자신에 대하여 매우 크게 생각하고, 자기 자신을 다른 사람에 비하여 앞에다 내세울 때 위선적이 됩니다. 왜냐하면 그 사람은 그런 것에 의하여 자신의 마음의 생각들이나 정동들이 자신의 몸에 향하게 하고, 그리고 그것에서 그것들 안에 빠져들게 하고, 그리고 그것의 감관들과 그들을 결합시키기 때문입니다. 따라서 그는 자연적·

감관적 · 관능적인 사람이 되고, 그리고 그 때 그의 마음은 그것에 밀착된 육신에게서 물러날 수 없게 되고, 그리고 하나님을 향해 일어날 수도 없고, 천계의 빛 가운데서 하나님에게 속한 것은 아무것도, 다시 말하면 이른바 영적인 것은 아무것도 볼 수 없게 됩니다. 그리고 그가 육용적인 사람(a carnal man)이기 때문에, 그의 들음(=순종 · his hearing)을 통해서 그의 이해에 들어온 영적인 것들은 그에게는 그것은 마치 유령적인 것들(spectral)처럼 여겨지고, 그리고 공중을 떠도는 것들이나, 말머리 주위를 나는 파리들이나 말 주위를 맴도는 쉬파리 정도로 여기게 됩니다. 그러므로 그는 마음 속으로는 그것들에 대하여 비웃고, 조롱합니다. 왜냐하면 우리가 잘 알고 있는 것과 같이, 자연적인 사람은 영(靈)에 속한 것을, 다시 말하면 영적인 것들을, 환상이나 망상들 이상으로 생각하지 않는다는 것이기 때문입니다.

[2] 자연적인 사람들 가운데서도 위선자(僞善者)들은, 그가 그의 육신적인 감관들에게 심하게 갇혀 있기 때문에, 그러므로 그는 그의 감관들이 제시하는 것 이외에는 어느 것도 보려고 하지 않는 사랑을 가지고 있기 때문에, 그가 감관적인 가장 낮은 본성적인 존재이기 때문에, 그리고 그 감관들은 이런 본성에 존재하기 때문에 그들은 모든 것에 관해서 마음이 자연적으로 생각하기를 강요하기 때문에, 그러므로 그들은 믿음에 속한 모든 것에 관해서도 이런 식으로 생각합니다. 만약에 이런 위선자가 목사나 사제가 된다면 그는 그의 어린 시절이나 젊은 시절에 믿음에 관해서 들은 그런 것들을 그의 기억에 간직, 소장(所藏)하고 있지만, 그러나 자연적인 것을 제외하면 이런 것들 안에는 내적으로 영적인 것들은 전무(全無)하기 때문에, 만약에 그들이 대중들 앞에 그것들을 드러내려고 하면, 그들은 생명이 없는 죽은 낱말들 이외에는 아무것도 내놓지 못합니다. 그들은, 마치 말하는 사람의 웅변술이나 수사법에 일치하여 그것들을 고리로 엮은, 자기사랑이나 세상사랑의 쾌락 때문에, 생명을 가지고 있는 것처럼 소리를 냅니다. 그리고 그 소리는 마치 어느 합창단의 화음에서와 같이 그의 귀를 기쁘게 합니다.

[3] 위선적인 설교자가 그의 설교를 마치고 집에 돌아오게 되면, 그 설교자는 자기가 대중들 앞에서 믿음에 관해서 그리고 성경말씀에 관해서 말한 모든 것에 대해서 조롱, 비웃고, 그리고 아마도 그는 자기 자신에게 "나는 호수에다 그물을 드리우고, 넙치(flat-fish)나 조개(shell)를 잡

제 6 장 · 믿음(Faith) 193

는 거지" 라고 중얼거립니다. 왜냐하면 참된 믿음 안에 있는 자들이 하는 것은 자기 자신의 상상에는 마치 이런 모습으로 보이기 때문입니다. 위선자는 마치 한 머리 안에 다른 머리가 있는, 머리 둘을 가진 조각품과 같아서, 안에 있는 머리는 수간(樹幹·trunk), 즉 몸통(body)과 연결되어 있지만, 이에 반하여 밖에 있는 머리는 안에 있는 머리 주변에 빙글빙글 도는(rotate) 꼴인데, 그것은 마치 이발소에 전시된 나무로 만든 머리들과 매우 닮은 사람의 얼굴과 같이 적당한 색깔로 칠을 한, 전시물과 흡사 같습니다. 그는 또한 보트(a boat)와 같은데, 그 배를 움직이는 뱃사람은 자신의 연마된 배를 움직이는 기술에 의하여, 때로는 순풍에, 때로는 바람에 거슬러서, 자기가 좋아하는 방향으로 배를 움직일 수 있는 그런 뱃사람입니다. 그 뱃사람이 배를 움직이고 조절하는 기술은, 육신이나 육신의 감관들의 쾌락들 가운데 빠져 있는 그와 같은 욕망 따위의 탐닉(耽溺)에 이바지하는 모든 자들이 선호하는 그런 것을 가리킵니다.

[4] 위선적인 목회자들(hypocritical ministers)은, 연기를 잘 연마한 희극배우들(=코미디언들)이나, 어릿광대들(mimics)이나 연극배우와 같아서, 그는 임금들·지도자들(leaders)·대주교들(primates)·교황들의 역을 맡아서 능란하게 연기를 잘 할 수 있습니다. 그리고 그들은 그들이 그와 같은 배역의 배우적인 의상을 벗는 순간 그 즉시 그는 갈보집(brothel)을 찾아가고, 그리고 창녀들과 지냅니다. 그들은 어느 방향으로도 열 수 있는 돌쩌귀(hinge)에 달려 있는 문짝과 같습니다. 그들의 마음은, 때로는 지옥 쪽으로, 때로는 천계 쪽으로 열릴 수 있는 그런 부류와 같아서, 한쪽을 향해 열면 다른 쪽을 향해서는 닫힙니다. 왜냐하면 아주 놀라운 것은, 그들이 거룩한 것들을 섬기고, 성경말씀에서 비롯된 진리들을 가르칠 때에는, 그들은 그가 그것들에서 믿는 것 이외에 다른 것은 전혀 알지 못하기 때문입니다. 왜냐하면 그 때 지옥을 향해 있는 문은 닫혀 있기 때문입니다. 그러나 그들이 집에 돌아오는 순간, 그들은 아무것도 믿지 않기 때문입니다. 왜냐하면 그 때 천계를 향한 문은 굳게 닫혀 있기 때문입니다.

[5] 매우 심한 위선자들 가운데는 참된 영적인 사람들(truly spiritual men)에 거스르고, 저항하는 내면적인 적의(敵意)나 반목(反目) 따위가 있습니다. 왜냐하면 그것은 마치 천계의 천사들에게 저항, 반항하는 사

탄에 속한 무리와 같기 때문입니다. 그들은 그들이 이 세상에 사는 동안에는 이런 사실을 알지 못하지만, 그러나 죽은 뒤, 그들이 영적인 사람들의 겉모습이 드러나는 것에 의하여 그들의 외적인 것들이 제거되게 되면, 그것 자체가 여실히 드러납니다. 왜냐하면 그것은 그들의 속사람이 마치 악마와 같은 그런 부류이기 때문입니다. 그러나 나는 영적인 위선자들이 어떤 존재인지를 말하겠는데, 그들은 마치 천계의 천사들에게는 걸어 다니는 그런 모습으로 나타납니다. 마태복음서의 말씀입니다.

거짓 예언자들을 삼가라. 그들은 양의 탈을 쓰고 너희에게 오지만, 속은 굶주린 이리들이다(마태 7 : 15).

그들은 마치 그들의 손들을 하늘 높이 쳐들고, 열심히 기도하는 점쟁이들(=거짓 예언자들·soothsayers)의 모습으로 나타나지만, 다른 한편 마음 속으로부터 그들은 악마들(demons)에게 소리를 지르고, 그들에게 입을 맞추지만, 그리고 공중에 그들의 신발을 던지고, 하나님에게는 온갖 불만(noise)을 다 털어놓습니다. 그들이 두 발로 섰을 때에는 그들의 눈은 표범의 눈과 같이 예리하게 좌우를 응시하고, 그들은 늑대와 같이 교활하게 살피면서 걷고, 그들의 입은 여우와 닮았고, 그들의 이빨은 악어와 같고, 그리고 믿음의 측면에서 그들은 탐욕스러운 독수리와 같습니다.

X.
악한 사람에게 결코 믿음은 없다.

382. 악한 사람은 이 세상이 하나님께서 창조하셨다는 것을 부인하고, 따라서 하나님의 존재를 부인하는 모두를 가리킵니다. 왜냐하면 그들은 자연주의적인 무신론자들(無神論者·naturalistic atheists)이기 때문입니다. 이런 부류는, 자연적일 뿐만 아니라 영적으로 선한 모든 선도 하나님에게서 비롯되기 때문에, 악합니다. 결과적으로 하나님을 부인하는 자들은, 자기 자신 이외의 다른 근원에서 비롯된 어떤 선도 원하지 않고, 그러므로 자기 자신의 고유속성에서 비롯된 이외의 선은 영접, 수용할 수 없습니다. 그리고 여기서 사람의 고유속성(man's own)은 곧 그

의 육신에 속한 탐욕이나 욕망을 가리킵니다. 그리고 사람의 고유속성에서 발출하는 것은 무엇이나 영적으로 악한 것을 가리키지만, 그러나 그것은 자연적으로는 선 같이 보입니다. 이런 것들은 일반적인 의견(theory)으로는 악입니다. 다른 한편 요약해서 십성언(十聖言 · the Decalogue)에서 제시, 보여 주고 있는 신령 계명들(=신령 명령들 · the Divine commandments)을 공경하지 않고, 무시하는 자들은, 그리고 무법자들(outlaws)처럼 사는 자들은 실제적으로는 악한 자들입니다. 이런 부류는, 비록 그들의 대부분은 입술로는 하나님을 고백하지만, 마음 속으로는 하나님을 부인하는 자들입니다. 이런 이유 때문에 하나님과 그분의 계명들은 하나(one)를 이루고, 그리고 이것이 바로 여호와께서 거기에 계신다(민수기 10 : 35, 36 ; 시편 132 : 7, 8)라고 그것이 십계명들(the commandments)이라고 불리운 이유입니다. 그러나 악한 사람은 믿음을 전혀 가지지 못한다는 사실이나 내용을 보다 더 명료하게 하기 위하여 우리 같이 아래의 두 명제들에게서 하나의 결론을 도출하도록 해 보십시다.

(1) 악은 지옥에 속해 있고, 믿음은 천계에 속해 있기 때문에 악한 사람(惡人)은 결코 믿음을 가지지 못한다.

(2) 비록 그들이 도덕적으로 살고, 심지어 믿음에 관해서 합리적으로 말하고, 가르치고, 저술을 한다고 하지만, 주님과 성언(=성경말씀 · the Word)을 부인, 배척하는 자들은 기독교 국가에 있다고 해도 결코 믿음을 가지지 못한다.

그러나 이런 명제들에 관해서는 서로 분리해서 검토, 설명하겠습니다.

383. (1) 악은 지옥에 속해 있고, 믿음은 천계에 속해 있기 때문에 악한 사람(惡人)은 결코 믿음을 가지지 못한다.

악은 지옥에 속해 있습니다. 그것은 모든 악이 지옥에서 비롯되기 때문입니다. 그리고 믿음은 천계에 속해 있는데, 그것은 믿음에 속한 모든 진리가 천계에서 오기 때문입니다. 사람이 이 세상에서 사는 동안 사람은 천계와 지옥 사이의 중간(midway)에 간수(看守)되고, 그 중간을 걷고 있는데, 거기에서 사람은 인간의 선택의 자유(freedom of choice)를 가리키는, 이른바 영적인 평형상태(平衡狀態 · spiritual equilibrium)에 있습니다. 지옥은 사람의 발 아래에 있고, 천계는 그의 머리 위에 있습니다. 지옥에서 비롯된 것은 무엇이나 악하고, 거짓된 것이지만, 이에 반하여 천계에서 내려온 것은 무엇이나 선하고 참된 것입니다. 사람은 서로 반대되는 이들 둘 사이의 중간에 있기 때문에, 그리고 동시에 영적인 평형상태(spiritual equilibrium)에 있기 때문에, 사람은 이것이든 저것이든 자유의 상태에서 자기 스스로 선택할 수 있고, 적용할 수 있고, 그리고 자신의 것으로 전유(專有)할 수 있습니다. 만약에 사람이 악이나 거짓을 선택한다면 그는 자신을 지옥과 연결, 결합하는 것이고, 만약에 그가 선이나 진리를 선택하면 그는 자기 자신을 천계와 연결, 결합하는 것입니다. 이렇게 볼 때 명확한 것은, 악은 지옥에 속해 있고, 믿음은 천계에 속해 있다는 것입니다. 그러나 이들 양자는 동일조건(the same subject)에서는 결코 함께 존재할 수 없다는 것입니다. 그리고 동일한 사람에게서도 마찬가지입니다. 왜냐하면 그들이 함께 공존해 있다면 사람은 서로 다른 방향으로 끌려갈 것입니다. 그것은 마치 두 개의 밧줄이 그 사람을 묶어서, 하나는 위로, 다른 하나는 아래로 끄는 꼴일 것입니다. 그러므로 그 사람은 공중에서 매어달린 어떤 물건과 같은 꼴이 될 것입니다. 아니면 그는 마치 찌르레기와 같이 처음에는 위로, 뒤에는 아래로 나는 새와 같고, 그리고 그것은 앞에서는 하나님을 공경하고, 뒤에 가서는 악마를 공경하는 것과 같습니다. 이런 것이 곧 신성모독(神性冒瀆・profanation)이라는 것을 어느 누가 모르겠습니까? 마태복음서의 말씀입니다.

> 아무도 두 주인을 섬기지 못한다, 한쪽을 미워하고, 다른 쪽을 사랑하거나, 한쪽을 중히 여기고 다른 쪽을 업신여길 것이다. 너희는 하나님과 재물(=맘몬)을 함께 섬길 수 없다(마태 6 : 24).

악이 있는 곳에 믿음이 결코 없다는 것은, 아래와 같이, 다종다양한 비교들에 의하여 예증될 수 있겠습니다. 악은, 악에 속한 사랑(=애욕) 이외에 아무것도 아닌 지옥의 불(infernal fire)과 같은 하나의 불과 같습니다. 그 불은, 나무토막을 재로 만드는 것과 같이, 그것에 속한 모든 것을 재로 만드는 것과 같이, 믿음을 파괴하고, 그리고 믿음에 속한 것들을 모두 소멸시킵니다. 악은 어둠에 머무르고, 믿음은 빛에 머무릅니다. 악은 온갖 거짓들에 의하여 믿음을 소멸시키는데, 그것은 마치 어둠(darkness)이 빛을 소멸시키는 것과 같습니다. 악은 마치 검정색 잉크 같지만, 이에 반하여 믿음은 눈과 같이 희고, 그리고 깨끗한 물과 같습니다. 악은 믿음을 검게 하는데, 그것은 마치 흰 눈을 검게 하고 맑은 물을 더럽게 하는 것과 같습니다. 더욱이 악과 믿음에 속한 진리가 함께 결합한다는 것은, 마치 악취를 내뿜는 고약한 것과 향기 나는 것을 뒤섞는 것과 같고, 또한 오줌과 좋은 포도주를 섞는 것과 같습니다. 그리고 이들 양자는 살아 있는 사람과 악취 나는 시체가 한 침상에 있는 것을 제외하면 양자가 함께 있을 수 없는 것과 같고, 그리고 더욱이 이리를 양 우리에서 함께 살게 할 수 없는 것이나, 비둘기장에서 매가 함께 사육할 수 없는 것과 같고, 닭장에서 여우를 함께 키울 수 없는 것과 꼭 같습니다.

384. **(2) 비록 그들이 도덕적으로 살고, 심지어 믿음에 관해서 합리적으로 말하고, 가르치고, 저술을 한다고 하지만, 주님과 성언(=성경말씀·the Word)을 부인, 배척하는 자들은 기독교국가에 있다고 해도 결코 믿음을 가지지 못한다.**

이 명제는 앞서 언급된 것에서 얻어지는 결론이 되겠습니다. 왜냐하면 입증된 것은, 참 믿음과 유일한 믿음은 주님을 믿는 믿음이고, 주님에게서 비롯된 믿음이라는 것이고, 그리고 그분을 믿는 것이 아니고, 그분에게서 온 것이 아닌 믿음은 참 믿음도 유일한 믿음도 아니라는 것이었기 때문입니다. 그리고 또한 이러한 믿음이 아니면 그것은 영적인 믿음이 아니고, 다만 자연적인 믿음이라고 하였고, 그리고 단순한 자연적인 믿음은 그것 안에 믿음의 본질을 가지고 있지 않다는 것 역시 입증하였기 때문입니다. 더욱이 믿음은 성언(聖言·성경말씀·the Word)으로 말미암아 존재합니다. 그리고 믿음은 이외의 다른 근원에서 오는 것은 아닙니다. 그것은 성언이 주님에게서 오기 때문이고, 결과적으로는 주님 당신께서 성언 안에 계시기 때문입니다. 그러므로 주님께서 이렇게 말씀, 선포하십니다. 요한복음서의 말씀입니다.

> 태초에 말씀이 계셨다. 그 말씀은 하나님이셨다. 그는 태초에 하나님과 함께 계셨다(요한 1 : 1, 2)

여기에서 뒤이어지는 것은, 말씀(聖言·the Word)을 배척하는 사람은 역시 주님을 배척한다는 것입니다. 왜냐하면 이들 양자는 한 몸처럼 밀착

(密着)되어 있기 때문입니다. 그리고 또한 이들 양자—성언과 주님—를 부인, 배척하는 사람은 역시 교회를 그렇게 합니다. 그것은 교회가 말씀(聖言)을 통해서 주님에게서 왔기 때문입니다. 더욱이 교회를 배척하는 자들은 천계 밖으로 쫓겨나는데, 그것은 교회가 사람을 천계로 안내, 인도하기 때문입니다. 그리고 교회 밖으로 쫓겨난 자들은 역시 저주받은 무리들 가운데 있습니다. 그리고 이들은 결코 믿음을 가지고 있지 않습니다. 주님과 말씀(聖言)을 부인, 배척하는 자들은, 비록 그들이 도덕적으로 선하게 살고, 심지어 믿음에 관해서 합리적으로 말하고, 가르치고, 저술한다고 해도, 결코 믿음을 가지지 못합니다. 그것은 이런 부류는, 도덕적 영적인 생명(=삶·moral-spiritual life)은 가지고 있지 않고, 다만 오직 자연적인 생명(=삶·natural life)만 가지고 있기 때문입니다. 그리고 이런 부류는 합리적 영적인 마음(rational-spiritual mind)을 가지지 못하고, 다만 자연적인 마음만 가지고 있기 때문입니다. 그리고 단순히 자연적인 도덕성(natural morality)이나 자연적인 합리성(natural rationality)은 본질적으로 생명이 없는 죽은 것입니다. 그러므로 죽은 사람이 그러한 것과 같이 그것들 안에는 믿음이 결코 있지 않습니다. 그리고 자연적이고, 그리고 믿음에 관해서도 자연적인 사람은 죽은 사람과 같은데, 비록 이들이 믿음·인애·하나님에 관해서 말을 하고, 가르칠 수는 있지만, 그러나 그것은 믿음·인애·하나님에게서 비롯된 것은 아닙니다. 주님을 믿는 자들만이 오직 믿음을 갖는다는 것, 그리고 그 밖의 사람은 믿음을 가지지 못한다는 것은 아래의 장절들에서 명확합니다. 요한복음서의 말씀입니다.

> 아들을 믿는 사람은 심판(=정죄)을 받지 않는다. 그러나 믿지 않는 사람은 이미 심판을 받았다. 그것은 하나님의 독생자의 이름을 믿지 않았기 때문이다(요한 3 : 18).
> 아들을 믿는 사람에게는 영원한 생명이 있다. 아들에게 순종하지 않는 사람은 생명을 얻지 못한다. 그는 도리어 하나님의 분노를 산다(요한 3 : 36).
> (예수께서 말씀하셨다.) 그가 오시면, 죄와 의와 심판에 관한 세상의 그릇된 생각을 꾸짖어 바로잡아 주실 것이다. 나를 믿지 않는 것이 바로 죄라는 것을 말해 주실 것이다(요한 16 : 8, 9).

예수께서 유대 사람에게 말씀하셨습니다. 같은 책의 말씀입니다.

나는, 너희가 너희의 죄 가운데서 죽을 것이라고 말하였다. 내가 그이라는 것을 너희가 믿지 않으면, 너희는 너희의 죄 가운데서 죽을 것이다(요한 8 : 24).

그러므로 다윗은 이렇게 말하고 있습니다. 시편서의 말씀입니다.

"나 이제 주께서 내리신 칙령을 선포한다.
주께서 나에게 이르시기를
'너는 내 아들,
내가 오늘 네 아버지가 되었다.'"……
그의 아들에게 입맞추어라.
그렇지 않으면, 그가 진노하실 것이니,
너희가, 걸어가는 그 길에서 망할 것이다.……
주께로 피신하는 사람은
모두 복을 받을 것이다
(시편 2 : 7, 12).

교회의 마지막 때를 가리키는 시대의 종말(the consummation of age)에는 믿음이 전혀 없을 것이라는 것입니다. 그것은 주님을 하나님의 아들로, 그리고 천지의 하나님으로, 그리고 하나님과 한 분으로 믿는 믿음이 없을 것이기 때문인데 주님께서는 복음서들에서 예언, 말씀하십니다. 마태복음서의 말씀입니다.

그러므로 너희는 예언자 다니엘이 말한 바 "황폐하게 하는 가증스러운 물건이 거룩한 곳에 선 것"을 보거든,……그 때에 큰 환난이 닥칠 것인데, 그런 환난을 세상 처음부터 이제까지 없었고, 앞으로도 없을 것이다."……
"그 환난의 날들이 지난 뒤에,
곧 해는 어두워지고,
달은 빛을 내지 않고
별들은 하늘에서 떨어지고,
하늘의 세력들은 흔들릴 것이다."
(마태 24 : 15, 21, 29)

묵시록서의 말씀입니다.

천 년이 끝나면, 사탄은 옥에서 풀려 나서, 땅의 사방에 있는 민족들, 곧 곡과 마곡을 미혹하려고 나아갈 것입니다. 그리고 전쟁을 하려고 그들을 모을 것인데, 그들의 수는 바다의 모래와 같을 것이다(묵시록 20 : 7, 8).

주님께서 이것을 예견하셨기 때문에 이렇게 말씀하셨습니다. 누가복음서의 말씀입니다.

그러나 인자가 올 때에, 세상에서 믿음을 찾아볼 수 있겠느냐?(누가 18 : 8).

385. 아래의 영계 체험기들을 부가하겠습니다. 그 첫째입니다.
언젠가 천사가 내게 이런 말을 한 적이 있습니다. "만약에 그대가 인애가 무엇인지, 믿음이 무엇인지 알기를 원한다면, 따라서 인애에서 분리된 믿음이 무엇인지, 그리고 인애와 결합되었을 때, 그것이 무엇인지 알기를 원한다면, 내가 그것을 당신에게 명확하게 할 것입니다" 라고 말한 적이 있었습니다.
나는 "명확하게 해주시오" 라고 대답하였습니다.
그는 이렇게 말하였습니다. "믿음과 인애 대신에 빛(light)과 별(heat)을 생각하면, 그대는 명확하게 알 것입니다. 그것의 본질에서 믿음은 지혜의 진리(the truth of wisdom)이고, 본질적으로 인애는 사랑의 정동(the affection of love)입니다. 그리고 천계에서 지혜의 진리는 빛이고, 사랑의 정동은 별입니다. 천사들이 거기에서 사는 빛과 별은 본질적으로 다른 어떤 것이 아닙니다. 간단하지만 이것에서 귀하는, 인애에서 분리되었을 때의 믿음이 무엇인지, 그리고 인애와 결합하였을 때 믿음이 무엇인지 잘 알 수 있을 것입니다. 인애에서 분리된 믿음은 마치 겨울철의 빛(the light of winter)과 같고, 인애와 결합된 믿음은 봄철의 빛(the light of spring)과 같습니다. 겨울의 빛은 별(heat)에서 분리된 빛을 가리키는, 그것은 그것이 냉기(冷氣·cold)와 결합하였기 때문에 그 빛은 나무들에게서 그것들의 잎을 발가벗기고, 풀들을 죽이고, 땅을 딱딱하게 굳게 하고, 물을 꽁꽁 얼게 합니다. 그러나 별과 결합된 빛을 가리키는 봄철의 빛은 나무들로 하여금 새 순들을 나오게 하고, 그리고 그 때 꽃들이 나오게 하고, 종국에 열매를 맺게 합니다. 그것은 그와 같이 땅을 열고, 부드럽게 해서, 초목들이나 푸성귀들·꽃들·관목들을 자라게 합니다. 그리고 그것은 얼음을 녹이고, 그들의 샘에서 물이 흐르게 합니다.

[2] 자세히 보면 인애와 믿음도 꼭 같습니다. 인애에서 믿음이 분리되었을 때 믿음은 모든 것들을 죽이지만, 이에 반하여 인애와 결합된 믿음은 모든 것들을 살게 합니다. 살게 하고, 죽게 하는 이것은 우리의 영계에서 생생하게 보게 합니다. 그것은 여기서 믿음은 빛이고, 인애는 볕이기 때문입니다. 어디에서나 인애와 결합된 믿음이 있는 곳에서는 그 결합과 일치하는 본래의 매력(a native charm)과 더불어 낙원의 동산들, 꽃밭들·잔디밭들을 있게 합니다. 그러나 인애에서 분리된 믿음이 있는 곳에는 심지어 잡초도 없고, 그 곳을 푸르게 한다는 것은 가시덤불과 찔레들만 있습니다" 라고 하였습니다. 이 때 우리에게서 멀지 않은 곳에 몇몇 사제들(clergy men)이 있었는데, 그 천사는 그들을 가리켜, 오직 믿음(依唯信得義)에 의하여 의롭게 된 자들(justifiers)이나 성화된 사람들(sanctifiers)이라고 하였고, 그리고 그들은 신비적인 것들을 장사하는 자들(dealers)이라고 하였습니다. 우리는 그들에게 동일한 것들을 말하였고, 그리고 그들은 그들의 진리를 보여 줄 정도로 그것들을 아주 명료하게 하였습니다. 그러나 우리가 그들에게 그것이 정말 사실인지 아닌지를 물었을 때, 그들은 외면을 하였고, 그리고 "우리는 당신의 말을 듣지 않았소" 라고 말하였습니다. 그 때 우리들은 그들에게 "우리의 말을 다시 들어 주시오" 라고 소리 질렀습니다. 그들은 그들의 손으로 귀를 막고, "우리는 당신들의 말을 듣고 싶지 않소" 라고 소리쳤습니다.

[3] 이런 말을 들은 뒤, 나는 그 천사와 오직 믿음만이라는 것(依唯信得義)에 관해서 이야기를 하였습니다. 나는 그 믿음은 마치 겨울철의 빛(the light of winter)과 같다는 것을 생생한 경험에 의하여 알게 되는 은총이 나에게 주어졌다고 말하였습니다. 그리고 나는 천사에게 몇 년 동안 다종의 신념들에 속한 영들이 내 곁을 스쳐갔다는 것, 그리고 그 때마다 언제나 인애에서 믿음을 분리시키는 자들이 나에게 왔다는 것 그리고 이런 냉기(coldness)는 나의 수족을 엄습(掩襲)하였고, 그리고 점차적으로 나의 허리를, 그리고 종국에는 나의 가슴을 엄습하였다는 것,

그리고 그 때 나는 나의 몸의 전 생명력(vitality)이 거의 사라진 것 이외의 다른 것은 거의 알지 못하겠다는 것을 말하였습니다. 사실 이러한 일은, 만약에 주님께서 이런 영들을 몰아내 주시고, 나를 자유로운 상태로 구해 주시지 않았다면 그와 같은 끔찍한 일이 일어났을 것입니다. 그런데 나에게 아주 이상한 것은, 그들이 스스로 인정하고 있듯이, 이런 부류의 영들은 자신들에게는 냉기의 느낌(sense of coldness)을 전혀 느끼지 않는다는 것입니다. 그래서 나는 그들이 마치 얼음장 밑에서 사는 물고기들이라고 생각하였습니다. 그런 부류의 물고기들은 냉기의 감관을 전혀 가지고 있지 않은데, 그것은 그들의 생명이나, 그것에서 비롯된 그들의 성질이 본질적으로 차가운 것이기 때문입니다. 그 때 나는 이런 영들의 냉기가 그들의 믿음에 속한 얼빠진 빛(the fatuous light)에서 나왔다는 것을 밝게 깨달았습니다. 이와 같은 빛이나 냉기의 빛(cold light)은 해가 진 뒤, 한겨울 철에 습지나 유황분이 많은 곳들에서 일어나는 가끔 여행자들에게 목격(目擊)되는 그런 빛입니다.

이런 영들은 북녘의 그들의 장소에서 떨어져 나와서 바다에 떠돌아다니는 빙산에 비교될 수 있겠는데, 내가 그들에 관해서 들은 바를 말한다면 그들이 배에 가까이 왔을 때, 배 위에 있는 자들은 모두 추위에 떨기 시작한다는 것입니다. 그러므로 인애에서 분리된 믿음 안에 있는 영들의 무리들은 이런 빙산에 비교될 수 있겠는데, 만약에 여러분이 동의하신다면, 그들을 빙산들이라고 할 수 있다는 것입니다.

우리가 성경말씀에서 잘 알고 있는 것은 인애에서 떠난 믿음은 생명이 없는 죽은 것이라는 것입니다. 그러나 나는 그것의 죽음의 원인을 설명할 것입니다. 그것의 죽음은 추위에서 비롯된 것입니다. 그것은 혹한의 겨울에 추위로 죽은 새와 같다고 하겠습니다. 처음에는 그것의 시각(=눈들)이 얼고, 동시에 그것은 나는 힘을 잃습니다. 그리고 그 때 숨을 쉬는 기력을 잃고, 나중에는 나무에 머리를 쑤셔 박고 눈 속에 떨어져서 눈에 묻히게 됩니다.

386. 둘째 영계 체험기.

어느 날 아침 내가 잠에서 깨어났을 때 나는 천사 둘이 하늘에서 내려오는 것을 보았습니다. 하나는 천계의 남녘에서 내려왔고, 다른 하나는 동녘에서 내려 왔는데, 이들은 모두 백마(白馬)가 끄는 병거를 타고 있었습니다. 남녘 천계에서 온 천사가 탄 병거는 은빛 광채가 났고, 동녘 천계에서 온 천사가 탄 병거는 금빛 광채가 났습니다. 그들의 손에 잡혀 있는 고삐는 여명(黎明)에 타오르는 빛과 같았습니다. 따라서 이들 두 천사는 멀리 떨어진 것처럼 보였습니다. 그러나 그들이 나에게 가까이 왔을 때 그들은 병거들 안에 타고 있는 것으로 나타나지 않고 오히려 사람의 모습을 가리키는 그들 자신의 천사적인 모습으로 보였습니다. 천계의 동녘에서 온 천사는 광채 나는 짙은 자주 빛의 옷을 입고 있었습니다. 그리고 남녘에서 온 천사는 보라색의 옷을 입고 있었습니다. 그들이 천계들 아래에 있는 낮은 지역에 도착하였을 때, 그들은 마치 경쟁을 하듯이 달려가서 서로 포옹을 하고, 입을 맞추었습니다.

내가 두 천사들에 관해서 들은 것은, 그들이 그 세계에서 살 때 그들은 내면적인 우정(an interior friendship)에 의하여 결합되어 있었지만, 그러나 지금은 하나는 동녘 천계에, 다른 하나는 남녘 천계에 산다는 것입니다. 동녘 천계에는 주님에게서 비롯된 사랑 안에 있는 자들이 있고, 남녘 천계에는 주님에게서 비롯된 지혜 안에 있는 자들이 있습니다.

그들은 자신들의 천계에 있는 장엄한 것들에 관해서 한참 동안 서로 대화를 하고 있을 때 이런 관점이 그들의 대화에서 일어난 것인데, 그것은 곧 그것의 본질에서 천계는 사랑을 가리킨다, 천계는 지혜를 가리킨다는 것이었습니다. 그들은 그 각각이 서로 다른 것에 속해 있다는 것을 곧 동의하였습니다. 그러나 그들은 그 근원을 가리킨다는 그런 것에 관해서는 의문을 제기하였습니다.

[2] 지혜 의 천계에서 온 천사가 다른 천사에게 물었습니다. "사랑이 무엇입니까?" 그는 사랑이란 태양이신 주님 안에서 일어나는 것으로 그것은 사람들이나 천사들이 생명의 볕(the heating of life)이지요. 그리고 그 사랑에서 생겨난 파생들(the derivations of love)을 정동들(情動・affections)이라고 부르고, 그리고 그 정동들을 통해서 지각들(perceptions)이나, 따라서 생각들(thoughts)이 생성됩니다. 그리고 그것에서 비롯되는 것이 바로 그것의 근원 안에 있는 지혜가 사랑입니다. 결과적으로 그것의 근원 안에 있는 생각이 그 사랑에 속한 정동입니다. 그것들의 질서(=순서)에서 연구, 살펴 볼 때 이런 파생들에게서 우리가 밝히 알 수 있는 것은, 생각은 정동의 형체(a form of affection) 이외에 아무것도 아니라는 것입니다. 그리고 이것이 바로 생각들(=사상들)은 빛 안에 있고, 정동은 볕 안에 있다는 것을 알지 못하는 이유입니다. 그러

므로 사람들은 생각들(=사상들·thought)에 관해서 깊이 생각하지만 (reflect upon), 그러나 정동들에 관해서는 깊이 생각하지 못합니다. 생각(=사상)이 어느 누구의 사랑에 속한 정동의 형체(a form of the affections) 이외에 아무것도 아니라는 것은 사용하는 언어(speech)에서 명확하게 알 수 있는데, 그것은 소리의 단순한 형체와 같기 때문입니다. 그리고 더욱이 이와 같은 닮음은, 정동에 대응하는 소리의 음질(音質·tone)에서, 그리고 언어가 생각(=사상)에 대응한다는 음질에서 잘 알 수 있는데, 그러므로 여기서 얻는 사실은, 음질(tone)을 제공하는 것은 정동이고, 말을 하는 것은 생각이라는 것입니다. 이러한 사실은, 만약에 음질이 언어에서 제거되면 언어에 속한 무엇이 남는 것인지를 자문자답한다면 더욱 명료하게 될 것입니다. 그것은 역시 만약에 정동을 생각에서 제거한다면 생각에서 무엇이 남는지 자문하는 것도 마찬가지의 경우입니다. 이렇게 볼 때 명확한 사실은, 사랑이 지혜의 전부(the all of wisdom)라는 것, 결과적으로 천계에 속한 본질은 사랑이라는 것이고, 그리고 그것들의 존재(=실재·existence)는 지혜라는 것입니다. 역시 같은 말이지만, 천계는 그들의 존재(being)를 신령사랑(the Divine love)에서 취하고, 그것들의 존재(=실재·their existence)는 신령지혜를 통해서 신령사랑에서 취한다는 것입니다. 그러므로 앞에서 언급한 것과 같이, 양자, 즉 사랑과 지혜는 서로가 서로에게 속해 있다고 하겠습니다.

[3] 그 때 새로 당도한 신참 영(a newly arrived spirit)이 나와 함께 있었는데, 그 영이 이런 단평들(短評·remarks)을 듣고서, 인애는 정동에 속해 있고, 믿음은 생각(=사상)에 속해 있기 때문에, 인애와 믿음의 경우도 동일한 것인지를 물었습니다.

그 천사가 대답하였습니다. "그것은 아주 꼭 같습니다. 믿음은 인애의 형체(the form of charity) 이외에 아무것도 아닌데, 그것은 바로 언어(speech)가 소리의 형체(a form of sound)인 것과 꼭 같습니다. 더욱이 믿음이 인애에서부터 형성되는데, 그것은 마치 언어가 소리에서 형성되는 것과 같습니다. 천계에서 우리는 그것이 어떻게 형성되는지 잘 알고 있지만, 지금은 그것을 설명할 시간은 아니군요"라고 하였습니다.

그 천사는 여기에 부연해서, "여기서 내가 뜻하는 믿음은 영적인 믿음입니다. 그리고 그 믿음 안에는 인애를 통해서 주님에게서 온 생명(life)이 있고, 영(spirit)이 있는 영적인 믿음(spiritual faith)을 뜻합니다. 왜냐하면 인애는 영적이고, 믿음은 이 영적인 인애를 통해서 영적인 믿음이 되기 때문입니다. 그러므로 인애에서 이탈(離脫)된 믿음은 단순한 자연적인 믿음이지, 결코 영적인 믿음은 아닙니다. 이런 부류의 믿음은 생명이 없는 죽은 믿음입니다. 왜냐하면 단순한 자연적인 정동과 결합된 믿음은 사실은 욕망이나 탐욕(lust) 이외에 아무것도 아니기 때문이지요." 라고 말하였습니다.

[4] 천사들은 이런 것들에 관해서 영적으로 말하는데, 그리고 영적인 언어(spiritual language)는, 자연적인 언어(natural language)는 도저히 표현할 수 없는, 수천의 것들을 내포(內包), 품고 있습니다. 더욱이 놀라운 사실은 그것이 자연적인 생각의 개념들 속에 들어올 수 있다는 것입니다.

이런 대화를 나눈 뒤에, 그 천사는 거기를 떠났습니다. 그 때 그들의 머리 위에 별들이 나타났는데, 그것은 각자의 천계를 알리는 것이기 때문에 그들은 그 별을 따라서 떠나갔습니다. 그 때 그들은 나에게서 좀 떨어졌을 때인데, 그들은, 앞에서와 같이, 병거들을 타고 있는 모습으로 나타났습니다.

387. 셋째 영계 체험기.

이들 두 천사들이 시야에서 사라졌을 때 나는 오른쪽에 있는 동산을 보았습니다. 거기에는 올리브 나무・무화과 나무・월계수・종려 나무들이 그것들의 대응에 맞추어서 질서 정연하게 줄지어 있었습니다. 나는 여기저기를 둘러보았습니다. 그 나무들 사이에는 서로 대화하면서 거닐고 있는 천사들과 영들이 보였습니다. 그 때 어떤 천사적인 영이 나를 보았습니다. 이들은 곧 영들의 세계에서 천계를 향해 준비 중에 있는 천사적인 영들이라고 불리우는 무리였습니다.

이 영이 그 동산에서 나에게 오더니, "나와 같이 우리들의 낙원(paradise)으로 함께 가시지요. 귀하께서는 놀라운 것들을 듣고, 볼 것입니다" 라고 말하였습니다.

나는 그와 함께 갔습니다. 그는 나에게, 이 밖에도 다른 수많은 자들이 있겠지만, "지금 귀하께서 보고 있는 자들은 진리에 속한 사랑 안에 있는 자들이고, 그리고 그것에서 비롯된 지혜의 빛 가운데 있는 자들입니다. 여기에는 궁전(palace)이 있는데, 우리는 그 궁전을 가리켜 '지혜의 궁전'(the Temple of Wisdom)이라고 부르지요. 그러나 자기 자신이 정말로 지혜롭다고 믿는 사람은 어느 누구도 그것을 볼 수가 없습니다. 그런데 하물며 자기는 매우 지혜롭다고 믿는다든지, 아니면 자기 자신은 자기 자신으로 말미암아 그렇다고 믿는 자들이야 어떠하겠습니까?" 이것이 그런 부류의 인물들이 순수한 본연의 지혜에 속한 사랑에서 비롯되는 천계의 빛을 영접, 수용하는 상태 안에 있지 못하는 이유입니다. 사람에게서 본연의 지혜는, 사람이 알고 있고, 이해하고 있고, 그리고 슬기로운 것 안에 있다고 하는 것이 무엇인지 천계의 빛에서 보고 아는 지혜를 가리킵니다. 그러나 이러한 사실은 그것을 알지도 못하고, 이해하지도 못하는, 그리고 그가 그것 안에서 지혜롭지도 않는 것에 비교될 수 있는데, 그것은 마치 망망대해에게 작은 물방울을 비교하는 것과 같고, 결과적으로는 거의 아무것도 아니라고 하는 것에 비교되겠습니다. 이 낙원의 동산 안에 있고, 그리고 자기 자신의 지혜는 상대적으로 지극히 작은 보잘 것 없는 것이라고 자신 안에서 깨닫는 지각이나 그것을 보는 양자로부터 시인하는 사람은 지혜의 성전(Temple of Wisdom)을 봅니다. 왜냐하면 그 사람으로 하여금 그것을 보게 하는 것은 사람의 마음 안에 있는 내적인 빛(the inner light)이지, 결코 내적인 빛에서 이탈한 외적인 빛(the outer light)은 아니기 때문입니다.

[2] 그러므로 그 때 내가 자주 생각하였기 때문에, 그리고 내가 시인할 수 있었던 것은, 처음에는 지각에서 비롯된 지식에서, 그리고 나중에는 내적인 빛(inner light)에서 시인할 수 있었는데, 그것은 사람이 거의 지혜를 가지지 못한다는 것인데, 보십시오, 그 성전을 보는 일이 나에게 허락, 주어졌습니다. 형체에서 그것은 아주 놀랍고, 이상한 것이었습니다. 그것은 지면에서 아주 높이 우뚝 솟아 있고, 그리고 정방형(正方形)이었고, 벽은 모두 수정으로 되어 있었고, 지붕은 투명한 벽옥으로 된 우아한 아치형이었습니다. 그리고 초석들은 다양한 종류의 보석들로 되어 있었습니다. 위로 올라가는 계단들은 광채가 번쩍이는 줄마노(瑪瑙·alabaster)로 되어 있었습니다. 그리고 계단의 양편은 사자들이나 사자 새끼들의 형상들로 장식되어 있었습니다.

그 때 나는 내가 그것 안으로 들어갈 수 있는지를 물었습니다. 내게 일러진 것은 그것이 허락된다는 것이었습니다. 그래서 나는 계단을 통해서 위로 올라갔고, 그리고 내가 안으로 들어갔기 때문에, 나는 지붕 아래에서 날고 있는 그룹들의 모양들(cherub-like flying)을 보았지만, 그러나 그것들은 곧 사라졌습니다. 내가 그 위를 걷고 있는 바닥은 백향목(cedar)으로 만들어졌습니다. 천정이나 벽들이 투명하기 때문에 성전 전체는 빛의 모양으로 지은 것 같았습니다.

[3] 천사적인 영이 나와 같이 들어갔습니다. 나는 그 영에게 두 천사들에게서 사랑과 지혜에 관해서, 그리고 인애와 믿음에 관해서, 들은 것을 물었습니다. 그 천사는 "그들은 셋째 것에 관해서는 말하지 않았습니까?"라고 말하였습니다. 나는, "셋째 것이 무엇입니까?"라고 물었습니다. 그는, "선용에 속한 선"(the good of use)입니다. 선용의 선에서 이탈한 사랑이나 지혜는 별것 아닙니다. 그것들을 그저 단순한 개념적인 실체들(merely ideal entities)이고, 그리고 그것들이 선용의 상태에 존재할 때 그것들은 실제적인 실체들이지요. 왜냐하면 이들 사랑·지혜·선용(use)은 서로 분리될 수 없는 삼자들입니다. 만약에 이것들이 분리된다면 그것들의 값은 아무것도 아닙니다. 지혜에서 떠난 사랑 역시 아무것도 아닙니다. 그러나 선용은 지혜 안에서는 어떤 것에 대한 형체를 취합니다. 그리고 무엇인가를 위해 어떤 형체를 취하는 것이 선용입니다. 따라서 지혜에 의하여 사람이 선용 안에 있을 때 그것은 사실적인 것입니다. 왜냐하면 그것은 실제적으로 존재하기 때문입니다. 이런 관계는 목적(目的·end)·원인(原因·cause)·결과(結果·effect)에서도 꼭 같습니다. 목적은 만약에 원인을 통해서 결과 안에 있지 않다면, 아무것도 아닙니다. 만약에 이것들 중에서 어느 것 하나라도 소멸, 사라진다면, 그것 전체가 소멸되는 것이고, 그리고 역시 아무것도 아닌 것(nothing)이 되는 것입니다.

[4] 역시 이런 관계는 인애·믿음·선용에서도 꼭 같습니다. 믿음에서 분리된 인애는 아무것도 아니고, 그리고 인애에서 분리된 믿음 역시 아무것도 아니고, 그리고 일들(=선행들·works)에서 이탈한 인애나 믿음도 아무것도 아닙니다. 그러나 그것들이 일들(works) 안에 있을 때 그것은 무엇이 될 수 있는 것이고, 그것은 바로 일들에 속한 선용(the use of the works)이 되는 것입니다. 그리고 정동·생각(thought)·운영(運營·operation)에게서도 마찬가지이고, 그리고 의지·이해·행위(行爲·action)에게서도 마찬가지입니다. 왜냐하면 이해에서 이탈한 의지는 시각에서 이탈한 눈(目)과 같고, 그리고 행위에서 이탈한 양자―의지와 이해―는 몸에서 이탈한 마음과 같기 때문입니다. 이것이 사실이라는 것

은 이 성전 안에서 명료하게 볼 수 있었는데, 그것은 지금 우리가 있는 빛은 마음의 내면적인 것들에게 빛을 비추는 빛이기 때문입니다.

[5] 만약에 삼 겹, 즉 삼일성(三一性·trine)이 없다면 완전한 것이나 완벽한 것은 전혀 없다고 하겠는데, 이러한 것은 역시 기하학(幾何學·geometry)이 가르치고 있습니다. 왜냐하면 선(線)은, 만약에 그것이 면(面·surface)이 되지 않는다면, 아무것도 아니기 때문이고, 면(面)은, 그것이 입체(立體·solid)가 되지 않는다면 아무것도 아니기 때문입니다. 그러므로 이들 삼자가 실제(=존재·existence)를 가지기 위해서는 반드시 하나가 다른 하나로 변하여야 합니다. 그리고 그 상자들은 제 삼의 것에서 공존(coexistence)을 갖습니다. 공존이 이런 것 안에 있기 때문에, 그러므로 공존은 창조된 개별적인 것이나 전체적인 것들 안에 있습니다. 그리고 그것들은 제 삼의 것(a third)에서 종결됩니다. 이런 사실에서 얻는 것은 성경말씀에서 숫자 삼(三·three)은 완전한 것이나 전체적인 것을 뜻한다는 것입니다. 이것이 사실이기 때문에, 내가 의심할 수밖에 없는 것은 어느 누구는 오직 믿음만을 주장한다는 것이나, 어느 누구는 오직 인애만을 주장한다는 것이나, 어느 누구는 오직 일들(=선행들·works)만을 주장하지만, 그럼에도 불구하고 그 때 전자(one)가 둘째(the second)에서 이탈한다면, 또는 양자가 셋째(the third)에서 이탈한다면 이들 삼자들은 아무것도 아니기 때문입니다" 라고 대답하였습니다.

[6] 그러나 나는 그 때 이렇게 물었습니다. "아직 행위가 없는데, 사람은 인애와 믿음을 가질 수 있습니까? 사람은 어떤 것에 대한 사랑을 가질 수 없고, 그리고 그것에 관해서 어떤 생각도 가질 수 없는 것이고, 그런데 어떻게 행위에게로 나갈 수 있겠습니까?"

천사는 나에게 이렇게 대답하였습니다. "사람은 실제적으로는 할 수 없지만, 다만 개념적으로는 가능하지요. 사람은 반드시 무엇을 하고자 하는 애씀이 있어야 하고, 그리고 무엇을 성취하고자 하는 의욕이 있어야 합니다. 어떤 의지나 애씀 자체가 그것 자체로 행위입니다. 그것은 곧 행하고자 하는 계속적인 노력이기 때문입니다. 그 결과가 원했던 것에 이르게 되었을 때 그것은 외적인 것들 안에 있는 행위가 되는 것입니다. 그러므로 애씀(=노력)이나 바람(will)은, 내적인 행위이기 때문에, 모든 현명한 사람은 그것을 그것들로 수용합니다. 왜냐하면 하나님께서는 마치 외적인 행위로 꼭 같이, 그것을 수용하시기 때문입니다. 그리고 기회가 주어졌을 때에는 거기에 실패는 없기 때문이지요"라고 하였습니다.

388. 넷째 영계 체험기.

나는 묵시록서에서 "용"이 뜻하는 어떤 자들과 대화를 한 적이 있습니다. 그들 중의 하나는 이렇게 말하였습니다. "나와 같이 가시죠. 나는 우리들의 눈이나 마음의 기쁨들을 귀하에게 보여 드리겠습니다."

그는 나를 인도해서, 울창한 숲을 지나서 언덕의 정상에 안내하였습니다. 그 정상에서 그는 용의 추종자들의 기쁨을 증거할 수 있을 것입니다. 나는 거기서 원형 모양의 극장을 보았는데, 그 극장은 정면에서 점차적으로 뻗어 나가게 배열된 둥근 모양의 좌석들이 있었고, 그 좌석에는 많은 관람객들이 앉아 있었습니다. 가장 낮은 좌석에 앉아 있는 관람객들은 멀리에서 보기에는 마치 그리스 신화의 반인반수(半人半獸·satyrs)나 남근(男根) 숭배의 신 프리아피(priapi) 같이 보였습니다. 그들 중에 몇몇은 얇은 옷을 걸치고 있었고, 어떤 자들은 전신이 벌거벗은 나체였습니다. 그리고 이들 좌석 보다 조금 높은 곳에는 그들의 몸매나 행동에서 볼 때 그들은 음란한 자들이나 창녀들 같이 보였습니다.

그 때 용 추종자가 나에게 말을 하였습니다. "지금 귀하께서는 우리의 유희를 보실 것입니다." 그러나 내가 목격한 것은 마치 원형의 투기장(the arena of the circus)에 몰아넣는, 말하자면 송아지들·숫양들·어린 양들·새끼 염소들·양들 같이 보였습니다. 이런 것들이 모여들자, 투기장의 문이 열렸고, 그러자 젊은 사자들·표범들·호랑이들·늑대들이 미친 듯이 달려들었고, 그리고 가축들을 불이 나게 공격하여, 그것들의 몸통을 갈기갈기 찢었고, 그것들을 무참하게 죽였습니다. 이와 같은 피의 살육이 있은 뒤, 그 반인반수의 새터들은 살해된 땅바닥에 모래를 뿌렸습니다.

[2] 그 때 용 추종자가 나에게, "이것이 바로 우리의 마음을 기쁘게 하는 우리의 유희입니다"라고 말하였습니다.

나는 대답해서, "이 더러운 악마 같으니, 썩 꺼져라! 조금 뒤에 이 원형극장이 불과 유황의 못으로 바뀌는 것을 볼 것이다"라고 소리를 질렀습니다.

이런 일이 있자 그는 웃으면서 어디론가 사라졌습니다. 그 뒤 나는 주님께서 이런 일을 허용하신 이유가 무엇인지 나 자신에게 묻고, 생각하였습니다. 내가 내 마음에서 그 대답을 얻은 것은, 이런 영들의 세계에 머물러 있는 동안에는 허용되지만, 그러나 그들의 세상이 끝이 나면 이와 같은 극장의 광경은 지옥적인 공포로 바뀐다는 것이었습니다.

[3] 눈에 드러난 이런 모든 것은 온갖 거짓들에 의한 용의 추종자에 의하여 꾸며낸 것들입니다. 따라서 사실 거기에는 송아지들·숫양들·어린 양들·새끼 염소들 따위는 전혀 없었고, 다만 그들이 미워하는 교회에 속한 본연의 선들이나 진리들을 그렇게 눈에 보이도록 꾸민 것입니다. 여기서 사자들·표범들·호랑이들·늑대들은 새터(satyrs·반인반수)·프리아피(=남근 숭배 신·priapi)처럼 보이는 자들의 온갖 정욕들의 외현들을 가리킵니다. 반드시 감추어야 할 부위에 가리개가 없다는 것은 악이 하나님의 시야에 나타나지 않는다고 믿는 자들을 가리키고, 이에 반하여 치부(恥部)를 가리개로 가리운 자들은 만약에 그들이 믿음을 가지고 있으면 영벌이 면죄된다고 믿는 자들을 가리킵니다. 색골들(the whoremongers)이나 창녀들은 성경말씀에 속한 진리들의 위화(僞化)들을 가리킵니다. 왜냐하면 간음이나 간통은 진리의 위화를 뜻하기 때문입니다. 영계에서 모든 것들은 먼 거리에서는 대응에 일치하여 자신들의 모습을 드러냅니다. 그리고 그것들이 어떤 형체들이나 모습으로 나타날 때에 그것들은 자연적인 것들과 닮은 대상물들 안에 있는 영적인 것들의 표징들이라고 불리웁니다.

[4] 이런 일이 있은 뒤 그들이 숲에서 빠져나가는 것을 보았습니다. 그 용의 추종자는 새터들이나 프리아피에 에워싸여서, 그리고 그들 뒤에는 색골들과 창녀들인, 그들의 똘마니들(camp-fallowers)이 따르고 있었습니다. 그 무리는 길을 가는 도중에 점점 더 크게 불어났습니다. 그 때 나는 그들이 서로 주고받는 말을 들었습니다.

그들이 하는 말은, 그들은 한 초원에 어린 양들과 같이 있는 양들의 무리를 보았다는 것이고, 그리고 이런 광경은, 멀지 않은 곳에 인애가 으뜸이라고 하는 예루살렘의 성읍들 중의 하나가 있다는 증표라고 하였습니다. 그리고 그들은, "우리 그리로 가서, 그 도시를 약탈, 점령해서, 거기의 주민들을 내쫓고, 그들의 재산을 모두 빼앗았습니다"라고 말하였습니다.

그들은 그 도시에 근접하였습니다. 그러나 그 도시 주위에는 성벽이 있었고, 그 성벽 위에는 파수를 보는 천사가 있었습니다.

그 때 그들은 "우리 술책(術策·stratagem)을 꾸며서 그 도시를 빼앗지요. 자, 검은 것을 희다고, 흰 것을 검다고 할 수 있는, 아주 말을 잘하는 언변(言辯)이 능한 그가 말한 것은 무엇이나 그렇다고 만드는, 그런 자들 몇을 보내자" 하였습니다. 그들은 이상적인 낱말들을 전문 용어들로 바꿀 수 있고, 그리고 이런저런 비형식적인 것들을 형식적인 표현 하에 숨길 수 있는, 그리고 날개 아래에 먹이를 감춘 새매 같이 날아가듯 하는 탁상공론에 통달한 한 사람을 선발했습니다. 그는 그 시민들에게 무엇을 말할 것인지 교육을 잘 받았고, 그리고 그들이 종교적으로 성읍 사람들과 같은 동료들이라는 것과 그리고 그래서 그 도성에 들어가기를 원한다는 것도 잘 훈련을 받았습니다.

그는 성문으로 가서, 문을 두드렸습니다. 그러자 성문이 열렸습니다. 성문이 열렸을 때 그는 이 도성의 가장 현명한 분과 대화를 하고 싶다는 말을 전하였습니다. 그는 그 문을 통과하였고, 그리고 어떤 사람에게 안내되었습니다. 그 때 그는 그 사람에게 이런 내용의 말을 전하였습니다. "지금 내 형제들이 성 밖에 있는데, 성에 들어오기를 간청하고 있습니다. 그들은 종교적으로 귀하와 같은 동료입니다. 귀하와 같이 종교의 두 본질적인 것인, 믿음과 인애를 철석 같이 믿고 있습니다. 한 가지 차이가 있다면, 귀하께서는 인애가 으뜸이고, 그리고 믿음은 그것에서 온다고 하시지만, 이에 반하여 우리는 믿음이 으뜸이고, 인애는 그것에서 온다고 말하는 것뿐입니다. 만약에 이둘 양자가 하나라고 믿는다면 으뜸이라고 하는 것에 무엇이 문제입니까?" 라고 하였습니다.

[5] 그 도시의 현명한 사람(賢人)은 이렇게 대답하였습니다. "이 사안은 우리끼리 말할 사안이 아니군요. 그러니 조정자들(arbiters)이나 심판자들(judges)이 될 수 있는 다른 여러 사람들의 입회에서 말을 나누지요. 그렇지 않으면 우리는 어떤 결론에 도달하지 못할 것입니다" 라고 하였습니다. 그 즉시 어떤 자들이 용의 추종자 앞에 호출되었습니다.

그 때 현명한 시민이 대답하였습니다. "우리가 말한 내용은 만약에 이들 두 요소가 교회와 그 교회의 종교를 구성하는 것이라고 동의한다면, 인애가 교회의 첫째 원칙(=요소·the first principle)이라고 생각해야 하는지, 또는 믿음이 그것의 첫째 원칙인지 서로 의논하였습니다. 그러나 여기에는 차이가 있는데, 그것은 선행하는 것(the prior)과 후래하는 것(the posterior)의 차이이고, 원인과 결과의 차이이고, 본질적인 것과 형식적인 것의 차이입니다. 우리는 이런 용어들(terms)을 사용하는데, 그 것은 내가 여러분이, 소위 언변이 능한 자(=발뺌하는 기술·중얼거림· mussitatio)라고 하기도 하고, 또는 마법이나 요술(sorcery)이라고 부르는 기술을 가리키는, 형이상학의 궤변술(the art of metaphysics)을 습득 하였다는 것을 지적하려는 것 때문입니다. 그러나 우리 다 같이 그런 용어들을 떠나서 말해 봅시다. 그 차이는 마치 위의 것과 아래 것의 차이와 같고, 그리고 또한 여러분께서 그것을 믿는다면, 그것은 마치 이 세상의 높은 영역에 사는 사람들의 마음과 낮은 영역에 사는 사람들의 마음 사이의 차이와 같습니다. 왜냐하면 중요한 것(primary)은 머리와 가슴을 형성하고, 그것에서 비롯된 이차적인 것은 발이나 발바닥을 형성하기 때문입니다. 그러나 우리가 먼저 알아야 할 것은, 인애가 무엇이고, 믿음이 무엇인지, 다시 말하면 구원과 영생이 목적인 하나님의 목적을 위하여 이웃에게 선을 행하는 사랑의 정동(affection of the love of doing good)이 인애라는 것이고, 그리고 믿음은 구원과 영생이신 하나님에 대한 신뢰(信賴·trust)에서 파생된 사상(=생각·thought)이라는 것에 대하여 서로 동의하는지 여부를 밝히 아는 것이 우선이라고 하겠습니다"라고 하였습니다.

[6] 그 밀사(密使)는 대답하였습니다. "내가 주장, 동의하는 것은, 이것이 믿음이고, 그리고 인애는 하나님의 목적을 위해서 이것을 행하는 정동이라는 것입니다. 그것은 하나님께서 그것을 행하도록 명령하셨기 때문이지, 그러나 구원이나 영생의 목적 때문은 아니기 때문입니다"라고 하였습니다.

이와 같은 동의와 불일치의 논쟁이 있은 뒤, 도시의 현자는, "정동, 즉 사랑은 으뜸이고, 그리고 생각은 그것에서 파생된 것 아닙니까?"라고 말하였습니다.

그러나 용의 추종자의 사자(使者)는 "나는 그것을 부인합니다"라고 말하였습니다.

다른 자가 대답하였습니다. "귀하는 그것을 부인하실 수 없습니다. 사람은 누구나 그 어떤 사랑으로 말미암아 생각하지 않습니까? 사랑을 제거한다면, 그는 무엇을 생각할 수 있겠습니까? 그것은 말(言語)에서 소리를 제거하는 것과 아주 꼭 같은 것입니다. 만약에 그렇게 한다면 어느 누가 말을 할 수 있겠습니까? 더욱이 소리는 사랑에 속한 몇몇 정동들에 속해 있고, 이에 반하여 언어는 생각에 속해 있습니다. 왜냐하면 사랑은 소리를 내는 것이고, 생각은 말을 하는 것이기 때문입니다. 그것은 마치 불꽃(flame)과 빛과 같습니다. 만약에 불꽃을 제거한다면 빛은 소멸, 죽어 버리는 것 아닙니까? 인애의 경우나 믿음의 경우도 꼭 같습니다. 그것은 인애가 사랑에 속해 있기 때문입니다. 따라서 일차적인 것(=중요한 것)은 이차적인 것 안에 있는 전부(the all)라는 것, 따라서 불꽃과 빛과 같다는 것을 귀하께서는 이해할 수 있습니까? 이상에서 볼 때 명확한 것은, 만약에 귀하께서 일차적인 것을 이차적인 것으로 여기지 않는다면 귀하는 아주 딴 세상에 있는 것입니다. 결과적으로 만약에 귀하께서 차석(次席)에 속한 믿음을 상석(上席)에 둔다면 귀하께서는 언제나 천계에서는 발은 위를 향하고, 머리는 아래를 향한 도립된 사람(=물구나무 꼴의 인간·도치인간·倒立·倒置人間·a inverted man)으로 나타날 것이고, 또는 손바닥이 발이 되어 도립(倒立)해서 걷는 체육 선생이나 운동선수와 같은 모습으로 나타날 것입니다. 만약에 천계에서의 귀하의 모습이 이런 것이라면, 행위 안에 있는 인애를 가리키는, 마치 체육교사가 손을 그의 발처럼 물구나무서듯 거꾸로 서서 하는 것을 제외하면 온갖 종류가 귀하의 선행들일 것입니다. 그것은 그가 그런 모양으로 걸을 때 그의 손을 사용할 수 없기 때문입니다. 그러므로 거꾸로 된 인애를 가리키는 귀하의 인애는 결코 영적인 것은 아니고, 다만 자연적일 뿐입니다" 라고 하였습니다.

[7] 그 사자(使者·emissary)는 이것을 이해하였습니다. 왜냐하면 모든 악마는, 그가 진리를 들었을 때 그 진리를 이해할 수 있기 때문입니다. 그러나 악마는, 본질적으로 육에 속한 정욕을 가리키는, 악에 대한 정동(=애욕·affection for evil) 때문에, 그것을 계속해서 가지고 있을 수 없기 때문입니다. 그리고 그와 같은 정욕이 그 자리를 차지하게 되면 그것은 진리에 속한 생각을 추방하기 때문입니다.

그 때 그 성의 현자는, 믿음이 단순한 자연적인 것을 으뜸으로 여기는 것으로 수용되었을 때, 그 믿음은 영적 생명이 없는 단순한 종지(宗旨·a persuasion)이지, 따라서 결과적으로는 결코 진정한 믿음이 아니라는 것을 여러 가지 방법으로 제시, 입증하였습니다. 그리고 여기에 더 부연해서 "내가 여기서 말할 수 있는 것은 귀하의 믿음 안에는 마치 몽골 제국에 관해서, 거기에 있는 다이아몬드 광산이나, 많은 재물이나, 또는 그 제왕의 왕실의 재물들에 관한 생각 안에 있는 것 이상으로 결코 영성(spirituality)이 없는 것과 같다고 단언할 수 있겠습니까?"라고 말하였습니다.

그 용의 추종자가 이런 말을 들었을 때 화가 치밀었고, 거기를 떠났고, 그리고 그 성 밖에 있는 그의 동료들에게 이런 내용을 보고하였습니다. 그의 동료들이 인애는 구원하는 영생을 목적해서 이웃에게 선을 행하기를 사랑하는 것에 속한 정동을 가리킨다는 설명을 들었을 때 그들은 모두 큰 소리로 "그것은 새빨간 거짓말이다"라고 외쳤습니다. 그 용의 추종자는 혼자 중얼 거렸습니다. "이 얼마나 터무니없는 짓인가! 인애에 속한 선행들은, 비록 구원을 목적해서 그런 일을 하였다고 해도 그것은 공로의 치적(治績)이지, 무슨 의미나 값이 있다는 것인가?"라고 말하였습니다.

[8] 그 때 그들은 어떤 다른 사람에게 "우리 다 같이 우리의 백성들을 더 불러 모읍시다. 그리고 이 성을 에워싸고, 공격하여 인애를 옹호하는 자들을 성에서 추방합시다"라고 말하였습니다.

그러나 그들이 그런 일을 하려고 할 때, 어쩐 일입니까! 그들을 불살라 버리는 불이 하늘에서 내려왔습니다. 그러나 하늘에서 내려온 불은 그 도시에 있는 자들에 대하여 분노하고 미워하는 자들의 외현(=겉모습)이었습니다. 왜냐하면 믿음을 상석(上席)에서 차석(次席)을 내쫓은 자들이기 때문이고, 그리고 심지어 가장 말석으로 쫓아버린 장자들이기 때문입니다. 왜냐하면 그들은, 이런 믿음은 결코 진정한 믿음이 아니라고 주장하였기 때문입니다.

그들은 그 불과 더불어 소멸(燒滅)되었습니다. 그것은 그들의 발 아래에 있는 지옥이 활짝 열려서 그들을 모두 삼켜버렸기 때문입니다. 교회의 마지막 때를 가리키는 마지막 심판의 때에는 수많은 곳에서 이와 비슷한 일들이 일어날 것인데, 그런 일이 바로 묵시록서의 아래 장절들이 뜻하는 내용입니다. 묵시록서의 말씀입니다.

(사탄은 옥에서 풀려나서) 땅의 사방에 있는 민족들, 곧 곡과 마곡을 미혹하려고 나아갈 것입니다. 그리고 전쟁을 하려고 그들을 모을 것인데, 그들의 수는 바다의 모래와 같을 것입니다. 그들은 지면으로 올라와서, 성도들의 진과 하나님께서 사랑하시는 도시를 둘러쌓습니다. 그러나 하늘에서 불이 내려와

서, 그들을 삼켜 버렸습니다(묵시록 20 : 8, 9).

389. 다섯째 영계 체험기.
한번은 천계에서 영들의 세계(the world of spirits)에 있는 한 도시에 종이 한 장이 내려오는 것이 보였습니다. 그 도시에는 교회의 중요 인물들이나 장로들을 보좌하는 자들과 함께 그 교회의 감독 두 분이 있었습니다. 그 종이에는, 주님께서 친히 가르치신 것과 같이(마태 28 : 18), 천지(天地)의 하나님으로서 주님 예수 그리스도를 시인할 것을 그들에게 당부하는 간곡한 당부 말씀(an exhortation)이 담겨 있었습니다. 율법에 속한 행위(the work of the law) 없이 의롭게 된다는 이른바 의유신득의(依唯信得義)의 교리(the doctrine of faith justifying without the work of the law)가 크게 잘못된 오류들이기 때문에 그 교리에서 물러날 것을 간곡히 당부하는 말씀이 담겨 있었습니다. 이 종이는 여러 장으로 복사되어, 수많은 사람들이 읽었습니다. 그리고 수많은 사람들이 그 글에 담겨 있는 내용에 관해서 깊이 생각하고, 그리고 바른 판단을 가지고 서로 대화를 하였습니다.
그러나 그 종이를 받자, 그들은 서로서로 "감독님들이 무엇이라고 말씀하시는지 그분의 말씀을 들어봅시다" 라고 말하였습니다.
그리고 그 감독들이 하는 말을 경청하였습니다. 그리고 그들은 그 감독들의 말에 불만을 토로하였고, 그 말을 비난하였습니다. 왜냐하면 그 도시의 감독들은 전 세상에서 주입, 물든 온갖 거짓들에 의하여 마음이 몹시 굳어져 있기 때문입니다. 그러므로 서로 각자의 간단한 협의가 있은 뒤 그들은 그 종이가 왔던 천계에 다시 보냈습니다.
이런 일이 있었을 때, 그리고 약간의 불평조의 잔소리가 있을 때, 대부분의 평신도들은 자신들의 종전의 동의를 철회하였습니다. 그 때 그 전에 밝게 빛났던 그들의 영적인 것들의 판단에 속한 빛이 갑자기 사라져 버렸습니다. 다만 특별한 의미 없이 이런저런 훈계가 끝이 난 뒤, 매우 깊어서 내가 볼 수 없을 정도로 그 도시는 아래로 가라앉는 것을 목격하였습니다. 따라서 이러한 일은 오직 믿음에 의한 칭의를 싫어하는 자들을 가리키는 오직 주님만을 예배하는 자들의 시야에서 사라졌다는 것을 뜻합니다.
[2] 몇 날이 지난 뒤, 나는 그 사회가 가라앉은 낮은 땅(the lower

earth)에서 거의 백 여 명의 사람들이 올라오는 것을 보았습니다. 그들은 나에게 가까이 왔고, 그리고 그들 중의 하나가, "아주 놀라운 일을 들어 보세요. 우리에게는 마치 높지 않게 보이는 한 장소에서 내려앉았습니다. 그러나 그곳은 마른 땅이 되었습니다. 그 때 그것은 작은 마을이었고, 우리는 그 마을에서 각자의 집을 갖게 되었습니다. 하루가 지난 뒤, 우리는 거기에서 무엇을 해야 하는지 서로 의논을 하였습니다. 대부분의 사람들은 이와 같은 일은 우리가 저지른 천계에서 보내졌던 그 종이를 되돌려 보냈기 때문에, 그 교회의 두 감독들에게 가볍게 꾸짖어 주기를 간청하자는 것이었습니다. 그래서 그들은 그 감독들에게 보낼 어떤 사람을 선발하였습니다. 나와 같이 말을 한 사람은 그 선발된 자들 중의 하나가 자신이라고 하였습니다. 지혜의 면에서 다른 사람에 비하여 뛰어난 사람이 그 감독들에게 이렇게 말하였습니다. '우리는 우리에게 있는 교회나 종교가 다른 사람의 그것들에 비하여 뛰어나다고 믿습니다. 우리는 우리가 들은 바가 있기 때문에 우리는 특히 복음의 빛(the light of the Gospel) 가운데 있다고 말합니다. 그러나 우리 중의 어떤 사람은 첨계로부터 조요(照耀)를 받았다고 하면서 오늘날 기독교계에는, 거기에 종교가 없기 때문에 더 이상 교회가 없다' 라는 것이 그의 계시 받은 조요라고 말합니다.

[3] 그 감독들은 '당신은 지금 무슨 말을 하는 것입니까? 성언이 있는 곳에 교회가 없다니요? 그리고 그리스도 구세주가 알려진 곳에, 그리고 성례전들(聖禮典・sacraments)이 있는 곳에 교회가 없다니요?' 라고 대답하였습니다. 이 말에 우리의 대변인은 '이런 것들은 교회에 속한 것들이고, 사실은 교회를 형성하지만, 그러나 그런 것들은 사람 안에서 그런 일을 하는 것이지 교회 밖에 있는 사람에게서 교회를 이루는 것은 아닙니다' 라고 대답하였습니다. 그리고 그는 더 부연해서, 세 분 하나님들이 예배되는 곳에 교회가 존재할 수 있습니까? 잘못 이해한 바울의 단 한마디 말 위에 세워진 교회의 전 교리가 있는 곳에 교회가 있을 수 있습니까? 그리고 성경말씀 위에 세워지지 않은 교리가 있는 곳에 교회는 세워질 수 없는 것 아닙니까? 그리고 교회의 참 하나님이신 세상의 구세주에게 가까이 나아가지 않는 곳에 어떤 교회가 있을 수 있겠습니까? 종교는 곧 악을 멀리 기피하고, 선을 행하는 것이라는 것을 어느 누가 부인하겠습니까? 오직 믿음만이 구원하고, 믿음과 함께 하는 인애

가 구원한다고 가르치는 곳에 무슨 종교가 있겠습니까? 사람에게서 발출하는 인애가 그저 단순한 도덕인 인애이고, 시민법적인 인애라고 가르치는 곳에 무슨 종교가 있을 수 있겠습니까? 이런 부류의 인애에 결코 종교가 있을 수 없다는 것을 어느 누가 알지 못하겠습니까? 오직 믿음만이라는 것에 어떤 행위들, 또는 선행들이 있겠습니까? 그럼에도 불구하고 종교는 오직 행위(doing) 안에 존재합니다. 온 세상의 사람이, 선행들을 가리키는, 인애의 선들에게서 모든 구원의 미덕이나 가치를 포함하고 있다는 것을 알지 못하겠습니까? 그리고 사실은 종교 자체는 선 안에 존재할 때, 그리고 교회에 속한 전체가 진리들을 가르치는 교리 안에 있을 때, 그리고 선을 가르치는 교리에 의하여 구원하는 믿음이 있다는 것을 어느 누가 알지 못하겠습니까? 만약에 우리가 천계에서 내려 보내졌던 종이에 기록된 것을 우리의 가슴에 수용하겠다면 우리의 영광이 무엇이겠습니까!'"라고 말하였습니다.

[4] "그 때 감독들은 이렇게 대답했습니다. '그대는 너무나 고상하게 말하시는군요. 사실 교회는, 충분하게 의롭게 되고, 구원하는 믿음이 행위 안에 있을 때 교회가 아니겠습니까? 발출하는 믿음, 그리고 완성하는 믿음을 가리키는 상태에 믿음이 있지 않다면, 종교는 사실 진정한 종교가 아니겠지요? 내 자녀들이여! 이것에 관해서 잘 이해하시기 바라오'" 라고 말하였습니다. 그러나 우리의 지혜로운 대변인은, "교부님들(fathers), 여러분의 교리에 따르면 사람은 등걸과 같아야 행위 안에서 믿음을 갖는다는 것 아닙니까? 등걸이 교회가 되기 위하여 생기를 얻을 수 있습니까? 귀하의 소견에 따르면 믿음의 계속이나 진전의 상태에 믿음은 있다는 것이지요? 귀하의 소견에 따르면 모든 구원하는 능력은 믿음의 상태에 있고, 그리고 사람에게서 비롯된 인애의 선 안에는 구원하는 능력이 없다는 것이니, 그 때 종교는 어디에 있는 것입니까?" 라고 하였습니다.

"그 때 사제들이 대답하였습니다. '친구여, 그대들은 오직 믿음에 의한 칭의의 신비들(the mysteries of justification by faith alone)을 모르기 때문에 그와 같이 말하는 것입니다. 이런 신비들을 알지 못하는 사람은 구원의 길(the way of salvation)을 내적으로 알지 못합니다. 귀하가 알고 있는 길은 외적인 것이고, 저속하고, 통속인 것입니다. 귀하가 원한다면 그 길로 가십시오만은 그러나 귀하께서 아셔야 할 것은 모든 선은 하나님에게서 오는 것이고, 사람에게서 오는 것은 아무것도 없다는 것입니다. 따라서 사람 스스로는 영적인 것들에서 아무런 능력을 전혀 가지지 못한다는 것입니다. 그 때 사람은 영적인 선을 가리키는 선을 어떻게 행할 수 있겠습니까?"

[5] 이 때 우리의 대변인은 크게 분노하여서, 대답하였습니다. 나는 귀하께서 알고 있는 이상으로 이른바 칭의의 신비들을 알고 있습니다. 나는 그것을 상세하게 말하겠습니다. 그것은 내가 그것들 안에서 망령들(=무서운 것·specters) 이외에는 내면적으로 아무것도 보지 못합니다. 종교는 하나님을 시인하는 것이고, 악마를 기피하고, 미워하는 것 아닙니까? 하나님은 선 자체시고, 악마는 악 자체가 아닙니까? 온 세상에서 종교를 가지고 있는 사람은 어느 누가 이 사실을 모른단 말입니까? 사실 선은 하나님에게 속한 것이고, 하나님에게서 비롯되기 때문에 선 아닙니까? 하나님을 시인하는 것이나, 하나님을 사랑한다는 것은 바로 이런 것 아닙니까? 그리고 선은 악을 행하는 것으로 끝나는 것 아닙니까? 그것은 악이 악마에게 속한 것이고, 악마에게서 오기 때문이지요. 사실은 같은 내용이지만, 귀하의 믿음은 행동으로 행하는 것이지요. 귀하는 그 믿음을 칭의하는 믿음(justifying faith), 구원하는 믿음이라고 부르시죠. 역시 같은 것이지만, 귀하의 행위는 오직 믿음에 의한 칭의에 속한 것이라고 하지요. 이러한 것이 곧 하나님으로 말미암아, 하나님에게 속한 선을 행하라고 가르치는 것 아닙니까? 그리고 또한 악마에 속한 것이고, 악마에게서 오는 악을 멀리하라고 가르치는 것이 믿음 아닙니까? 아무것도 틀린 것 없지요. 그것은 귀하께서 구원은 선을 행하는 것이나, 악을 멀리하는 것에 있지 않다고 주장하기 때문입니다. 행위 안에 있는 믿음과 동일한 것을 제외하면, 귀하께서 발출하고, 완성하는 믿음(faith proceeding and perfecting)이라고 부르는 상태에 있는 귀하의 믿음은 무엇입니까? 이른바 귀하께서 귀하의 신비들이라고 말하는, 마치 사람 스스로 하는 것과 같은, 사람이 행한 모든 선을 무시하고, 배제한다면, 어떻게 그것이 완전하게 될 수 있겠으며, 구원이 무상으로 거저 주는 것(gratuitous)이라면, 어떻게 사람 자신이 행한 선에 의하여 구원받을 수 있겠습니까? 다시 말씀해 보십시오. 사실 모든 공로(功勞·merit)가 그리스도에게 속한 것이라면, 그리고 공적의 사안(a matter of merit)이 아니라면 사람이 행한 선은 무엇입니까? 그러므로 구원을 목적해서 선을 행

한다는 것은 그리스도에게 속한 것을 자기 자신에게 공(功)을 돌리는 것이고, 따라서 우리 자신을 칭의하고, 구원하는 열망이 아닙니까? 다시 말씀해 보십시오. 성령께서 사람에게서 온 어떤 목적이 없이 모든 것들을 행하실 때, 어떤 사람이 어떻게 선을 행할 수 있습니까? 사람에게서 온 모든 선이 본질적으로 선이 아니라고 하면, 사람에게서 온 부속물적인 선은 필요한 것입니까?

[6] 이런 것들이 귀하의 신비들 아닙니까? 그러나 내 눈에는 그것들이 인애에 속한 선들을 가리키는 선행들을 무시할 목적으로 고안(考案)하고 짜낸 그저 단순한 트집이고, 예리한 통찰력들(subtleties)이라고 보입니다. 그러므로 귀하는 믿음에 관해서 이런 일을 자행하였기 때문에, 일반적으로는 교회나 종교에 속한 모든 영적인 것들에 관해서 이러 일을 자행하였기 때문에, 귀하는 사람을 한낱 등걸이나 생명이 없는 사람의 모습에 지나지 않는다고 여기시지, 결코 사람을 하나님의 형상으로 창조되었다고 여기시지 않습니다. 하나님의 형상으로 창조된 사람에게는, 사람은 그런 것들로 말미암아 사람이기 때문에, 마치 특히 영적인 것들에서는 자기 스스로 하는 것 같지만, 이해하고, 뜻하고, 믿고, 사랑하고, 말하고, 행동하는 능력(ability)을 하나님께서는 계속해서 주시는 것입니다. 만약에 사람이 영적인 것들에서 마치 자기 스스로 하는 것처럼 생각하지도 못하고, 활동하지 못한다면, 성경말씀은 왜 있는 것이고, 교회나 종교는 왜 있는 것이고, 예배는 무슨 이유로 있는 것입니까? 귀하는 사람으로 말미암아 이웃에게 선을 행하는 것이 인애라는 것을 잘 알고 있습니다. 그럼에도 불구하고, 인애가 믿음의 혼이고 본질(the soul and essence of faith)이라는 것을 잘 알지 못합니다. 인애가 믿음의 혼이고, 본질이기 때문에, 인애에서 분리된 믿음은 죽은 믿음이라는 것도 알지 못합니다. 죽은 믿음(dead faith)은 한낱 망령에 불과합니다. 내가 죽은 믿음을 가리켜 망령(a specter)이라고 불렀는데, 사도 야고보는 선행을 떠난 믿음을 죽은 믿음뿐만 아니라 심지어 지옥적인 믿음(diabolical faith)라고 하였기 때문입니다.

[7] 그 때 그 감독 하나가 그의 믿음이 죽은 것이고, 지옥적인 것이고, 망령과 같은 것이라고 하는 말을 들었을 때 그는 머리끝까지 화가 나서, 그는 그의 머리에서 그의 감독관을 벗어서, 그것을 책상에 던지고, "'우리 교회의 믿음의 원수에게 복수를 할 때까지, 나는 다시는 이 자

리에 연연하지 않겠다'"라고 소리를 질렀습니다. 그리고 그는 머리를 좌우로 흔들면서 중얼거리면서 하는 말은, '야고보 이놈, 야고보 이놈!'이라고 투덜거렸습니다. 그의 감독의 관 정면에는 그것 위에 이런 말씀이 새겨진 표찰(a plate)이 붙어 있었습니다. '믿음만이 의롭게 한다'(faith alone justifies)라는 글귀였습니다. 그 때 갑자기 괴물(a monster) 하나가 땅에서 올라왔는데, 그 괴물은 일곱 머리를 가졌고, 발은 곰의 발 같았고, 몸통은 표범 같았고, 입은 사자 입과 같았습니다. 그 괴물은 정말 묵시록 13장 1, 2절에 기술된 짐승과 꼭 같았고, 그것의 형상은 묵시록 13장 14, 15절에 기술된 그것에 예배한 그런 형상이었습니다. 이 망령은 감독의 책상에서 그 관을 취하였고, 그리고 그것을 넓게 펴서 그의 일곱 머리 위에 놓았습니다. 그 때 그의 발 아래에 있는 땅바닥이 갈라졌고, 그는 그 아래에 떨어졌습니다. 이런 일을 보고 있던 그 감독은 소리를 쳤습니다. '저런 끔직스러운 일이 무엇인가!' 그리고 우리는 그들을 떠났습니다. 놀라운 일이 일어났습니다. 우리들 앞에 층계들이 나타났습니다. 우리는 그 층계를 통해서 위로 올라갔다가, 다시 그것을 통해서 땅으로 내려왔습니다. 우리는 전에 있었던 천계의 시야 안에 있었습니다"라고 하였습니다.

390. 여섯째 영계 체험기.

나는 영계의 북녘에서, 말하자면 물 흐르는 소리 같은 것을 들었습니다. 나는 그 쪽으로 갔습니다. 내가 가까이 갔을 때 그 소리는 들리지 않았고, 나는 수많은 군중의 콧노래와 같은 소리를 들었습니다. 그 때 거기에 여러 넓은 방들이 있고, 담으로 둘러싸인 집 한 채가 보였는데, 그 소리는 그 집에서 났습니다. 나는 그 집을 향해서 갔습니다. 나는 거기에 있는 문지기에게 "거기에 누가 있는지"를 물었습니다. 그는 "현자들 중에서 가장 지혜로운 현자가 서로 함께 초자연적인 것들에 관해서 의논, 어떤 결론들을 도출하고 있습니다"라고 말하였습니다. 그가 이렇게 말한 것은 자신의 단순한 믿음에서 말한 것입니다.

나는 내가 거기에 들어갈 수 있는지 물었습니다.

그는 "아마도 당신이 아무 말을 하지 않는다면 들어갈 수 있겠지요. 왜냐하면 나는 이방 사람들은 나와 같이 입구에 서 있는 것으로 허락을 받았기 때문입니다"라고 말하였습니다.

그래서 나는 들어갔습니다. 보십시오. 거기는 하나의 원형 극장이었습니다. 그 곳의 중앙에는 설교단이 있었고, 그리고 지혜로운 사람들이라고 하는 무리가 그들의 믿음에 속한 신비들에 관해서 토의하고 있었습니다. 그 때 토의된 사안, 즉 명제는 이런 것입니다. 즉, 믿음에 의한 칭의의 상태(a state of justification)에서 행한 선이나, 또는 그 행위 뒤에 그것의 진전의 상태에서 행한 선에서 어느 것이 종교의 선이냐는 토의였습니다. 그들이 만장일치로 결정, 선언한 것은 종교에 속한 선은 구원에 이바지하는 선을 뜻한다는 것이었습니다.

[2] 토의는 매우 격렬하였습니다. 그러나 사람이 믿음의 상태, 즉 믿음의 진전 상태에서 행한 선은 단순한 도덕적인 선으로 그것은 이 세상적인 번영에는 도움이 되지만, 그러나 그것은 구원에는 별 도움이 되지 않는다고 역설한 자들이 우세하였습니다. 그리고 믿음은 다만 그런 것이라는 것이었습니다. 그들은 이 사실을 아래와 같이 확증하였습니다. 즉, "사람의 자발적인 선(voluntary good of man's)은 무보수의 선(gratuitous good)과 어떻게 결합할 수 있겠는가? 왜냐하면 구원은 무보수로 주어지기 때문입니다. 사람에게서 나오는 선은 그리스도의 공로에 결합될 수 없고, 그리스도의 공로만이 구원을 성취할 수 있기 때문입니다. 구원은 오직 그리스도의 공로를 통해서 이루어지는 것 아닙니까? 사람의 업적(operation)은 결코 성령의 역사(役事)와 어떻게 결합할 수 있겠습니까? 모든 것들은 사람의 도움 없이 행해지는 것 아닙니까? 믿음에 의한 칭의에 속한 행위 안에서 이 세 가지 것들만이 구원하는 것 아닙니까? 동일한 이들 셋이 믿음의 상태나 진전에서 오직 구원하는 것이 아닙니까? 그러므로 사람에게서 비롯되는 부속물적인 선(accessory good)은, 앞에서 언급한 것과 같이, 구원에 이바지하는 종교의 선이라고 결코 할 수 없겠습니다. 그리고 만약에 어느 누가 구원을 목적해서 이 선을 행한다면, 그 선에는 사람의 뜻이 있기 때문에, 그것은 공로로서 이런 선을 여길 수 없는 것이므로 그것은 오히려 종교에 속한 악이라고 부를 수밖에 없겠습니다"라고 하였습니다.

[3] 두 이방 사람들은 현관에 있는 문지기 곁에 서 있었는데, 그들이 이런 말을 들었을 때 그들은 서로서로 말하였습니다. "이 사람들은 전혀 종교를 가지고 있지 않구먼. 어느 누가 하나님의 목적을 위해서, 따라서 하나님과 더불어, 그리고 하나님으로 말미암아 이웃에게 선을 행한다는 것이 바로 종교의 선이라고 한다는 것을 모르겠습니까?" 라고

말하였고, 다른 사람은 "그들의 믿음은 그들을 아주 정신 나가게 했구먼"이라고 말하였습니다.

그들은 그 때 문지기에게 "저 사람들이 누구입니까?" 라고 물었습니다. 문지기는 "그들은 모두 현명한 기독교인들입니다" 라고 대답하였습니다. 그들은 "당신은 그걸 말이라고 합니까? 당신은 거짓말을 하는 것이지요. 그들은 연극배우들입니다. 그들은 배우들 같이 말을 하는군요" 라고 응수하였습니다.

그래서 나는 그 곳을 떠났습니다. 내가 그 집에 들어갔다는 것, 그리고 그 때 그들이 이런 주제들에 관해서 깊이 생각하였다는 것, 그리고 이와 같이 기록한 일이 일어났다는 것 등등은 모두가 주님에 속한 신령 도움(the Divine auspices)이었습니다.

391. 일곱째 영계 체험기.

작금의 기독교계에는 진리의 황폐(荒廢·desolation of truth)가 무엇인지, 그리고 그 신학의 결핍(缺乏·theological barrenness)이 무엇인지 영계에 있는 수많은 평신도와 성직자와의 대화에 의하여 내 지식에 초래되었습니다. 이른바 후자, 즉 성직자에게는 아버지·아들·성령의 삼일성(=삼위일체·a Trinity of Father·Son·Holy Spirit)과 그리고 오직 믿음이 구원한다는 것, 이 양자를 제외하면 그들은 거의 알지 못하는 영적인 극도의 빈곤(=결핍·spiritual destitution)이 있었습니다. 그리고 주님 그리스도에 관해서 그들은 복음서들에 등장하는 그분에 관한 역사적인 사실들만 알고 있는 정도입니다. 그러나 성경들, 즉 구약성경이나 신약성경이 그분에 관해서 가르치는 다른 것들, 예를 들면 아버지(聖父·the Father)와 그분은 하나(one)이시다, 그분께서는 아버지 안에, 아버지께서는 그분 안에 계신다, 그분께서는 천지(天地)의 모든 능력을 가지신다, 아버지의 뜻(the will of the Father)은 천지가 반드시 아드님(聖子·the Son)을 믿어야 한다는 것, 그리고 아드님을 믿는 사람은 누구나 영원한 생명(eternal life)을 가진다는 것, 그리고 이런 것들이나 그 밖의 수많은 다른 것들이 그들에게는 알려져 있지 않고, 그리고 마치 큰 바다의 깊은 밑바닥이나, 지구의 땅 속 아주 깊은 곳에 숨겨져 있는 것과 같이, 그런 것들에게서 그들은 아주 멀리 떨어져 있었습니다. 이런 것들이 성경말씀에서 공공연하게 알려졌고, 그리고 그런 것들에 관해서 성경말씀에서 읽게 되면, 그들은 마치 들었지만 전혀 듣지 못한 것처럼 그저 우뚝 서 있을 뿐입니다. 그리고 이런 것들은 바람이 불 때 나뭇잎 흔들리는 소리, 또는 작은 북을 두드리는 소리 이상 그들의 귀 속 깊이 들어오지도 않고, 그리고 깊은 인상(印象)도 전혀 느끼지 못합니다. 가끔 주님께서는 천계 아래에 있는, 영들의 세계(the world of spirits)에 있는 기독교인들의 사회들에게 천사들을 파견하셨을 때, 천사들은 몹시 슬퍼하는데, 그들이 하는 말은, 그들에게는 앵무새들과 같이 주절거리는 것과 꼭 같이, 구원에 속한 사안(事案)에 대해서는 무척 우둔, 둔감하고, 결과적으로는 캄캄, 무지(無知) 가운데 있다는 것입니다. 심지어 그들 자신이 유식하다고 하는 사람들도 그들은 영적인 것들이나 신령한 것들에 관해서 그들은 망부석들(statues)에 비하여 결코 뒤지지 않는 이해를 가지고 있다고 말하였습니다.

[2] 한번은 천사가 내게 와서 이런 말을 하였습니다. 그 천사는 두 분의 성직자들과 대화를 한 적이 있는데, 그들 중의 하나는 인애에서 분리된 믿음에 빠져 있는 자였고, 다른 하나는 분리되지 않은 믿음에 있는 자였다는 것입니다. 그는 전자와는 이런 말을 하였답니다. "친구여, 그대는 누구신지요?" 라고 말을 하니까, 그는 "나는 개혁교회 교도(a Reformed Christian)입니다" 라고 대답하였습니다. 그러나 그는 "귀하의 교리는 무엇이고, 그것에서 비롯된 귀하의 종교는 무엇입니까?" 라고 물었습니다. 그는, 한마디로 "믿음"(faith)이라고 대답하였습니다. 천사가 다시 "귀하의 믿음은 무엇입니까?" 라고 묻자, 그는 "내 믿음은, 하나님 아버지께서는 전 인류에게 닥칠 저주(=영벌)를 그분의 아들이 담당하게 하기 위하여, 그분의 아드님을 보내셨다는 것과, 그리고 우리는 그것에 의하여 구원을 받는다는 것"이라고 대답하였습니다. 그러자 그 천사가 다시 "귀하께서는 구원에 관해서 더 아시는 것은 무엇입니까?" 라고 물었습니다. 그는 "구원은 오직 믿음에 의하여 성취(成就), 이루어지는 것이지요" 라고 대답하였습니다. 그 천사는 다시 "귀하께서 속량(贖良·redemption)에 관해서 아시는 것은 무엇입니까?" 라고 물었습니다. 그는, "그것은 십자가의 고통(the passion of the cross)에 의하여 완성, 성취한 것이고, 그리고 그리스도의 공로가 그 믿음을 통하여 전가(轉嫁)된 것이지요" 라고 대답하였습니다. 그러면 "귀하께서 중생에 관해서 아시는 것은 무엇입니까?" 라고 묻자, 그는 "그것은 그 믿음에 의하여 성취되는 것이지요" 라고 대답하였습니다. 그러면 "귀하께서 사랑

과 인애에 관해서 아시는 것을 말씀해 주시겠습니까?"라고 말하였습니다. 그는 "그것들은 그 믿음이지요"라고 대답하였습니다. "십성언의 계명들(=십계명 명령들)에 관해서, 그리고 성경말씀의 나머지 것에 관해서 생각하시는 것은 무엇입니까?"라고 물었습니다. 그는, "그것들 역시 모두 그 믿음 안에 내포되어 있습니다"라고 대답하였습니다. 그 때 그 천사는 "그러면 귀하는 아무것도 하는 것이 없습니까?"라고 말하였습니다. 그는 "내가 하는 것이요? 나는 이른바 선이라고 하는 선을 행할 나 자신의 능력은 아무것도 가지고 있지 않습니다"라고 대답하였습니다. 천사가 말하였습니다. "귀하께서는 당신 자신의 믿음은 가질 수 있습니까?"라고 물었습니다. 그는 "나는 더 이상 연구하고, 조사하고, 대답할 필요가 없겠습니다. 나는 틀림없이 믿음을 가지고 있습니다"라고 대답하였습니다. 마지막으로 천사는 말하였습니다. "정말 귀하께서 구원의 상태에 관해서 그 밖에 더 무엇을 알고 있는 것입니까?"라고 물었습니다. 그는 이렇게 대답하였습니다. "구원은 오직 그 믿음을 통해서 이루어지는데 내가 더 알아야 할 것이 무엇이 있겠습니까?"라고 말하였습니다. 그 때 천사가 말하였습니다. "귀하의 대답은 마치 현악기의 한 현(=줄·絃)만 가지고 연주하는 사람과 같습니다." 나는 "믿음이라는 말 이외에는 아무것도 듣지 못하였습니다. 만약에 귀하께서 그것에 아는 것이 전무하면 귀하가 아는 것은 아무것도 없습니다. 귀하의 동료들이 있는 곳을 찾아가서 더 알아보십시오." 그는 길을 떠났고, 그리고 풀이 전혀 없는 사막에서 그의 동료들을 발견하였습니다. 그는 이런 일이 어떤 이유인지를 물었을 때, 그에게 일러진 것은, 그들이 교회에 속한 것은 아무것도 가지고 있지 않기 때문이라는 것이었습니다.

[3] 인애와 결합된 믿음을 가지고 있는 자에게 천사는 아래와 같은 말을 하였습니다. "친구여, 그대들은 누구이신지요?"라고 묻자, 그는 "나는 개혁교회의 그리스도인입니다"라고 대답하였습니다. "귀하의 교리는 무엇인지요? 그리고 그것에서 파생된 귀하는 종교는 무엇입니까?"라고 물었습니다. 그는, "믿음과 인애"(faith and charity)입니다. 그 천사는 "그것들은 두 가지 것들입니까?"라고 말하였습니다. 그는 "그것들은 분리될 수 없습니다"라고 대답하였습니다. 그 천사는 "무엇이 믿음입니까?"라고 물었습니다. 그는, "믿음은 성경말씀이 가르치는 것을 믿는 것이지요."라고 대답하였습니다. "인애는 무엇입니까?"라고 물었

습니다. 그는, "인애는 성경말씀이 가르치는 것을 행하는 것입니다" 라고 대답하였습니다. 그는, "그러면 성경말씀이 가르치는 것을 믿을 수 있고, 그것을 귀하께서는 행하십니까?" 라고 물었습니다. 그는 "나는 그것을 행하였습니다" 라고 대답하였습니다. 그 때 천계의 천사는 그 사람을 바라보더니, "내 벗이여, 나와 함께 가셔서, 우리들과 함께 사십시다" 라고 말하였습니다.

제 7 장

인애(仁愛)・이웃사랑・선행(善行)

392. 지금까지는 믿음에 관해서 다루었고, 지금부터는 인애(仁愛)에 관해서 다루겠습니다. 그것은 믿음과 인애는 마치 진리와 선이 결합된 것과 같기 때문이고, 그리고 이들 양자는 봄철의 빛과 볕(light and heat) 같기 때문입니다. 이렇게 언급한 것은 영계의 태양에서 발출하는 빛을 가리키는 영적인 빛(spiritual light)이 그것의 본질에서 진리이기 때문입니다. 결과적으로 그 세계에서 진리가 나타나는 곳에서는 어디에서나 그것의 순수함에 비례해서 발광체로 빛나기 때문입니다. 그 태양에서 발출하는 영적인 볕(spiritual heat)은 그것의 본질에서 선입니다. 역시 이와 같이 언급된 것은, 선과 진리에서와 같이, 인애와 믿음도 동일하기 때문입니다. 왜냐하면 인애는, 사람이 그의 이웃에게 행하는 선에 속한 모든 것들의 복합체(複合體・the complex)이기 때문입니다. 그리고 이에 반하여 믿음은, 사람이 하나님이나 신령한 것들에 관해서 생각하는 진리에 속한 모든 것들의 복합체입니다.

[2] 그러므로 믿음에 속한 진리가 영적인 빛이기 때문에, 그리고 인애에 속한 선이 영적인 볕이기 때문에, 그것에서 뒤이어지는 것은 자연계의 빛과 볕이 그러하듯이 영계의 그 빛과 볕도 동일합니다. 다시 말하면 후자들(=자연계의 빛과 볕)의 결합에 의하여 땅 위의 모든 것들이 솟아오르듯이, 전자들(=영계의 빛과 볕)의 결합에 의하여 사람 마음 안에 있는 모든 것들은 솟아오릅니다. 그러나 빛과 볕에 의하여 이루어지지만, 그러나 사람 마음에 있는 것들의 성장은 영적인 빛과 볕에 의하여 이루어집니다. 그리고 영적인 것을 가리키는 후자는 지혜이고 총명입니다. 더욱이 이것들 사이에는 이른바 대응(對應・correspondence)이 있듯이, 믿음과 결합된 인애나, 인애와 결합된 믿음이 있는 사람의 마음은

성경말씀에서 동산(=정원·garden)에 비유되었고, 그리고 이것이 바로 에덴의 동산이 뜻하는 것입니다. 이러한 내용이나 뜻은 런던에서 발간된 ≪천계비의≫(the Arcana Celestia)에서 충분하게 입증, 설명되었습니다.

[3] 재차 믿음이 다루어졌는데, 그것의 주된 이유는, 믿음이 이해되지 않으면 인애가 결코 이해될 수 없기 때문입니다. 그리고 앞장에서 설명, 입증된 것과 같이 인애가 없는 믿음은 믿음이 아니고, 그리고 믿음이 없는 인애는 인애가 아니기 때문이고, 그리고 그것들의 양자는 주님에게서 비롯된 것을 제외하면 살아있는 것이 아니라는 것도 충분하게 설명, 입증하였습니다(본서 355-361항 참조). 그리고 또한 주님·인애·믿음이 하나(one)를 이룬다는 것, 그리고 마찬가지로 생명·의지·이해도 하나를 이룬다는 것, 그리고 만약에 그것들이 서로 분리된다면, 그것의 각각은 마치 진주가 가루처럼 깨지듯이, 소멸한다는 것도 설명, 입증하였고(본서 362-367항 참조), 그리고 마지막으로 인애와 믿음이 선행들(good works) 안에 함께 있다는 것도 설명, 입증하였습니다(본서 373-378항 참조).

393. 천고불후(千古不朽)의 변함없는 진리는, 사람이 영적인 생명을 가지기 위해서, 그러므로 구원을 받기 위해서, 믿음과 인애는 결코 분리될 수 없다는 것입니다. 이러한 사실은, 비록 학문의 재물들로 부유하지 않다고 해도, 모든 사람의 이해에게서 자명(自明)합니다. 어느 누가 "착하게 살고, 올바르게 믿은 사람은 구원을 받을 것이다" 라는 말을 들었을 때 내면적 모든 지각이 이 말의 뜻이 무엇인지 모르겠습니까? 따라서 어느 누가 그의 이해로 동의하지 않겠습니까? 어느 누가 바르게는 믿었지만, 착하게 살지 않은 사람은 구원받지 못한다는 말을 들었을 때, 마치 그의 눈에 티끌이 들어온 것처럼, 어느 누가 그의 이해에서 그것을 부인, 배척하지 않겠습니까? 왜냐하면 생각은 그 즉시 내면적인 지각에서 일어난 생각에서 어느 누가 착하게 살지 않았을 때 그가 어떻게 바르게 믿었다는 것을 믿겠습니까? 이런 경우 믿는다는 것은 다만 믿음에 속한 잘 그린 그림에 지나지 않고, 그것에 따라서 산다는 것은 그것의 형상이 아니겠습니까? 그러므로 재차 어느 누가 "비록 그가 바르게 믿지는 않지만, 착하게 산 사람은 누구나 구원을 받는다" 라는 말을 들었을 때 이해는 역시 동의하지 않을 것입니다. 이에 반하여 이것

에 관해서 깊이 생각하고, 그리고 되풀이해서 심사숙고 한다면, 본질적인 선을 가리키는 모든 선은 하나님에게서 오기 때문에 올바르게 산다는 것은 하나님에게서 비롯된 것이기 때문에 그 사람은 이런 말이 일치하지 않는 모순된 것이라는 것을 알고, 지각하고, 생각할 것 아니겠습니까? 그 때 바르게는 살지만, 바르게 믿지 않는다는 것은, 마치 도공(陶工·옹기장이)의 손에 있는 찰흙 같이, 영적인 왕국에서 유익하게 사용되는 그릇으로 빚어지지 않고, 다만 자연 안에 있는 흙과 같은 것이 겠지요? 더욱이 어느 누가 이들 두 명제들(命題·two statements) 사이의 모순들, 다시 말하면 믿기는 했지만, 그것에 따라서 바르게 살지 않았지만, 그가 구원을 받는다는 것이나, 바르게 살기는 했지만, 올바르게 믿지 않은 사람이 구원을 받는다는 이 두 명제 사이의 모순을 어느 누가 보지 못하겠습니까? 오늘날 바르게 사는 것이 인애에 속한 것이라는 것이 이해되기도 하고, 이해되지 않기도 하기 때문에, 다시 말하면 선하게 산다는 것이 자연적으로는 이해되지만, 다른 한편 선하게 산다는 것이 영적으로 이해되지 않기 때문에, 따라서 이 주제는, 그것이 인애에 속해 있기 때문에, 깊이 다루어져야 하겠고, 그리고 또한 계속적인 명확한 명제들이나 주장들 하에서 다루어져야 할 사안들입니다.

I.
보편적인 사랑(universal loves)에는 천적인 사랑(the love of heaven)·이 세상에 속한 사랑(the love of the world)·자기 사랑(the love of self)이 있다.

394. 이들 셋은 모든 사랑에 속한 보편적이고 기초적이기 때문에, 그리고 인애가 그것들의 각각의 것과 공통적인 것을 가지고 있기 때문에 제일 먼저 연구, 고찰(考察)되어야 하겠습니다. 왜냐하면 천계에 속한 사랑(the love of heaven)은 주님사랑과 이웃을 향한 사랑(=이웃사랑)을 뜻하기 때문입니다. 이것들의 각각은 그것의 목적으로서 선용(善用·use)을 기대하고, 우러르고, 그리고 천계에 속한 사랑은 선용들의 사랑(the love of uses)이라고 하겠습니다. 세상에 속한 사랑(世間愛·the love of the world)은 재물(財物)이나 소유(所有)에 속한 사랑뿐만 아니라, 이 세

상에 속한 모든 것들의 사랑을 가능하게 하고, 신체적인 감관들의 기쁨을 제공하는 사랑을 가리킵니다. 예를 들면, 눈을 기쁘게 하는 아름다움(美), 귀를 즐겁게 하는 화음(和音), 코를 즐겁게 하는 향내음, 혀를 즐겁게 하는 맛, 살갗을 즐겁게 하는 부드러움 등이 되겠습니다. 그리고 또한 멋진 의상, 안락한 가정(=집), 평안한 사회 등 이런 대상물이나 그 밖의 다른 대상물들에게서 야기되는 모든 즐거움들이나 향락들(enjoyments)이 되겠습니다. 자기에게 속한 사랑(自我愛・the love of self)은 명예・광영・명성・뛰어난 탁월함에 속한 사랑뿐만 아니라, 공로를 세우고, 높은 직위를 차지하는 사랑, 따라서 다른 사람들을 지배하는 것에 속한 사랑이 되겠습니다. 인애는 바로 이런 부류의 세 종류의 각각에 관계된 공통적인 것을 가지고 있습니다. 그것은 본질적으로 살필 때 인애는 곧 선용들에 속한 사랑이기 때문입니다. 왜냐하면 인애는 이웃에게 선을 행하는 것을 원하기 때문이고, 그리고 여기서 선과 선용(good and use)은 동일한 것이고, 그리고 이런 사랑들로부터 모두는 자신의 목적들로 선용을 우러르고, 존중하기 때문입니다. 천계에 속한 사랑(the love of heaven)은, 영적인 선용들(spiritual uses)을 존중하고, 세상에 속한 사랑(the love of the world)은 자연적인 선용을 존중하는데, 이것을 가리켜 시민적인 선용(civil uses)이라고 부르고, 자아에 속한 사랑은, 자기 자신이나 자기의 가족들에게 관계되는 가정적인 선용(domestic uses)이라고 부르는 현세적인 선용들(=관능적인 선용들・corporeal uses)을 가리킵니다.

395. 이런 세 종류의 사랑들은 창조에서부터 모든 사람 안에 존재해 있고, 그러므로 출생에서부터 가지고 있습니다. 그리고 이것들이 올바르게 종속적인 상태(=관계)에 있을 때 그것들은 그 사람을 완벽하게 하고, 그것들이 올바른 종속의 상태에 있지 않을 때 그것들이 그 사람을 나쁘게 하고, 삐뚤어진 길로 가게 한다는 것은 다음의 단락에서 입증되겠습니다. 이것은 지금 단순한 상태에 이바지할 수 있겠는데, 천계에 속한 사랑이 머리를 형성하고, 세상에 속한 사랑이 가슴 부위나 복부(腹部)를 형성하고, 자아에 속한 사랑이 발이나 발바닥을 형성할 때, 이런 세 종류의 사랑들은 올바른 종속관계나 상태에 있습니다. 앞에서 반복해서 설명, 언급하였듯이, 사람의 마음은 세 영역들로 나뉘어 있습니다. 가장 높은 영역에서는 사람은, 하나님을 우러르고, 종경하고, 둘째

영역, 즉 가운데 영역에서는 세상을 우러르고 존중하고, 셋째 영역, 즉 가장 낮은 영역에서는 자기 자신을 우러르고, 존경합니다. 마음이 이런 존재이고, 부류이기 때문에 사람의 마음은 올리워질 수 있고, 자기 자신을 위로 올릴 수 있습니다. 그것은 사람의 마음이 하나님이나 천계에까지 올릴 수 있기 때문입니다. 그리고 또한 사람의 마음은 자기 자신을 모든 영역이나 방향으로 확장, 확대할 수 있는데, 그것은 이 세상이나 이 세상의 자연에게까지 확장, 확대할 수 있기 때문입니다. 그리고 사람의 마음은 아래로 향하게 할 수 있고, 자신을 아래로 타락시킬 수 있는데, 그것은 이 땅이나 지옥에까지 아래로 타락시킬 수 있기 때문입니다. 이런 관점에서 볼 때 육신적인 통찰(洞察)이나 상상력은 마음의 통찰이나 상상력은 서로 지지 않으려고 경쟁하고, 그리고 그것은 역시 어떤 때는 위를 향해서 있고, 어떤 때는 주위나, 아래를 볼 수 있습니다.

[2] 사람의 마음은 마치 계단들을 통해서 내통하는 삼층의 집과 같습니다. 그 집의 가장 높은 층에는 천계에서 내려온 천사들이 살고 있고, 중간층에는 이 세상에 있는 사람들이 살고 있고, 가장 낮은 층에는 악귀들(genii)이 살고 있습니다. 이런 세 사랑들이 옳게 종속되어 있는 사람은 자기가 좋아하는 대로 위나 아래로 이 집에서 오르내릴 수 있습니다. 그가 가장 높은 층에 올라갔을 때에는 그는 마치 천사와 같이, 천사들과 함께 하는 교류 상태에 있고, 그리고 그 층에서 중간층으로 내려왔을 때에는 그는 천사적인 사람(as an angel man)으로서 악귀들과 함께 하는 교류의 상태에 있고, 이 층에서 더 아래로 내려왔을 때에는 그는 그것들을 가르치고, 책망하고 정복하는 세상의 사람들과 같은 사람으로서 악귀들과 함께 하는 교류의 상태에 있습니다.

[3] 이들 세 사랑들이 올바르게 종속되어 있는 사람 밑에서 이들 세 사랑들은 서로 협력, 협동합니다. 그 내용은 이러합니다. 천계에 속한 사랑을 가리키는 가장 높은 사랑은, 세상에 속한 사랑을 가리키는 둘째 사랑(the second love) 안에 내적으로 있고, 그리고 이 사랑을 통해서 자아에 속한 사랑을 가리키는 셋째 사랑, 즉 가장 낮은 사랑 안에 내적으로 있습니다. 그리고 안에 있는 사랑은 밖에 있는 사랑을 자기의 뜻대로 좌지우지합니다. 그러므로 천계에 속한 사랑이 내적으로 세상에 속한 사랑 안에 있을 때, 그리고 이것을 통해서 자아에 속한 사랑 안에

있을 때, 사람은 천계의 하나님으로 말미암아 개별적으로 선용들을 성취, 이룹니다. 이것들의 운영에서 보면, 이이들 세 사랑들은 마치 의지·이해·행위의 관계와 꼭 같습니다. 의지는 이해에 유입하고, 그리고 거기에서 그것들에 의하여 그것이 행위를 생성하는 수단들 자체를 장만, 준비합니다. 그러나 이런 관점에서 유의하여야 할 것은 아래 단락에서 언급, 설명되겠습니다. 그 단락에서 입증된 것은 이들 세 사랑들이 올바르게 종속의 상태에 있을 때 사람은 완전한 사람이 되지만, 그러나 이 사랑들이 올바른 종속의 상태에 있지 않을 때에는 사람을 타락시키고, 파괴합니다.

396. 그러나 지금의 본문장과 그 뒤에 이어지는 선택의 자유·개혁(Reformation)·중생(Regeneration)을 다루고 있는 장(8·10장)들에서 이성의 빛(the light of reason)에 의하여 명확하게 이해되기 위해서는 의지와 이해(the will and understanding)·선과 진리(good and truth)·일반적인 사랑은 개별적인 사랑인 세상에 속한 사랑(世間愛·the love of the world)과 자기에 속한 사랑(自我愛·the love of self)·겉사람과 속사람(the external man and the internal man)·단순한 자연적인 사람과 감관적인 사람(the merely natural man and sensual man)에 관해서 무엇인가를 먼저 언급, 다루어야 하겠습니다. 이런 것들을 명확하게 밝히고, 명료하게 알아야 한다는 것은, 아래에서 더 상세하게 이어지는 사람의 지각에서 사람의 합리적인 시각(the rational sight of man)은 마치 어떤 사람이 집에 돌아가는 길을 알 때까지, 짙은 안개 속에서, 또는 도시의 넓은 길에서 헤매는 상태와 같다고 하겠습니다. 왜냐하면 이해에서 분리된 신학(神學)이나 성경말씀을 읽을 때 조요(照耀)되지 않은 이해가 어떤 것인지는 마치 빛을 전혀 발하지 못하는 손에 들린 등과 같지 않겠습니까? 이런 부류의 사람들은 마치 기름이 전혀 없었던 미련한 다섯 처녀들과 무엇이 다르겠습니까? 이런 주제의 각각에 관해서는 그 때 그것들의 순서에 따라서 상세하게 다루어질 것입니다.

397. (1) **의지와 이해(the will and understanding)에 관하여.**
1. 사람은 그의 생명을 형성하는 두 기능(two faculties)을 가지고 있는데, 하나는 의지이고, 다른 하나는 이해입니다. 이런 두 기능은 서로 엄연히 분별, 다르지만, 그러나 하나가 되도록 창조되었습니다. 그리고 이들 둘이 하나가 되었을 때 그것들은 마음(mind)이라고 불리웁니다. 결

과적으로 이런 것들이 사람의 마음이고, 그리고 그것들 안에는 사람의 생명 전제는 그것의 원칙들(=본질들·its principles) 안에, 그리고 그것에서 비롯된 그 몸 안에 있습니다.
2. 질서에 일치하는 우주 안에 있는 모든 것들은 선이나 진리와 관계를 가지고 있듯이, 사람 안에 있는 모든 것들은 의지나 이해와 관계를 가지고 있습니다. 그것은 사람 안에 있는 선은 의지에 속해 있고, 그리고 진리는 이해에 속해 있기 때문입니다. 왜냐하면 이들 두 기능들은, 또는 사람의 이들 두 생명은 그것들의 수용그릇들(receptacles)이고, 주체들(主體·subjects)입니다. 그것은 곧 의지는 선에 속한 수용그릇이고, 그리고 선에 속한 주체들이기 때문이고, 그리고 이해는 진리에 속한 모든 것들의 수용그릇들이고 그 진리의 모든 것들의 주체들이기 때문입니다. 사람 안에 있는 선들이나 진리들은 여기에 있을 뿐, 다른 곳에는 있지 않습니다. 사람 안에 있는 선들이나 진리들이 다른 곳에는 있지 않기 때문에, 따라서 사랑과 믿음도 다른 곳에는 있지 않기 때문입니다. 이에 반하여 믿음은 진리에 속해 있고, 진리는 믿음에 속해 있습니다.
3. 다시 말하면, 의지와 이해는 사람의 영(man's spirit)을 형성합니다. 왜냐하면 이것들 안에 그의 지혜와 총명이 살기 때문이고, 그리고 역시 그의 사랑과 인애도 거기에 살기 때문이고, 그리고 일반적인 그의 생명 안에 살기 때문입니다. 그리고 그 몸은 단순한 순종 안에 있습니다.
4. 의지와 이해가 어떻게 하나의 마음(one mind)을 완성하는지 안다는 것 이상으로 중요한 것은 없습니다. 그것들이 한 마음을 완성한다는 것은 마치 선과 진리가 하나를 이루는 것과 같습니다. 왜냐하면, 선과 진리 사이에 혼인이 있는 것과 같이, 의지와 이해 사이에는 혼인이 있기 때문입니다. 그 혼인의 성질(=본성)은 선과 진리에 관해서 지금 언급, 설명하려는 것을 아주 명료하게 만들어 주기 때문입니다. 다시 말하면 그것은 선이 한 사물의 진정한 존재(存在·the very being esse)이고, 진리는 그것에서 비롯된 현현(顯現·manifestation·existere)이기 때문입니다. 그러므로 이에 반하여 이해는 그것에서 비롯된 그것의 현현입니다. 왜냐하면 의지에 속한 선은 이해 가운데 형체를 취하고, 그리고 시각에 자기 자신을 드러내기 때문입니다.

398. (2) 선과 진리(good and truth)에 관하여
1. 신령질서 안에 있는 우주 안에 있는 모든 것(森羅萬象)은 선이나 진

리와 관계를 가지고 있습니다. 왜냐하면 이들 둘(2)과 관계를 가지고 있지 않은 것은 천계는 물론 이 세상에도 전혀 존재할 수 없기 때문입니다. 그 이유는 선은, 진리와 꼭 같이, 삼라만상의 근원이신 하나님에게서 나오기 때문입니다.

[2] 2. 이렇게 볼 때 명확한 것은 사람을 위해서 선이 무엇이고, 진리가 무엇인지 안다는 것은 필수적이라는 것입니다. 그리고 전자가 후자에 대하여 어떻게 존중, 관계하는지, 그리고 전자가 후자와 어떻게 결합하는지 안다는 것도 필수적이기 때문입니다. 그리고 이런 사실은 교회에 속한 사람에게 특히 필수적입니다. 그것은 교회에 속한 모든 것들은 선이나 진리와 관계를 가지고 있기 때문이고, 그것은 마치 천계에 속한 모든 것들도 그와 꼭 같이 관계를 가지고 있기 때문인데, 그것은 천계에 속한 선이나 진리가 교회에 속한 선이나 진리이기 때문입니다.

[3] 3. 선과 진리가 분리되지 않고 결합하여야 한다는 것, 따라서 이들 양자 둘(two)이 아니고, 하나(one)라는 것은 신령질서에 일치합니다. 왜냐하면 그것들이 하나님에게서 생성하고, 그리고 그것들이 천계에서 결합할 때 그것들은 결합하기 때문입니다. 그러므로 그것들은 반드시 교회에서 결합하기 때문입니다. 천계에서 선과 진리의 결합은 천계적인 혼인(the heavenly marriage)이라고 합니다. 왜냐하면 천계에 있는 모두는 그 혼인의 상태에 있기 때문입니다. 이런 이유 때문에 성경말씀에서 천계는 하나의 혼인에 비유되었고, 그리고 주님께서는 신랑이나 남편으로 불리셨고, 천계나, 마찬가지로 교회는 신부나 아내로 불리웠습니다. 천계나 교회가 그와 같이 불리운 것은, 거기에 있는 자들은 진리들 안에서 신령선을 영접, 수용하기 때문입니다.

[4] 4. 천사들이 가지고 있는 모든 총명이나 지혜는 이 혼인에서 비롯된다는 것, 그러므로 진리에서 분리된 선에게서는 아무것도 존재하지 않는다는 것, 그리고 또한 선에게서 분리된 진리에게서도 아무것도 존재하지 않는다는 것입니다. 이와 같은 이치나 사실은 교회에 속한 사람들에게도 동일합니다.

[5] 5. 선과 진리의 결합이 곧 혼인과 같기 때문에, 여기서 명확한 사실은 선과 진리를 사랑하고 그리고 번갈아서 진리는 선을 사랑한다는 것, 그리고 이들 각자는 다른 것과 결합하기를 열망한다는 것입니다. 이런 사랑이나 열망을 가지고 있지 않은 교회에 속한 사람은 천계적인

혼인에 있지 않다는 것입니다. 그러므로 교회는 그런 사람에게 아직은 존재하지 않습니다. 그 이유는 선과 진리의 결합이 교회를 형성하는 것이기 때문입니다.

[6] 6. 선들은 여러 종류가 있습니다. 일반적으로는 영적인 선(spiritual good)과 자연적인 선(natural good)이 있습니다. 이들 선들은 진정한 도덕적인 선(genuine moral good)에서 결합합니다. 선들이 그러하듯이 진리들도 그러합니다. 그것은 진리들이 선에 속해 있기 때문이고, 그리고 진리들은 선의 형체들(forms)이기 때문입니다.

[7] 7. 좋은 뜻에서 선과 진리가 그러하듯이, 반대적인 뜻에서는 악과 거짓도 그러합니다. 다시 말해서 신령질서와 일치하는 우주에 있는 삼라만상은 선과 진리에 관계를 가지고 있듯이 신령질서에 반대되는 것들은 모두 악과 거짓에 관계를 가지고 있습니다. 다시 말하면 선은 진리와 결합되는 것을 사랑하고, 진리는 선과 결합하기를 좋아하듯이, 악은 거짓과 결합하기를 좋아하고, 거짓은 악과 결합하기를 좋아합니다. 여기서 더 나아가면 모든 총명과 지혜는 선과 진리의 결합에서 태어나는 것과 같이, 따라서 모든 불합리(all irrationality)나, 어리석음(folly)은 악과 거짓의 결합에서 생성합니다. 악과 거짓의 결합은 내면적으로 볼 때 혼인이 아니고, 오히려 간통(姦通・adultery)입니다.

[8] 8. 악과 거짓이 선과 진리의 정반대라는 사실에서 볼 때 명확한 사실은 진리는 악과 결합될 수 없고, 또한 선은 악에 속한 거짓과 결합될 수 없다는 것입니다. 만약에 진리가 악에 결합된다면 그 때 그것은 더 이상 진리가 아니고, 거짓인데, 그것은 진리가 위화(僞化)되었기 때문입니다. 그리고 만약에 선이 악에 속한 거짓에 결합되었다면, 그것은 더 이상 선이 아니고 오히려 악인데, 그것은 선이 섞음질되었기 때문입니다. 그러나 악에 속한 거짓이 아닌 거짓은 선에 결합될 수 있습니다.

[9] 9. 확증이나 삶에 의하여 악 안에 있는 사람은, 그리고 그것에서 비롯된 거짓 안에 있는 사람은 결코 아무도 선이 무엇이고, 진리가 무엇인지 알 수 없습니다. 왜냐하면 그 사람은 자기 자신의 악을 선하다고 믿기 때문이고, 그러므로 그는 자신의 거짓을 진리라고 믿기 때문입니다. 그러나 확증이나 삶에 의하여 선 안에 있고, 그것에서 비롯된 진리 안에 있는 사람은 악이 무엇인지, 거짓이 무엇인지 밝히 알 수 있습니다. 이것은 곧 모든 선이나 그것의 모든 진리는, 그것들의 본질에서,

천계적(heavenly)이기 때문이고, 이에 반하여 모든 악이나 그것의 모든 거짓은 그것의 본질에서 지옥적(infernal)이고, 그리고 천계적인 모든 것은 빛 가운데 있지만, 그러나 지옥적인 모든 것은 어둠 안에 있습니다.

399. (3) 일반적인 사랑에 관하여

1. 사람의 진정한 생명은 그의 사랑입니다. 사람의 사랑이 어떤 것인가 라는 것은 곧 그의 생명이 어떤 것인가와 같은 것이고, 그리고 심지어 그 사람 전체와 같은 것입니다. 그러나 그 사람을 만드는 것은 권력을 쥐고 있는 사랑(the dominant love), 즉 지배적인 사랑(the ruling love)입니다. 이 사랑은, 그것에서 비롯된 파생들을 가리키는, 그것에 종속된 많은 사람들을 쥐고 있습니다. 다른 한편 이것들은 겉보기에는 상이한 사랑들로 나타나지만, 그럼에도 불구하고 그 사람들은 지배적인 사랑 안에 포함된 하나입니다. 그리고 그것은 마치 그것이 한 나라(one kingdom)를 이루는 것과 같습니다. 지배적인 사랑은 임금과 같고, 나머지 것들의 머리와 같습니다. 그것은 그것들을 지배, 지휘하고, 그리고 중간적인 목적들을 가리키는 그것들을 통해서 지배적인 사랑은, 첫째이고, 그리고 모든 것의 최종을 가리키는, 그것 자신의 목적을 지켜보고, 그리고 그것에 집념, 몰두합니다. 이러한 내용은 직접적으로나 간접적으로나 마찬가지입니다.

[2] 2. 지배적인 사랑에 속한 것은 모든 것들에 비하여 월등하게 사랑을 받는 것입니다. 사람이 모든 것들에 비하여 월등하게 사랑하는 것은 언제나 변함없이 그의 생각 안에 현존합니다. 그 이유는 그것이 그의 의지 안에 있고, 그리고 그의 진정한 생명을 형성, 만들기 때문입니다. 예를 들어 보겠습니다. 어느 누가 모든 것에 비하여 재물을 사랑하는 사람은, 그것이 돈이든 소유물이든 관계하지 않고, 그것을 얻는 방법을 쉴 틈 없이 연구하고, 그리고 그가 그것을 손에 넣었을 때 그는 가장 기뻐하고, 그리고 그가 그것을 잃었을 때 그는 가장 슬퍼합니다. 그의 마음은 그것 안에 자리를 잡고 있기 때문입니다. 모든 것들에 비하여 으뜸으로 자신을 사랑하는 사람은 지극히 작은 것까지도 자신의 마음에 두고 결코 잊지 않으며, 그리고 자신의 이익을 위하여 행동합니다. 왜냐하면 그의 삶(=생명)은 자아에 속한 삶이기 때문입니다.

[3] 3. 사람이 모든 것들 중에서 으뜸으로 사랑하는 것은 그 사람의 목적입니다. 그것은 그가 모든 것들 중에서 그것을 주시하고, 의지하기

때문이고, 그리고 단 하나의 개별적인 것 중에서도 그것을 주시, 의지하기 때문입니다. 그의 의지 안에서 그것은, 그가 무엇인가를 행할 때 그 사람으로 하여금 물러나게 하고, 쓸어버리는 강물의 보이지 않는 흐름과 같습니다. 왜냐하면 그것은 그 사람에게 보이지 않게 영향을 주고 있기 때문입니다. 그것은 한 사람이 다른 사람에게서 그것을 찾아내고 발견하면, 그는 그것에 의하여 그 사람을 지배하고, 그와 함께 행동하기 때문입니다.

[4] 4. 사람의 전체적인 성품은 그의 삶 안에 있는 지배적인 사람입니다. 이 사랑에 의하여 한 사람은 다른 사람과 구분, 분별되고, 그리고 만약에 그가 선하면 그의 천계는 그것에 일치하여 그의 천계가 형성되고, 만약에 그가 악하면 그것에 일치하여 그의 지옥은 형성됩니다. 지배적인 사랑은 그의 진정한 의지이고, 그의 진정한 고유속성(固有屬性·自我·his own)이고, 그의 진정한 본성(本性·nature)입니다. 왜냐하면 그것의 그의 생명의 존재이기 때문입니다. 이것은 죽은 뒤에도 바꿀 수 없습니다. 왜냐하면 그것이 곧 그 사람 자신이기 때문입니다.

[5] 5. 어느 누구에게 기쁨·만족·행복 따위를 주는 것은 모두 그의 지배적인 사랑에게서 비롯되는 전부이고, 그리고 그것과 일치하는 것에 존재합니다. 왜냐하면 사람은 자기가 사랑하는 것을 기쁘다고 하기 때문인데, 그것은 그가 그와 같이 기쁘다고 그것을 느끼기 때문입니다. 사람이 무엇에 관해서 생각은 하지만, 그러나 그것을 사랑하지 않는다면 그가 그것을 기쁜 것이라고 할 수는 있겠지만, 그러나 그것은 그의 삶에 속한 기쁨은 아닙니다. 사람의 사랑에 속한 기쁨은 그 사람에게 선하여야 하고, 불쾌한 것은 그 사람에게 악한 것입니다.

[6] 6. 마치 그것들의 샘에서 선들이나 진리들이 솟아나와 흐르는 원천을 가리키는, 두 종류의 사랑들이 있습니다. 그리고 모든 악들이나 거짓들이 그것에서 솟아나오는, 두 종류의 사랑들도 있습니다. 모든 선들이나 진리들이 솟아나오는 근원을 가리키는 두 사랑들은 주님사랑이고, 이웃사랑입니다. 이에 반하여 모든 악들이나 거짓들이 솟아나오는 근원을 가리키는 사랑들도 둘이 있는데, 하나는 자기사랑(自我愛)이고, 다른 하나는 세상사랑(世間愛)입니다. 후자의 이들 두 사랑들이 지배적일 때 그것들은 전자 두 사랑들에 전적으로 반대적입니다.

[7] 7. 앞에서 언급한 것과 같이, 모든 선들이나 진리들이 나오는 근거

를 가리키는 두 사랑들은, 하나는 주님사랑이고, 또 하나는 이웃사랑입니다. 이들 두 사랑들은 사람 안에서 천계를 형성합니다. 왜냐하면 이것들이 천계에서 지배하기 때문입니다. 그리고 그 두 사랑들이 사람 안에서 천계를 형성하기 때문에, 그것들은 역시 사람 안에서 교회를 형성합니다. 역시 앞에서 이미 언급하였듯이 모든 악들이나 거짓들이 거기에서 솟아나는 두 사랑들인 자기사랑과 세상사랑은 사람 안에서 지옥을 형성합니다. 왜냐하면 그런 사랑들이 지옥에서 다스리기 때문입니다. 그리고 결과적으로 그 사랑들은 사람 안에 있는 교회를 파괴하기 때문입니다.

[8] 8. 앞에서 언급한 것과 같이, 모든 선들이나 진리들이 솟아나는 군 원인 이들 두 사랑은 천계에 속한 사랑들이고, 그리고 그 사랑들은 속사람이나 영적인 사람을 계발하고 형성합니다. 그것은 그것들이 거기에 살고 있기 때문입니다. 그러나 앞에서 언급한 것과 같이 모든 악들이나 거짓들이 그것에서 솟아난 근원들을 가리키는 두 사랑들은 지옥에 속한 사랑들(=애욕들)이고, 그리고 그것들이 앞서 나가게 될 때, 그것들은 속사람이나 영적인 사람을 폐쇄하고, 파괴하고, 그리고 사람을 지배하는 그것들의 확장이나 성질에 일치하여 사람을 자연적인 사람이나 감관적인 사람으로 만듭니다.

400. (4) **개별적인 자기사랑(自我愛)과 세상사랑(世間愛)에 관하여**

자기사랑(自我愛)은 오직 자기만 잘 되기를 원하는 것이고, 자기 자신의 목적을 제외하면, 심지어 교회·자신의 나라·인류·사회·동료시민들에 대해서도 잘 되기를 원하지 않습니다. 자기사랑도 역시 자기 자신의 명성(名聲)·영예·광영 따위를 위해서만 앞서의 그들에게 선을 행합니다. 만약에 다른 자들에게 선을 행할 때 이런 것들이 얻어지지 않는다고 생각이 되면, 그는 마음 속에서 "이게 뭐야? 왜 내가 이런 일을 해야 하는 것인지? 이것을 해서 내가 얻는 것이 무엇이냐?" 등등을 중얼거리면서, 그런 것들을 행하는 것에서 아주 멀리 물러날 것입니다. 이러한 사실은, 자기사랑에 빠져 있는 사람은 교회·그의 나라·사회·동료시민 또는 그 어떤 참된 선도 사랑하지 않고, 오직 자신이나 자신에 속한 것만을 애지중지한다는 사실에서 명확합니다.

[2] 2. 자기사랑에 빠져 있는 사람은, 그가 생각하는 것이나 행하는 것에서 이웃에 대한 마음씀씀이 같은 것은 전혀 없고, 따라서 공중사회

(the public)에 대한 고려 따위가 전혀 없는데, 하물며 주님에 대한 걱정이나 염려 따위가 어찌 있겠으며, 다만 자기 자신이나, 자신에 속한 것을 제외하면 아무런 관심은 물론, 생각조차 하지 않습니다. 그러므로 그는 자기 자신을 위해서, 또는 자기 자신에게 속한 자들을 위해서 그 어떤 일을 행할 뿐이고, 만약에 공공의 이익을 위하여 어떤 일을 하게 되는 경우 그것은 다만 겉꾸밈을 목적한 것이고, 만약에 이웃을 위한 것이라면 그것은 자신의 호의(好誼)나 지지 따위를 얻기 위한 것입니다.
[3] 3. 자기 자신이나 자기 자신에게 속한 자들을 목적해서만 무엇을 행한다고 언급하였는데, 그것은 그가 자기 자신이나 자기 자신에게 속한 자들을 사랑하기 때문입니다. 여기서 자기 자신에게 속한 자들은 특별하게는 자신의 아들딸이나 손자 손녀들을 가리키고, 일반적으로는 그 사람 자신과 함께 있거나, 또는 그 사람이 자신의 특별한 관계가 있다고 여기는 자들을 뜻합니다. 이런 부류의 인물들을 사랑한다는 것은 곧 자기 자신을 사랑하고, 애지중지하는 것입니다. 왜냐하면 그는 그들만을 염려, 고려하기 때문인데, 다시 말하면 자기 자신 안에 있는 그들이나 그들 안에 있는 자신을 염려하고, 깊이 생각하는 것이기 때문입니다. 그가 그의 것이라고 부르는 자들 중에는 그 사람을 칭찬하고, 존경하고, 그리고 그에게 비위를 맞추고, 알랑거리는 모두를 포함하고 있습니다. 사실 그가 그의 육신의 눈으로 사람들로 여기는 자들은 거의가 그의 영의 눈으로는 그들을 망령들 이상으로 여기지 않는 자들입니다.
[4] 4. 자기사랑에 빠져있는 사람은, 자기 자신과 비교하여 자기의 이웃을 경멸(輕蔑)하고, 그리고 만약에 어떤 자가 자기 자신에게 호의를 가지고 있지 않고, 그리고 자신을 받들어 섬기지 않고, 그리고 자신에게 아부하지 않는다면, 그는 그를 자신의 적군이나 원수로 여깁니다. 더욱이 자기사랑에 빠져 있는 사람은 이런 이유 때문에 자기 이웃을 미워하고, 이웃을 박해(迫害)합니다. 심지어 자기사랑에 빠져 있는 사람은 이런 이유 때문에 그에 대하여 복수심으로 불태우고, 그리고 그가 멸망하기를 열망합니다. 종국에 이런 자들은 잔인(殘忍)한 짓거리들을 즐기기까지 합니다.
[5] 5. 자기사랑의 성질이나 본성이 어떤 것인지는 천계적인 사랑(heavenly love)과의 비교에서 명료하게 두드러집니다. 천계적인 사랑은 선용들(善用·uses)을 목적해서 선용들을 애지중지하는 사랑이고, 그리

고 사람이 교회·그의 나라·인류·사회·동료시민을 위해 행하는 선들을 목적한 선들을 가리킵니다. 그러나 자기 자신의 목적 때문에 그들을 사랑, 애지중지하는 사람은, 그리고 그가 자기 집안의 종으로 여기고 그들을 사랑하는 사람은, 그들이 그를 섬기기 때문에 사랑하는 ㄱ서입니다. 이렇게 볼 때 여기서 뒤이어지는 것은, 자기사랑에 빠져 있는 사람은 그가 그것들을 섬기는 것 대신에, 그 사람 자신을 섬기기 위하여 교회·나라·사회·동료시민을 사랑하기를 원한다는 것입니다. 그 사람은 언제나 그들 위에 자기 자신을 두고, 자기 자신 아래에 그들을 둡니다.

[6] 6. 재차 언급하겠습니다. 어느 누가, 선용들이나 선들을 사랑하는 것을 가리키는, 그리고 그런 것들을 장려(獎勵)하고, 촉진(促進)하는 것에서 마음의 충만한 기쁨을 누리는 것을 가리키는 천계적인 사랑 안에 있는 것에 비례하여 그는 주님에 의하여 인도됩니다. 그것은 주님께서 그 사랑 안에 계시기 때문이고, 그리고 천계적인 사랑은 오직 주님에게서 비롯되기 때문입니다. 그러나 어느 누가 자기사랑 안에 있는 것에 비례하여 그는 자기 자신에 의하여 인도되고, 그리고 그것에 비례하여 그는 자기 고유속성(proprium)에 의하여 인도됩니다. 그리고 사람의 고유속성은 악 이외에 아무것도 아닙니다. 왜냐하면 그것은 하나님보다 자기 자신을 더 사랑하고, 천계보다 이 세상을 더 사랑하는 것을 가리키는 그의 유전악(遺傳惡·his inherited evil)이기 때문입니다.

[7] 7. 더욱이 자기사랑은 이런 부류입니다. 자기사랑은 법률이나 그 법률에 속한 형벌이나, 또는 명성·영예·재물·직업 심지어 생명의 상실에 대한 두려움 따위를 가리키는 외적인 구속들(external bonds)이 제거되는 것에 비례하여 자기사랑에 무너진 통치권(=고삐·reins)은, 그것의 욕망들이 이 세상을 지배, 통치하겠다는 것뿐만 아니라 천계에까지도, 심지어는 하나님 당신까지도 지배하겠다는 것을 향해 저돌적으로 달려갑니다. 그와 같은 욕망이나 저돌적인 돌격은 어디에도 없고, 끝이 없습니다. 이와 같은 욕망이나 탐욕은 비록 그것이 세상에 드러나지 않았다고 해도, 자기사랑에 빠져 있는 모든 사람 안에 똬리를 틀고 숨겨져 있습니다. 그리고 앞에서 언급한 것과 같이, 그런 욕망들이나 지배욕은 온갖 통치 수단들이나 구속들에 의하여 억제, 제지되고 있을 뿐입니다. 이런 부류의 인물은, 도저히 불가능한 것이 그의 길을 가로막게

되면, 그 해결 방법이 올 때까지 조용히 숨어서 머물러 있습니다. 이런 모든 것 때문에 이런 부류의 사랑에 빠져 있는 사람은 자기 자신 안에 이런 광기나 끝없는 욕망이 잠복(潛伏), 숨어 있다는 것을 전혀 알지 못합니다. 그럼에도 불구하고 이런 것은 지정 사실입니다. 이러한 사실은 통치나 구속이나, 또는 어떤 장애물도 훌쩍 뛰어 넘는 분봉 왕들이나 왕들, 그리고 그의 영토들이나 나라를 정복하려고 시도하는 끝없는 권력과 그것의 광영을 추구하는 부류의 인물들에게서 잘 드러나고 있습니다. 더욱이 자신의 통치 권력을 천계에까지 확장하고, 그리고 주님의 신령능력까지도 찬탈(簒奪)하려는 자들에게서 아주 잘 드러납니다. 이런 욕망이나 통치 권력은 끝 간 데 없이 계속해서 열망하기 때문입니다.

[8] 8. 지배적인 사랑에는 두 종류가 있습니다. 그것들은, 하나는 이웃을 향한 사랑이고, 다른 하나는 자기 사랑에 속한 것입니다. 이런 두 종류의 사랑은 서로 상반되는 것입니다. 이웃을 향한 사랑(=이웃사랑·仁愛)에서 다스림을 실천하는 사람은 모두에게 속한 선을 열망하고, 선용을 이루는 것 이외에, 따라서 다른 사람들을 섬기는 것 이외에는 다른 것은 아무것도 사랑하지 않습니다. 자기 자신 이외의 다른 사람들을 사랑한다는 것은 좋은 뜻에서 비롯된 선을 행하는 것을 가리키고, 그리고 선용들을 성취하는 것을 가리킵니다. 그의 사랑이 이러한 것이면 그의 마음의 기쁨 역시 그러합니다. 더욱이 사람은 이런 높은 고위의 직위에 올랐을 때 그는 그 높은 직위 때문에 오는 것 대문이 아니고, 오히려 그 때 보다 더 큰 것을 성취한다는 것, 그리고 더 높은 계도에서 더 큰 것들을 그가 성취할 수 있다는 선용들 때문에, 그는 그런 것에서 기쁨을 향유(享有)합니다. 천계에 있는 다스림(統治)은 바로 이런 것을 가리킵니다. 그러나 자기사랑에서 비롯된 다스림은 실천하는 사람은, 자기 자신이나 자신의 것 이외의 어떤 선도 원하지 않습니다. 그가 성취한 선용은, 그 사람 자신에게만 선용인 것을 가리키는, 자기 자신의 영예나 광영을 위한 것들입니다. 이런 부류의 자들이 다른 자들을 섬기는 가운데 있는 그의 목적은, 자기 자신이 섬김을 받고, 영화롭게 되고, 그리고 다른 자들을 지배하기 좋아하는 것들을 가리킵니다. 만약에 그는 그가 행할 수 있는 선들이 목적이 아니고 오히려 높은 지위나 광영을 얻기 위하여 높은 자리를 차지한다면, 그는 그것에 의하여 그의 마음의 기쁨 가운데 있을 것입니다.

[9] 9. 지배에 속한 그의 사랑은 사후에도 그 세상에 있는 모두에게 그대로 남아 있습니다. 그러나 이웃을 향한 사랑으로 말미암아 지배나 다스림 따위를 실천할 사람에게 천계에 있는 지배나 다스림이 위임(委任)되고, 그리고 그것은 지배하는 자들이 아니고, 오히려 그들이 사랑하는 선용들이나 선들입니다. 그리고 그와 같은 선용들이나 선들이 지배할 때, 주님께서 다스리십니다. 그러나 이와 달리 이 세상에서 자기사랑으로 말미암아 지배나 통치를 실천하는 자들은 이 세상의 삶의 죽음 뒤에는 그 통치나 지배는 포기되고, 오히려 종의 신분으로 바뀌게 됩니다. 이상의 사실에서 볼 때, 자기사랑에 빠져 있는 자들이 어떤 존재인지 잘 알 수 있겠습니다. 사실 그들이 겉으로 보기에 오만(傲慢)한지, 겸손한지는 문제가 되지 않습니다. 그런 것들은 속사람 안에 자리를 잡고 있기 때문이고, 그리고 대부분의 사람들은 속사람이 보이지 않게 감추어져 있기 때문입니다. 이에 반하여 겉사람은 일반대중의 사랑이나 이웃사랑에 속한 것을 속이고, 위조하는 것에, 따라서 속 안에 있는 것을 속이고 위조하는 것에 잘 훈련되었습니다. 이런 짓거리는 역시 자기를 목적한 것이었습니다. 왜냐하면 그들은 내면적으로 일반대중이나 이웃을 사랑하는 것이 모든 사람을 감동시킨다는 것을 잘 알고 있고, 그리고 그들이 이런 것들을 통해서 다른 사람에게 존경을 받는다는 것도 잘 알고 있기 때문입니다. 따라서 이런 사랑은, 천계가 그것 안에 입류하기 때문에 사람들을 감화 감동시킵니다.

[10] 10. 자기사랑 안에 있는 자들에게서 지배적인 온갖 악들은 일반적으로는 다른 자들을 경멸(輕蔑)하는 것이고, 반목 불화하는 것들입니다. 이런 것들에서 결과적으로 빚는 것은 온갖 종류의 적개심·증오·복수·간교한 술책·사기·무자비·잔악한 행위 등등입니다. 그리고 이런 부류의 악이 만연(蔓延)한 곳은 어디에서나 거기에는 역시 하나님에 대한 경멸이나, 교회에 속한 선들이나 진리들을 가리키는, 신령한 것들의 경멸이나 무시 따위가 있습니다. 만약에 사람들이 신령한 것들을 존중, 존경한다면, 그런 짓거리는 마음 속 깊은 데서 우러난 것이 아니고, 그저 단순한 입술에서 말로만 짓거리는 것일 뿐입니다. 그리고 이런 부류의 악들은 자기사랑에서 비롯되기 때문에 온갖 거짓들도 역시 마찬가지로 그것에서 나옵니다. 왜냐하면 거짓들은 악들에게서 비롯되기 때문입니다.

[11] 11. 그러나 세상사랑(世間愛)은 어떤 술책에 의해서라도 다른 사람의 재물을 자기 자신의 것으로 만들기를 열망하는 것이고, 그리고 이웃을 향한 사랑을 가리키는, 다시 말하면 천계에서 비롯된 사랑을 가리키는 영적인 사랑에서부터 떠나 자신의 마음을 재물에 두기를 원하고, 그리고 그 사랑을 이 세상에 허락하는 것을 가리킵니다. 세상사랑에 있는 자들은 온갖 술책들에 의하여 다른 사람들의 재물을 자기 자신의 것으로 끌어들이는 것을 바라는 자들입니다. 그러나 특히 세상사랑에 빠져 있는 자들은 특히 이웃에 속한 재물 따위를 전혀 괘념치 않고, 교활함이나 속임수에 의하여 자신의 것으로 만드는 것을 열망하는 자들입니다. 세상사랑에 빠져 있는 자들은 다른 사람들의 재물들을 몹시 탐내고, 그리고 그 재물을 얻는 것 때문에 야기되는 법률이나 명성의 상실에 대한 공포를 두려워하지 않는 것에 비례하여 그들은 다른 사람의 재물을 자신의 것으로 취하고, 심지어 그들은 그것들을 약탈(掠奪)하고 노략질까지 합니다.

[12] 12. 그러나 세상사랑은 자기사랑의 정도까지는 천계적인 사랑에 정반대되지 않습니다. 그것은 세상사랑에 감추고 숨긴 것이 그렇게 크지 않기 때문입니다.

[13] 13. 이 사랑도 다종다양합니다. 세상사랑에는 명예를 위한 수단으로서의 재물에 속한 사랑이 있고, 그리고 재물을 위한 수단으로서의 명예나 고위직에 속한 사랑이 있고, 그리고 세상적인 즐거움이나 쾌락 따위를 제공하는 다종다양한 쏨쏨이들을 목적인 재물사랑이 있고, 그리고 오로지 재물을 목적한 수전노(守錢奴)의 재물사랑이 있는데, 이런 것들은 온갖 탐욕을 가지고 있습니다. 재물이 추구하는 목적이 선용(善用·use)이라고 합니다. 목적이나 선용은 그 사랑에서 그것의 성질을 취합니다. 왜냐하면 이런 부류의 목적은 무엇인가를 행하려는 것이 목적이고, 그리고 사랑도 이런 부류의 것입니다. 이런 목적이나 사랑은 수단으로서 그것을 섬깁니다.

[14] 14. 한마디로 자기사랑이나 세상사랑은 주님사랑이나 이웃사랑에 정반대입니다. 결과적으로 앞에서 기술한 것과 같이 자기사랑이나 세상사랑은 지옥적인 사랑들(infernal loves)을 가리킵니다. 이런 사람들은 지옥에서 통치하고, 사람 안에서 지옥을 형성합니다. 그러나 주님사랑과 이웃사랑은 천계적인 사랑들(heavenly loves)을 가리키고, 이들 사랑

들은 천계에서 통치하고, 사람 안에서 천계를 형성합니다.

401. (5) **속사람과 겉사람**(the internal and external man)**에 관하여**
사람은 동시에 영계와 자연계에 있도록 창조되었습니다. 영계(the spiritual world)는 천사들이 있는 곳이고, 자연계는 사람들이 있는 곳입니다. 그리고 사람이 그와 같이 창조되었기 때문에 사람에게는 내적인 것과 외적인 것이 주어졌는데, 내적인 것에 의해서는 사람은 영계에 있고, 외적인 것에 의해서는 사람은 자연계에 있습니다. 사람의 내적인 것은 속사람(the internal man)이라고 부르고, 그의 외적인 것은 겉사람(the external man)이라고 부릅니다.

[2] 2. 모든 사람은 내적인 것과 외적인 것을 가지고 있지만, 그러나 이것들의 차이는 마치 선한 사람과 악한 사람 사이의 차이와 같습니다. 선한 사람에게서 내적인 것은 천계에 있고, 그리고 천계의 빛 가운데 있지만, 그의 외적인 것은 이 세상에 있고, 그리고 이 세상의 빛에 있습니다. 그것들 안에 있는 이 세상의 빛은 천계의 빛에 의하여 빛을 발합니다. 그러므로 그것들 안에 있는 내적인 것이나 외적인 것은 마치 한 몸처럼 행동하고, 그리고 그것은 원인과 결과 또한 선재하는 것(the cause and effect)과 같고, 또한 선재하는 것(the prior)과 후래하는 것(the posterior)과 같습니다. 그러나 악한 사람에게서 내적인 것은 지옥이나 그것의 빛 안에 있고, 그리고 천계의 빛에 비교하면 지옥의 빛은, 비록 그들의 외적인 것은 선한 사람이 있는 빛과 같은 빛이 있는 것 같지만, 짙은 흑암을 가리킵니다. 이와 같이 거기에는 뒤바뀜이나 정반대(inversion)가 있습니다. 이런 이유 때문에 악한 사람은, 선한 사람과 꼭 같이, 믿음·인애·하나님에 관해서 말하고, 가르칠 수 있지만, 그러나 선한 사람이 믿음에서 하나님·인애에 관해서 말하는 것과는 같지 않습니다.

[3] 3. 속사람(the internal man)이 영적인 사람이라고 불리우는 것인데, 그것은 속사람이 영적인 빛이라고 하는 천계의 빛 안에 있기 때문입니다. 이에 반하여 겉사람(the external man)은 자연적인 사람(the natural man)이라고 불리우는데, 그것은 겉사람이 자연적인 빛을 가리키는 이 세상의 빛 안에 있기 때문입니다. 그의 내적인 사람은 천계의 빛 가운데 있고, 그의 외적인 사람은 이 세상의 빛 안에 있는 그와 같은 사람은 양쪽의 측면에서 보면 영적인 사람입니다. 그것은 내면적인 것에서

비롯된 영적인 빛은 자연적인 빛에 비추고, 그리고 그것은 마치 자기 자신의 것과 같이 만들기 때문입니다. 그러나 그것의 반대(the reverse)는 악한 사람에게는 정반대입니다.

[4] 4. 내적인 영적인 사람(the internal spiritual man)은 그것 자체에서 보면 천계의 천사입니다. 이에 반하여 육신을 입고 사는 사람은, 비록 그 사람 자신이 그것을 알지 못한다고 해도, 천사들과 함께 하는 제휴(提携)의 상태에 있고, 그리고 입고 있는 육신을 떠나게 되면 그는 천사들의 무리에게로 갑니다. 그러나 악한 사람에게서 속사람은 사탄을 가리키고, 그리고 육신을 입고 사는 동안 그는 사탄들과 함께 하는 제휴의 상태에 있고, 그리고 입고 있는 육신을 떠나게 되면 그는 사탄의 무리에게로 갑니다.

[5] 5. 영적인 사람들을 가리키는 자들에게서 마음의 내면적인 것들은 실제적으로 천계에 올리웁니다. 왜냐하면 그것들은 주로 거기를 동경(憧憬)하기 때문이지만, 그러나 단순히 자연적인 자들에게서 마음의 내면적인 것들은 천계로부터 외면하고, 이 세상을 향하기 때문입니다. 그것은 그들이 주로 이 세상을 동경하기 때문입니다.

[6] 6. 속사람이나 겉사람의 일반적인 개념들만을 소중히 여기고, 마음에 품고 있는 사람들은, 속사람은 생각하고 뜻하지만, 겉사람은 말하고 행동한다고 믿고 있습니다. 그것은 생각하고 뜻하는 것이 내적이기 때문이지만, 이에 반하여 말하고 행동하는 것은 외적이기 때문입니다. 그러나 여기서 바르게 이해하여야 할 것은, 사람이 주님에 관해서, 그리고 주님에게 속한 것들에 관해서, 그리고 이웃이나, 이웃에 속한 것들에 관해서 진정으로 올바르게 생각하고 원한다면 그는 영적 내적인 것으로 말미암아 생각하고 원하는 것이고 그리고 그것은 선에 속한 진리나, 사랑 안에 있는 신념에게서 비롯된 것입니다. 그러나 악에 속한 것들에 관해서 그가 생각하고 원할 때 그의 생각이나 뜻하는 것은 지옥적이고 내적인 것에서 비롯된 것입니다. 그것은 악에 속한 거짓이나 애욕(=사랑)에 빠져 있는 신념에서 비롯된 것이기 때문입니다. 한마디로 말하면 사람이 주님사랑이나 이웃사랑 안에 있는 것에 비례하여 사람은 영적 내적인 것 안에 있고, 그리고 그 내적인 것으로 말미암아 그는 생각하고, 뜻하고, 말하고, 행동합니다. 이에 반하여 사람이 자기사랑이나 세상 사랑에 있는 것에 비례하여 그는, 비록 그가 달리 말하고 행동한

다고 해도 지옥으로 말미암아 생각하고 뜻합니다.
[7] 7. 주님께서는 섭리하시고, 주선(周旋)하시는 것은, 사람이 천계로부터 생각하고, 뜻하는 것에 비례하여 영적인 사람은 형성되고, 성장한다는 것입니다. 이와 같이 천계에 속한 것들에 순응, 같은 모양이 되는 동안 영적인 사람은 그것에 의하여 천계와 가까워지고, 심지어 주님에게 더욱 가까워집니다. 그러나 이와 반대로 사람이 천계로부터가 아니고, 이 세상으로부터 생각하고 뜻하는 것에 비례하여 영적인 사람의 속사람(the internal spiritual man)은 형성이나 성장이 닫혀지게 되고, 대신에 겉사람만 형성, 성장합니다. 그리고 이 세상에 가까워지고, 그리고 이 세상에 속한 것들에 순응, 같은 모양이 되는 동안 그의 속사람은 그것에 의하여 지옥에 속한 것들에 가까워집니다.
[8] 8. 천계와 주님에게 가까워진 천계의 빛 가운데 있고, 그리고 주님에게서 비롯된 조요의 상태에 있고, 그리고 이런 것에 의하여 총명과 지혜 안에 있습니다. 이런 상태에 있는 사람들은 진리에 속한 빛에서 진리를 보고, 그리고 선에 속한 사랑에서 선을 지각합니다. 그러나 영적인 내적인 사람이 닫혀 있는 사람들은 이른바 속사람이 어떤 사람인지 알지 못하고, 뿐만 아니라 그들은 성경말씀이나 죽음 뒤의 삶에 관해서도 믿지 않으며, 그리고 또한 천계나 교회에 속한 것들에 대해서도 믿지 않습니다. 그리고 그들이 그저 단순한 자연적인 빛 안에 있기 때문에 그들은, 자연이 자연에서 비롯된 것이지, 하나님에게서 비롯된 것이 아니라고 믿습니다. 그들은 거짓을 진리로 보고, 악에 속한 지각을 선에 속한 지각으로 가지고 있습니다.
[9] 9. 여기서 다루어진 내적인 것이나 외적인 것은 사람의 영(man's spirit)에 속한 내적인 것이고 외적인 것입니다. 그리고 그의 몸은, 내적인 것이 그것 안에 존재하는 하나의 부수적인 외적인 것에 지나지 않습니다. 왜냐하면 그 몸은 자기 자신으로 말미암아서는 결코 아무것도 행하지 못하고, 다만 그것 안에 내재해 있는 영으로 말미암아 행하기 때문입니다. 여기서 반드시 이해하여야 할 것은 그 몸에서 떠난 뒤에도, 사람의 영(the spirit of man)은, 바로 앞에서 언급한 것과 같이, 생각하고, 뜻하고, 말하고 행동한다는 것입니다. 생각하고 뜻한다는 것은 그것의 내적인 것이고, 이에 반하여 그 때 언어(speech)나 행위는 그것의 외적인 것을 형성합니다.

402. (6) 단순한 자연적인 사람과 감관적인 사람(the merely natural man and sensual mam)에 관하여.
감관적인 사람들(sensual men)이 뜻하는 것이나, 그들의 성품이 무엇인지 거의 알지 못하기 때문에, 그럼에도 불구하고 그것을 안다는 것은 매우 중요하기 때문에 그러므로 그런 것들에 관해서 언급, 기술하겠습니다.
1. 감관적인 사람(a sensual man)은, 육신적인 감관들에 의하여 모든 것들에 관해서 판단하고, 그리고 그의 눈으로 보고, 그의 손으로 만지는 것 이외에는 아무것도 믿지 않으며, 이런 것들을 진실된 것(real)이라고 부르고, 그 밖의 것들은 모두 배척하는 사람을 가리킵니다. 결과적으로 감관적인 사람은 가장 자연적인 사람(the lowest natural man)을 가리킵니다.
[2] 2. 이런 사람은 천계의 빛에서 무엇인가를 보는 그의 마음의 내면적인 것들은 전적으로 폐쇄(閉鎖), 닫혀져 있습니다. 그러므로 그는 천계나 교회에 속한 진리에 속한 것은 아무것도 보지 못하는데, 그것은 그가 가장 외적인 것만을 생각하기 때문이고, 영적인 것에 관해서는 내면적으로 전혀 생각하지 않기 때문입니다.
[3] 3. 그가 조잡한 자연적인 빛(gross natural light) 안에 있기 때문에, 비록 외적으로는 그가 그것에 의하여 안전하려고 하는 통치에 적응하는 열정을 가지고 옹호, 주장한다고 해도, 천계나 교회에 속한 것들에 대해서 그는 내적으로는 정반대에 있습니다.
[4] 4. 감관적인 사람들은 예리하고, 꾸밈없이 추론하는데, 그것은 그들의 생각이, 거의 그것 안에 있게 하기 위하여 언어에 아주 가까이 있기 때문입니다. 다시 말하면 생각이 입술에 있기 때문입니다. 그리고 그들은 모든 총명을 단순한 기억에서 비롯된 언어(speech)에 두기 때문입니다.
[5] 5. 그들 중에서 어떤 자들은 그들이 원하는 것을 옳은 것이라고 확증할 수 있고, 아주 능란하게 거짓들을 참된 것이라고 확증할 수 있고, 그리고 그들은, 그런 확증들이 있은 뒤에는, 그것들이 진리들이라고 믿습니다. 그러나 그들의 이와 같은 추론이나 확증은 보통 사람을 매혹시키고, 설득, 사로잡는 것을 가리키는, 감관들에 속한 오류들에게서 비롯된 것들입니다.

제 7 장 · 인애(仁愛) · 이웃사랑 · 선행(善行) 247

[6] 6. 감관적인 사람들은 다른 자들에 비하여 매우 더 예리하고, 교활하고, 간악합니다.

[7] 7. 그들의 마음에 속한 내면적인 것들은, 그들이 역겨운 것이나 불결한 것들을 통해서 지옥과 교류, 내통하기 때문에 역겹고, 더럽습니다.

[8] 8. 지옥에 있는 자들은 감관적이고, 그리고 지옥에 깊이 있으면 그럴수록 그들은 더 감관적입니다. 지옥적인 영들의 영기(the sphere of infernal spirits)는 사람의 배후에서 들어와 사람의 감관적인 것들과 결합합니다.

[9] 9. 감관적인 사람들은 빛 가운데 있는 순수한 진리를 보지 못합니다. 그러나 그들은 모든 것들에 관해서 그것들이 사실인지 아닌지에 관해서 추론하고, 논쟁합니다. 그리고 그들에게서 멀리 떨어진 곳에서 그들의 논쟁들을 들을 때 그 논쟁들은 마치 이를 가는 소리와 같이 들립니다. 이런 것들을 살펴보면 그것들도 곧 서로서로 거짓들 사이의 충돌(the collision of falsities)이고, 그리고 또한 거짓과 진리의 충돌입니다. 그러므로 이러한 사실이나 내용은 성경말씀에서 "이를 간다"(the gnashing of teeth)라는 말씀의 뜻을 명료하게 합니다. 그것은 감관들에 속한 온갖 오류들에게서 비롯된 추론은 이빨(teeth)에 대응하기 때문입니다.

[10] 10. 매우 깊숙하게 자기 스스로 거짓들 가운데서 확증을 하고, 공부를 많이 한 유식한 학자들은, 더욱이 성경말씀의 진리들에 거슬러서 스스로 확증, 다짐한 자들은, 비록 그들이 이 세상에서는 그와 같이 보이지 않는다고 해도, 다른 자들에 비하여 보다 더 감관적입니다. 이단적인 교리들(heretical doctrines)은 이런 부류의 감관적인 사람들에 의하여 주로 소개됩니다.

[11] 11. 위선자들 · 사기꾼들 · 주색꾼들 · 간통자들 · 욕심쟁이들 등등은 거의 대부분 감관적인 존재들입니다.

[12] 12. 성경말씀의 진정한 진리들에 거슬러서, 결과적으로 교회에 속한 진리들에 거슬러서 오직 감관적인 것들에서만 추론하는 자들을 고대 사람들은 선과 악의 지식의 나무의 뱀(serpents of the tree of knowledge of good and evil)이라고 불렀습니다.

[13] 감관적인 것들은 육신적인 감관들에게 제시되는 것들이나, 그런 감관들을 통해서 주입, 물든 것들을 뜻하기 때문에 아래와 같은 것이

뒤이어지겠습니다.

13. 감관적인 것들에 의하여 사람은 이 세상과 교류, 내통하고, 그리고 감관들 위에 있는 합리적인 것들을 통해서는 사람은 천계와 교류, 내통합니다.

[14] 14. 영계에 있는 마음에 속한 내면적인 것들에 도움이 되고, 이바지 하는 감관적인 것들은 자연계에서 공급, 제공하는 그런 것들을 가리킵니다.

[15] 15. 감관적인 것들은 이해를 섬기는 것들인 물리학(physics)이라고 부르는 다양한 자연적인 학문들(the various natural studies)을 가리키고, 그리고 의지를 섬기는 감관적인 것들은 감관들이나 육신에 속한 기쁨들을 가리킵니다.

[16] 16. 만약에 생각이 자연적인 것들 위에로 올리워지지 않는다면 사람은 거의 지혜를 가지지 못합니다. 지혜로운 사람은 감관적인 것들을 넘어서 생각합니다. 생각이 감관적인 것 이상으로 높이 올리워졌을 때 생각은 보다 밝은 빛에 들어오고, 그리고 종국에는 천계의 빛 속에 들어오는데, 사람은 이것에서부터 참된 총명을 가리키는 진리의 지각을 갖습니다.

[17] 17. 감관적인 것들 이상으로 오르는 마음의 고양(高揚)이나, 그것들로부터의 물러남은 고대 사람들에게는 잘 알려져 있었습니다.

[18] 18. 감관적인 것들이 가장 낮은 자리에 있을 때 그것들에 의하여 이해에 이르는 길은 열리고, 그리고 진리들은 온갖 종류의 뽑아냄(摘出·extraction)에 의하여 자유롭게 되지만, 그러나 감관적인 것들이 첫째 자리에 있을 때 그것들은 그 길을 닫아 버리고, 그리고 사람은, 마치 안개 속이나, 한 밤 중에 보는 것과 같이, 진리들을 보고, 압니다.

[19] 19. 현명한 사람에게서 감관적인 것들은 가장 낮은 자리에 있고, 그리고 보다 더 내면적인 것들에 종속되어 있지만, 그러나 지혜롭지 못한 사람에게는 감관적인 것들은 첫째 자리(上席)에 있고, 그리고 통치권을 쥐고 있습니다. 이와 같은 일련의 사람을 가리켜 감관적인 사람이라고 불리우는 인물입니다.

[20] 20. 사람에게는 보통 짐승들이 가지고 있는 것과 같은 감관적인 것들이 있지만 다른 것들은 가지고 있지 않습니다. 어느 누가 감관적인 것들을 초월해서 생각할 때 그는 사람입니다. 그러나 만약에 어느 누가

하나님을 시인하지 않고, 하나님의 계명들에 따라서 살지 않는다면, 어느 누구도 감관적인 것들을 초월해서 생각할 수 없고, 그리고 교회에 속한 진리들을 결코 볼 수 없습니다. 왜냐하면 그와 같이 고양(高揚)시키고 조요하시는 분이 하나님이시기 때문입니다.

II.
이런 세 종류의 사랑들이 올바르게 종속되어 있을 때 사람은 완전한 사람이지만, 그러나 세 사랑들이 올바르게 종속되어 있지 않을 때 그것들은 사람을 오도(誤導)하고, 전도(顚倒)시킨다.

403. 먼저 이들 세 사랑들, 즉 천계에 속한 사랑(the love of heaven)·세상에 속한 사랑(the love of the world)·자아에 속한 사랑(the love of the self)에 관해서 먼저 언급하고, 그 다음에 이들 사랑이 하나에서 다른 하나에 유입하는 입류(the influx)나 삽입(挿入·insertion)에 관해서, 그리고 마지막으로 그 종속(從屬·subordination)에 일치하는 사람의 상태(man's state)에 관해서 설명, 언급하겠습니다. 이들 세 사랑은 인체의 영역(=부위·regions of the body)이 서로 관계를 가지고 있는 것과 같이 서로서로 밀접한 관계를 가지고 있습니다. 그것의 최고의 부위는 머리(the head)이고, 중간부위는 가슴과 복부(腹部)이고, 이에 반하여 무릎이나 발과 발바닥은 그 셋째를 형성합니다. 천계에 속한 사랑이 머리를 형성하고, 세상에 속한 사랑이 가슴과 복부를 형성하고, 자아에 속한 사랑이 발이나 발바닥을 형성할 때 사람은 그의 창조에 일치하여 완전한 상태에 있습니다. 그 이유는 그 때 후자의 사랑들, 즉 낮은 부위에 속한 두 사랑들은 가장 높은 사랑을 섬기기 때문입니다. 이런 사실은 몸통(body)과 그것의 여러 부위들이 머리를 섬기기 때문입니다. 그러므로 천계에 속한 사랑이 머리를 형성할 때, 그 사랑은 주로 재물에 속한 사랑(a love of wealth)을 가리키는, 세상에 속한 사랑에 입류하고, 그리고 그 사랑은 재물에 의하여 선용(善用·uses)을 수행합니다. 그리고 이 후자의 사랑을 통하여 천계에 속한 사랑은 간접적으로 주로 명성이나 명예 따위의 고귀한 사랑을 가리키는 자아에 속한 사랑에 입류하고, 그

리고 이런 고귀한 사랑을 통하여 그것은 선용을 수행합니다. 따라서 이들 세 사랑들은 하나가 다른 하나 속에 들어가는 입류에 의하여 선용을 생산, 발산합니다.

[2] 어느 누가, 주님으로 말미암아, 그리고 천계에 속한 사랑을 뜻하는, 영적인 사랑으로 말미암아 선용을 수행하기를 사람이 열망할 때 그의 자연적인 사람은 그의 재물들이나, 그 밖의 다른 소유들에 의하여 선용들을 성취한다는 것을 알지 못하겠으며, 그리고 또한 이것이 선용들을 생성하려는 그의 명예에 속한 사랑이라는 것을 어느 누가 모르겠습니까? 사람이 그의 몸을 가지고 행한 모든 일들이 머리 안에 자리 잡고 있는 그의 마음의 상태에 일치하여 행한 것이라는 사실을 어느 누가 모르겠습니까? 그리고 만약에 마음이 선용에 속한 사랑 안에 있다면 사람의 인체는 인체의 기관들에 의하여 그 선용들을 이룬다는 것을 어느 누가 모르겠습니까? 이런 일련의 것은 진정한 사실입니다. 그 이유는 그것들의 원칙들 안에 있는 의지와 이해는 머리에 있기 때문이고, 그리고 인체에서 파생된 그들의 파생물 안에는, 예를 들면 마치 의지는 행위들 안에 있고, 생각은 말(言語)에 있는 것과 같은데 상대적으로는 씨에 속한 결실하는 원리가 나무 전체나, 그의 모든 부분에 있는 것과 같이 그리고 이런 여러 가지 것들을 통하여 그것의 선용을 가리키는, 열매를 생산하는 것과 같습니다. 그리고 또한 수정 화병 안에 있는 불과 빛(fire and light)이 그것을 통해서 따뜻하게 하고 밝게 빛을 비추는 것과 같습니다. 또 다시 말하면 마음에 속한 영적인 시각(the spiritual sight)은 인체의 자연적인 시각(the natural sight)과 더불어, 그 시각 안에서 하나로 이들 세 사랑들은 참되고, 올바르게 종속되어 있습니다. 그 이유는 주님으로부터 천계를 통하여 유입하는 빛 때문인데, 그것은 마치 그것의 중앙에로 투과(透過)하고, 거기에서 씨들의 저장소가 있게 하는 아프리카의 과일에 비유, 비교되겠습니다. 이런 내용이나 뜻이 주님의 말씀이 뜻하는 것입니다. 마태복음서의 말씀입니다.

> 눈은 몸의 등불이다. 그러므로 네 눈이 성하면 네 온몸이 밝을 것이다(마태 6 : 22 ; 누가 11 : 34).

[3] 건전한 이성을 가진 사람이 결코 재물(財物·富·wealth)을 비난할

수 없습니다. 왜냐하면 그 재물은 마치 인체 안에 흐르는 혈액과 같이 일반적인 몸 안에 있기 때문입니다. 그리고 그 사람은 직무에 부착된 명예들을 비난할 수 없습니다. 왜냐하면 만약에 그들의 자연적인 사랑이나 감관적인 사랑이 영적인 사랑에 종속되어 있다면 그들은 마치 그들의 왕의 수족(手足)과 같기 때문이고, 그리고 그 사회를 지탱하는 사회의 기둥과 같기 때문입니다. 더욱이 천계에는 일반 업무를 관리하는 직급이 있고, 그리고 그들에게 부속되어 있는 담당자들이 있기 때문입니다. 그러나 관리업무에 종사하는 자들은, 그들이 모두 영적인 존재이기 때문에, 선용들을 수행하는 것 이외의 다른 것을 더 귀하게 여기지 않기 때문입니다.

404. 그러나 세상사랑이나 재물에 속한 사랑이 머리를 형성할 때, 다시 말하면 그런 사랑이 지배적인 사랑(the ruling love)이 되었을 때 사람은 전적으로 다른 상태를 드러냅니다. 왜냐하면 그 때 천계에 속한 사랑은 머리에서부터 쫓겨나 있기 때문이고, 그리고 자신의 몸에 온 정력을 쏟기 때문입니다. 이런 상태에 있는 사람은 이 세상을 천계에 비하여 더 좋아하고, 그리고 사실 그는 하나님을 예배하지만, 그러나 그것은 모든 예배에 자기 공로를 두는 자연적인 사랑에서 하나님을 예배하는 것입니다. 그리고 역시 그는 이웃에게 선을 행하지만 그러나 그것은 보상을 목적한 것입니다. 이런 부류의 사람들에게는 천계적인 것들은 마치 그들의 몸을 가리는 옷들과 같고, 그리고 사람들의 안전(眼前)에서는 아주 멋지게 살아가는 사람처럼 보이지만, 천사들의 안전에서는 보잘 것 없는 모습으로 보입니다. 왜냐하면 세상사랑이 오로지 속사람을 장악하고 있을 때, 그리고 천계에 속한 사랑이 겉사람을 장악하고 있을 때 전자는 교회에 속한 모든 것들을 불영명(不英明)하게 만들고, 그리고 그것들을, 베일로 가리듯이, 숨기기 때문입니다. 그러나 이 사랑은 매우 다종다양해서, 그 사랑이 만약에 탐욕에 기울면 더 나빠지고, 그리고 그것 안에 있는 천계에 속한 사랑은 칠흑같이 검고, 어두워집니다. 그러므로 만약에 세상에 속한 사랑이 자기사랑으로 말미암아 다른 자들 위에 군림하면 그것은 자만이나 우월감(eminence)으로 말미암아 더욱 더 고약해집니다. 만약에 세상사랑이 목적으로서 이 세상의 광대, 화려함에 기울어져 있다면, 예를 들면 궁궐들·몸의 장신구들·화려한 의상·하인들·말들이나 그것들이 끄는 호화로운 마차들이나 그 밖의 것들에 치우쳐

선호하는 낭비적인 것에 치우쳐 있다면, 자기사랑에 비하여 더 해롭습니다. 모든 사람의 성질이나 성품은, 우러르고, 의도하는 것을 가리키는 목적에 의하여 결정됩니다. 세상사랑은 어두운 유리에 비교될 수 있겠는데, 그것이 빛을 어둡게 만들고, 그리고 그것을 어둡게 변색(變色)시키고, 색깔들을 사라지게 합니다. 이것은 태양광선을 제거하는 안개나 구름과 같습니다. 그것은 마치 위(胃)에는 장애가 되지만, 감미로운 맛을 내는 숙성되지 않은 새 포도주와 같다고 하겠습니다. 이런 부류의 사람을 하늘에서 볼 때 머리와 눈을 아래로 향하고 걷는 등이 굽은 꼽추처럼 보이는데, 이런 작자들은 하늘을 쳐다보려고 하면 등에 힘을 주지 않으면 위를 볼 수 없는, 그리고 곧 다시 아래를 향해 꾸부려야 하는 꼽추와 흡사합니다. 교회에서 옛날 사람들은 이런 자들을 맘몬들(Mammons)이라고 불렀고, 희랍사람들은 그들을 풀루토스(Plutos)라고 불렀습니다.

405. 그러나 자기사랑이나 자기사랑에 속한 지배애(love of ruling)가 머리를 형성할 때 천계에 속한 사랑은 몸을 통해서 발(足)에 내려가고, 그리고 그 사랑이 증대하기 때문에 천계에 속한 사랑은 발목을 통해서 발바닥으로 내려갑니다. 만약에 자기사랑이 더욱 더 증대하고, 세력을 확장한다면 뒤꿈치를 지나서, 발에 짓밟힙니다. 지배적인 사랑에는 이웃사랑에서 야기된 사랑도 있고, 자기사랑에서 야기된 사랑도 있습니다. 이웃사랑에서 비롯된 지배애 안에 있는 자들은 그들이 대중이나 개인에게 선용을 성취하기 위한 목적에서 권력을 추구합니다. 그러므로 이들에게 권력은 천계에서 위임(委任)된 것입니다.

[2] 권위의 자리에 태어났거나, 가르침을 받은, 황제들·임금들·귀족들은, 만약에 그들이 하나님 앞에서 겸손하다면, 때때로 천한 태생들이 자만이나 교만으로 잘났다고 하는 자들에 비하여 덜 자기사랑에 빠져 있습니다. 그러나 자기사랑에서 비롯된 지배적인 사랑 안에 있는 자들에게 천계에 속한 사랑은 사람을 즐겁게 할 목적으로 그것에 올려놓은 진열대(bench)와 같아서, 사람들이 시야에서 사라지면, 그들은 자신들의 발을 그 진열대에 올려놓고, 그리고 그것을 헌신짝 버리듯 내동이치고, 짓밟아버립니다. 그것은 그들이 자기 자신들만을 애지중지하기 때문이고, 그리고 결과적으로 자신들의 의지와 생각을 이른바 자기 자신의 고유속성에다가 몰입(沒入)시키기 때문입니다. 그 때 본질에서 보면 그들

의 고유속성은 유전악(遺傳惡·inherited evil)이고, 그리고 그것은 천계에 속한 사랑과는 전적으로 정반대되는 것이기 때문입니다.
[3] 자기사랑에서 비롯된 지배애에 빠져 있는 자들의 온갖 악들은 일반적으로 아래의 것과 같습니다. 다른 사람들을 경멸하고, 자신들을 좋아하지 않는 자들에게는 반목(反目)하고, 결과적으로는 적개심(敵愾心)·증오심·복수심·무자비·만행(蠻行)·잔학(殘虐) 따위를 갖습니다. 그리고 이런 부류의 악들이 만연(漫延)한 곳에는 오로지 하나님에 대한 경멸이나 교회에 속한 진리들이나 선들을 가리키는 신령한 것들에 대한 모멸(侮蔑) 따위만 있을 뿐입니다. 또는 만약에 그들이 교회에 속한 진리들이나 선들을 존중한다면 그것은 그들이 교회의 권위에 있는 자들에 의하여 비난받는 것을 모면(謀免)하기 위하여, 또는 다른 자들에 의하여 비난받는 것을 피하기 위한 수단으로, 입술에서만 사탕발림으로 여전히 그런 짓거리들을 뇌까리고 있는 것입니다.
[4] 그러나 이런 사랑은 교직자나 평신도에게서는 서로 다릅니다. 교직자에게서 그것은 머리 꼭대기까지 기어올라서, 만약에 그에게 통치의 기회가 주어진다면, 심지어 그들이 하나님이 되는 것까지 열망할 것입니다. 그러나 평신도에게서는 그런 경우 그들은 왕들이 되기를 열망할 것입니다. 그리고 이런 사랑에 속한 환상들이나 망상들은 그들의 마음을 모두 앗아가 버리는 정도에까지 이를 것입니다.
[5] 완전한 사람에게서 천계에 속한 사랑이 가장 높은 자리를 차지하면, 다시 말하면 그것이 그것에서 뒤이어지는 모든 것의 머리를 형성하면, 그리고 그것 아래에 있는, 즉 세상에 속한 사람은 머리 아래에 있는 가슴 부위를 차지하고 그리고 자기사랑은 그 아래에 있는 발 부위를 차지하기 때문입니다. 이런 계도에서 뒤이어지는 것은, 만약에 자기사랑이 머리부위를 형성한다면 그 사람은 위와 아래가 완전히 바뀐 사람이 될 것입니다. 그 때 그 사람은 천사들에게는 마치 머리는 땅에 대고, 엎드려 있고, 그의 등판 짝은 하늘을 향해 있는 모습으로 보일 것입니다. 만약에 그들이 이런 모습으로 예배를 드린다면, 마치 표범의 새끼처럼 그의 머리나 발로 장난을 치는 모습으로 보일 것입니다. 더욱이 이런 부류의 작자들은 마치 두 머리를 가지고 있어서 하나는 짐승의 모습으로, 다른 하나는 사람의 모습으로 나타날 것입니다. 따라서 짐승의 머리가 사람의 머리 위에 있기 때문에 계속해서 앞으로 꾸부리고, 땅에

입을 맞추는 형상일 것입니다. 이런 자들이 바로 감관적인 인물들의 몰골이고, 이런 부류의 인물들에 관해서는 본서 402항에 기술되었습니다.

III.
모든 사람은, 그의 선의 성품에 따라서 사랑을 받는, 이웃이다.

406. 사람은 자기 자신을 위해 태어난 것이 아니고, 다른 자들을 위해서 태어났습니다. 다시 말하면 사람은 자기 자신만을 위해 살기 위하여 태어난 것이 아니고, 오히려 다른 자들을 위해 살기 위하여 태어났습니다. 만약에 그렇지 않다면 사회는 곧 선이 결여(缺如)되어서, 공동사회를 이루지 못하고, 거기에 살지 못할 것입니다. 속담에 모두는 자기 자신에게 이웃이라는 말도 있지만, 그러나 인애의 교리는 이 말의 뜻을 어떻게 바르게 이해하여야 하는지를 가르치고 있습니다. 다시 말하면 사람은 누구나 생활의 필수적인 것들, 예를 들면, 먹거리, 옷가지, 사는 주거(住居)나 그가 처해 있는 사회적인 삶에서 요구되는 그 밖의 다른 것들을 자신들을 위해 장만하여야 한다는 것을 가르치고 있습니다. 그리고 이런 것은 자기 자신뿐만 아니라 그의 가족을 위한 것이고, 그리고 또한 현재를 위한 것만 아니라 장래를 위한 것입니다. 왜냐하면 만약에 사람이 자기 자신을 위한 삶의 필수적인 것들을 얻지 못한다면, 그는 인애를 실천하기 위한 조건을 갖추지 못한 것입니다. 그것은 곧 그가 모든 것의 결핍의 상태에 있는 것이기 때문입니다. 그러나 사람이 자신에게 어떻게 이웃이 되어야 하는지는 아래의 비교에서 잘 알 수 있겠습니다. 사람은 누구나 자기 자신을 위하여 먹거리를 준비하여야 합니다. 그러나 이것은 사람은 누구나 건전한 몸 안에 건전한 마음을 갖는다는 것이 첫째 목적입니다. 그리고 사람은 누구나 자신의 마음을 위하여 먹거리를 장만하여야 한다는 것입니다. 다시 말하면 총명이나 건전한 판단에 속한 그런 것들을 장만하여야 한다는 것입니다. 그러나 여기서 그 목적은 그 사람이 그의 동료 시민들이나 그의 사회, 그의 나라와 교회, 따라서 주님을 그것에 의하여 섬기는 상태에 있기 위한 것입니다. 이런 것을 행하는 사람은 영원히 자기 자신을 잘 장만하는 것입

니다. 이상에서 볼 때 시간에서 으뜸인 것은 무엇이고, 목적에서 으뜸인 것은 무엇인지 잘 알 수 있겠으며, 그리고 목적에서 첫째인 것은 모든 것들이 그것에 대하여 주의하고, 동경(憧憬)하고, 의지한다는 것도 잘 알 수 있겠습니다. 그것은 집을 건축하는 데서도 동일합니다. 시간적으로 첫째는 기초를 놓은 일이지만, 그러나 그 기초는 반드시 그 집을 위한 것이어야 합니다. 그리고 그 집은 반드시 살기 좋은 곳(a dwelling place)이 목적입니다. 첫째 자리, 즉 으뜸되는 것에 자신은 자신이 좋은 이웃이라고 믿는 사람은 누구나 기초는 주거가 아니고 목적이라고 생각하는 사람과 같습니다. 그럼에도 불구하고 주거 자체는 시간적으로는 첫째 목적이고, 그리고 목적적으로는 마지막 목적입니다. 그리고 기초로서의 집은 마지막 목적에 대한 단순한 수단(a means)입니다.

407. 이웃을 사랑한다는 것이 무엇인지 설명하겠습니다. 이웃을 사랑한다는 것은 자기 자신만 잘 되기를 원하는 것이 아니고, 그리고 친척이나, 친구, 또는 착한 사람(a good man)에게 선을 행하는 것이 아니고, 낯선 사람, 원수, 나쁜 사람(a bad man)에게도 선을 행하는 것입니다. 그러나 인애(仁愛·charity)는 이런 방법으로 후자들에게 실천하는 것이고, 저런 방법으로는 전자들에게 실천하는 것입니다. 친척이나 친구에게는 직접적인 복리·후생(direct benefits)에 의하여 실천하는 것이고, 원수나 나쁜 사람에게는 간접적인 복리·후생(indirect benefits)에 의하여 실천하는 것입니다. 이와 같은 간접적인 방법은 권고(勸告·exhortation)·훈련(訓練·discipline)·형벌(刑罰·punishment) 등이 있고 결과적으로는 교정(矯正·amendment) 등이 되겠습니다. 이러한 것은 이와 같이 예증될 수 있겠습니다. 법률이나 정의(justice)에 일치하여 악을 행한 자에게 형벌을 주는 법관(a judge)은 그의 이웃을 사랑하는 사람입니다. 왜냐하면 그가 그렇게 하는 것은 그 사람을 더 잘 되게 하는 것이기 때문이고, 그리고 그가 다른 사람들에게 위해(危害)를 저지르지 않게 하기 위하여 신민들의 복리에 대하여 자문하는 것이고, 예방하는 것이기 때문입니다. 모두가 밝히 주지하여야 할 것은, 그의 어린 것들이 나쁜 일을 행하였을 때 그의 자녀들을 매질을 하여 벌을 주는 아버지는 자신의 자녀들을 아끼고, 사랑하는 것입니다. 그러나 다른 한편 그런 그들의 자녀들에게 매질하고 벌을 주지 않는 부모는 그들의 악들을 애

지중지하는 것이고, 그리고 이런 짓은 인애라고 부를 수 없는 것입니다. 다시 말하면, 사람이, 자기 자신에게 위해하는 것을 예방하기 위하여, 그럼에도 불구하고 그 사람과 친구가 된다는 배려(配慮·disposition)를 가지고, 원수에게 무례한 짓을 하는 것을 저항, 격퇴한다면, 그리고 자신을 공격하는 것에 대한 정당방위(正當防衛)에서, 또는 그런 자를 사정 기관(司正機關)에 그를 고발하고, 끌고 간다는 일을 한다면 그는 자애로운 뜻이나 정신에서 행한 것입니다. 나라와 교회를 지킨다는 목적을 가지고 일어나는 전쟁은 결코 인애에 반대되는 것은 아닙니다. 목적의 관점에서 그것이 인애인지 아닌지는 밝혀져야 하겠습니다.

408. 그러므로 인애는 그것의 근원에서 선한 뜻(善意·good will)이기 때문에, 그리고 선한 뜻은 속사람 안에서 그것의 자리를 차지하기 때문에, 여기서 명확한 사실은, 어느 누가 인애의 뜻을 가지고 적군에게 저항, 적군을 격퇴하고, 범법자에게 형벌을 주고, 악한 사람을 매를 가지고 벌을 준다는 것은 겉사람의 방법에 의하여 행한 것입니다. 그러므로 그가 어떤 일을 한 뒤에, 그는 그의 속사람 안에 살고 있는 인애에 돌아와야 하고, 그리고 그 때 그가 그런 상태에 있는 것에 비례하여, 그리고 쓸모 있는 사람이 되는 것에 비례하여 그는 자신이 잘 되기를 열망하는 사람이고, 그리고 선한 뜻에서 그는 자신에게 선을 행한 것입니다. 순수한 본연의 인애를 가지고 있는 사람들은 선한 것에 대한 열정을 가지고 있는 사람이고, 그리고 그 열정은 때로는 겉사람에게서 분노의 불길처럼 보일 수도 있지만, 그러나 그 불길은, 그의 상대자가 밝은 이성에게 돌아오면 그 즉시 사그러들고, 꺼집니다. 인애를 가지지 않은 사람에게서는 이와는 사정이 전혀 다릅니다. 그의 열정은 한마디로 분노이고, 증오입니다. 왜냐하면 이런 것들에 의하여 그들의 속사람은 몹시 열을 받고, 분노의 불꽃 속에 놓여지기 때문입니다.

409. 주님께서 이 세상에 강림하시기 전에는 거의 어느 누구도 속사람(the internal man)이 무엇인지, 그리고 인애가 무엇인지 알지 못하였습니다. 이것은 바로 주님께서 수많은 곳에서 형제애(brotherly love)를, 다시 말하면 인애를 가르치신 이유입니다. 이러한 사실은 신약성서와 구약성서 사이의 차이를 형성하는 것이 되겠습니다. 주님께서는 마태복음서에서 반대자(adversary)나 원수에게 인애로 말미암아 반드시 선을 행하여야 한다는 것을 가르치셨습니다. 그 책의 말씀입니다.

"'네 이웃을 사랑하고, 네 원수를 미워하여라' 하고 이른 것을, 너희가 들었다. 그러나 나는 너희에게 말한다. 너희의 원수를 사랑하고, 너희를 박해하는 사람을 위하여 기도하여라. 그래야만, 너희가 하늘에 계신 너희 아버지의 자녀가 될 것이다"(마태 5 : 43-45).

베드로가 주님에게 어느 누구가 내게 죄를 지을 경우 몇 번이나 용서해 주어야 하는지를, 일곱 번까지 해야 합니까? 라고 물었을 때 주님께서는 이렇게 대답하셨습니다. 마태복음서의 말씀입니다.

> 예수께서 대답하셨다. "일곱 번까지가 아니라, 일곱 번을 일흔 번까지라도 하여야 한다"(마태 18 : 22).

내가 천계로부터 들은 사실은 주님께서는 모두에게 그의 온갖 죄들을 용서하신다는 것이고, 결코 누구에게 복수를 하시지 않으시고, 심지어 죄를 지우시지도 않으시고, 고발조차 하시지 않으신다는 것입니다. 그것은 주님께서 사랑 자체이시고, 선 자체시기 때문입니다. 그럼에도 불구하고 죄들은 그것에 의하여 씻어지지 않습니다. 왜냐하면 이런 일(=죄 씻어지는 일)은 회개(悔改・repentance)에 의해서만 행해질 수 있기 때문입니다. 왜냐하면 주님께서 베드로에게 일흔 번씩 일곱 번을 용서할 것을 말씀하셨을 때 주님께서 행하지 않아도 된다는 것이 무엇이겠습니까?

410. 인애 자체는 그의 자리를 속사람(the internal man)에게서 차지하기 때문에, 그리고 그것 안에 좋은 거주가 있기 때문에, 그리고 겉사람 안에 있는 선행(善行・well doing)은 그것에서 비롯되기 때문에, 여기서 뒤이어지는 것은 속사람은 사랑을 받아야 한다는 것이고, 그리고 그것으로 말미암아 겉사람도 사랑을 받아야 된다는 것 등입니다. 결과적으로 사람은, 그 사람 안에 있는 선의 성질(the quality of the good)에 일치하여 사랑을 받아야 된다는 것입니다. 그럼으로 선 자체는 본질적으로 이웃이라는 것입니다. 이러한 내용은 이렇게 예증될 수 있겠습니다. 사람이 자기 자신을 위해 세 네 명의 청지기들이나 하복들 중에서 하나를 선택할 경우 그는 그의 속사람의 됨됨이에 관해서 찾으려고 하지 않

고, 신실하고 성실한 자를 선택하는데, 그것은 바로 그가 그를 사랑한 이유 때문이겠지요? 이와 마찬 가지로 왕이나 고위직에 있는 사람이 두 세 명 중에서 그 직위에 맞는 유능한 사람을 선택, 선발하지만, 그의 외모나 그의 언행이 호의적이라고 해도, 그런 이유 때문에 부적절한 자로 거절할 것입니다.

[2] 그 때 모든 사람은 이웃이고, 그리고 사람들의 변화나 다양성은 끝간 데 없이 무한하기 때문에, 그리고 모든 사람은 누구나, 그의 선에 일치하여 이웃으로서 사랑을 받아야 하기 때문에, 여기서 명백한 것은 거기에도 종(種)과 유(類)가 있다는 것이고, 그리고 이웃사랑에도 그것의 계도(階度)가 있다는 것입니다. 그리고 주님께서는 모든 것들에 비하여 제일 먼저 사랑을 받으셔야 하기 때문에, 여기서 뒤이어지는 것은 이웃을 향한 이웃사랑(=인애)의 계도들도 주님사랑에 의하여 평가된다는 것입니다. 다시 말하면 주님사랑이 얼마나 많으냐, 또는 주님에게서 비롯된 것이 그 사람 자신에게서 그 밖의 것들을 소유, 지배하여야 한다는 것입니다. 왜냐하면 모든 선이 주님에게서 비롯되기 때문에, 그것에 따라서 사람은 선을 소유하기 때문입니다.

[3] 그러나 이런 계도들은 속사람 안에 존재하기 때문에, 그리고 속사람은 이 세상에서 그것 자체를 거의 드러내지 않기 때문에, 여기서 명확한 것은 이웃은 서로 알고 있는 정도에 따라서 사랑을 주고받는다는 것입니다. 그러나 죽은 뒤 이런 계도들은 명확하게 지각됩니다. 왜냐하면 의지에 속한 정동들은, 그리고 결과적으로 이해에 속한 생각들은, 영계에서 다양한 방법으로 느껴지는 그들 주위에 있는 영기(靈氣)를 형성하기 때문입니다. 이에 반하여 이 세상에서의 영기는 물질적인 몸에 의하여 흡수, 소멸되고, 그리고 그 때 사람에게서 나오는 것을 가리키는 자연적인 기운(a natural sphere) 안에 자기 자체를 봉(封)해 버리기 때문입니다. 이웃을 향한 사랑의 계도들이 있다는 것은, 제사장들이나 레위 사람들도 보고, 지나가 버린 강도만난 사람에게 자비를 베풀고 보여준 주님의 사마리아 사람의 비유말씀에서 명확하게 알 수 있겠습니다. 이들 세 사람들 중에서 어느 누구가 이웃처럼 보이느냐고 주님께서 물으셨을 때 그 사람은 이렇게 대답하였습니다.

그에게 자비를 베푼 사람입니다(누가 10 : 37).

411. 그리고 거기에 이렇게 기술되었습니다.

"'네 마음을 다하고 네 목숨을 다하고 네 힘을 다하고 네 뜻을 다하여, 주 너의 하나님을 사랑 하여라' 하였고, 또 '네 이웃을 네 몸같이 사랑하여라' 하였습니다"(누가 10 : 27).

자기 자신과 같이 이웃을 사랑한다는 것은, 자기 자신과 비교해서 상대를 가볍게 여기지 말 것과, 그리고 그를 공정, 바르게 대하라는 것을 가리키고, 그리고 그에게 나쁜 판단을 삼가라는 것을 뜻합니다. 인애의 율법은 주님께서 이렇게 분명하게 말씀하셨고, 우리에게 주셨습니다. 마태복음서의 말씀입니다.

그러므로 너희는 무엇이든지, 남에게 대접을 받고자 하는 대로, 너희도 남을 대접하여라. 이것이 율법과 예언서의 본뜻이다(마태 7 : 12 ; 누가 6 : 31, 32).

그러므로 천계의 사랑 안에 있는 자들은 이웃을 사랑합니다. 이에 반하여 이 세상사랑에 있는 자들은 이 세상으로 말미암아, 또는 이 세상을 목적해서 이웃을 사랑합니다. 그리고 자기사랑 안에 있는 자들은 자아로 말미암아, 그리고 자기 자신을 목적해서 이웃을 사랑합니다.

Ⅳ.
집합적인 사람(the collective man), 다시 말하면 작은 공동체나 큰 공동체, 그리고 사람이 형성한 혼성의 공동사회들, 다시 말하면 그의 국가는 사랑받아야 할 이웃이다.

412. 낱말 이웃(the term neighbor)이 그것의 참된 뜻으로 뜻하는 것이 무엇인지 알지 못하는 자들은 이웃이 개별적인 사람(the individual man) 이외의 아무것도 아닌 것을 뜻한다고 생각하고, 그리고 이웃을 사랑한다는 것은 그에게 이익이나 은전(恩典)을 주는 것을 뜻하는 것으로 생

각하고 있습니다. 그러나 이웃이라는 말이나, 이웃을 사랑한다는 것은, 개별적인 것들이 증가, 번식되기 때문에, 보다 넓은 뜻과 보다 높은 뜻을 가지고 있습니다. 육체를 입고 있는 수많은 사람들을 사랑한다는 것이 육신을 입은 개별적인 사람 하나를 사랑하는 것에 비하여 더 많은 이웃을 사랑하는 것이라는 것을 어느 누가 이해할 수 있겠습니까? 따라서 작은 공동사회(a smaller community)나 보다 큰 공동사회(a greater community)는, 그것이 집합적인 사람(a collective man)이기 때문에, 이웃입니다. 그리고 이것에서 뒤이어지는 것은 하나의 공동사회(a community)를 사랑하는 사람은 그 사회를 구성하는 자들에 속한 모두를 사랑하는 것입니다. 그러므로 공동사회를 향해서 올바르게 뜻하고, 행동하는 사람은 그 각각의 개별적인 것에 속한 선을 고려하는 것이고, 염두에 두는 것입니다. 한 공동사회는 마치 한 사람과 꼭 같습니다. 그리고 공동사회와 관계를 맺은 자들은, 그것이 마치 한 몸인 것과 같이, 한 몸을 이루는 것과 같고, 그리고 그들은 서로서로 다른 것이지만 한 몸의 기관들과 같습니다. 주님께서, 그리고 주님에게서 비롯된 천사들이 이 세상을 굽어 살피실 때, 천사들은 마치 한 사람과 꼭 같이, 그것 안에 있는 자들의 성품에 일치하는 하나의 모양으로서의 온전한 공동사회(an entire community)를 살피듯이 보십니다. 마치 한 사람처럼, 이 세상의 사람의 형상과 같은 하나의 조각품을 면밀하게 살피듯이, 천계의 어떤 공동사회를 관찰, 살피는 일이 나에게 허락된 적이 있습니다.

[2] 한 공동사회를 향한 사랑이, 독립된 사람, 또는 개별적인 사람을 향한 사랑에 비하여 이웃에 대한 보다 충분한 사랑이라는 것은 이런 사실에서는 불영명한 일일 것입니다. 다시 말하면 공동사회들을 다스리는 일종의 관리 운영에 일치하여 분리, 나누는 위계들(位階・dignities)이나, 그리고 그들이 증진, 장려하려는 선용들에 일치하는 직무들에 부속된 영예들에게서는 불영명한 사실입니다. 왜냐하면 이 세상에는 공동사회들을 다스리는 그들의 크고 작은 보편적인 통치기관에 일치하는 일종의 높고, 낮은 예속된 직무들이나 과업들이 있기 때문입니다. 그리고 그의 휘하에 있는 통치기관이나 정부의 한 임금은 가장 보편적인 통치기관이고, 그리고 그 산하에 있는 각각의 개별적인 것은 정당한 보수(報酬)나 영예를 가지고, 그리고 그의 임무들의 확장에 일치하는 일반적인 사랑(the general love)을 가리키고, 그들이 증진, 장려하는 선용에 속한 선

들을 가리킵니다.

[3] 뿐만 아니라, 이 시대를 지배하는 지배자들(the rulers)은 능히 선용들을 성취할 수 있고, 그리고 사회적인 선에 대하여 조언, 자문할 수도 있고, 그리고 이웃을 사랑하지 않을 수도 있습니다. 이 세상이나 자기 자신과의 관계에서, 또는 겉보기의 목적을 위하여 선용들을 행할 수도 있고, 그리고 다른 사람들의 선에 대하여 조언, 자문할 수 있기 때문에, 그들은 그들이 보다 높은 직위에 승진하는 것이 값진 일이라고 생각할 수도 있습니다. 그러나 비록 이런 부류의 성품이 이 세상에서 분별되지 않는다고 해도, 천계에서는 상세하게 구분, 분별됩니다. 결과적으로 이웃에 대한 사랑에서 선용들을 성취하고, 실천하는 자들은, 통치자들이 천계적인 공동사회들을 다스리듯이, 거기에서 높은 지위에 있게 됩니다. 그리고 그들은 거기에서 탁월함이나 영예 따위를 향유(享有)합니다. 그럼에도 불구하고 그들은 그들의 마음을 이런 것에 연연(戀戀), 두지 않고 오히려 온갖 선용들에 연연하고, 마음에 둡니다. 그러나 세상사랑이나 자기사랑에서 선용들을 실천, 성취하는 다른 자들은 배척되고, 쫓겨납니다.

413. 개별적인 사람이나, 집합적인 사람(the collective man), 또는 하나의 공동사회에 대하여 하듯이 사람을 직접 향해서 할 때, 이웃에 대한 사랑이나 그것의 실천의 차이는, 마치 개인적인 사회인의 의무와 공인적인 사람의 의무나, 군복무의 임무에서의 차이와 같고, 그리고 두 달란트와 다섯 달란트를 가지고 장사한 사람에게서의 차이와 같습니다(마태 25:14-30). 그리고 이런 것들의 차이는 마치 한 세겔과 한 달란트의 값의 차이와 같고, 한 포도 나무와 포도원에서, 그리고 한 그루의 올리브 나무와 여러 그루의 올리브 나무의 수목원에서 생산하는 추수의 차이와 같습니다. 더욱이 한 사람 안에서 이웃을 사랑한다는 것은 내면적으로 점점 더 상승하는 것이고, 그리고 그것이 점점 상승하는 것이기 때문에 그는 한 개인보다는 한 공동사회를 더 사랑하는 것이고, 그리고 한 공동사회에 비하여 그의 나라를 더 사랑하는 것입니다. 그 때 인애는 올바른 뜻(right willing)에 존재하고, 그리고 그것에서 비롯된 올바른 일을 하는 것에 존재하기 때문에, 여기에서 뒤이어지는 것은 개인들을 향해서 하는 것과 꼭 같이, 공동사회를 향해서 더 많이 그것을 실천하여야 한다는 것이지만, 그러나 선한 사람들의 사회와 악한 사람들의 사

회에 대해서는 서로 다른 방법으로 그것을 실천하여야 합니다. 후자를 향해서 인애는 자연적인 공평(natural equity)에 일치하여 행해져야 하고, 전자를 향해서는 영적인 공평(spiritual equity)에 일치하여 실천되어야 한다는 것입니다. 그러나 이들 두 종류에 관해서는 적정한 곳에서 언급, 설명하겠습니다.

414. 한 사람의 국가는 한 공동사회에 비하여 매우 큰 이웃입니다. 그것은 국가가 여러 공동사회들로 구성되어 있기 때문이고, 그리고 결과적으로는 국가를 향한 사랑(愛國)은 보다 넓고, 높은 사랑이기 때문입니다. 더욱이 한 사람이 나라를 사랑한다는 것은 공공의 복리복지(福利福祉·the public welfare)를 사랑하는 것입니다. 어느 누구의 국가도 곧 이웃입니다. 그 이유는 국가가 곧 부모와 같기 때문입니다. 왜냐하면 사람이 국가에서 태어나기 때문이고, 국가는 그 사람을 양육하기 때문이고 그리고 국가는 계속해서 그 사람을 양육하고, 그리고 또한 모든 유해로부터 계속해서 그 사람을 보호하여야 하기 때문입니다. 모든 사람들은 국가에 대한 사랑(愛國)으로부터 자연적인 수요나 영적인 수요에 일치하여 자신들의 국가에 대하여 선을 반드시 행하여야 한다는 것입니다. 자연적인 수요들(natural needs)은 사회적인 삶이나 질서와 관계를 가지고 있고, 영적인 수요들(spiritual needs)은 영적인 삶이나 질서와 관계를 가지고 있습니다. 한 사람의 국가가, 마치 자신이 자기를 사랑하는 것과 같이, 사랑을 받아야 한다는 것이지만, 그러나 개인에 비하여 국가가 더 사랑을 받아야 한다는 것인데, 그것은 사람의 마음에 각인된 율법(a law)입니다. 모든 참된 사람이 승인, 찬성하는 것을 가리키는, 주지의 원칙은 이것에서 비롯되었다는 것입니다. 만약에 국가가 원수나 적군으로부터, 또는 다른 근원에서 위협이 된다면 국가를 위해서 순국(殉國)한다는 것은 고귀한 것으로 칭찬받아 마땅한 일입니다. 그리고 국가를 위해 피를 흘리는 장병들에게는 매우 영광스러운 일입니다. 이러한 것이 언급된 것은 국가를 위한 국민의 사랑은 매우 크기 때문입니다. 여기서 주지하여야 할 것은 자신들의 나라를 사랑하는 자들이나, 좋은 뜻에서 나라에 대하여 봉사하는 좋은 선을 이루는 자들은 사후 주님의 나라를 사랑하는 자들입니다. 왜냐하면 그 때 주님의 나라는 그들의 국가이기 때문입니다. 주님의 나라(the Lord's kingdom)를 사랑하는 자들은 주님 당신을 사랑합니다. 그것은 주님께서 그분의 나라에 속한

모든 것들의 전부(the all)이시기 때문입니다.

V.
교회는 보다 높은 계도에서 사랑받아야 할 이웃이고, 주님의 나라는 가장 높은 계도에서 사랑받아야 한다.

415. 사람은 영원한 생명(永生)을 위해 태어났기 때문에, 그리고 교회에 의하여 그것에 소개, 인도되기 때문에, 교회는 보다 높은 계도에서 이웃으로 사랑을 받습니다. 그 이유는 교회가, 교리에 속한 진리들에 의하여 그것에 인도되고, 삶에 속한 선들에 의하여 그것에 안내, 소개되는 것을 가리키는, 영원한 생명으로 인도하고, 사람을 거기에 안내하는 방법들을 가르치기 때문입니다. 이러한 내용은 사제가 높은 계도에서 사랑을 받아야 한다든지, 교회가 사제에 속한 것이기 때문에 사랑을 받아야 한다는 것을 뜻하는 것은 아닙니다. 그러나 그 내용은, 교회에 속한 선이나 진리는 사랑을 받아야 한다는 것을 뜻하고, 그리고 사제는 이런 것들의 목적이라는 것을 뜻합니다. 사제는 이런 것들에 봉사하여야 하고, 그리고 사제는 이런 것들을 섬기고, 봉사하는 것에 비례하여 존경을 받습니다. 교회는 보다 높은 계도에서 사랑받아야 하는 이웃이고, 그리고 심지어 그의 국가 이상으로 사랑받아야 하는 이웃입니다. 이런 이유 때문에 그의 나라에 의하여 사람은 시민생활에 입문하지만, 그러나 교회에 의해서는 영적인 생활에 입문하고, 그리고 영적인 삶에 의하여 사람은 단순한 동물적인 삶에서 분리, 구별됩니다. 더욱이 시민적인 삶은, 마치 끝을 지니고 있어서, 그리고 만약에 끝에 이르게 되면 마치 그것이 존재하지 않는 것과 같은, 임시적인 삶(a temporary life)이지만, 그러나 이에 반하여 끝이 없는 것을 가리키는 영적인 삶은 영원합니다. 그러므로 후자는 존재(存在·being·esse)를 언급, 서술하지만, 그러나 전자는 존재를 서술하는 것은 아닙니다. 이들 양자의 차이는 마치 유한(有限)과 무한(無限)의 차이와 같고, 그리고 이들 양자 사이에는 결코 비율(ratio)이 없습니다. 왜냐하면 영원한 존재는 시간의 측면에서 무한한 것이기 때문입니다.

416. 주님의 나라(the Lord's kingdom)는 최고의 뜻으로 사랑받아야 할

이웃입니다. 그 이유는 주님의 나라는, 성도들의 교제(交際·the communion)라고 부르는, 이른바 세상에 두루 있는 교회를 뜻하기 때문이고, 그리고 또한 교회는 천계를 뜻하기 때문입니다. 결과적으로 주님의 나라를 사랑하는 사람은, 주님을 시인하고, 그분을 믿는 믿음을 가지고 있고, 그리고 이웃을 향한 인애를 가지고 있는 온 세상에 있는 전부를 모두 사랑합니다. 그리고 그 사람은 역시 천계에 있는 전부(all)를 사랑합니다. 주님의 나라를 사랑하는 자들은 모든 것들에 비하여 최고로 주님을 사랑합니다. 결과적으로 그들은 다른 자들에 비하여 더 많은 주님사랑에 있습니다. 그것은 천계에 있는 교회나 이 땅에 있는 교회가 주님의 몸(the body of the Lord)이기 때문입니다. 왜냐하면 교회 안에 있는 사람들은 주님 안에 있기 때문이고, 그리고 주님께서 그들 안에 계시기 때문입니다. 그러므로 주님의 나라를 향한 사랑은 그것의 충만함으로 이웃을 향한 사랑(=인애)입니다. 왜냐하면 주님의 나라를 사랑하는 자들은 모든 것들에 비하여 으뜸으로 주님을 사랑할 뿐만 아니라, 자기 자신들과 꼭 같이 이웃을 사랑하기 때문입니다. 왜냐하면 주님을 사랑한다는 것은 보편적인 사랑(a universal love)이기 때문이고, 그리고 결과적으로 그 사랑은 영적인 생명(=삶)에 속한 개별적인 것이나 전체적인 것에 있기 때문이고, 그리고 자연적인 삶(a natural life)에 속한 개별적인 것이나, 전체적인 것에 있기 때문입니다. 왜냐하면 그 사랑은 사람 안에 있는 가장 높은 것들 가운데 그것의 자리를 차지하고 있기 때문이고, 그리고 가장 높은 것들은 보다 낮은 것들에 입류하고, 그것들을 생기발랄하게 하기 때문입니다. 그것은 마치 의지(the will)가 의도(intention)에 속한 모든 것들에 입류하는 것과 같고, 그것에서 비롯된 행위(action)에 속한 모든 것들에 입류하는 것과 같습니다. 그리고 또한 이해(the understanding)가 생각의 모든 것들 안에, 그리고 그것에서 비롯된 언어의 모든 것들에 입류하는 것과 같습니다. 그러므로 주님께서는 이렇게 말씀하십니다. 마태복음서의 말씀입니다.

너희는 먼저 하나님의 나라와 그의 의를 구하여라. 그리하면 이 모든 것을 너희에게 더하여 주실 것이다(마태 6 : 33).

천계의 왕국(=나라·the kingdom of the heavens)이 곧 주님의 나라를

가리킨다는 것은 다니엘서의 이런 말씀에서 명확합니다. 그 책의 말씀입니다.

> 내가 밤에 이러한 환상을 보고 있을 때에
> 인자 같은 이가 오는데,
> 하늘 구름을 타고 와서,
> 옛적부터 계신 분에게로 나아가,
> 그 앞에 섰다.
> 옛부터 계신 분이
> 그에게 권세와 영광과 나라를 주셔서,
> 민족과 언어가 다른 뭇 백성이
> 그를 경배하게 하셨다.
> 그 권세는 영원한 권세여서,
> 옮겨 가지 않을 것이며,
> 그 나라가 멸망하지 않을 것이다.
> (다니엘 7:13, 14)

VI.
그것 자체에서 볼 때 이웃을 사랑한다는 것은 그 사람(the person)을 사랑하는 것이 아니고, 그 사람 안에 있는 선을 사랑하는 것이다.

417. 사람은, 그가 사람의 얼굴이나 사람의 몸을 가지고 있는 것 때문에 사람이 아니라는 것을 어느 누가 모르겠습니까? 사람이 사람인 것은 그의 이해에 속한 지혜(the wisdom)와 그의 의지에 속한 선함(the goodness of his will) 때문이라는 것을 어느 누가 모르겠습니까? 이런 것들에 속한 성질(=성품·the quality)은 위로 올라가기 때문에 그는 점점 더 사람(the more man)이 됩니다. 출생에서 사람은 어떤 동물에 비하여 보다 더 금수이고, 인비인(人非人·a brute)이지만, 그러나 그는 온갖 종류의 가르침(敎育)을 통하여 사람이 되는데, 그 교육을 받는 것에 의하여 그의 마음이 형성되고, 그의 마음으로 말미암아, 그리고 그것에 일치하여 사람은 사람인 것입니다. 사실 사람의 얼굴과 닮은 얼굴을 가

지고 있는 짐승들도 여럿 있습니다. 그러나 이런 짐승들은 이해의 기능을 결코 향유(享有)하지 못하고, 또한 그 이해로 말미암아 어떤 일을 하는 기능도 향유하지 못합니다. 다만 그들은 그들의 자연적인 사랑이 자극하고, 고무하는 본성(本性)으로 말미암아 행동합니다. 이들 양자의 차이는, 전자 짐승(=금수·beast)은 소리에 의하여 그것의 사랑에 속한 정동들 (=감정들)을 표현하지만, 이에 반하여 사람은, 생각에서 구성된 것들을 가리키는 그것들을 말합니다. 그리고 또한 짐승은 땅을 향해 내려다보는 얼굴을 가지고 있고, 이에 반하여 사람은 자기 자신에 비하여 높이에 있는 천계를 향해 치켜든 얼굴을 가지고 있습니다. 이상의 모든 것에서 볼 때 여기서 추론할 수 있는 것은 사람은, 그가 건전한 이성(sound reason)으로 말미암아 말하는 것에 비례하여, 사람이라고 하겠습니다. 이에 반하여 천계에 있는 자신의 거처를 향해 우러르는 것에 비례하여 그가 도치(倒置)된 이성(perverted reason)으로 말미암아 말하는 것에 비례하여, 그리고 이 세상에 있는 자신의 거처를 우러르는 것에 비례하여 그는 진정한 사람이 아닌 것입니다. 그럼에도 불구하고 이런 부류의 인물들은 잠재적으로는 사람들이지만 실제적으로는 사람들이 아닙니다. 왜냐하면 사람은 누구나 진리를 이해하고, 선한 것을 뜻하는 그런 능력(ability)을 향유(享有)하기 때문입니다. 그러나 그가 선을 행하기를 원하지 않고, 그리고 진리를 이해하기를 원하지 않는 것에 비례하여 그는 외적인 것들에서는 사람을 모방할 수 있고, 그는 사람을 흉내 낼 수는 있습니다.

418. 선은 이웃입니다. 왜냐하면 선은 의지에 속해 있고, 그리고 의지는 사람의 생명(man's life)의 존재(存在·the being·esse)이기 때문입니다. 이해에 속한 진리 또한 이웃입니다. 그러나 그것은 의지에 속한 선에게서 발출하는 것에 비례해서 이웃입니다. 왜냐하면 의지에 속한 선은 이해 안에서 그 형체를 취하기 때문이고, 그리고 이성의 빛(the light of reason)에서 자신을 가시적인 것으로 만들기 때문입니다. 선이 이웃이라는 것은 모든 경험에서 명확합니다. 어느 누구가 그의 의지나 이해의 성품에서 비롯된 것을 제외하고 사람을 사랑하겠습니까? 다시 말하면 사람 안에 있는 선한 것이나 정의로운 것 이외에 어느 누가 사람을 사랑하겠습니까? 예를 들어 보겠습니다. 그들이 행동하고, 말하는 근원을 가리키는 그 판단(the judgment)을 제외하면 어느 누구가 임금·

왕자・장군・통치자(a governor)・외교관(a consul)이나 그 밖의 판사・검사를 사랑하겠습니까? 인류의 영혼의 구원을 위한 그의 학문・삶에 속한 그의 성실(his integrity of life)・그의 열정 등을 제외하면 어느 누구가 교회의 주교나 목사 또는 교회법을 사랑하겠습니까? 영특함과 결합된 용기를 제외하면 어느 누가 군대의 장군이나 그의 휘하의 지휘관을 사랑하겠습니까? 정직을 제외하면 어느 누가 상인을 사랑하겠으며, 그리고 그의 성실・근면을 제외하면 어느 누가 근로자나 일꾼을 사랑하겠습니까? 아니, 나무의 열매를 제외하면 어느 누가 나무를 애지중지 하겠으며, 그것의 다산(多産)의 기름짐을 제외하면 어느 누가 그 토양을 아끼겠습니까? 그리고 그것의 진귀한 가치를 제외하면 어느 누가 보석을 귀하게 여기겠습니까? 이밖에도 여럿이 있겠습니다. 놀라운 사실은, 올곧은 사람(=정직한 사람・the upright man)만이 다른 사람의 선이나 공정(just)을 사랑하는 것은 아니고, 정직하지 않은 사람도 그와 같이 한다는 것입니다. 그 이유는 그 사람은 명성・명예・재물의 상실에 대한 두려움이 전혀 없지만 그런 일을 하기 때문입니다. 그러나 정직하지 않은 사람 안에 있는 선에 속한 사랑은 이웃에 속한 사랑은 아닙니다. 왜냐하면 사람은 누구에게 쓸모 있는 것에 비례하여 다른 사람을 내면적으로 사랑하는 것이기 때문입니다. 그러나 본질적으로 선에서 비롯된 다른 사람 안에 있는 선을 사랑한다는 것은 이웃에 대한 본연의 사랑입니다. 왜냐하면 그 때 선들은 서로 입을 맞추고, 그리고 서로 결합하기 때문입니다.

419. 선이기 때문에 선을 사랑하고, 진리이기 때문에 진리를 사랑하는 사람은 뛰어나게 이웃을 사랑합니다. 그 이유는 그가 선 자체이시고, 진리 자체이신 주님을 사랑하는 것이기 때문입니다. 이웃을 사랑한다는 것은 오직 선에 속한 사랑이나, 선에서 비롯된 진리의 사랑 이외의 다른 근원에서는 결코 있을 수 없습니다. 그것은 독자께서 선용이나 선을 말할 때에도 동일합니다. 그러므로 선용을 실행, 성취한다는 것은 선을 행하는 것입니다. 선 안에 있는 선용의 양(量)과 질(質)에 따라서, 그 양이나 질 만큼 선은 선한 것입니다.

Ⅶ.
인애와 선행들은, 마치 좋은 뜻이나 좋은 행위와 같이, 서로 구분되는 둘이다.

420. 모든 사람 안에는 내적인 것(an internal)과 외적인 것(an external)이 있습니다. 그의 내적인 것은 속사람(the internal man)이라고 부르고, 그의 외적인 것은 겉사람(the external man)이라고 부릅니다. 그러나 속사람이나 겉사람이 무엇인지 알지 못하는 사람은 그저 단순하게 속사람은 생각이나 뜻(thought and will)을 행사, 실천하는 사람이라고 여기고, 겉사람은 말하고 행동하는 사람이라고 여깁니다. 이런 후자들은 사실 겉사람에게 속하고, 전자들은 속사람에게 속해 있습니다. 그럼에도 불구하고 그것들은 본질적으로 겉사람이나 속사람을 형성하는 것은 아닙니다. 사실 보통의 개념에서 사람의 마음은 사람의 내적인 사람을 가리키지만, 그러나 그 마음 자체는 두 영역(two region)으로 나뉘어져 있습니다. 보다 높고, 보다 내적인 영역을 영적이라고 하고, 보다 낮고, 보다 외적인 영역을 자연적이라고 합니다. 영적인 마음은 주로 영계(靈界 · the spiritual world)를 우러르고, 그리고 그것들이 천계에 있든, 지옥에 있든, 거기에 있는 것들을 그것의 대상물로 가지고 있습니다. 왜냐하면 이런 부류의 양자는 영계에 있기 때문입니다. 그러나 자연적인 마음은 주로 자연계(the natural world)를 주시하고, 그리고 그것이 선하든 악하든, 거기에 있는 것들을 그것의 대상물로 여기고 있습니다. 사람의 행위나 언어에 속한 모든 것은 마음의 낮은 영역에서 직접적으로 발출하고, 그리고 간접적으로는 보다 높은 영역에서 발출합니다. 그 이유는 마음의 낮은 영역은 육체적인 감관들(the bodily senses)에게 가까이 있기 때문이고, 그리고 높은 영역은 그것들에게서 멀리 떨어져 있기 때문입니다. 사람 안에는 이와 같은 마음의 분할, 구분(division of mind in man)이 있는데, 그것은 사람이 영적인 것과 자연적인 것이 되기 위해서 그와 같이 창조되었기 때문입니다. 따라서 사람은 그와 같이 창조되었지만 짐승은 아닙니다. 이런 일련의 모든 것이 명료하게 하는 것은, 으뜸으로 자기 자신이나 이 세상을 주시하는 사람은 겉사람이라고 하는

데, 그것은 몸(=육신) 뿐만 아니라 마음(mind)의 측면에서도 그는 자연적이기 때문입니다. 이에 반하여 으뜸으로 천계나 교회에 속한 것들을 주시하는 사람은 속사람이라고 하는데, 그것은 그 사람이 마음이나 몸(=육신)의 측면에서 영적이기 때문입니다. 그가 몸(=육신)의 측면에서 영적인 것은 그의 행위들이나 낱말들(words)이 영적인 것이 존재하는 보다 높은 마음에서 자연적인 것을 가리키는 낮은 것들을 통해서 발출하기 때문입니다. 왜냐하면 우리가 주지하고 있듯이, 결과들(effects)은 몸(=육신)에서 발출, 나오기 때문이고, 그리고 결과들을 생산하는 원인들(the causes)은 마음에서 발출, 나오기 때문입니다. 그리고 또한 원인은 결과 안에 있는 모두(everything)이기 때문입니다. 사람의 마음이 그와 같이 나뉘어졌다는 것은, 사람이 마치 가면을 쓴 사람(a dissembler)이나 연극배우(an actor)의 역할을 능히 할 수 있다는 사실에서 명확하고, 그리고 어떤 사람의 말에 동의를 하지만 그럼에도 불구하고 속으로는 그것을 비웃는다는 사실에서 명확합니다. 다시 말하면 높은 마음으로는 이것을 행하지만 낮은 마음에서는 저것을 행한다는 사실에서도 명확합니다.

421. 이상의 일련의 것들에게서 볼 때 밝히 알 수 있는 것은, 마치 좋은 뜻(willing well)과 좋은 행동(doing well)이 구분, 분별되는 것과 같이, 인애와 선행들(charity and good works)이 어떻게 다른지 이해할 수 있다는 것입니다. 다시 말하면 형식적으로 그것들은 서로 분별, 구분되는데, 그것은 마치 생각하고 뜻하는 마음과, 그 마음을 통해서 말하고 행동하는 몸이 분별, 구분되는 것과 같다고 하겠습니다. 이에 반하여 그것들은 본질적으로는 분별, 구분되는데 그것은 영적인 것을 가리키는 내적인 영역(an inner region)을 지니고 있는 마음 자체 안에 있는 명확한 구분, 분별 때문입니다. 그리고 앞에서 언급한 것과 같이 사람의 마음에는 자연적인 것을 가리키는 외적인 영역(an outer region)이 있기 때문입니다. 그러므로 일들(=업적·works)이 영적인 마음에서 발출할 때, 그것들은 인애를 가리키는, 그것의 좋은 뜻(good will)에서 발출합니다. 그러나 그것들이 자연적인 마음에서 발출할 때, 그것들은 인애가 아닌, 좋은 뜻(a good will)에서 발출합니다. 왜냐하면 비록 그것이 외적인 겉모습에서는 인애와 같이 보인다고 해도 내적인 형체에서는 인애가 아니기 때문입니다. 사실 외적인 형체에서 인애는 인애의 겉모습(外現·

the show of charity)을 단순하게 드러내지만 인애의 본질을 소유한 것은 아닙니다. 이러한 사실은 땅에 뿌려진 씨들(種子·seeds)의 비교에 의하여 예증될 수 있겠습니다. 각각의 씨는, 그것이 유용한가 유용하지 않은가에 관계가 없이, 씨의 성질에 따라서 싹(a plant)을 냅니다. 그와 같은 것은, 성경말씀에서 비롯된 교회에 속한 진리를 가리키는 영적인 씨(spiritual seed)에서도 마찬가지입니다. 만약에 본연의 진리들에게서 비롯된 유용한 것이라면 이 씨에서 유용한 교리의 진리가 형성되지만, 만약에 위화된 진리들에게서 비롯된 것이라면 쓸모없는 교리가 형성됩니다. 이와 같이, 선한 뜻(the good will)이, 자기 자신이나 이 세상을 목적한 것이냐, 또는 좁은 뜻이든 넓은 뜻이든 이웃을 목적한 것이냐에 따라서 생성되는 인애도 그와 마찬가지입니다. 만약에 선한 뜻(the good will)이 자기 자신이나 세상을 목적한 것이라면 그것은 가짜인애(spurious charity)이지만, 그러나 만약에 이웃을 목적한 것이라면 그것은 본연의 인애입니다. 그러나 이러한 것에 관한 더 많은 내용은 "믿음"의 장(=본서 6장 참조)에서 더 많은 것을 볼 수 있는데, 특히 그 장에서 인애가 좋은 뜻(willing well)이고, 그 좋은 뜻에서 행한 선한 일들(善行·good works)이라는 것을 입증한 단락에서 잘 볼 수 있겠습니다(본서 374항 참조). 그리고 인애와 믿음(charity and faith)은, 만약에 그것들이 가능한 한 일들에 종결되지 않는다면, 그리고 그것들 안에 공존(共存)하지 않는다면, 그저 단순한 정신적인 것이나, 부패하기 쉬운 것들일 뿐입니다(본서 375·376항 참조).

VIII.
인애 자체는, 한 사람이 고용된 임무·사업·고용에서, 그리고 그가 어느 누구와의 거래에서, 공정하고 충실하게 수행하는 것이다.

422. 인애 자체는 자기 자신의 임무나 사업에서, 그리고 사람이 고용관계에서 공정하고 성실하게 행동하는 것입니다. 그것은 이런 부류의 사람이 행한 것은 사회에 대한 선용(善用·use)이기 때문이고, 그리고 선용은 선이기 때문이고, 사람을 떠난 추상적인 뜻에서 선은 이웃이기 때

문입니다. 한 사람의 개인뿐만 아니라, 하나의 작은 공동사회나, 한 사람의 국가 또한 이웃이라는 것은 이미 앞에서 입증되었습니다. 선행들에 대하여 예를 들어 보겠습니다. 한 임금이 정의의 법률에 따라서 백성들이 살기를 열망하고, 그리고 그렇게 산 백성들에게 상급들을 내리고, 그리고 그의 공로에 따라서 각자를 존경, 중시하고, 그리고 위해나 침략으로부터 그의 백성들을 지켜주고, 그리고 자신의 나라에 대하여 그가 부모의 역할을 하고, 그의 백성의 전반적인 번영을 염두에 두고 살핀다면, 그 임금의 마음 속에는 인애가 있고, 그의 온갖 행위들은 곧 선행들입니다. 성경말씀에서 진리들을 가르치고, 그리고 그것에 의하여 선한 삶으로 인도하고, 그래서 천계로 인도하는 사제는 탁월하게 인애를 실천하는 사제인데, 그것은 그가 교회에 속한 자들의 영혼들의 선을 염두에 두고, 살피는 사제이기 때문입니다. 반대급부적인 보상이나, 우정관계, 혈연관계를 떠나서 법률과 정의에 따라서 재판하는 재판관은 사회나 각 개인의 선을 염두에 두고, 살피는 법관입니다. 사회의 선을 염려하고, 살핀다는 것은 그것에 의하여 그가 법률에 대한 복종의 상태에 있다는 것이나, 법률을 어기는 것에 대한 두려움의 상태에 있다는 것을 염려하고 살피는 법관이고, 개인의 선을 염두에 두고 살핀다는 것은 정의가 불의에 대하여 승리한다는 것을 입증하는 것이기 때문입니다. 고객을 속이는 일 없이 정직에서 행동하는 상인은 그가 그 누구와 거래관계를 가지는 그의 이웃의 선을 염려하고 살피는 것입니다. 단순한 근로자이든, 숙련된 고급 근로자이든, 만약에 그가 그의 과업을 속이는 일이나 사기 치는 일 없이, 올바르고 정직하게 수행한다면, 마찬가지로 그는 이웃의 선을 염려하고, 살피는 것입니다. 이밖에도 선장들이나 선원들, 농부들, 심지어 하솔들에게서도 마찬가지입니다.

423. 이러한 내용이나 사실이 곧 인애 자체이고, 본질입니다. 그것은 인애가 개별적으로, 또는 공동적으로 이웃에게 매일매일 뿐만 아니라 계속적으로 선을 행하는 것이라고 정의할 수 있기 때문입니다. 그리고 이런 일은 오직 자기 자신의 임무나 사업에서 그리고 사람이 고용된 근로에서 선한 것이나 바른 것을 통해서 행해집니다. 그리고 이런 일은 그가 어떤 거래들을 하는 자들과 더불어 행해집니다. 왜냐하면 인애는 우리 각자의 일상의 일이기 때문이고, 그리고 그가 이런 일상의 일을 하지 않을 때에도 그것은 여전히 그의 마음을 계속해서 사로잡고 있기

때문이고, 그리고 그 사람은 생각이나 의도(intention)에서 그것을 여전히 가지고 있기 때문입니다. 따라서 인애를 실천하는 사람은 겉보기(=외형)에서 더더욱 많은 인애를 이룹니다. 왜냐하면 정의(justice)나 성실(fidelity)은 그의 마음을 형성하기 때문이고, 그리고 이런 것들의 실천은 그의 몸을 형성하기 때문입니다. 그의 이런 모습 때문에 그는 점차적으로 인애에 속한 이런 것들에 대하여 원하고 생각하게 됩니다. 종국에 이런 사람은, 성경말씀에서 그들의 마음에 율법을 새긴 사람이라고 하는 그런 사람이 됩니다. 그리고 또한 그들은 자기 자신의 선행에 자기 자신의 공로를 두지 않는 사람인데, 그것은 그들이 공로사상에서 생각하지 않고, 오직 의무에서 생각하기 때문입니다. 그것은 다만 그렇게 행하는 것이 선한 시민이 되는 것이기 때문입니다. 그러나 사람은 결코 영적인 정의나 성실에서 스스로 행할 수는 없습니다. 왜냐하면 모든 사람은 그의 부모에게서 자기 자신이나 세상을 목적해서 선한 것이나 정의로운 것을 행한다는 기질(=성품)을 물려받았기 때문입니다. 따라서 어느 누구도 선한 것이나 정의로운 것을 목적해서 그것을 행한다는 기질을 조상에게서 물려받지 않은 사람은 아무도 없습니다. 결과적으로 오직 주님을 예배하는 사람은 그가 자신으로 말미암아 행동할 때에도, 영적인 인애를 성취, 달성하기 위해서 주님으로 말미암아 행하는 것입니다. 그리고 그는 그것의 실천에 의하여 인애에 물들게 됩니다.

424. 자신들의 직업에서 바르고 신실하게 행하는 사람은 수도 없이 많이 있습니다. 따라서 인애에 속한 일들은 장려, 증진되지만, 그럼에도 불구하고 본질에서 어느 누구나 진정한 인애를 지니고 있는 것은 아닙니다. 그러나 이들에게도 자기사랑이나 세상사랑이 주도권을 쥐고 있는 것이지, 천계에 속한 사랑이 주도권을 잡고 있는 것은 아닙니다. 만약에 천계에 속한 사랑이 현존한다면 그것은 마치 전자의 사랑, 즉 자기사랑이나 세상사랑 아래 있는 것과 같은데, 예를 들면 주인 밑에 예속된 노비와 같고, 장교 밑에 예속된 병졸과 같고, 입구에 서 있는 문지기와 같습니다.

IX.
인애에 속한 선행(the benefactions of charity)들이 빈곤한 자를 돕고, 시혜(施惠)하는 것이지만, 분별(分別), 신중(愼重)하여야 한다.

425. 우리가 반드시 분별, 구분하여야 할 것은 인애의 의무들(the obligations of charity)과 그것의 선행들(the benefactions of charity)의 차이입니다. 전자, 인애의 의무들은 인애 자체에서 직접적으로 발출하는 그것의 실천들을 뜻합니다. 앞에서 언급하였듯이 이런 것들은 일차적으로는 사람의 직업과 관계를 가지고 있습니다. 그러나 후자, 선행들은 이들 의무들에게서 떨어져서 주어지는 보조적인 행위들(acts of assistance)입니다. 이런 것들이 선행들이라고 부르는 것은 그것들을 행하는 것이 선택의 자유(free of choice)나 즐거움의 문제이기 때문입니다. 그리고 이런 것들이 행해질 때 그들은 선행들의 단순한 수용자(受用者·the recipient)로 여겨져야 하고, 그리고 후원자(=자선을 베푸는 사람·benefactor)가 마음에 가지고 있는 이유들이나 의도들에 일치하여 주어진 것으로 여겨져야 한다는 것입니다. 일반적인 관념에서 인애는 빈곤한 자를 돕고, 구제하는 것 이외에 아무것도 아니라는 것이고, 그리고 과부들이나 고아들에 대한 돌봄이나 배려(配慮) 이외에 아무것도 아니고, 작고 큰 병원들이나, 노약자들을 위한 수용소나 보호시설을 건축해서 그것을 사회에 기증하는 것 이외에 아무것도 아니고, 특히 교회당들을 건축 기증하는 것이고 그리고 그것들을 돕고, 재정적으로 돕는 것 등등입니다. 그러나 이런 것들의 대부분은 인애에 속한 본연의 일들은 아니고, 특별하게 그것들에 대하여 별로 관계가 없는 것입니다. 이런 자선행위들 안에 존재하는 그런 인애를 실천하는 자들은 이런 자선행위들에 대하여 공로사상을 가질 수밖에 없습니다. 그 때 그들은 비록 입술로는 그런 것들이 공로적인 것으로 여겨지지 않기를 바란다고 하지만, 여전히 그들의 공로적인 신념은 그것 안에 뙈리를 틀고 있습니다. 이러한 사실은 죽은 뒤 그런 것들의 행위에서 잘 드러나고 있습니다. 그 때 그들은 자신들의 업적들을 계수(計數)하고, 상급으로서 구원을 요구한다는 것에서 잘 드러납니다. 그러나 그들의 업적들의 근원이나 그

업적들의 성질의 결과에 관해서 그 때 조사되었고, 그리고 만약에 거기에서 발견된 것이 자만(pride)이나 명성을 얻으려는 애씀에서, 또는 적나라한 관대함(bare generosity), 우정, 또는 단순한 자연적인 인간적인 성품(merely natural inclination)이나 위선 따위에서 비롯된 것이라면, 그들의 일들은 그 근원에서 판결될 것입니다. 왜냐하면 그 근원에 속한 성질(=본성·quality)은 그 일들 안에 남아 있기 때문입니다. 그러나 본연의 인애는, 일들은 안에 있는 정의와 공평 때문에 인애로 고취된 자들에게서 발출하고, 그리고 그들은 누가복음서 14장 12-14절의 주님의 말씀에 따라서 목적으로서의 보상(補償)을 떠나서 일들을 행합니다. 비록 그것들이 인애에 속한 것들이라고 해도 그들은, 앞에서 언급한 것과 같이, 선행들을 의무들과 동일한 것으로 여깁니다.

426. 우리가 주지하고 있는 사실은, 인애의 형상(an image)을 이 세상에 제시, 드러내는 것들이 바로 이른바 인애의 선행들을 이루는 일이라고 생각하는 몇몇 사람들은 그들이 인애에 속한 선행들을 실천하는 것이라는 소견(opinion)이나 신념(belief) 따위를 고수(固守), 견지(堅持)한다는 것이고, 그리고 일종의 면죄부들(免罪符·indulgences)과 같은 교황의 칙령에 있는 수많은 것들이 그들의 수많은 죄악들에게 용서, 정화(淨化)하는 것들로 귀하게 여긴다는 것이고, 그리고 마치 중생한 사람들처럼 자신들에게 주님나라가 주어질 만큼 자신들이 고귀하고 값진 인물이라고 여긴다는 것이고, 그리고 그럼에도 불구하고 그들은 죄들을 가리키는 그것에서 쾌락을 만족하는, 일반적인 육(肉)에 속한 온갖 탐욕들인 이른바 간음·증오·복수·사기 따위를 대수롭지 않게 여긴다는 것 등등입니다. 그러나 이와 같은 경우 이런 선행들은 마치 악마들과 어울린 천사들의 그림 이외에 무엇이겠습니까? 뿐만 아니라 그리스 신화의 머리가 아홉이라는 하이드러들(hydras)이 담겨져 있는 청금석(靑金石)으로 만든 보물 상자들과 무엇이 다르겠습니까? 앞에서 언급한 것과 같이 온갖 악들이 인애에 대하여 위해한 것으로 여겨 기피하는 자들이 인애에 속한 선행들을 행하는 경우, 그것은 전자의 것과는 사정이 전혀 다릅니다. 뿐만 아니라 이런 선행들은 수많은 내용이나 방법에서 특히 가난한 사람이나 걸인(乞人)에게 보시(布施)한다는 것은 매우 바람직하고, 유익한 일입니다. 왜냐하면 이런 것들에 의하여 소년 소녀들, 남녀 하인들은 물론, 일반적으로 마음이 단순한 사람들은 인애에 입문, 전수(傳受)

되기 때문입니다. 왜냐하면 이런 것들은, 그런 것들에 의하여 인애의 실천에서 훈련하는 그것의 외적인 것들이기 때문이고, 그리고 이런 이들은 인애의 초보들이기 때문입니다. 그러나 시간이 지난 뒤에 인애나 믿음에 관한 올바른 지식들에서 성장, 성숙한 자들에게서 이런 행위는 마치 잘 익은 열매와 같고, 그리고 그 때 그들은, 그들이 다른 자들에게서 그저 깊은 생각이 없이 행했던, 이른바 단순한 마음에서 행하였던, 예전의 일들을 다른 자들에 대한 의무들로 여겨지게 됩니다.

427. 오늘날 이런 선행들은, 성경말씀에서 선한 일들(善行)이 뜻하는 인애의 진정한 행위들이라고 믿고 있습니다. 그것은 인애가 성경말씀에서 자주 자주 빈자(貧者)에 무엇인가를 주고, 궁핍한 자에게 어떤 도움을 주고, 과부나 고아들을 보살피는 것들로 기술되었기 때문입니다. 그러나 지금까지 알려지지 않은 사실은 성경말씀의 문자적인 뜻은, 예배에 속한 외적인 것들을 언급한 것이고, 심지어 예배의 가장 외적인 것들을 언급한 것이라고 뜻하고 있지만, 그러나 이런 것들은 그런 외적인 것들을 뜻하는 것이 아니고 내적인 것을 가리키는 영적인 것들을 뜻한다는 것입니다. 이런 내용이나 시실은 본서 제 4장 "성서·주님의 말씀"의 193-209항에 기술되었습니다. 이상의 모든 내용에서 볼 때 명확한 것은 거기에 언급된 가난한 자(the poor)·궁핍한 자(the needy)·과부들(the widows)·고아들(the orphans)은 실제적인 이런 부류의 사람들을 뜻하는 것이 아니고, 이런 부류의 사람들은 영적으로 그런 부류의 사람들을 뜻합니다. 여기서 "가난한 사람"은 진리나 선에 속한 지식들이 없는 자들을 뜻하는데, 이러한 내용이나 뜻은 ≪묵시록 계현≫(the Apocalypse Revealed) 209항을 참조하십시오. 그리고 "과부들"이 진리들은 없지만, 그럼에도 불구하고 그것들을 열망하는 자들을 뜻한다는 것은 전게서 764항을 참조하십시오. 그 밖의 사람들도 역시 그러합니다.

428. 일반적으로 인애는 모든 가난한 자에게 무엇인가를 거저 주고, 궁핍한 상태에 있는 자에게는 무엇인가를 구제(救濟)하는 일에 있다고 믿기 때문에, 제일 먼저 가난한 자나 궁핍한 자가 선한 사람이냐, 악한 사람이냐는 묻고, 살피는 일 없이, 그와 같은 그런 자들을 도와주고, 살피는 것이 본래의 인애에 일치하는 실제적인 것으로 여기는 자들은 동정심이나 자비(慈悲)의 본성에서 그런 일을 하는 것이므로, 그들이 행한

단순한 자연적인 동정심이나 자비는 영적인 그런 것으로 완성하는 것은 결코 아닙니다. 왜냐하면 그들이 하는 말은, 하나님께서는 다만 도움(the aid)이나 보시(布施·alms)만을 중요시하시기 때문에 그들에 대하여 이런 저런 일을 생각한다는 것은 필요 없다는 것입니다. 그러나 죽은 뒤, 이런 사람들은, 매우 영특하고, 신중하게 인애의 선행들을 실천한 자들과 명확하게 분별, 구분되고, 분리됩니다. 왜냐하면 인애에 대한 맹목적인 개념에서 그런 일들을 행한 사람들은 그 때 그들은 선한 사람에 행하는 것과 같이, 악한 사람에게 선을 행한 것이기 때문이고, 그리고 그들에게 행한 어떤 도움은 악한 사람이 악을 행하는 격이고, 그리고 그렇게 하는 일에 의하여 선한 사람을 해치는 것이기 때문입니다. 이와 같은 부류의 선행을 행하는 사람은 선한 사람에게 행한 위해 때문에 부분적으로 비난을 받습니다. 왜냐하면 악을 행하는 자(an evil doer)에게 선을 행한다는 것은, 그것을 독으로 바꾸는 악마에게 먹을 것을 주는 일과 같기 때문입니다. 왜냐하면 악마의 손에 있는 먹거리는 독이기 때문이고, 또는 그것이 그런 것이 아니라고 해도, 악마는, 마치 악에 대한 유혹물과 같이, 선한 행위들을 사용해서, 그것을 독약으로 만들기 때문입니다. 그리고 그것은 역시 어느 누구를 살해하는데 사용하는 칼을 원수의 손에 들려주는 것과 같습니다. 그리고 이리 같은 사람(a wolfish)에게 초장으로 양들을 인도하는 목자의 지팡이를 손에 들려주는 것과 같습니다. 그런 작자가 손에 그것이 있게 되면 양들을 푸른 초장에서 사막으로 내쫓을 것이고, 그리고 거기에서 그것들을 살해할 것입니다. 그리고 그가 그것에 대하여 법률을 집행하고 재판을 실행할 때 재물에 일치하여 오직 약탈(掠奪)만을 연구하고 모색(摸索)하는 도둑놈에게 공적인 권위나 권한을 부여하는 것과 같습니다.

X.
인애의 의무들(the duties of charity)에는 공적인 것·가정적인 것·사적인 것이 있다.

429. 인애의 선행들이나 인애의 의무들은 마치 자의에 의한 선택에서 행하는 것들과 강압(强壓·compulsion)에서 행하는 것과 다르듯이 엄연

히 분별, 구분됩니다. 인애의 의무들은 왕국이나 국가가 부과하는 공적인 의무들(official duties)을 뜻하지 않습니다. 예를 들면 장관의 의무들은 섬기는 것이고, 법관의 의무는 재판하는 것이고, 그리고 그밖의 등등을 뜻하는 그런 것들은 아닙니다. 그러나 모두의 의무들은 그의 고용 상태가 무엇이냐에 관계없이 모두에게 주어지는 그런 것입니다. 따라서 이런 의무들은 서로 다른 근원에서 비롯되고, 그리고 서로 다른 뜻에서 나오는 것이고, 그러므로 인애를 가지고 있는 자들에 의하여 인애로 말미암아 행해지는 그런 것들입니다. 이에 반하여 인애를 가지고 있지 않는 자들에 의한 인애는 결코 인애에서 비롯된 것은 아닙니다.

430. 인애의 공적인 의무들(the public duties of charity)

공적인 의무들과 혼돈하지 말아야 할 것은 조세(租稅)의 부과와 조세의 납부입니다. 마음의 성향을 가지고 영적으로 세금을 지불하는 사람들과 그렇지 않은 성향을 가지고 단순하게 자연적으로 세금을 지불하는 사람들이 있습니다. 영적으로 지불하는 사람은 선한 뜻에서 세금을 납부하는 것인데, 그것은 세금이 그들 국가의 보호(the preservation of their country)나 국가의 방어를 위해서, 그리고 또한 교회의 보호를 위해 징수(徵收)되는 것이고, 그리고 공무원들이나 국가의 일을 담당하는 정부의 행정들을 위해 국고(國庫)에서 반드시 지불하여야 하는 급료들이나 수당·연금을 위해서 징수되는 것입니다. 그러므로 세금을 자의적으로 기쁘게 납부하는 자들에게 그들의 국가나 교회는 이웃입니다. 그리고 조세 업무에서 속이고, 사취(詐取)하는 것은 간악한 불법행위로 여깁니다. 그러나 자기 나라와 교회를 이웃으로 여기지 않는 자들은 세금을 기꺼이 납부하지도 않고, 저항(抵抗)합니다. 그리고 매순간 그들은 속이고, 납부를 주저하고, 억지로 납부합니다. 왜냐하면 그들에게는 자신의 가족이나 혈육만이 이웃이기 때문입니다.

431. 인애의 가정적인 의무들(the domestic duties of charity)

이런 의무들은 남편이 아내에 대한, 아내가 남편에 대한 의무들이고, 부모가 자녀들에 대한, 자녀들이 부모에 대한 의무들이고, 주인과 안주인이 종복들에 대한, 그리고 종복들이 그들에 대한 의무이고, 남성과 여성의 상호간의 의무입니다. 그런 것들이 가정에서의 교육이나 관리에 속한 의무들이기 때문에 이런 의무들은 헤아릴 수 없을 만큼 매우 많아서 그것들이 일일이 열거, 계수된다면 한 권의 책을 충분하게 만들 것입니다. 이런 의무들에 대한 이행(履行)은 그 사람으로 하여금 움직이게 하는 그의 고용의 의무로 부과(附課)되는 서로 상이한 사랑에 의하여 행해집니다. 예를 들면 남편과 아내는 혼인애나 그것에 일치하는 서로 서로의 자신들의 의무에 대하여 움직이고, 자녀들에 대한 부모들은 이른바 부모사랑이라고 하는 각자에게 활착(活着)된 사랑에 의하여, 그리고 부모들에 대한 자녀들은, 의무의 뜻에서 비롯된 복종과 밀접하게 관계된 서로간의 사랑에 의하여 움직입니다. 그러나 자신들의 하복들에 대한 주인과 여주인의 의무들이나, 남성과 여성 사이의 의무들은 지배하는 사랑(the love of governing)에서 그것들의 근원을 취하고, 그리고 이런 사랑은 각자의 마음의 상태에 일치합니다.

[2] 그러나 혼인애와 자녀사랑은, 이런 사랑들의 의무들이나 이런 의무들의 실천과 더불어 어느 누구의 고용에서의 의무들의 실천과 같이 이웃에 대한 사랑은 생성하지 않습니다. 왜냐하면 부모의 사랑이라고 하는 이 사랑은 좋은 사람이나 나쁜 사람에게 꼭 같이 있기 때문이고, 그리고 어떤 때는 오히려 나쁜 사람에게 이 사랑은 더 강하게 존재하기 때문입니다. 더욱이 부모사랑은, 결코 거기에 인애가 형성될 수 없는, 짐승들이나 새들에게도 있습니다. 우리가 주지하여야 할 것은 부모사랑은, 양들이나 염소들에게 있는 것과 꼭 같이, 곰들이나 호랑이들, 심지어 뱀들에게도 꼭 같이 있고, 그리고 비둘기들에게 있는 것과 꼭 같이 올빼미들에게도 꼭 같이 있다는 것입니다.

[3] 개별적으로 자녀에 대한 부모들의 의무들에 관해서 볼 때 그것들은 비록 겉보기에는 같은 것으로 보이지만, 그들이 인애 안에 있느냐, 있지 않느냐에 따라서 내적으로 엄청나게 다릅니다. 인애 안에 있는 부모에게서 부모사랑은 이웃을 향한 사랑이나 하나님사랑과 결합합니다. 왜냐하면 이런 부모의 자녀들은 부모들의 도덕적인 것들이나, 호의(好意·good will), 그리고 공적인 것의 섬김에 대한 자격들에 따라서 사랑을 받기 때문입니다. 그러나 인애 안에 있지 않는 자들에게는 부모사랑이라고 부르는 부모애와 인애의 결합은 결코 있지 않습니다. 결과적으로 선하고, 도덕적이고, 분별이 있는 부모에 비하여 심지어 사악하고, 비도덕적이고, 교활한 부모에 의하여, 따라서 사회적으로 유용한 자들에 비하여 그렇지 못한 자들이 자녀들을 양육한다고 하겠습니다.

432. 인애의 사적인 의무들(the private duties of charity)

여기에는 수없이 많은 것들이 있는데, 예를 들면 근로자에 대한 임금 지불, 대부금(=빚)에 대한 이자 지불, 온갖 계약들의 성실한 이행, 위험에 대한 안전보장이나 그 밖의 등등이 있겠습니다. 이런 것들의 어떤 것들은 성문법(成文法·statute law)에 의하여, 어떤 것들은 일상적인 법(common law)에 의하여, 어떤 것들은 윤리·도덕률에 의하여, 강제적으로 시행되고 있습니다. 이런 의무들은 마음의 상태로 말미암아 인애 안에 있는 자들에 의하여 면제(免除)되기도 하고, 마음의 또 다른 상태에서 비롯된 인애 안에 있지 않는 자들에 의하여 면제되기도 합니다. 인애 안에 있는 자들은 그 의무들을 바르고 성실하게 수행합니다. 왜냐하면, 이것에 관해서는 이미 언급하였지만(본서 422-425항 참조), 사람은 어느 누구와 사업을 하고, 거래를 하는 모두에게 바르고 성실하게 행동하여야 한다는 것이 인애의 가르침(=교훈·법칙·a precept of charity)이기 때문입니다. 그러나 인애 안에 있지 않는 자들에게는 아주 꼭 같은 동일한 의무들이 면제되는 것은 아닙니다.

XI.
인애의 소창들(消暢·the diversions of charity)은 정찬들(正餐·dinner)·만찬들(晩餐·suppers)·친목모임들(social gatherings)이다

433. 잘 알고 있듯이, 정찬이나 만찬은 어디에서나 있는 관습적인 것이고, 그리고 다종다양한 목적을 위하여 열립니다. 그러나 그와 같은 일의 대부분의 목적은 우정·연고관계·즐거움·수익금(gain)·보상(remuneration) 등이고, 때로는 부패한 사람들을 위한 만찬도 있고, 또는 정당들에 끌어들이기 위한 모임도 있고, 귀빈들을 위한 모임도 있고, 왕궁에서 베푸는 호화스러운 만찬도 있습니다. 그러나 인애에 속한 정찬이나 만찬은 유사한 믿음에서 비롯된 상호적인 사랑 안에 있는 자들에게 개최되기도 하였습니다. 초대교회의 기독인들에게 있었던 정찬이나 만찬은 별다른 특별한 목적을 가진 것은 아니었습니다. 그들은 그것들을 축제일(祝祭日·the feasts)이라고 하였고, 그것의 주된 목적은 마음으로부터 기쁨을 나누기 위한 것이고, 동시에 서로 마음을 모으기 위

한 것이었습니다. 교회의 설시의 초기의 상태에서 만찬들(suppers)은 연합(consociation)이나 결합(conjunction)을 뜻하였는데, 그것은 주로 저녁에 열리었는데, 저녁은 그 상태를 뜻하기 때문입니다. 그러나 교회가 설시된 뒤에는 축제가 아침(morning)이나 낮(day)에 열렸는데, 그것은 아침이나 낮이 그 상태를 뜻하기 때문입니다. 그들은 식탁에서 가정의 일이나 시민적인 일을 가리키는 다양한 주제들에 관해서 서로 대화를 하였는데, 특별한 주제는 역시 교회에 속한 것이었습니다. 그것들이 인애에 속한 축제들이었기 때문에, 그리고 그들이 서로 나눈 대화는 인애에 관한 것이었기 때문에, 그들의 대화에는 기쁨과 즐거움이 넘쳤습니다. 이와 같은 축제에 만연된 영적인 분위기(=영기·the spiritual sphere)는 곧 주님사랑과 이웃사랑에 속한 분위기였는데, 그것은 모든 사람의 마음을 위로(慰勞), 고무(鼓舞)시켰으며, 주고받는 모든 음성은 부드러웠고, 그리고 마음에서부터 축제의 기분은 온 감관에 전달, 내통하였습니다. 왜냐하면 모든 사람에게서 영기(靈氣)가 발산되었는데, 그 영기는 그 사람의 사랑의 정동에 속한 영기였고, 그것에서 비롯된 그것의 사상에 속한 영기였기 때문입니다. 이 영기는 안면이나 호흡을 통해서 발산되었습니다. 성경말씀에 아주 자주 정찬·만찬·축제 따위가 언급되고 있는데, 그것들은 이와 같이 마음의 제휴(association of minds)를 뜻하기 때문인데, 영적인 뜻으로 그것들은 그 제휴 이외에 아무것도 뜻하지 않기 때문입니다. 동일한 뜻이 이스라엘 자손들에게 있었던 유월절 만찬(the paschal supper)이 최고의 뜻으로 뜻하는 것입니다. 그리고 또한 그들의 다른 축제의 행사의 연회나 성막 근처에서 희생제물을 함께 먹는 일도 동일한 것을 뜻합니다. 그 결합 자체는 그 때 빵을 떼고(=깨고), 빵을 나누고, 손에서 손으로 옮긴 잔을 마시는 것이 표징하였습니다.

434. 초대교회에서 친목회(social gatherings)는 그리스도 안에서 형제들이라고 부르는 자들에게서 시작하였습니다. 그러므로 그들은 인애의 모임들이었습니다. 그것은 거기에 영적인 형제됨(spiritual brotherhood)이 있었기 때문입니다. 이와 같은 영적인 교제는 당시 교회가 겪었던 역경에 대한 위로가 되었고, 그 수의 증가는 기쁨이었고, 진리를 배우는 노력은 마음의 소창(消暢)이 되었습니다. 그리고 동시에 다양한 주제들에 관한 대화와 토론의 기회들이었습니다. 이런 모든 것들은 마치 샘에서

샘물이 흘러내리듯이 영적인 사랑에서 흘러 나왔기 때문에 그것들은 모두가 영적인 근원에서 비롯된 합리적이고 도덕적이었습니다. 오늘날에도 우정의 모임들이 여럿 있습니다. 그것들은 사회적인 기쁨이 목적이었고, 그리고 대화에 의한 상쾌한 마음이 목적이었고, 결과적으로는 느낌들의 확장이고, 감금된 생각들의 해방(the liberation of imprisoned thoughts)이었습니다. 따라서 우정의 모임은 감관적인 기능들(the sensual faculties)의 제고(提高)이고, 그리고 그들의 상태의 회복이었습니다. 그러나 그럼에도 불구하고 거기에 인애의 친목은 결코 없었습니다. 왜냐하면 주님께서 이렇게 말씀하셨기 때문입니다. 마태복음서의 말씀입니다.

세상 끝 날(=교회의 마지막 때)에, 불법이 성하여, 많은 사람의 사랑(charity)이 식을 것이다(마태 24 : 12).

이와 같은 일은, 교회가 천지(天地)의 하나님으로서 주님 하나님 구세주를 시인하지 않았기 때문이고, 그리고 본연의 인애가 그분에게서 비롯되는 그분에게 직접 가까이 나아가지 않기 때문입니다. 그러나 마음을 불러 모으지 못하고, 인애를 모방한 고작 우정만 남아 있는 사교적인 친목회는 우정의 겉치레 이외에 아무것도 아니었고, 상호적인 사랑의 사기적인 증거였고, 호의에 파고드는 유혹이고, 육신의 쾌락에 제공하는 희생물이고, 특히 감관적인 쾌락에 지나지 않았습니다. 이러한 것은 마치 순풍에 따라 순조롭게 조수에 따라서 순항하는 배를 아첨자나 위선자에게 선장의 일을 맡기는 것과 같습니다.

XII.
인애의 첫째 임무는 악들을 버리는 것이고, 그 둘째는 이웃에게 유익한 선들을 행하는 것이다

435. 인애의 교리에서 첫째 자리에 두는 인애의 첫째 의무는 이웃에게 악을 행하지 않는 것입니다. 그 둘째는 이웃에게 선을 행하는 것입니다. 이 교리(tenet)는 인애의 교리에 들어가는 출입문과 같습니다. 모든 사

람의 의지에 굳게 자리를 잡고 있는 악은 그의 출생에서부터 허락된 것입니다. 그리고 모든 악은 어떤 때는 가깝게, 어떤 때는 멀게 사람과 관계를 가지고 있기 때문에, 그리고 때로는 그의 사회나 국가와 관계를 가지고 있기 때문에, 여기에서 뒤이어지는 것은 유전악(遺傳惡·inherited evil)은 모든 계도에서 이웃에 거스르는 악입니다. 사람이 이성에서 밝히 알 수 있는 것은, 악이 의지에 둥지를 틀고 사는 것에 비례하여 악은 떼어버리는 것이 아니고, 그리고 그가 행한 선은 그 악과 함께 주입되어 있다는 것입니다. 왜냐하면 그 때 악은 선 안에 있는데, 그것은 마치 조개껍질 안에 있는 조갯살과 같고, 그리고 뼈 속에 있는 골수(骨髓·marrow)와 같기 때문입니다. 그러나 비록 이런 부류의 인물들이 행한 선도 선처럼 보이지만 그것은 본질적으로는 진정한 선은 아닙니다. 왜냐하면 그것은 벌레가 파먹은 속을 지니고 있는 겉보기에 건전한 것처럼 보이는, 속은 다 썩은 흰 껍데기의 아몬드 열매와 같기 때문입니다.

[2] 악을 의도하면서, 올바른 것을 행한다는 이들 양자는 본질적으로 정반대가 되는 것입니다. 왜냐하면 악은 이웃에 대한 증오에 속해 있고, 선은 이웃에 대한 사랑에 속해 있기 때문입니다. 그리고 또한 악은 이웃의 원수이고, 선은 이웃의 친구이기 때문입니다. 이들 양자는 동일한 마음에 존재할 수 없습니다. 다시 말하면 악은 속사람 안에 있고, 선은 겉사람 안에 있는 꼴이기 때문입니다. 만약에 그것들이 이런 식으로 있다면, 겉사람 안에 있는 악은 겉보기에는 치유된 상처와 같지만, 그것 안에는 악취가 나는 고약한 것이 숨겨 있습니다. 이때의 사람은 마치 뿌리가 썩은 나무와 같아서 여전히 겉보기에는 향기 나고 쓸모 있는 열매를 맺는 나무와 같이 보이지만, 속으로는 불쾌한 냄새를 풍기고, 쓸모 있는 열매를 맺지 못하는 나무와 같습니다. 그 사람은, 마치 멋진 색깔 때문에 보석처럼 팔리는 쇠똥(slag)처럼 배척될 것입니다. 한마디로 그 사람은 올빼미 알을 비둘기 알이라고 믿게 하는 사람과 같습니다.

[3] 사람이 반드시 주지하여야 할 것은, 그의 육신에 의하여 그의 영에서 발출한, 또는 그의 속사람에게서 나온, 그가 행한 선은 사후에도 사는 영을 가리키는 속사람이라는 것입니다. 그러므로 위에서 기술한 것과 같이, 사람이 그의 겉사람을 형성하는 육체를 벗어버릴 때, 그 사람

에 속한 것은 모두 온갖 악들 안에 있고, 그리고 그는 그것들 안에서 기쁨을 취합니다. 이러한 기쁨은 그의 생명을 무척 미워하는 어떤 것처럼 선에게는 전적으로 정반대입니다.
[4] 악이 모두 추방되기 전까지 사람은 본질적으로 선을 가리키는 선을 행할 수 없다는 것은 주님께서 수많은 곳에서 가르치셨습니다. 마태복음서의 말씀입니다.

> 너희는 그 열매로 그들을 알아야 한다. 가시나무에서 어떻게 포도를 따며, 엉겅퀴에서 어떻게 무화과를 따겠느냐? 이와 같이, 좋은 나무는 좋은 열매를 맺고, 나쁜 나무는 나쁜 열매를 맺는다. 좋은 나무가 나쁜 열매를 맺을 수 없고, 나쁜 나무가 좋은 열매를 맺을 수 없다(마태 7 : 16-18).
> 율법학자들과 바리새파 사람들아, 위선자들아, 너희에게 화가 있다! 너희는 잔과 접시의 겉은 깨끗이 하지만, 그 안은 탐욕과 방종으로 가득 채우기 때문이다. 눈먼 바리새파 사람들아! 먼저 잔 속을 깨끗이 하여라. 그러면 그 겉도 깨끗하게 될 것이다(마태 23 : 25, 26).

이사야서의 말씀입니다.

> 너희는 씻어라.
> 스스로 정결하게 하여라.
> 내가 보는 앞에서
> 너희의 악한 행실을 버려라.
> 악한 일을 그치고,
> 옳은 일을 하는 것을 배워라.
> 정의를 찾아라.
> 억압받는 사람을 도와주어라.
> 고아의 송사를 변호하여 주고
> 과부의 송사를 변론하여 주어라.……
> 오너라! 우리가 서로 변론하자.
> 너희의 죄가 주홍빛과 같다 하여도
> 눈과 같이 희어질 것이며,
> 진홍빛과 같이 붉어도
> 양털과 같이 희어질 것이다.
> (이사야 1 : 16-18)

436. 이 장절들의 내용은 아래와 같이 여러 비교들에 의하여 상세하게 예증, 설명되겠습니다. 어떤 사람이 그의 집 안에 표범이나 호랑이를 가두고 사육하기 때문에 누구의 공격을 받지 않고 안전하게 잘 지낼 수 있다고 하면, 그 야수들이 제거되지 않는다면 어느 누가 그를 방문할 수 있겠습니까? 어느 누가 임금이나 여왕의 식탁에 초대되었을 때, 그가 거기에 가기 전에 그의 손과 얼굴을 씻지 않겠습니까? 어느 누가 순금이나 순은을 얻기 전에 철광석을 불로 정련(精鍊)하지 않고, 쇠똥 찌꺼기와 분리하지 않겠습니까? 어느 누가 그의 곡간에 밀을 저장하기 전에 밀에서 독보리(the tares)를 제거, 분리하지 않겠습니까? 어느 누가 식탁에 고기를 올리기 전에 날고기를 요리하지 않겠습니까? 어느 누가 나무 잎을 보호하고, 열매를 망치기 전에 나무를 흔들어서 해충들을 잡지 않겠습니까? 아무리 여자가 얼굴을 예쁘게 화장하고, 아름다운 옷으로 단장하고, 애교 넘치는 말로 매혹한다고 해도, 그녀의 얼굴에 여드름이나 종기 따위가 뒤덮혀 있다면 어느 누가 그녀와 사랑에 빠져서 혼인하려고 하겠습니까? 사람은, 자기 자신의 협력이 없이 주님께서 그 사람을 대신하여 온갖 악들에게서 정화해 주실 것을 기대하지 말고, 반드시 스스로 정화하여야 합니다(본서 331항 참조). 만약에 스스로 그렇게 하지 않으면, 마치 어느 하인이 먼지와 오물이 묻은 얼굴을 가지고 그의 주인에게 가서 "주인님, 나를 씻겨주세요" 라고 말하는 게으른 하인 놈과 같은 인물입니다. 그 주인은 그렇게 말하는 종놈에게 "이 멍청하고 어리석은 종놈아, 너는 지금 무슨 소리를 하는 것이냐? 여기에 물도, 비누도, 수건이 있으니, 너는 스스로 네 손을 가지고 너를 씻을 힘도 없단 말이냐? 냉큼 가서 스스로 깨끗이 씻어라" 라고 호통 칠 것입니다. 따라서 우리 주님 하나님께서는 이렇게 말씀하실 것입니다. "정화에 속한 방법들은 내게서 온 것이고, 그리고 무엇인가를 하고자 하는 너의 능력 역시 나에게서 비롯된 것이지만, 내가 준 은사(恩賜 · gifts and endowments)들을 네 자신의 것 인양 이것들을 잘 활용하여야 너희는 깨끗하게 될 것이다" 라고 할 것입니다.

437. 오늘날 교회나 교인이 신봉하고 있는 것은 인애가 단순하게 선을 행하는 것이고, 그 때 그 사람은 악을 행하지 않는다는 것입니다. 결과적으로 인애의 첫째 의무는 선을 행하는 것이고, 그것의 둘째는 악을

행하지 않는다는 것입니다. 그러나 이러한 것은 전적으로 정반대입니다. 사실 인애의 첫째 의무는 악을 버리는 것(put away)이고, 그것의 둘째는 선을 행하는 것입니다. 왜냐하면 악을 기피하는 것이 첫째이고 선을 행하는 것이 둘째라는 것은 영계의 보편적인 율법(a universal law)이고, 그것에서부터 자연계의 율법은 비롯되었기 때문입니다. 그리고 영계의 보편적인 율법은 사람이 악을 원하지 않는 것에 비례하여 그는 선을 원하는 것이고, 따라서 그가, 모든 악이 거기에서 비롯되는, 지옥을 피하는 것에 비례하여, 모든 선이 거기에서 비롯되는 천계를 향해 우러르는 것이기 때문입니다. 결과적으로 다시 말하면 누구나 악마를 배척하는 것에 비례하여 그는 주님에 의하여 영접, 수용되기 때문입니다. 어느 누구도 양자 사이에서 갈피를 잡지 못하고, 머리를 이리 저리 돌리면서, 동시에 양쪽을 향해 기도할 수는 없습니다. 왜냐하면 주님께서는 이런 말씀을 하셨기 때문입니다. 묵시록서의 말씀입니다.

> 나는 네 행위를 안다. 너는 차지도 않고, 뜨겁지도 않다. 네가 차든지 뜨겁든지 하면 좋겠다. 네가 이렇게 미지근하여, 뜨겁지도 않고 차지도 않으니, 나는 너를 내 입에서 뱉어 버리겠다(묵시록 3 : 15, 16).

어느 누구도, 양쪽을 선호하면서, 부하들을 이끌고, 두 군대 사이를 왔다 갔다 하면서 싸울 수는 없는 것이지요? 어느 누구도 이웃을 향해 악을 제안하고, 동시에 그에게 선을 제안할 수 없지 않습니까? 악은 선 안에 숨겨 있지 못하는 것 아닙니까? 비록 악한 사람이 자신을 숨기고 사람의 행동 안에 나타나지 않는다고 해도, 그 행동들이 올바르게 반성되고, 심사숙고한다면 수많은 사안들에게서 자기 자신을 적나라하게 드러냅니다. 주님께서는 이렇게 말씀하십니다. 누가복음서의 말씀입니다.

> 한 종이 두 주인을 섬기지 못한다. 그가 한쪽을 미워하고, 다른 쪽을 사랑하거나, 한쪽을 떠받들고, 다른 쪽을 업신여길 것이다. 너희는 하나님과 재물(=맘몬)을 함께 섬길 수 없다(누가 16 : 13).

438. 그러나 어느 누구도 자기 자신의 힘(power)이나 능력(ability)에 의하여 온갖 악들로부터 자기 자신을 깨끗하게 정화(淨化)할 수 없으며,

그럼에도 불구하고 역시 어느 누구도 자기 자신의 것으로 하듯이 사람에게 힘이나 능력이 없다면 능이 정화될 수 없습니다. 만약에 이런 힘이나 능력이 마치 자신의 것이 아니라면 사람은 어느 누구도, 모두에게 그렇게 하기로 명령된 육신이나 육신의 정욕에 대항해서 결코 싸울 수 없습니다. 사람은 누구도 그 어떤 싸움에 관해서 생각할 수 없고, 따라서 자신의 마음은 온갖 종류의 악들에게 개방될 것이고, 그리고 이 세상에서 제정된 정의의 법률에 의하여, 그리고 온갖 형벌들에 의하여 모든 행동들은 억압, 제약을 받을 것입니다. 따라서 그 사람은, 자신의 애욕들에 속한 잔악한 쾌락들에 관해서 전혀 반성이 없는, 내적으로는 호랑이·표범·뱀 같이 될 것입니다. 이렇게 볼 때 명확한 사실은, 야생짐승과 대조해 볼 때 사람은 합리적인 존재이기 때문에 사람은 주님에 의하여 주어진 힘과 능력에 의하여 온갖 악들에 대항하여 싸워야 한다는 것입니다. 주님께서 모든 사람에게 부여하신 이런 외현(外現·appearance)은 곧 중생·전가·결합·구원을 위한 것이라는 사실입니다.

XIII.
인애의 실천에서 사람은, 모든 선이 주님에게서 온다고 믿는 한, 자신의 행위들에게 공로사상을 두지 않는다.

439. 구원을 목적해서 행한 일들(=업적들·works)에 대하여 자기 공로(merit)를 내세운다는 것은 몹시 유해(有害)합니다. 그것은 온갖 악들이 그렇게 행하는 자가 전혀 알지 못하게, 그 일을 하는 동안에 몰래 숨어서 들어오기 때문입니다. 몰래 숨어서 들어온 것들은, 사람 안에 있는 하나님의 입류의 부인과 하나님의 역사(役事)의 부정이고, 구원에 속한 여러 사안들 가운데 있는 자기 자신의 능력(=힘)의 신뢰(a confidence)·하나님을 믿지 않고 자기 자신을 믿는 믿음·자기 합리화(=자기 의인·義認·self-justification)·자신의 능력에 의한 구원·신령은총과 자비에 대한 전적인 무시·신령 방법들에 의한 개혁(=바로잡음)과 중생 (=거듭남)의 거절·주 하나님 구세주의 공로와 의(義)를 자기 자신의 것으로 주장, 귀속(歸屬)시키는 것·첫째와 마지막 목적으로 여기는 보상에 대한 계속적인 우려름·주님사랑과 이웃사랑의 박탈(剝奪)과 소멸·자기

공로 없이 주어진다는 천계적인 사랑에 대한 전체적인 무지(無知)와 지각의 결핍·유일한 자기사랑의 과장 등등이 되겠습니다. 왜냐하면 첫째 자리에 자기공로에 대한 보상을 두고, 둘째 자리에 구원을 두고, 그리고 구원을 공로에 대한 보상으로 평가하는 자들은 질서를 뒤바꾸는 것(倒置)이고, 자기 자신의 자아(=고유속성·propolium) 안에 있는 마음의 내면적인 열망을 매몰(埋沒)하는 것이고, 그리고 그런 내면적인 열망들을 육에 속한 악들과 함께 자기 자신에게서 더럽히는 것이기 때문입니다. 자기공로를 주장하는 선이 천사들에게는 마치 녹(rust)처럼 보이고, 자기공로를 주장하지 않는 선은 마치 자주 빛으로 보이는 이유입니다. 선은 반드시 보상을 목적해서 행해서는 안 된다는 것을 주님께서 누가복음서에서 이렇게 가르치셨습니다. 그 책의 말씀입니다.

> 너희를 좋게 대하여 주는 사람들에게만, 너희가 좋게 대하면, 그것이 너희에게 무슨 장한 일이 되겠느냐? 죄인들도 그만한 일은 한다. 도로 받을 생각으로 남에게 꾸어 주면, 그것이 너희에게 무슨 장한 일이 되겠느냐? 죄인들도 고스란히 되받을 요량으로 죄인들에게 꾸어 준다. 그러나 너희는 너희 원수를 사랑하고, 좋게 대하여 주고, 또 아무것도 바라지 말고 꾸어 주어라. 그러면 너희는 큰 상을 받을 것이요, 너희는 가장 높으신 분의 자녀가 될 것이다. 그분은 은혜를 모르는 자들과 악한 자들에게도 인자하시기 때문이다(누가 6 : 33-35).

사람은, 주님에게서 비롯된 선을 제외하면, 본질적인 선을 행할 수 없다는 것을 주님께서 요한복음서에서 이렇게 가르치셨습니다. 그 책의 말씀입니다.

> 너희도 내 안에 머물러 있지 않으면, 열매를 맺을 수 없다. 나는 포도나무요, 너희는 가지다. 사람이 내 안에 머물러 있고, 내가 그 사람 안에 머물러 있으면, 그는 많은 열매를 맺는다. 너희는 나를 떠나서는 아무것도 할 수 없다(요한 15 : 4, 5).

같은 책의 말씀입니다.

> 하늘이 주시지 않으면, 사람은 아무것도 받을 수 없다(요한 3 : 27).

440. 그러나 선을 행한 결과 때문에 사람들이 천계에 오른다고 생각한다는 것은 목적으로서 상급을 우러르는 것은 아니고, 또한 일들(=선행들)에 공로사상을 두는 것이나, 일들에 대하여 공로사상을 내세우는 것은 아닙니다. 왜냐하면 자기 자신처럼 이웃을 사랑하고, 모든 것 중에서 으뜸으로 주님을 사랑하는 사람도 역시 그렇게 생각하기 때문입니다. 그와 같이 생각하는 것은 주님의 말씀을 믿는 것에서 비롯되었기 때문입니다. 이에 관한 주님의 말씀입니다.

> 너희는 기뻐하고 즐거워하여라. 하늘에서 받을 너희의 상이 크기 때문이다(마태 5 : 12 ; 6 : 1 ; 10 : 41, 42 ; 누가 6 : 23, 35 ; 14 : 12-14 ; 요한 4 : 36).
> 창세 때로부터 너희를 위하여 준비한 이 나라를 차지하여라(마태 25 : 34).
> 그 때에 그는 각 사람에게 그 행실대로 갚아 줄 것이다(마태 16 : 27 ; 요한 5 : 29 ; 묵시록 14 : 13 ; 20 : 12, 13 ; 예레미야 25 : 14 ; 32 : 19 ; 호세아 4 : 9 ; 스가랴 1 : 6 ; 그 밖의 여러 곳).

그들은 주님의 은혜로우신 약속에 그들의 신뢰를 두는 것이지, 결코 그들은 그들의 공로 때문에 보상을 바라는 것은 아닙니다. 사실 이웃에게 선을 행하는 것에 속한 기쁨이 곧 그것들의 보상이고, 상급입니다. 이것이 곧 천계에 있는 천사들의 기쁨이고, 이 기쁨이 영원한 영적인 기쁨이고, 자연적인 기쁨에 비하여 헤아릴 수 없이 월등히 초월하는 기쁨입니다. 이런 기쁨의 상태에 있는 자들은 그 공로에 대한 치하(致賀)의 말을 듣기를 원하지 않는데, 그것은 그들이 선을 행하는 것을 사랑하기 때문이고, 그리고 그 선을 행하는 것에서 그들은 한없는 축복을 깨닫고, 감동하기 때문입니다. 어느 누구가 반대급부(反對給付 · recompense)를 목적해서 그들이 선행을 하는 것이라고 말할 때 그들을 몹시 슬프게 합니다. 그것들은 우정을 위해 친구에게 선을 행하는 사람이나, 형제애를 목적해서 형제에게 선을 행하는 사람이나, 아내나 자녀를 목적해서 아내나 자녀에게 선을 행하는 사람이나, 자신의 국가를 위해서 자신의 국가에게 선을 행하는 사람에게서도 꼭 같습니다. 따라서 그들은 우정이나 사랑으로 말미암아 선을 행하는 것입니다. 친절한 행위들을 실천하는 사람들은 자기 자신을 위해서 그렇게 하는 것이 아니고 오히려 다른 사람들을 위해서 행한다는 것이 일상적으로 일러지는 말입니다.

441. 자신들의 일(=업적)에 보상(=상급·reward)을 본질적인 목적으로 여기는 사람들에게는 사정은 전적으로 다릅니다. 이들은 마치 이득(=재물·gain)을 목적으로 우정관계를 맺는 자들과 같습니다. 이들은 겉으로는 마음에서부터 선물을 하고, 남을 돕는 일들을 수행하고, 사랑을 역설하지만, 그러나 그들은 그들이 바라던 것을 얻지 못한다면, 그들은 등을 돌리고, 그들의 우정관계를 파기(破棄), 포기하고, 그들의 예전의 친구를 원수들로 여기고, 자신들을 미워하는 자들로 여깁니다. 그들은 역시 임금(=돈) 때문에 젖먹이들에게 젖을 빨리는 보모(保姆)들과 같고, 그리고 젖먹이의 부모가 있을 때에는 젖먹이들과 입을 맞추고, 볼을 비비지만, 그러나 그들이 마음 속으로 바라는 보상받는 일이나, 맛있는 음식이 없게 되면 그 즉시 그들은 입 맞추고, 볼을 비비는 일 따위를 중지하고, 그 어린 것들을 외면하고, 그들을 심하게 다루고, 때로는 그들을 때리고, 그들의 우는 소리를 무시하는 고약한 보모와 같습니다.

[2] 그들은 역시 자기사랑에서 솟아오르는 애국에 대한 보상을 받는 자들과 같고, 그러면서도 그들은 나라를 위하여 자신들의 재산이나 생명을 바치기를 원한다고 말하는 자들과 같습니다. 그럼에도 불구하고, 만약에 그들이 상급이나 보상으로서 명예나 재물을 얻지 못한다면 그들은 자신들 나라에 대하여 고약한 말을 내뱉고, 그리고 나라의 원수들과 관계를 맺습니다. 그들은 역시 단순히 삯 때문에 양들을 돌보는 목동들과 같고, 만약에 그가 바라는 그 품삯이 주어지지 않는다면, 그들은 초장에서 사막으로 양들을 끌고 가는 고약한 목동들과 같습니다. 이런 부류는 또한 그들에게 결부된 봉급(俸給) 때문에 그들의 임무들을 수행하는 사제들과 같습니다. 그들은, 그들이 그들의 안내자로 돌보아야 할 영혼들의 구원 따위에는 거의 염려, 걱정하지 않는, 사제들과 같습니다.

[3] 그들은, 자신들의 직무의 권위만 우러르고, 그리고 그 직책의 보수만을 귀하게 여기는 어떤 고위 공무원과 같습니다. 그들이 올바른 일을 할 때 그것은 공공의 이익(公益)을 목적해서 그 일을 한 것이 아니고, 다만 선한 사람이 호흡하는 것과 같은 기쁨을 가리키는 자기사랑이나 세상사랑의 쾌락을 위해서 그 일을 하는 것뿐입니다. 나머지 것들도 이와 꼭 같습니다. 만약에 그들이 목적을 달성하지 못한다면 자신의 직무에 속한 목적이나 중간원인들을 모든 관점에서 등한히 여길 것입니다.

[4] 구원의 사안들로 공로사상에 근본을 둔 상급이나 보상을 요구하는 자들도 진배없이 꼭 같습니다. 사망 뒤에도 그들은 틀림없이 주님나라를 요구할 것입니다. 그러나 그들이 직면, 밝히 알게 되는 일은 하나님 사랑이나 이웃사랑을 전혀 가지지 않았다는 것이고, 그리고 그들은 인애나 믿음에 관해서 배울 수 있는 자들에게서 등을 돌렸다는 것입니다. 만약 그들이 그들의 가르침들을 거부, 받아드리지 않는다면 그들은 그들과 꼭 같이 그들에게서 떠나, 보상을 받지 못했다는 것 때문에, 그리고 믿음은 한낱 이성에 속한 꾸며낸 허구(虛構)라고 하면서 하나님에게 몹시 분노하는 자들에게로 갈 것입니다. 성경말씀에서는 이런 자들을 가리켜 성전의 바깥뜰에서 가장 천한 일을 담당하는 "날품팔이들"(hirelings)이 뜻합니다. 그들은 멀리 떨어진 곳에서는 마치 쪼개진 나무(splitting wood)처럼 보입니다.

442. 여기서 반드시 바르게 이해하여 할 것은, 주님 안에서 인애나 믿음은 밀접하게 결합되어 있다는 것입니다. 결과적으로 믿음은 곧 인애의 성질과 같다는 것입니다. 주님께서 사람 안에서 의지와 이해를 생명으로 만드시는 것과 같이, 인애와 믿음은 하나로 이루신다는 것입니다. 만약에 그것들이 분리되면, 마치 진주가 가루로 부서지듯이, 그 각각은 소멸된다는 것은 앞서의 설명에서 잘 볼 수 있겠습니다(본서 362·363항 참조). 그리고 인애와 믿음은 선한 일들(善行·good works) 가운데 서로 결합한다는 것도 설명, 잘 볼 수 있겠습니다(본서 373-377항 참조). 여기에서 뒤이어지는 것은, 믿음이 인애이고, 인애가 믿음이라는 것, 그리고 인애와 믿음이 결합한 것이 곧 일들, 즉 선행들이라는 것입니다. 그 때 만약에 거기에 마치 자기 자신에 속한 것처럼 주님으로 말미암아 사람이 행한다는 것을 믿는 믿음이 없다면, 그 때 사람은 그 선에 속한 도구적인 원인(=부수적인 원인·the instrumental cause)이고, 주님께서는 주된 원인(the principal cause)이시며, 그리고 이들 두 원인들은 사람에게는 하나(one)처럼 보입니다. 그럼에도 불구하고 주된 원인은 도구적인 원인에 속한 모든 것의 전부입니다. 여기서 역시 뒤이어지는 것은 사람이 본질적으로 선한 모든 선은 주님에게서 오는 것이고, 그리고 사람이 그 선행에 대하여 자기 공로를 주장하지 않는 것이 올바른 것이라고 믿을 때 이 믿음이 사람 안에서 완벽하게 되는 정도에 따라서 공로사상에 관한 망상(妄想·fantasy)은 주님에 의하여 그 사람에게서 소멸,

제거될 것입니다. 이런 상태에서 사람은, 공로사상에 관한 두려움 없이, 완전히 인애의 실천의 상태에 들어가는 것이고, 그리고 종국에는 인애에 속한 영적인 기쁨들이 희열 등을 지각하게 되고, 공로사상의 어떤 것은 그의 생명에 매우 해롭다는 것을 깨닫고, 종전의 잘못된 공로사상을 미워하기 시작합니다. 공로사상에 속한 이러한 뜻은, 하는 일이나 사업에서, 또는 그들이 종사해서 하는 임무나 역할이나 그들과 업무를 다루는 자들과의 과업에서 올바르고 성실하게 행하는 것에 의하여 인애에 물든 사람에게는 주님에 의하여 아주 쉽게 씻어져, 정화됩니다(본서 422-424항 참조). 그러나 공로사상에 속한 뜻이나 의미는, 인애가 어려운 빈곤한 자에게 무엇을 돕고, 보시(布施)하는 것이라고 믿는 사람들에게서는 무척 힘들게 제거됩니다. 왜냐하면 그들이 이런 일을 할 때, 그들의 마음 속에는 온갖 보상들이나 상급 따위를 열망하고 있기 때문이고, 그리고 처음에는 공개적으로 나중에는 비밀리에 본질적으로 공로사상을 요구, 갈망하기 때문입니다.

XIV.
도덕적인 삶은, 그것이 동시에 영적인 삶일 때, 인애이다.

443. 사람은 모두 도덕적으로 살아가는 것을 부모님들이나 선생님들에게서 배웁니다. 다시 말하면 착한 시민의 역할을 하는 것이나, 영예로운 삶의 의무들을 이행하는 것을 부모님들이나 선생님들에게서 배웁니다. 이 영예로운 삶이라는 것은 영예로운 삶의 본질적인 것들인 다종다양한 미덕들(美德·vitues)과 관계를 가지고 있습니다. 그리고 영예로운 삶은, 소위 예의범절들(proprieties)이라고 하는, 영예로운 삶의 정식절차들을 통해서 생성됩니다. 사람은 수년에 걸쳐 성장하기 때문에, 그리고 합리적인 것이라고 하는 것을 이것들에게 첨가하는 것을 배우기 때문에, 그리고 그런 것들에 의하여 사람은 그의 삶에서 도덕적인 것을 완성해 갑니다. 왜냐하면 소년기에, 심지어 청년기에 이르기까지 이른바 도덕적인 삶(moral life)은 자연적인 삶이고, 그 뒤에 그 삶은 보다 더 합리적인 것이 되기 때문입니다. 이런 것에 관해서 깊이 잘 숙고하는 사람은, 도덕적인 삶이 인애에 속한 삶과 동일한 것이라는 것을 알게

되고, 그리고 이것이 비로소 이웃에게 올바르게 행동하는 것이라는 것도 알게 되고, 그리고 온갖 악들에 의한 더러움에서 그 삶을 보존, 보호하는 것으로 그 삶을 조절, 통제한다는 것도 알게 됩니다. 이것에서 앞에서 입증, 언급된 것들이 비롯된다는 것도 알게 됩니다(본서 435-438항 참조). 그럼에도 불구하고 생애의 처음 기간에서 도덕적인 삶은 가장 외적인 것들 안에 있는 인애의 삶을 가리킵니다. 다시 말하면 아동기의 삶은 그저 단순한 외적인 것이고, 맨 먼저의 것일 뿐, 내적인 것은 아니라는 것입니다.

[2] 왜냐하면 유아기에서 노년기에 이르기까지 사람이 지내 보내는 일생은 네 기간이 있기 때문입니다. 첫째 기간(=시기)은, 다른 사람에게서 받는 교육에 따라서 행동하는 시기이고, 둘째 기간(=시기)은 이해의 안내를 받아 자기 스스로 행동하는 시기이고, 셋째 기간(=시기)은 의지가 이해에 작용하고, 이해는 의지를 조절하고, 정리하는 시기입니다. 넷째 기간(=시기)은 확증된 원칙과 심사숙고한 목적에서 행동하는 시기입니다. 그러나 이런 삶의 기간들은 곧 사람의 영(the man's spirit)의 삶의 기간들이지 결코 몸의 성장 기간은 아닙니다. 왜냐하면 육신은 도덕적으로 행동하고, 합리적으로 말하지만, 이에 반하여 육신의 영은 이런 것들에 정반대되게 뜻하고 생각하기 때문입니다. 이것이 자연적인 사람의 성질이라는 것은 겉꾸미는 자들(pretenders)·아첨꾼들(flatterers)·거짓말쟁이들(liars)·위선자들(hypocrites)의 경우에서 명백합니다. 이런 자들은 확실하게 이중적인 마음(a double mind)을 누리고 있는데, 다시 말하면 그들의 마음은 서로 다른 두 마음들로 나뉘어져 있습니다. 올바르게 뜻하고, 합리적으로 생각하는 자들과는 전혀 다릅니다. 결과적으로 올바르게 행동하고 합리적으로 말하는 자들과는 전혀 다릅니다. 이들이 바로 성경말씀에서 "심령이 가난한 자"(=마음이 가난한 사람·the simple in spirit)가 뜻하는 자들입니다. 그들은 이중적인 마음이 아니기 때문에 그들은 소박한 사람(=단순한 사람·the simple)이라고 불리웠습니다.

[3] 이렇게 볼 때 특별하게 겉사람(the external man)이 뜻하는 것이 무엇인지 잘 알 수 있겠습니다. 겉사람의 도덕성(the morality of the external man)에서는 속사람의 도덕성에 관해서 어떤 결론도 도출할 수 없겠습니다. 그 이유는 서로 상이한 방향으로 바뀔 수 있기 때문이고,

그리고 자신의 등딱지(龜甲) 속에 자기머리를 감추는 거북이들과 같기 때문이고, 그리고 몸으로 똬리를 틀고, 그 속에 대가리를 숨기는 뱀과 같기 때문입니다. 왜냐하면 이런 부류의 소위 도덕적인 사람은, 도회지의 사람들 앞에서는 도덕군자처럼 행세하지만 남이 보지 않는 숲 속에서는 도둑처럼 행세하는 강도와 같기 때문입니다. 주님에 의하여 중생을 통하여 이른바 내적으로 도덕적인 사람이나 영적인 상태에 있는 사람에게는 전혀 다릅니다. 이들이 바로 영적 도덕적인 사람(the spiritually moral man)이 뜻하는 사람들입니다.

444. 역시 영적인 것을 가리키는 도덕적인 삶은 인애에 속한 삶입니다. 그것은 도덕적인 삶의 실제적인 것들(the practices of a moral life)이나 인애에 속한 실제적(the practices of charity)인 것들은 동일한 것이기 때문입니다. 왜냐하면 인애는 이웃에 대하여 올바르기를 원하는 것이고, 결과적으로는 그에 대하여 올바르게 행동하는 것이기 때문입니다. 이것은 또한 도덕적인 삶입니다. 영적인 율법은 주님의 이런 율법입니다. 마태복음서의 말씀입니다.

> 그러므로 너희는 무엇이든지, 남에게 대접을 받고자 하는대로, 너희도 남을 대접하여라. 이것이 율법과 예언서의 본뜻이다(마태 7 : 12).

도덕적인 삶의 보편적인 율법도 이와 동일합니다. 그러나 인애에 속한 모든 일들(=업적들)을 하나씩 열거하고, 그리고 도덕적인 삶에 속한 일들과 비교한다는 것은 수많은 지면을 요할 것입니다. 그래서 십성언의 둘째 돌판에 있는 여섯 계명들을 그 예증으로 사용하겠습니다. 여기에서 모두에게 명확한 것은, 이런 계명들이 도덕적인 삶에 속한 교훈들(precepts)이라는 것입니다. 그 계명들이 이웃사랑과 관계를 가지고 있다는 것은 이미 앞에서 언급하였습니다(본서 329-331항 참조). 인애가 이들 계명들을 성취, 달성하고 있다는 것은 아래의 바울의 말씀에서 확실합니다. 로마서의 말씀입니다.

> 서로 사랑하는 것 외에는, 아무에게도 빚을 지지 마십시오. 남을 사랑하는 사람은 율법을 다 이루었습니다. "간음하지 말아라. 살인하지 말아라. 도둑질하지 말아라. 탐내지 말아라" 하는 계명과, 그 밖에 다른 계명이 있을지라도,

모든 계명은 "네 이웃을 네 몸과 같이 사랑하여라" 라는 말씀에 요약되어 있습니다. 사랑은 이웃에게 해를 입히지 않습니다. 그러므로 사랑은 율법의 완성입니다(로마 13 : 8-10).

오직 겉사람의 입장에서 생각하는 사람은, 아주 아주 큰 기적들과 함께 여호와에 의하여 시내 산에서 선포된 둘째 돌판의 여섯 계명들을 이상하게 생각할 수밖에 없습니다. 그럼에도 불구하고 그 때의 이들 계명들(=교훈들)은 세상의 모든 나라들에게서도 동일하였습니다. 결과적으로는 이스라엘 자손들이 최근에 이집트에서 나올 때 이들 계명들도 역시 시민적인 정의의 법률(the law of civil justice)에 속한 계명들(=교훈들)이었습니다. 왜냐하면 이런 계명들이 없으면 어느 나라도 존속을 계속할 수 없기 때문입니다. 그러나 그것들은 여호와께서 선포하셨고, 더욱이 석판들 위에 여호와의 손가락에 의하여 그것들이 시민사회의 계명들 뿐만 아니라, 그리고 그러므로 자연적 도덕적 삶(natural-moral life)의 계명들 뿐만 아니라, 천계적 사회(heavenly society)의 계명들을 위해서, 기록되었기 때문입니다. 그러므로 이 계명들에 반대되는 행동은 사람들에게 반대되는 행동뿐만 아니라 역시 하나님에게도 반대되는 행동이기 때문입니다.

445. 그것의 본질에 도덕적인 삶을 살펴볼 때, 밝히 알 수 있는 것은, 하나의 삶(a life)은 인간적인 법률들(human laws)이나 신령 율법들(the Divine laws) 양자들과 일치한다는 사실입니다. 그러므로 하나의 법으로서 이들 두 법들에 일치하여 사는 사람은 참된 도덕적인 사람(a truly moral man)이고, 그리고 그의 삶은 역시 인애라는 것입니다. 만약에 그가 시도한다면 어느 누구도 외적인 도덕적인 삶에서 인애의 성질을 이해할 수 있겠습니다. 시민 사회들의 집단에 널리 만연되어 있는 외적인 도덕적인 삶을 속사람에게 옮길 수 있다면, 따라서 그것의 의지와 생각이 외적인 것의 행동들에 동일하거나 비슷하다면 여러분은 그것의 참된 형상에서 인애를 알게 될 것입니다.

XV.
그의 영적인 성품과 관계없이 맺어진 사랑의 우정은 사후(死後)에 유해(有害)하다.

446. 사랑에 속한 우정은 내면적인 우정을 뜻하고, 그것은 사랑을 받는 겉사람 뿐만 아니라 사랑받는 그의 속사람까지도 뜻합니다. 그리고 이것은, 그의 내적인 것의 성품이나 또는 그의 영의 성품에 관해서, 다시 말하면, 이웃사랑이나 하나님사랑에서 비롯된 것인지에 관해서 그의 마음의 정동에 관해서 면밀한 검증(檢證) 밖의 것인지, 따라서 천계의 천사들과의 제휴에 적용되는지 여부에 관해서 면밀한 검증을 뜻하는 것이고, 그리고 또한 그것은 이웃사랑이나 하나님사랑에 반대되는 사랑에서 비롯된 것인지 여부에 관해서, 따라서 악마들과의 교제에 적용되는 것인지에 관해서 면밀한 검증을 뜻합니다. 이런 부류의 우정은, 수많은 예들에서 볼 때 다양한 원인들이나 다양한 목적에서 그 관계가 맺어지고 있습니다. 이러한 것은 외적인 우정관계와는 엄연히 다른 것인데, 그 외적인 우정이라는 것은 다양한 육신적인 기쁨이나 감관적인 희열의 목적으로 존재하는 것이나, 그런 인물과 관계를 가지고 있는 것을 가리킵니다. 그리고 또한 그것은 여러 방면에서 상호적인 교류의 목적 때문에 존재하는 것이기도 합니다. 이런 종류의 우정은 어느 누구와도 있을 수 있는 것인데, 심지어 고귀한 사람의 식탁에서 농담을 지껄이는 어릿광대와도 있을 수 있는 우정입니다. 이런 우정을 가리켜 단순한 우정이라고 합니다. 그러나 전자는 사랑에 속한 우정(the friendship of love)이라고 부르는데, 그것은 단순한 우정이 자연적인 결합(a natural conjunction)이고, 이에 반하여 사랑에 속한 우정은 영적인 결합(spiritual conjunction)이기 때문입니다.

447. 사랑에 속한 우정(=영적인 결합)이 사후에 유해할 수도 있다는 것은 천계나 또는 지옥의 상태에서, 그리고 그것들과 관계하고 있는 사람의 영(man's spirit)의 상태에서 밝히 알 수 있겠습니다. 천계의 상태에 관해서 보면, 천계는 선에 속한 사랑의 정동의 다양성들에 따라서 수많은 사회들로 나뉘어지기 때문이고, 이에 반하여 지옥도 역시 악에 속한 애욕(=사랑·the love of evil)의 다양한 정동들에 일치하여 나뉘어지기

때문입니다. 그리고 사후, 그 때 영의 상태에 있는 그 사람은 즉시 이 세상에 있을 때의 그의 사랑에 따라서, 그리고 그의 지배애(支配愛·his ruling love)가 지배했던 그 사회에 일치하여, 어떤 자에게는 천계의 사회에 일치하여 심판, 결정되기 때문입니다. 만약에 하나님사랑이나 이웃사랑이 그의 온갖 사랑들의 머리를 형성한다면 어떤 사람에게는 천계적인 사회에게로의 심판, 결정이 있고, 만약에 자기사랑이나 세상사랑이 그의 사랑들의 머리를 형성한다면, 몇몇에게는 지옥적인 사회에로의 심판, 결정이 있습니다. 사람이 죽은 뒤 물질적인 육체가 매장될 때 영계로 즉시 들어가는 일이 있는데, 사람은 잠시 동안 그가 어느 사회로 들어가는 것이 결정되어 그것을 위한 준비기간을 겪는데, 이런 준비기간은 그 사람의 주도애와 일치하지 않는 경우, 거부되는 것 때문에 생겨지는 것입니다. 따라서 그 때 어느 누구나 다른 자들에게서 분리되는데, 친구는 친구에게서, 식객들은 보호자들에게서 분리되고, 자녀들에게서 보모가, 형제에게서 형제가 분리됩니다. 이들의 각각은 자기 자신과 같은 자들과 내면적으로 결합하여 자기의 고유한 것에 일치하는 삶을 살게 될 때까지 그 준비과정은 진행됩니다. 그럼에도 불구하고 준비의 처음 기간 동안에는 그들은 모두 함께 모이고, 우정 어린 방법으로 서로 대화를 하는데 이런 일은 마치 이 세상에 있는 것과 비슷합니다. 그러나 점차적으로 그들은 서로 분리되는데, 그들은 이런 것을 전혀 느끼지 못합니다.

448. 그러나 이 세상에 있을 때 서로 사랑의 우정으로 굳게 맺어진 자들은 통상적인 방식에 의해서 분리될 수도 없고, 그들의 삶에 대응하는 사회들과 연결될 수도 없습니다. 왜냐하면 그들은 영의 측면에서 내면적으로 굳게 결속되었기 때문이고, 또한 그들은 갈라질 수도 없기 때문이다. 그것은 마치 그들이 가지에 접목된 어린 가지와 같이 떼어낼 수 없기 때문입니다. 결과적으로 만약에 어느 누구가 그의 내면적인 측면에서 하나는 천계에 있고, 다른 하나는 지옥에 있다면, 그들은 이리와 양을 함께 붙들어 맨 모양이고, 그리고 여우와 함께 묶여 있는 거위와 같은 모양이고, 매에 비둘기가 묶여 있는 모양입니다. 내면들의 상태가 이런 부류의 인물은 지옥적인 성질을 내면적으로 천계에 있는 다른 자들에게 불어 넣습니다. 왜냐하면 천계에서 잘 알려진 것은 이러합니다. 다시 말하면 온갖 악들은 선을 향해 숨결을 내뿜을 수 있지만, 그러나

선은 악들에게 불어넣을 수 없다는 것입니다. 이런 이유 때문에 모두는 출생에 의하여 온갖 악들 안에 있다는 것입니다. 결과적으로 악한 영에게 단단히 묶여 있는 선한 자의 내면적인 것은 닫혀지고, 그리고 선한 자와 악한 자 양자가 선한 영들이 심하게 고통을 겪는 지옥에 던져질 때, 시간이 지나면 선한 영은 그 곳에서 구조, 구출되는데, 그 때 제일 먼저 그는 천계에 대한 준비를 시작합니다. 나는 서로 상반된 정동이나 서로 닮지 않은 기질의 사람들 사이에서 일어나는 이런 부류의 제휴들(提携·시괴임·associations)을 목격한 적이 있습니다. 몇몇은 마치 형제들이나 친척들처럼 제휴하였고, 그리고 어떤 이들은 보호자와 피보호자와 같았고, 위대한 자와 아첨꾼들과 같았습니다. 이들 양자는 서로 상반되는 정동들을 가지고 있었고, 그리고 서로 다른 기질(氣質)을 가지고 있었습니다. 내가 어떤 자들에게서 목격한 것은 표범과 새끼가 함께 있는 것 같아서, 서로 입을 맞추고, 옛날 우정을 유지하기 위해 서로 맹세도 하였습니다. 그 때 내가 지각한 것은, 비록 그들에게는 자신의 환상에 속한 망상 때문이기는 하지만, 그들은 무척 사랑스러워 보였는데, 그들은 서로 손에 손을 맞잡고, 무시무시한 모습의 악한 무리들이 있는 동굴 속으로 들어가듯이, 선한 자가 악한 자의 쾌락을 흡수하는 것 같았습니다. 그러나 얼마 지나서 나는 선한 자가 공포에 질려서 부르짖는 소리를 들었습니다. 그 부르짖음은 그들이 마치 덫에 걸리었던 것 같았고, 그것은 악한 짐승이 어떤 먹잇감이 덫에 걸린 것을 보고 기뻐하는 것과 같은 소리였고, 적군이 전리품(戰利品)을 놓고, 기뻐 날뛰는 함성과 같았습니다. 이밖에도 아주 비참한 광경이 있었습니다. 내게 일어진 것은 이런 광경들은 선한 자가 풀려나서, 개혁의 방법들에 의하여 그들이 천계를 위해 준비하는 광경이지만, 그러나 다른 자들은 더 많은 곤경을 엮어야 한다는 것이었습니다.

449. 서로서로 선을 애지중지하는 자들에게서는 전적으로 다릅니다. 다시 말하면 인애에서 생겨난 정의·공평·성실·자비 등등을 사랑하는 사람들에게서는 전혀 사정이 다릅니다. 특히 주님을 믿는 믿음을 사랑하고, 주님사랑을 애지중지하는 사람에게서는 전적으로 사정은 다릅니다. 이들은 그들이 죽은 뒤 사람 안에 있는 이와 같은 동일한 것들을 발견하지 못하면, 이런 것들에게서 멀리 떠난 사람들 안에 있는 것들을 좋아하기 때문에 그들은 즉시 그 우정에서 떠나 주님에 의하여 동일한

선 안에 있는 자들과 제휴, 서로 사귀기 때문입니다. 여기서 주지하여야 할 것은 어느 누구도 그가 사귀고, 서로 거래를 하는 자들의 마음의 내면들이 어떠하다고 폭로할 수는 없다는 것입니다. 사실 이것은 필수적인 것은 아닙니다. 다만 어느 누구와의 우정에 대해서는 늘 조심, 경계하여야 합니다. 다양한 선용을 목적한 외적인 우정은 해가 되는 것은 아닙니다.

XVI.
인애에는 가짜 인애(spurious charity)·위선적 인애(hypocritical charity)·죽은 인애(dead charity)가 있다.

450. 만약에 인애와 믿음이 하나(one)를 이루지 않는다면, 그리고 이들 양자가 계속해서 주님을 우러르지 않는다면 본연의 인애(genuine charity), 즉 살아 있는 인애(living charity)는 존재하지 않습니다. 왜냐하면 이들 삼자들, 즉 주님·인애·믿음은 구원에 속한 본질적인 것들이기 때문입니다. 그리고 이 삼자들이 하나(one)를 이룰 때 인애는 인애이고, 믿음은 믿음이고, 그리고 주님께서는 그것들 안에 계시고, 그리고 그것들—인애와 믿음—은 주님 안에 있기 때문입니다. 이러한 내용은 본서 363-367항과 368-372항을 참조하십시오. 다른 한편, 이들 삼자들이 결합하지 않을 경우, 인애는 가짜 인애이거나, 위선적인 인애 또는 죽은 인애가 됩니다. 이른바 기독교신앙에는 기독교의 설립 이래 다종다양한 이단종파들(heresies)이 있었고, 심지어 그 이후 오늘날까지 계속 이어지고 있는데, 이들 이단종파들에는 세 가지 본질적인 것들, 즉 하나님·인애·믿음이 변함없이 여전히 시인되고 있다는 것입니다. 왜냐하면 이것들 셋 중에서 어떤 것이 이탈되면, 거기에 종교는 있을 수 없기 때문입니다. 개별적으로 인애의 측면에서 보면, 그 어떤 이단적인 신념(=신앙·heretical belief)과 결합될 수 있기 때문입니다. 이단적인 신념은, 예를 들면, 소시니언파(the Socinians)·광신자들파(the Enthusiasts)·유대교도들이나, 심지어 우상숭배자들의 믿음 따위가 되겠습니다. 그들은 그것이 인애라고 믿었는데, 그 이유는 그것은 겉모양으로는 마치 인애와 같이 보이기 때문입니다. 그럼에도 불구하고 인애의

본질은 그것과 결합된 믿음에 따라서 다양하게 바뀐다는 사실입니다. 이러한 일련의 내용은 본서 "믿음에 관한 장"(제6장)을 참조하십시오.

451. 그분 안에 신령 삼일성(神靈・三一性・a Divine trinity)이 존재하는 한 분 하나님을 믿는 믿음과 결합하지 않는 모든 인애는 현대교회의 인애처럼 가짜 인애(spurious charity)입니다. 그리고 그런 인애의 믿음은, 성부・성자・성령의 동일 신령존재의 세 분 인격들 안에 계속적인 순서에 있는 믿음을 가리키고, 세 분 인격들을 믿는 믿음이기 때문에 그 인격의 각각의 존재는 자존적인 하나님(a self-subsistent God)이십니다. 따라서 이 믿음은 세 분 하나님들(three Gods)을 믿는 믿음입니다. 그것의 지지자들에 의하여 행해지는 것과 같이 이런 부류의 믿음에 인애가 결합될 수 있다고는 하지만, 그러나 결코 결합될 수는 없습니다. 단순하게 믿음에 결합된 인애는 자연적인 인애이지 결코 영적인 인애는 아닙니다. 그러므로 이런 인애는 곧 가짜 인애가 되겠습니다. 이런 부류의 인애는, 신령 삼일성(a Divine trinity)을 부인하면서, 오직 하나님 아버지에게 가까이 나아가고, 또는 성령에게만 가까이 나아가고, 또는 하나님 구세주(God the Saviour)에게서 분리된 이들 양자에게 가까이 나아가는 자들의 인애와 같이, 수많은 이단들의 인애가 그런 성질의 인애입니다. 이런 부류의 믿음에 인애는 결코 결합될 수 없으며, 또는 그것에 결합된다고 해도 그와 같은 인애는 가짜 인애입니다. 이런 인애가 가짜 인애라고 불리우는 것은, 그것이 불법의 침대의 출생(=서출의 출생・사생아・the offspring of an illegitimate bed)과 같기 때문이고, 또는 아브라함의 집에서 쫓겨난 아브라함과 하갈 사이에 태어난 아들과 같기 때문입니다(창세기 21 : 10). 이런 부류의 인애는 정상적으로 성장하지 못한 나무에서 난 열매와 같고, 또는 나무에 실로 꿰매 놓은 열매와 같다고 하겠습니다. 그리고 마부의 손에 있는 고삐는 마차에는 매어 있지 않고 말에만 매여 있는 마차의 모양이어서, 마차가 앞으로 전진할 때 마부만 끌고 가고, 마차는 뒤에 남겨두는 꼴과 같습니다.

452. 위선적인 인애(hypocritical charity)에 관한 내용입니다. 이 위선적인 인애는, 그들의 교회에서의 예배나, 사사로운 예배에서 하나님 앞에 서는 마루의 바닥에 머리를 조아리는 것처럼 자기 자신을 낮추고, 경건하게 긴 기도문을 아뢰고, 십자가는 물론 죽은 사람의 뼈에도 입을 맞추는 경건한 모양을 연출하고, 때로는 무덤 앞에서 공손히 무릎을 꿇고

입으로는 하나님에 대한 거룩한 존경의 낱말들을 발설하지만, 그러나 마음 속에서는 여전히 자신들이 예배되기를 염원하고, 그리고 마치 신령존재들로서 추앙받기를 갈구하는 자들의 인애입니다. 이런 부류의 인물들에 관해서 주님께서는 아래의 말씀으로 기술하셨습니다. 복음서의 말씀입니다.

> 그러므로 네가 자선을 베풀 때에는, 위선자들이 사람들에게 칭찬을 받으려고 회당과 거리에서 하듯이, 네 앞에서 나팔을 불지 말아라.······그들은 자기네 상을 이미 다 받았다.······너희는 기도할 때에, 위선자들처럼 하지 말아라. 그들은 사람에게 보이려고, 회당과 큰길 모퉁이에 서서 기도하기를 좋아한다 (마태 6 : 2, 5).
> 율법학자들과 바리새파 사람들아, 위선자들아, 너희에게 화가 있다! 너희는 사람들 앞에서, 하늘 나라의 문을 닫기 때문이다. 너희는 자기도 들어가지 않고, 들어가려고 하는 사람도 들어가지 못하게 한다.······율법학자들과 바리새파 사람들아, 위선자들아, 너희에게 화가 있다! 너희는 개종자 하나를 만들려고 바다와 육지를 두루 다니다가, 하나가 생기면, 그를 너희보다 배나 더 못된 지옥의 자식으로 만들어 버리기 때문이다.······율법학자들과 바리새파 사람들아, 위선자들아, 너희에게 화가 있다! 너희는 잔과 접시의 겉은 깨끗이 하지만, 그 안은 탐욕과 방종으로 가득 채우기 때문이다(마태 23 : 13, 15, 25).

이사야가 너희 같은 위선자들을 두고 적절히 예언하였다. 이렇게 기록되어 있다.

> "이 백성은 입술로는 나를 공경해도,
> 마음은 내게서 멀리 떠나 있다."
> (마가 7 : 6)
> 위선자들아, 너희에게 화가 있을 것이다! 너희는 드러나지 않게 만든 무덤과 같아서 사람들이 그 위를 밟고 다니면서도, 그것이 무덤인지를 알지 못한다 (누가 11 : 44).

이밖에도 여러 장절들이 있습니다. 이런 부류는 마치 피가 없는 살과 같고, 시편의 장절들을 반복해서 소리를 내도록 가르침을 받은 앵무새와 같고, 찬송가 곡조를 계속해서 부르는 것을 익힌 새들과 같습니다.

그들의 음성은 마치 새장수(a bird-catcher)의 피리 소리와 같습니다.

453. 죽은 인애(dead charity)에 관한 내용입니다. 죽은 인애는 곧 죽은 믿음을 가지고 있는 자들의 인애를 가리킵니다. 그것은 인애가 그런 믿음과 같기 때문입니다. 인애와 믿음이 한 몸(one)을 이룬다는 것은 본서 제 6장 "믿음"에서 입증하였습니다. 일들(=행위들·works)이 없는 자들의 믿음이 죽은 것이라는 것은 야고보서 2장 17, 20절에서 잘 드러나고 있습니다. 더욱이 살아 있는 사람이나, 죽은 사람을 믿고, 하나님을 믿지 않는 자들에게 있는 믿음은 죽은 믿음이고, 그리고 옛날 이방 사람들이 하던 것과 같이, 그것들을 거룩한 것으로 우상들을 예배하는 자들의 제물들은, 곧 그들이 구원을 위해서 이른바 그들의 기적을 우상들에게 바치는 제물들을 가리킵니다. 그들이 그렇게 부르듯이, 인애에 속한 일들에 속한 제물들은 마치 납골함(納骨函·urn)이나 죽은 사람의 기념품을 넣어둔 금이나 은상자와 꼭 같다고 하겠습니다. 그것들은 지옥을 지키는 개(Cerberus)에 바쳐진 고기덩이와 같고, 또한 성인이 사후에 가는 곳인 엘리지움(Elysium)에 가는 도선료(=뱃삯)로 삼도내(三途川)의 나루지기(Charon)에게 지불하는 선가(船價)와 같습니다. 그러나 하나님이 없다고 믿지만, 그 대신에 자연(自然)을 믿는 자들의 인애는 가짜 인애도 아니고, 위선적인 인애나 죽은 인애도 아닙니다. 그런 인애는 결코 인애가 아닙니다. 그것은 그런 인애는 어떤 믿음과도 결합하지 않고, 그리고 인애라고 부를 수 없기 때문입니다. 그 이유는 인애의 성질(=본성)은 믿음에 의하여 결정되기 때문입니다. 천계에서 보면 이런 인애는 마치 재(ashes)로 만든 빵과 같고, 물고기 비늘로 만든 과자와 같고, 밀랍(wax)으로 만든 과일과 같습니다.

XVII.
악한 사람들끼리의 우정은 마치 똥집에서 솟아나는 미움(憎惡)와 같다.

454. 이미 앞에서 입증한 사실은, 모든 사람은 속사람과 겉사람을 가지고 있다는 것이고, 그의 내적인 것을 속사람이라고 부르고, 그의 외적인 것을 겉사람이라고 부른다는 것 등입니다. 여기에 부연하려는 것은

속사람은 영계(the spiritual world)에 있고, 겉사람은 자연계(the natural world)에 있다는 것입니다. 사람은 그들의 세계에서 영들이나 천사들과 교제, 제휴하기 위하여 그와 같이 창조되었고, 그리고 그와 같은 창조로 말미암아 사람은 분석적으로 생각할 수 있고, 그리고 사후 자기 자신의 자연계에서 영계로 옮겨갈 수 있는 것입니다. 이른바 영계(the spiritual world)는 천계(heaven)와 지옥계(hell)를 뜻합니다. 속사람이 그들의 세계에서 영들이나 천사들과 사귀듯이, 겉사람은 사람들과 사귑니다. 이러한 사귐은 곧 사람이 지옥의 영들이나, 천계의 천사들과 서로 사귀고, 제휴한다는 것입니다. 이 기능이나 능력에 의하여 사람은 짐승들과 분별, 구분됩니다. 사람은 그의 속사람 안에 있는 그런 진실(眞實·in se)로 말미암아 그런 본질적인 존재이지만, 그러나 그의 겉사람 안에 있는 진실로 말미암아서는 본질적인 존재는 아닙니다. 왜냐하면 속사람은 그의 영(his spirit)이고, 이 영이 겉사람을 통해서 활동하기 때문입니다. 자연계에서 그의 영을 감싸고 있는 물질적인 몸(the material body)은 속사람의 출생(procreation)을 위한 부속품이고, 속사람의 형성(the formation)을 위한 보조품입니다. 왜냐하면 속사람은, 마치 땅에 있는 나무와 같이, 또는 열매에 있는 씨와 같이, 자연적인 몸(the natural body)에서 형성, 완성되기 때문입니다. 속사람이나 겉사람에 관한 더 상세한 내용은 앞서 언급된 내용이나 설명을 참조하십시오(본서 401항 참조).

455. 그러나 그의 속사람의 측면에서 악한 사람이 어떤 존재인지, 그리고 그의 측면에서 선한 사람이 어떤 존재인지 아래의 지옥이나 천계에 관한 간략한 기술에서 잘 알 수 있겠습니다. 왜냐하면 악한 사람의 내적인 것은 지옥에 있는 악마들과 결합하고, 선한 사람의 내적인 것은 천계에 있는 천사들과 결합하기 때문입니다. 그것의 사랑들(=애욕들·loves)로 말미암아 존재하는 지옥은 온갖 악들에 속한 쾌락들 안에, 다시 말하면 하나님에 대한 욕설이나 모독, 또는 하나님의 부인이나 성경말씀의 더럽힘에 속한 미움·앙갚음·살인·약탈 따위의 쾌락들에 있습니다. 이런 쾌락들은, 사람이 그것에 관해서 깊이 생각하지 않는 온갖 탐욕들이나 정욕 안에 똬리를 틀고 잠복(潛伏)해 있습니다. 이런 탐욕이나 정욕들은 활활 타는 횃불과 같이 이런 쾌락들에게서 열렬히 불태우고, 빛을 내뿜습니다. 그리고 바로 이런 불꽃이 성경말씀에서 지옥의

불이 뜻하는 것입니다. 그러나 천계의 기쁨들은 이웃사랑과 하나님사랑 안에 있는 기쁨이고 희열(喜悅)입니다.
[2] 지옥의 쾌락들이 천계의 희열에 정반대이기 때문에 이들 쾌락들이나 희열 사이에는 아주 큰 틈들이나 간격들이 있어서, 천계의 희열들은 위에서부터 그 틈에 입류하고, 아래로부터는 지옥의 쾌락들이 거기에 유입합니다. 이에 반하여 이 세상에서 사는 동안 사람은, 그가 균형 상태에 있게 하기 위하여 이 공간(this interspace)의 중간에 있습니다. 따라서 사람은 천계를 향해서, 또는 지옥을 향해서 어느 쪽으로 돌리든, 자유의 상태에 있습니다. 이 중간공간이 천계에 있는 자들과 지옥에 있는 자들의 중간에 있다는 "큰 구렁텅이"(the great gulf fixed)가 뜻하는 것입니다(누가 16 : 26).
[3] 이상에서 볼 때 악한 사람들 사이에 있는 우정이 무엇인지, 다시 말하면 그들의 속사람은 마치 불길이 그것에서 일 듯이, 그들의 애욕의 쾌락들을 만족시키기 위해 자신들의 둥지들(nets)을 넓히고, 그리고 그런 기회들을 쥐기 위하여, 우정은 도덕률에 속한 자세를 취하고, 흉내를 내고, 겉치레를 꾸밉니다. 따라서 그런 것들은 법률들에 대한 두려움이나, 그들의 명성이나 생명의 상실에 대한 두려움 이외에 아무것도 아니고, 그리고 그런 것들을 사로잡고 있는 것이나, 그들의 행위를 억압하고 있는 것 이외에 아무것도 아닙니다. 결과적으로 그들의 우정은 설탕에 빠져 있는 거미(spider)와 같고, 빵 덩어리 속에 숨어 있는 살무사와 같고, 꿀로 만든 과자 속에 있는 악어 새끼와 같고, 수풀 속에 숨어 있는 독사와 같습니다.
[4] 온갖 악으로 다짐한 자들 사이에 있는 우정은 마치 도둑들·강도들·해적들과 같아서, 그런 우정은, 그들이 약탈물을 차지하려고 한 마음으로 그것에 대하여 기울어져 있는 동안에는 매우 친절합니다. 왜냐하면 그 때 그들은 형제들과 같이, 서로서로 얼싸안고, 쾌락을 만끽(滿喫)하고, 잔치를 벌이고, 노래를 부르고, 춤을 추고, 그리고 다른 자들을 멸망시키기 위하여 온갖 모략(謀略)을 꾸미기 때문입니다. 그럼에도 불구하고 각자들은 속으로는 마치 원수가 원수를 생각하듯이 자신의 동료나 친구를 원수로 여깁니다. 역시 이러한 내용이 바로 교활한 도둑이 자기의 동료들을 보는 상태이고, 동료를 두려워하는 이유입니다. 그러므로 명확한 것은 이런 부류의 무리들 사이에는 진정한 우정은 결코 존

재하지 않고, 다만 똥집에서 솟아나는 미움과 증오 따위만 있을 뿐입니다.

455[A]. 사람은 어느 누구나 악을 행하는 자들과 공공연하게 연결하지 않고 있으며, 도둑의 떼거지들과 어울리지 않지만, 그러나 다만 목적들로서 다종다양한 선용들을 위해 시민적이고 도덕적인 삶을 영위하지만, 그럼에도 불구하고 속사람 안에 자리를 잡고 있는 욕망이나 정욕 따위에 재갈을 물리지 않고 있는 사람은 그의 우정이 이런 부류의 성질의 것이 아니라고 여깁니다. 그럼에도 불구하고 서로 특히 이런 것들의 성질을 밝히 알게 하기 위하여 허락된 것이지만, 영계에서의 수많은 예증들에서 보면, 교회에서 믿음을 배척하고, 교회에 속한 거룩한 것들을 경멸하는 사람들에게서 그런 것은 자신들에게는 염려될 것은 없고, 다만 일반 대중에게 필요한 것이라고 여기는 자들에게는 매우 유해한 것입니다. 어떤 자들의 경우에는 지옥적인 사랑(=애욕)의 쾌락들은 마치 북데기 속에서 아직 다 꺼지지 않은 땔감들에 숨겨져 있는 잔불과 같고, 재 속에 숨겨져 있는 석탄에 남아 있는 불똥과 같습니다. 또는 거기에 불을 가까이 대면, 즉시 타오를 기름이 묻혀 있는 솜방망이와 같습니다. 이와 같은 예는 이밖에도 여럿이 있습니다. 이런 사실은 종교에 속한 것들을 마음 속에서 배척하는 자들에게도 마찬 가지입니다. 이런 부류의 사람의 속사람은 지옥에 있는 사람입니다. 그러나 이런 사실을 모르고서, 이 세상에서 살고 있는 동안 외적인 것들 안에 있는 그들의 겉치레적인 도덕성 때문에 그들은 자기 자신이나 자신의 자녀들을 제외하고서는 그들의 이웃으로 어느 누구도 시인하지 않습니다. 그들은 다른 자들을 오직 경멸이나 증오의 대상으로 여길 뿐입니다. 이런 자들은 마치 둥지 속에 있는 새끼들을 먹이로 호시탐탐 노리고 있는 고양이에 비교되겠습니다. 그리고 증오의 측면에서 강아지들을 보자 그것들을 물어뜯으려는 이리와 같다고 하겠습니다. 이와 같은 설명 내용들은 진정한 인애가 무엇인지 그것의 반대되는 것에서 입증하기 위한 것들입니다.

XVIII.
하나님 사랑과 이웃사랑의 결합에 관하여.

456. 우리가 잘 알고 있듯이 시내 산에서 선포된 율법(律法·the Law)은 두 돌판에 쓰여졌습니다. 그것의 하나는 하나님과 관계되는 것이고, 다른 하나는 사람들과 관계되는 것입니다. 그 돌판들은 모세의 손에서는 각각 돌판이었는데, 오른손에 있는 돌판은 하나님과 관계되는 것이고, 왼손에 있는 것은 사람들과 관계되는 것이었습니다. 사람의 눈에 그것이 제시되었을 때 양쪽에 새겨진 글(the writing)은 동시에 보게 될 것이고, 따라서 한쪽은 다른 쪽에서 볼 것인데, 그것은, 마치 그와 같이 기록된 것과 같이, 모세에게 말씀하시는 여호와와, 여호와에게 아뢰는 모세의 관계와 같고, 그리고 얼굴과 얼굴이 대면할 때의 경우와 같겠습니다. 이와 같이 행해진 것은, 그 돌판들이 사람과 하나님이 그와 같이 결합되었다는 것을, 그리고 하나님이 사람들과 그와 같이 상호적으로 결합되었다는 것을 표징하기 위한 것입니다. 이러한 표징이 바로 거기에 쓰여진 율법이 "언약"(=계약·covenant)이나 "증거"(testimony)라고 불리운 이유입니다. 여기서 "언약"(言約·契約·covenant)은 결합(conjunction)을 뜻하기 때문이고, "증거"(證據·testimony)는 그 계약(compact)과 일치하는 삶을 뜻하기 때문입니다. 이와 같이 결합된 이들 두 돌판들은, 이웃사랑과 하나님사랑의 결합을 입증, 드러내 보여 줍니다. 첫째 돌판은 하나님사랑에 속한 모든 것들을 내포하고 있고, 다시 말하면 그것들은 근본적인 것들로서, 사람이 반드시 시인하여야 할, 한 분 하나님과 그분의 인간성정의 신성(the Divinity of His Human)과 성언의 거룩함(the holiness of the Word)이고, 그리고 하나님께서는 그분에게서 발출하는 거룩한 것들을 통해서 예배 받으셔야 한다는 것입니다. 첫째 돌판이 이런 내용을 담고 있다는 것은 이 책의 제5장 "십성언·그 겉뜻과 속뜻"의 설명내용에서 명확합니다. 둘째 돌판이 이웃을 향한 사랑(=이웃사랑)에 속한 모든 것들을 내포하고 있다는 것, 이 둘째 돌판의 다섯 계명들은 일들(=업적들·works)이라고 부르는 행위에 속한 모든 것들이고, 그리고 마지막 두 계명들은 의지에 속한 모든 것들입니다. 따라서 그 근원에서는 인애에 속한 것들입니다. 왜냐하면 마지막 두 계명에서는 "너희는 탐내지 말아라" 라고 언급되었기 때문입니다. 그리고 사람이 이웃에 속한 것을 탐내지 않을 때 그 사람은 이웃이 잘 되기를 열망하는 것이기 때문입니다. 그리고 십성언(十聖言·the Decalogue)의

10계명들이 하나님사랑에 속한 모든 것들과, 이웃을 향한 사랑(=이웃사랑·인애)에 속한 모든 것들을 내포하고 있다는 것은 본서 329-331항의 설명에서 잘 볼 수 있습니다. 거기에서 입증된 사실은 인애 가운데 있는 자들에게서는 이들 두 돌판의 결합이 있다는 것입니다.

457. 인애로 말미암아 선한 일들(善行·good works)을 하지 않으면서, 단순하게 하나님을 예배하는 사람의 경우는 크게 다릅니다. 이들은 말하자면 "언약"(=계약)을 파기하는 자들과 같습니다. 그리고 하나님을 세 분 존재로 나누고, 각각 개별적으로 한 분으로 예배하는 자들의 경우도 역시 크게 다르지 않습니다. 그리고 그분의 인성 안에 계시는 하나님에게 가까이 나아가지 않는 자들에게서도 역시 크게 다르지 않습니다. 이들이 주님의 말씀에서 이렇게 언급된 자들입니다. 요한복음서의 말씀입니다.

> 양 우리에 들어갈 때에, 문으로 들어가지 않고 다른 곳으로 넘어 들어가는 사람은, 도둑이요 강도라.⋯⋯나는 문이다. 누구든지 이 문으로 들어오면 구원을 받고, 들어오고 나가면서 꼴을 얻을 것이다(요한 10:1, 9).

주님의 신성을 부인하는 것으로 자기 자신을 확증, 굳힌 사람의 경우는 역시 크게 다릅니다. 이런 자들에게는 하나님과의 결합이 없고, 따라서 그들에게는 구원이 없습니다. 그리고 그들의 인애 역시 가짜 인애 이외에 아무 것도 아닙니다. 이러한 일은 얼굴과 얼굴이 마주하는 정면의 결합이 아니고, 다만 옆구리나 등판 짝에서 이루어지는 결합이고, 사귐일 뿐입니다.

[2] 결합(=사귐)이 어떻게 이루어지는지 몇 마디 말로 설명하겠습니다. 모든 사람에게서 하나님께서는 그분의 시인과 함께 그분에 속한 사람의 지식(man's knowledge of Him)에 입류하시고, 그리고 동시에 사람들을 향한 그분의 사랑과 함께 그것에 입류하십니다. 오직 첫째 방법에서는 영접, 수용하지만, 후자 방법에서는 영접, 수용하지 못하는 사람은 이해에는 있지만, 의지에는 없는 입류를 수용하고, 그리고 하나님의 내면적인 시인이 없는 하나님에 속한 지식 안에 남아 있습니다. 그리고 그 사람의 상태는 겨울철의 정원과 같습니다. 그러나 양쪽에서 입류를 수용한 사람은 곧 의지에서 입류를 수용하고, 이해 안에 있는 그것에서 비

롯된 입류를 수용하는데, 다시 말하면 온 마음에서 입류를 영접, 수용합니다. 그리고 그 사람은, 그 사람 안에서 하나님의 자식들에게 생기를 주는, 하나님에 속한 내면적인 시인(an interior acknowledgment)을 가지고 있고, 그래서 그의 마음의 상태는 봄철의 정원과 같습니다.

[3] 결합은 인애에 의하여 이루어지는데, 그것은 하나님께서 모든 사람을 사랑하시기 때문이고, 그리고 하나님께서는 직접적으로 사람에게 선을 행하실 수 없지만, 그러나 간접적으로 사람들을 통하여 선을 행하실 수 있고, 그리고 마치 하나님께서는 부모들이 그들의 자녀에 대한 사랑으로 감화 감동시키듯이, 그분 자신의 사랑(His own love)으로, 사람들을 감화 감동시키십니다. 그리고 그 사랑을 영접, 수용한 사람은 하나님과의 결합을 가지게 되고, 그리고 하나님의 사랑으로 말미암아 그는 그의 이웃을 사랑하고, 그리고 그 사람 안에 있는 하나님의 사랑은 이웃을 향한 사람의 사랑 안에 존재하고, 그리고 그 사람 안에서 하나님의 사랑은 능력과 의지를 생성합니다.

[4] 더욱이 사람은, 만약에 그 사람에게 그 사람에게서 비롯되는 능력(ability)이나 의지나 행위가 나타나지 않는다면, 선한 것을 아무것도 행할 수 없기 때문에, 그 사람에게 그와 같은 나타남, 즉 자기 자신이 스스로 한다는 느낌이 주어지는 것입니다. 그리고 그가 자유로 말미암아 선을 행할 때, 그것은 마치 자기 힘으로 스스로 하는 것과 같은데, 그것은 그 사람에게 전가(轉嫁)되고, 그리고 그 결합에 의하여 이루어진 상호적인 결합이 수용됩니다. 이것이 바로 능동(能動·active)과 수동(受動·passive)이고, 그리고 수동에 속한 협력(=협동·co-operation)은 수동에서 능동으로 말미암아 이루어집니다. 이런 일은 마치 행함(doing) 가운데 있는 의지와 같고, 몇 마디 낱말들 안에 있는 생각(thought)과 같고, 그리고 이들 양자에게 극내적인 것에서 활동, 역사하는 영혼과 같습니다. 그것은 역시 운동 안에 있는 애씀(=노력·effort)과 같고, 그것은 수액을 통해서 나무를 자라게 하고, 종국에 열매를 생산하는, 그리고 그 열매를 통해서 새로운 씨를 생산하는, 내면적인 역사들에게 생겨지는 씨 안에 있는 다산(多産)적인 출생력(the prolific)과 같습니다. 그리고 그것은, 다종다양의 색깔을 생산하고, 겉보기에는 그 보석들에 속한 것 같은 보석들의 구조적인 특성에 따라서 반사(反射)되는 보석의 빛과 같지만, 사실은 그것은 빛에 속한 것뿐입니다.

458. 지금까지의 설명에서 볼 때 하나님사랑과 이웃사랑의 결합의 근원과 성질을 잘 알 수 있겠습니다. 그것은 사람들(=인류)에 대한 하나님의 사랑의 입류 때문입니다. 사람이 그것을 수용하고, 그리고 사람이 그것과 협력하면, 이웃을 향한 사랑은 존재하게 됩니다. 한마디로 이와 같은 결합은 주님께서 말씀하신 말씀과 일치합니다. 요한복음서의 말씀입니다.

> 그 날에 너희는, 내가 내 아버지 안에 있고, 너희가 내 안에 있고, 또 내가 너희 안에 있음을 알게 될 것이다(요한 14 : 20).

같은 책의 이 말씀과도 일치합니다.

> 내 계명을 받아서 지키는 사람은 나를 사랑하는 사람이요, 나를 사랑하는 사람은 내 아버지의 사랑을 받을 것이다. 그리고 나도 그를 사랑하여, 그에게 나를 드러낼 것이다.……누구든지 나를 사랑하는 사람은 내 말을 지킬 것이다. 그러면 내 아버지께서 그 사람을 사랑할 것이요, 우리는 아버지께로 가서 아버지와 함께 살 것이다(요한 14 : 21-23).

주님의 계명들(=명령들) 모두는 이웃사랑과 관계를 가지고 있습니다. 그리고 한마디로 그것들은 이웃에게 악을 행하지 않고, 오히려 그 대신에 이웃에게 선을 행하는 것입니다. 이것을 행하는 자들이 하나님을 사랑하고, 그리고 하나님께서 그들을 사랑한다는 것은 주님께서 말씀하신 것과 일치합니다. 그것은 그것이 바로 이들 두 사랑 —하나님사랑과 이웃사랑—이 결합하기 때문입니다. 요한 서신의 말씀입니다.

> 그리스도의 계명을 지키는 사람은 그리스도 안에 있고, 그리스도께서도 그 사람 안에 계십니다. 우리는, 그리스도께서 우리 안에 계심을, 그가 우리에게 주신 성령으로 압니다(요한 1서 3 : 24 ; 4 : 20, 21).

459. 이상의 설명에 아래의 ≪영계 체험기들≫을 부연, 부가하겠습니다. 그 첫째입니다.
나는 멀리 떨어져 있는 다섯의 체육관들을 보았습니다. 그것의 각각은 서로 다른 빛으로 에워싸여 있었습니다. 첫째 체육관은 주황색의 빛으로 에워싸여 있었고, 둘째 것은 노란색의 빛으로, 셋째 것은 흰색으로, 넷째 것은 한 낮과 저녁의 중간의 빛으로, 다섯째 것은 마치 저녁의 어둠에 싸여 있는 것처럼 거의 보이지 않았습니다. 나는 길거리에서, 어떤 자들은 말을 타고, 어떤 자들은 마차를 몰고, 어떤 자들은 걷고, 어떤 자들은 주황색으로 에워싸인 첫째 체육관을 향해 급하게 달려가고 있는 것을 보았습니다. 내가 이런 광경을 보자, 거기에서 무슨 토의가 있는지 거기에 가서, 그것을 듣고 싶은 강한 충동에 사로잡혔습니다. 그래서 나는 첫째 체육관으로 급하게 가는 무리에 섞여서, 그들과 함께 그 안에 들어갔습니다. 놀라지 마십시오! 거기에는 벽을 따라서 좌우로 높여 있는 많은 긴 의자에 수많은 청중들이 앉아 있었습니다. 내 앞에는 낮은 설교단(a low pulpit)이 있었고, 거기에 그 모임을 이끌어가는 사회자가 서 있었는데, 그는 손에 지휘봉을 들고 있었고, 그 체육관을 에워싸고 있는 주황색으로 염색된 긴 옷을 입었고, 머리에는 모자를 쓰고 있었습니다.

[2] 사람들이 다 모였을 때 그는 큰 소리로 이렇게 말하였습니다. "형제 여러분! 여러분은 오늘 '인애가 무엇인가?'라는 주제에 관해서 의논할 것입니다. 여러분께서는 인애가 본질적으로는 영적이고, 실제적으로는 자연적이라는 것을 밝히 이해하실 것입니다"라고 하였습니다. 그러자 거기에는 좋은 평판을 듣고 있는 자들이 앉아 있는 줄인, 왼쪽의 첫째 의자에 앉아 있던 자들 중에서 한 사람이 일어나서 말을 시작하였습니다. 그는 "내 소견은, 인애는 믿음에 의하여 감동된 도덕성입니다"라고 말하였습니다. 그 말을 그는 이렇게 설명, 확증하였습니다. "인애가 믿음을 뒤따른다는 것을 어느 누가 모르겠습니까? 그것은 마치 하녀가 그의 안주인을 추종하는 것과 같습니다. 그리고 믿음을 가지고 있는 사람은 법률을 지키고, 따라서 그가 그것에 따라서 살아야 할 법률이나 인애를 잘 알지 못하지만, 자발적으로 인애를 실천하여야 한다는 것을 어느 누가 모르겠습니까? 왜냐하면 만약에 그가 이것을 잘 알고 있고, 그리고 동시에 그의 목적으로 구원에 속한 생각 역시 잘 알고 있기 때문에 인애를 실천한다면 그는 자의적으로 거룩한 믿음을 모독, 오염시키는 것이고, 따라서 그는 그것의 효력을 잃어버리는 것이기 때문입니다. 이러한 내용은 우리 교회의 교리와 일치하는 것 아닙니까?"라고 하였습니다. 그리고 그는 자기 곁에 앉아 있는 청중들을 두루 살폈고,

그리고 그들 중에는 정식 사제도 있었는데, 그들은 그의 설명에 동의한다고 고개를 끄덕였습니다.

[3] 그리고 그는 계속해서 자기 소견을 말하였습니다. "자발적인 인애(spontaneous charity)는, 누구나 유아기부터 가르침을 받은 도덕성(morality) 이외에 무엇이겠습니까? 그러므로 그것은 본질적으로는 자연적이지만, 그러나 그것이 믿음에 의하여 감동을 받으면 영적인 것이 되는 것입니다. 어느 누구가 사람들의 도덕적인 삶에서부터 그들이 믿음을 가지고 있는지, 또는 가지고 있지 않은지를 구분, 분별하지 못하겠습니까? 왜냐하면 모든 사람은 도덕적으로 살아가고 있기 때문입니다. 그러나 하나님께서는 홀로 누구에게 믿음이 활착되었고, 믿음으로 인침을 받았는지, 알고 계시고, 분별하십니다. 그러므로 내가 주장하는 것은 인애는 곧 믿음에 의하여 감동받은 도덕성이라는 것입니다. 그리고 이런 도덕성은 인애의 품속에 있는 믿음 때문에 구원하는 것이지만, 그러나 한편 그 밖의 다른 도덕성은 결코 구원을 가져오지 못하는데, 그것은 그것이 자기공로를 내세우기 때문입니다. 따라서 인애와 믿음을 함께 뒤섞는 모든 자들, 다시 말하면 이들 양자는 외적으로는 연결시키는 대신에 내적으로 그것들을 결합, 합치는 사람들은 그들의 기름(oil)을 잃는 것입니다. 왜냐하면 이것들을 섞고(mix) 결합(joint)한다는 것은 뒤에 서 있는 하복을 상전과 함께 마차에 태우는 것과 같고, 귀족과 함께 하는 식탁에 식탁 일을 거드는 심부름꾼을 소개하는 것이나 식탁에 그를 앉히는 것과 같기 때문입니다"라고 하였습니다.

[4] 이 일이 있은 뒤 오른쪽 첫째 긴 의자에서 다른 사람이 일어나서 말하였습니다. "내 소견은, 인애는 동정심(同情心・commiseration)에 의하여 감동된 경건(敬虔・piety)이라고 하겠습니다. 이 소견을 나는 아래와 같이 확증할 수 있겠습니다. 그것은, 겸손한 마음에서 생기는 경건과 같이, 하나님과 화해하는 그런 결과가 없기 때문입니다. 그리고 경건은 쉼 없이 하나님에게 믿음과 인애를 주시기를 간구하는 것이기 때문입니다. 주님께서는 이렇게 말씀하십니다. 마태복음서의 말씀입니다.

구하여라, 주실 것이요, 찾아라, 찾을 것이요, 문을 두드려라, 열어 주실 것이다(마태 7:7).

제 7 장 · 인애(仁愛) · 이웃사랑 · 선행(善行) 311

그리고 인애와 믿음을 받았기 때문에 그것들은 경건 안에 있는 인애와 믿음입니다. 나는, 인애가 동정심에 의하여 감동된 경건(敬虔 · piety)이라고 하였는데, 그것은 모든 신실한 경건은 곧 동정심이기 때문입니다. 왜냐하면 경건은 사람을 신음하게 하는 사람의 마음을 없애 주기 때문에 인애는 동정심 이외에 무엇이겠습니까? 사실 이러한 일은 우리들이 기도를 한 뒤에 없어집니다. 그러나 이것은 우리가 기도할 때 다시 생겨납니다. 이 일이 다시 생겨났을 때 거기에는 그것 안에 경건이 있습니다. 따라서 경건은 인애 안에 있는 것입니다. 우리 사제들은 구원을 장려, 증진시키는 모든 것들을 믿음의 탓으로 돌리지 결코 인애의 탓으로 돌리지는 않습니다. 그 때 믿음과 인애를 위하여 열심히 기도하는 경건 이외에 남는 것이 무엇이 있겠습니까? 내가 성경말씀을 읽을 때 나는 믿음과 인애가 구원의 두 방편들이라는 것 이외에는 아무것도 볼 수 없었습니다. 그러나 내가 교회의 목사들과 상담할 때에 내가 그들에게서 들은 것은 믿음이 구원의 유일한 방편이지, 인애는 아무것도 아니라는 사실입니다. 그 때 생각되고, 느끼게 된 것은 그것은 마치 내가 두 바위들 사이를 표류하는 배를 타고 바다에 떠 있는데, 나는 그 배가 산산조각으로 파선하지 않을까 하는 두려움에 사로잡혔을 때 나는 전심전력으로 그 배가 무사히 항해하기를 호소하였습니다. 내가 탄 배는 곧 경건입니다. 더욱이 이 경건은 모든 면에서 유익한 것입니다"라고 말하였습니다.

[5] 이 사람 뒤에, 오른쪽 둘째 의자에서 다른 사람이 일어나 이렇게 말하였습니다. "내 소견은 인애는 그가 선하든, 선하지 않던, 불문하고 모두에게 선을 행하는 것입니다. 나는 이 같은 내 소견을 아래와 같이 입증하겠습니다, 인애라는 것은 마음에 속한 선함 이외에 무엇이겠습니까? 선한 마음(good heart)은 선한 사람이든 악한 사람이든, 모두가 잘 되기를 원하는 것입니다. 주님께서는, 심지어 네 원수들에게까지도 반드시 선을 행하여야 한다고 말씀하셨습니다. 그러므로 여러분이 어느 누구에게서 인애를 억제, 포기한다면 인애는 마치 한쪽은 아무것도 아닌 것으로 여기는 것이고, 따라서 그것은 마치 한 쪽 다리를 잃은 사람과 같이, 한 쪽 다리로 깡충깡충 뛰는 꼴이 아니겠습니까? 사실 악한 사람도 선한 사람과 꼭 같이 사람입니다. 인애는 사람을 사람으로 존중합니다. 만약에 그가 악한 사람이면 내게 무슨 상관이 있겠습니까? 인

애는 마치 태양의 볕과 같아서, 그 볕은, 마치 양과 늑대와 같이 유순한 것이든 포악한 것이든, 모든 짐승에게 생기를 줍니다. 그리고 그 볕은, 포도나무나 가시덤불과 같이 좋은 나무이든 유해한 나무이든, 모든 나무에게 역시 생기를 줍니다"라고 하였습니다. 그리고 그의 손에 포도 알을 들고서 이렇게 말하였습니다.

"인애는 마치 이 포도 알갱이와 같습니다. 이 알갱이를 터뜨리면 그것의 과즙이 터져 나옵니다. 인애도 이와 같습니다"라고 말하였습니다. 그리고 그는 그것을 터뜨렸고, 속의 것들이 모두 쏟아졌습니다.

[6] 이런 연설이 있은 뒤, 왼쪽 둘째 의자에서 다른 사람이 일어나서 말을 하였습니다. "내 소견은, 인애는 친척이나 친구들에게 하듯이 모두를 섬기는 것이라고 생각합니다. 나는 그것을 이렇게 입증하겠습니다. 모두가 자기 자신에게는 이웃이기 때문에, 인애는 자기 자신에게서 시작한다는 것을 어느 누가 모르겠습니까? 그러므로 인애는 자기 자신으로부터 시작해서, 먼저는 형제나 자매들에게, 그리고 친족들이나 친척들에게로 자기 자신과의 관계에 따라서 점차 진전해 나아가는 것입니다. 따라서 인애의 진전(the progression of charity)은 자기 제한적(self-limited)입니다. 그 한계 너머에 있는 자들은 이방인들이고, 그리고 이방인들은 내면적으로 인지되지 않습니다. 따라서 그들은 속사람에 대해서는 멀리 떨어져 있는 외국 사람과 같습니다. 그러나 혈육이나 출생의 관계에서 본성(本性·nature)에 의하여 그들은 결합하고, 친구들은 제 이의 본성인 습관(習慣·custom)에 의하여 결합, 결속하고, 그들은 모두 이런 식으로 이웃이 됩니다. 인애는 다른 자들을 자기 자신에게 내적인 것이나, 따라서 외적인 것에 의하여 결합시킵니다. 그리고 내적인 것에 의하여 결합되지 않은 자들을 가리켜 단순하게 동료들(companions)이라고 부릅니다. 모든 새들은 그것들이 지니고 있는 깃털에 의하여 자신들의 혈족관계를 아는 것이 아니고, 다만 그것들이 내는 소리에 의해서 알고, 또는 가까이 있을 때에는 그들의 몸에서 나는 체취(體臭)에 의하여 압니다. 혈족에 대한 감정(=정서·affection), 결과적으로는 그것들의 결합은 그 새들에게서는 본능(本能·instinct)라고 합니다. 다른 한편 사람들에게도 이런 감정이나 정서(affection)가 있어서 그들이 가까이 있을 때는 자신의 것과 같은 동류를 찾는 인간적인 본능이 있습니다. 이것이 바로 피가 생김새를 예외로 한다는 것 아니겠습니까? 그의 영(his

spirit)을 가리키는 사람의 마음은 느끼고, 이른바 냄새를 맡고서 자신의 동류인지를 분간, 식별합니다. 이런 동질성, 결과적으로 공감성(共感性·sympathy)에는 인애의 본질이 존재합니다. 그러나 서로 상반되어서, 그것에서 반감(反感)이 나오는 이질성(異質性·heterogeneity)은 혈연의 관계도 아니고, 따라서 물론 인애도 아닙니다. 그리고 습관(habit)이 둘째 본성이기 때문에, 그리고 이것은 동질성을 야기시키기 때문에, 거기에서 뒤이어지는 것은 인애는 역시 자신의 친구들에게 선을 행한다는 것입니다. 어떤 사람이 배를 타고 낯선 항구에 갔을 때, 마치 외국에서 낯선 언어나 그곳의 주민들의 관습이 그에게 익숙하지 않은 것이지만, 말하자면 자신의 것과 전혀 맞지 않는 것을 보게 되었을 때 그들에 대한 무슨 사랑의 느낌을 느끼겠습니까? 그러나 만약에 그가, 자기가 익숙한 언어나 관습을 가진 자기 나라에 있는 누구를 발견한다면, 그는 친근감이 있을 것이고, 그는 소위 자기 나라에 있는 것 같을 것이고, 그 때 그는 인애에서 속한 기쁨을 가리키는 사랑에서 솟는 느낌을 느낄 것입니다.

[7] 그 때 오른쪽 셋째 의자에서 일어난 다른 사람이 큰 소리로 말을 하였습니다. "내 소견으로는 인애는 가난한 사람(貧者)에게 보시(=도움·布施·alms)를 하는 것이고, 궁핍한 사람(the needy)을 돕는 것입니다. 이것이 진정한 인애입니다. 왜냐하면 신령성언(the Divine Word)이 그렇게 가르치기 때문이고, 그리고 이 말의 내용은 결코 그 어떤 반박(反駁)이나 부정(否定) 따위를 용납하지 않기 때문입니다. 부자에게, 또는 재물을 넉넉하게 가지고 있는 자에게 무엇을 준다는 것은 쓸데없는 자랑(vain glory)에 지나지 않는 것이고, 그리고 거기에는 결코 인애 따위는 존재하지 않고, 다만 반대급부(反對給付)만 있을 뿐이기 때문입니다. 여기에 이웃사랑의 순수한 정동은 결코 있을 수 없고, 오직 가짜정동(spurious affection)만 있는데, 이런 부류의 정동은 천계에는 없는 것이고, 다만 이 세상에서만 유효한 것입니다. 그러므로 도움을 받아야 할 사람은 궁핍하고 가난한 사람입니다. 그것은 그들을 돕는 데는 반대급부적인 보상의 뜻이 들어올 수 없기 때문입니다. 내가 살고 있던 그 도시에서 어느 누가 높은 덕행이 있는지, 없는지 나는 잘 알고 있습니다. 그리고 나는, 덕행이 있다는 자들이 길거리에서 걸인(乞人·beggar)들을 보았을 때 그에게 보시(=도움)를 하는지 안 하는지를 살필 수 있었는데,

정작 소위 덕행이 있다는 사람은 그 걸인에게 도움을 주지 않았지만, 덕행이 없다는 사람은 가는 길을 멈추고, 그에게 도움을 주었습니다. 소위 덕행이 고귀하다는 사람은 걸인에 대하여 마치 장님과 같았고, 그의 구걸하는 소리에는 귀머거리와 같았습니다. 덕스러운 사람은 인애를 가지고 있고, 부덕한 사람은 인애가 없다는 것으로 대개 알고 있습니다. 가난한 사람에게 도움을 주고, 어려운 사람을 돕는다는 것은 마치 목자가 굶주리고, 목이 갈한 양들을 초장(草場)으로 인도하고, 물가로 데리고 가는 것과 같습니다. 이에 반하여 부자에게, 그리고 재물을 넉넉하게 가진 사람에게 무엇인가 주고, 돕는 것은, 부유한 사람에게 자기 스스로 돈·시간·노력 따위를 바치는 사람과 같고, 그리고 술 취한 자에게 먹을 음식과 마실 술을 강권하는 자와 같습니다"라고 말하였습니다.

[8] 그 사람 뒤에 이어서 왼쪽의 셋째 의자에서 또 다른 사람이 일어나서 이렇게 말하였습니다. "내 소견은 인애가 병원이나, 치료소·고아원·보육원 등등을 짓고, 그것들을 사회에 기부하는 것에 있다고 봅니다. 나는 이 사실을 이렇게 입증할 수 있겠습니다. 이른바 이와 같은 대중적이고 공공의 자선행위들이나 도움들은 개인적인 것들에 비하여 훨씬 효과적인 것들입니다. 결과적으로 인애는 보다 더 부유하게 되고, 그리고 보다 더 선으로 충만하게 되는 것입니다. 그것은 마치 선은 수많은 도움들에 의하여 크게 증식, 증가되는 것과 같고, 그리고 성경말씀에서 약속된 것으로 말미암아 바라는 보상은 더욱 더 풍부하게 되는 것과 같습니다. 왜냐하면 그것은 마치 한 사람이 땅을 갈고, 씨를 뿌리면 그가 많은 열매를 거두는 것과 같기 때문입니다. 이러한 사실이 곧 가난한 자에게 무엇을 주고, 어려운 자에게 돕는다는 것의 최고의 뜻이 아니겠습니까? 이것이 어느 누구가 그런 일에 의하여 많은 사람에게서 세상적인 명성을 얻는 것이고, 도움을 받은 자들에게서 겸손한 감사와 칭송(稱頌)을 듣는 길이 아니겠습니까? 이것이 바로 마음을 높이 올리는 것이고, 그리고 그것으로 인애라고 부르는 정동을 가장 높은 것에 올리는 것 아니겠습니까? 사실은 길을 걷지 않고, 오히려 차를 타고 다니는 부자는 길거리에서, 또는 어느 건물 모퉁이에서 구걸하는 걸인을 볼 수도 없고, 그에게 작은 돈이라도 줄 수 없는 것이 현실입니다. 그러나 부자들은 일시에 수많은 사람을 돕는 이런 일을 크게 할 수 있습

니다. 그러나 이런 부자들에 비하여 큰 부자가 아닌 사람은 비록 자가용을 탈 수 없고, 걸어 다니는 사람이지만 큰 부자에 비하여 또 다른 작은 돕는 일을 할 수 있습니다" 라고 하였습니다.

[9] 이 말을 듣고 있던 같은 의자에 앉아 있던 한 사람이 앞서 말한 사람을 압도하는 아주 큰 소리로 말하였습니다. "부자로 하여금 가난한 사람이 남을 도와주는 것에 비하여 부자가 하는 것이 더 후하고, 우세하다는 것은 자랑하지 못하게 하십시오. 왜냐하면 어떤 사람이 어느 누구를 돕는다는 증여(贈與)의 크기는 그 일을 행하는 사람의 신분에 따라서 다르기 때문입니다. 예를 들면 왕·고관 대작·시중드는 사람 등등 그의 신분에 따라서 차이가 있기 때문입니다. 왜냐하면 그 차체에서 볼 때 인애는 그 일을 하는 사람의 신분의 탁월함에 의하여 평가되어서는 안 되어야 하기 때문입니다. 결론적으로는 그 일이 행해지는 물건(=선물·gift)에 의해서 평가되어서 안 되고, 오히려 그 일을 하도록 북돋아주는 정동의 크기에 의하여 평가되어야 하기 때문입니다. 그러므로 동전 한 푼을 주는 머슴 같은 비천한 사람(menial)은, 큰 재산을 주고, 또는 큰 재산을 유산으로 남기는 위대한 사람에 비하여 더 큰 인애에서 행한 것입니다. 이러한 내용은 누가복음서의 이런 말씀과도 일치합니다. 그 책의 말씀입니다.

> 부자들이 헌금 궤에 헌금을 넣는 것을 보시고, 또 어떤 가난한 과부가 거기에 렙돈 두 닢을 넣는 것을 보셨다. 그래서 예수께서는 말씀하셨다. "내가 진정으로 너희에게 말한다. 이 가난한 과부가 누구보다도 더 많이 넣었다.……이 여자는 구차한 가운데서 가지고 있는 생활비 전부를 털어 넣었다"(누가 21:1-4).

[10] 이런 일이 있은 뒤에 왼쪽 넷째 의자에 앉아 있던 어떤 사람이 일어나서, 말하였습니다. "내 소견으로는 인애는 교회나, 교역자에게 기부하고, 선을 행하는 것입니다. 나는 그것을 이렇게 입증할 수 있겠습니다. 그와 같이 기부하고, 선을 행하는 사람은 그의 마음에 거룩한 것을 깊이 생각하고 있고, 그리고 그의 마음에 있는 거룩한 것에서 그것을 행하는 것입니다. 더욱이 이와 같은 그의 일은 그가 행한 일을 거룩하게 합니다. 인애 자체가 거룩하기 때문에 인애는 이것을 요구하는 것

입니다. 마치 교회에서 행해지는 모든 예배는 거룩한 것 아니겠습니까? 주님께서 이렇게 말씀하십니다. 마태복음서의 말씀입니다.

> 두세 사람이 내 이름으로 모이는 자리에는, 내가 그들과 함께 있다(마태 18 : 20).

주님의 종들인 사제들(priests)은 모든 예배를 집전(執典)합니다. 이런 일련의 내용에서 내가 결론을 지을 수 있는 것은, 목회자들이나 교회에 바치는 예물(禮物)은 그 어떤 다른 사람이나, 그 어떤 다른 목적으로 바쳐지는 것들에 비하여 매우 월등하다고 하겠습니다. 더욱이 목회자에게는 축복의 능력이 주어졌고, 그리고 그 능력에 의하여 그는 역시 그 예물들을 거룩하게 하고, 그리고 사람이 예물을 바치는 것은 이와 같은 축복에 참여하는 것 이상으로 마음을 흐뭇하게 넓혀주고, 참된 기쁨을 향유(享有)하는 것은 더 이상 없기 때문입니다" 라고 역설하였습니다.

[11] 오른쪽 넷째 의자에 앉아 있던 사람이 일어나서 이런 말을 하였습니다. "내 소견으로 인애는 오래 사귄 기독교인들의 우정이라고 하겠습니다. 나는 이것을 이렇게 입증할 수 있겠습니다. 참된 하나님을 예배하는 모든 교회는, 초대 기독교회가 했던 것과 꼭 같은, 그 인애에서 시작합니다. 그것은 인애가 여러 마음을 결합시키고, 수많은 사람들의 마음을 하나로 만들기 때문이고, 그 교회의 구성원들(=회원들) 스스로 형제들이라고, 즉 그들의 하나님 예수 그리스도 안에 있는 형제들이라고 하기 때문입니다. 그러나 그 때 그들이 그들에 대하여 매우 두렵게 여기는 야만스러운 민족들에게 포위되어 있었기 때문에 그들은 재물의 공유화(a community of property)를 꾀하였는데, 그것은 그들이 사이좋게 재물들을 향유하게 되었고, 그리고 동시에 그들은 매일 매일의 모임에서 그들의 구세주 예수 그리스도이신 주님 하나님에 관해서 대화를 나누는 모임을 가지었고, 그리고 정찬과 만찬 때에는 인애(=이웃사랑)에 관해서 담론(談論), 담소(談笑)하였습니다. 따라서 그들은 이른바 형제애(brotherhood)를 만끽(滿喫)하였습니다. 그러나 세월이 흐르자 그들 사이에 금이 가는 분열들(分裂·schisms)이 일어나기 시작하였고, 종국에는 아리안 종파(Arian heresy)와 같은 매우 혐오스러운 이단이 일어나게 되었고, 그리고 수많은 사람들에게서 주님의 인성(the Lord's Human)에

속한 신성의 개념(the idea of the Divinity)을 깡그리 말살, 도말(塗抹)시켰고, 그리고 인애의 신앙도 완전히 부패시켰고, 그들의 돈독했던 형제애도 역시 깡그리 와해(瓦解)시켜 버렸습니다. 우리가 잘 알고 있듯이 진리로 주님을 예배하고, 주님의 계명들에 따라서 사는 모든 사람들은 모두가 주님 안에서 한 형제입니다(마태 23 : 8). 그러나 그것은 영적으로 형제라는 것입니다. 그러나 오늘날에는 사람은 어느 누구나 영적으로 형제의 관계라는 것을 모르고 있기 때문에, 그리고 사람들이 서로 형제들이라고 부르는 것이 별로 값이 없게 되었기 때문입니다. 오직 믿음에 의해서 세워지는 이른바 형제애나 더욱이 주 하나님 구세주 이외의 다른 하나님(=다른 신·any other God)을 믿는 믿음에 무슨 형제애가 있겠습니까! 그것은 그런 믿음에는 있을 수 없기 때문인데, 주지하고 있듯이 인애는 형제애를 완성하는 것입니다. 그러므로 내가 여기서 결론을 짓는 것은 옛날 기독교인들의 형제애는 바로 인애라는 것입니다. 그러나 내가 지금이 아니고, "옛날"(was)이라고 언급한 것은, 그럼에도 불구하고 나는 형제애라고 하는 인애가 회복될 것을 예언하기 때문입니다"라고 하였습니다. 그가 이런 내용을 언급, 주장하였을 때, 한 줄기 밝은 빛이 동쪽의 창문을 통해서 들어왔고, 그들의 얼굴 뺨에 비추었습니다. 거기에 모인 무리들은 이 광경에 모두 놀라워했습니다.

[12] 마지막으로 왼쪽의 다섯째 의자에 앉아 있던 한 사람이 일어나서 마지막에 설명한 사람의 의견에 자신의 소견을 부연하는 것을 허락해 주기를 요청하였습니다. 그리고 그 허락이 주어지자, 그는 이렇게 말하였습니다. "내 소견으로 인애는 모두에게 지은 그의 잘못을 용서하는 것이라고 생각합니다. 나의 이와 같은 소견을 나는 성만찬에 참여하는 사람들에게 일러지는 일종의 통례(customary)에서 얻었습니다. 왜냐하면 그 때 참석자들은 자기들의 친구들에게 '내가 그대에게 잘못한 것을 용서해 주십시오'라고 말하기 때문입니다. 그리고 그 때 그들은 인애의 모든 임무를 이행하였다고 생각하기 때문입니다. 그러나 내가 마음 속에서 생각한 것은, 이러한 일은 마치 인애에 속한 한 폭의 그림을 그리는 것 이외에 아무것도 아니라는 것이고, 그것은 진정한 인애의 본질을 이루는 것은 아니라는 것이었습니다. 왜냐하면 이런 말을 하는 수많은 사람들에 의하여 죄가 용서되는 것도 아니고, 그들에 의하여 인애에 뒤이어지는 어떤 노력이나 애씀 따위도 없기 때문입니다. 이런 부류의 인

물들은 주님께서 친히 가르쳐주신 기도문, 즉 '하나님 아버지, 우리가 우리에게 죄 지은 자를 용서해 준 것과 같이, 우리의 죄를 용서해 주십시오'라는 기도문에 맞지 않는 것이기 때문입니다. 왜냐하면 죄과들(trespasses)은 일종의 궤양들(潰瘍·ulcers)과 꼭 같아서, 복부 부위들을 감염, 침입하여 마침내는 온 몸 전체를 부패시키는 질병과 같습니다. 그 놈의 질병은, 뱀처럼 슬그머니 기어 들어가서, 어디에서나 거기에 있는 피(blood)를 이런 고약한 악성(惡性)으로 바꾸어 버립니다. 이웃에게 저지른 죄악들도 이와 꼭 같습니다. 만약에 주님의 계명에 일치하는 회개(悔改)나 삶에 의한, 죄악들의 제거가 없다면, 그 악성의 죄악들은 그대로 남아서, 종국에는 모든 것을 삼켜 버립니다. 이에 반하여 진정한 회개가 없이, 그저 단순하게 그들의 죄들을 용서해 달라고 하나님에게 말로 기도하는 것은, 마치 그 도시의 어떤 주민이 고약한 전염병에 걸렸을 때, 그 도시의 우두머리에게 가서, '각하, 우리를 치료해서 이 고약한 질병을 낫게 해 주십시오'라고 말하는 것과 같습니다. 그는 이렇게 대답할 것입니다. 내가 어떻게 당신의 병을 치료하겠소? 얼른 의사를 찾아가서 진찰을 받고, 그 병을 치료하는 처방을 받아서, 그 약을 먹도록 하십시오. 그렇게 하면 당신의 건강은 회복될 것입니다. 이와 같이 실제적이고, 구체적인 진정한 회개를 하지 않고 자신들의 죄들을 용서해 주기를 기도하는 사람들에게 주님께서는 이렇게 말씀하실 것입니다. 성경책을 열고서, 내가 이사야서에서 말한 것이 무엇인지 곰곰이 읽도록 하십시오. 그 책의 말씀입니다.

슬프다!
죄 지은 민족, 허물이 많은 백성,
흉악한 종자, 타락한 자식들!
너희가 주를 버렸구나.
이스라엘의 거룩하신 분을 업신여겨서,
등을 돌리고 말았구나.……
너희가 팔을 벌리고 기도한다 하더라도,
나는 너희를 거들떠보지도 않겠다.
너희가 아무리 많이 기도를 한다 하여도
나는 듣지 않겠다.
너희의 손에는 피가 가득하다.

너희는 씻어라.
스스로 정결하게 하여라.
내가 보는 앞에서
너희의 악한 행실을 버려라.
악한 일을 그치고,
옳은 일을 하는 것을 배워라.……
주께서 말씀하신다.
"너희의 죄가 주홍빛과 같다 하여도
눈과 같이 희어질 것이며,
진홍빛과 같이 붉어도
양털과 같이 희어질 것이다."
(이사야 1 : 4, 15-18)

[13] 이런 일이 모두 있은 뒤에 나는 손을 들고서, 비록 나는 불청객에 지나지 않지만, 내 소견도 피력(披瀝)하도록 허락하여 줄 것을 간청하였습니다. 사회자는 이것을 표결에 붙이었고, 그리고 동의를 얻었기 때문에 나는 이렇게 말을 하였습니다. "내 소견으로는 인애는, 주 하나님 구세주 이외의 다른 근원에서 비롯된 것이 아닌 사랑으로 말미암아 모두의 고용(雇傭・employment)과 책무(責務・office)에서, 정의의 사랑이나 올바른 판단을 가지고 행동하는 것입니다. 내가 여기에 계신 좌우의 의자에 앉으신 여러분들에게서 들은 모든 내용은 인애에 관한 탁월한 실례들이었습니다. 그러나 이 모임의 사회자께서 처음에 말씀하신 것과 같이, 그것의 근원에서 인애는 영적이지만, 그러나 그것의 적용(適用・application)에서 인애는 자연적입니다. 그리고 만약에 그것이 내적으로 영적이면, 자연적인 인애는 천사들에게는 마치 다이아몬드와 같이 투명하게 보입니다. 그러나 그것 안에 있는 것이 영적이 아니면, 따라서 그것은 그저 단순한 자연적이고, 그래서 그것은 천사들에게는 마치 물 간 생선의 눈알과 같이 색이 영롱하지 못한 진주처럼 보입니다.
[14] 사실 여러분이 언급한 인애에 관한 탁월한 인애의 실례들이 영적인 인애에 의하여 감동된 것인지 아닌지 말하는 것이 적합하지 않지만, 그러나 내가 말할 수 있는 것은, 영적인 인애는 반드시 영적인 인애의 자연적인 형체들 안에 있어야만 한다는 것입니다. 이런 형체들 안에 있는 영적인 것 자체는, 그것들이 정의에 속한 사랑에서 비롯된 올바른

판단에서 행해져야 한다는 것입니다. 다시 말하면 인애의 실천에서 사람이 반드시 주지하여야 할 것은 그 사람이 정의에서 행동하는 것인지의 여부를 밝히 알아야 한다는 것이고, 그리고 그는 이것을 올바른 판단에서 알아야 한다는 것입니다. 왜냐하면 사람은 선행에 속한 행위들(deeds of beneficence)에 의하여 악을 행할 수도 있고, 그리고 겉보기에는 악을 행하는 것 같지만, 그는 선을 행할 수도 있기 때문입니다. 예를 들어 보겠습니다. 만약에 어떤 사람이 가난한 도둑에게 칼을 장만할 돈을 준다면, 그가 행한 선행(=도움)에 의하여 악을 행하는 것과 같습니다. 비록 그 사람이 도둑이 무엇을 할 것인지 그 의도를 몰랐다고 해도 말입니다. 다시 말씀드리겠습니다. 만약에 어느 누가 도둑이 감옥에서 탈옥해서, 산으로 도망하는 길을 일러주었다면, 그 사람은 자신은 그가 도둑질을 범한 것은 내 잘못이 아니지 라고 속으로 말한다고 해도, 그는 다른 사람에게 해를 끼치는 것과 같은 것 아닙니까? 또 다른 예를 들어 보겠습니다. 만약에 게으른 사람에게 먹을 것을 주고, 그리고 그가 일을 하여야 한다는 강박감에서 벗어나도록, 내 집으로 가서 침대에서 편히 쉬지요. 그대가 그와 같이 피곤하고, 곤궁(困窮)하게 지낼 이유가 어디에 있겠나? 라고 말하는 것과 같습니다. 이런 짓거리는 그 사람으로 하여금 게으름을 조장하는 것입니다. 자, 또 보시겠습니까. 정직하지 못한 성품의 친척들이나 친구들을 영예로운 자리에 승진시키는 사람은 그 일을 통해서 수많은 해악을 호도하는 것과 같습니다. 인애에 속한 일들이 올바른 판단한 함께 정의의 사랑에서 발출한 것이어야 한다는 것을 어느 누가 모르겠습니까!

[15] 다른 한편 사람은 겉으로 보기에 악한 행동들 같이 보이는 것을 통해서도 선을 행하기도 합니다. 예를 들어 보겠습니다. 죄인이 눈물을 흘리고, 자비에 속한 말들을 쏟아내고, 그리고 그가 그의 이웃이기 때문에 법관에게 용서를 구하기 때문에 그 악행자를 사면(赦免)하는 법관의 경우입니다. 그러나 사실 그 법관이 법률에 따라서 그 사람의 형법을 선언하는 경우 그 법관은 인애에 속한 일을 수행하는 것입니다. 왜냐하면 그와 같이 하는 것은 그가 더 많은 사람의 악행을 막는 것이기 때문이고, 그리고 보다 높은 계도의 이웃을 가리키는 사회에 대한 악을 막는 일이기 때문입니다. 그리고 그 법관은 공정하지 못한 재판에 대한 추문(醜聞)을 예방(豫防)하는 것이기 때문입니다. 그들이 잘못을 저질렀

제 7 장 · 인애(仁愛) · 이웃사랑 · 선행(善行) 321

을 때 주인이 하인에게 질책을 하고, 부모가 자녀들을 꾸짖고, 초달(楚撻)을 하는 것이 좋은 일이라는 것을 그 어느 누가 모르겠습니까? 악행을 좋아하는 지옥에게 있는 자들의 경우도 그와 꼭 같습니다. 그들이 악행을 범하고 벌을 받는 경우 그들은 감옥에 갇혀 있는데, 그것은 주님께서 그들의 교정(矯正)을 위해 허락하신 것입니다. 그와 같이 감옥에 가두는 것은 주님께서 정의 자체이시기 때문이고, 그리고 주님께 행하신 것은 무엇이나 심판 본질에서 행하신 것이기 때문입니다.

[16] 지금까지 설명된 것에서 볼 때 명확한 것은, 앞에서 이미 언급한 것과 같이, 이른바 영적인 인애(spiritual charity)는 정의의 사랑(a love of justice)에서 비롯된 공평(公平 · judgment)으로 행해지는 이유와 그리고 그럼에도 불구하고 주 하나님 구세주에서 비롯된 것이 아닌 다른 사랑에서 영적인 인애가 행해지지 않는 이유가 명확하게 되었습니다. 그 이유는 인애에 속한 모든 선은 주님에게서 비롯되기 때문입니다. 왜냐하면 주님께서 이렇게 말씀하시기 때문입니다. 복음서의 말씀입니다.

> 나는 포도나무요, 너희는 가지다. 사람이 내 안에 머물러 있고, 내가 그 사람 안에 머물러 있으면, 그는 많은 열매를 맺는다. 너희는 나를 떠나서는 아무것도 할 수 없다(요한 15 : 5).
> 예수께서 다가와서, 그들에게 말씀하셨다. "나는 하늘과 땅의 모든 권세를 받았다"(마태 28 : 18).

그리고 공평과 더불어 정의에 속한 모든 사랑은, 정의 자체이신 천계의 하나님 이외의 다른 근원에서는 결코 존재할 수 없다는 것입니다. 그리고 예레미야 선지서는 모든 사람의 공평의 근원을 이렇게 언급하였습니다. 그 책의 말씀입니다.

> 내가 다윗에게서 의로운 가지가 하나 돋아나게 할 그 날이 오고 있다.······ 그는 왕이 되어 슬기롭게 통치하면서, 세상에 공평과 정의를 실현할 것이다 (예레미야 23 : 5 ; 33 : 15).

[17] 이렇게 볼 때 우리가 얻을 수 있는 결론은, 오른쪽 의자나 왼쪽 의자에 계신 분들이 인애에 관해서 피력한 모든 내용은, 다시 말하면 인애는 믿음에 의하여 감동받은 도덕성(morality)이라는 것 ; 그리고 인

애는 동정심에 의하여 감동된 경건이라는 것 ; 그리고 인애는 덕이 있는 사람(the virtuous)이나 악덕한 사람(the vicious)에게 꼭 같이 선을 행하는 것 ; 인애는 친척들이나 친구들에게 꼭같은 방법에 의하여 봉사한다는 것 ; 인애는 빈자에게 주고, 궁핍한 자에게 도움을 준다는 것 ; 인애는 기부(寄附)들을 통하여 병원들을 짓고, 그들을 돕는다는 것 ; 인애는 교회에게 기부하고, 교회의 목회자들로 하여금 선한 일을 하게 한다는 것 ; 인애는 초대교회의 형제애이라는 것 ; 인애는 모두에게 그의 죄들(=허물들·trespasses)을 용서하는 것 등등이라고 하겠습니다. 이런 모든 것들은, 그것들이 정의의 사랑에서 비롯된 공평과 함께 행해진 것이라면, 인애에 속한 탁월한 예들이 되겠습니다. 만약에 그런 뜻에서 행해진 것이 아니라면, 그것들은 인애가 아니고, 다만 그것들은 마치 큰 샘에서 갈라져서 흐르는 개천 같고, 모체가 되는 나무에서 갈라져 나온 가지들과 같습니다. 본연의 인애는 주님을 믿고, 그리고 모든 고용관계나 자신의 책무에서 정의롭고, 올바르게 행동하는 것입니다. 그러므로 주님으로 말미암아 정의나 공평으로 그것을 실천하는 사람은 그것의 모양이나 형상에서 인애를 가리킵니다" 라고 말하였습니다.

[18] 이런 내용이 언급되었을 때, 거기에는 침묵(沈默)이 흘렀습니다. 이런 분위기는, 그럼에도 불구하고 겉으로는 아니지만 속사람에게서는, 이런 내용이 참된 것이라는 것을 알고 시인하는 모습이었습니다. 나는 이런 사실을 그들의 얼굴에서 깨달았습니다. 그러나 그 때 나는 갑자기 그들의 시야에서 사라졌습니다. 그것은 내가 영에서 물질의 몸으로 다시 돌아왔기 때문입니다. 왜냐하면 물질적인 몸으로 옷입혀져 있는 자연적인 사람은 영적인 사람, 다시 말하면 영(spirit)이나 천사에게 보이지 않기 때문이고, 그리고 영이나 천사도 역시 자연적인 사람에게 보이지 않기 때문입니다.

460. 두 번째 영계 체험기

한번은 영계를 두루 살피고 있을 때였습니다. 나는 그 때 이를 가는 것과 같은 소리, 망치 같은 것으로 무엇인가를 두드리는 소리와 그리고 이런 소리들과 뒤섞인 귀에 퍽 거슬리는 소리를 들었습니다. 나는 이것들이 무슨 소리인지를 물었습니다. 나와 같이 있던 천사들이 대답하였습니다. "저 소리들은 우리들이 토론 연수회(debating clubs)라고 부르는 동호인들의 모임(fraternities)에서 나는 소리입니다. 그 모임에서는 그들이 서로서로 논쟁을 하기 때문입니다. 그들의 논쟁들이 멀리 떨어진 곳에서는 이런 식으로 들립니다. 그러나 곧 그들의 논쟁을 들을 것입니다"라고 하였습니다. 우리는 가까이 다가갔고, 나는 갈대들에 진흙을 쳐 발라서 지은 오두막들(huts)을 보았습니다. 나는 창문을 통해서 안을 들여다 보려고 하였습니다. 그것은 문을 통해서 안으로 들어가는 것이 허락되지 않았기 때문이고, 그리고 그 때 하늘에서 빛이 들어오면 혼란을 야기시키기 때문이었습니다. 그러나 거기에 창문은 없었습니다. 그러나 바로 그 때 갑자기 오른쪽에 창문이 생겨났습니다. 그 때 나는 그들이 흑암에서 그들이 투덜대는 불평들을 들었습니다. 그 때 오른쪽 창문은 닫혀지고, 즉시 왼쪽에 창문이 생겨났습니다. 그 때 어두움은 점차 사라지고, 그리고 그들에게 적합한 빛 가운데 그들의 모습이 드러났습니다. 그 뒤 나는 문을 통해서 안에 들어가는 것이 허락되었고, 그리고 그들의 말을 경청할 수 있었습니다. 중앙에는 책상이 있었고, 책상 주위에는 의자들이 있었습니다. 그러나 나에게는 의자에 서 있는 것 같이 보였고, 그리고 믿음과 인애(faith and charity)에 관해서 아주 심하게 서로 토론하는 것처럼 보였습니다. 한쪽의 주장은 믿음이 교회의 본질이라는 것이고, 다른 쪽은 인애가 교회의 본질이라는 것이었습니다. 믿음이 본질을 이룬다는 자들은 이렇게 말하였습니다. "믿음에 의해서는 우리가 하나님에 관해서 다루는 것이고, 인애에 의해서는 사람을 다루는 것 아닙니까? 그러므로 믿음은 천계적인 것이고, 인애는 이 땅적인 것이 아닙니까? 천계적인 것에 의해서는 우리가 구원받는 것이지만, 땅에 속한 것에 의해서는 우리가 구원받는 것은 아니지 않습니까? 다시 말하면 그것이 천적이기 때문에 하나님께서는 천계에서 믿음을 하사(下賜)하는 것이고, 사람은, 인애가 지상적인 것이기 때문에, 사람 자신을 위해서 반드시 터득하여야 하는 것 아닙니까? 사람이 자신을 위하여 터득한 것은 교회에 속한 것이 아니고, 따라서 구원하는 것이 아닌 것입니다. 그러므로 어느 누구가 이른바 인애에 속한 일들이라고 부르는 그런 일들에 의하여 하나님 앞에서 의로울 수가 있겠습니까? 우리가 다같이 믿어야 할 것은, 만약에 우리의 믿음이 인애의 일들에서 생기는 공로사상에 의하여 더럽혀지지 않았다면, 오직 믿음에 의하여 의롭게 되고, 성화(聖化)된다고 하는 것입니다." 그리고 그 밖의 것들도 언급하였습니다.

[2] 그러나 인애가 교회의 본질을 이룬다고 하는 자들은 이런 주장에 대하여 완강(頑强)하게 거부하였습니다. 그리고 하는 말은 "인애는 구원하는 것이지만, 믿음은 아닙니다. 하나님께서는 모든 사람들을 귀하고 소중하게 여기시고, 모두가 잘 되기를 원하시는 것 아닙니까? 하나님께서 사람을 통하시는 것을 제외하면 어떻게 이 선을 이루실 수 있겠습니까? 하나님께서는 믿음에 속한 일들에 관해서 사람이 이야기 할 수 있는 능력도 우리 사람들에게 주시지만 인애가 요구하는 것을 그들을 위해 행하는 힘도 주시지 않습니까? 인애가 지상적인 것이라고 말하는 여러분의 말이 얼마나 터무니없는 것이라는 것을 잘 알고 있으시지요? 인애는 천계적입니다. 그리고 여러분께서 인애에 속한 선을 행하지 않기 때문에 여러분의 믿음은 지상적인 것입니다. 여러분께서는 나무 등걸이나 돌멩이 같은 믿음을 수용하고 있습니다. 여러분께서는 여러분의 믿음을 성경말씀에서 수용하였다고 말하시지만 성경말씀이 어떻게 나무 등걸이나 돌멩이에게 작용, 역사할 수 있겠습니까? 여러분 자신들은 그것에 관해서 전혀 알지 못하면서 여러분께서는 자극, 고무(鼓舞)된 것이 아닌지요? 그러나 오직 믿음이 의롭게 하고, 구원한다는 것 이외에 여러분께서 고무된 것은 무엇이 있습니까? 믿음이 무엇인지, 구원하는 믿음이 어떤 종류의 것인지 여러분은 잘 알지 못하고 있습니다" 라는 것이었습니다.

[3] 나와 대화를 하던 천사가 제설 혼합주의자(諸說混合主義者·a syncretist)라고 부르는 어떤 사람이 일어났습니다. 그는 모자를 벗고, 그리고 모자를 탁자 위에 놓았으나, 다시 급히 모자를 썼는데, 그것은 그가 대머리였기 때문입니다. 그는 이렇게 말하였습니다. "여러분 제 말에 귀를 기울여 주십시오. 여러분께서는 모두 틀렸습니다. 사실은 믿음은 영적이고, 인애는 도덕적입니다. 그럼에도 불구하고 그것은 여전히 결합되어 있습니다. 그리고 그것들은 성경말씀에 의하여 결합된 것이고, 따라서 그것들은 성령에 의하여 결합된 것입니다. 그리고 그 결과에 의하여 복종(服從·obedience)이라고 하는 것입니다. 그럼에도 불구하고 사람은 그것에서 자신의 역할을 아무것도 할 수 없는데, 그것은 믿음이 사람 안에 들어왔을 때 사람은 그것에 관해서 그 어떤 상(像·statue) 이상의 역할을 하지 못하기 때문입니다. 나는 이 주제에 관해서 오랜 동안 깊이 생각하였지만, 결국 내가 알게 된 것은 사람은 하나

님으로부터 영적인 것을 가리키는 믿음을 수용, 영접하기는 하지만, 그러나 그는 나무 등걸이나 돌멩이 이상으로 영적인 것을 가리키는 인애에게 감동될 수 없다는 것이었습니다" 라고 말하였습니다.

[4] 이런 말을 들었을 때 오직 믿음만을 주장한 사람들은 박수갈채를 보냈지만, 그러나 인애에 젖어 있는 자들은 야유(揶揄)를 보냈습니다. 이들은 분노하였고, 소리를 질렀습니다. "친구여, 우리 말을 들어 보십시오. 여러분께서는 영적 도덕적인 삶(spiritual moral life)이 있고, 그저 단순한 자연적 도덕적인 삶(merely natural moral life)이 있다는 것을 모르고 있습니다. 전자는, 비록 자기 스스로 하는 것 같지만, 하나님으로 말미암아 선을 행하는 자들의 삶을 가리키고, 후자는, 비록 자기 스스로 하는 것 같지만, 지옥으로 말미암아 선을 행하는 자들에게 있는 자연적인 도덕적 삶입니다" 라고 말하였습니다.

[5] 나는 이런 격론들을 가리켜, 망치로 무엇을 두드리고, 그리고 무엇을 비벼대는 소리와 뒤섞인 이를 가는 소리가 들렸다고 언급한 것입니다. 여기서 이를 가는 것 같은 소리는 믿음을 교회의 본질적인 것이라고 주장하는 자들에서 생겨난 추론의 소리이고, 무엇을 두드리는 것 같은 소리는 인애가 교회의 본질적인 것이라고 주장하는 자들에서 생겨난 추론의 소리이고, 그리고 끽끽거리는 마찰음(摩擦音)의 소리는 제설혼합주의자들에게서 생겨난 추론의 소리였습니다. 그들의 음성은 멀리 떨어진 곳에서도 들렸는데, 그것은 그들이 저 세상에 있을 때 이런 추론에 빠져있었기 때문이고, 그리고 악을 멀리 하지 않았고, 그러므로 그들은 영적인 근원에서는 그 어떤 선도 행하지 않았기 때문입니다. 더욱이 그들은, 믿음에 속한 모든 것이 진리이라는 것, 그리고 인애에 속한 모든 것이 선이라는 것을 전혀 알지 못하였기 때문입니다. 그리고 영으로 선이 없는 진리는 진리가 아니고, 그리고 영으로 진리가 없는 선은 선이 아니라는 것을 전혀 모르기 때문이고, 그리고 이들 각각이 서로 타자를 형성한다는 것도 전혀 모르기 때문입니다.

461. 세 번째 영계 체험기

나는 한번 영으로 영계의 남녘으로 이송(移送)되어, 거기에 있는 어떤 낙원에 간 적이 있습니다. 이 낙원은 이전에 내가 보았던 어떤 낙원보다도 아주 훌륭한 낙원이었습니다. 그것은 정원(garden)이 총명을 뜻하기 때문이고, 그리고 총명의 측면에서 뛰어난 사람들이 남녘(the south)

에 모여서 지내기 때문입니다. 아담과 그의 아내가 있었던 에덴의 낙원(=에덴 동산)은 이와 같은 뜻 이외에 다른 뜻을 가지고 있지 않습니다. 그러므로 거기에서 쫓겨난 그들의 추방(追放)은 총명으로부터의 추방을 뜻하고, 따라서 성실한 삶에서의 추방을 뜻하는 것입니다. 내가 남녘의 낙원을 거닐고 있을 때 어떤 사람들이 월계수 나무 아래에서 무화과 열매를 먹고 있는 것을 보게 되었습니다. 나는 그들에게 걸음을 옮겼고, 그들에게 무화과 열매를 좀 달라고 했더니, 그들은 그 열매를 나에게 주었습니다. 어찌된 일입니까! 내 손에서 무화과 열매는 포도로 변하였습니다. 내가 이것을 보고 놀라워하고 있을 때 내 곁에 서 있던 천사적 영(an angelic spirit)이 이렇게 말을 하였습니다. "귀하의 손에서 무화과 열매가 포도로 변하였는데, 그것은 대응(對應)에 의하여 무화과는 인애에 속한 선들을 뜻하고, 그리고 자연적인 사람이나 겉사람에게서는 그것에서 비롯된 믿음에 속한 선들을 뜻하기 때문입니다. 이에 반하여 포도는 영적인 사람이나 속사람에게서 인애에 속한 선들을 뜻하고, 그리고 그것에서 비롯된 믿음에 속한 선들을 뜻하기 때문입니다. 이런 일이 귀하에게서 일어난 것은 귀하께서 영적인 것들을 사랑하기 때문입니다. 왜냐하면 우리의 세계에서 생겨나고, 그리고 변하는 모든 것들은 대응에 일치하기 때문입니다" 라고 하였습니다.

[2] 그 때 내게는, 하나님으로 말미암아 선을 행하면서도, 마치 전적으로 자기 스스로 하는 것처럼 어떻게 사람이 선을 행하는지, 알고 싶은 열망이 생겨났습니다. 그러므로 나는 무화과를 먹고 있는 사람들에게 그들이 이 사안을 어떻게 이해하고 있는지를 물었습니다. 그들은 그들이 이런 식으로 그것을 이해할 수 있다고 대답하였습니다. 사람은 그것에 관해서 전혀 알지 못하지만, 하나님께서는 그 때 사람 안에서, 그리고 사람을 통하여 역사, 작용하십니다. 그 이유는 만약에 사람이 그것에 관해서 의식, 알고 있다면, 그리고 알고 있는 상태에서 선을 행하였다면, 그는 다만 겉치레적인 선(apparent good)을 행하는데, 사실 그 선은 내적으로 악일뿐입니다. "왜냐하면 사람에게서 나오는 모든 것들은 그의 자아(自我·古有屬性·his own·*proprium*)에서 나오기 때문이고, 그리고 이것은 그것의 출생에서부터 생득(生得)적으로 악하기 때문입니다. 그리고 하나님에게서 비롯된 선과 사람에게서 비롯된 악이 어떻게 결합되는지, 따라서 양자가 어떻게 결합하여 행동으로 나오겠습니까? 구원

에 속한 사안들에서 사람의 고유속성(man's own)은 계속해서 공로사상을 주입시키고 있습니다. 그리고 그것이 이와 같이 주입하는 것에 비례하여, 그것은 주님에게서 비롯된 주님 고유의 공로(His own merit)를 주님에게서 손상(損傷)시키는 것입니다. 이런 일은 불의(不義)와 불경(不敬)의 극치입니다. 한마디로 말하면 만약에 하나님께서 사람 안에서 역사, 일하시는 선이 사람의 뜻(man's willing)에 유입한다면, 그리고 그것으로 인하여 사람의 행위에 유입한다면 그 선은 확실하게 모독되고, 더럽혀질 것입니다. 그리고 이런 일은 하나님께서 결코 용납하시지 않습니다. 사실 사람은, 자기가 행한 선이 하나님에게서 비롯된 것이라고 생각할 수 있고, 그리고 그것이 본질적으로 하나님의 것이라고 말할 수 있겠지만, 그럼에도 불구하고 그것은 여전히 우리가 파악, 이해하지 못하는 그런 것입니다"라고 하였습니다.

[3] 그 때 나는 나의 마음을 열고, 이렇게 말하였습니다. "여러분께서는 외현(外現·appearance)에서 생각하기 때문에, 그리고 외현에서 확증한 생각은 오류이기 때문에, 여러분은 이러한 내용이나 사실을 파악, 이해하지 못하고 있습니다. 여러분에게 이런 것들은 한낱 외현이고, 결과적으로는 오류들인데, 그것은 여러분께서 사람이 생각하고 뜻하는 모든 것은, 그리고 그것으로 말미암아 행하고 말한 모든 것은, 자기 자신 안에 있다고 믿기 때문이고, 결과적으로는 자기 자신에게서 비롯된 것이라고 믿기 때문입니다. 그 때 사실은 무엇인가 유입된 것을 영접, 수용하는 상태를 제외하면 그 사람 안에 있는 그것들의 역할(part)은 아무 것도 없습니다. 사람은 자기 자신 안에 생명이 존재하는 생명이 아니고, 사람은 그저 단순한 생명을 수용하는 기관일 뿐입니다. 주님께서는 그 분 안에 있는 생명 자체이십니다. 주님께서는 이 사실을 요한복음서에서 이렇게 말씀하시고 계십니다. 그 책의 말씀입니다.

> 그것은, 아버지께서 자기 안에 생명이 있는 것처럼, 아들에게도 생명을 주셔서, 그 안에 생명이 있게 하여 주셨기 때문이다(요한 5:26; 11:25; 14:6, 19).

[4] 생명을 형성하는 것은 둘(two)이 있습니다. 말하자면 사랑과 지혜(love and wisdom)입니다. 동일한 말이지만, 사랑에 속한 선(the good of

love)과 지혜에 속한 진리(the truth of wisdom)입니다. 이것들이 하나님으로부터 입류하고, 마치 사람의 것처럼 사람에 의하여 그것들이 영접, 수용됩니다. 그리고 그것들이 사람의 것처럼 사람에 의하여 그와 같이 느끼기 때문에 그것들은, 마치 그것들이 사람의 것처럼, 사람에게서 나옵니다. 사람에 의하여 그와 같이 느끼는 그들의 것은 곧 주님의 선물(膳物)이고 은총(恩寵)입니다. 그리고 사람에게 입류하는 것은 사람을 감화 감동시키려는 것이고, 그리고 그와 같이 영접, 수용하여, 그것이 남아 있게 하려는 것입니다. 그러나 하나님에게서가 아니고 지옥으로부터 모든 악이 그와 같이 유입하기 때문에, 그리고 사람은 그것을 마치 기쁨으로 영접, 수용합니다. 사람은 출생에서부터 그런 부류의 기관이기 때문입니다. 그러므로 마치 자기 스스로 하는 것처럼, 사람에 의하여 악이 제거되는 것에 비례하여 오직 하나님으로부터 선은 영접, 수용됩니다. 이런 악의 제거는 주님을 믿는 믿음과 합작한 회개에 의하여 행해집니다.

[5] 사랑과 지혜, 또는 인애와 믿음, 더 일반적으로 말해서 인애에 속한 선과 믿음에 속한 선, 그리고 지혜에 속한 진리와 믿음에 속한 진리가 입류한다는 것, 그리고 그와 같이 입류한 것이 사람에게서는 전적으로 그 사람의 것처럼 나타나 보인다는 것, 그리고 또한 사람의 자아에게서 비롯된 것으로 보인다는 것 등등은 시각·청각·후각·미각·촉각에서 아주 명확하게 잘 알 수 있겠습니다. 이런 감관의 기관들에서 느껴지는 모든 것들은 밖에서부터 이런 기관들에게 유입하는 것이고, 그리고 그것들 안에서 느껴지는 것입니다. 내적인 감관들의 기관들에게서도 마찬가지인데, 다만 차이가 있다면 드러나 보이지 않는 영적인 것들이 전자에게 입류한다는 것입니다. 한마디로 말하면, 사람은 하나님에게서 비롯된 생명의 수용기관(an organ receptive of life)이라는 것입니다. 결과적으로 사람이 악에서부터 삼가고, 자제되는 것에 비례하여 그는 선의 수용그릇입니다. 악에서 자제, 삼가는 능력은 주님께서 모든 사람에게 주시는데, 그것은 주님께서 사람에게 뜻하고(to will), 이해하는(to understand) 능력을 주시기 때문입니다. 그리고 사람이 그의 이해에 일치하여 그의 의지로 말미암아 행하는 것, 또는 같은 말이지만 이해에 속한 이성에 따라서 의지에 속한 선택의 자유에 의하여 행하는 것은 모두가 영원한 것입니다. 이것에 의하여 주님께서는 사람으로 하여

금 당신과의 결합의 상태에 있게 하시고, 그리고 주님께서는 그 상태에서 사람을 개혁하시고, 중생하시고, 그리고 구원하십니다.

[6] "사람에게 입류한 생명은 주님에게서 비롯된 생명이고, 그리고 이 생명은 하나님의 영(the Spirit of God)이라고 불리우고, 성경말씀에서는 성령(聖靈·the Holy Spirit)이라고 불리우고, 그리고 이 생명이 모든 사람에게 조요(照耀)하고, 생기를 주고, 사람 안에서 역사(役事)한다고 언급되었습니다. 그러나 이 생명은, 사람의 사랑에 의하여 야기되는 조직체(organization)에 따라서 다양하게 변하고 변경됩니다. 여러분께서 주지하여야 할 것은 사랑에 속한 모든 선이나, 인애에 속한 모든 선, 그리고 지혜의 진리나 믿음의 진리 등등은 사람에게 입류하고, 그리고 처음부터 사람 안에 존재하지 않는다는 것입니다. 이런 사실에서 알아야 할 것은, 창조에 의하여 사람 안에 그 어떤 것이 존재한다고 생각하는 사람은, 종국에 필수적으로 맺는 결론은 하나님께서는 당신 자신을 사람에게 주입하신다는 것이고, 따라서 사람들은 부분적으로 신들(神·gods)이 된다는 것입니다. 그럼에도 불구하고 믿음에서 그와 같이 생각하는 자들은 악마들이 되고, 그리고 영계에서는 마치 송장의 악취를 뿜을 것입니다.

[7] 더욱이 사람의 행위는 마음의 행위가 아니고 무엇이겠습니까? 왜냐하면 마음이 원하고, 생각한 것을 육체의 기관들에 의하여 행동하고 말하기 때문입니다. 그러므로 마음이 주님에 의하여 인도될 때 행위나 말 역시 그분께서 인도하시는 것입니다. 그러나 이런 경우는 사람이 주님을 믿을 때 일어나는 일이기는 합니다. 만일 이런 것이 아니라면, 주님께서 그분의 성언(聖言)에서 수도 없이, 사람에게 그의 이웃을 사랑하여라, 인애에 속한 선한 일들을 행하여라, 좋은 나무와 같이 많은 열매를 맺어라, 그리고 여러 계명들을 지켜라 등등을 명령하신 이유가 무엇이겠습니까? 그리고 이런 모든 일이 사람을 구원받게 한다고 명령하신 이유가 무엇인지 말씀, 설명해 보시지요. 그리고 다시 주님께서 사람은 그의 행위나 업적에 따라서 심판받을 것이라고 말씀하신 이유가 무엇입니까? 그리고 악을 행한 자들은 지옥에 가고, 죽음으로 심판받는다고 말씀하신 이유가 무엇이겠습니까? 주님께서 이런 여러 가지들을 말씀하신 것은 곧 사람이 행하는 모든 것은 공로를 추구하는 것이고, 따라서 악이 될 수밖에 없기 때문에 그렇게 말씀하신 것이 아니겠습니까? 그러

므로 여러분께서 여기서 반드시 주지하셔야 할 것은, 만약에 마음이 인애라면 행위 또한 인애이지만, 그러나 마음이 영적인 인애에서 분리된 믿음을 가리키는 오직 믿음만이라면 그 행위 역시 그 믿음일 뿐입니다" 라고 하였습니다.

[8] 이 말을 듣고서 월계수 아래에 앉아 있던 자들이 말하였습니다. "우리는 귀하께서 바르게 말씀하셨다고 생각하지만, 그럼에도 불구하고 우리는 그 말을 이해하지 못하겠습니다" 라고 하였습니다. 나는 이렇게 대답하였습니다. "여러분이 이해하고 있는 것은 사람이 어떤 진리에 관해서 들을 때 사람은 천계에서 비롯된 빛의 입류로부터 가지고 있는 일반적인 지각에서 내가 바르게 말하였다는 것이지만, 그러나 여러분이 그것을 이해하지 못하는 것은 이 세상에서 비롯된 빛의 입류에서 사람이 지니고 있는 자기 지각(the self-perception)에서 이해하기 때문입니다. 현명하신 사람들에게는 두 종류의 지각이 있는데, 하나는 내적인 것이고, 다른 하나는 외적인 것입니다. 그리고 또한 그 두 지각은 영적인 것과 자연적인 것입니다. 이들 양자는 하나를 이룹니다. 여러분께서도, 만약에 여러분이 주님을 우러르고, 악을 멀리 기피한다면, 이 양자를 하나로 이룰 수 있겠습니다" 라고 하였습니다. 그들이 이 말의 뜻을 이해하였기 때문에 나는 포도나무에서 잔가지 몇 개를 꺾어서 그들에게 그들의 손에 쥐어 주면서 "여러분은 이것이 나에게서 온 것이라고 믿으오? 아니면 주님에게서 온 것이라고 믿으오?" 라고 말하였습니다. 그들은, 그것은 주님으로부터 나를 통해서 온 것이라고 말하였습니다. 놀라지 마십시오. 그 때 그들의 손에 있는 포도나무 잔가지들은 포도 열매를 열었습니다. 그러나 내가 이런 것들을 거두어 들였고, 그 때 나는 포도넝쿨이 휘감고 있는 푸른 올리브 나무 아래에 있는 백향목 탁자 위에 책(a book)이 있는 것을 보았습니다. 내가 그것을 보고 있을 때 놀랍게도 그 책은 내가 저술한 이른바 ≪천계비의≫(Arcana Celestia)라는 책이었습니다. 사실 내가 그 책에서 충분하게 입증, 설명한 것은, 사람은 생명 자체가 아니고, 다만 그 생명을 수용하는 생명의 수용그릇(an organ receptive of life)이라는 것이고, 그리고 생명은 창조될 수 없었는데, 그것은 마치 눈에서 빛이 창조될 수 없는 것과 같이 창조될 수 없다는 것 역시 충분하게 설명, 입증하였습니다.

462. 네 번째 영계 체험기

내가 영계에서 어느 바닷가를 바라보고 있을 때, 나는 아주 멋진 항구를 보았습니다. 그래서 가까이 가서 그곳을 두루 살펴보게 되었습니다. 거기에는 크고 작은 배들이 여러 척 있었고, 그 배에는 온갖 종류의 상품들이 가득 실려 있었습니다. 의자에는 소년 소녀들이 있었는데, 그들은 그 상품을 원하는 자에게 나누어 주고 있었습니다. 그들은, "우리는 곧 바다 위로 솟아 올라올 멋진 거북이들을 기다리고 있습니다" 라고 말하였습니다. 그 때 크고 작은 거북이들이 물 위로 떠올랐는데, 물고기 비늘 모양의 거북이 등판 위에는 주위의 섬들을 살피는 어린 거북이들이 업혀 있었습니다. 어미 거북이들은 머리 둘을 지니고 있었는데, 큰 머리는 거북이 껍데기에 싸여 있었고, 작은 머리는 눈에 잘 띄지 않도록 큰 머리 속에 넣을 수 있었습니다. 그 때 나는 붉은 색의 큰 머리를 주시하고 있었습니다. 그것은 사람의 얼굴을 하고 있었고, 그것은 의자에 있는 소년 소녀들과 말을 하였고, 그리고 그들의 손등을 핥고 있었습니다. 그 때 소년 소녀들은 그놈을 손으로 다독거렸고, 먹을 진미들을 주었고, 입을 옷을 만들 값비싼 비단을 주었고, 그밖에 탁자를 만들 귀한 목재와 장식용품과 붉은 색의 염료를 주었습니다.

[2] 이런 광경을 목격하였기 때문에 나는 그것이 표징하는 것이 무엇인지 무척 알고 싶었습니다. 왜냐하면 영계에서 나타나는 것들은 모두가 대응을 가리킨다는 것을 내가 잘 알고 있기 때문이고, 그리고 내가 알고 있는 것은 정동이나 그것에서 비롯된 생각에 속한 것은 영적인 것들을 표징한다는 것이기 때문입니다. 그 때에 천계에서 나에게 "그대는 이미 항구와 배들과 그리고 소년들과 소녀들이 표징하는 것이 무엇인지 잘 알고 있지만, 그러나 그 거북이들이 뜻하는 것은 모를 것입니다" 라고 하였습니다. 그리고 그들이 말하였습니다. "거북이들은, 전적으로 인애와 선한 일들로부터 믿음을 분리하는, 교직자들을 표징합니다. 그들이 주장하는 것은 인애와 믿음 사이에는 그 어떤 결합도 아주 명확하게 없다는 것이고, 다만 아드님(聖子)의 공로 때문에 하나님 아버지를 믿는 사람의 믿음을 통하여 성령(聖靈)께서는 사람에게 입류하시고, 심지어 사람의 의지(his will)에 이르기까지 사람의 내면적인 것들을 정화하시며, 그리고 그 사람의 의지의 내면적인 것들을 일종의 달걀 모양의 형체(a sort of oval plane)로 만들어진다고 주장합니다. 그리고 그들이 주장하는 것은 성령의 역사(the operation of the Holy Spirit)가 이 형체에

근접하게 되면, 그것은 왼쪽을 향해 휘어지고, 그리고 전혀 그것과의 접촉을 피합니다. 그러므로 사람의 본성(man's nature)의 내적인 부위나 높은 영역은 하나님을 위한 것이지만, 그러나 사람의 외적인 부위나 낮은 영역은 사람을 위한 것입니다. 결과적으로 말하면, 사람이 하는 것은, 그것이 선한 것이든 악한 것이든, 하나님 시야에는 아무것도 아니라는 것입니다. 그리고 선하게 보이지 않는 것은 이것이 공로사상의 사안이기 때문이고, 그리고 악하게 보내는 것은 그것이 악하기 때문입니다. 왜냐하면 만약에 이런 것들이 하나님 앞에 적나라하게 드러난다면 그 때 사람은, 그것으로 인하여, 멸망할 것이기 때문입니다. 사실이 이러하기 때문에 사람은 누구나 이 세상에서 미리 신중하게 행동하도록, 그가 좋아하는 것을 의지하고, 생각하고, 말하고, 행하도록 자유의 상태에 있다는 것입니다" 라고 하였습니다.

[3] 나는 그 때 하나님께서 사람에게 무소부재(無所不在)하시지 않으시고, 전지(全知)하시지 않다고 사람이 하나님에게 관해서 생각하는 것이 허용된 것이라고 그들이 주장하는지 아닌지를 물었습니다. 그들은 천계로부터 이것이 허락된 것이라고 대답하였습니다. 이런 이유 때문에 사람은 자신 안에 믿음을 가질 수 있고, 그리고 사람은 그것에 의하여 정화되고, 의롭게 되며, 그리고 하나님께서는 사람의 의지나 생각에 속한 것을 전혀 살피시지 않으시며, 그리고 사람은 그의 내면의 가슴(his inner bosom) 안에, 또는 사람의 마음이나 본성의 높은 영역에 믿음에 속한 행위 안에서 수용한 믿음을 간직, 유지(維持)하고 있다는 것이고, 그리고 그것은 때로는 그것에 관해서 사람이 인지(認知)하는 것 없이 되돌아와 행동하는 것도 가능하다고 대답하였습니다. 이런 일련의 것들은 그들이 몸통의 앞부분에 움추려 숨기는 작은 머리가 표징하는 것들입니다. 그들이 평신도와 말을 할 때는 큰 머리에 작은 머리를 집어넣습니다. 왜냐하면 그들에게서 그들은 작은 머리로 말미암아 말하는 것이 아니고, 사람의 얼굴 모습을 한 큰 머리로 말미암아 말하기 때문입니다. 그리고 그들은 사랑·인애·선행들(good works)·십성언의 계명들·회개들에 관해서, 그리고 이런 주제에 관해서 이미 언급된 거의 모든 것들을 발췌, 선별한 것들에 관해서 성경말씀으로부터 말을 합니다. 그러나 이런 일을 할 때 그들은 작은 머리를 큰 머리에 집어넣는데, 그들은 이런 일을 하는 것은 자기 스스로 내면적인 것으로는 하나님이나 구

원을 목적해서 행한 것은 아무것도 없고, 다만 공공의 선이나 개인적인 선을 목적해서 행한 것이라고 이해합니다.
[4] 그리고 성경말씀에서 이런 주제들에 관해서 말하고 있기 때문에, 특히 복음(福音・the Gospel)・성령의 역사(the operation of the Holy Spirit)・구원에 관해서 기분 좋은 방법과 품위 넘치는 방법으로 설명, 언급하고 있기 때문에 그들은 그들의 청중들에게 이 세상에서 가장 멋진 사람들이나 현명한 사람들로 보였습니다. 이것은, 그들이 목격하고 있는 것과 같이, 그 배의 객실에 있는 소년들이나 소녀들이 값비싼 것이나 진귀한 것들을 주는 이유였습니다. 그리고 그것은 또한 여러분께서 그들이 거북이들을 표징하는 것을 본 이유입니다. 여러분의 세상에는, 이런 것에 의한 것을 제외하면 다른 자들과 거의 구분되지 않지만, 다만 그들은 자신들이 가장 현명한 사람들이라고 상상하는 것만이 다를 뿐입니다. 그들은 다른 사람들을 비웃고, 심지어 이런 신비들 안에 있지 않기 때문에 믿음에 속한 유사한 교리를 가지고 있는 자들에 대해서도 비웃습니다. 그들은 그들의 옷에 어떤 표지(mark)를 부착시키는 것으로 자신들을 다른 자들과 구분, 분별합니다" 라고 하였습니다.
[5] 나와 대화를 하던 사람은 "나는 귀하에게 믿음에 속한 사안들에 관해서 그들의 생각이나 뜻에 관해서는 굳이 말하지 않겠는데, 그런 사안들은 선택(election)・선택의 자유・세례・성만찬(the holy supper) 등이 되겠지만, 이런 것들은 그들이 언급, 누설하지 않겠지만, 그러나 우리는 천계에서 그것들이 어떤 것인지를 잘 압니다. 그러나 그것들이 이 세상에 있는 것들이기 때문에, 그리고 사후 어떤 생각을 하면서 그것과 다르게 말하는 것이 어느 누구에게도 허락되지 않기 때문에, 그러므로 그 때 그들은 그들의 미친 생각들에서 말하는 것 이외에 달리 말할 수 없기 때문에, 그들은 미친 사람으로 여겨지고, 그리고 그들의 사회들에게서 쫓겨나고, 종국에는 묵시록서에 언급된 것과 같은(묵시록 9 : 2) 무저갱(=아비소스・밑바닥이 없는 깊은 곳・the bottomless pit)에 던져집니다. 거기에서 그들은 관능적인 영들(corporeal spirits)이 되고, 이집트의 미라처럼 보입니다. 왜냐하면 그들이 이 세상에 있을 때, 속마음과 겉마음 사이에 있는 장벽(=울타리)에 의하여 생겨진 일종의 무감각상태(a callousness)가 그들의 마음에 생겨나기 때문입니다. 그들의 지옥적인 사회가 마키아벨리주의 추종자들(=권모술수의 교활한 자들・the

Machiavelians)에서 비롯된 지옥적인 사회의 경계와 인접해 있는 그들로 이루어졌고, 그리고 그들은 아무런 생각이 없이 무차별적으로 서로 사귀고, 서로서로를 친구라고 불렀습니다. 그러나 그들은, 그들 사이에 점차 차이가 있기 때문에, 자신들을 살피게 되었는데, 그 차이란 믿음에 의한 칭의의 행위(act of justification)에 관한 그들에게 있는 어떤 종교적인 원칙에서 생겨난 것입니다. 이에 반하여 마키아벨리주의 추종자들은 전혀 종교적인 원칙 따위는 가지고 있지 않았습니다" 라고 하였습니다.

[6] 그들이 다른 사회들로부터 추방되었고, 그리고 그들이 무저갱으로 쫓겨나기 위하여 거기에 모여졌습니다. 그 때 나는 일곱 개의 돛을 달고, 공중을 나는 배를 보았습니다. 그 배에는 자색 옷을 입고 있고, 그들의 모자에는 월계수의 화환으로 장식한 모자를 쓴 고급 선원들과 선원들이 있었는데, 그들이 큰소리로 "자, 보십시오. 우리는 지금 천계에 있습니다. 우리는 유럽의 성직자 중에서 가장 현명한 우두머리이기 때문에 최고의 계급인 박사의 자색 박사복(博士服)을 입고 있습니다" 라고 외쳤습니다. 나는 이 말이 무슨 뜻인지 몰라 의심하였습니다. 내게 일러진 것은, 그것들은 먼저 거북이들로 나타났던 그들에게서 생겨난 환상(幻想)들이라고 부르는 자만의 형상들이고, 그리고 망상적인 생각들이라는 것입니다. 그러나 지금 그들은 미쳤기 때문에, 그들의 사회에서 쫓겨났고, 그리고 그들은 지금 한 곳에 모여서 서 있다는 것이었습니다. 그 때 나는 그들과 말을 하고 싶었고, 따라서 나는 그들이 서 있는 곳으로 가서, 그들과 일상적인 인사를 나누었고, 이렇게 말하였습니다. "여러분께서는 외적인 것들에게서 분리된 사람의 내적인 존재이시고, 그리고 믿음의 측면에서는 성령의 역사를 믿음 밖에 있는 사람의 협력에서 분리시킨 존재이고, 따라서 여러분은 사람에게서 하나님을 분리시킨 그런 존재가 아니신가요? 그리고 여러분은, 유식한 성직자들이 하는 것과 같이, 인애 자체나, 인애에 속한 일들을 믿음에게서 제거하셨거나, 아니면 하나님 안전에서 믿음에 속한 명시(明示)나 표현의 측면에서 사람에게서 믿음 자체를 제거하신 것은 아니지요? 라고 말하였습니다.

[7] 그러나 내가 청하는 것은 여러분께서 이성(理性)에서, 또는 성경말씀에서 이 사안을 언급해 주시기를 바라는 것입니다" 라고 말하였습니다. 그들은 "먼저는 이성에서 말하지요" 라고 말하였습니다.

그래서 나는 아래와 같이 말하였습니다. "속사람(the internal man)과 겉사람(the external man)이 어떻게 분리될 수 있는지요? 일반적인 개념(common perception)에서 누구나 알고 있고, 알 수 있는 것은, 그들의 결과들이나 그들의 일들을 생산하기 위하여 사람의 외면적인 것들에, 심지어 사람의 극외적인 것들에 사람의 모든 내면적인 것들이 생성되어, 계속해서 그것들에게 들어간다는 것 아닙니까? 그리고 그것들이 그것들 안에서 종결되기 위하여, 그리고 그것들 안에서 영구적인 것을 찾기 위하여 내적인 것은 외적인 것을 목적한 것이 아니겠습니까? 그래서 그것들은 마치 초석 위에 세워진 기둥처럼 생성되는 것 아니겠습니까? 만약에 계속성이나 이와 같은 결합이 없다면 극외적인 것들은 모두 해체, 사라질 것이고, 마치 공중에 떠 있는 공기 방울처럼 사라질 것이라는 것을 잘 아실 것입니다. 어느 누구가, 사람은 그것에 관해서 전혀 알지 못하지만 사람 안에 있는 하나님의 내면적인 역사들(the interior operations of God)이 수천 수억의 것이 있다는 것을 부인하겠습니까? 필수적인 것은 그것들에 관해서 그가 아는 것이고, 그리고 사람이 하나님과 더불어 그의 생각이나 뜻 가운데 극외적인 것들에 관해서 미리 알아야 한다는 것입니다.

[8] 그러나 이런 사실들이나 내용들을 예를 들어서 설명, 입증하겠습니다. 사람은 그의 언어의 내면적인 작용을 이해하나요? 예를 들면 폐장이 어떻게 공기를 들어 마시는지, 그리고 그 공기로 작은 소포(小胞)들을 채우고, 기관지들, 그리고 폐엽(肺葉)을 채우고, 그리고 그것들이 자기에 들어온 공기를 토해내서, 거기서 그것을 소리로 바꾸는지 이해하나요? 그리고 그 소리가 후두(喉頭)의 도움으로 어떻게 성문(聲門)에서 변형하는지 이해하나요? 그리고 그 때 어떻게 혀가 명확하게 발음을 하고, 어떻게 입술은, 그것이 언어가 되게 하기 위하여 발음을 완전하게 만드는지를 이해하나요? 사람이 이런 것들에 관해서 전혀 알지 못하는 내면적인 작용들이나 활동들이 사람이 말하는 능력을 가지기 위하여 극외적인 것을 위하여 존재한다는 것 역시 전혀 이해하지 못하는 것 아닙니까? 그와 같은 외적인 것들에게서 계속되는 것에서 이런 내적인 것들의 하나라도 제거, 분리한다면 사람은 나무 등걸 이외에 그 어떤 것이라고 말할 수 있겠습니까?

[9] 또 다른 예를 들어 보겠습니다. 두 손은 사람의 극외적인 것들입니

다. 거기에서 이어지는 내면적인 것들은 머리에서부터 목을 통과해서, 그리고 가슴을 통과해서, 어깨를 지나서, 팔과 팔뚝을 통과해서 손에 이르는 것 아닙니까? 그리고 거기에는 헤아릴 수 없는 무수한 근육들이 있고, 운동섬유·신경·혈관·인대(靭帶)와 그것들 사이에 수많은 막(膜)들이 있습니다. 사람은 이런 것들에 관해서 알고 있는 것이 무엇입니까? 그럼에도 불구하고 가장 외적인 것들인 사람의 손들은 그것들의 개별적인 것이나 전체적인 것들로 말미암아 일들(=작용들)을 행합니다. 한 번 상상해 보십시오. 앞으로 전진하는 것 대신에 이런 내면적인 부위들이 오른쪽이나 왼쪽으로 저지되고, 팔꿈치 가까이로 되돌아간다면, 팔뚝에서 손들은 떨어져 나갈 것이고, 인체에서부터 썩을 것이고, 생기는 박탈될 것 아니겠습니까? 여러분께서 이 사실을 믿는다면, 그것은 사람이 머리가 잘리는 것 같이, 인체에서 절단되는 것 같이 될 것입니다. 사람의 마음이나, 그것의 두 기능(=생명들)인 의지와 이해도 그와 꼭 같습니다. 만약에 믿음이나 인애에 속한 것들을 가리키는 신령 역사들(=신령 운영들·the Divine operations)은, 중간에서 정지되어서, 그리고 사람 자신에게 일어나는 계속적인 교류가 멈추는 것에 의하여, 모두 사라져 없어질 것입니다. 그 때 사람은 마치 짐승들과 같은 것이고, 아니면 썩은 나무 등걸에 지나지 않는다는 것은 아주 명확합니다. 이런 모든 사실이나 내용은 밝은 이성에 일치합니다.
[10] 더욱이 여러분께서 경청하시기를 원하신다면, 그것은 역시 성경말씀과 일치합니다. 주님께서는 이렇게 말씀하셨습니다. 요한복음서의 말씀입니다.

> 언제나 내 안에 머물러 있어라. 그러면 나도 너희 안에 머물러 있겠다.……
> 나는 포도나무요, 너희는 가지다. 사람이 내 안에 머물러 있고, 내가 그 사람 안에 머물러 있으면, 그는 많은 열매를 맺는다. 너희는 나를 떠나서는 아무것도 할 수 없다(요한 15:4, 5).

열매(the fruit)는, 주님께서는 사람을 통해서 하시는 선한 일들(善行·the good works)을, 그리고 사람은 주님으로 말미암아 자기 자신이 하듯 하는 선한 일들을 가리키는 것 아니겠습니까? 역시 주님께서는 이렇게 말씀하십니다.

보아라, 내가 문 밖에 서서, 문을 두드리고 있다. 누구든지 내 음성을 듣고 문을 열면, 나는 그에게로 들어가서 그와 함께 먹고, 그는 나와 함께 먹을 것이다(묵시록 3 : 20).

주님께서는, 사람이 장사를 해서 이윤을 남기게 하기 위하여 달란트를 주시며, 그리고 그 이윤에 비례하여 영생을 주십니다(마태 25 : 14-30 ; 누가 19 : 13-26).

역사 마태복음서의 말씀입니다.

주인이 그들 가운데 한 사람에 말하였다. '친구여, 나는 그대를 부당하게 대한 것이 아니오.…… 그대의 품삯이나 받아 가지고 돌아가시오. 그대에게 주는 것과 꼭 같이 이 마지막 사람에게 주는 것이 내 뜻이오.…… 내가 후하기 때문에, 그대 눈에 거슬리오'(마태 20 : 1-16).

이 장절들은 몇몇 장절에 지나지 않습니다. 사람이 마치 과일나무와 같이 열매를 많이 맺어야 한다는 것, 그리고 하나님을 사랑하고, 이웃을 사랑하여야 한다는 계명들에 따라서 행하여야 한다는, 이런 주제에 관한 장절들은 성경말씀에서 여러 페이지들을 채우고 남을 것입니다.
[11] 그러나 내가 알고 있는 것은, 여러분의 총명이 이와 같은 성경구절들이 뜻하는 진정한 뜻을 제대로 파악할 수 없다는 것이고, 그리고 성경말씀에서 이런 장절들이 공동으로 갖는 뜻을 잘 모르고 있다는 것 등입니다. 왜냐하면 여러분께서 그것에 관해서 설명한다고 해도 여러분의 생각은 그것을 역용(逆用)하기 때문입니다. 그리고 여러분께서는, 하나님과 사람 사이의 교류나 결합을 부정하기 때문에, 그와 달리 행할 수 없습니다. 그 때 예배에 속한 형식만을 제외하면 남는 것이 무엇이겠습니까?" 하였습니다.
이런 일들이 있은 뒤 영들이, 모두의 성품을 명료하게 까발리고, 드러내는 천계의 빛 가운데 나에게 나타났습니다. 그 때 그들은 앞서와 같이, 공중의 배 안에 있는 모습이 아니었고, 그리고 마치 천계에 있는 것과 같이 자색 옷을 입고, 머리에는 월계수관을 쓴 것이 아니고, 오히려 모래사장에서 남루한 옷을 걸치고, 고기잡이 그물로 허리를 동이고, 그들의 속살을 드러내고 있는 모습이었습니다. 그 때 그들은 마키아벨

리주의 추종자들이 있는 근처의 사회들에게로 가라 앉았습니다.

제 8 장

선택의 자유(選擇 自由 · Freedom of Choice)

I.
선택의 자유에 관한 현대교회의 가르침들(precepts)과 교리들(敎理 · dogmas)

463. 선택의 자유(=자유의지 · freedom of choice)에 관하여 새로운 교회(the New church)의 교리를 정확하고, 올바르게 설명, 선언하기에 앞서, 현대교회가 이 주제에 관해서 그 교회의 독단적인 규칙들에서 가르치고 있는 것이 무엇인지 제언(提言)한다는 것은 중요한 것입니다. 왜냐하면 이런 일이 행해지지 않는다면 건전한 의식(sound sense)이나 종교(宗敎 · religion)를 가지고 있는 사람이 그것에 관해서 그 어떤 새로운 것을 기술한다는 것이 별로 값있는 일이 아니라고 믿을 수 있기 때문입니다. 왜냐하면 사람은 자기 자신에게 "어느 누가 영적인 것(事物)들에서 선택의 자유(=자유의지)를 가지고 있다는 것을 모르겠습니까? 그렇지 않다면, 사람들은 반드시 하나님을 믿어야만 한다, 그리고 사람들은 회개(悔改 · 改心)하여야 한다, 성경말씀의 가르침들(=규칙들)에 따라서 살아야 한다, 육신에 속한 욕망들(=탐욕들 · lusts)에 대항하여 반드시 싸워야 한다, 그리고 사람들은 자기 자신들을 새로운 창조물들로 반드시 완성하여야 한다는 등등의 것들을 사제들(=목회자들 · 司祭 · priests)이 가르치는 이유가 무엇이겠습니까?" 따라서 만약에 구원에 속한 사안들에서 선택의 자유가 결코 없다면, 사제들의 이런 모든 것들은 진정으로 속빈 강정(=허언 · 虛言 · empty words)이 될 것이라고 사람들은 믿을 수밖에 없

을 것이고, 그리고 또한 사람들은 그것이 어리석은 것이 될 것이라고 생각할 수밖에 없을 것입니다. 그 이유는 그것들이 일상적인 상식에도 맞지 않기 때문입니다. 그럼에도 불구하고 현대교회(the present church)는, 선택의 자유에 정반대의 입장에 서 있고, 그리고 성전들로부터 그것을 추방(追放)한다는 것은, 복음주의교회들이 그것에게 충성을 맹세하는, "일치신조"(一致信條 · the Formular Concordia)라고 부르는 책에서 발췌(拔萃)한 아래의 내용에서 잘 볼 수 있겠습니다. 선택의 자유에 관하여 동일한 가르침이나, 동일한 신념은 종교개혁주의 교회를 설득하고 있다는 것, 그리고 전 기독교계에 두루 보급되어 있다는 것, 그리고 이와 같이 독일 · 스웨덴 · 영국 · 네델란드에 널리 보급되어 있다는 것 등등은 그들의 교리적인 책들에게서 명확합니다. 아래에 발췌, 인용된 것들은 1756년 라이프치히에서 발간된 "일치신조"(the Formular Concordia)에서 취한 것들입니다.

464. (ⅰ) "아우구스부르크 신앙고백문(Augsburg Confession ; 1530년 루터와 멜랑흐톤이 발표한 신조)의 박사들이 저술한 내용으로 우리의 최초의 부모들의 타락(墮落)으로 인하여, 사람은 전적으로 부패, 타락하였다는 것, 우리의 개종(=회개 · conversion)이나 구원(salvation)에 관한, 영적인 사안들에서 사람은 천성적인 소경에 의하여, 하나님의 성언(the Word of God)이 설교, 전파될 때 사람은 그것을 이해하지도 못하고, 이해할 수도 없으며, 오히려 사람은 그것을 어리석은 것으로 여겼고, 그리고 자기 스스로 하나님에게 결코 가까이 나아가지 않았으며, 오히려 하나님의 원수(an enemy of God)로 여겼다는 것, 그리고 그러므로 전파되고, 듣고 배우는 성언(聖言)을 통하여 역사하는 성령의 능력(聖靈 · the power of the Holy Spirit)에 의하여 사람이 자신의 측면에서의 어떤 협력(協力)이 없이, 오직 순전한 은혜(pure grace)로 그가 개과천선(改過遷善)하고, 개종(改宗)되고, 믿음이 부여(賦與)되고, 중생되고, 새로운 사람이 되기까지 그와 같이 계속된다"는 것입니다(같은 책 665쪽 참조).
[2] (ⅱ) "우리는, 영적인 것들이나, 신령한 것들 안에는, 중생(重生)하지 못한 사람의 이해 · 심령(=마음 · 心靈 · heart) · 의지가 그 사람 자신의 자연적인 능력들에 의하여 이해하고, 믿고, 포옹(抱擁)하고, 생각하고, 원하고, 시작하고, 끝마치고, 행동하고, 활동하고, 협력한다는 것은 전적으로 불가능하고, 다만 선에 관해서 사람은 전적으로 부패(腐敗)하고,

죽은 존재라는 것, 그러므로 타락한 이후, 그의 중생 이전에는 그의 성품(=본성) 안에는, 그 사람이 하나님의 은혜(the grace of God)를 그것에 의하여 스스로 준비하는, 영적인 능력의 지극히 작은 생기(=불꽃·the least spark of spiritual power)가 남아 있지 않고, 또한 은혜가 주어졌을 때 그것은 움켜잡을 수도 없고, 또한 자기 자신을 그것에 적응시키지도 못하고, 그리고 자기 자신의 것으로 그것을 수용할 수도 없다는 것을 믿습니다. 그리고 또한 우리가 믿는 것은 사람은 자신의 능력들에 의하여 어떤 방법으로 자기 자신의 개과천선(conversion)에 전적으로, 또는 부분적으로, 지극히 적은 부분도 기여(寄與)하지 못하고, 그리고 또한 마치 자기 스스로 하는 것처럼, 자기 자신으로 말미암아 활동하고, 작용하고, 협력할 수 없지만, 그러나 사람은 죄의 노예(a servant of sin)이고, 그 존재에 의하여 움직여지는, 사탄에게 예속된 노예(a slave)라는 것을 믿습니다. 결과적으로 사람의 자연적인 선택의 자유는, 그의 부패된 능력이나 그리고 그의 타락된 성품(=기질) 때문에, 하나님을 기쁘시게 못하고, 하나님을 적대(敵對), 방해하는 것들에서 활동적이고 효과적이라는 것입니다"(같은 책 656쪽 참조).

[3] (iii) 시민적이나, 자연적인 사안들에서 보면, 사람은 부지런하고(diligent), 영리하지만(intelligent), 그러나 영혼의 구원을 가리키는, 영적인 것들이나 신령한 것들의 사안에서 보면, 사람은 마치 나무 밑동(a stock)이나 돌멩이(a stone) 같고, 그리고 또한 눈이나 입의 씀씀이(善用)나 감관들에 속한 씀씀이를 전혀 지니지 못한, 롯의 아내가 변해버린 소금 기둥(the pillar of salt)과 같습니다(같은 책 661쪽 참조).

[4] (iv) "그럼에도 불구하고 사람은 운동(=이동)의 힘(the power of locomotion)이나, 자신의 외적인 지체들을 지배하는 힘이나, 또한 복음을 들을 수 있고, 어느 정도 그것에 관해서 명상(瞑想), 숙고(熟慮)할 수 있는 능력(ability)을 지니고 있습니다. 그리고 그럼에도 불구하고 그의 비밀스러운 생각들에서 보면 사람은 그것을 바보스러운 것들이라고 경멸(輕蔑)하고, 그리고 그것을 믿을 수 없는 것이라고 여깁니다. 이런 관점에서 보면, 그 사람은, 만약에 성령(聖靈)이 그 사람 안에서 효능(效能)이 있고, 그리고 그 사람 안에서 믿음이나, 하나님을 기쁘게 하는 그 밖의 다른 장점들에나 가치들을 타오르게 하고, 생성하지 않는다면, 그리고 또한 복종의 상태에 있지 않다면, 그 사람은 하나의 나무 둥걸에

비하여 더 쓸모가 없고, 고약합니다"(같은 책 662쪽 참조).
[5] (ⅴ) "어떤 관점에서 보면, 사람은 돌멩이나 등걸이 아니라고 말할 수 있겠습니다. 사실 돌멩이나 등걸은, 마치 사람은 그가 개과천선하기까지는 하나님에게 사람은 자신의 의지에 의하여 주장, 저항하는 것과 같이, 본질적으로 일어나는 것을 이해하지도 못하고, 느끼지도 못합니다. 그러므로 개과천선하기 전에는 사람이 합리적인 피조물이라는 것, 그리고 아직까지는 신령한 것들에서의 이해는 없지만, 이해가 주어졌다는 것, 그러나 아직까지는 사람은 구원하는 선을 원하는 그런 존재는 아니라는 것 등등은 참된 것입니다. 그럼에도 불구하고 그 사람은 자기 자신의 구원에 대하여 무엇인가를 기여(寄與)할 수 있는 존재는 아니고, 그리고 이런 측면에서 볼 때 사람은 등걸이나 돌멩이에 비하여 더 못하다는 것도 사실입니다"(같은 책 672·673쪽 참조).
[5] (ⅴ) "어떤 관점에서 보면, 사람은 돌멩이나 등걸이 아니라고 말할 수 있겠습니다. 사실 돌멩이나 등걸은, 마치 사람이 그가 하나님에게 개과천선하기까지는 사람은 자기 자신의 의지에 의하여 주장, 저항하는 것과 같이, 본질적으로 일어나는 것을 그것은 이해하지도 못하고, 느끼지도 못합니다. 그러므로 개과천선하기 전에 사람이 합리적인 피조물이라는 것, 그리고 아직까지는 신령한 것들에서의 이해는 없지만, 이해가 주어졌다는 것, 그러나 아직까지는 사람은 구원하는 선을 원하는 그런 존재는 아니라는 것 등등은 참된 것입니다. 그럼에도 불구하고 그 사람은 자기 자신의 구원에 대하여 무엇인가를 기여(寄與)할 수 있는 존재는 아니고, 그리고 이런 측면에서 볼 때 사람은 등걸이나 돌멩이에 비하여 더 못하다는 것은 사실입니다"(같은 책 672·673쪽 참조).
[6] (ⅵ) "전체적인 개과천선(=개종·改宗·the whole of conversion)은, 사람이 아무것도 하지 못하고, 다만 단순히 수동적인 것이 있는, 수동적인 주제(a passive subject) 안에서와 같이, 사람의 이해나 마음, 또는 의지 안에서 그 사람 자신의 미덕(美德)이나, 성경말씀을 통한 능력에 의하여 그것을 완수하고, 운영, 작용하는 오직 성령(聖靈)에 속한 효력이고, 은사(恩賜)이고, 역사(役事)입니다. 그럼에도 불구하고 이런 일로, 돌멩이로 만들어진 조각상(彫刻像)과 같이, 또는 밀랍(蜜蠟·wax)에 도장을 찍는 것과 같은 방법으로 행해지는 것은 아닙니다. 왜냐하면 그 밀랍은 지식을 가지고 있지 않고, 뜻이나 바람 따위를 가지고 있지 않기

때문입니다"(같은 책 681쪽 참조).
[7] (vii) "몇몇 교부(教父)들이나, 후기 박사들의 주장에 따라서 '하나님께서는 원하시는 것만을 골라서 행하신다' 라는 말처럼, 그러므로 개종(=개과천선)에서 보면 사람의 뜻(man's will)을 행하는 것입니다. 그러나 이와 같은 설(說)이나 주장은 건전한 교리에 적합한 것은 아닙니다. 왜냐하면 그것은 개종에서 인간의 선택의 능력에 관해서 보면 그릇된 소견(所見)을 확증하기 때문입니다"(같은 책 582쪽 참조).
[8] (viii) "이성에 예속된 것을 가리키는, 외적인 세속적인 일들에는, 비록 초라함이 남아 있는 것들은 매우 미약하지만, 사람에게는 여전히 이해・기량(技倆・ability)・재능(faculty)의 몫이 남아 있습니다. 더욱이 그것들은 무가치한 것이지만, 그리고 하나님의 시야에서는 값없는 것이지만, 그것들은 유전적인 질병(hereditary disease)에 의하여 매우 지독하게 오염(汚染), 감염(感染)되었습니다"(같은 책 641쪽 참조).
[9] (ix) "진노의 아이(a child of wrath)가 은혜의 아이(a child of grace)가 되는 개종(=개과천선)에서 보면, 사람은 성령(聖靈)에게 협력, 협동하지 않습니다. 그것은 사람의 개종(=개과천선)이 전적으로 성령에 속한 일이고, 그리고 오로지 성령에 속한 일이기 때문입니다"(같은 책 219・579쪽과 그 이하 ; 663쪽과 그 이하 ; 그 책 부록 143쪽 참조). "그럼에도 불구하고 성령의 능력을 통해서 새로 태어난 사람은, 비록 그 사람의 협력이나 협동이 매우 빈약하게 수반(隨伴)된 것이기는 하지만, 협력, 협동할 수 있습니다. 그리고 그는 성령에 의하여 인도되고, 지배되고, 안내되는 것에 비례하여, 그 일을 잘 수행할 수 있습니다. 그럼에도 불구하고 그 사람은, 마치 두 마리의 말들이 하나의 마차를 끄는 것과 같이, 성령에게 협력, 협동하지는 않습니다"(같은 책 674쪽 참조).
[10] (x) "원죄(原罪・original sin)는, 실제적으로 잘못을 범하게 하는 나쁜 것은 아니지만, 그러나 그것은 사람의 본성(本性・man's nature)이나 실체(實體・substance)나 본질(本質・essence)에서 극내적으로 선천적인 것이고, 고정된 것입니다. 그것은 생각들, 언행들, 악한 행위들을 부패, 타락시키는 모든 실제적인 죄악들의 샘이나 원천(源泉)과 같은 것들입니다"(같은 책 577항 참조). "그것에 의하여 사람의 전 본성이 타락, 더럽혀지는, 이와 같은 유전적 질병은, 그것에서부터 마치 모든 파계(破戒)들이나 범죄자들이 솟아나오는 근원이나 원천과 같은, 모든 죄악들

의 시작이고, 정말로 우두머리이고, 아주 지독한 죄악입니다"(같은 책 640항 참조).

465. 지금까지의 일련의 내용들이, 영적인 것들이나 자연적인 것들 안에 있는 사람의 선택의 자유(=자유의지)나 원죄에 관한 현대교회의 가르침들(敎理·precepts)·신조들(信條·dogmas)·교회법들(canons)입니다. 여기서 이런 것들이 제시된 것은, 이들 주제에 관한 새로운 교회(the New Church)의 가르침들·신조들·교회법들이 보다 더 명료하게 이해되기 위해서입니다. 왜냐하면 그것은 마치 못 생긴 얼굴과 잘 생긴 얼굴 둘을 동시에 한 그림 안에 나란히 두게 되면, 한 사람의 아름다움(美)과 다른 사람의 못생김(醜)이 뚜렷하게 드러나 보여 지는 것과 같기 때문입니다. 다음에 이어지는 것은 새로운 교회의 교회법들(=규범들·cannons)입니다.

II.
에덴 동산에서 자란 두 나무들, 즉 생명나무(the tree of life)와 선과 악을 알게 하는 나무(the tree of the knowledge of good and evil)는, 사람에게 주어진 영적인 것들 안에 있는 선택의 자유(=자유의지)를 뜻한다.

466. 수많은 사람들이 믿고 있는 것은, 모세의 책(the book of Moses)에 기술된 아담과 이브(Adam and Eve)가 제일 처음에 창조된 사람들을 뜻하지 않는다는 것입니다. 그리고 이런 주장의 증거나 아담 이전 사람들(Pre-adamites)에 관한 논쟁은 쇠퇴한 몇몇 민족들의 평가들이나 연대기들에게서, 그리고 아담의 장자인 가인(Cain)이 여호와에게 한 말에서, 공표되고, 얻을 수 있겠습니다. 창세기서의 말씀입니다.

> 오늘 이 땅에서 저를 쫓아내시니, 하나님을 뵙지도 못하고, 이 땅 위에서 쉬지도 못하고, 떠돌아다니게 될 것입니다. 그렇게 되면, 저를 만나는 사람마다 저를 죽이려고 할 것입니다. 주께서 그에게 말씀하셨다.……주께서는 가인에게 표를 찍어 주셔서, 어느 누가 그를 만나더라도, 그를 죽이지 못하게 하셨다(창세기 4 : 14, 15).

가인은 주 앞을 떠나서, 에덴의 동쪽 놋 땅에 살았다. 가인이 자기 아내와 동침하니, 아내가 임신하여 에녹을 낳았다. 그 때에, 가인은 도시를 세우고, 그 도시를 자기 아들의 이름을 따서 에녹이라고 하였다(창세기 4 : 16, 17).

이상의 장절들에서 볼 때 주장할 수 있는 것은, 아담 시대 이전에 벌써 땅에 사람이 살고 있었다는 것입니다. 그러나 아담과 그의 아내는 이 땅에 있었던 태고교회(太古敎會)를 표징한다는 것은 런던에서 나에 의하여 발간된 《천계비의》(the Arcana Celestia)에서 넉넉하게 입증되었습니다. 그리고 그 책에서 역시 입증된 것은, "에덴 동산"(the garden of Eden)은 그 교회에 속한 사람들의 지혜(智慧)를 뜻한다는 것, 그리고 "생명나무"(the tree of life)는 사람 안에 있는 주님이나 주님 안에 있는 사람을 뜻한다는 것, 그리고 "선과 악을 알게 하는 나무"(the tree of the knowledge of good and evil)는 주님 안에 있지 않고, 다만 자신의 자아(=고유속성·his own) 안에 있는 사람을 뜻하는데, 사실 그 사람은 그가 행하는 모든 것, 심지어 선한 것이라고 해도 그것이 자기 자신으로 말미암아 행한 것이라고 믿습니다. 그리고 그 나무의 열매를 "먹는다"(eating)라는 것은 악에 속한 전유(專有·the appropriation of evil)를 뜻합니다.

467. 성경말씀에서 "에덴 동산"(the garden of Eden)은 마을의 자그마한 산이나, 풍치 좋은 언덕이나 정원(庭園)을 뜻하지 않고, 총명(聰明·intelligence)을 뜻하고, 여기서 "나무"(tree)는 어떤 나무를 뜻하는 것이 아니고, 사람을 뜻합니다. "에덴 동산"이 총명이나 지혜를 뜻한다는 것은 아래의 장절들에게서 잘 알 수 있겠습니다. 에스겔서의 말씀입니다.

> 너는 지혜와 총명으로 재산을 모았으며,
> 네 모든 창고에 금과 은을 쌓아 놓았다.……
> 너는 정교하게 만든 도장이었다.
> 지혜가 충만하고
> 흠잡을 데 없는 아름다운 도장이었다(=너는 완전함의 본보기로서 지혜가 충만하고 아름다움이 완벽하였다).
> 너는 옛날에
> 하나님의 동산 에덴에서 살았다.
> 너는 온갖 보석으로 네 몸을 치장하였다(에스겔 28 : 4, 12, 13).

이 말씀은 두로의 왕자(=고관대작)나 임금에 관해서 언급하고 있는데, 그들의 지혜에 관해서 서술하고 있습니다. 그 이유는 성경말씀에서 "두로"(Tyre)는, 그것을 통해서 지혜를 얻는, 진리와 선에 속한 지식의 측면에서 교회를 뜻하기 때문입니다. 그리고 그의 치장(=가리개·covering)을 가리키는 "보석들"(the precious stones)은 역시 진리와 선에 속한 지식들을 뜻합니다. 왜냐하면 두로의 왕자(=고관대작·prince)나 임금은 에덴 동산에 있지 않았기 때문입니다.
[2] 역시 에스겔서의 말씀입니다.

> 앗시리아는 한 때
> 레바논의 백향목이었다.……
> 하나님의 동산에 있는 백향목들도
> 너에 비하면 아무것도 아니다.……
> 하나님의 동산에 있는 어떤 나무도
> 너처럼 아름답지는 못하였다.……
> 하나님의 동산에 있는 에덴의 나무들이
> 모두 너를 부러워하였다.
> (에스겔 31 : 3, 8, 9)

같은 책의 말씀입니다.

> 에덴의 나무들 가운데서 어떤 나무가 너처럼 화려하고 컸더냐?(에스겔 31 : 18).

이 장절은 앗시리아에 관해서 언급하고 있는데, 그것은 성경말씀에서 앗시리아가 합리성(合理性·rationality)과 그것에서 비롯된 총명을 뜻하기 때문입니다.
[3] 이사야서의 말씀입니다.

> 주께서 시온을 위로하신다!……
> 주께서 그 광야를 에덴처럼 만드시고,
> 그 사막을 주의 동산처럼 만드실 것이다.
> (이사야 51 : 3)

여기서 "시온"은 교회를 뜻하고, 그리고 "에덴"이나 "하나님의 동산"
(=주의 동산)은 지혜나 총명을 뜻합니다. 묵시록서의 말씀입니다.

> 이기는 사람에게는, 내가 하나님의 낙원에 있는 생명 나무의 열매를 주어서
> 먹게 하겠다(묵시록 2 : 7).
> (그 강은) 도시의 넓은 거리 한가운데를 흘렀습니다. 강 양쪽에는 열두 종류
> 의 열매를 맺는 생명 나무가 있어서, 달마다 열매를 내었다(묵시록 22 : 2).

[4] 이들 장절들에게서 명료한 것은, 거기에 아담을 두었다고 언급된 "에덴 동산"은 총명과 지혜를 뜻한다는 것입니다. 그 이유는 유사한 것들이 두로・앗시리아・시온에 관해서 언급하고 있기 때문입니다. 성경 말씀의 어디에서나 "동산"(garden)은 총명을 뜻합니다(이사야 58 : 11 ; 61 : 11 ; 예레미야 31 : 12 ; 아모스 9 : 14 ; 민수기 24 : 6). 이와 같은 동산의 영적인 뜻은 영계에 있는 표징들(表徵・representation)에서 그것의 그 원인을 취할 수 있겠습니다. 영계의 천사들의 총명이나 지혜 가운데 있는 낙원들(paradises)이 눈에 보입니다. 천사들이 주님으로부터 소유한 진정한 총명이나 지혜는 그것들에 관해서 그런 것들로 하여금 드러내 보여 줍니다. 그리고 이런 일은 대응(對應・correspondence)에서 비롯됩니다. 왜냐하면 영계에 존재하는 모든 것들은 대응들을 가리키기 때문입니다.

468. "나무"가 사람을 뜻한다는 것은 아래의 성경말씀에서 잘 알 수 있겠습니다.

> 그 때에야 들의 모든 나무가,
> 나 주가,
> 높은 나무는 낮추고
> 낮은 나무는 높이고
> 푸른 나무는 시들게 하고
> 마른 나무는 무성하게 하는 줄을,
> 알게 될 것이다.
> (에스겔 17 : 24).
> 복 있는 사람은……

오로지
주의 율법을 즐거워하며,
밤낮으로 율법을 묵상하는 사람이다.
그는
시냇가에 심은 나무가
철따라 열매를 맺으며
그 잎이 시들지 아니함 같으니,
하는 일마다 잘 될 것이다.
(시편 1 : 1-3 ; 예레미야 17 : 8).
땅에서도 주님을 찬양하여라.……
모든 과일나무와 백향목들아,……
모두 주의 이름을 찬양하여라.
(시편 148 : 7-13)
여호와의 나무들,
손수 심으신 레바논의 백향목들이
만족하다.
(시편 104 : 16)
도끼가 이미 나무 뿌리에 놓였으니, 좋은 열매를 맺지 않는 나무는 다 찍혀서, 불 속에 던져진다(마태 3 : 10 ; 7 : 16-21).
나무가 좋으면 그 열매도 좋고, 나무가 나쁘면 그 열매도 나쁘다. 그 열매로 그 나무를 안다(마태 12 : 33 ; 누가 6 : 43, 44).
내가 숲 속에 불을 지르겠다. 그 불은 숲 속에 있는 모든 푸른 나무와 모든 마른 나무를 태울 것이다(에스겔 20 : 47).

"나무"가 사람을 뜻하기 때문에 이런 계율도 있습니다. 레위기서의 말씀입니다.

너희가 그 땅으로 들어가서 양식을 위해 나무를 심으면, 그 열매를 불결하고 금지된 것으로 여겨야 한다(=할례 받지 못한 것으로 여겨라). 3년 동안은 금지된 것이니(=할례 받지 않은 것이니), 그것을 먹지 말아야 한다. 그러나 넷째 해에는 그 모든 열매가 거룩하여 여호와 앞에서 기뻐하는 일이 있을 것이다(레위기 19 : 23, 24).

올리브 나무가 천적인 교회에 속한 사람을 뜻하기 때문에, 이런 말씀이 언급되었습니다.

그들은 이 세상을 다스리시는 주님 앞에 서 있는 올리브 나무 두 그루요, 촛대 두 개입니다(묵시록 11 : 4 ; 스가랴 4 : 3, 11, 12).

시편서의 말씀입니다.

나는 하나님의 집에 있는 푸른 올리브 나무와 같다(시편 52 : 8).

예레미야서의 말씀입니다.

유다야, 한때에 나 주도 너를
'잎이 무성하고 열매가 많이 달린
올리브 나무'라고 불렀다.
(예레미야 11 : 16).

그것에 관한 장절들이 너무 많기 때문에 여기에 제시하지 못한 그 밖의 많은 장절들이 있습니다.

469. 오늘의 사람들 중에 아담과 그의 아내의 이야기가 영적인 것들을 내포(內包)하고 있다는 것을 슬기로운 사람은 알 수 있다는 것, 또한 성경말씀의 영적인 뜻(the spiritual sense)이 지금까지 계시(啓示)되지 않았기 때문에 어느 누구도 그것을 알지 못합니다. 어느 누가, 그 어떤 영적인 표징(=뜻)의 목적을 위한 것을 제외하면, 여호와께서 그 동산에 두 나무를 심으셨는데, 그 중의 하나가 장애물(障碍物)의 목적을 위한 것이 아니라는 것을 어떻게 밝히 알 수 없겠습니까? 다시 말하면 그들이 그 나무의 열매를 먹었기 때문에 그들이 저주(詛呪)를 받아야 한다는 것이 신령정의(=신령공정·Divine justice)에 일치, 부합(符合)한다는 것, 그리고 이와 같은 저주(詛呪)는, 그들 뒤에 오고 오는 모든 사람에게 밀착(密着)되어 있는, 따라서 전 인류는 한 사람의 과오(=허물·過誤) 때문에 영벌을 받는다는 것, 그리고 그것에는 육신의 욕망(lust of the flesh)이나 마음의 사악(iniquity of heart)에 야기되는 악이 전혀 없다는 것 등등이 신령정의에 부합된다는 것을 어느 누가 알 수 없겠습니까? 여호와께서는 처음부터 그 자리에 계셨고, 그것의 결과까지도 보시고 계셨기 때문에, 사람이 그 나무의 열매를 먹는 것을 그대로 내버려두셨다는 이유

는 무엇일까? 그 뱀이 그들을 유혹하기 전에 그 놈을 지옥(Hades)에 내던지지 않은 이유는 무엇일까? 그러나 독자 여러분, 하나님께서는 이런 일을 하시지 않았습니다. 그것은 그분께서는, 그것으로 말미암아 사람이 사람이 되고, 그리고 금수(禽獸)가 되지 않는, 선택의 자유를 사람에게서 박탈하시지 않으시기 때문입니다. 두 나무, 즉 생명의 나무(tree of life)와 사망의 나무(tree of death)가 영적인 것들 안에 있게 될 때 그 사실은 명료하게 됩니다. 더욱이 유전적인 악(inherited evil)이 그 근원에서 비롯되지 않았고, 오히려 부모들에게서 비롯되었다는 것, 그리고 그 부모들은, 그들 자신이 그들의 자녀들에게 전가(轉嫁), 유전하는 것 안에 있는 악에 기우는 경향성(傾向性·inclination)을 뜻합니다. 이 사실이 천고(千古)의 진리라는 것은 한 조상에게서 이어져 내려오는 예나 관습, 성격, 그들의 얼굴 생김새들, 심지어 한 세대(世帶)의 그런 것들에 관해서 조심스럽게 연구하는 자들에 의하여 명료하게 입증됩니다. 그럼에도 불구하고 한 가족의 각자는, 모두가 그 자신의 선택의 자유에 남아 있기 때문에, 유전적인 악으로 말미암아 그가 그것에 동의할 것인지, 또는 물러날 것인지 여부(與否)는 각자에게 좌우됩니다. 그러나 생명 나무나 선악을 알게 하는 나무의 개별적인 뜻은 앞서 영계체험기(본서 48항 참조)에서 충분하게 언급, 설명되었습니다.

III.
사람은 생명(life)이 아니고, 하나님에게서 비롯되는 생명의 수용그릇(a receptacle of life from God)이다.

470. 일반적으로 믿고 있는 것은, 생명은, 마치 자신의 것인 양, 사람 안에 존재한다는 것, 따라서 사람은 생명의 수용그릇일 뿐만 아니라, 실제로 사람이 생명이라는 것입니다. 이와 같은 일반적인 신념은, 사람이 살아가고 있기 때문에, 다시 말하면, 모든 것이 자기 자신에게서 비롯된 것처럼, 사람은 느끼고, 생각하고, 말하고 있기 때문에, 그것은 그와 같은 겉보기(外觀)에서 비롯된 것입니다. 그러므로 사람이 생명의 수용그릇이지, 생명 자체가 아니라는 명제(命題)는, 그것이 외현(外現)에 정반대이고, 따라서 감관적인 생각에 맞지 않기 때문에, 전대미문(前代

未聞)의 것이나, 자기모순적인 역설(逆說 · paradox)로 여겨진다는 것은 틀림없는 사실입니다. 사람이 생명 자체라는 것, 결과적으로 생명은 사람 안에서 창조되었다는 것, 그리고 그 뒤에서 부모들에 의하여 증식(增殖), 번식(繁殖)되었다는 그릇된 신념의 원인을 나는 단순히 외현(外現 · appearance)으로 예증(例證), 제시하였습니다. 그러나 그 오류가 외현들에게서 비롯된 그 이유는 오늘날 대부분의 사람들은 자연적이기 때문이고, 따라서 영적인 사람은 거의 존재하지 않기 때문입니다. 그리고 자연적인 사람은 외현들이나, 그것들의 오류들로 말미암아 판단하기 때문입니다. 그리고 그 오류들은 사람이 생명이 아니고, 다만 생명의 수용그릇을 가리킨다는 진리에 정반대가 되기 때문입니다.

[2] 사람이 생명 자체가 아니고, 하나님에게서 비롯된 생명의 수용그릇이라는 것은, 이와 같은 명료한 증거들에서, 다시 말하면 모든 피조물(被造物)들은 본질적으로 유한(有限)하다는 것, 그리고 사람 또한 유한한 존재라는 것 등등의 명료한 증거들은 유한한 것들로 말미암아 창조될 수밖에 없기 때문입니다. 그러므로 창세기서에서는, 아담이 땅에서, 그리고 그것의 티끌(dust)로 만들어졌다고 언급되었고, 그리고 그것으로 말미암아 그가 아담이라고 명명(命名)되었다고 언급되었습니다. 왜냐하면 "아담"(Adam)은 땅의 흙(the earth's soil)을 뜻하기 때문입니다. 그리고 사실은, 모든 사람은 땅에 있는 것들로 이루어졌고, 그리고 대기(大氣) 가운데 있는 흙(the earth)으로부터 만들어졌습니다. 사람은, 땅에서 비롯된 대기 가운데 있는 이런 것들을 그의 허파들(肺臟)이나 그의 신체 전부의 기공(氣孔 · pores)들을 수단으로 해서 흡수하고, 그리고 사람은 땅의 물질로 이루어진 먹거리에 의하여 일반적인 요소들(the grosser elements)을 흡수합니다.

[3] 그러나 사람의 영(靈 · man's spirit)에 관해서 살펴보면 그것 역시 유한한 것들로부터 창조되었습니다. 사람의 영은 마음에 속한 생명의 수용그릇(a receptade of the life of the mind) 이외의 무엇입니까? 그것을 구성하고 있는 유한한 것들은, 영계에 존재하는 영적인 실체들(spiritual substances)이고, 그리고 그것들 역시 우리의 땅에서 소집, 결합된 것이고, 그것 안에 숨겨진 것들입니다. 만약에 그것들이 그것 안에 있지 않다면, 물질적인 것들이 극내적인 것들로 말미암아 씨를 맺는데 주입된다는 것은 있을 수 없고, 그리고 그 때 정확하게 놀라운 방법

으로 첫 싹에서부터 열매를 맺고, 새로운 씨를 생산하는 성장과정 또한 있을 수 없습니다. 어떠한 미물(微物)들도 땅에서 발산되는 부산물로 말미암아, 그리고 그것과 더불어 대기들이 주입되는 식물적인 것들에게서 내뿜는 발산물들로 말미암아 번식(繁殖), 성장할 수 없습니다.

[4] 어느 누가 무한존재(無限存在·the infinite)가 유한한 것들 이외의 다른 무엇을 창조할 수 있다는 것을 합리적으로 생각할 수 있겠으며, 그리고 또한 유한존재를 가리키는 사람이 본질적으로 생명으로 말미암아 무한존재가 생기발랄하게 할 수 있는 한 형체(形體·form) 이외의 무엇이라고 합리적으로 생각할 수 있겠습니까! 이러한 일련의 내용이 창세기서의 이런 장절들이 뜻하는 것입니다. 그 책의 말씀입니다.

> 주 하나님이 땅의 흙으로 사람을 지으시고(=빚으시고), 그의 코에 생명의 기운을 불어넣으시니, 사람이 생명체가 되었다(창세기 2 : 7).

하나님께서는, 당신이 무한하시기 때문에, 당신 자신 안에 있는 생명이십니다. 하나님께서는 이것을 창조하실 수 없고, 그 때 그것을 사람에게 옮기신 것입니다. 왜냐하면 그와 같은 일은 사람을 하나님으로 만드는 것이기 때문입니다. 이런 일이 행해진다는 것은, 뱀이나 악마에게 속한 광기(狂氣)의 개념(the insane idea of the servant or the devil)이고, 그리고 아담과 이브에게서 비롯된 그에게서 비롯된 것입니다. 왜냐하면 뱀이 이렇게 말하였겠습니까?. 창세기서의 말씀입니다.

> 하나님은, 너희가 그 나무 열매를 먹으면, 너희의 눈이 밝아지고, 하나님처럼 되어서, 선과 악을 알게 된다는 것을 아시고, 그렇게 말씀하신 것이다(창세기 3 : 5).

[5] 하나님께서 당신 자신을 사람에게 불어넣으시고, 전가, 옮기셨다는 지독히 무서운 종지(宗旨·persuasion)는, 그 교회의 마지막 때를 가리키는, 그 교회의 종말에까지 태고교회에 속한 사람들에 의하여 유지(維持), 지속(持續)되었습니다. 이런 사실은 내가 그들의 입으로부터 들은 것이고, 그리고 그와 같은 소름끼치는 신념 때문에 그들은 결과적으로 신들(gods)이 되었고, 그들은 그로 하여금 떨어지게 하는, 내적인 현기

증(眩氣症·an inward dizziness)에 의하여 사로잡힘이 없으면, 어느 누구도 가까이 근접조차 할 수 없는 동굴 속에 깊이깊이 숨겨졌습니다. 태고교회가 아담과 그의 아내에 의하여 의미되고, 기술되었다는 것은 앞 단원에서 잘 알 수 있도록 설명되었습니다.

471. 만약 사람이 육체에 속한 감관적인 것들 이상으로 높이 둔 이성(理性)에서 생각할 수 있다면, 생명은 창조된 것이 아니라는 것을 누가 모르겠습니까? 사실 생명은 본질적으로 살아 있는 힘(the essential living force)이라고 부르는 것으로, 하나님 안에 있으며, 하나님을 가리키는 사랑과 지혜에 속한 극내적인 활동(the inmost activity) 이외의 무엇이겠습니까? 이것을 알고, 직시(直視)할 수 있는 사람은, 만약에 사랑과 지혜 관련하지 않았다면, 이 생명이 사람에게 전가(轉嫁), 옮겨질 수 없다는 것을 역시 잘 알 수 있을 것입니다. 어느 누가, 사랑에 속한 모든 선과 지혜에 속한 모든 진리가 오직 하나님에게서만 비롯된다는 것을, 그리고 또한 사람은 하나님으로부터 이런 것들을 영접, 수용하는 것에 비례하여, 그가 하나님에게서 태어난다는 것, 다시 말하면 그가 중생한다는 것 등을, 부인하거나, 부인할 수 있겠습니까? 이와 달리 다른 한편, 사람이 사랑과 지혜를 영접, 수용하지 않았다면, 역시 같은 말이지만, 인애(仁愛·charity)와 믿음을 영접, 수용하지 않았다면, 그것에 비례하여 사람은 하나님에게서 본질적으로 생명을 가리키는 그 생명을 수용하지 못하고, 오히려 지옥에서 비롯된 생명을, 즉 영적인 죽음(spiritual death)이라고 부르는 도치(倒置)된 생명(inverted life) 이외의 다른 것을 영접, 수용하지 못할 것입니다.

472. 앞에서 언급, 설명된 것에서 밝히 지각할 수 있고, 결론지을 수 있는 것은, 아래의 것들은 창조된 것이 아니라는 것입니다. 다시 말하면 (1) 무한(無限)하지 않은 것. (2) 사랑과 지혜가 아닌 것. (3) 결과적으로 생명이 아닌 것. (4) 빛(光)과 별(熱)이 아닌 것. (5) 본질적으로 실현되지 않은 활동(activity) 등등이 되겠습니다. 그러나 이런 것들의 수용적인 기관들은 창조될 수 있고, 창조되었다는 것입니다. 이런 명제(命題)들은 아래의 비교대조(比較對照)에 의하여 입증, 설명될 수 있겠습니다. 즉, 빛(light)은 창조적인 것이 아니고, 오히려 그것의 기관(器官·organ)인 눈(eye)이 창조되었다는 것, 대기의 활동을 가리키는 소리(音·sound)는 창조된 것이 아니고, 그것의 기관인 귀(ear)는 창조되었다는

것, 근본적인 활동원칙(the primary active principle)을 가리키는 것은 창조된 것이 아니라는 것 등입니다. 왜냐하면 자연계의 세 세계(the three kingdoms of nature)에 존재하는 모든 것들의 수용은 창조된 것이고, 그리고 이 수용에 일치하여 활동하는 것이고, 만약에 그렇지 않다면 활동하지 못하기 때문입니다.

[2]그와 같은 사실은 창조의 질서(the order of creation)에서 비롯된 것입니다. 다시 말하면 어디에나 능동(能動)적인 것과 수동(受動)적인 것이 있다는 것, 그리고 이들 양자는 그것들 자체가 한 몸(一體)처럼 결합되어야 한다는 것입니다. 만약에 능동적인 것들이나 수동적인 것들이 창조될 수 있는 것이라면, 결코 태양(sun)은 필요 없을 것이고, 그리고 그것에서 비롯되는 별이나 빛(熱・光) 또한 필요 없을 것입니다. 그러나 창조된 모든 것(被造物)들은 이런 것들이 없다면 불변적인 존재(permanent existence)가 될 것입니다. 그러나 만약에 이런 것들이 소멸, 제거된다면, 창조된 우주(the created universe)는 모르는 사이에 혼돈(混沌・chaos) 속에 빠질 것입니다.

[3] 이 세상의 태양 자체는 창조된 물질들(created substances)로 이루어졌고, 그것의 활동(activity)은 불(fire)을 생성합니다. 이런 일련의 것들은 예증의 목적을 위해 제시하는 것들입니다. 그것은 사람에게서도 매한가지입니다. 만약에 그것의 본질에서 지혜를 가리키는 영적인 빛(spiritual light)이나, 그것의 본질에서 사랑을 가리키는 영적인 별(spiritual heat)이 사람 안에 입류하지 못한다면, 사람은 그것을 영접, 수용하지 못합니다. 온전한 사람은, 자연계에서, 그리고 영계에서 형성된 하나의 형체(form) 이외에 아무것도 아닙니다. 왜냐하면 이들 두 세계는 서로 각자에게 대응하기 때문입니다. 만약에 사람이 하나님에게서 비롯되는 사랑이나 지혜의 수용적인 형체라는 것이 부인된다면, 입류(入流・influx) 역시 부인될 것이고, 그리고 따라서 하나님에게서 비롯된 모든 선도 역시 부인될 것입니다. 그리고 하나님과의 결합(結合・conjunction) 역시 부인될 것입니다. 결과적으로 사람이 하나님의 거처(an abode of God)가 되고, 하나님의 성전(temple of God)이 된다는 것은 아무런 의미가 없는 속빈 강정이 될 것입니다.

473. 그러나 사람은 이런 사실을 이성(理性)의 밝은 빛으로 알지 못하는데, 그것은 이 빛이 외적인 육체적인 감관들에 속한 외현들(=겉모습들

・appearances)에서 생겨나는 온갖 오류(誤謬)들에 의하여, 그리고 그것이 사실이라고 믿는 오류들에 의하여, 어두워졌기 때문입니다. 사람은 자기 자신의 생명으로 말미암아 자기가 살아간다는 것 이외의 다른 느낌(feeling)을 가질 수 없는데, 그것은 도구적인 것(the instrumental)인 그것의 고유속성이 주된 것이라고 느끼기 때문이고, 그리고 그러므로 사람은 주된 것과 도구적인 것 양자 사이에서 명료하게 분별할 수 없기 때문입니다. 왜냐하면 이들 양자는, 학계(學界)에 잘 알려진 이론에 따라서 하나의 원인에서 비롯된 것처럼, 동시에 활동하기 때문입니다. 주된 원인(the principle cause)은 생명이고, 도구적인 원인은 사람의 마음(the man's mind)입니다. 이 외현(外現)은 짐승들이 자신들 안에 창조된 생명을 소유한다는 것이지만, 그러나 이 외현은 하나의 비슷한 오류(a similar fallacy)입니다. 왜냐하면 짐승들은 자연계와 영계, 양계로부터 빛과 볕을 수용하기 위해 창조된 기관들(器官・organs created)이기 때문입니다. 왜냐하면 각각의 종(種・species)은 어떤 자연적인 사랑의 형체이기 때문이고, 그리고 그것은 천계(heaven)나 지옥(hell)을 통해서 간접적으로 영계로부터 빛과 볕을 수용하기 때문입니다. 다시 말하면 유순한 짐승들은 천계를 통해서, 그리고 사나운 짐승은 지옥을 통해서 영계로부터 빛과 볕을 수용합니다. 사람만은 빛과 볕을 수용하는데, 다시 말하면 사람은 주님으로부터 직접적으로 지혜와 사랑을 수용합니다. 이것이 차이입니다.

474. 주님께서 당신 자신 안에 생명이 있다는 것, 따라서 주님께서는 생명 자체시라는 것을 요한복음서에서 친히 가르치셨습니다. 그 책의 말씀입니다.

> 태초에 말씀이 계셨다. 그 말씀은 하나님과 함께 계셨다.……그의 안에 생명이 있었다(=그의 안에서 생겨난 것은 생명이었다). 그 생명은 모든 사람의 빛이었다(요한 1 : 1, 4).

같은 책의 말씀입니다.

> 그것은, 아버지께서 자기 안에 생명이 있는 것처럼, 아들에게도 생명을 주셔서, 그 안에 생명이 있게 하여 주셨기 때문이다(요한 5 : 26).

같은 책의 말씀입니다.

　내가 곧 길이요 진리요 생명이다(요한 14 : 6).

역시 같은 책의 말씀입니다.

　나를 따르는 사람은……생명의 빛을 얻을 것이다(요한 8 : 12).

IV.
사람은 이 세상에 사는 동안, 그는 천계와 지옥 중간에 있고, 거기에는 영적인 평형(平衡·spiritual equilibrium)이 있는데, 그것이 선택의 자유이다.

475. 선택의 자유(freedom of choice)가 무엇인지, 그리고 그것의 성질(=본성·nature)을 알기 위해서는 반드시 그것의 기원(起源·origin)을 알아야 합니다. 특히 그 기원에 속한 인식(=인지·認識·認知·recognition)으로 말미암아 선택의 자유라는 것이 있다는 것뿐만 아니라, 그것이 무엇인지도 안다는 것입니다. 그것의 기원은, 주님에 의하여 사람의 마음(man's mind)이 보존(保存)되는, 영계에 있습니다. 그리고 사람의 영은, 자연계에서 물질적인 몸(the material body)에 의하여 감싸 있지만, 동시에 자연계의 사람들이 교제(交際)의 관계에 있는 것과 같이, 영계에서도 동일한 영들과의 교제의 관계에 있습니다. 그러나 사람은, 그의 마음의 측면에서 영계의 영들과 함께 있다는 것을 알지 못합니다. 왜냐하면 그 사람과 영계에서 교제하는 영들은, 영적으로 생각하고 말하고 있으나 그렇다고는 하지만, 그 사람 자신의 영(his own spirit)은, 그가 물질적인 몸으로 있는 동안처럼, 자연적으로 생각하고 말하기 때문입니다. 그리고 자연적인 사람(the natural man)은 영적인 생각이나 말(spiritual thoght and speech)을 이해할 수도 없고, 지각할 수 없고, 그리고 영들 역시 자연적인 사람의 생각이나 말을 이해할 수 없고, 지각할 수 없습니다. 이것이 영들이 보지 못하는 이유입니다. 그러나 사람의 영이 영

계에서 영들과의 교제에 있게 되면, 그는 역시 그들에게 있는 영적인 생각이나 언어 가운데 있는데, 그 때 그의 마음은 내면적으로는 영적이지만, 그러나 외면적으로는 자연적이기 때문에, 그러므로 그의 내면적인 것들에 의해서는 그는 영들과 교류하지만, 다른 한편 그의 외면적인 것들에 의해서는 그는 사람들과 교제합니다. 사람은 이런 부류의 교류에 의하여 사물들에 속한 인식(=지각·perception of things)을 가지게 되고, 그는 그것들에 관하여 분석적으로 생각합니다. 만약에 그것이 이런 부류의 교류를 위한 것이 아니라면, 사람은, 짐승에 비하여 월등한 생각을 가지지도 못하고, 또 다른 생각도 가지지 못합니다. 그리고 만약에 영들과의 모든 관계나 유대(紐帶)가 그에게서 제거(除去)되면, 그는 즉시 죽을 것입니다.

[2] 그러나 사람이 어떻게 천계와 지옥의 중간에서 간수, 유지될 수 있는지, 그리고 그것에 의하여 사람이 그것에서 선택의 자유를 취하는 영적인 평형의 상태에 있는지를 이해할 수 있게 하기 위하여 간략하게 설명하고자 합니다. 영계(靈界)는 천계와 지옥(=지옥계)으로 구성되었습니다. 그 때 천계(heaven)는 머리 위에 있고, 그리고 지옥계는 발 아래에 있습니다. 그러나 지옥은, 사람들이 살고 있는 지구(the globe)의 중앙에 있지 않고, 영적인 근원에 속한 것을 가리키는, 영계의 땅(the lands of the spiritual world), 따라서 지옥은 공간적으로 넓게 연장, 확장되는 것이 아니고, 오히려 공간의 외현(an appearance of extension)으로 존재합니다.

[3] 천계와 지옥계 사이에는 매우 큰 중간영역(a great interspace)이 있는데, 거기에 있는 자들에게 그것은 마치 하나의 완전한 천체(=세계·a complete orb)처럼 보입니다. 이 중간영역으로는 무한히 지옥에서부터 악이 솟아, 내뿜고, 이와는 달리 다른 한편, 천계로부터는 역시 무한히 선이 그것에 입류합니다. 이 중간 영역에 관해서 아브라함은 지옥에 있는 부자(富者)에게 이렇게 말하였습니다. 누가복음서의 말씀입니다.

> 그뿐만 아니라, 우리와 너희 사이에는 큰 구렁텅이가 가로놓여 있어서, 여기에서 너희에게로 건너가고자 해도 갈 수 없고, 거기에서 우리에게로 건너오지도 못한다(누가 16 : 26).

그의 영의 측면에서 모든 사람은 이와 같은 중간영역 가운데 있는데, 단지 이런 이유 때문에 사람은 선택의 자유 가운데 있습니다.
[4] 이 중간영역이 매우 크기 때문에, 그리고 중간영역이 거기에 있는 자들에게는 광대한 세계(a vast orb)같이 보이기 때문에, 그것은 영들의 세계(the world of spirits)라고 불리웁니다. 더욱이 그 세계는 모든 사람이 죽은 뒤 제일 먼저 그 곳에 가기 때문에, 그리고 거기에서 온 모든 사람들은 천계나, 또는 지옥을 위해 준비하여야 하기 때문에, 그 세계는 영들로 가득 차 있습니다. 거기에 있는 모두는, 마치 종전에 그가 이 세상에 있을 때 사람들과 함께 있습니다. 거기에는 이른바 로마 가톨릭 교도들이 지어낸 소설 같은, 연옥(煉獄·purgatory)은 없습니다. 그러나 그 세계는 1758년 런던에서 출간된 나의 저서 《천계와 지옥》(Heaven and Hell) 421-535항에서 다루었기 때문에 참조하십시오.

476. 모든 사람은 누구나 유아기부터 노년기에 이르기까지 그 사람 자신의 거처(居處·locality)와 환경(環境·situation)을 그 세계에서 계속해서 변화시킵니다. 젖먹이 때 그 사람은 동쪽 영역에서 북쪽 영역에 걸쳐 간수되고, 그리고 소년기 때에는 마치 그가 종교의 첫째 과목들을 배우는 것처럼, 그는 북쪽 영역에서 남쪽 영역으로 점차적으로 움직입니다. 그리고 젊었을 때는, 마치 그가 자기 자신의 생각들을 훈련, 단련하는 것처럼, 그는 남쪽 영역에 머물러 있고 그 뒤 그가 자기 자신을 위해 판단하고, 그리고 자기 자신이 주인이 되게 되면, 그는 자기 자신이 내면적으로 하나님을 존경하고, 그리고 그의 이웃을 사랑하는 그런 상태로 성장하는 그의 성장에 일치하여 그는 동쪽 영역을 향한 남쪽 영역에 머무릅니다. 그러나 만약에 그 사람이 악에 기울게 되고, 그리고 그것을 흡수하게 되면, 그는 서쪽 영역으로 진전합니다. 왜냐하면 영계에 있는 모두는 그들의 주거(住居·abodes)들을 그 방위들(=영역들)에 맞추어서 차지하기 때문입니다. 동쪽 영역에 있는 자들은 주님에게서 비롯된 선 안에 있는 자들을 가리키는데, 그것은 주님께서 그것의 중앙에 계시는 태양(太陽·sun)이 동쪽 영역에 있기 때문입니다. 북쪽 영역에 있는 자들은 무지(無知·ignorance)의 상태에 있는 자들이고, 남쪽 영역에 있는 자들은 총명의 상태에 있는 자들입니다. 사람 자신은 육신의 몸의 측면에서 보면 중간 영역, 즉 중간 지역에 간수되지 않고, 다만 그의 영의 몸의 측면에서 천계와 지옥 사이의 중간 영역(=중간 지역)에

간수됩니다. 그의 영은, 선을 향해 진전하느냐, 또는 악을 향해 진전하느냐에 의하여 그의 영의 상태를 바꾸기 때문에 그러므로 이쪽 영역이나 저쪽 영역에 있는 거처들(localities)이나 환경들(situations)에 옮겨지고, 그리고 사람 자신은 거기에 살고 있는 자들과의 제휴(提携) 가운데 있게 됩니다. 그러나 여기서 반드시 이해하여야 할 사실은 주님께서 그 사람을 이 장소나 저 장소로 옮기는 것이 아니고, 그 사람 자신이 자신을 서로 다른 길들에로 옮긴다는 것입니다. 만약에 그 사람이 선한 길을 택하면, 주님은 그의 영을 동쪽 영역으로 옮깁니다. 그러나 만약에 사람이 악한 길을 택하면, 그는 악마와 함께 서쪽 영역으로 향하게 합니다. 여기서 반드시 주지하여야 할 사실은 여기서 사용된 낱말 천계(heaven)는 역시 주님을 뜻하는데, 그것은 주님께서는 천계에 속한 모든 것들 안에 존재하는 전부(the all)이기 때문이고, 그리고 낱말 악마(the devil)가 사용된 곳에서는 그것은 역시 지옥을 뜻하기 때문입니다. 그 이유는 거기에 있는 자는 모두 악마들이기 때문입니다.

477. 사람은 이와 같이 매우 큰 중간 영역에 간수되고, 그리고 거기에 있는 중간 영역에 간수되는데, 그와 같은 유일한 목적은 사람이 영적인 것들 안에서 선택의 자유를 취하기 위한 것입니다. 왜냐하면 이것이 영적인 평형이기 때문인데, 그것은 그것이 천계와 지옥 사이에 있는 평형이기 때문이고, 따라서 선과 악 사이에 존재하는 평형이기 때문입니다. 이와 같은 매우 큰 중간 영역에 있는 자들 모두는, 그들의 내면적인 것들의 측면에서 천계의 천사들과의 결합이고, 아니면 지옥의 악마들과 결합합니다. 그리고 또한 오늘날에는 미가엘의 천사들(the angels of Michael)과 결합하든가 아니면 용의 무리들(the angels of the dragon)과 함께 결합합니다. 사망한 뒤에 모든 사람은 그 중간 영역에 있는 자기 자신의 고유속성에 자기 자신을 전력으로 기울게 하고, 그리고 자기 자신의 것과 가장 유사한 사랑에 있는 자들과 자기 자신을 제휴합니다. 왜냐하면 사랑은 자기 자신의 것과 닮은 모두와 결합하기 때문이고, 그리고 그 사람으로 하여금 그의 영혼에서 내뿜는 숨을 자유롭게 숨 쉬게 하기 때문이고, 그리고 그의 종전의 삶의 상태에 계속해서 머무르게 하기 때문입니다. 그러나 그의 내적인 것들과 하나를 이루지 못한 외적인 것들은 그 때 점차적으로 벗겨지고, 그리고 이것이 전부 벗겨졌을 때 선한 사람은 천계에 올리워지고, 악한 사람은 자신을 지옥으로 떨어지

게 합니다. 그 때 누구나 각자는 자신의 지배적인 사랑(支配愛·his ruling love)의 측면에서 함께 하는 부류와 하나가 됩니다.
478. 선택의 자유(freedom of choice)를 가리키는, 영적인 평형상태는 자연적인 평형의 다양한 모습들(=형체들)에 의하여 설명, 예증하고자 합니다. 그것은 그의 육체에 관해서 구속(拘束)하는 사람의 평형상태(=균형상태)와 같고, 또는 동일한 힘을 지닌 두 사람들 사이의 팔들에게서 그들 중의 하나는 그들 사이에 있는 그 사람을 오른쪽으로, 그리고 그들 중 다른 하나는 왼쪽으로 당기는 평형상태와 같습니다. 그러므로 중간 상태에 있는 사람은, 마치 어떤 힘에 의하여 억제되지 않는 것과 같이, 자유스럽게 이쪽이나 저쪽으로 방향을 틀 수 있습니다. 그리고 그가 만약에 오른쪽으로 방향을 튼다면, 그는 왼쪽의 사람을 억지로 자신에게 방향을 틀도록 하고, 심지어 그 사람을 땅바닥에 넘어뜨릴 수도 있습니다. 이와 같은 것은 마치 무저항의 사람(any unresisting person)의 경우와 꼭 같은데, 그것은 또한 동일한 힘을 지닌 오른쪽의 세 사람들과 왼쪽의 동일한 수의 사람들의 사이에 묶여 있는 경우와 같고, 그리고 그것은 마치 동일한 힘을 지닌 낙타들이나 말들 사이에 묶여 있는 경우와 같습니다.
[2] 선택의 자유를 가리키는, 영적인 평형 상태는 꼭 같은 무게가 양쪽의 천정의 접시(scale) 위에 놓인 저울에 비교될 수 있겠습니다. 그러나 만약에 지극히 가벼운 무게가 다른 접시에 더해진다면, 그 접시의 바늘은 움직이기 시작합니다. 이와 같은 것은 지렛대 저울이나, 막대 저울의 경우에서도 꼭 같고, 또한 시소(seesaw)의 경우도 마찬가지입니다. 사람 안에 있는 각각의 것들이나 모든 것들도 마찬가지입니다. 예를 들면 심장·폐장·위(=밥통)·간·췌장·비장·내장들이나 그 밖의 인체의 기관들도 모두 평형의 상태에 있습니다. 이런 이유들 때문에 그것의 각각은 완전한 안정 상태에서 그 각각의 기능(=역할)을 잘 수행하고 있는 것입니다. 인체의 수많은 근육(筋肉)들도 마찬가지입니다. 만약에 이런 것들 모두가 이와 같은 평형상태 밖에 있다면, 모든 작용이나 반작용(all action and reaction)은 모두 소멸될 것이고, 그리고 사람은 더 이상 사람으로서 행동하지 못할 것입니다. 그 때 인체의 모든 것들은 이와 같은 평형의 상태에 있기 때문에, 따라서 두뇌의 모든 것들 역시 평형의 상태에 있고, 결과적으로는 의지나 이해에 관계되는, 인체 안에

있는 마음에 속한 모든 것들 역시 그 상태에 있는 것입니다.
[3] 짐승들・새들・물고기들・곤충들 등등에 속한 자유가 또한 있지만, 그러나 이런 것들은, 식욕들이나 쾌락들에 의하여 자극되는 그것들의 몸통의 감관들에 의하여 촉진(促進), 지배됩니다. 그러나 만약에 사람의 자유가 생각하는 그의 자유와 동일하게 행동한다면, 사람은 이런 것들과 별로 다르지 않을 것입니다. 역시 그 때 사람은 정욕이나 기쁨에 의하여 촉진, 지배되는 육체적인 감관들에 의하여 지배될 것입니다. 그러나 교회에 속한 영적인 것들을 마음 속으로 영접, 수용하는 자나, 그의 선택의 자유를 제지(制止)하는 것들에 의하여 교회에 속한 영적인 것들을 수용한 자에게서는 사정은 전혀 다릅니다. 이런 부류의 사람은 주님에 의하여 정욕들, 나쁜 쾌락들이나 그것들에 대한 그의 선천적인 강렬한 욕망들에게서 옮겨지고, 그리고 선한 것들에 대한 정동을 터득, 습득합니다. 그 때 그 사람은 주님에 의하여 영계의 동쪽 영역으로 가까이 옮겨지고, 동시에 영계의 남쪽으로 가까이 옮겨지고, 그리고 진정한 자유를 가리키는, 천계적인 자유에로 안내됩니다.

V.
사람이 영적인 것들 안에서 선택의 자유를 갖는다는 것은 모두의 내적인 사람이 있는 악에 속한 허용(permission of evil)에게서 명확하다.

479. 사람이 영적인 것들 가운데서 선택의 자유를 갖는다는 것은 어느 누구나 일반적인 것들이나, 그 뒤에는 처음 듣는 것(first hearing)에서 시인되는 개별적인 것들에서 제일 먼저 반드시 확증되어야 합니다. 그것의 일반적인 것들은 이러합니다.
(1) 가장 현명하였던 아담과 그의 아내도 뱀에 의하여 유혹되도록 자신들을 방치(放置), 내버려두었다는 것.
(2) 그들의 첫째 아들 가인은 그의 아우 아벨을 살해하였다는 것, 그리고 여호와 하나님께서는 그들에게 말씀하시는 것에 의하여 그런 일을 하지 못하게 막지 않으셨을 뿐만 아니라, 그런 행위가 있은 뒤, 저주하셨다는 것.

(3) 이스라엘 민족은 광야에서 금송아지(a golden calf)를 예배하였다는 것, 그럼에도 불구하고 여호와께서는 시내 산에서 이것을 보셨고, 그리고 그것을 막지도, 방해하지도 않았다는 것.
(4) 다윗 왕은 인구조사를 하였다는 것, 그러므로 그들에게 역병(疫病·plague)이 보내졌고, 그리고 그것에 의하여 수 천 명의 사람들이 죽었다는 것, 그리고 이런 일에 앞서 하나님께서는 어떤 일도 하지 않으셨고, 그 뒤에 하나님은 예언자 갓을 다윗에게 보냈고, 그리고 그에게 형벌(刑罰)로 응징(膺懲)하였다는 것.
(5) 하나님께서는 솔로몬이 예배에 속한 우상숭배적인 형상들을 제정(制定), 설립(設立)하는 것을 허용하였다는 것.
(6) 하나님께서는 솔로몬 뒤에 이어지는 수많은 왕들이 성전이나 교회에 속한 거룩한 것들을 모독(冒瀆), 더럽히는 것을 허용하였다는 것, 그리고 종국에 그 민족이 주님을 십자가에 처형하는 것까지도 허용하였다는 것.
(7) 모하메드가 수많은 관점에서 성경(聖經·Sacred Scripture)에 적합하지 않은 종교를 세우는 것이 허락되었다는 것.
(8) 기독교가 수많은 교파(敎派·sects)들로 나뉘어졌고, 그것의 각각은 이단(異端·heresies)들로 나뉘었다는 것.
(9) 기독교계에는 수많은 불경건하고 사악한 사람들이 있다는 것, 그리고 심지어 어떤 무리는 불경스러운 것들을 자랑하였고, 그리고 경건하고, 공의롭고, 성실, 정직한 자들에게 음모·간계·농간 따위를 들쒸웠다는 것.
(10) 때로는 부정(不正)이나 불법(不法)이 법률이나 사업에서 공정이나 정의를 이겼다는 것.
(11) 심지어 사악한 자들이 영예나 명성의 자리에 올리워지고, 그리고 교회나 나라의 지도자들이 된다는 것.
(12) 온갖 전쟁들이 허용되고, 수많은 사람들이 전쟁으로 살육(殺戮)되고, 그리고 수많은 도시들·민족들·가정들이 약탈당하고, 파괴, 파멸된다는 것, 이 밖에도 여러 것들이 있다는 것.
어느 누가 모든 사람에 의한 선택의 자유의 특권(特權) 이외의 다른 근원에서 이런 부류의 것들이 발생되었다는 것을 추론할 수 있겠습니까? 이 세상에 두루 알려진 악의 허용(the permission of evil)은 이 밖의 다

제 8 장·선택의 자유(選擇 自由·Freedom of Choice) 363

른 근원을 가지지 않습니다. 허용의 법칙들(the laws of permission)이 곧 신령섭리의 법칙(laws of Divine Providence)이라는 것은, 1764년 암스텔담에서 발간된 ≪신령섭리≫(the Divine Providence) 234-274항에서 잘 볼 수 있겠습니다. 앞서 이 책에 설명된 것들은 그 책에 설명된 것들입니다.

480. 사람이 자연적인 것들에서와 같이, 영적인 것들에서 선택의 자유를 가지고 있다는 것을 입증하는 개별적인 것들은 수도 없이 많습니다. 따라서 누구나 원한다면, 하루에 일흔 번씩, 일주일에 삼백 번씩 자기 자신에 대해서 예의 주시(注視)하고, 그리고 하나님·주님·성령이나 이른바 교회의 영적인 것들이라고 부르는 거룩한 것들에 관해서 생각할 수 있는지, 없는지, 살펴보도록 합시다. 그리고 이런 일은 그가 어떤 강요를 느끼든 느끼지 않던, 또는 그가 그 어떤 기쁨에 의하여, 또는 어떤 욕망에 의하여 그렇게 생각하도록 움직이는 것에 관계없이, 그리고 그가 믿음을 가졌든 가지지 못하였든 관계없이, 이런 일은 값진 것입니다. 그리고 또한 상태가 무엇이든, 여러분들이 누구와의 대화 가운데, 또는 하나님에게 기도하는 가운데, 또는 설교를 하고, 그 설교를 듣는 가운데 있다고 해도, 선택의 자유가 없다면, 어떤 것에 관해서 여러분들이 생각할 수 있는지 여부를 면밀히 생각하고, 고찰(考察)해 보십시오. 선택의 자유는 이런 행위들 가운데 모든 요지(要旨)요, 정점으로 옮기지 않습니까? 뿐만 아니라, 모든 개별적인 것들 안에 선택의 자유가 없다면, 심지어 가장 미세한 개별적인 것에 이르기까지 여러분은 조각상 이외의 숨 쉬는 것 이외에 다른 것이 무엇이겠습니까? 왜냐하면 호흡(呼吸·숨결·respiration)은 매 발걸음이 생각을 따르고, 그것에서 비롯된 언어를 뒤따르기 때문입니다. 내가 말할 수 있는 것은, 만약에 선택의 자유가 없다면, 사람은 사람이 아니고, 한낱 망부석(=조각상·望夫石·statue)에 불과하고, 짐승에 지나지 않을 것이라고 감히 나는 말합니다. 그것은 짐승이 자연적인 선택의 자유에서 숨 쉬지만, 그러나 사람은, 자연적인 것들이나 영적인 것들 안에 있는 양자의 선택의 자유로 말미암아, 숨 쉬기 때문입니다. 왜냐하면 사람은 짐승과 같이 태어나지 않기 때문입니다. 짐승은 섭생(攝生)이나 번식(繁殖)에 속한 주제들에게서 그것의 자연적인 사랑에 수반(隨伴)된 모든 개념을 가지고 태어났지만, 이에 비하여 사람은, 알고, 이해하는 능력이나 재능, 그리고 현명하

게 되는 능력이나 재능, 그리고 자기 자신이나 이 세상을 사랑하는 성향(性向)이나 기질(氣質), 그리고 또한 이웃이나 하나님을 사랑하는 성향이나 기질 등등을 지닌 선천적인 개념들이 없이 태어나기 때문입니다. 이와 같은 사실은, 만약에 선택의 자유가 사람의 의지작용(volition)이 생각(thought)의 모든 개별적인 것들을 사람에게서 빼앗는다면, 그가 숨을 쉬는 망부석 이외의 더 이상 아무것도 아니라고 언급한 이유이고, 그리고 더 이상 짐승 이외의 다른 것이 아니라고 언급하지 못하는 이유이기도 합니다.

481. 어느 누구나, 사람은 자연적인 것들에서 선택의 자유를 가지고 있다는 것을 부인하지는 못합니다. 그러나 이러한 사실은 사람이 영적인 것들에서도 그의 선택의 자유를 가졌기 때문입니다. 왜냐하면 이미 앞에서 입증한 것과 같이, 주님께서는 신령선과 신령진리와 함께 위(above)나 안(within)으로부터 모든 사람에게 입류하기 때문이고, 그리고 그것에 의하여 주님께서는 짐승들의 생명과 전혀 다른 생명을 사람에게 불어 넣어 주시고, 그리고 주님께서는 사람에게 신령선과 신령진리를 수용하는 힘(the power)과 의지(the will)를 주시고, 그리고 이것들로 말미암아 행동하는 힘과 의지를 주시기 때문입니다. 그리고 주님께서는 이런 것을 어느 누구에게서도 결코 제거하시지 않습니다. 이런 사실에서 볼 때 뒤이어지는 것은, 사람은 반드시 진리를 영접, 수용하고, 선을 행하여야 한다는 것이 주님의 끊임없는 뜻(the unceasing will of the Lord)이라는 것입니다. 따라서 영적이 되는 것입니다. 그리고 이것을 위해 태어났지만, 그리고 또 영적인 것들 안에 존재하는 선택의 자유가 없이 영적인 것들 안에 존재하는 선택의 자유가 없이 영적인 존재가 된다는 것은, 마치 낙타가 바늘귀를 지나가도록 밀어 넣는 것처럼 불가능하고, 그리고 또한 손으로 창공(蒼空)의 별을 만지는 것처럼 불가능합니다. 진리를 이해하고, 그것은 원하는 능력이 모든 사람에게 주어졌다는 것은 심지어 악마에게도 주어졌다는 것은, 그리고 결코 제거되지 않는다는 것 등등은 생생한 경험에 의하여 내게 입증되었습니다. 한번은 지옥에 있는 자들 중 하나가 영들의 세계에 들어오게 되었고, 그리고 거기에서 천계에서 온 천사들에 의하여, 신령 영적인 것들을 가리키는 것들을 그에게 일러주고, 그가 그것들을 이해하는지 여부를 물었는데, 그때 그는 그가 그것을 이해할 수 있다고 대답하였습니다. 그 때 그가 그

것들을 수용하지 않는 이유를 물었을 때, 그는, 그가 그것들을 사랑하지 않기 때문에, 그것들을 원하지 않는다고 대답하였습니다. 그 때 그에게 그가 그것을 좋아할 것이라고 일러졌습니다. 그는 이 말에 깜짝 놀라면서, 그는 그럴 수 없다고 말하였습니다. 그러므로 천사들은 그의 이해에 그것의 즐거움과 함께, 사회적 명성의 광영을 주입시켰고, 그러자 그는 그것들을 원하고, 심지어 그것들을 사랑하여 영접, 수용하였습니다. 그러나 그가 그의 종전의 상태, 즉 약탈자・간음자 그리고 그의 이웃의 중상 모략자(中傷 謀略者・calumniator)의 상태로 즉시 되돌려졌습니다. 그 때 그는, 그가 그와 같이 하기를 원하지 않았기 때문에, 이런 것들을 더 이상 이해하지 못하였습니다. 이상에서 볼 때 명백한 것은 사람은 영적인 것들 안에 있는 그의 선택의 자유의 덕택으로 사람이라는 것이고, 그리고 그 선택의 자유가 없으면, 그는 나무 등걸이나 돌멩이와 같고, 또한 롯의 아내의 소금 기둥처럼 된다는 것입니다.

482. 만약에 사람이 영적인 것들에서 선택의 자유를 전혀 가지지 못하였다면, 그 사람은 시민법적・도덕적・자연적인 것들에서도 결코 선택의 자유를 가지지 못할 것이라는 것은 이런 사실에서 명료합니다. 다시 말하면 신학적이라고 부르는 영적인 것들은, 마치 영혼이 육체 안에서 자리를 차지하고 있는 것과 같이, 사람의 마음의 가장 높은 영역에서 그들의 자리를 차지하고 있다는 것에서 명확합니다. 주님께서 사람에게 들어오실 때 거기에 있는 그것을 통해서 들어오는 문이 거기에 있기 때문에 그들은 거기에서 그들의 자리를 차지합니다. 이것들 아래에는 그것들 위에 있는 그들의 거처를 차지하고 있는 영적인 것들로 말미암아 사람 안에 모든 그들의 생명을 영접, 수용하는 시민적인 것들이나, 도덕적, 자연적인 것들이 있습니다. 그리고 생명은 주님으로부터 최고의 영역에서 입류하기 때문에, 그리고 사람의 생명은 자유스럽게 생각하고, 뜻하고, 말하고, 그리고 그것으로 인하여 행동하는 능력(能力・ability)이기 때문에 뒤이어지는 결론은 정치적인 일들(political affairs)이나 자연적인 일들에 있는 사람의 선택의 자유는 결코 다른 근원에서가 아니고, 바로 그 근원에서 비롯된다는 것입니다. 그와 같은 영적인 자유에서 사람은 선한 것이나 참된 것의 지각(知覺・perception)을 취하고, 그리고 시민적인 일들에서는 그것에서 공의로운 것이나 올바른 것의 지각을 가지게 됩니다. 그리고 이 지각은 그것의 본질에서는 이해 자체입니다.

[2] 영적인 것들에서 사람의 선택의 자유는, 비교해서 말한다면, 그의 생각의 모든 변화에 일치하는 폐장에 흡입(吸入)되고, 유지, 보존 되고, 그리고 배출되는 폐장들 안에 있는 공기와 같습니다. 만약에 선택의 자유가 없다면 사람은 악몽(=가위눌림·nightmare)이나, 현기증, 천식(喘息)에서 겪는 고통보다 더 심한 고통을 겪을 것입니다. 그것은 심장의 혈액과도 같습니다. 만약에 혈액이 부족, 결핍(缺乏)하기 시작하면, 심장은 처음에는 몹시 뛰고, 그리고 좀 더 뒤에는 심한 경련(痙攣)이 일어나고, 그리고 심장의 박동(拍動)은 전적으로 멈출 것입니다. 이와 같은 현상은, 그것 안에 있는 애씀(effort)이 계속해서 유지되는 동안, 움직임(運動)이 계속 이어지는, 운동 가운데 있는 인체(人體)에 비교될 수 있겠습니다. 그러나 운동(motion)과 애씀(effort) 양자는 동시에 소멸됩니다. 그러므로 역시 그것은 사람의 의지가 차지하고 있는 선택의 자유와 같습니다. 이들 양자, 즉 선택의 자유와 의지(the will)는 사람 안에 있는 살아 있는 애씀(the living effort)이라고 부를 수 있겠습니다. 왜냐하면 자유의사(自由意思·volition)가 소멸, 멈추면 행동(action)도 멈추기 때문이고, 그리고 선택의 자유가 소멸, 멈추면 자유의사 또한 멈추기 때문입니다.

[3] 만약에 사람이 영적인 자유를 빼앗긴다면, 그것은 마치 기계에서 바퀴들을 빼는 것에 비교될 수 있는데, 그리고 풍차(風車)에서 바람개비를 제거하는 것과 같고, 돛단배(帆船)에서 돛을 제거하는 것과 같습니다. 그것은 죽어가는 사람이 그의 마지막 숨결을 내뿜는 것과 같습니다. 왜냐하면 사람의 영의 생명(the life of man's spirit)은 영적인 것들 안에 있는 그의 선택의 자유에 존재하기 때문입니다. 오늘날 많은 목사들에 의하여 선택의 자유가 부인되고 있다는 말을 천사들이 들었을 때, 그들은 매우 슬퍼서 눈물을 흘리고, 그리고 그들은 이와 같은 부인(否認)을 가리켜 미치광이 중 미치광이라고 불렀습니다.

VI.
영적인 사물들에 선택의 자유가 없다면, 성언(聖言·the Word)은 무용지물(無用之物)이고, 결과적으로 교회 또한 아무런 쓸모가 없을 것이다.

483. 기독교계에 두루 알려진 사실은, 성경말씀(聖言·the Word)의 가장 넓은 뜻에서 그것은 사람이 반드시 영원한 생명(永生·eternal life)을 얻는 것에 일치하는 율법(律法·the law)이나 율법의 책들을 뜻한다는 것입니다. 그리고 또한 사람은 선을 반드시 행하고, 악을 반드시 행하지 말아야 한다는 것, 그리고 반드시 하나님을 믿고, 우상들 따위를 믿지 말아야 한다는 것 이외의 그것 안에 또 다른 가르침이 무엇이 있겠습니까! 그리고 성경말씀은 이런 것들을 실천하는 명령들(commands)이나 간곡한 권고(勸告·exhortations)들로 가득 차 있고, 그리고 그것들을 실행하는 자들에 대한 축복이나 보상(報償)의 약속들로 가득 차 있고, 그리고 그것들을 지키지 않는 자들에 대한 저주들(咀呪·cures)이나 위협들(威脅·threats)로 가득 차 있습니다. 만약에 사람이 영적인 것들에서 선택의 자유를 가지고 있지 않다면, 다시 말하면 구원이나 영생(救援·永生·salvation and eternal life)에 관계 되는 것들에서 선택의 자유를 가지고 있지 않는다면, 이 모든 것이 무슨 목적이 되겠습니까? 아마도 그것은 아무런 뜻이 없고, 아무런 쓸모없는 그런 것일 것입니다. 만약에 사람이 자신은 영적인 것들에서 아무런 능력이나 자유를 가지고 있지 않다는 생각에 집착(執着), 고수(固守)한다면, 그리고 영적인 사안들에서 의지에 속한 능력에서 분리, 격리(隔離)되었다는 생각에 집착한다면, 성서(聖書·the Sacred Scriptures)들은, 그것 위에 일점일획(一點一劃)도 없는 빈 종이쪽지에 불과하거나, 그것 위에 잉크병을 쏟아 부은 종잇장과 같을 것이고, 그 어떤 문자들이 전혀 없는 그저 단순한 굽은 곡선들이나 점들과 같은, 따라서 아무것도 없는, 쓸모없는 한낱 책자가 아니겠습니까?

[2] 오늘날 교회들이 영적인 것들에 관해서 정신적인 어리석음들(mental inanities)을 내뿜는 그런 짓거리를 하는 것이 아니라면, 그리고 그릇되게 해석된 성경말씀에서 새끼 친 여러 장절들을 확증하는 것이

아니라면, 이런 것들을 확증하기 위하여 성경말씀에서 여러 장절들이 반드시 필요한 것은 아니지만, 그러나 사람이 행하여야 하고 믿어야 하는 장절들을 제시하고자 합니다. 아래의 장절들이 그런 부류의 짓들입니다. 먼저 신약의 말씀입니다.

그러므로 나는 너희에게 말한다. 하나님께서는 너희에게서 하나님의 나라를 빼앗아서, 그 나라의 열매를 맺는 민족에게 주실 것이다(마태 21 : 43).
회개에 알맞는 열매를 맺어라.……도끼가 이미 나무 뿌리에 놓였다. 그러므로 좋은 열매를 맺지 않는 나무는 다 찍혀서, 불 속에 던져진다(누가 3 : 8, 9).
(예수께서 말씀하셨다.) "너희는 어찌하여 나더러 '주님, 주님!' 하면서도, 내가 말하는 것은 실행하지 않느냐? 내게 와서 내 말을 듣고 그대로 하는 사람이 어떤 사람과 같은지를, 너희에게 보여 주겠다. 그는 땅을 깊이 파고, 반석 위에다가 기초를 놓고 집을 짓는 사람과 같다.……그러나 내 말을 듣고서도 그대로 행하지 않는 사람은, 기초 없이 맨 위에다가 집을 짓는 사람과 같다(누가 6 : 46-49).
예수께서 그들에게 말씀하셨다. "하나님의 말씀을 듣고 행하는 이 사람들이 나의 어머니요, 나의 형제다"(누가 8 : 21).
하나님께서는 죄인들의 말은 들어 주시지 않으시지만, 하나님을 공경하고, 그의 뜻을 따라 사는 사람의 말은 들어주시는 줄을, 우리는 압니다(요한 9 : 31).
너희가 이것을 알고 그대로 하면, 복이 있다(요한 13 : 17).
내 계명을 받아서 지키는 사람은 나를 사랑하는 사람이요, 나를 사랑하는 사람은 내 아버지의 사랑을 받을 것이다. 그리고 나도 그 사람을 사랑하여, 그에게 나를 드러낼 것이다(요한 14 : 21).
너희가 열매를 많이 맺어서 나의 제자가 되면, 이것으로 아버지께서 영광을 받으실 것이다(요한 15 : 8).
내가 너희에게 명한 것을 다 행하면 너희는 내 친구다.……너희가 나를 택한 것이 아니라, 내가 너희를 택하여 세운 것이다. 그것은 너희가 가서 열매를 맺어, 그 열매가 언제나 남아 있게 하려는 것이다(요한 15 : 14, 16).
나무가 좋으면 그 열매도 좋고, 나무가 나쁘면 그 열매도 나쁘다. 그 열매로 그 나무를 안다(마태 12 : 33).
회개에 알맞은 열매를 맺어라(마태 3 : 8).
좋은 땅에 뿌린 씨는 말씀을 듣고서 깨닫는 사람을 두고 하는 말인데, 그 사람이야말로 열매를 맺되, 백 배 혹은 육십 배 혹은 삼십 배의 결실을 낸다(마태 13 : 23).
거두는 이는 삯을 받고 영원한 생명에 이르는 알곡을 거두어들인다(요한 4 : 36).
너희는 씻어라.
스스로 정결하게 하여라.
내가 보는 앞에서
너희의 악한 행실을 버려라.
악한 일을 그치고,
옳은 일을 하는 것을 배워라.
(이사야 1 : 16, 17)
인자가 자기 아버지의 영광에 싸여, 자기 천사들을 거느리고 올 터인데, 그 때에 그는 각 사람에게 그 행실대로 갚아 줄 것이다(마태 16 : 27).
선한 일을 한 사람은 부활하여 생명을 얻고, 악한 일을 한 사람은 부활하여 심판을 받는다(요한 5 : 29).
그들의 업적이 언제나 그들 뒤에 남아 있다(묵시록 14 : 13).
보아라, 내가 곧 가겠다. 나는 너희 각 사람에게 그 행위대로 갚아 주려고 상을 가지고 가겠다(묵시록 22 : 12).
주께서는……사람들의 모든 삶을 감찰하시고, 각자의 행동과 행실의 결실에 따라서 갚아 주십니다(예레미야 32 : 19 ; 스가랴 1 : 6).

[3] 주님께서는 당신의 비유말씀들에서 동일한 내용들을 가르치셨는데, 그 비유말씀이 뜻하는 것은 선을 행하는 자들은 받아들여지고, 이에 반하여 악을 행하는 자들은 배척된다는 포도원에서 일한 농부들에 관한 비유말씀(마태 21 : 33-44)과 달란트와 므나를 받은 자들이 장사하여 남긴 비유말씀(마태 25 : 14-31 ; 누가 19 : 13-25)입니다. 예수께서 믿음(faith)에 관하여 말씀하셨습니다.

나를 믿는 사람은 죽어도 살고, 살아서 나를 믿는 사람은 영원히 죽지 않을 것이다(요한 11 : 25, 26).
아들을 보고 그를 믿는 사람이면, 누구나 영원한 생명을 얻게 하시는 것이 내 아버지의 뜻이다(요한 6 : 40).
아들을 믿는 사람에게는 영원한 생명이 있다. 아들에게 순종하지 않는 사람은 생명을 얻지 못한다. 그는 도리어 하나님의 분노를 산다(요한 3 : 36).
하나님이 세상을 이처럼 사랑하셔서 독생자를 주셨으니, 누구든지 그를 믿으면 멸망하지 않고 영생을 얻을 것이다(요한 3 : 16).

재차 이런 말씀도 하셨습니다.

예수께서 그에게 말씀하셨다. "'네 마음을 다하고 네 목숨을 다하고, 네 뜻을 다하여, 주 너의 하나님을 사랑하여라' 하셨으니, 이것이 가장 중요하고, 으뜸가는 계명이다. 둘째 계명도 이것과 같은데 '네 이웃을 네 몸 같이 사랑하여라' 한 것이다. 이 두 계명에 모든 율법과 예언자들의 본 뜻이 달려 있다"(마태 22 : 37-40).

그러나 여기에 인용된 장절들은, 마치 바다에서 몇 잔의 물을 담는 것과 같이, 성경말씀에서 지극히 적은 장절들에 지나지 않습니다.
484. 성경말씀 여기저기서 발췌, 인용된 이런저런 장절들과 더불어 그것들을 읽을 때 이른바 ≪일치신조≫라는 교회적인 저작물에서 발췌한 본서 464항에 기재된 인용내용에 대해서, 나는 그렇게 말하고 싶지 않지만, 사실 어느 누가 그가 바로 미련퉁이인 것을 모르겠습니까? 마음속에서 생각해 보실까요? 만약 그 저작물에 있는 대로 사람이 영적인 것들에 대해서 선택의 자유를 가지고 있지 않다면, 선을 행하는 것이 종교(宗敎)라는 가르침은 쓸모없는 말장난이 아니고 무엇이겠습니까? 그리고 종교에서 떠난 교회는 불을 지피기 위해 적합한 것 이외에는 쓸모가 없는 장작의 나무껍질과 같은 것 아닙니까? 만약에 그 사람이, 종교가 없기 때문에 교회가 존재하지 않는다고, 깊이 생각한다면 이른바 천계나 지옥이라고 하는 것은 무지한 백성을 유혹, 올가미에 걸기 위한, 그리고 자신들을 높은 광영스러운 자리에 올리기 위한 교회의 목사들이나 지도자들의 꾸며낸 객담(客談)에 지나지 않겠습니까? 이런 것은 수많은 사람의 입에 회자(膾炙)하는 혐오스러운 근원이 아니겠습니까? 다시 말하면 어느 누가 자기 자신의 힘으로 선을 행할 수 있고, 그리고 믿음을 터득할 수 있겠습니까? 결론적으로 그들은 이런 것들을 무시(無視), 경시(輕視)하고, 그리고 그들은 우상숭배적인 이교도(異敎徒·pagans)들처럼 살 것입니다.
그러나 친애하는 독자 여러분! 악을 멀리 피하고, 선을 행하고, 그리고 여러분의 온 마음과 온 정성을 다해서 주님을 믿어 보시시오. 그러면 주님께서는 여러분을 사랑하실 것이고, 주님께서는 여러분에게 실천하는 사랑이나 믿는 믿음을 주실 것입니다. 그 때 여러분은 사랑으로 말미암아 선을 행하기를 원하시고, 신뢰라는 것을 가리키는 믿음으로 말미암아 여러분은 믿을 것입니다. 그리고 만약에 여러분께서 그와 같이 행하고, 믿기를 참고, 이겨낸다면 이른바 상호적인 결합(a reciprocal conjunction)이 성취될 것인데, 이 결합은 곧 영원한 것이고, 그리고 구원 자체이고, 영생(永生) 자체를 가리킵니다. 만약에 사람이 자신에게 주어진 능력들로부터 선을 행한다면, 그는 그 일에 실패할 것이고, 그리고 자기 자신의 마음으로 인하여 주님을 믿는 것까지도 실패할 것입니다. 그 사람에게서 그것은 곧 빗물이 고이지 않는 광야나 사막이고, 전적으로 메마른 건조한 땅이 아니겠습니까? 그 곳은 양들은 있지만, 초장(草場)이 없는 사막이나 쓸모없어 버려진 황무지(荒蕪地)와 같지 않겠습니까? 그 사람은 마치 말라버린 샘과 같을 것이고, 거기에 물이 고여 썩은 물이 고인 웅덩이와 같을 것이고, 물줄기가 마른 웅덩이와 같고, 먹을 낟알도 없고, 마실 물이 없는 주거지와 같을 것이고, 만약에 그 사람이 거기에서 빨리 도피하지 않는다면 어디선가 살 수 있는 곳을 찾지 못한다면, 그는 배고픔(饑餓)과 목마름(飢渴)으로 죽을 것입니다.

VII.
영적인 사물들에 선택의 자유가 없다면, 사람 안에는 그것에 의하여 차례차례 주님 당신과 결합할 수 있는 것은 아무것도 없고, 결과적으로 사람의 탓으로 돌리는 전가(轉嫁·imputation)는 전무(全無)하고, 따라서 거기에는 혐오를 가리키는 철저한 예정(豫定·predestination)만 있을 뿐이다.

485. 본서 믿음(Faith)의 장에서 충분하게 입증한 것과 같이, 영적인 사물들에 선택의 자유가 없다면 사람 안에는 인애(charity)와 믿음(faith)이 존재할 수 없고, 더욱이 이들 양자의 결합 또한 존재할 수 없습니다. 이런 사실에서 뒤이어지는 것은 영적인 사물들에 선택의 자유가 없다

면, 사람 안에서 그것에 의하여 주님께서 당신 자신을 그 사람에게 결합시키시는 것이 전무(全無)하다는 것, 그리고 여전히 상호적인 결합(reciprocal conjunction)이 없다면 개혁(=바로잡음・改革・reformation)이나 중생(=거듭남・重生・regeneration)이 전혀 없을 것이고, 그리고 따라서 전혀 구원(salvation・救援)이 불가능하다는 것 등입니다. 주님과 사람의 상호적인 결합이 없으면, 거기에 결코 전가(轉嫁・imputation)가 없다는 것은 반박할 수 없는 결론입니다. 영적인 사물들에 선택의 자유가 없다면 선과 악의 전가(imputation of good and evil)가 있을 수 없다는 확증적인 신념에서 뒤이어지는 것은, 이 책의 마지막 부분에서 다루고 있는 것과 같이, 헤아릴 수 없이 많은 주 하나님 구세주(the Lord God the Saviour)의 공로(功勞・merit)와 의(義・righteousness)가 사람에게 전가된다는 오늘날의 믿음의 교리에서 비롯된 이단사설(異端邪說・heresies)・기론들(奇論・paradoxes)・궤변(詭辯)이 뒤이어지고 있고, 그리고 이런 터무니없는 결론들은 적절한 곳에서 설명, 언급될 것입니다.

486. 예정론(豫定論・predestination)은 현대교회가 낳은 이른바 믿음의 후손(an offspring of the faith of the present church)입니다. 왜냐하면 그것은 영적인 사물들 안에 선택의 능력(power of choice)이 없다는, 이른바 사람의 절대무능(man's absolute impotence)의 신념에서 태어난 것이기 때문입니다. 그리고 그것은, 그러므로 사람은 은총(恩寵・grace)에 의하여 생기를 얻는 것인지 아닌지를 아는 지각적인 지식(知覺的 知識・conscious knowledge)을 전혀 가지지 못한, 그루터기(=밑동)와 진배없는 죽은 사물(a dead thing)을 가리키는 사람의 개종(改宗・개과천선・改過遷善・man's conversion)을 믿는 교리나 신념에서 태어난 것입니다. 왜냐하면 선택(選擇・election)은 하나님의 진정한 은총이고, 그리고 그것은 인간본성의 능력이나 이성(理性)의 능력(the power of nature or of reason)에서 발출된 것인지, 또는 하나님이 원하시는 장소와 때에 따라서 하나님의 선하신 기쁨에서 비롯된 것인지, 모든 인간적인 행위를 배재(排除)한 것이라고 언급하고 때문입니다. 믿음에서 뒤이어지는 일들(=주장들)은, 마음에 관해서 깊이 생각하는 것에 대한 그것의 확신적인 증거이고, 그리고 육신의 업적들을 깊이 생각하는 것에 유사하게 닮은 것입니다. 그리고 그런 것들을 생산하는 영(靈・the spirit)은 그것들의 근원을 명확하게 하지 못하고, 오히려 영은, 믿음 자체와 같이, 은총이

나 선한 기쁨 따위를 입증하고 있습니다.

[2] 이상에서 볼 때 명료한 사실은, 예정론에 관한 현대교회의 교리(敎理·dogma)는, 씨에서 싹이 생겨 나오듯이, 이와 비슷한 신념에서 생겨난 것입니다. 그리고 내가 감히 말할 수 있는 것은, 거의 피할 수 없는 결과로서 그것에서 솟아난다는 것입니다. 이와 같은 결론은 처음에는 예정 신봉자들(the Predestinarians)에 의하여 드러났고, 그리고 고트샬크(Gottschalk)에 의하여, 그 뒤에는 칼빈(Calvin)과 그의 제자들에 의하여, 그리고 종국에는 도르트 종교회의(the Synod of Dort)에 의하여 확고하게 정립되었습니다. 그리고 거기에서부터 수프라랍사리안(the Supra-Lapsarians·선천 예정주의자·前擇說)들과 인프라랍사리안(Infra-Lapsarians·후천 예정주의자·後擇說)들에 의하여 팔라스의 방패(=공예의 여신·the shield of Pallas)에 조각된 골곤(Golgon)이나 메두사(Medusa)의 머리처럼, 종교의 수호신(the palladium of religion)과 같이, 교회에 관철, 납득되었습니다.

[3] 그러나 인류의 어떤 작자들은 예정(豫定)에 의하여 저주를 받았던 것에 비하여 더 유해한 교리를, 그리고 하나님을 믿는다는 것보다 더 이상 잔인한 것을 날조(捏造), 궁리(窮理)하고 있지 않습니까? 왜냐하면 사랑 자체이시고, 자비 자체이신 주님께서 헤아릴 수 없이 많은 사람들을 지옥을 위해 태어나게 하기를 열망하신다는 예정이라는 교리는 너무나도 잔인한 것이기 때문입니다. 그리고 또한 헤아릴 수 없이 많은 사람들이 불운(不運)의 고약한 존재로 태어난다는 것, 다시 말하면 악마들이나 사탄들이 되도록 태어난다는 것이나, 선하게 살고, 그리고 하나님을 시인하는 수많은 자들을 영원한 불과 영원한 고통 속에 떨어지지 않도록 무한한 그분의 신령지혜로 말미암아 미리 장만하시지 않고, 또 미리 장만하시지 못한다는 것은, 너무나 잔인한 교리가 아니고 무엇이겠습니까? 그분께서는 홀로 모두를 인도하시고, 어느 누구의 죽음도 바라시지 않으시는 언제까지나 주님이시고, 그리고 삼라만상의 창조주이시고 구원주이십니다. 그러므로 그분의 보호들이나, 돌보심 하에 있는 온 민족들이나 백성들이 마치 그의 먹거리나, 대식(大食)에 만족해야 된다는 악들에게 인도(引渡)되도록 정해졌다는 예정의 교리 이상으로 더 기괴(奇怪)하고, 흉악한 것이 또 무엇이 있겠습니까? 그럼에도 불구하고 이와 같은 것은 현대교회에 속한 믿음의 결과들이고, 소산품들입니다.

새로운 교회에 속한 믿음의 교리는 그것을 괴물(怪物・monster)로 여겨, 몹시 혐오하고, 거부, 배척합니다.

487. 내가 생각한 것은 이런 정신 나간 교리는 결코 어느 기독교인에 의하여 만들어진 것은 결코 아니라는 것입니다. 더욱이 그것은 언설(言 說)로 알려졌고, 그리고 그럼에도 불구하고 이런 일은 네덜란드의 도르트 종교회의(the Synod of Dort)에서 성직자들 중에서 선발된 수많은 성직자들에 의하여 행해졌습니다. 그 뒤 이 신조(信條・敎理・creed)는 아주 품위 있고, 세련되게 저술, 공개적으로 공표되었습니다. 그리고 이런 사실 때문에, 그리고 나의 의심을 지울 수 없기 때문에, 그 종교회의 교령(敎令・decrees)을 만드는 일을 도와준 자들과 만난 적이 있는데, 이런 내용이 내게 알려졌습니다.

그들이 내 가까이에 서 있는 모습이 드러났을 때, 나는 "건전한 이성을 가진 사람 어느 누가 예정의 교리가 참된 교리(true doctrine)라는 결론에 도달할 수 있겠습니까? 그것은 하나님의 잔인한 개념들이나, 종교의 치욕적인 개념들이 그것에서 배태(胚胎), 생성된 것이 아니고 무엇입니까? 어느 누가 확증에 의하여 자신의 마음에 예정교리를 각인(刻印)할 때, 교회에 속한 모든 것들을, 또는 성경말씀에 속한 것들을, 전혀 뜻이 없는 것으로 생각해야 합니까? 수천 수억의 사람들을 지옥에 가도록 미리 정하시는 하나님을 폭군(暴君・tyrant)으로 생각하지 않겠습니까?"라고 말하였습니다.

[2] 내가 말한 이런 소견들을 들었을 때 그들은 흉악한 표정으로 나를 노려보면서 "우리는 도르트 종교회의를 위해서 선택된 대표들 중에 있었고, 그 때 우리는 하나님에 관해서, 그리고 성경말씀과 종교에 관해서 많은 견해들을 우리들 스스로 확증하였고, 그리고 또한 보다 더 신중하게 계속해서 검토하여야 하기 때문에, 우리는 그것들을 공개할 생각은 없었고, 다만 우리가 이런 주제들에 관해서 언급하고, 가르칠 때, 우리는 다종다양한 색깔의 실들로 천을 짜듯이 왜곡(歪曲)하였고, 엮어 버렸습니다. 그리고 더욱이 공작새에서 차용(借用)한 것들로 채색, 가려버렸습니다"라고 말하였습니다. 그러나 그들이 여전히 동일한 짓거리하기를 원하기 때문에 주님께서 그들에게 준 능력에 의하여 천사들은 그들의 마음의 외적인 것들을 닫아 버리고, 마음의 내적인 것들을 열었고, 그리고 그것으로 말미암아 그들은 더 이상 말하는 것이 억압되었습

니다. 그 때 그들은 "서로서로 연결된 결론들에 의하여 우리가 확증한 우리의 믿음은 아래와 같습니다" 라고 말하였습니다. 다시 말하면—.
[3] (1) 여호와 하나님의 성언은 결코 전무(全無)하고, 다만 예언자들의 입에서 비롯된 바람결 같은 이른바 영감(靈感・afflatus)만 있을 뿐입니다. 우리가 이렇게 생각하는 것은 성경말씀(聖言・the Word)은 모든 사람을 천계에로 예정하고 있기 때문에 만약에 사람이 그리로 인도하는 길들에서 살아가지 않고, 걷지 않는다면, 사람 홀로 과오나 허물 안에 있다고 가르치고 있기 때문입니다.
(2) 종교는 필수적인 것이기 때문에, 종교는 존재한다는 것입니다. 그러나 그것은 비천(卑賤)한 대중을 위해 향기로운 냄새를 옮겨다 주는 바람과 같습니다. 그러므로 사람은 누구나, 그가 위대한 사람이든 보잘 것 없는 약자이든, 목회자들에 의하여 모두는 성경말씀을 영접, 수용되어야 하기 때문에, 역시 성경말씀(聖言)으로부터 반드시 그것은 수용되어야 합니다. 우리가 이렇게 생각하는 것은, 예정론이 있는 곳에서는 종교는 아무런 가치가 없는 무가치(無價値・nullity)한 것이기 때문입니다.
(3) 정의(=공의)에 속한 시민법들(the civil laws of justice)은 종교를 가리킨다는 것, 그러나 예정은 이런 법률들과 일치하는 삶에 의하여 결정되지 않고, 예를 들면 마치 절대적인 권한(權限・能力)을 가지고 있는 하나님의 순수하고 선한 기쁨(the pure good pleasure)에 의하여 결정된다는 것입니다.
(4) 교회가 가르치는 모든 것은, 만약에 하나님이 계시지 않는다면, 허무한 것(vanity)이기 때문에, 반드시 타파(打破)되어야 하고, 그리고 쓰레기 더미처럼 반드시 배척(排斥)되어야 합니다.
(5) 그와 같이 예찬(禮讚)된 영적인 사물들은, 만약에 그것들이 사람에 깊숙이 파고 들어온다면, 사람에게서 야기(惹起)되는 것은 태양 아래에 있는 에테르 같은 물질들(ethereal substances) 이외에 아무것도 아니라는 것, 그리고 마치 그 사람을 현기(眩氣・vertigo)나 인사불성(人事不省・stupor)을 일으키는 그런 것에 불과하고, 하나님의 목전에서는 그 사람을 혐오(嫌惡)스러운 괴물로 만든다는 것입니다.
(6) 그들이 믿음에 관해서, 그들이 그것으로부터 예정론을 추론(推論)하였는지 질문을 받았을 때, 그리고 그들이 그것을 영적인 것으로 믿는지

여부를 질문 받았을 때, 그들이 한 대답은, 영적인 것은 예정에 일치하여 완성, 성취된다는 것, 그러나 그것은 마치 나무 등걸과 같은 존재인 사람들에게 주어진다는 것입니다. 그들은 이것으로 말미암아 생기발랄(生氣潑剌)하지만, 사실은 영적으로는 아니라는 것입니다.

[4] 그들이 이런 끔찍스러운 것들을 말한 뒤, 그들은 거기를 떠나기를 원하였습니다. 그러나 나는 그들에게 "잠깐만 기다려 주십시오. 내가 이사야서에서 몇 구절의 말씀을 읽어 드리겠습니다"라고 말하였습니다. 그리고 나는 아래의 장절을 읽었습니다. 이사야서의 말씀입니다.

"모든 블레셋 사람들아,
너를 치던 몽둥이가 부러졌다고
기뻐하지 말아라.
뱀이 죽은 자리에서 독사가 나오기도 하고,
그것이 낳은 알이,
날아다니는 불뱀이 되기도 한다."
(이사야 14 : 29).

나는 이 장절을 영적인 뜻에 의하여 설명하였습니다. 내가 입증한 것은, 여기서 "블레셋 사람"은 인애에서 분리된 교회를 뜻한다는 것이고, 뱀이 죽은 자리(=뱀의 뿌리)에서 나온 "독사"(cockatrice)는 세 하나님들(三神二主・three Gods)에 속한 그 교회의 교리를 뜻하고, 각각의 개별적인 것들에 적용된 전가적인 믿음(imputative faith)에 속한 그 교회의 교리를 뜻하고, 그리고 날아다니는 불뱀을 가리키는 "그것이 낳은 알"(it's fruit)은 선이나 악의 전가(轉嫁)는 전혀 없고, 사람이 선하게 살았든 악하게 살았든 관계없이, 다만 직접적인 자비(慈悲・immediate mercy)를 뜻한다는 것입니다.

[5] 나의 설명을 듣고서 그들은 말하였습니다. "그것은 그렇다고 합시다. 그러나 당신이 거룩한 말씀(聖言・the Holy Word)이라고 부르는 그 책에서 예정에 관한 몇 구절을 뽑아서 읽어 보십시오." 그래서 나는 그 목적에 적합한 아래의 장절을 그 예언서에서 읽었습니다. 이사야서의 말씀입니다.

그들은 독사의 알을 품고,

거미줄로 옷감을 짠다.
그 알을 먹는 사람은 죽을 것이요,
그 알이 밟혀서 터지면,
독사가 나올 것이다.
(이사야 59 : 5)

이 장절을 읽는 소리를 듣자, 그들은 그 설명을 참고들을 수가 없어서, 나에게 보내졌던 그들 중의 다섯 명은 급히 굴 속으로 달려갔는데, 그 곳 주위에는 거무스름한 불꽃(a dusky burning)이 보였는데, 그것은 그들이 믿음도, 인애도 가지고 있지 않다는 표였습니다. 그러므로 명백한 것은, 그 종교회의가 선포한 예정에 관한 교령(敎令)은 어리석고 미친 이단사설(an insane heresy)일뿐만 아니라, 아주 잔인한 이단사설이라는 것입니다. 그러므로 이와 같은 이단사설은 우리의 뇌리(腦裡)에서 그것의 자취가 단 하나도 남지 않도록 반드시 철저하게 근절(根絶)시켜야만 할 것입니다.

488. 하나님께서 사람을 지옥에 가도록 예정하셨다는 잔인한 신념(=교리)은, 자신들의 젖먹이들이나 어린 것들을 길에다 내다버리는, 그 어떤 야만스럽고 미개한 인종의 조상들의 매우 비인간적이고, 잔악한 행위에 비할 수 있겠습니다. 또는 그들이 살해한 자들을 야생 짐승들이 뜯어먹도록, 숲속에 내던지는 정복자들의 무자비한 행위에도 비할 수 있겠고, 그리고 또한 어느 폭군이 자기가 정복한 사람들을 여러 등급으로 분류하여 몇몇에게는 교수형(絞首刑)을 내리고, 몇몇은 깊은 바다에 던져버리고, 몇몇은 불에 태워서 죽이는, 어느 폭군의 잔학무도(殘虐無道)한 짓거리에 비교할 수 있겠습니다. 그리고 이것은 역시 자기 새끼를 잡아먹는 어느 고약한 야생짐승에 비교할 수 있겠고, 또한 거울에 비친 자신의 영상(映像)에 마구 달려드는 미친 개(犬)들에 비교될 수 있겠습니다.

VIII.
만약에 영적인 사물들에 선택의 자유가 존재하지 않는다면, 하나님은 악의 근원(the cause of evil)이시고, 따라서 인애나 믿음의 전가(轉嫁) 역시 결코 존재하지 않는다.

489. 오늘날 널리 풍미(風靡)해 있는 신조에서 하나님께서 악의 근원이시라는 것은 뒤따르는 것인데, 그것의 처음 시작은 니케아 도시(the city of Nice)에서 열렸던 종교회의의 주관자들에 의해서 배태(胚胎), 부화(孵化)되었습니다. 그 종교회의에서는 영원 전부터 세 신령 인격들(three Divine persons)이 계셨고, 그리고 그 각각의 인격이 그분 자신에 의하여 한 분 하나님이시라는 것은 여전히 영속하는 이단사설(the still persistent heresy)을 날조(捏造), 정립(定立)하였습니다. 이 알(egg)이 부화하기 시작할 때 그 신념의 신봉자들은 그 분리된 각각의 인격을 하나님으로 근접, 가까이 하지 않을 수 없었습니다. 그들은, 주 하나님 구세주(the Lord God the Saviour)의 공로(功勞·merit)나 의(義·righteousness)를 사람들에게 전가시키는 신조(creed)로 편집, 출간하였고, 그리고 그 공로에서 사람은 어느 누구도 주님과 함께 그 몫을 나누지 못하게 하기 위하여 그들은 영적인 사물들 안에 있는 선택의 자유를 사람에게서 박탈하였고, 그리고 그 믿음에 관해서는 절대무능(絶對無能·the utmost impotence)을 신의(神意)로 천명(闡明), 공포하기에 이르렀습니다. 그리고 그들은 오직 믿음만의 교리(依唯信得義·faith alone)로부터 교회에 속한 모든 영적인 것을 추론(推論), 찾아냈기 때문에, 그들은, 교회가 구원에 관해서 가르치는 모든 것들에 관해서 그와 같은 절대무능을 옹호하고, 강력하게 주장하였습니다. 그러므로 영적인 사물들에 관한 그 믿음이나 사람의 절대무능에 기초한 무지막지한 이단사설들은 하나에 뒤이어 꼬리를 물고 생겨나듯이, 치솟아 생겨났고, 그리고 또한 앞 단락에서 다룬 바 있는 가장 치명적인 이단사설(most pernicious heresy)이나 예정론 따위 역시 솟아났습니다. 이런 것들에 속한 모든 것은 하나님께서 악의 근원(the cause of evil)이다, 또는 하나님께서는 선과 악 양자를 창조하셨다는 등등의 것을 의미하고 있습니다. 그러나 독자 여러분! 믿음을 그 어떤 종교회의에 두지 마시고, 어떤 종교회의들 위에 있는 주님의 말씀(聖言·the Lord's Word)에 두십시오. 로마 가톨릭의 종교회의가 생산, 창작하지 않은 것이 무엇입니까? 도르트(the council of Dort)에서 가공(可恐)할 독사의 독과 같은 예정론이 생겨난 것 아닙니까? 여기서 쉽게 생각할 수 있는 것은 사람에게 주어진 영적인 사물들 안에 있는 선택의 자유는 악에 속한 간접적인 원인(the

mediate cause)이라고 할 수 있겠습니다. 결론적으로 말하면, 만약에 이런 부류의 선택의 자유가 사람에게 주어지지 않았다면, 사람은 법률이나 계율 따위를 범할 수 없었다고 말할 수 있겠습니다. 그러나 독자 여러분! 잠깐 여기서 쉬시면서, 그리고 영적인 사물들 안에서 선택의 자유가 없으면, 어느 누가 하나의 사람이 되도록 그렇게 창조될 수 있었는지에 관해서 깊이 생각해 보십시오. 만약에 선택의 자유가 박탈되었다면, 그는 이미 사람이 아니고, 마치 그 사람 자신이 하는 것과 같이, 모든 외현들에 대하여 뜻하는 것을 행하고, 생각한 것을 말하는 능력(能力·power) 이외에 그 무엇이겠습니까? 사람이 온전한 사람으로 살아가기 위하여 이 능력이 사람에게 주어졌기 때문에, 에덴 동산에는 두 그루의 나무들, 즉 생명의 나무와 선과 악을 아는 지식의 나무가 있었던 것입니다. 그리고 이 사실은, 사람에게 주어진 그 자유 때문에 사람은 생명의 나무의 열매를 먹을 수 있고, 그리고 또한 선과 악의 지식의 나무의 열매를 먹을 수 있다는 것을 뜻합니다.

490. 하나님께서 창조하신 모든 것이 선(good)하다는 것은, 그것에 관해서 창세기 1장 10, 12, 18, 21, 25절에 언급된 것과 같이, 창세기서의 첫 장에서 명백하게 드러나 있습니다. 그 장절에는 "하나님 보시기에 좋았다"라고 언급하였고, 그리고 31절 마지막에는 "하나님이 손수 만드신 모든 것을 보시니, 보시기에 참 좋았다"(=하나님께서 지으신 모든 것을 보시니, 보라, 그것이 아주 좋았더라)라고 하였습니다. 그리고 또한 낙원에 있었던 사람의 최초의 상태(man's primeval state)에서 역시 잘 드러나 있습니다. 그러나 악이 사람 안에서 그것의 근원을 취하였다는 것은 아담의 계속되는 타락(墮落·Adam's state succeeding the fall)의 상태에서, 그리고 그 뒤에는 그가 낙원에서 추방(追放)되었다는 그 상태에서 명백합니다. 이렇게 볼 때 명백한 사실은, 만약에 영적인 사물들 안에 있는 선택의 자유가 사람에게 주어지지 않았다면, 그것은 사람이 아니고, 하나님 당신께서 악의 근원이 된다는 것, 그리고 따라서 하나님께서 선과 악 양자의 창조자가 된다는 것 등등은 아주 명백한 사실이 됩니다. 그러나 하나님께서 악을 창조하셨다고 생각한다는 것은 아주 몹시 혐오스럽고, 가증스러운 일입니다. 하나님께서 사람에게 영적인 사물들 안에서 선택의 자유를 주셨기 때문에, 그분은 악을 창조하시지 않았고, 그리고 또한 그분은 사람에게 어떤 악도 주입(注入), 고무(鼓舞)

시키시지 않는다는 것입니다. 왜냐하면 그분께서는 선 자체이시기 때문이고, 그리고 그 선 안에서 무소부재(無所不在·omnipresent)하시고, 그리고 하나님께서는 그 선을 영접, 수용하기를 계속해서 재촉하시고, 끈질기게 촉구하시기 때문입니다. 만약에 그것이 영접, 수용되지 않는다고 할지라도 그분께서는 뒤로 물러나시지 않습니다. 왜냐하면 만약에 그분께서 뒤로 물러나신다면 그 때 사람은 그 즉시 죽기 때문입니다. 아니, 허무(虛無·non-entity)로 소멸할 것이기 때문입니다. 왜냐하면 사람의 생명이나 그리고 사람을 구성하고 있는 모든 것들의 존재(=생존수단·subsistence)는 하나님으로 말미암은 것이기 때문입니다. 하나님께서 악을 창조하시지 않았고, 그러나 악은 사람 자신에 의하여 시작되었습니다(was introduced). 그것은 사람이 하나님으로부터 계속적으로 사람에게 유입되는 선을 악으로 바꾸기 때문이고, 그리고 그것에 의하여 사람은 하나님에게 등을 돌리고, 자기 자신을 바라보게 하기 때문입니다. 그리고 이런 일이 행해질 때 선 안에는 기쁨(喜悅)이 남아 있지만, 그러나 그 때 그 기쁨은 악 안에 있는 쾌락(快樂)이 됩니다. 왜냐하면 기쁨은 외관상 유사하게 남아 있는 것처럼 보이지 않는다면, 사람은 계속해서 살아갈 수가 없기 때문입니다. 그것은 기쁨(delight)이 그 사람의 사랑의 생명을 형성하기 때문입니다. 그럼에도 불구하고 그 기쁨에는 서로 상반되는 두 종류가 있습니다. 그러나 사람은, 그가 이 세상에 살고 있는 동안은 이 사실을 알지 못하고, 다만 그가 죽은 뒤에 이 사실을 알게 되고, 그리고 그 사람은 그것에 관한 명료한 지각을 가지게 됩니다. 왜냐하면 그 때 선에 속한 사랑의 기쁨은 천계적인 축복으로 바뀌지만, 이에 반하여 악에 속한 애욕(=사랑)의 쾌락은 지옥적인 공포나 증오(infernal horror)로 바뀌기 때문입니다. 지금까지 앞에서 언급, 설명한 것에서 볼 때, 아주 명확한 것은, 모든 사람은 천계에 가도록 예정되었지만, 어느 누구도 지옥에 가도록 예정되지 않았다는 것입니다. 그럼에도 불구하고 사람이 자기 자신을 영적인 사물들 가운데 있는 그의 선택의 자유의 남용(=악용·濫用·惡用·abuse)에 의하여 지옥으로 넘겨준다(讓渡)는 것이고, 그 사람은 그것에 의하여 지옥에서 발산(發散)되는 그런 부류의 것들을 환영하고, 신봉합니다. 왜냐하면 앞에서 언급한 것과 같이, 모든 사람은, 그가 선과 악의 균형의 상태에 있기 위하여, 천계와 지옥 사이의 중간(midway)에 간수되기 때문입니다. 결과적으로는

제 8 장ㆍ선택의 자유(選擇 自由ㆍFreedom of Choice)

사람은 누구나 영적인 사물들 안에 있는 선택의 자유 안에 있기 때문입니다.

491. 하나님께서는 사람뿐만 아니라, 모든 짐승들에게도 자유(freedom)를 주입시켜 주셨다는 것, 그리고 무생물들에 이르기까지 이 자유와 유사(類似)한 것을 그것 자체의 본성(本性)에 따라서 그것을 영접, 수용하기 위하여 모두에게 가능성을 주셨다는 것 등입니다. 그것은 하나님께서 그들 모두를 위하여 선한 것을 미리 장만하셨기 때문입니다. 그럼에도 불구하고 그 수용자 자체들이 선을 악으로 바꾸었다는 것은 비교들에 의하여 예증될 수 있겠습니다. 대기(大氣ㆍthe atmosphere)는 모든 사람에게 숨을 쉬는 능력을 부여하였고, 그리고 마찬가지로 길들여진 짐승(tame beast)이든 야생 짐승(wild beast)이든, 올빼미나 비둘기 같은 모든 새에게 숨을 쉬는 능력을 주었습니다. 그럼에도 불구하고 서로 상반되는 선천적인 기질(genius)이나 본성(nature)에 속한 피조물들에 의하여 준비된 그것의 선물(=재능)을 일으킨 것은 대기가 아닙니다. 바다는 본질적으로 모든 물고기에게 그것의 거처(居處)와 먹거리를 제공하지만, 그러나 바다는 거기에 있는 고기가 다른 것들을 잡아먹게 하는 원인을 제공하는 것은 아니고, 또는 악어는 자신의 먹거리를 사람을 죽이는 독약으로 바꾸는 원인을 제공한 것은 아닙니다. 태양은 모든 것들에게 볕(熱ㆍheat)과 빛(光ㆍlight)을 장만, 제공하지만, 그러나 땅 위에 있는 다종의 식물적인 생산물을 가리키는 개체들(objects)은 서로 다른 상이한 방법으로 이것들을 영접, 수용합니다. 예를 들면 좋은 나무나 좋은 관목(灌木)은 자기에 맞는 방법으로, 가시나무나 가시 넝쿨들은 또 다른 방법으로 그것들을 영접, 수용합니다. 또는 유익한 약초는 이런 방법으로 그것들을 영접, 수용합니다. 비(雨)는 대기의 높은 영역에서 땅 위의 모든 삼라만상 위에 내리고, 그리고 땅(earth)은 거기에서 그것들의 모든 관목들ㆍ야채들ㆍ잡초들에 이르기까지 물을 배분(配分), 관리하고, 그리고 그것들의 각각 자기의 필요에 맞게 물을 흡수합니다. 그것들의 각각의 것들은 온화한 절기에는 열어 놓는 그것들의 작은 입들ㆍ기공(氣孔)들ㆍ관(管)ㆍducts)들을 통하여 자유스럽게 비를 흡수하기 때문에, 그리고 땅은 액체나 주요 영양분들을 단순하게 공급하고, 그리고 식물들은 온갖 종류의 주리고 목마름에서 먹고 마시기 때문에, 이런 사실은 마치 선택의 자유에 걸 맞는 유사성(類似性ㆍan analogue of freedom of choice)이라고 부르는 것입니다. 이런 일들은 사람들에게서 도 꼭 같은데, 그 경우 주님께서는 사랑의 선(good of love)을 그것의 본질인 영적인 볕(熱·spiritual heat)으로 모든 사람에게 입류하시고, 그리고 지혜의 진리(the truth of wisdom)를 그것의 본질인 영적인 빛(光·spiritual light)으로 모든 사람에게 입류하십니다. 그러나 사람은, 그가 하나님을 향해 있느냐, 또는 자기 자신을 향해 있느냐에 따라서 이런 것들을 영접, 수용합니다. 그러므로 주님께서는 이웃을 향한 사랑에 관해서 가르치실 때 이렇게 말씀하셨습니다. 마태복음서의 말씀입니다.

> 그래야만, 너희가 하늘에 계신 너희 아버지의 자녀가 될 것이다. 아버지께서는, 악한 사람에게나 선한 사람에게나, 똑같이 해를 떠오르게 하시고, 의로운 사람에게나 불의한 사람에게나, 똑같이 비를 내려 주신다(마태 5 : 45).

주님께서는 다른 곳에서는 당신께서는 모두의 구원을 열망하신다고 말씀하셨습니다.

492. 지금까지 설명된 내용에 "영계 체험기"(Memorial Relation)를 부연하겠습니다.

나는 수차에 걸쳐 천계로부터 내려오는 인애에 속한 선(good of charity)에 관한 표현들을 들은 적이 있는데, 그것은 영들의 세계(the world of spirits)를 통과해서, 지옥의 깊은 곳에 이르기까지 지옥에 두루 침투하였습니다. 그것들의 진전과정에서 그 표현들은 차츰 변해서, 인애에 속한 선에 정반대되는 것으로 변하였고, 최후에는 이웃에게 저주하는 것에 이르기까지 변하였습니다. 이런 사실은 주님에게서 비롯된 모든 선한 것이 지옥에 있는 악한 영들에 의하여 악으로 바뀐다는 증표입니다. 그리고 그것들이 진전과정에서 정반대되는 거짓들로 바뀌는, 이른바 믿음에 속한 진리들(truths of faith)의 바뀜도 그것과 동일합니다. 왜냐하면 그것은 그것에 들어온 것은 무엇이나 그것 자체에 따라서 뒤바뀌는 수용그릇 자체(the recipient form itself)이기 때문입니다.

IX.
자유의 상태에서, 사람 안에 들어오고, 그리고 자유와 함께 수용된, 교회에 속한 모든 영적인 것은 남아 있고 영속(永續)하지만, 그 반대는 아니다.

493. 자유(自由・freedom)는 사람의 의지에 속한 것이기 때문에, 그리고 그의 의지에 속한 것은 역시 그의 사랑에 속한 것이기 때문에, 자유와 함께 사람에 의하여 영접, 수용된 것은 그 사람 안에 남아 있습니다. 그 의지가 사랑의 수용그릇(the receptacle of love)이라는 것은 이미 입증하였습니다. 사랑에 속해 있는 모든 것은 자유로운 상태를 가리키고 그리고 "내가 그것을 사랑하기 때문에 나는 원한다" 그리고 다른 한 편 "내가 이것을 사랑하기 때문에 나는 그것을 원한다" 라고 말할 때, 의지에 속해 있는 모든 것을 누구나 이해합니다. 그러나 사람의 의지(man's will)는, 내면적이고 외면적(interior and exterior)인 두 겹(two-fold)입니다. 다시 말하면 사람의 의지는 속사람(the internal man)과 겉사람(the external man)에 속해 있습니다. 그러므로 속이는 자(=사기꾼・deceiver)는 다른 사람들 앞에서는 이런 식으로 말하고 행동하지만, 잘 아는 친구들 앞에서는 저런 식으로 말하고 행동합니다. 그 사람은 잘 모르는 사람들 앞에서는 그의 겉사람의 의지로 말미암아 말하지만, 그러나 잘 아는 친구들과는 그의 속사람의 의지로 말미암아 말합니다. 그러나 여기서 의지는, 그 사람의 지배애(支配愛・his ruling love)가 살고 있는 속사람의 의지를 뜻합니다. 이런 몇 가지 소견들에게서 밝히 알 수 있는 것은, 내면적인 의지(the interior will)는 그 사람 자체라는 것입니다. 왜냐하면 그것 안에는 그의 생명의 존재 자체와 본질(the very being and essence)이 있기 때문입니다. 이에 반하여 이해(understanding)는, 의지가 그것에 의하여 그것의 사랑을 가시적으로 드러나게 하기 위한 그것의 형체(the form)입니다. 사람이 사랑으로 말미암아 사랑하고, 원한다는 모든 것은 자유로운 것입니다. 왜냐하면 내적인 의지(the internal will)의 사랑에서 발출하는 것은 무엇이나 그의 생명의 기쁨(his life's delight)이기 때문입니다. 그리고 이 기쁨이 그의 생명의 존재(the being)이기 때문에, 그것은 역시 그 사람 자신의 고유속

성(his very own · *proprium*)입니다. 그리고 이것은, 이 의지에 속한 자유와 더불어 영접, 수용된 것은 계속해서 남아 있다는 이유이기도 합니다. 따라서 자유의 상태가 아닐 때 사람에게 소개, 수용된 것은 사정이 전혀 다릅니다. 이것에 관해서는 아래에서 설명하겠습니다.

494. 그러나 사람이 사랑으로 말미암아 흡수하고, 그리고 그의 이해가 확증한 성언이나 교회에 속한 영적인 것들이 그 사람 안에 계속해서 남아 있지만, 이에 반하여 시민적인 것들이나 정치적인 것들은 그렇지 않다는 것은 필히 이해하고, 주지하여야 하겠습니다. 그것은 영적인 것들은 마음의 가장 높은 영역(the highest region of the mind)에 올려지고, 거기서 어떤 형체로 구체화하기 때문입니다. 이 마음의 최고 영역은 신령진리들이나 신령선들이 주님과 함께 거기에 들어오는 주님의 입구(入口·entrance)이기 때문이고, 그리고 그 영역은 주님께서 거기에 머물러 사시는 성전과 같기 때문입니다. 그러나 시민적인 것들이나 정치적인 것들은 이 세상에 속한 것이기 때문에, 그것들은 마음의 낮은 영역들을 차지하고 있고, 그리고 그것들 중에 어떤 것들은 그 성전 주위에 있는 작은 빌딩과 같고, 그리고 어떤 것들은 그것들을 통해서 출입하는 현관과 같은 입구가 됩니다. 교회에 속한 영적인 것들이 마음에 속한 가장 높은 영역에 머물러 살아야 한다는 또 다른 이유는, 그것들이 영혼에 속해 있기 때문이고, 그리고 그것의 영원한 생명(永生)과 관계를 가지고 있기 때문입니다. 그리고 영혼은 가장 높은 것들 안에 존재하고, 그리고 영적인 먹거리들 이외의 다른 것들에서 자신의 영양분을 취하지 않기 때문입니다. 이것이 바로 주님께서 당신을 "빵"(bread)이라고 부르신 이유입니다. 왜냐하면 주님께서 이렇게 말씀하십니다. 요한복음서의 말씀입니다.

나는 하늘로부터 내려온 살아 있는 빵이다. 이 빵을 먹는 사람은 누구나 영원히 살 것이다. 내가 줄 빵은 나의 살이다. 그것은 세상에 생명을 준다(요한 6 : 51).

이 영역은, 사람이 죽은 뒤 그의 행복의 근원을 가리키는 사람의 사랑의 자리(the seat of man's love)입니다. 그리고 거기에는 역시 영적인 사물들 안에 있는 그의 선택의 자유가 주로 거기에 머무르고 있고, 그리고 사람이 자연적인 사물들 안에서 취한 모든 자유도 이것에서부터 내려옵니다. 이 자유의 근원이 이런 것들이기 때문에, 그것은 자연적인 것들 안에 있는 선택의 자유에 속한 모든 형체들에 들어오고, 그리고 그것들에 의하여 가장 높은 영역을 차지하는 지배애(支配愛・the ruling love)는, 그것 자체의 목적에 도움이 되는 것을 고용(雇傭), 취합니다. 이런 것들, 즉 영적인 자유와 자연적인 자유 사이의 교류나 내통은 마치 샘과 그 샘에서 흘러나온 물과의 관계와 같고, 그리고 또한 그것의 교류나 내통은 한 알의 씨에 속한 열매를 맺는 원칙이나 본질 자체와 나무의 개별적인 것들이나 전체적인 것들, 특히 그것이 자체를 갱신(更新), 새롭게 하는 열매 사이의 관계와 같습니다. 그러나 어느 누가 영적인 사물들 안에 있는 선택의 자유를 부인하고, 따라서 그것을 배척한다면 그 사람은 자기 자신을 위하여 다른 샘(fountain)을 만들고, 그리고 그것에서 비롯되는 수로(channel)를 개설(開設)합니다. 이런 일은 영적인 자유를 지극히 자연적인 자유로 바꾸고, 종국에는 지옥적인 자유로 바꾸어 버립니다. 그리고 이 지옥적인 자유(infernal freedom)는 나무 밑동이나 가지들을 자유스럽게 통하여 그것의 열매에 이르는, 씨에 속한 열매를 맺는 원칙이나 본질(the prolific principle of a seed)과 같지만, 그것은 내적으로는 썩은 것을 가리키는 그것의 근원을 제공합니다.

495. 주님에게서 비롯되는 모든 자유는 진정한 자유이지만, 그러나 지옥에서 비롯된 자유나, 그리고 사람 안에 있는 자유는 자유가 아니고, 속박(束縛)이나 굴종(屈從・bondage)입니다. 그럼에도 불구하고 지옥적인 자유(infernal freedom) 안에 있는 자에게는 영적인 자유(spiritual freedom)가 속박이나 굴종처럼 나타날 것이 틀림없는데, 그것은 이들 두 자유가 서로 반대되기 때문입니다. 그러나 영적인 자유 안에 있는 자는 모두 지옥적인 자유가 속박이고 굴종(屈從)이라는 것을 알뿐만 아니라, 역시 직시(直視)하고 있습니다. 그리고 그러므로 천사들은, 마치 그것이 시체의 악취(惡臭)처럼 여겨, 그 자유에서 외면(外面), 기피(忌避)합니다. 이에 반하여 지옥적인 영들은 마치 그것을 그윽한 향기(香氣)처럼 여겨, 그것을 끌어당기고, 빨아 흡수합니다. 이러한 사실은, 자유에서 비롯된 예배가 진정한 참된 예배이고, 자발적인 예배가 주님에게는 즐거운 예배라는 것은 주님의 말씀에서 잘 알고 있습니다. 그러므로 시편서에는 이렇게 언급되었습니다.

내가 즐거운 마음으로
주님께 제물을 드립니다(=내가 자원하여 주께 희생제를 드리리이다)(시편
54 : 6).

또 같은 책의 말씀입니다.

온 백성의 통치자들이
아브라함의 하나님의 백성과 더불어 모였다.
(=백성의 고관들이 함께 모였으니, 곧 아브라함의 하나님의 백성이로다).
(시편 47 : 9).

그러므로 이스라엘 자손들에게는 자발적으로 드리는 제물들(=예배들)이 있었습니다. 그들의 거룩한 예배(sacred worship)는 주로 희생제물들(sacrifices)로 이루어졌습니다. 그것은 하나님께서 자의로 드리는 예배를 기뻐, 열납(悅納)하시기 때문입니다. 그 예배는 이렇게 지키도록 언급, 명령되었습니다. 출애굽기서의 말씀입니다.

너희는 각자의 소유 가운데서 주께 바칠 예물을 가져 오너라. 바치고 싶은 사람은 누구나 주께 예물을 바쳐라.……마음이 감동되어 스스로 그렇게 하기를 원하는 사람은 모두 나서서……갖가지 예물을 주께 가져 왔다.……스스로 바치고 싶어 하는 모든 남녀 이스라엘 자손이, 주께서 모세를 시켜 명하신 모든 것을 만들려고, 기쁜 마음으로 물품을 가져다가 주께 바쳤다(출애굽기 35 : 5, 21, 29).

주님께서 하신 말씀입니다. 요한복음서의 말씀입니다.

예수께서 자기를 믿는 유대 사람들에게 말씀하셨다. "너희가 나의 말에 머무르면, 참으로 나의 제자가 되고, 진리를 알게 될 것이요, 진리가 너희를 자유롭게 할 것이다."……예수께서 대답하셨다.……"그러므로 아들이 너희를 자유롭게 하면, 너희는 참으로 자유롭게 될 것이다.……죄를 짓는 사람은 다 죄의 종이다"(요한 8 : 31-36).

496. 사람이 자유와 함께 영접, 수용한 것은 모두 남아 있는데, 그것은

제 8 장 · 선택의 자유(選擇 自由 · Freedom of Choice) 387

그의 의지가 그것을 영접하였고, 그리고 그것을 전유(專有)하기 때문입니다. 그리고 그것은 그의 사랑에 들어가기 때문이고, 그리고 그의 사랑은 그것을 자기 자신의 것으로 시인하고, 그리고 그것에 의하여 그것 자체를 형성, 완성하기 때문입니다. 이런 사실은, 볕(熱 · heat)이 사랑을 대신한다는 비유들에 의하여 예증될 수 있겠는데, 그것은 그것들이 자연적인 것들에서 취한 것이기 때문입니다. 모든 식물의 기공(氣孔)들은, 볕(heat)에 의하여, 그리고 그것의 크기에 일치하여, 열고, 닫는다는 것을 우리는 잘 알고 있습니다. 그리고 기공들(=숨구멍)이 열릴 때, 식물은 내적으로 그것의 본성의 형체에 맞게 바꾸고, 그리고 자의적으로 자신에게 알맞은 자양분을 취하고, 그리고 알맞은 것은 고용, 계속해서 존속시키고, 그리고 그것으로 식물은 성장합니다. 이것은 짐승에게도 꼭 같습니다. 이른바 식욕(appetite)이라고 하는 먹거리(=자양분)에 속한 사랑으로 말미암아 짐승이 고르고, 먹는 모든 것들은 그것의 몸에 부가되고, 따라서 그것에 남습니다. 적합하고 알맞은 것은, 그것의 구성 성분 등이 계속해서 새롭게 되기 때문에, 계속해서 그것의 몸통에 부가됩니다. 비록 극소수이기는 하지만, 이것이 사실이라는 것은 잘 알려져 있습니다.

[2] 역시 짐승들에게서도 볕(熱 · heat)은 그 몸통의 모든 부분들을 열고, 그리고 그것들의 자연적인 사랑(natural love)을 자유스럽게 활동하게 합니다. 이것은 봄철이나 여름철에 그것들이 그것들의 새끼를 번식하고, 기르는 본능(本能)에 들어가고, 그것을 계속해서 반복하는 이유입니다. 그들은 이런 일을 최고의 지혜(the utmost freedom)로 말미암아 하는데, 그것은 그와 같이 하는 것이, 피창조물이 창조된 상태에서 보편적인 것을 보존하는 목적을 위해 창조에 의하여 그것들 안에 이식(移植), 각인(刻印)된 지배애(支配愛 · the ruling love)에 속한 것이기 때문입니다.

[3] 사랑에 속한 자유(the freedom of love)는, 사랑이 열(heat)을 생성하기 때문에, 열에 의하여 이 자유가 유발, 생성한다는 것에 의하여 예증할 수 있겠습니다. 이런 사실은 그것의 결과들에게서 명확합니다. 왜냐하면 사람은, 사랑이 열정(熱情 · zeal)에까지 올리워지는 것처럼, 또는 분노의 불길까지 올리워지는 것처럼, 지펴지고(enkindled), 데워지고(heated), 불태워지기(inflamed) 때문입니다. 사람의 피의 열기(the heat

of blood)나 사람들의 생동적인 열기(the vital heat)나 일반적으로 동물들의 그런 부류의 것들은 그 밖의 다른 근원에서 비롯되지 않습니다. 이와 같은 일은, 인체의 모든 것들은 사랑이 그것에 대하여 열망하는 그런 것들을 자유스럽게 수용하는 것에 적용하는 열기(heat)에 의한 것이라는 대응(對應·correspondence) 때문입니다.

[4] 이런 부류의 균형이나 또는 결과적인 자유 안에는 사람 안에 있는 모든 것들이 존재합니다. 이런 부류의 자유 안에는 심장이 그것의 피(血液·blood)를 위나 아래로 추진(推進), 오르고 내리게 하고, 장간막(腸間膜·mesentery)은 그것의 유미(乳糜·chyle)를 분배하고, 간장(肝腸·liver)은 혈액을 위한 자신의 일을 수행하고, 신장(腎臟·kidney)들은 비밀스러운 일을 하고, 선들(腺·glands)은 여과(濾過)하는 일을 합니다. 그 밖의 인체의 다른 조직이나 기관도 역시 그러합니다. 만약에 이런 평형이 병들어 앓게 된다면, 지체(肢體·member)는 병들게 되고, 그리고 애씀(labor)은 마비상태(paralysis)나 힘을 잃은 상태에 놓일 것입니다. 여기서 평형(equilibrium)이나 자유는 하나입니다. 그것이 자유 안에 있기 위하여 평형에 전념하지 않는 것은 창조된 우주 삼라만상 안에 있는 실체(實體·substance)에는 전혀 존재하지 않습니다.

X.
사람의 의지와 이해는 선택의 자유 안에 있다는 것, 그럼에도 불구하고 양계, 즉 자연계나 영계 안에는 악을 행하는 것은 법률에 의하여 억제, 금지되고 있는데, 그것은 만약에 그렇게 하지 않는다면 그 두 세계는 소멸할 것이기 때문이다.

497. 모든 사람이 밝히 알 수 있는 것은 사람 자신의 생각을 관찰하는 것에 의하여 영적인 사물들 안에는 선택의 자유가 있다는 것입니다. 만약에 사람들이 이런 여러 주제들에 관해서, 즉 하나님·삼일성(=삼위일체·三一性·the Trinity)·인애와 이웃·믿음과 그것의 역사(役事)나 성경말씀이나 그 말씀의 가르침(敎訓)들의 개별적인 것들을 연구, 공부할

때, 어느 누가 자유 가운데서 생각하지 못하겠습니까? 그리고 신학을 연구한 뒤, 어느 누가 이 주제들에 관해서 지지하거나 또는 반대해서 생각할 수도, 심지어 결론을 도출(導出)할 수 없겠으며, 또 가르치고 집필(執筆)할 수 없겠습니까? 만약에 사람이 한 순간이라도 이 자유를 박탈당한다면, 그 사람은 어떻게 계속해서 생각할 수 있겠으며, 그의 혀는 벙어리처럼 될 것이고, 그의 손은 무력하게 되지 않겠습니까? 그러므로 독자 여러분! 여러분들께서 자기 자신의 생각을 깊이 숙고(熟考), 관찰하는 것에 의하여, 오늘날 인애와 믿음(charity and faith)의 천계적인 교리나, 그것에 의한 구원이나 영생(永生)의 천계적인 교리에 관하여 기독교계에 혼수상태(昏睡狀態・lethargy)를 야기시키고 있는, 불합리하거나 유해한 이단사설(異端邪說)을 배척(排斥)하고, 혐오하는지를 분별, 선택하십시오.

[2] 이 선택의 자유가 사람의 의지나 이해 안에 살아 있어야 하는 이유들은 아래와 같습니다.

(1) 이들 두 기능들(two faculties)은 제일 먼저 가르침을 받고, 개혁되어야 하기 때문이고, 그리고 그 때 그 사람은 겉사람(the external man)의 이 두 기능들에 의하여 말하고, 행동하게 하기 때문입니다.

(2) 속사람(the internal man)의 두 기능들은 사후(死後)에 사는 그의 영(靈・his spirit)을 구성하기 때문이고, 그리고 그의 영은, 그 법의 으뜸되고 근본적인 것을 가리키는 사람이 반드시 그 법을 생각하여야 하고, 비록 주님으로 말미암은 것이지만, 자기 스스로 그것을 실천, 복종하여야 하는, 신령율법(the Divine law)에 종속(從屬)되어야 하기 때문입니다.

[3] (3) 사람의 영의 측면에서 보면, 사람은 천계와 지옥 사이의 중간에 있기 때문이고, 따라서 선과 악 중간에 있기 때문이고, 그러므로 사람은 평형상태(equilibrium)에, 결과적으로는 사람이 영적인 사물들에 존재하는 선택의 자유에 있기 때문입니다. 이 평형상태에 관해서는 본서 475항을 참조하십시오. 그러나 사람이 이 세상에 사는 동안, 그는 그의 영의 측면에서 보면 천계와 이 세상(heaven and the world) 사이에 있고, 그리고 그 때 사람은, 천계로부터 물러나 있는 것에 비례하여, 그 사람은 이 세상에 가까이 끌려가 있어서, 그가 지옥을 가까이 끌어당기고 있다는 사실을 거의 알지 못합니다. 그 사람은, 그가 자유 상태에 있어야 하고, 개혁되기 위해서는, 이 사실을 알아야 하지만, 그럼에도

불구하고 알지 못하고 있습니다.
[4] (4) 의지와 이해, 이들 양자는 주님에 속한 두 수용그릇이기 때문에, 다시 말하면 의지는 사랑과 인애의 수용그릇이고, 이해는 지혜와 믿음(wisdom and faith)의 수용그릇이기 때문입니다. 그리고 그것에 의하여 구원이 성취되는, 그것들 사이에 공동의 결합(a mutual conjunction)이나 상호적인 결합(a reciprocal conjunction)이 존재하기 위해서는 이것들의 각각은 주님에 의하여 활동적(active)이지만, 이에 반하여 사람은 완전한 자유의 상태(complete freedom)에 있습니다.
(5) 사후 사람에게서 행해지는 모든 심판은, 그가 영적인 사물들 안에 있는 선택의 자유를 완성한 선용(善用・the use)과 조화, 일치하기 때문입니다.
498. 이와 같은 내용에서 얻는 결론은 영적인 사물들 안에 있는 선택의 자유 자체는 모든 완벽상태(all perfection)에 있는 사람의 영혼(the soul of man) 안에 산다는 것이고, 그것에 유입되는 것은 마치 웅덩이에 물줄기가 흘러드는 것과 같이, 사람의 마음, 즉 의지나 이해를 가리키는 마음의 두 영역에 유입하고, 그리고 이것들을 통해서 인체의 감관들에 유입하고, 그리고 언어나 행위들에 유입합니다. 왜냐하면 사람 안에는 생명의 세 계도들(three degrees of life)이 있는데, 그것은 곧 영혼(the soul)・마음(the mind)・지각적인 육체(the sentient body)가 있기 때문이고, 높은 계도에 포함된 모든 것은 낮은 계도에 있는 것에 비하여 보다 더 완벽하기 때문입니다. 이것이 바로 사람의 선택의 자유를 가리키는데, 주님께서는 이것을 통해서, 그리고 이것 안에, 그리고 이것과 더불어 사람 안에 현존하십니다. 그리고 주님께서는 그침이 없이 주님을 영접, 수용되기를 갈망하시지만, 그럼에도 불구하고 주님께서는 결코 이 자유를 무시하시지 않고, 또한 결코 제거하시지도 않습니다. 왜냐하면 앞에서 언급한 것과 같이, 사람이 영적인 사물들 안에서 행한 것이나, 자유로 말미암아 행하지 않은 것은 지속(持續)하지 못하기 때문입니다. 그러므로 언급할 수 있는 것은 사람 안에 있는 주님의 거처(the Lord's abode)는 바로 사람의 영혼 안에 있는 사람의 이 자유라는 것입니다.
[2] 설명 없이 명확한 것은, 영계나 자연계에서 악을 행하는 것이 법률에 의하여 금지(禁止)하고 있다는 것입니다. 왜냐하면 그와 같이 금지하

지 않는다면 어디에서나 사회가 존재한다는 것은 없어지기 때문입니다. 그럼에도 불구하고 반드시 명확하여야 할 것은 이런 부류의 외적인 구속들(拘束・external bonds)이 없다면, 사회가 존재하지 않을 뿐만 아니라, 전 인류가 소멸할 것입니다. 왜냐하면 사람은, 두 욕망들, 즉 모든 것을 지배하려는 이른바 지배욕(the love of ruling)과 모든 재물의 소유욕(the love of possessing)에 의하여 끌려 살아가기 때문입니다. 만약에 이것들이 재갈을 물려서 억제하지 않는다면, 이런 부류의 사랑들(=욕망들)은 끝 간 데 없이 저돌(猪突)적으로 돌진(突進)할 것입니다. 사람이 태어날 때 선천적으로 사람에게 있는 이른바 유전악들(遺傳惡・the hereditary evils)은 이런 두 사랑들(=욕망들)에게서부터 주로 야기됩니다. 아담의 범죄는, 성경말씀에 기록된 것과 같이, 뱀이 아담에게 주입시킨 그가 하나님과 같이 되겠다는 욕망 이외의 다른 것이 아닙니다. 그러므로 아담에게 선언된 저주에는 이렇게 언급되었습니다. 창세기서의 말씀입니다.

"하나님은, 너희가 그 나무 열매를 먹으면, 너희의 눈이 밝아지고, 하나님처럼 되어서, 선과 악을 알게 된다는 것을 아시고, 그렇게 말씀하신 것이다"……
"땅은 너에게
가시덤불과 엉겅퀴를 낼 것이다."
(창세기 3 : 5, 18).

이 말씀은 그것에서 비롯된 모든 악과 거짓을 뜻합니다. 이들 두 욕망들(=사랑들)에 의하여 사로잡혀, 노예가 된 모두는, 다른 모든 것들이 그것 안에 존재하고, 그리고 그것을 위해 존재하는 유일무이(唯一無二)한 대상(the one only object)으로 자기 자신을 생각합니다. 이런 부류의 인물은 결코 자비(慈悲・pity)・하나님에 대한 경외심(敬畏心・fear of God)・이웃사랑(仁愛・love for the neighbor)을 가지고 있지 않습니다. 결과적으로 그들은 무자비하고, 비인간적이고, 몹시 잔인(殘忍)하고, 그리고 그들은 지옥적인 탐욕(an infernal lust)이나 훔치고, 빼앗는 욕심에 사로잡혀 있고, 그리고 자신들의 목적을 애써서 성취하려는 교활(craft)이나 술책(cunning)에 사로잡혀 있습니다. 이런 부류의 악들은 땅 위의 짐승들에게서는 선천적인 것은 아닙니다. 이런 악들은 자신들의 배고픔의 충족의 욕구나 자신들의 방어의 욕구를 제외하면, 서로서로 죽이고, 잡아먹지는 않습니다. 그러므로 이런 사랑들(=욕망들)과의 관계에서 생각하면 사악한 사람은 보다 더 비인간적이고, 보다 더 고약(fiercer)하고, 다른 어떤 짐승에 비하여 더 사악합니다.

[3] 사람이 내적으로는 이런 부류라는 것은, 법률에 속한 구속(拘束)들이 느슨해지면 치안 방해적인 소동들(seditious disturbance)에서 명확하게 드러나고, 그리고 전쟁에 패한 자나, 포로들에게 그들의 격정(激情)을 만족시키는데 자유롭다는 것이 승리한 군인들에게 신호가 주어졌을 때, 역시 그들의 고약한 대량학살들(massacres)이나 약탈(掠奪)들에서 아주 잘 드러납니다. 이런 무자비한 짓을 할 때 그렇게 하지 말라는 명령이 주어질 때까지 거의 어느 누구도 단념하지 않습니다. 이상에서 볼 때 명확한 사실은, 만약에 사람들을 억제하는 법률적인 형벌들에 대한 두려움(fear of legal penalties)이 전혀 없다면, 사회는 물론 전 인류는 얼마 안 가서 멸망할 것입니다. 그러나 이런 악들에 속한 자들은 어느 누구도, 영적인 사물들 안에 있는 선택의 자유의 진정한 선용(=씀씀이・善用・use)에 의한 것을 제외하면, 제거, 돌이킬 수 없습니다. 그리고 이런 일은, 죽은 뒤의 삶의 상태에 관한 깊은 반성이나 생각을 마음에 지시, 명령하는 것에서 행해집니다.

499. 그러나 이런 일은, 아래에 이어지는 것에서와 같이, 여러 가지 비교들에 의하여 보다 자세하게 예증될 수 있겠습니다. 만약에 생물이든 비생물이든, 모든 피조물들 안에 어떤 종류의 선택의 자유가 없다면, 결코 창조는 있을 수 없습니다. 왜냐하면 짐승들에 대한 자연적인 것들 안에 선택의 자유가 없다면 거기에는 그들의 먹거리에 이바지하는 먹거리의 선택이 전혀 없을 것이고, 그리고 새끼들에 대한 번식(繁殖)이나 보존(保存) 따위도 전혀 없을 것이고, 따라서 모든 짐승들 역시 없을 것이기 때문입니다. 만약에 바다의 물고기들이나 바닷가의 갑각류(甲殼類) 따위가 이런 부류의 선택의 자유를 가지지 못했다면 거기에는 결코 물고기들이나 조개들도 없을 것입니다. 마찬가지로 이런 자유가 모든 곤충에게 있지 않다면, 명주를 생산하는 누에 또한 없을 것이고, 밀랍(蜜蠟)이나 꿀을 생산하는 벌 역시 없을 것이고, 대기 가운데서 그들의 조화나 사귐을 유희(遊戲)하는 나비도 없을 것이고, 그리고 번데기처럼 그의 허물을 벗은 뒤(脫皮) 천계적인 왕국에서 사람의 행복한 상태를 표

제 8 장 · 선택의 자유(選擇 自由 · Freedom of Choice) 393

징하고, 꽃들의 쥬스(花汁)를 먹이로 삼는 나비들, 역시 없을 것입니다.
[2] 만약에 땅의 흙(土壤)에 선택의 자유에 유사(類似)한 어떤 것이 없다면, 토양에 뿌려진 씨나, 씨앗에서 나와 자라는 나무의 모든 부분들에, 그리고 그것의 열매들 안에, 그리고 또다시 그것의 새로운 씨앗에 선택의 자유가 없다면 역시 식물의 일생이나 삶도 결코 없을 것입니다. 만약에 모든 광물이나, 진귀한 보석이든 보통의 돌이든, 거기에 선택의 자유에 유사한 것이 없다면, 결코 광물이든, 보석이든, 돌이든, 심지어 모래의 한 알갱이도 없을 것입니다. 왜냐하면 이런 것들은 자유스럽게 에텔(ether)의 호흡이나, 그것의 자연적인 발산들을 내뿜고, 낡은 요소들은 떨어버리고, 새로운 것과 더불어 자체를 회복시키기 때문입니다. 이런 사실에서 볼 때 자석(磁石) 주위에는 자석의 자기(磁氣)가 있고, 쇠(鐵) 주위에는 철의 기운이 있고, 구리(銅)에는 구리의 기운, 은(銀)에는 은의 기운, 금(金)에는 금의 기운이, 돌에는 돌의 기운이, 초석(硝石 · niter)에는 그것의 기운이, 유황에는 그것의 기운이, 심지어 티끌의 모든 작은 알갱이에는 서로 상이한 기운이 있기 때문입니다. 이런 기운에서 볼 때 모든 씨의 극내적인 것은 모두 수정(受精)되어 있고, 그리고 그것의 생산적인 소인(素因 · prolific principle)은 생성시킵니다. 왜냐하면 땅의 먼지의 지극히 작은 미립자(微粒子)에서 비롯되는 이런 부류의 발산(發散 · exhalation)이 없다면, 거기에는 발아(發芽 · germination)의 시작은 없을 것이고, 그것의 이어짐 또한 전혀 없을 것입니다. 그것에서 비롯되는 발산에 의한 것을 제외하면 땅이 어떻게 티끌이나 물을 가지고 땅에 뿌려진 씨의 극내적인 중심에까지 파고 들어갈 수 있겠습니까! 그것은 겨자씨의 알갱이 속에 들어가는 것과 같습니다. 그것에 관한 말씀입니다.

　겨자씨는 어떤 씨보다 더 작은 것이지만, 자라면 어떤 풀보다 더 커져서 나무가 되며, 공중의 새들이 와서, 그 가지에 깃들인다(마태 13 : 32 ; 마가 4 : 30-32).

[3] 선택의 자유가, 그것의 각각의 본성에 맞게, 창조된 모든 실체들에 이와 같이 주입, 이식되기 때문에, 사람이 영적인 것이 되기 위해서는 그의 본성에 따라서 그 사람 안에 선택의 자유가 주입, 이식되는 이유

가 무엇일까요? 이것은 영적인 사물들 안에 있는 자유의지(free will)가 태내(胎內)에서부터 이 세상에서의 생의 임종(臨終)에까지, 그리고 그 뒤 영원에 이르기까지 사람에게 주어진 이유입니다.

XI.
만약에 사람들이 영적 사물들 안에 있는 선택의 자유를 가지지 않았다면, 이 세상의 모든 거주자들은 하루에 주님을 믿도록 인도될 수 있겠지만, 그러나 이런 일은 전혀 불가능한데, 그 이유는 선택의 자유와 함께 사람에 의하여 수용된 것이 아니면 남아 있지 못하기 때문이다.

500. 만약에 영적인 사물들 안에 있는 선택의 자유가 사람에게 주어지지 않았다면 하나님께서는 당신을 믿게 하기 위하여 단 하루에 이 세상의 모든 사람들을 인도할 수 있다는 것은 그것이 올바르게 이해되지 않았을 때 신령전능(神靈全能 · the Divine omnipotence)에서 마치 참된 결론처럼 뒤이어질 것입니다. 신령전능을 올바르게 이해하지 못한 사람들은 질서와 같은 그런 것은 존재하지 않는다고 생각하기 쉽고, 그리고 하나님은 그것에 일치하는 질서에 정반대로 행동할 수 있다고 상상하기도 합니다. 그럼에도 불구하고 그 때 질서가 없다면, 창조는 전혀 불가능합니다. 질서의 근본적인 것은, 사람은 하나님의 형상(an image of God)이라는 것입니다. 결과적으로 사람은 사랑이나 지혜 가운데 계속해서 완전하게 되어가는 것이고, 그리고 더욱 더 그 형상이 되어간다는 것입니다. 이 목적에 대하여 하나님께서는 사람 안에서 계속 역사(役事)하시고 계십니다. 그러나 이런 일은 허사(虛事)일 수도 있습니다. 왜냐하면 만약에 사람이 영적인 사물들 안에 있는 선택의 자유를 가지고 그것에 의하여 그가 하나님에게 자신을 향하게 하고, 상호적으로 자기 자신을 하나님과 결합시키는 영적인 사물들 안에 있는 선택의 자유를 가지고 있지 않다면, 이와 같은 일은 불가능하기 때문입니다. 왜냐하면 그것 안에 있는 개별적인 것이든 전체적인 것이든, 이런 것들과 더불어 전 우주가 그것으로 말미암아, 그리고 그것에 일치하는 질서는 창조된

것이기 때문입니다. 그리고 모든 창조가 그 질서로 말미암아, 그리고 그 질서에 따라서 이루어졌기 때문에 하나님은 질서 자체(Order itself)라고 불리웁니다. 따라서 질서에 반대되는 것이나, 또는 하나님에게 반대되는 것이라고 우리가 말하든, 그것은 꼭 같습니다. 심지어 하나님 당신께서는 그분 자신의 신령질서(His own Divine order)에 어긋나게 행동할 수 없습니다. 왜냐하면 이런 일은 그분 당신 자신에게 정반대로 행하는 것이기 때문입니다. 그러므로 하나님께서는 모든 사람을 당신 자신을 가리키는 그 질서에 따라서 인도하시고, 심지어 유리방황(遊離彷徨)하고, 타락(墮落)하는 것까지도 당신 자신을 가리키는 그 질서에 따라서 지도, 통치하시는 것이고, 그것에의 저항(抵抗)도 그 질서에 따라서 지도, 통치하시는 것입니다. 만약에 영적인 사물들 안에 있는 선택의 자유가 없이 창조될 수 있다면, 이 세상의 모든 사람들을 주님을 믿게 하도록 인도하는 것에 비하여 전능하신 하나님(an omnipotent God)을 위한 것보다 더 쉬운 것이 무엇이겠습니까? 하나님께서 모두에게 수단에 의한 것이든, 의한 것이 아니든, 모두 안에 이 믿음을 활착(活着)시킬 수 없을까요? 수단에 의한 것이 아닌 것은 사람을 구원하려는 그것의 애씀이나 노력들 안에 쉽지 않은 것을 가리키는 그분의 절대능력이나 그것의 무책임한 작용(His absolute power and its irresistible operation)에 의한 것을 가리키고, 그리고 수단들에 의한 것은 사람의 양심에 야기된 온갖 고통들을 통하여, 또는 만약에 그 믿음을 수용하지 않았다면, 육신의 죽을 수밖에 없는 온갖 격동들(mortal convulsions of the body)을 통해서, 그리고 죽음의 무시무시한 위협들(awful threats of death)을 통해서, 그뿐만 아니라 보다 더 심하게는 지옥을 열고, 그리고 그들의 손에 들려 있는 무서운 횃불들(frightful torches in their hands)에서 비롯된 악마들의 임재(臨在)에 의하여, 또는 무서운 유령의 모습들로 잘 알고 있는 죽은 사람에게서 불러낸 것들의 임재에 의한 것을 행하였을 것입니다. 그러나 이 모든 것들에 대한 대답은 지옥에 있는 부자에게 한 아브라함의 말씀에서 잘 알 수 있겠습니다. 누가복음서의 말씀입니다.

아브라함이 그에게 말하였다. "그들이 모세와 예언자들의 말을 듣지 않으면, 죽은 사람들 가운데서 누가 살아날지라도, 그들은 그의 말에 귀를 기울이지 않을 것이다"(누가 16 : 31).

501. 예전에 비하여 오늘날에는 왜 기적들(miracles)이 일어나지 않는지를 묻는 질문이 있습니다. 왜냐하면 만약에 기적들이 일어난다면, 모두에게서 정성어린 마음의 시인(a hearty acknowledgment)이 있을 것이라고 믿기 때문입니다. 그러나 기적들은 예전에 비하여 지금은 일어나지 않는데, 그것들은 신념(belief)을 억압하기 때문이고, 그리고 또한 영적인 사물들 안에 있는 사람의 선택의 자유를 제거하기 때문이고, 그리고 사람을 영적인 존재 대신에 자연적인 존재로 만들기 때문입니다. 주님의 강림(the Lord's coming) 때문에, 기독교계의 각자 모두는 영적인 존재가 될 수 있는 능력(ability)을 가지고 있고, 그리고 그는 주님에게서 비롯된 성언(聖言 · the Word)으로 말미암아 영적인 존재가 되었습니다. 그럼에도 불구하고 만약에 사람이 기적들을 통하여 인도된다면, 그와 같이 될 수 있는 가능성(the capacity)은 소멸될 것입니다. 왜냐하면 앞에서 언급한 것과 같이, 기적들은 영적인 사물들 안에 있는 선택의 자유를 억압할 것이고, 사람에게서 박탈할 것이기 때문입니다. 그리고 이런 사안들 안에 있는 강제적인 모든 것은 자연적인 사람에게로 향하게 하고, 그리고 진정한 속사람(the truly internal man)을 가리키는, 영적인 사람에 대하여, 말하자면 문을 닫을 것이고, 그리고 모든 참된 영적인 것을 오직 반대로 보는 자연적인 사람으로 말미암아 영적인 것들에 관해서 그 때 사람이 추론하는 결과 때문에 밝은 빛 가운데서 어떤 진리를 보는 모든 능력은 박탈되기 때문입니다.
[2] 그러나 주님의 강림 전에는 기적들은 일어났는데, 그것은 그 때 교회에 속한 사람들은 자연적인 사람들이었고, 그리고 내적인 교회(an internal church)에 속한 영적인 것들은 그들에게는 감추어졌고, 드러날 수 없었기 때문입니다. 만약에 이런 것들이 밝히 드러난다면, 그것들은 아마도 모독(冒瀆)되었을 것입니다. 그러므로 그들의 모든 예배는 교회에 속한 내적인 것들을 표징하고, 뜻하는, 예전들(禮典 · rituals) 안에 존재하였습니다. 그리고 그것들은 기적들에 의하여 이런 예전들을 관찰하는 것에 안내할 수 있었습니다. 사실 기적들은 그런 목적으로 충분하였습니다. 왜냐하면 이런 표징적인 것들은 그것들 안에 영적인 내적인 것(a spiritual internal)을 가지고 있었기 때문입니다. 이러한 사실은 광

야에서의 이스라엘 자손에게서 잘 드러나고 있는데, 비록 그들은 이집트에서 수많은 기적들을 목격(目擊)하였고, 그리고 그 뒤에는 시내 산에서 가장 큰 기적들을 보았지만, 그럼에도 불구하고 모세가 한 달 가량 그들과 함께 있지 않았을 때 그들은 금송아지(a golden calf) 주위를 돌면서 춤을 추었고, 그리고 그것이 그들을 이집트에서 이끌어내었다고 소리를 질렀기 때문입니다. 비록 그들이 엘리야나 엘리사에 의하여 행해진 큰 기적들을 입증한다고 해도, 그리고 종국에는 주님에 의하여 행해진 참된 신령기적들(the truly Divine miracles)을 입증한다고 해도, 가나안 땅에 들어간 뒤에도 역시 예전과 마찬가지였습니다.

[3] 오늘날 기적들은 행해지지 않고 있습니다. 그것은 몇몇 이유들 때문인데, 특히 교회는 선택의 자유를 사람에게서 박탈하였기 때문입니다. 이런 일은, 사람은 믿음의 획득(the acquisition of faith)에 대해서, 개과천선(改過遷善·conversion)에 대해서, 그리고 또한 일반적으로 구원(salvation)에 대해서 그 어떤 것도 이바지하지 못하는 무능(無能)하다는 교령(敎令)에 의하여 행해졌습니다(본서 464항 참조). 이와 같은 신념(belief)을 수용한 사람은 더욱 더 자연적이 됩니다. 그리고 위에서 언급한 것과 같이, 자연적인 사람은 모든 영적인 것을 반대로 우러르고, 결과적으로는 그것에 반대하여 생각을 합니다. 이런 경우 영적인 사물들 안에 있는 선택의 자유는 그것 안에 있는 사람의 마음의 높은 영역은 그것의 주요한 자리를 차지하는데, 그 영역은 그것에 의하여 닫혀지고, 그리고 기적들이 겉보기에 확증한 영적인 것들은 지극히 자연적인 것을 가리키는 마음의 낮은 영역을 차지하고, 그리고 믿음·개과천선·구원에 관한 거짓들은, 결과적으로 이 영역 위에 남아 있습니다. 그리고 결과적으로는 사탄들은 그들의 거처를 위에, 천사들은 그들의 거처를 아래에 있게 하는, 마치 새매가 병아리들 위에 있는 꼴을 야기시킵니다. 그 때 조금 지나서 사탄들이 그들의 장애물들을 깨부수고, 그리고 이런 것들을 부인할 뿐만 아니라, 그들을 욕되게 하고, 모독하면서, 그들 아래에 자리를 차지하고 있는 영적인 것들에게 분노를 가지고 돌진할 것입니다. 그 결과는, 사람의 나중 상태가 전 상태에 비하여 보다 더 나쁘게 되었다는 것입니다.

502. 교회에 속한 영적인 것들에 관해서 온갖 거짓들에 의하여 자연적인 존재가 된 사람은 아마도 질서에 대한 높은 존재(上者)로서 신령전

능(神靈全能・the Divine omnipotence)에 관해서 생각할 것입니다. 따라서 그는 신령전능이 질서 밖에(without) 있다고 생각할 것이고, 그것의 결과로 그는 뒤이어지는 어리석고 미친 생각들에 빠질 것입니다. 그가 생각한 것은, 하나님께서 자기 자신의 전능에 의하여 이 세상에서 하시는 것과 꼭 같은 것을 천계에서 능히 성취하실 수 있을 터인데, 주님께서 이 세상에 강림하신 이유나, 구속의 대업(救贖大業・redemption)을 그 방법으로 이루는 이유는 무엇일까요? 그리고 주님께서는 예외 없이 구속의 대업에 의하지 않고서는 전 인류를 구원하시지 못하는 이유는 무엇일까요? 사탄이 사람 안에 있는 구세주(救世主・the Redeemer)와 싸워서 이기도록 두신 것은 무슨 이유인가? 왜 지옥이 거기에 있는 이유는 무엇인가? 하나님께서는 자신의 전능에 의하여 지옥을 없애버릴 수는 없으신가? 하나님께서는 그와 같은 일을 지금은 왜 하실 수 없으며, 또한 사람들을 지옥에서 구출하시고, 사람들을 천계의 천사들로 만드실 수 없는 이유는 무엇인가? 최후의 심판을 두신 이유는? 하나님께서는 당신의 왼쪽에 있는 염소들을 오른쪽으로 옮기실 수는 없는가? 그리고 그들을 모두 양들로 만드실 수는 없는가? 하나님께서는 용 자신이나 용의 사자들(使者)을 천계에서 왜 내쫓으시는가? 그리고 그들을 미가엘의 천사들로 바꾸지 않는 이유? 하나님께서는 이들 모두에게 믿음을 주시지 않은 이유와 그분의 아드님의 의(義・His Son's righteousness)를 전가(轉嫁)하시지 않은 이유는 무엇이고, 따라서 그들의 죄악들을 용서하시지 않고, 그리고 그들을 용서하시고, 성화하시지 않은 이유는 무엇입니까? 하나님께서는 들의 짐승들과 공중의 나는 새들과 바다에서 노니는 물고기들에게 말하게 하시지 않은 이유는, 그리고 그것들에게 총명을 주시지 않은 이유는, 그리고 사람들과 함께 천계로 그들을 안내하시지 않은 이유는 무엇입니까? 주님께서는 선악을 알게 하는 나무도 전혀 없고, 그것에 뱀도 없는 낙원을 전에도 만드시지 않고, 현재도 만드시지 않은 이유는 무엇입니까? 그리고 언덕들 어디에서나 풍성한 포도주가 흐르고, 자연스럽게 금과 은이 생산되고, 그러므로 모두가 거기에서 온갖 기쁨과 노래를 즐기며 살고, 따라서 마치 하나님의 형상들처럼, 영원한 축제 기분과 즐거움으로 전에도 만드시지 않고, 지금도 만드시지 않은 이유는 무엇입니까? 역설적으로 이런 것들이 전능하신 하나님의 진정한 성품(=값)이 아니겠습니까? 이 밖에도 이와 비슷한 물음들은 많이 있을 것입니다. 그러나 여러분, 이런 것은 모두 무익(無益)하고, 쓸 모없는 말장난입니다. 신령전능(the Divine omnipotence)은 결코 질서 밖에 있지 않습니다. 하나님 당신께서는 질서 가운데, 질서를 위하여 질서로 말미암아 모든 것들은 창조되었습니다. 그것은 그것들이 하나님으로 말미암아 창조되었기 때문입니다, 사람은 질서 안에 창조되었습니다. 다시 말하면 축복과 저주(blessing or curse)는 자신을 위한 영적인 사물들 안에 있는 선택의 자유에 달려 있습니다. 왜냐하면 앞에서 언급한 것과 같이, 선택의 자유 없이 사람을 창조한다는 것은 물론, 심지어 짐승・새・물고기까지도 창조한다는 것은 불가능하기 때문입니다. 그럼에도 불구하고 짐승들은 오직 자연적인 선택의 자유만 가졌고, 이에 반하여 사람은 자연적인 선택의 자유뿐만 아니라 또한 영적인 선택의 자유를 가졌습니다.

503. 지금까지의 설명에 "영계 체험기"(Memorable Relations)를 부가하겠습니다. 그 첫째 체험기입니다.

나는, 영적인 사물들 안에 있는 사람의 선택의 자유에 관해서 숙의(熟議), 협의하기 위한 하나의 모임이 소집되었다는 말을 들었습니다. 이 일은 영계에 있었던 것입니다. 거기에는 모든 방면에서 유식한 사람들이 참석하였는데, 그들은 예전에 이 세상에 살 때 이 세상에서 그 주제에 관해서 깊이 생각하였고, 그리고 그들 대부분은 니케아 종교회의(the council of Nice)의 전후에 있었던 작고 큰 모임에 참석하였었습니다. 그들은 판테온(the Pantheon)이라고 부르는 로마에 있는 성전과 같은, 일종의 원형 성전(a circular temple)에 모였는데, 그 성전은 전에는 모든 신들(all the gods)의 예배가 집전(執典)되었었고, 그 뒤, 교황의 명에 의하여 모든 거룩한 순교자들의 예배의 자리로 제공되었습니다. 이 성전 벽들 가까이에는 제단들과 같이 보이는 것들이 있었고, 그러나 그것 둘레에는 낮은 벤치(low bench)가 있었고, 참석자들은 거기에 앉아 제단들 위에 자신들의 팔꿈치를 올려놓고, 기대었습니다. 책상들도 여럿 있었습니다. 그들 가운데는 마치 주교처럼 행동하는 회의 진행자는 선임되지 않았고, 다만 각자가 의견을 말하고 싶으면 누구나 회의장 중앙으로 나아가서 마음 속에 담고 있는 자기 소견을 전달, 발표하였습니다. 그리고 내가 몹시 놀란 것은 그 모임의 모든 참석자들은 영적인 사물들에 대한 사람의 절대 무능(man's utter impotence)을 충분하게 증거한다는 것이었습니다. 그리고 그런 것들 안에 있는 선택의 자유의 개념 따위는 모두 조소(嘲笑)되고 있었습니다.
[2] 그들이 모두 모였을 때 그 중의 한 사람이 갑자기 중앙으로 뛰어 나와서 큰 목소리로 그들에게 이런 열변을 토했습니다. 내용인즉—, "사람은, 마치 롯의 아내가 뒤를 돌아다 본 뒤 소금 기둥으로 변한 뒤, 영적인 사물들 안에 있는 선택의 자유는 결코 더 이상 가지고 있지 않습니다. 만약에 사람이 그 이상의 그런 선택의 자유를 가지고 있다면 그는 틀림없이 자기 자신을 우리 교회의 믿음, 즉 하나님 아버지께서 대가 없이 하나님께서 원하시는 자에게, 그리고 그분께서 원하시는 때에 당신의 완전한 자유와 큰 즐거움에서 그 사람에게 하사(下賜)하신다는 우리 교회의 믿음의 가르침을 사칭(詐稱)한 것입니다. 하나님의 선의(善意)와 무상(無償)의 축복은, 만약에 사람이 그 어떤 선택의 자유나, 선의에서 그 믿음을 자기 자신이 사칭, 사취(詐取)한다면, 하나님에게서는 불가능합니다. 따라서 우리의 믿음 그것은 밤 낮 우리 앞에서 빛을 발하면서 공중에서 사라지는 유성(流星)과 같을 것입니다."
[3] 그 사람에 뒤이어 다른 사람이 자기 자리에서 뛰쳐나와서 말을 하였습니다. 내용인즉슨—, "사람은, 짐승이나 심지어 개(犬)보다도 영적인 사물들 안에 있는 선택의 자유는 결코 가지지 못하였습니다. 왜냐하면 만약에 사람이 그것을 가지고 있다면, 사람은 자기 스스로 선을 행할 것이지만, 그가 선을 행할 때도 모든 선은 하나님에게서 비롯된 것이고, 그리고 그 사람은 천계로부터 그 사람에게 주어지지 않은 것은 아무것도 취할 수 없기 때문입니다."
그 사람에 뒤이어 또 다른 사람이 그의 자리에서 가운데 빈 공간으로 달려 나와서, 음성을 높여서 말하였습니다. "사람은 마치 대낮에 부엉이가, 또는 계란 껍데기 속에 있는 병아리가 무엇을 볼 수 없는 것 이상으로 그런 것들의 식별력에서 아무것도 모르는 것처럼 영적인 사물들 안에 있는 선택의 자유를 결코 가지고 있지 않고, 사람은 이런 것들에서는 마치 고슴도치가 전적으로 장님인 것과 같이 장님입니다. 만약에 사람이, 믿음・구원・영생의 사안들에 관한 그의 명료한 지각에서 예리한 눈매(lynx-eyed)를 가지고 있다면 그는 자신이 중생할 수 있고, 구원 받을 수 있다고 믿을 것입니다. 그리고 그렇게 하기 위해 애쓰는 것에 의하여, 그리고 공로에 공로를 더하는 것에 의하여 자신의 생각들이나

행위들을 더럽힐 것입니다."

또 다른 사람이 중앙의 공간으로 달려 나와서 이런 말을 전하였습니다. "아담의 타락 이후, 어떤 사람이 영적인 것을 자신은 원하고, 이해할 수 있다고 상상하는 사람은 미친 사람이고, 미친 사람이 됩니다. 그것은 그 사람이 그 때 자기 자신을 작은 하나님(a little god)이라고 믿는 것이기 때문이고, 또한 자신의 오른손에 신령능력의 역할이나 몫을 쥐고 있는 일종의 신적인 존재라고 믿는 것이기 때문입니다."

[4] 그 사람 뒤에 그의 팔에 《일치신조》(一致信條·the Formula Concordia)라고 하는 책을 들고 숨을 몰아쉬면서 중간 지역으로 달려 나왔는데, 그 책은, 그가 그것을 부르는 것처럼, 지금은 복음주의파 사람들(the Evangelicals)이 증언한 것으로, 그 파의 정설에 관한 것입니다. 그는 이 책을 펴더니, 아래와 같은 내용을 그 책에서 읽었습니다. "사람은 선에 대하여 전적으로 부패, 타락하였고, 죽었습니다. 그러므로 타락 이후 중생하기 전 사람의 본성에는 영적인 힘의 생기가 남아 있지 않았고, 심지어 살아 있지 않았는데, 그 사람은 그것에 의하여 하나님의 은총(the grace of God)을 준비하거나, 또는 그 은총이 주어질 때, 그것을 파악, 감지하거나, 또는 자기 자신으로 말미암아, 또는 자신이 그것을 수용할 수 있어야 하거나, 또는 영적인 것들에서 이해하고, 믿고, 포용하고, 생각하고, 원하고, 시작하고, 끝내고, 행동하고, 운영하고, 적응하여야 하고, 또는 자신의 회심(回心)에 대하여 반쪽이든 아주 작든, 자신의 그 무엇을 행할 수 있어야 합니다. 영혼의 구원에 관해서 살피는 영적인 것들에서 사람은 롯의 아내가 변해 버린 소금 기둥과 같고, 또는 눈이나 입, 또는 여타의 감관들이 쓸모없는 죽은 나무 등걸이나 돌멩이와 진배없습니다. 뿐만 아니라, 그 사람은 그저 단순하게 공적인 모임에 참석하고, 성경말씀이나 복음을 듣는, 움직이는 힘(the power of locomotion)이나 또는 그의 외적인 사지들을 움직이는 힘을 지니고 있을 뿐입니다." 이러한 내용은 본서 656·658·661-663·671-673항에서 볼 수 있습니다.

이 일이 있은 뒤, 그들은 모두 모여들었고, 그리고 서로 협력하여 큰 소리로 외쳤습니다. "이것이 바로 참된 정통주의(true orthodoxy)입니다."

[5] 나는 그들 가까이에 있었고, 그래서 그들이 하는 모든 말들을 잘

경청(傾聽)할 수 있었습니다. 나는 화가 치밀었습니다. 그래서 나는 큰 소리로 물었습니다. "만약 여러분이 영적인 사물들에서 사람을 소금기둥·짐승·장님이나 불합리한 존재로 만든다면 당신들의 신학(神學)은 도대체 무엇입니까? 그것은 그 영적인 것의 개별적인 것이나 전체적인 것이 아닙니까?"

침묵의 기간이 흐른 뒤, 이 물음에 대하여 그들은 이렇게 대답하였습니다. "우리의 전체 신학에는 이성(理性)이 파악하는 영적인 것들이란 아무것도 없습니다. 그것 안에 있는 유일한 영적인 것은 우리의 믿음뿐이요, 그러나 우리는 어느 누가 그것을 조사, 연구하지 못하도록 엄격하게 밀봉(密封)해서 간수하고 있습니다. 그리고 우리는 영성에 속한 단한 개의 빛(a single ray of spirituality)도 그것에서 새어나오거나 이해 앞에 나타나지 않도록 매우 주의를 기울이고 있습니다. 더욱이 사람은 자기 자신의 선택의 자유에서 비롯된 지극히 작은 일점에도 이바지 하지 못합니다. 역시 우리들은 인애(charity)를 모든 영적인 것에서 분리, 제거하였고, 그리고 그것을 그저 단순한 도덕적인 것으로 만들어 놓았습니다. 마찬가지로 십성언(=십계명·十聖言·the Decalogue)도 그렇게 하였습니다. 칭의(稱義·the justification)·죄악들의 용서(the forgiveness of sins)·중생(regeneration)·그것에 의한 구원(salvation)에 관해서 살펴보면, 우리는 영적으로 아무것도 가르치지 않고, 다만 우리는 이런 일들이 믿음에 의하여 행해진다고 말합니다. 그러나 그런 일이 어떻게 일어나는지 우리는 그것에 전적으로 무지(無知)합니다. 회개의 자리에 우리는 통회(痛悔·contrition)만 두고, 그리고 이것이 영적인 것이라고 믿는 것을 막기 위하여 우리는 그것을 믿음에서 떼어 놓았고, 심지어 최소의 접촉까지도 없게 하였습니다. 속량(贖良·redemption)에 관해서는 우리는 순수한 자연적인 개념들 이외에는 아무것도 채택하지 않았습니다. 그 개념들이란 바로 하나님 아버지께서는, 전 인류가 정죄의 판결(a sentence of damnation)에 두셨고, 그분 당신의 아들이 자기 자신으로 말미암아 그 저주를 담당하셨고, 그리고 자기 자신을 십자가에 매달도록 자초(自招), 손수 겪으셨고, 그분의 아버지를 깊은 동정심(compassion)에게로 옮겼다는 것 등등을 종결하셨습니다. 이 밖에도 여러 가지 다른 개념들도 있습니다. 여러분은 그것에서 영적인 것은 아무것도 찾지 못할 것이고, 그저 오직 자연적인 것만 찾을 것입니다."

[6] 그러나 이 때 조금 전까지의 분노는 계속되었습니다. 그래서 나는 "만약에 사람이 영적인 사물들에서 선택의 자유를 가지지 못하였다면, 사람이 금수(禽獸) 외에 무엇이겠습니까? 사람이 그것에 의하여 금수 이상이 아닙니까? 선택의 자유가 없다면 교회는 눈에 흰 동자만 있는 것으로 가득 찬 검은 얼굴 이외에 무엇이겠습니까? 그리고 그 자유가 없다면 성경말씀은 아무런 뜻이 없는 책 이외에 무엇이겠습니까? 성경 말씀에는 매우 자주 사람은 반드시 하나님을 사랑하여야 하고, 그리고 이웃을 사랑하여야 하고, 반드시 믿어야 한다는 것 이외의 그 무엇이 선언, 언급되었습니까? 그리고 다시 그의 사랑과 믿음의 척도 안에 삶과 구원을 갖는다는 것 이외에 무엇이 선언되었습니까? 성경말씀이나 십성언에 명령된 것을 이해하고 실천하는 능력을 가지지 않는 사람이 누구입니까? 그것들을 실천하는 능력이 없다면 하나님께서 어떻게 사람들에게 그런 계율들이나 계명들을 주실 수 있겠습니까?"

[7] 신학적인 사안들 안에 있는 오류들에 의하여 봉쇄되지 않은 촌부(村夫)의 마음을 가지신 분은 말씀해 보세요. "믿음이나 인애의 사안들이나, 그것에서 비롯된 구원의 사안들을 이해하고 원하는 능력을 가지지 못한 사람은, 그것들에 대해서 적응하는 능력이 없고, 그것들에 자기 자신을 확증하는 능력이 없는, 나무 등걸이나 돌맹이 이외에 무엇이겠습니까? 그 사람은 마음 속으로부터 매우 당신을 비웃고, 이렇게 말 할 것입니다. '사람에게 더 이상 비합리적인 것이 무엇입니까? 그 때 내가 사제나 그의 설교말씀으로 할 수 있는 것이 무엇입니까? 교회는 그에게 마구간 이외에 무엇입니까? 예배는 쟁기질 하는 것 이외에 무엇이겠습니까? 그렇게 말하는 것은 미친 짓이요! 그것은 어리석음 중의 어리석음이요. 어느 누가 모든 선이 하나님에게서 비롯된다는 것을 부인합니까? 하나님으로부터 자기 스스로 선을 행하는 것처럼 사람에게 하나님께서 주시는 것 아닙니까? 그것은 신념과 동일한 것입니다.'"

이런 말들을 듣자 그들은 모두 소리를 질렀습니다. "우리는 정통주의 방법으로 정통주의로 말미암아 말합니다. 그러나 당신은 촌부의 방법으로 촌부의 개념들(rustic notions)로부터 말합니다." 그 때 갑자기 하늘에서 번개 불이 떨어졌고, 그리고 그것이 그들을 해치지 못하게, 그들은 떼 지어서 돌진하듯이 각자 자신의 가정으로 도망하였습니다.

504. 두 번째 영계 체험기입니다.

한번 나는 보다 높은 천계의 천사들이 있는 내면적인 영적인 시각(interior spiritual sight)에 있은 적이 있습니다. 그러나 그 때 사실 나는 영들의 세계에 있었습니다. 그 때 나는 멀리 떨어지지 않은 곳에, 서로 떨어져서 서 있는 두 영들을 보았습니다. 그리고 내가 지각한 것, 그들 중의 하나는 선과 진리를 사랑하였고, 그리고 그것에 의하여 그는 천계와의 결합의 상태에 있었다는 것입니다. 이에 반하여 다른 하나는 악과 거짓을 사랑하였고, 그리고 그는 그것에 의하여 지옥과의 결합의 상태에 있었습니다. 내가 그들에게 가까이 가서, 그들을 불렀습니다. 그들의 목소리나 그들의 대답들에서 내가 수집한 것은 한 영은 다른 영과 꼭 같이 진리들을 지각할 수 있었고, 깨달았을 때 그것들을 시인할 수 있었고, 따라서 이해로부터 생각할 수 있었고, 그가 좋아하듯이, 자신의 총명적인 기능들을 지시, 명령할 수 있었고, 그리고 그가 원하듯이 그의 자의적인 기능들을 지시, 명령할 수 있었습니다. 결과적으로 그들은 합리적인 사안들 안에 선택의 자유의 상태에 있었습니다. 더욱이 내가 관찰한 것은 그 자유로 말미암아 그들의 마음들 안에, 지각에 속한 것을 가리키는 그들의 처음 시각에서부터, 눈의 시각을 가리키는 그들의 마지막 시각에 이르기까지, 그것에서 뻗쳐 나오는 광휘(光輝·lucidity)를 받을 준비를 하고 있었다는 것입니다.

[2] 그러나 한 사람은 악과 거짓을 사랑하고, 그리고 자기 자신의 생각에 남아 있을 때, 내가 지적, 알려 줄 수 있는 것은 지옥에서 일종의 연기가 솟아오르고, 그것은 기억 이상의 빛을 소멸시킨다는 것, 그러므로 그 사람 안에는 마치 한밤중과 같은, 짙은 흑암이 있다는 것입니다. 그리고 기억 아래의 마음의 영역을 비추던 그 연기는 불을 붙이고, 불꽃을 일으킨다는 것입니다. 그리고 이 불꽃은 그 사람으로 하여금 자기 사랑(自我愛)에 속한 온갖 악들에게서 야기하는 어마어마한 거짓들을 생각하게 한다는 것입니다. 그러나 다른 한 사람은 선과 진리를 사랑하고 자기 자신에게 머물러 있을 때, 말하자면 기억 이상의 마음의 영역을 비추는, 천계에서 내려온 온화한 불꽃을 나는 그에게서 보았는데, 그 불꽃은 내 눈에는 그 아래의 영역을 비추기도 하였습니다. 그 불꽃에서 비롯된 빛은, 그가 진리의 지각이나 진리의 생각을 가지게 하는 선에 속한 사랑에 비례하여 점점 더 밝게 비추었습니다.

이런 사실을 보는 것에서 나를 명료하게 만든 것은, 선한 사람이나 악한 사람이나 사람은 모두 영적인 선택의 자유를 갖는다는 것이고, 그러나 지옥은 때로는 사악한 사람 안에 있는 그것을 소멸(消滅)시키지만, 이에 반하여 천계는 선한 사람 안에 있는 그것을 더욱 활발하게 강화하고, 불꽃을 타오르게 한다는 것입니다.

[3] 그 뒤 나는 이들 양자와 대화를 하였습니다. 먼저는 악과 거짓을 사랑하는 자와 대화를 하였습니다. 그의 일상에 관한 몇 마디 인사를 가진 뒤, 나는 선택의 자유를 언급하였고, 그는 불같이 열이 올라서, 하는 말은 "사람이 영적인 사물들에서 선택의 자유를 가진다고 믿는 것이 얼마나 사람을 미치게 하는 것입니까! 사람이 자기 스스로 믿음을 터득할 수 있게 하는 것은 무엇이고, 스스로 선을 행하게 하는 것은 무엇입니까? 오늘날의 성직자들은, 만약에 천계로부터 그에게 주어지지 않는다면, 사람은 어느 누구도 그 무엇을 받을 수 있다는 것을 성경말씀으로 가르치고 있지 않습니까? 그리고 주님 그리스도께서는 그의 제자들에게 성경말씀으로 가르치신 것은, '나를 떠나서는 너희는 아무것도 할 수 없다' 라는 것이었습니다. 내가 여기에 더 부연한다면, 사람은 어느 누구도 그 어떤 선을 행하는 것에 손과 발을 움직일 수 없다는 것입니다. 더욱이 선으로 말미암아 어떤 진리를 고백하는 그의 혀를 또한 움직일 수 없다는 것입니다. 그러므로 교회의 지혜로운 사람들에 의하여 교회가 내리는 결론은, 사람은, 조각품・나무 등걸・돌멩이 이상으로 그 어떤 영적인 것을 결코 뜻하지도, 이해하지도, 생각할 수도 없다는 것이고, 그리고 또한 망부석이나 나무 등걸이나 돌멩이 이상으로 자기 자신을 진리를 뜻하고, 이해하고 생각하는 것에 아무도 적응할 수 없다는 것입니다. 그러므로 그분의 선하신 기쁨에 따라서 믿음에 감화 감동 고무시키는 분이 하나님이시라는 것, 그리고 그분에게는 최고의 자유(most free)와 끝없는 능력(unlimited power)이 속해 있습니다. 그리고 성령의 역사(役事) 아래에 있는 우리의 애씀이나 능력 밖에 있는 이 믿음은 불학무식한 사람이 사람의 공으로 돌리는 모든 것을 생산합니다."

[4] 그 때 나는 선과 진리를 사랑하는 다른 자와 대화를 하였습니다. 그 때 자신의 일상에 관한 몇 마디 말을 나눈 뒤, 나는 선택의 자유를 피력(披瀝)하였고, 그리고 그가 한 말입니다. "영적인 사물들에서 사람의 선택의 자유의 부인이 사람을 미치게 하는 것 아닙니까! 어느 누가 성경말씀이나, 따라서 말씀(聖言)이신 주님으로 말미암아, 선을 뜻하고

행하지 못하며, 자신의 참된 것을 생각하고 말할 수 없습니까? 왜냐하면 그분께서는 이렇게 말씀하셨기 때문입니다. '선한 열매(the fruit good)를 맺어라' '바른 것을 믿어라' '서로 사랑하여라' '하나님을 사랑하여라' 라고 말씀하셨습니다. 그리고 또한 나의 계명들을 듣고 그것들을 행하는 사람은 나를 사랑하는 자이고, 나는 그 사람을 사랑할 것이다 라고 말씀하셨습니다. 이 밖에도 성경말씀에 두루 두루 이와 비슷한 수천 수만의 말씀들을 말씀하셨습니다. 만약에 사람이 뜻하고, 생각하는 능력을 가지고 있지 않다면, 그리고 거기에서 명령된 것을 행할 수 있는 능력을 가지고 있지 않고, 말할 수 있는 능력을 가지고 있지 않다면, 성경말씀은 무엇이 선한 것입니까? 사람 안에 이런 능력이 없다면, 바다의 암초(暗礁)에 좌초(坐礁), 난파(難破)하는 뱃머리에 서서 '나는 아무것도 할 수 없습니다' 라고 소리 지르는 선장과 다르지 않은 종교나 교회가 아니고 무엇이겠습니까? 다른 한편 다른 선원이 보트를 타고 돛을 올리고 피난, 구출하는 것을 보고 있는 선장이 곧 바로 종교이고 교회가 아니겠습니까? 아담에게는 생명나무의 열매를 먹는 선택의 자유와, 선과 악의 지식의 나무의 열매(=선악과)를 먹는 선택의 자유를 주지 않았습니까? 그의 이 자유 때문에 그는 후자의 나무의 열매를 먹었고, 뱀으로부터, 다시 말하면 지옥으로부터 온 연기는 그의 마음에 침투(浸透)하였고, 그것 때문에 그는 낙원에서 쫓겨났고, 저주를 받았습니다. 그러나 여전히 그는 그의 선택의 자유를 잃지 않았습니다. 왜냐하면 우리는 성경말씀에서 생명나무에 이르는 길을 게르빔에 의하여 지켜진다고 읽고 있기 때문이고, 그리고 만약에 이런 일이 행해지지 않았다면 우리는 그것의 열매를 먹기를 원하였을 것입니다."

[5] 이런 것들이 언급된 뒤, 악과 거짓을 사랑했던 다른 영이 말하였습니다. "내가 들은 것을 나는 잘 모르겠소. 내가 아는 것은 하나님 홀로 살아 계시고, 따라서 능동적(active)이시지만, 이에 반하여 사람 자신은 죽은 존재이고, 따라서 단순히 수동적(passive)이라는 것입니다. 본질적으로 죽어 있고, 단순히 수동적인 존재가 어떻게 살아 있고, 능동적인 것을 자기 자신에게 취할 수 있습니까?"

이 말에 나는 이렇게 대답하였습니다. "사람은 생명에 속한 기관(an organ of life)이지만, 하나님께서 홀로 생명이십니다. 하나님께서는 자신의 생명을 그 기관에 쏟아 부으시고, 그리고 그 기관의 지극히 작은 부분에까지 그 생명을 쏟아 부어 주십니다. 예를 들면 그것은 마치 태양이 자체의 볕(heat)을 하나의 나무에, 그리고 그것의 모든 부분에 퍼붓는 것과 같습니다. 그것은 곧 하나님의 은혜(God's gift)인데, 그 은혜는, 사람이 자기 자신 안에 있는 생명이 소위 자기 자신의 것인 양 느끼게 한다는 것이고, 그리고 하나님의 뜻(God's will)은, 성경말씀의 수많은 계율들이 있는 것과 같은 질서의 법칙들에 일치, 순응하여 사람이 스스로 살아가는 것처럼 살아가게 하기 위하여, 그리고 따라서 하나님의 사랑의 수용그릇을 위해 자신이 준비하기 위하여, 사람이 그와 같이 실감(實感), 느껴야 한다는 것입니다. 그럼에도 불구하고 하나님께서는 변함없이 저울의 바늘처럼 손수 만지시고, 곧추세우시고, 사람의 선택의 자유를 알맞게 조절(調節)하시지만, 그럼에도 불구하고 하나님께서는 결코 강요(强要·compulsion)에 의하여 그것을 방해, 위반하시지 않습니다.

[6] 나무는, 만약에 태양의 볕이 따뜻하게 하고, 지극히 작은 섬유(fiber)까지 데우는 일이 없으면, 태양의 볕이 그것의 뿌리를 통해서 그것에까지 옮기는 그 어떤 것도 수용할 수 없습니다. 그리고 또한 만약에 지극히 작은 섬유가 그것이 수용한 것에서 볕을 나누어 주는 일(配分)이 없다면, 그 요소들은 그것의 뿌리들을 통해서 결코 일어날 수 없습니다. 따라서 태양의 볕은 그것들의 요소들의 관(=통로·管·passage)에게까지 돕습니다. 사람은, 그가 하나님으로부터 받는 생명의 볕(=열기)에서도 그와 꼭 같습니다. 그러나 나무와 다른 것은, 사람은 그 볕을 자기 자신의 것처럼 느끼지만, 그럼에도 불구하고 그것은 사람의 것이 아니라는 것입니다. 이에 반하여 사람이 그것이 자기 것이지, 하나님의 것이 아니라고 믿는 것에 비례하여, 사람은 생명의 빛(the light of life)을 받지 못하지만, 그럼에도 불구하고 지옥에서 비롯되는 사랑(=애욕)의 볕(the heat of love from hell)을 받습니다. 이 볕은 조악(粗惡)하기 때문에, 마치 불결한 피가 사람 몸의 모세관(毛細管)들을 막듯이, 유기체(有機體)의 보다 깨끗한 혈관들을 막고, 닫아버립니다. 따라서 사람은 영적인 존재로부터 지극히 자연적인 존재가 되어 버립니다.

[7] 사람의 선택의 자유는 이런 것으로 말미암아 존재합니다. 그것은 자기 자신 안에 있는 생명을 마치 자기의 소유인양 느낀다는 것이고, 그리고 하나님께서는, 만약에 그것이 상호적(reciprocal)이 아니면 불가능하기 때문에, 이들 사이에 결합이 이루어지기 위하여 사람이 그와 같

이 느끼도록 허락하셨다는 것이고, 그리고 사람이 마치 자기 자신의 것처럼 전적으로 자유로 말미암아 행동할 때, 그것은 상호적인 것이 된다는 것 등입니다. 만약에 하나님께서 사람에게 이것을 허락하시지 않았다면, 그는 사람이 되지 못할 것이고, 그리고 또한 그는 영원한 생명(永生)을 가지지 못할 것입니다. 왜냐하면 하나님과의 상호적인 결합은 사람이 짐승이 아니고 사람 되게 하는 것이기 때문입니다. 그리고 또한 그가 죽은 뒤에 영원히 살게 하기 위한 것이기 때문입니다. 이것은 영적인 사물들에 있는 선택의 자유의 결과입니다."

[8] 이런 말을 들은 뒤, 악한 영은 멀리 떠나갔습니다. 그 때 나는 어떤 나무 위에 있는, 소위 불뱀(a fiery serpent)라고 부르는 나르는 뱀(飛蛇·a flying serpent)을 보았는데, 그 뱀은 그 나무에서 어느 누구에게 열매를 차지하게 하였습니다. 나는 영의 상태로 거기에 가까이 갔는데, 그 때 뱀 대신에 한 괴물 인간(a monstrous man)이 거기에서 보였는데, 그의 얼굴은, 그의 코는 보이기는 했지만, 털로 꽉 덮혀 있었습니다. 그리고 그 나무 대신에 불타는 그루터기(a burning stump)가 있었는데, 그 나무 곁에는 한 사람이 서 있었고, 그 사람의 마음에는 이미 지옥의 연기가 침투해 있었고, 그래서 그 사람은 영적인 사물들에 있는 선택의 자유의 개념을 부인, 배척하였습니다. 바로 그 때 그와 비슷한 연기가 그 나무의 그루터기에서 솟아나왔고, 그리고 그들을 에워 쌌습니다. 그리고 그것들이 나의 시야에서 사라졌기 때문에 나도 그 곳을 떠났습니다. 그러나 선과 진리를 사랑했고, 그리고 사람이 영적인 사물들의 선택의 자유를 가지고 있다고 주장했던, 다른 영은 나와 함께 집으로 왔습니다.

505. 셋째 영계 체험기

나는 한번 연자 맷돌 두 개가 서로 부딪치며 돌아가는 소리 같은 굉음(轟音)을 들은 적이 있습니다. 내가 그 소리 나는 쪽으로 가까이 가자, 그 소리는 사라졌습니다. 그 때 나는 일종의 포도주 저장 창고로 내려가는 비스듬히 경사진 복도에 있는 좁은 입구(=문·gate)를 보았는데, 그 창고 안에는 여러 작은 방들(cells)로 나누어진 여럿의 방들(chambers)이 있었고, 그 각각의 작은 방에는 두 사람이 앉아 있었는데, 그 사람들은 오직 믿음에 의한 칭의의 증거들(proofs of justification)을 성경말씀에서 수집하고 있었습니다. 이 중에 하나는 그 증거들을 수집하고 있었고, 다른 하나는 그 증거들을 기록하고 있었습니다. 그들은 이 일을 번갈아 가면서 하였습니다. 나는 문 곁에 있는 어떤 작은 방에 가까이 갔습니다. 나는 "귀하께서 수집한 것은 무엇이고, 기록한 것은 무엇입니까?" 하고 물었습니다.

그들이 대답하였습니다. "칭의의 조항(the Act of Justification)에 관한 것, 즉 믿음 자체를 옳다고 증거하고, 생기를 주고(vivifying), 구원하는, 행위 안에 있는 믿음(Faith in Act)에 관한 것으로, 이것은 우리 기독교 왕국에 있는 교회의 으뜸 되는 교리입니다"라고 말하였습니다. 그 때 나는 그에게 "그 믿음이 사람의 마음이나 영혼 안에 들어갔다는 어떤 증거(sign)를 나에게 말씀해 주십시오"라고 말하였습니다.

그는 이렇게 대답하였습니다. "그 행위의 증거는, 그 사람이 그것에 의하여 정죄받았다는 죄의 자각(conviction)에 의하여 정복되는 순간 그 행위의 증거는 나타나고, 그리고 그 사람이 율법의 정죄(=저주)를 그리스도께서 말살(抹殺)하셨다고 그리스도에 관해서 생각하는 통회의 상태(state of contrition)에 있을 때, 그리고 신뢰를 가지고 그리스도의 이 공로에 매어 달리고, 그것으로 그의 생각을 채우고, 하나님 아버지에게 나아가고, 기도할 때, 그 순간에 그 증거는 나타납니다."

[2] 그 때 나는 이렇게 말하였습니다. "그 행위는 그렇게 이루어지고, 그것이 그것의 완성의 때이군요." 그렇지만 나는 "이 행위에 관해서 언급한 것을 나는 어떻게 이해합니까? 다시 말하면 만약에 사람이 나무 등걸이나 돌멩이라고 한다면, 사람에 속한 것은 이 이상 아무것도 그것 안에서 일어나지 않습니다. 그 행위에 관해서 보면 사람은 그것에 대하여 시작하고, 뜻하고, 이해하고, 생각하고, 활동하고, 협력하고, 적용, 적응하는 일에는 아무것도 할 수 없는 것이네요? 이것이 사람이 율법에 속한 청구권리(the claims of the laws)에 관해서, 그리고 그리스도에 의한 그 저주(=영벌)의 제거에 관해서, 그리스도의 공로에 매어달리는 신뢰에 관해서, 그리고 그의 생각 안에 있는 그것을 가지고 하나님 아버지에게 가까이 나아가고, 기도할 때 그 행위가 일어난다는 귀하의 주장에 어떻게 일치하는지 말씀해 주시지요. 사람에 의해서는 이런 일은 전혀 일어나지 않는 것이지요?" 그는 이렇게 대답하였습니다. "그 일은 사람에 의해서는 능동적으로는 안 일어나지만, 수동적으로는 행해집니다."

[3] 내가 대답하였습니다. 어떻게 사람이 생각하고, 신뢰하고, 기도하는 것을 능동적이 아니고, 수동적으로 할 수 있습니까? 귀하께서는 지금 사람에게서 능동적인 활동이나 협력을 제거하십니다. 따라서 귀하께서는 수용성(受容性・receptivity)을 제거하는 것이고, 따라서 모든 것과 그리고 그것과 더불어 행위(行爲・act) 자체를 버리는 것 아닙니까? 그 때 귀하의 행위는 이른바 추상의 실재(an entity of reason)라고 부르는, 진정한 추상적인 것(a purely ideal thing) 이외에 무엇입니까? 귀하께서는, 그들에게 들어온 믿음의 주입(the infusion of faith)이 무엇인지 전혀 알지 못하는, 예정된 자들에게만 일어나는 그런 어떤 것을 믿지 마시기를 나는 바랍니다. 그들은 마치 믿음이 그들 속에 주입되었는지 여부를 결정할 경우 주사위(dice)를 던져서 결정하는 자들과 같습니다. 그러니 벗들이여, 내가 바라옵기는, 믿음이나 인애에 관해서 사람은 주님으로 말미암아 자기 자신의 능동적인 힘으로 행할 수 있게 되었다는 것입니다. 만약에 사람의 이 능동적인 힘이 없으면, 귀하께서 기독교 국가의 교회에서 으뜸의 교리(the chief doctrine)라고 부르는 믿음에 속한 귀하의 행위는 서기관의 펜촉이나 손톱으로 긁었을 때 소금 가루가 떨어지는, 순전히 소금으로 이루어진 롯의 아내(누가 17 : 32)의 소금 기둥 이외에 아무것도 아닐 것입니다. 내가 이렇게 말하는 것은 믿음에 속한 그 행위에 관해서 보면 여러분은 여러분 자신들을 마치 그녀의 소금 기둥으로 만들고 있기 때문입니다.

내가 이런 말을 하였을 때 그는, 나의 얼굴에 자신의 힘을 다해 그것을 던지려고, 촛대를 뽑아 들었습니다. 그러나 갑자기 빛이 꺼졌고, 그는 그 촛대를 자기 동료의 이마에 던졌습니다. 나는 웃으면서 거기를 떠났습니다.

506. 넷째 영계 체험기

영계에서 일어난 일입니다. 두 종류의 가축 떼가 나타났는데, 하나는 염소의 무리이고, 다른 하나는 양의 무리였습니다. 내가 알기로는 영계에서 보이는 동물들은 그것들이 아니고, 거기에 있는 자들에 속한 정동들의 대응들이거나, 그것에서 비롯된 그들의 생각들이라고 여기고 있는데, 그것들이 누구일까 하고 이상하게 생각하였습니다. 그래서 나는 내가 할 수 있는 데까지, 그것들에게 가까이 갔습니다. 그 동물들은 사라졌고, 그들의 자리에는 사람들이 보였습니다. 그것에서 명확하게 드러난 사실은, 염소들의 무리를 형성한 자들은 오직 믿음에 의하여 의롭다(依唯信得義)는 교리로 스스로 굳게 다짐한 자들이었고, 이에 반하여 양들의 무리를 형성한 자들은, 마치 선과 진리가 하나인 것처럼, 인애와 믿음(charity and faith)은 하나라고 믿는 자들이었습니다.
[2] 그 때 나는 염소들처럼 보이는 자들과 대화를 하게 되었습니다. 그래서 나는, "어째서 이렇게 그대들은 모여 있습니까?" 하고 물었습니다. 그들 중의 대부분은, 이른바 그들의 박학박식(博學博識) 때문에 명성을 누리는 성직자 신분이었습니다. 왜냐하면 그들은 오직 믿음의 교리(依唯信得義)에 의하여 이른바 칭의의 비밀들(the mysteries of justification)을 잘 알고 있었기 때문입니다. 그들은, 바울이 말한 아래의 장절에 대한 몇몇이 요청하고 있는 것을 들었기 때문에 종교회의(a council)를 열기 위하여 모였다고 대답했습니다. 바울의 말은 로마서의 말씀입니다.

　　사람은, 율법의 행위와는 상관없이, 믿음으로 의롭게 하여 주심을 받는다고 우리는 생각합니다(로마 3 : 28).

그들은 이 말씀을 바르게 이해하지 못하였습니다. 왜냐하면 여기서 요청된 믿음에 의하여 의롭게 된다는 믿음은, 현대교회의 믿음은 바울이 뜻한 현대교회의 믿음을 뜻하는 것이 아니고, 바울이 뜻하는 믿음은 영원 전부터 존재하는 세 신령 인격들(=세 신격 삼위 · three Divine persons from eternity)을 믿는 믿음을 뜻하는 것이지, 주님 하나님 구세주 예수 그리스도(the Lord God the Saviour Jesus Christ)를 믿는 믿음을 뜻하는 것이 아니기 때문입니다. 그리고 또한 여기서 "율법의 행위들"(the deeds of the law)은 십성언(=십계명)의 율법의 행위들(the deeds of the law of the Decalogue)을 뜻하지 않고, 이른바 유대 사람들을 위한, 모세의 율법의 행위들(the deeds of Mosaic law)을 뜻합니다. 따라서 이런 몇 말씀의 오역(誤譯)에 의하여 두 개의 거짓들이 정립되었는데, 그것의 하나는, 바울이 현대교회의 믿음을 뜻한다는 것이고, 다른 하나는 바울이 십성언의 율법의 행위들을 뜻한다는 것입니다. 명확한 사실은 요구된 것들이 유대 사람을 위한 모세적인 율법의 행위들(the works of the Mosaic law)을 바울이 뜻한다는 것이고, 십성언(=십계명)의 행위들을 뜻하는 것이 아니라는 것입니다. 이러한 사실은 그가 베드로에게 한 말씀에서 명확합니다. 비록 그가 알고 있다고 해도 그는 그가 유대교화(Judaizing)한 것을 책망하고 있기 때문입니다. 갈라디아서의 말씀입니다.

> 사람이, 율법을 지키는 행위로 의롭게 되는 것이 아니라, 예수 그리스도를 믿음으로 되는 것은 알고, 우리도 그리스도 예수를 믿은 것입니다. 그것은, 우리가 율법을 지키는 행위로가 아니라, 그리스도를 믿는 믿음으로 의롭게 하여 주심을 받고자 하는 것입니다. 율법을 지키는 행위로는, 아무도 의롭게 될 수 없기 때문입니다(갈라디아 2 : 16).

여기서 "예수 그리스도의 믿음"(the faith of Jesus Christ)은, 위에서 언급한 것과 같이(본서 338항 참조), 그분을 믿는 믿음을 뜻하고, 그분에게서 온 믿음을 뜻합니다. 그리고 "율법의 행위들"(the deeds of the law)은 바울이 모세적인 율법의 행위들(the deeds of Mosaic law)을 뜻하기 때문에, 그는 믿음의 율법(the law of faith)과 행위들의 율법(the law of works)을 구별하였고, 그리고 그는 유대 사람들과 이방 사람들을, 그리고 "할례자"(circumcision)와 "비할례자"(uncircumcision)를 구별하였습니다. 여기서 "할례"(割禮)는, 어디서나 그것이 뜻하는 것과 같이, 이른바 유대주의(Judaism)를 뜻합니다. 더욱이 바울은 이런 말씀으로 끝맺음을 하고 있습니다. 로마서의 말씀입니다.

> 어떠한 법으로 의롭게 됩니까? 행위의 법으로 됩니까? 아닙니다. 믿음의 법으로 됩니다. 사람은, 율법의 행위와는 상관없이, 믿음으로 의롭게 하여 주심을 받는다고 우리는 생각합니다. 하나님은 유대 사람만의 하나님이십니까? 이방 사람의 하나님도 되십니다. 참으로 하나님은 오직 한 분뿐이십니다. 그러므로 하나님은 할례를 받은 사람도 믿음으로 의롭게 하여 주시고, 할례를 받지 않은 사람도 믿음으로 의롭게 하여 주십니다. 그러면 우리가 믿음으로 율법을 폐합니까? 그럴 수 없습니다. 도리어 율법을 굳게 세웁니다(로마서 3 : 27-31).

앞장의 말씀에서도 마찬가지입니다.

> 하나님 앞에서는 율법을 듣는 사람이 의로운 사람이 아닙니다. 오직 율법을 실천하는 사람이라야 의롭게 될 것입니다(로마서 2 : 13).

제 8 장·선택의 자유(選擇 自由·Freedom of Choice)

역시 같은 책의 말씀입니다.

하나님께서는 "각 사람에게 그가 한 대로 갚아 주실 것입니다"(로마서 2 : 6).

고린도 후서의 말씀입니다.

우리는 모두 그리스도의 심판대 앞에 나타나야 합니다. 그래서 각 사람은, 선한 일이든지 악한 일이든지, 몸으로 행한 모든 일에 따라, 마땅한 보응을 받아야 합니다(고린도 후서 5 : 10).

이 밖에도 그의 글에는 다른 구절들이 여럿 있습니다. 이렇게 볼 때 명확한 것은, 마치 야고보가 그렇게 한 것과 같이(야고보 2 : 17-26), 바울도 역시 행위가 없는 믿음을 거부, 배척하였습니다.
[3] 바울이 유대 사람들을 위한 것을 가리키는 모세적인 율법 행위들을 뜻한다는 것은, 아래 여러 장절들에서 볼 수 있듯이, 모세의 책들(=모세 오경들)에 기술된 모든 계율들이 유대 사람들을 위한 것이라는 사실에서 더욱 설득력이 있습니다. 모세의 책들에 나오는 장절들입니다.

곡식제물을 드리는 규례는 다음과 같다. 그 제물은 아론의 아들들이 주 앞, 곧 제단 앞에 바쳐야 한다(레위기 6 : 14).
이것은 번제와 곡식제와 속죄제와 속건제(=죄와 제물·the guilt-offering)와 위임제와 화목제의 제물에 관한 유례이다(레위기 7 : 37).
위에서 말한 것은, 짐승과 새와 물 속에서 우글거리는 모든 고기 떼와 땅에 기어 다니는 모든 것에 관한 규례이다(레위기 11 : 46).
이것이 바로, 아들을 낳았든지 딸을 낳았든지, 산모가 아이를 낳은 다음에 지켜야 할 규례이다(레위기 12 : 7).
이것은 나병(=악성 피부병)에 관한 규례(=법)이다(레위기 13 : 59 ; 14 : 2, 32, 54, 57).
이것은 남자가 성기에서 고름을 흘리거나 정액을 흘려서 부정하게 되었을 때에 지킬 규례(=법)이다(레위기 15 : 32).
이것은 질투심(=의처증·jealousy)에 관한 규례이다(민수기 5 : 29, 30).
이것은 나실 사람이 지켜야 할 법이다(민수기 6 : 13, 21).

이것은 정결에 관한 규례이다(민수기 19 : 13, 14).
이것은 붉은 송아지에 관한 규례이다(민수기 19 : 2).
왕을 위한 규례(신명기 17 : 15-19).

사실 모세의 모든 책들(=오경)은 "율법의 책"(the book of the law)이라고 불리웠습니다(신명기 31 : 9, 11, 12, 26 ; 누가 2 : 22 ; 24 : 44 ; 요한 1 : 45 ; 7 : 22, 23 ; 8 : 5).
[4] 이것에 더 부가되어야 할 것입니다. 그들은, 바울의 가르침에서 사람들은 반드시 십성언의 계명(=법)에 따라서 살아야 한다는 것이고, 그리고 그 법(=계명)은 인애(=이웃사랑・仁愛・charity)에 의하여 완성, 완수됩니다(로마서 13 : 8-11). 바울은 또한 이렇게 말씀하였습니다. 고린도전서의 말씀입니다.

그러므로 믿음, 소망, 사랑(=인애・charity),
이 세 가지는 항상 있을 것인데,
그 가운데서 으뜸은 사랑(=인애)입니다.
(고린도 전서 13 : 13).

따라서 믿음(faith)은 아닙니다. 왜냐하면 그들이 모여서 의논하여야 할 이유이기 때문입니다.
그러나 내가 그들을 방해하지 않으려고 나는 그들에게서 물러났습니다. 그랬더니 멀리 떨어진 곳에 염소들과 같은 그들이 다시 나타났는데, 그들은 어떤 때는 마치 누운 듯이, 어떤 때는 서 있는 듯이 보였지만, 그러나 그들은 양들의 무리에서 떠나버렸습니다. 그들이 깊이 생각할 때에는, 그들은 누워 있는 것처럼 보였고, 그들이 그들의 결론들을 세울 때에는 서 있는 것처럼 보였습니다. 그러나 나는 그들의 뿔에 나의 시선을 고정, 주시하였습니다. 내가 놀란 것은, 그들의 머리에 있는 뿔들이 어떤 때는 앞과 위로 향하는 것 같이, 어떤 때는 그들의 뒤를 향하는 것 같이 보였고, 종국에는 완전히 뒤쪽으로 향하였습니다. 바로 그때 그들은 양의 무리를 향하였지만, 그러나 여전히 그들은 염소들의 모습이었습니다. 그래서 나는 다시 그들에게 가까이 가서, "무슨 일입니까?" 하고 물었습니다.
그들이 하는 말은, 마치 나무가 열매를 생산하는 것과 같이, 오직 믿음만이 인애의 선들(the goods of charity)을 생산한다는 것을 결정하였다고 말했습니다. 그 때 벼락 치는 소리가 들렸고, 머리 위에서는 번개가 보였습니다. 그 순간에 두 무리들 사이에 서 있는 천사의 모습이 보였고, 그 천사는 양들의 무리에게 소리쳤습니다. "그들의 말에 귀를 기울이지 마시오. 그들은 오직 믿음만이 의롭게 하고, 구원하며, 실제적인 인애는 그 어떤 것에도 도움이 되지 않는다는 그들의 예전의 믿음에서 물러나지 않고, 고착(固着)되어 있습니다. 믿음은 나무가 아니고, 사람이 나무입니다. 그러니 회개하고, 주님을 의지, 섬기십시오. 그러면 당신은 믿음을 가질 것입니다. 그전의 믿음은 살아 있는 것을 가지고 있는 믿음은 아닙니다."

그 때 염소들은 그들의 뿔들을 뒤쪽으로 돌리고, 양의 무리에게 가까이 근접하려고 하였습니다. 그러나 그들 사이에 서 있는 천사는 양들을 두 무리로 분리, 나누었습니다. 그리고 그는 왼쪽에 있는 무리에게 말하였습니다. "다시 염소들과 합치십시오. 그러나 나는, 이리(a wolf)가 오고, 그것이 그들을 몰라내고, 여러분도 그들과 함께 있을 것이라고 말하였습니다."

[5] 그러나 양들의 무리가 분리, 갈라졌을 때, 그리고 왼쪽의 양들은 천사의 위협하는 말을 듣고서, 그들은 다른 쪽의 양들을 보고서, "우리의 옛 동료들에게 말해 봅시다"라고 말하였습니다.

그 때 왼쪽의 무리가 오른쪽의 무리에게 말하였습니다. "당신이 우리의 목자들을 버린 이유가 무엇입니까? 마치 나무와 그 나무의 열매가 하나가 아닌 것과 같이, 믿음과 인애는 하나가 아닌지요? 왜냐하면 나는 그 가지들을 통해서 그 열매를 계속 이어가기 때문입니다. 나무가 그 가지들을 통해서 계속해서 열매를 맺는 가지들이 부러지면, 그 열매들은 사라질 것이고, 그리고 씨에서 재생산되는 그 나무의 모든 씨도 그것과 함께 소멸되지 않겠습니까? 그것이 그러한지 아닌지는 우리의 사제들에게 물어 보십시다." 그들은 사제들에게 물었고, 사제들은 그들의 말을 들어 보았고, 사제들은 그들에게 눈을 깜박이면서 그들에게 그들이 바르게 말하였다고 말하였습니다. 그 때 사제들이 대답하였습니다. "여러분은 잘 말하였습니다. 그러나 나무가 열매에 이어가듯이, 선행들(good works)에 이어가는 믿음의 계속성(the continuation of faith)에 관해서는 우리는 여기서 반드시 알지 못하는 수많은 비의들(秘義・mysteries)을 알고 있습니다. 이른바 믿음과 인애의 고리(chain)나 묶음(thread)에는 수많은 매듭들(knots)이 있는데, 우리 사제분들은 그 매듭들을 능히 풀 수 있습니다" 라고 말하였습니다.

[6] 그 때 사제들 중에 한 사제가 오른쪽의 양들 가운데서 일어나서 말하였는데 "그들은 여러분에게 이것이 사실이라고 말하였습니다. 그러나 그들은 자신들의 생각은 그렇지 않다고 말하였습니다. 그 이유는 그들이 다르게 생각하고 있기 때문입니다" 라고 하였습니다. 따라서 그들은 "그 때 그들은 어떻게 생각했을까요? 그들은 그들이 가르치는 것과 같이 생각하지 않았겠지요?" 라고 물었습니다.

그가 대답하였습니다. "아닙니다. 사람이 구원이나 영생을 위해서 행하는, 이른바 선행들(a good works) 이라고 하는 인애에 속한 선은 아주 지극히 작은 정도의 선도 아니지요. 왜냐하면 그것은 자기 자신이 행한 선행에 의하여 자기 자신을 구원하기를 바라는 그 사람의 바람(the man's wish)을 한 분 구세주의 공로(功勞·merit)와 공의를 자기 자신에게 착복(着服·전유)하는 것이기 때문입니다. 그리고 그들은 사람이 자기 자신의 의지의 느낌이 그것 안에 내재해 있는 모든 선에게서 동일한 것이라고 요구하기 때문입니다. 따라서 그들은 믿음과 인애 사이에는 어떤 결합도 존재하지 않는다고 주장하고, 그리고 또한 믿음은 선행들에 의하여 유지되지도 않고, 보존되지도 않는다고 주장하였습니다" 라고 대답하였습니다.

[7] 그러나 왼쪽의 무리들은 말하기를 "당신은 그들에 관해서 거짓말을 하고 있습니다. 그들은 그들이 믿음에 속한 일들(works of faith)이 부르는 인애나 인애의 일들을 무리들에게 공개적으로 가르치지 않았습니까?" 라고 하였습니다.

그는, "여러분은 그들의 설교내용을 이해하지 못하였소. 오직 사제들만 알 수 있는 말입니다. 그것은 그들이 오직 도덕적인 인애(moral charity)를 뜻하기 때문이고, 그리고 그들이 믿음의 일들(the works of faith)이라고 부르는 시민적인 선이나 정치적인 선(political good)을 뜻하기 때문입니다. 왜냐하면 무신론자(無神論者)도 동일한 모습이나 방법으로 그런 일을 할 수 있기 때문입니다. 그러므로 그들을 어느 누구도 이런 일들에 의하여 구원을 받지 못하지만, 오직 믿음에 의해서만 구원받는다고 만장일치로 주장하였습니다. 예를 들어서 그 내용을 설명해 보겠습니다. 사과나무는 사과들을 생산합니다. 그러나 만약에 사과나무가 사과들을 계속해서 생산하는 것과 같이 사람이 구원을 목적해서 선을 행한다면, 그 때 그런 사과들은 내적으로 썩고 부패(腐敗)한 것이고, 벌레로 꽉 차 있는 그런 것들입니다. 그들은 역시 포도나무가 포도를 생산하는 것을 말하였습니다. 그러나 만약에 사람이, 포도나무가 포도를 생산하는 것과 같이, 영적인 선행들(spiritual good works)을 행하여야 한다고 하면 그는 포도나무를 생산하듯, 무가치한 일을 한 것이라고 합니다.”

[8] 그 때 그들은, "이른바 믿음의 열매들이라고 가리키는, 그들의 인애의 선행들인 선행들의 성질은 무엇입니까?” 하고 물었습니다. 그는 이렇게 대답하였습니다. “그들은, 믿음과는 아무런 관계를 가지고 있지 않고, 감지할 수 없는 것이지만, 믿음 가까이 어디엔가 자리를 잡고 있다고 생각합니다. 그것은 마치 그가 태양을 쳐다보고 있을 때 그림자가 따라서 생기는 것과 같은데, 그가 뒤로 돌아서지 않는다면, 그는 그 그림자를 알지 못합니다. 또 내가 말할 수 있는 것은 그들은 마치 지금 수많은 나라에서 잘려나가는 쓸모없는 말꼬리들과 같습니다. 왜냐하면 사람들은, 그것들의 용도가 무엇이냐? 그것들은 쓸모없는 선이냐? 만약에 쓸모가 있다면 그것들은 아주 빠르게 썩어서 구린 냄새를 풍길 것입니다” 라고 대답하였습니다.

이런 말을 듣고 왼쪽의 무리에서 어떤 자가 몹시 화가 나서 말하였습니다. “거기에 확실한 결함이 있지 않겠습니까? 그렇지 않으면 그들이 어떻게 믿음의 일들이라고 말하겠습니까? 아마도 인애의 선들은 하나님에 의하여 사람의 자발적인 행위들 안에 그 어떤 입류에 의하여, 예를 들면, 정동(affection)・열망(aspiration)・영감(inspiration)・자극(incitement), 또는 생각이나 그것에서 비롯된 권고(exhortation) 안에 있는 묵시적인 지각에 의한 의지의 흥분(excitement of the will)에 의하여, 그리고 공헌(contribution), 따라서 양심이나 그것의 재촉(the urging)에 의하여, 그리고 순진한 어린 아이나 지혜로운 사람에 의하여 행해진 것이나 비슷한 방법에 의한 것을 가리키는 십성언이나 성경말씀에의 순종에 의하여 인애의 선들은 사람에게 주입될 것입니다. 그렇지 않다면 그들이 어떻게 믿음의 열매들이라고 부르겠습니까?” 라고 하였습니다.

이 말에 대하여 사제가 대답하였습니다. “아니 그렇지가 않습니다. 만약에 그들이 이런 수단들에 의하여 그런 것들이 행해진 것이라고 주장한다면, 그럼에도 불구하고 그들은 그들의 설교말씀 가운데 그런 일들이 믿음에서 비롯된 것이 아니라는 말들을 구사(驅使)하고 있기 때문입니다. 뿐만 아니라 어떤 자들은, 비록 믿음의 증표(sign of faith)로서 행할 뿐, 인애와 믿음을 결속(結束)하는 그런 유대(紐帶)나 고리들이 아니라는 것으로 그런 일들을 가르치고, 어떤 이들은 성경말씀에 의한 하나의 결합을 점치고, 예측하고 있기 때문입니다" 라고 말하였습니다.

그 때 몇몇이 이렇게 말하였습니다. "그렇게 이루어진 것은 결합이 아닙니까?" 그러나 그는 이렇게 대답하였습니다. "그들은 그것을 생각하지 않습니다. 그들은 다만 그것이 성경말씀의 들음(hearing)에 의하여 이루어진다고 생각합니다. 왜냐하면 그들은, 믿음에 속한 사안들에서 사람의 합리성이나 의지에 속한 모든 것은 공로의 뜻으로 오염되었고, 부패된 것을 계속, 유지하고 있기 때문입니다. 그것은 영적인 것들에서 사람은 나무 등걸 이상으로 이해할 수도 없고, 그리고 뜻하고, 활동하고, 협력할 수 없기 때문입니다" 라고 말하였습니다.

[9] 그들 중의 하나가 사람은 믿음이나 구원에 속한 그런 모든 것들을 사실이라고 믿으려고 한다는 말을 듣고서 그가 하는 말은 "나는 어떤 사람이 '나는 포도원을 가꾸었으니, 나는 이제 내가 취할 때까지 실컷 포도주를 마실 것이다' 라고 말하는 것을 들었습니다. 그러나 다른 자가 그에게 '당신이 당신 자신의 오른손으로 당신의 잔으로 포도주를 마실 거라고요' 라고 물었습니다." 그가 "아니요. 보이지 않는 손에 의해 보이지 않는 잔으로 마실 것입니다" 라고 대답하였습니다. 또 다른 사람은 "당신은 확실히 취하도록 마시지는 않을 것입니다" 라고 대답하였습니다.

즉시 동일한 사람이 "부디 내 말을 잘 들으십시오. 내가 조언하는 것은 이해된 성경말씀으로부터 포도주를 마시는 것입니다. 주님께서 말씀(聖言)이시라는 것을 모르십니까? 성언은 주님으로 말미암아 존재한다는 것을 모르십니까? 따라서 성언 안에는 주님께서 계시지 않습니까? 결과적으로 만약에 성언으로 말미암아 선을 행한다면, 당신은 그것을 주님으로 말미암아, 그리고 그분의 말씀으로, 그분의 뜻으로 행하는 것이 아닙니까? 그리고 당신이 그 때 주님을 우러른다면, 주님 그분은 당신을 인도하시고 가르치실 것이고, 그리고 당신은 주님에게서 비롯된 당신 자신의 선을 행할 것입니다. 왕의 명령에 따라서 무엇을 행하는 사람과 같이, '나는 나의 뜻에서, 또는 사람이 약속한 것으로, 또는 나 자신의 자의에서 이것을 행한다' 라고 말할 수 있는 자가 아니겠습니까?" 하고 말하였습니다.

[10] 그 때 그는 목사를 향해 돌아서서 이렇게 말했습니다. "하나님의 종들이여, 양 떼를 잘못 인도하는 것은 아닙니까?"

이런 말을 듣자, 왼쪽의 무리 대부분은 물러나서, 오른쪽의 무리와 합쳤습니다. 그 때 그 목사들 중에서 몇몇이 "우리는 예전에 결코 듣지 못하였단 말씀을 들었습니다. 우리는 목사들입니다. 우리는 양들을 떠나지 않을 것입니다" 라고 말하였습니다. 그리고 그들은 역시 떠나갔습니다. 그리고 그들은 "이 사람은 진리의 말을 했습니다. 성언으로 말미암아, 따라서 주님으로 말미암아, 또는 주님의 말씀이나 뜻에서 행동하는 자는, 누가 '이것은 내가 내 자신에서 행하는 것이오' 하고 말할 수 있겠습니까? 어느 누가 임금의 말과 뜻에서 행동하는 누가 '나는 이것을 내 자신에 의하여 행한다' 라고 말 할 수 있겠습니까? 지금 우리는 신령섭리(the Divine Providence)를 봅시다. 천사적인 사회에서 시인된 믿음과 선행들의 결합을 찾지 못하고 보지 못하는 이유가 이것입니다. 그것이 존재할 수 없기 때문에 그것은 발견되지 않는 것입니다. 왜냐하면 거기에는 성언이신, 주님을 믿는 믿음이 전혀 없기 때문이고, 따라서 성언에서 비롯된 믿음이 전혀 없기 때문입니다." 그러나 염소의 무리에 속해 있던 다른 사제들은 자신들의 모자들을 쓰면서, "오직 믿음이야! 영원히 사는 것은 믿음만이야!" 하고 소리치면서 떠나갔습니다.

507. 다섯 째 영계 체험기

나는 언젠가 사람의 출생에서 비롯된 모든 사람에게 있는 악에 속한 탐욕(=악의 정욕·the lust of evil)에 관해서 천사들과 대화를 나눈 적이 있습니다. 천사 중 하나가 이렇게 말하였습니다. 내가 있는 세상에는 탐욕 가운데 있는 자가, 마치 그들은 얼빠진 자들처럼, 천사들인 우리에게 나타나지만, 그러나 그들 자신들에게는 최고의 완숙한 현명한 자처럼 보입니다. 따라서 그들의 어리석음에서 그들을 물러나게 하기 위하여 그들이 외적인 것들에서 소유하고 있는 어리석음과 합리성에 번갈아서 있게 하였습니다. 후자의 상태에서 그들은 비록 그들의 어리석음을 알고(see), 시인하고, 고백하였지만, 그들은 그들의 합리적인 상태에서 어리석음의 상태로 되돌아가기를 열망하였고, 그리고 마치 자유스러운 것이나 기쁜 것에 대하여 억압적인 것이나 불유쾌한 것으로 전적으로 바꾸듯이, 그들은 자기 자신들을 그 상태에 쳐 넣었습니다. 따라서 그 것은 탐욕이요, 정욕이었지, 그들에게 내면적인 기쁨을 주는 총명은 아 니었습니다.

[2] 모든 사람이 창조에 의하여 구성된 보편적인 세 사랑들이 있습니 다. 하나는 선용들(善用·use)을 수행하는 사랑인 이웃에 속한 사랑으로, 그것은 영적인 사랑을 가리킵니다. 또 하나는 재물을 소유하는 사랑을 가리키는 세상에 속한 사랑으로, 그것은 물질적입니다. 마지막은 자기 사랑(love of self)으로, 그것은 다른 자들을 지배하려는 지배애(a love of ruling over others)로, 그 사람은 육체적인 사랑(=현세적인 사랑·관능 적인 사랑·corporeal)입니다. 진정한 이웃에 속한 사랑, 즉 선용을 실천 하는 사랑이 머리를 형성하고, 세상에 속한 사랑(世間愛·love of the world), 즉 재물의 소유에 속한 사랑이 가슴(chest)과 복부(abdomen)를 형성하고, 다른 한편 자아에 속한 사랑(自我愛·love of self)이 발과 발 뒤꿈치를 형성할 때, 사람은 진정한 사람입니다. 그러나 세상에 속한 사랑(世間愛)이 머리를 형성할 때 사람은 완전히 꼽추(hunchback)가 되 고, 자기사랑(自我愛)이 머리를 형성하게 되면 물구나무서기를 하고 있 는 사람, 다시 말하면 그의 발로 서 있는 사람이 아니고, 그의 머리나 그의 후부(後部)를 아래로 하고, 그의 손바닥 위에 있는 도립(倒立)의 사 람이 됩니다.

[3] 실천하는 사랑(a love of doing)이 머리를 형성하고, 그리고 다른 두 사랑이 그들의 순서로 몸과 다리를 형성할 때, 그 사람은 천사의 얼굴 모습과 그의 머리 주위에 아름다운 무지개가 두르고 있는 모습으로 천 계에 나타나지만, 그러나 만약에 세상사랑이나 재물사랑이 머리를 형성 하면 그 사람은 시체의 검푸른 색(pale)을 띤 얼굴을 하고, 머리 주위에 는 노란색의 테를 두른 모습으로 천계에 나타납니다. 그리고 만약에 자 기사랑이나 다른 자를 지배하려는 지배애(支配愛·love of ruling over others)가 머리를 형성하면 그는 거무스름한 색깔의 얼굴(a dusky glowing face)에 머리에는 흰 테를 두른 모습으로 천계에 나타납니다. 이런 말을 듣고 나는 "머리에 둘려 있는 테들은 무엇을 표징합니까?" 하고 물었습니다.

그들은 이렇게 대답하였습니다. "그것들은 모두 총명(intelligence)을 표징합니다. 거무스레한 색깔의 얼굴을 두른 흰 테(the white circle)는 그 사람의 총명이 외적인 것들 안에, 또는 그 사람 주위에 있다는 것을 표징하는데, 또 한편 그의 내적인 것들 안에나 그 사람 안에는 어리석음(folly)이 있다는 것을 표징합니다. 더욱이 이런 부류의 작자는 육신을 입고 살 때는 현명하지만 영으로 살 때는 어리석었습니다. 주님을 제외하고 영으로 현명한 사람은 아무도 없습니다. 그리고 사람은, 주님에 의하여 새롭게 태어나고, 창조되면 이런 부류의 인물이 됩니다."

[4] 이런 내용이 언급된 뒤에 왼쪽의 땅이 열렸습니다. 나는 열린 곳을 통해서 거무스레한 색깔의 얼굴 모습과 머리에 흰 테를 두른 악마가 올라오는 것을 보았습니다. 나는, "당신은 누구요?" 하고 물었습니다. 그가 대답하였습니다. "나는 아침의 아들 루시퍼(Lucifer, the son of the morning)입니다. 이사야서 14장에 내가 기술된 것과 같이, 나는 나 스스로 가장 높으신 분(the Most High)과 같아지겠다고 했기 때문에 쫓겨났습니다." 그는 그 루시퍼가 아니지만, 그는 그가 그 루시퍼라고 믿고 있었습니다. 나는, "당신은 쫓겨났는데, 어떻게 지옥에서 다시 올라올 수 있습니까?"라고 물었고, 그는, "거기에서는 나는 악마이지만, 여기서는 빛의 천사(an angel of light)입니다. 당신은 내 머리가 흰 띠(a white band)로 졸라 매인 것을 보지 못하십니까? 당신은 원하기만 한다면, 내가 도덕적인 자들 중에서 도덕적이고, 합리적인 자들 중에서 합리적이고, 영적이라고 하는 자들 중에서 영적인 것을, 보게 될 것입니다. 그리고 나는 능히 설교도 잘 할 수 있었소"라고 대답하였습니다. 나는 "당신이 어떻게 설교를 하였습니까?"라고 물었습니다.

그는 대답하였습니다. "나는 속이는 자들(defrauders)·간음자들(adulterers)이나, 또는 지옥적인 욕망들(=사랑들)에 거슬러서 설교를 했습니다. 그 때는 루시퍼가 됐습니다. 심지어 나는 나 자신을 악마라고 불렀고, 내게 거스르는 자를 나는 저주를 하였습니다. 왜냐하면 내가 이런 일을 하기 때문에 나는 칭찬들을 받으면서 천계에 태어났기 때문입니다. 이것이 내가 아침의 아들(the son of the morning)이라고 불리운 이유입니다. 나 자신이 아주 놀라운 일은 내가 설교단에 있을 때에 나는, 내가 바르고 참된 것 이외에는 다른 생각을 결코 가지고 있지 않았다는 것입니다. 그러나 그 원인이 내게 폭로 까발려졌습니다. 다시 말하면 내가 외적인 것들 안에 있다는 것, 그리고 그 때 나의 내적인 것들에게서 그런 것들이 분리되었다는 것이 밝히 알려졌습니다. 그러나 비록 이런 것이 나에게는 까발려졌지만, 그럼에도 불구하고 나는 바뀌지 않을 수 있었습니다. 그것은 내가 나 자신을 가장 높으신 분(the Most High) 위에 올릴 수 있었고, 그리고 나 자신을 그분에게 맞서는 것에 세울 수 있었기 때문입니다"라고 하였습니다.

[5] 나는 마지막으로 그에게 "당신은 당신 자신이 사기꾼이고, 간음자인데, 어떻게 당신은 그렇게 말할 수 있습니까?" 하고 물었습니다. 그는, "나는 외적인 것이나, 육신을 입었을 때 한 사람이고, 내적인 것이나 영 안에 있을 때 또 다른 한 사람입니다. 육신을 입었을 때는 천사이고, 영으로 있을 때는 악마입니다. 왜냐하면 육신으로는 나는 이해 안에 있지만, 그러나 영으로는 나는 의지 안에 있기 때문입니다. 이해는 나를 위로 올리지만, 이에 반하여 의지는 나를 아래로 내립니다. 내가 이해 안에 있을 때에는 흰 테가 내 머리를 두르지만, 그러나 이해가 그것 자체를 의지에 올리는 것을 전적으로 포기하고, 우리의 최후 처지(our final lot)를 가리키는 의지의 것이 되어 버리는데, 그 때 그 테는 검게 되고, 사라져 버립니다. 이런 일이 일어날 때 나는 더 이상 이 빛으로 올려질 수 없습니다"라고 대답하였습니다.

그러나 그가 나와 함께 있는 천사를 보았을 때 그 즉시 그의 얼굴은 붉게 되었고, 그의 목소리는 흥분하였고, 그리고 심지어 머리 둘레의 테는 검게 되었고, 그는, 그가 그것을 통해서 올라왔던, 열린 곳을 통해서 지옥으로 가라앉았습니다.

그들이 보고, 들은 것에서 볼 때 구경꾼들은 이런 결론에 이르렀습니다. 그것은 사람의 성품(a man's quality)이 그의 의지와 같은 것이지, 그의 이해와 같은 것이 아니라는 것입니다. 그것은 의지는 이해를 자신의 좌우에 둘 수 있고, 그것을 노예로 삼을 수 있기 때문입니다.

[6] 그 때 나는 천사들에게 "악마들은 합리성을 어디에서 취합니까?" 하고 물었습니다. 천사들은 이렇게 대답하였습니다. "그것은 자기사랑의 영예(the glory of the love of self)에서입니다. 왜냐하면 자기사랑(自我愛)은 영예로 감싸 있고, 이 영예는 그것의 불꽃의 번쩍임(光輝)이기 때문에, 그리고 그것은 이해를 거의 천계의 빛 이상으로 올리기 때문입니다. 왜냐하면 모든 사람 안에 있는 이해는 그의 지식에 따라서 고양

(高陽)될 수 있지만, 그러나 의지는 교회에 속한 진리들이나 이성의 진리들(the truths of reason)에 일치하여 사는 삶에 의하여 올리워질 수 있기 때문입니다. 따라서 자기사랑에서 비롯된 명성의 영예(the glory of fame from self love) 가운데 있고, 그것에 의하여 자기총명의 지만(the pride of self intelligence) 안에 있는 무신론자까지도 수많은 다른 자들에 비하여 뛰어난 합리성을 향유하고 있습니다. 그러나 그것은 그들이 이해에 속한 생각 안에 있지만, 그러나 의지에 속한 사랑 안에 있지 않을 때이고, 그리고 의지에 속한 사랑은 속사람(the internal man)을 차지하지만, 이해에 속한 생각은 겉사람(the external man)을 차지합니다" 라고 말하였습니다.

천사들은 사람이 이들 세 사랑들, 다시 말하면 선용의 사랑(the love of use)・세상의 사랑(the love of the world)・자아의 사랑(the love of self)으로 형성, 구성되는 이유를 상세하게 설명하였습니다. 그것은 마치 전적으로 자신이 하는 것과 같이, 사람이 하나님으로 말미암아 생각하기 위한 것입니다. 그는, 사람의 마음의 최고의 것들은 하나님을 향해 주목하게 하고, 그것의 중간 것들은 세상을 향해 주목하게 하고, 그것의 가장 낮은 것들은 육신의 몸에게만 주목, 주시하게 합니다. 그리고 비록 사람이 하나님으로 말미암아 생각한다고 해도, 이들 후자는 아래로 향하여 주시, 주목하게 하기 때문에 그 사람은 마치 자기 자신으로 말미암아 전적으로 생각합니다 라고 말하였습니다.

508. 여섯 째 영계 체험기
어느 날 웅장하고, 멋진 성전이 나에게 보였습니다. 그 성전은 네모가 난 모양이고, 그것의 지붕은, 위는 아치 모양이고, 주위는 동그랗게 튀어나온 모양이었습니다. 그 성전의 벽은 계속 이어진 수정 창문으로 되어 있고, 그것의 문들은 진주로 되어 있었습니다. 안은 남쪽에 서쪽을 향한 설교단이 있고, 그것의 오른쪽에는 빛의 영기(a sphere of light)에 덮혀 있는 열려진 성경책(the open Word)이 놓여 있고, 그리고 그것에서 발출하는 광휘(光輝)가 설교단 전체를 에워싸고, 비추었습니다. 그 성전 한가운데에는 성소(聖所・sanctuary)가 있었는데, 그것 앞에는 그 때에 위로 올려진, 휘장이 있었고, 그의 손에 검들을 들고 있는 황금 그룹(a golden cherub)이 있었습니다.

[2] 내가 이것들을 살피고 있을 때 그것들의 각각의 뜻이 내 명상(冥想

· meditation)에 유입되었습니다. 그 내용은, 그 성전은 새로운 교회(the New Church)를 뜻한다는 것, 진주로 된 문은 그것의 입구를 가리키고, 수정의 창들은 그것을 조요하는 진리를 뜻하고, 설교단은 성직(聖職 · priesthood)이나 설교를 뜻하고, 설교단 위에 놓여 있고, 설교단의 윗부분을 비추는 성경책은, 영적인 뜻을 가리키는, 성경말씀의 속뜻의 계시를 뜻하고, 그 성전 중앙에 있는 성소(聖所 · the sanctuary)는 천사적인 천계와 그 교회의 결합을 뜻하고, 거기에 있는 황금 그룹(the golden cherub)은 문자적인 뜻 안에 있는 성언(=말씀 · the Word)을 뜻하고, 그의 손에 들려 있는 검(a sword)은, 미리 어떤 진리에 적용에서 행해지는, 이 뜻이 어떤 방향으로든 바뀔 수 있다는 것을 뜻합니다. 올리워 있는 그룹 앞에 있는 휘장은 성언이 지금 열리었다는 것을 뜻합니다.

[3] 그 뒤에 내가 가까이 갔을 때 나는 문 위에 새겨진 이런 문구를 보았습니다. "지금 허락되었다"(Nunc Licet · it is now permitted)라는 문구인데, 그것은 믿음의 신비들(the mysteries of faith)에게 바르게 들어가는 것이 지금 허용되었다는 것을 뜻합니다. 이 문구에서 볼 때, 자기총명에서 조작, 날조하여 만든 믿음의 교리나 신조들(dogmas of faith)에게 이해가 들어온다는 것은 매우 위험하다는 생각이 들었습니다. 그러므로 온갖 거짓들에게서 나온 것들에 들어오고, 더욱이 성경말씀으로 그것들을 확증한다는 것에 이해가 들어온다는 것은 매우 위험하다는 생각이 들었습니다. 이런 것들에 의하여 이해의 윗 영역이 닫혀졌고, 그리고 점차적으로 그와 같이 아래 영역도 닫혀지는데, 그 신학은 마치 벌레에 의하여 종이 위에 쓰여진 것이나, 좀벌레들에 의하여 비단 옷감에 쓰여진 것과 같이, 어느 정도 경멸하는 것뿐만 아니라, 마음에서 지워진 그런 것입니다. 그 때 이해는, 그가 있는 정부 아래에 있는, 사람의 생명에 관해서 오직 정치적인 사안들에 존재하고, 그리고 그의 고용에 속한 시민적인 사안들에 존재하고, 각자의 집안의 가정적인 일들 안에 있을 뿐입니다. 그리고 이런 모든 것들에서 그는, 마치 우상숭배자가 그의 품 속에 있는 금 우상을 애지중지하는 것과 같이, 자연에 입 맞추고, 자연에 속한 쾌락의 온갖 유혹에 의하여 자연에 입 맞추고 있습니다.

[4] 그런데 현대의 기독교회들의 교리나 신조들(the dogmas)은 성경말씀으로 말미암아 형성되지 않았고, 오히려 자기총명에서 형성되었기 때

문에, 그러므로 온갖 거짓들에게서 형성되었으며, 그리고 역시 성경말씀의 그 어떤 특정 구절들에 의하여 확증되었고, 로마 가톨릭 교회에 있는 성경말씀은 주님의 신령섭리(the Lord's Divine Providence)에 의하여 평신도에게서는 빼앗겨졌고, 프로테스탄트에게 있는 성경말씀은 개방되었지만, 그럼에도 불구하고 이해는 반드시 그들의 믿음의 복종의 상태에 두어야 한다는 그들의 일반적인 선언(common declaration)에 의하여 완전히 끝나버렸습니다.

[5] 그러나 새로운 교회(the New Church)의 경우는 이렇습니다. 그것은 이해와 더불어, 그리고 그 교회의 비밀스러운 것들에 들어오고, 통찰하는 것이 허락되었고, 성경말씀에 의하여 그것들을 확증하는 것도 허락되었습니다. 그 교회의 교리들이 성경말씀에 의하여, 주님에 의하여 계속해서 진리들이 개방되기 때문에, 그리고 합리적인 방법들에 의하여 이런 진리들의 확증은 이해로 하여금 점점 더 개방하게 하였고, 따라서 천계의 천사들이 있는 빛의 상태로 상승, 제고시켰습니다. 그것의 본질에서 그 빛은 진리입니다. 그리고 그 빛 안에는 천계와 땅의 하나님으로 주님을 시인하는, 그리고 그것의 광영 가운데 빛을 발하는 주님의 시인이 존재합니다. 이러한 내용이, 그 성전의 문 위에 새겨진 "지금 허락되었다"(*Nunc Licet*)라는 문구가 뜻하는 것이고, 그리고 그룹 앞에서 휘장이 위로 올리워진 성소의 휘장이 뜻하는 것입니다. 왜냐하면 그것이, 거짓들은 이해를 닫아 버리고, 진리는 그것을 개방한다는 새로운 교회의 정칙(=규범・正則・canon)이기 때문입니다.

[6] 이런 일이 있은 뒤, 내가 내 머리 위를 쳐다보니, 그의 손에 종이를 든 젖먹이(an infant) 같은 것이 보였습니다. 그가 나에게 가까이 왔기 때문에, 그는 사람의 중간 크기의 신상으로 바뀌었습니다. 그는 멀리에서 보면 젖먹이처럼 보이는, 삼층천(the third heaven)에서 온 천사였습니다. 그가 나에게 다가왔을 때 그는 나에게 그 종이를 건네주었습니다. 그러나 그들이 천계에서 가지고 있는 것과 같이, 천계에서 두루 쓰이는 글자들로 기술되었기 때문에, 나는 그 종이를 되돌려 주었고, 나는 그에게 거기에 기술된 낱말들의 뜻이나 어휘들의 뜻이 나의 생각의 개념들에 맞게 나에게 설명하여 주기를 요청하였습니다.

그는 이렇게 대답하였습니다. "여기에 기술된 것은 이런 내용입니다. 지금까지 닫혀 있었던 성경말씀의 신비들(the mysteries of the Word)에 이후부터는 들어오십시오. 왜냐하면 거기에 있는 개별적인 진리들은 주님의 수많은 거울들이기 때문입니다" 라고 하였습니다.

제 9 장

회개(悔改 · Repentance)

509. 믿음(faith) · 인애(charity) · 선택의 자유(freedom of choice)를 다룬 뒤에 회개(悔改 · repentance)가 뒤이어지는 것은, 만약에 회개가 없다면 참된 믿음(true faith)이나 순수한 인애(genuine charity)가 불가능하기 때문입니다. 그리고 만약에 선택의 자유가 없다면, 사람은 어느 누구도 회개할 수 없기 때문입니다. 회개가 지금 다루어지는 것은 여러 가지 다른 이유 때문입니다. 그 이유는 중생(重生 · regeneration)에 관한 주제가 뒤이어지기 때문이고, 그리고 하나님의 안전(眼前)에서 혐오스러운 매우 중증의 죄악들이 제거되기 전에는 사람은 어느 누구도 중생할 수 없기 때문입니다. 그 죄악들의 제거는 오로지 회개에 의하여 행해지기 때문입니다. 회개하지 않은 사람(an impenitent man)을 제외하면 중생하지 않은 사람(an unregenerate man)이 무슨 존재입니까! 회개하지 않았다는 사람은 죄악에 속한 것을 전혀 알지 못하는 혼수의 상태(昏睡 · a state of lethargy)에 빠져 있는 자와 꼭 같습니다. 그러므로 그의 가슴에는 온갖 죄악을 품고 있고, 그리고 간음자들이 침대에서 창녀에게 하듯이 매일 그것에 입을 맞추지 않겠습니까? 그러나 회개가 무엇인지 명확하게 하기 위하여, 그리고 그것을 성취, 완성하기 위하여 그것에 관해서 여러 명제들로 나누어 다루어지겠습니다.

I.
회개는 사람 안에 있는 교회에 속한 첫째 것이다.

510. 교회라고 부르는 친교(親交 · communion)는 교회가 그들 안에 내재한 사람들 모두로 이루어졌습니다. 그리고 그 교회는, 그가 중생 중에

있을 때, 사람에 들어오고, 그리고 모두는 죄에 속한 악들(the evils of sin)에서 끊는 것에 의하여, 그리고 어느 누가 마치 손에 횃불을 들고 있는 지옥적인 무리에서 피하듯이, 불타고 있는 몽둥이를 그에게 던지면, 그를 잡으려고 달려드는 지옥의 떼거지들을 피하듯이 죄악에서 피하는 것에 의하여 중생을 이룹니다. 거기에는 사람이 어린 시절에 성장, 진전하는 것처럼, 그것에 의하여 사람이 교회를 준비하고, 그것에 안내, 인도하는 그 방법은 아주 많이 있습니다. 그러나 그것에 의하여 사람 안에 세워지는 방법들(=수단들)은 회개에 속한 행위들(acts of repentance)입니다. 회개에 속한 행위들은 사람으로 하여금 하나님에게 거스르는, 죄들을 뜻하지 못하게 하는 모든 것들이고, 결과적으로는 악을 범하지 못하게 하는 모든 그런 것들을 가리킵니다. 왜냐하면 이런 일이 일어날 때까지 사람은 중생 바깥에 서 있기 때문입니다. 그리고 만약에 영원한 구원에 관한 어떤 생각이 그 때 그의 마음에 끼어들게 되면, 그는 그것을 향해 방향을 바꾸지만, 그러나 즉시 그 생각에서 떠나 외면합니다. 왜냐하면 그것은, 그의 생각의 개념들에 들려오는 것 이상으로 더 깊이 그 사람에게 들어오지 못하였기 때문이고, 그리고 그것으로 말미암아 그의 언어의 낱말들에 들어가지 못하였기 때문이고, 말하는 낱말들 속에 있다고 해도 언어에 대하여 겉꾸며진 어떤 동작에 들어온 것입니다. 그러나 이런 생각들이 의지에 들어왔을 때 그것은 그 사람 안에 있는 것입니다. 왜냐하면 의지는 그 사람 자신이기 때문인데, 그것은 그의 사랑이 그것 안에서 살기 때문입니다. 이에 반하여 생각은, 그것이 그의 의지에서 발출하는 것을 제외하면, 그리고 그 때 의지와 생각이 한 몸처럼 행동하는 것을 제외하면, 그 사람 밖에 있는 것이기 때문입니다. 그리고 의지와 생각 양자는 그 사람을 형성하기 때문입니다. 이런 것에서 뒤이어지는 것은, 회개가 진정한 회개가 되기 위해서, 그리고 사람 안에서 효험(效驗)이 있는 회개가 되기 위해서, 그것은 반드시 의지에 속한 회개(a repentance of the will)이어야 하고, 그리고 오직 생각에 속한 것이 아니고, 의지에서 비롯된 생각에 속하는 회개가 되어야 한다는 것입니다. 그러므로 회개는, 단순히 말의 회개가 아니고, 실제적인 회개(actual repentance)가 되어야 합니다. 회개가 교회의 첫 번째 것이라는 것은 성경말씀에서 아주 명확합니다. 세례자 요한은, 주님께서 교회를 설시하시기 위한 교회를 사람들이 준비하기에 앞서 보내졌는데, 그가 세례를 주고, 동시에 회개를 가르치셨습니다. 그러므로 그의 세례를 회개의 세례(the baptism of repentance)라고 부릅니다. 이런 이유 때문에 세례는 죄에서 씻는 것(洗滌·cleansing)을 가리키는, 영적인 씻음(spiritual washing)을 뜻합니다. 요한은 이 일을 요단 강에서 행하였는데, 그것은 요단 강이 교회에의 입문(入門·introduction)을 뜻하기 때문입니다. 왜냐하면 요단 강은 교회가 거기에 있는 가나안 땅의 첫 번째 경계이기 때문입니다. 주님 당신께서는 죄들의 용서(the forgiveness of sin)를 위한 회개를 설교하셨고, 그것에 의하여 회개는 교회에 속한 첫째 것이라는 것, 그리고 사람이 회개하는 것에 비례하여 그의 죄들은 지워지고, 그것들이 지워지는 것에 비례하여 죄들이 용서된다고 가르치셨습니다. 그뿐만 아니라, 주님께서 그의 열두 사도들에게, 그리고 주께서 파송하는 70명에게 회개를 설교할 것을 명령하셨습니다. 이상에서 명확한 것은 교회에 속한 첫째 것은 회개라는 것입니다.

511. 사람 안에 있는 죄들이 제거되기까지는 사람 안에 교회가 존재하지 않는다는 것은 어느 누구나 이성(理性)에서 결론지을 수 있고, 그리고 아래의 비교들에 의하여 예증될 수 있겠습니다. 그 내용입니다. 어느 누가 짐승들을 쫓아내기 전에 양들·그 새끼들이나 어린 양들을 온갖 종류의 들짐승들이 있는 들이나 숲으로 끌어들이겠습니까? 어느 누가 해로운 잡초들을 뿌리째 뽑아 버리기 전에 가시나무들·찔레들·쐐기풀이 무성하게 자라고 있는 땅에다가 정원을 만들 수 있겠습니까? 어느 누가 적군들을 제압하기 전에, 적군이 차지하고 있는 도시에 사법적인 관례에 따라서 정의를 운영, 관리하는 정부 형태를 세우고 시민권을 정립할 수 있겠습니까? 이런 것은 사람 안에 있는 악들에게서도 매한가지입니다. 그것들은 마치 들짐승들과 같고, 가시나무들이나 쐐기풀들과 같고, 적군들과 같습니다. 교회는, 마치 호랑이들이나 표범이 있는 우리(cage) 안에서 사람이 사는 것에 비하여 악들로 차 있는 일반적인 주거를 더 이상 가질 수 없는 경우와 같습니다. 또는 유해한 잡초들로 만들어진 침대에서 자는 것과 같고, 그런 것들을 밀어 넣은 베개를 베고 자는 것과 같고, 또는 마루바닥 밑에 시체가 묻혀 있는 그것 위에서 한 밤을 자는 것과 같습니다. 망령들은 거기에 있는 그 사람을 맹렬하게 공격하지 않겠습니까?

II.
오늘날 믿음에 선행하고, 복음의 위로(the consolation of the Gospel)에 의하여 뒤이어진다고 하는 통회(痛悔·the contrition)는 회개가 아니다.

512. 개혁파 기독교계에서 일종의 불안(不安·anxiety)·비애(悲哀·grief)·공포(恐怖·terror)에 관해서 언급되고 있는데, 그들은 그것을 중생하려고 하는 사람들 안에서 믿음에 선행하는 통회(痛悔·contrition)라고 부르고, 그리고 그것은 복음의 위로(the consolation of the Gospel)에 의하여 뒤이어진다고 말하고 있습니다. 그들이 주장하는 것은, 이런 부류의 인물들 안에 있는 통회는 하나님의 분노(wrath of God)에 속한 두려움에서 일어난다는 것이고, 결과적으로는 아담의 죄 때문에, 그리고 악에 기운 사람의 기질(氣質·proclivity of man)의 결과 때문에 모든 사람 안에 출생에서부터 내재해 있는 영벌(永罰·eternal damnation)의 두려움에서 일어난다는 것입니다. 그리고 또한 그 통회가 없으면 주님 구세주의 공로와 의를 사람에게 전가(轉嫁)하는 믿음은 주어지지 않는다고 그들은 주장합니다. 그리고 이 믿음을 획득, 얻은 자들은 복음의 위로를 받는다는 것, 다시 말하면 그들이 의롭게 되는 것이고, 그리고 그들 자신의 그 어떤 협력 없이도 갱신되고, 중생되고, 성화(聖化·sanctified)된다고 주장합니다. 따라서 영벌의 상태에서 영원한 생명(永生)을 가리키는, 영원한 지복의 상태로 변화된다는 것입니다. 그러나 이 통회에 관해서 깊이 생각하여야 할 뒤이어지는 문제들이 있습니다. 즉 1. 그것이 회개인가? 2. 그것의 중요성은 무엇인가? 3. 그런 것이 존재하는가? 라는 등등의 문제가 되겠습니다.

513. 통회가 회개냐, 아니냐 라는 것은 지금부터 주어지는 회개에 관한 기술, 설명에서 판단될 수 있겠습니다. 거기에는 지극히 일반적인 것뿐만 아니라 지극히 작은 개별적인 것에서 자신이 죄인이라는 것을 사람이 알지 못한다면 회개는 불가능하다는 것이 입증, 증명되었습니다. 그리고 그 사람 자신이 자기 자신을 예의 검토, 살피지 않으면, 그 사람 안에 있는 악들을 보지 않으면, 그리고 악들 때문에 자기 자신을 정죄, 꾸짖고 비난하지 않으면, 어느 누구도 회개는 알 수 없다는 것입니다.

제 9장 회개(悔改·Repentance) 431

그러나 믿음에 대하여 필연적으로 선언되는 통회는 이것과 공통으로 공유하는 것은 아무것도 없습니다. 왜냐하면 그것은 사람이 아담의 죄 가운데 태어났고, 그것에서 솟아나는 악들에 기우는 기질 가운데 태어났다는 단순한 생각이나 그것에서 비롯된 고백에 지나지 않기 때문입니다. 결과적으로 하나님의 진노가 사람에게 있다는 것, 그러므로 그것에 관해서 말할 수 있는 것은 정죄(damnation)·파멸(doom)·영원한 죽음(eternal death)이 사람에게 있다는 것입니다. 이렇게 볼 때 명료한 것은 통회가 회개는 아니라는 것입니다.

514. 다음의 관점은 이것입니다. 통회는 회개가 아니기 때문에 그것의 중요성은 무엇이냐? 라는 것입니다. 비록 통회가 믿음에 들어오지 않고, 그것과의 뒤섞임에 의하여 통회 자체가 믿음과 결합하지 않지만, 그 결과에 선행하듯이 통회는 믿음에 이바지한다고 일러지고 있습니다. 그러나 그것에 뒤이어지는 믿음은 무엇입니까? 그것은 하나님 아버지께서, 그의 아들(His Son)의 의(義)를 전가하신다는 것, 그리고 그 때 사람이 분명하게 선언하는 것은, 그럼에도 불구하고 사람은, 의롭게 되고, 새롭게 갱신하고, 거룩하게 되어야 할 부지중의 죄를 범한 죄인이라는 것이고, 따라서 어린 양의 보혈(寶血)로 깨끗하게 세탁, 눈 같이 희게 된 옷을 사람에게 입히신다는 것 이외에 무엇입니까? 사람이 이 옷을 입고 살아갈 때 사람의 삶에 속한 악들은 마치 바다의 심연(深淵) 속에 가라앉은 운석(隕石) 이외에 무엇이겠습니까? 그리고 그 때 아담의 죄는, 그리스도의 의의 전가에 의하여 멀리 옮겨졌고, 파기(破棄)되고, 덮어 가려진 그 어떤 것 이외에 무엇이겠습니까? 그 믿음 때문에 사람이 의(義) 가운데 살아가고, 동시에 하나님 구세주의 순진무구(the innocence of God the Saviour) 상태에서 살아갈 때, 만약에 그 사람에게 아브라함의 품에 안겨 있다는 확증이나 보증이 주어지지 않는다면, 그 통회의 씀씀이(用度·use)가 무엇이겠습니까? 그러므로 지옥에 있는 비참함이나 죽음 따위와 같은, 믿음에 선행하는 통회를 경험하지 못한 사람들은 살아 있는 믿음을 가질 수 없다고 생각하기 때문입니다. 결과적으로 이런 통회를 경험한 자들은 저주의 악들 속에 빠지고, 가라앉을 때 그들은 그것들에 대해서 전혀 주의, 조심하지 않고, 그리고 그것들에 관해서 아무것도 느끼지 못할 것입니다. 그것은, 마치 길바닥의 진흙탕 속에서 뒹구는 돼지들이 악취를 전혀 감지하지 못하는 것과 같겠습니다. 그러

므로 명확한 사실은 회개가 아닌 이런 부류의 통회는 별로 중요성이 없다고 하겠습니다.

515. 끝으로 깊이 생각하여야 할 점은 회개를 떠난 통회가 있을 수 있는가? 라는 것입니다. 나는 영계에서 그리스도의 공로의 전가적인 믿음으로 스스로를 다짐한 많은 사람들에게 그들이 통회를 경험한 적이 있느냐? 라고 물었습니다. 그들은 대답하였습니다. "우리는 어린 시절부터 그리스도께서 그분의 고난(His passion)에 의하여 우리의 모든 죄들을 제거하셨다는 것을 믿고 있었는데, 통회라니요? 통회는 이 신념에 일치하지 않습니다. 왜냐하면 통회는 사람이 자기 자신을 지옥에 던지는 것이고, 그리고 그의 양심에게 고통을 주는 것이기 때문입니다. 그럼에도 불구하고 그가 속량되었다는 것, 따라서 지옥에서 구출되었다는 것을 알았을 때는, 곧 그가 결과적으로 모든 해(害)에서 안전하다는 것이기 때문입니다"라고 하였습니다. 이 대답에 그들이 부연하기를, 통회의 법칙(=가르침)은, 성경말씀에 자주 거명되고, 명령된 회개의 자리에 맞는 순전히 가공의 꾸민 것(a purely fictitious thing) 뿐입니다. 아마도 비록 복음에 관해서 거의 알지 못하는 소박한 사람에게는 그들이 지옥의 온갖 고통들에 관해서 듣고, 그리고 생각할 때 마음의 어떤 감정(emotion)입니다. 그들은 역시 복음의 위로는 통회가 추방된 젊은 초기에서부터 그들의 마음에 각인되었다는 것, 그리고 그들은 마음 속에서 통회에 속한 단순한 언급을 비웃는다는 것 등을 부연하였습니다. 그리고 또한 지옥은, 베스비아 또는 에트나의 불(the fire of Vesuvius or Etna)이 바르소(Warsaw)나 뷔엔나(Vienna)에 살던 사람들을 위협하는 것 이상으로 그들을 공격할 수 있으며, 그리고 또한 아라비아 사막의 괴사(怪蛇)나 독사 이상으로, 또는 탈타르 숲속의 호랑이들이나 사자들이 유럽의 어느 도시에서 안전하고, 평온하고, 조용하게 사는 자들을 위협하는 것 이상으로 지옥은 사람을 괴롭힐 수 없고, 그리고 하나님의 분노가 페르시아 임금의 분노가 펜실바니아의 주민을 두렵게 하는 것 이상으로 결코 더 이상의 공포를 자극하지도 않고, 그들 안에 통회를 자극하지도 않습니다. 이런 내용에서 볼 때 그들의 공언에서 비롯된 합리적인 추론과 더불어 이런 모든 것에 의하여 내가 확신할 수 있는 것은, 만약에 회개가 다음에 기술된 그런 것이 아니라면, 통회는 망상의 장난(a freak of imagination) 이외의 아무것도 아니라는 것입니다. 개혁

교회가 회개의 자리에 통회를 채택하려는 이유는 그들이 자신들을 회개와 동시에 인애(=인덕·仁德)를 주장하는 로마 가톨릭교회로부터 분리하기 위한 것입니다. 그리고 그들이 그 뒤에 이른바 오직 믿음에 의한 칭의(依唯信得義)의 교리를 세웠을 때 그들은 이 변화에 대한 그들의 이유를 주장하였는데, 그것은 인애(=인덕)에 의한 것과 같이, 회개에 의하여 그의 믿음에 들어오고, 그리고 그것을 손상시킨, 공로를 감칠맛 나게 한 것은 사람 고유의 어떤 것이라고 주장하였습니다.

III.
어느 누구나 자기는 죄인이라고 하는 단순한 입술의 고백(the mere lip confession)은 회개가 아니다.

516. 이 입술의 고백에 관해서는 아우그스부르그 고백서(the Augsburg Confession)를 지지하는 종교개혁자는 아래와 같이 가르치고 있습니다. "사람은 누구도 자기 죄를 알지 못합니다. 그러므로 그것들은 열거될 수 없습니다. 뿐만 아니라, 죄들은 내면적이고, 숨겨져 있으므로, 그것들의 고백은 거짓이고, 불확실하고, 따라서 수족이 짤린 불구자와 같습니다. 그러나 자기 자신은 죄 이외에 아무것도 아니라고 고백하는 사람은 모든 죄들을 포함하고, 어느 것 하나 빼거나 잊혀진 것은 아무것도 없습니다. 그럼에도 불구하고, 비록 필수적인 것은 아니라고 해도 죄들에 대한 열거는 허약하거나 소심한 양심들 따위의 배려(配慮)로 폐지(廢止)되거나 추방되어서는 안 되겠습니다. 그러나 이러한 일은 소박하고 미숙(未熟)한 사람들을 위한 고백의 일반적인 형태이고, 유치(幼稚)한 형태입니다"(≪일치신조≫ 327·331·380쪽 참조).

그러나 종교개혁자들이 로마 가톨릭에서 분리된 뒤, 그들에 의하여 이 고백은 실제적인 회개(actual repentance)의 자리에 적용시켰습니다. 그것은 그것이 그들의 전가적인 믿음(the imputative faith)에 기초하였기 때문인데, 그 믿음은 인애를 떠나서, 따라서 역시 회개를 떠나서 죄들의 용서나 사람의 중생이 오직 믿음에 의하여 행해진다는 것입니다. 이러한 것은 칭의의 행위(稱義行爲·the act of justification)에서 사람의 역할과 성령의 협력이 전혀 필요 없다는 그 믿음에서 뗄 수 없는 부가(an inseparable appendix)적인 믿음 위에 기초하고 있기 때문입니다. 그리고 이런 믿음에 기초해서는 사람은 영적인 사물들에 있는 선택의 자유를 전혀 가지지 못하고, 그리고 또한 이런 믿음에 기초해서는 모든 것들은 진정한 의미를 떠난, 그리고 사람이나 사람을 통한 중간적으로 이루어지는 것이 전혀 없는 자비(mercy)에 의존한다는 것입니다.

517. 죄인이라는 단순한 고백이 회개가 아니라는 수많은 이유들 가운데에는 이런 것도 있습니다. 그 이유는, 어느 누구나, 아니 사악한 사람이든 심지어 악마까지도, 그와 같은 입술의 고백은 능히 선언할 수 있다는 것입니다. 그리고 그가 지옥의 고통을 생각할 때, 더욱이 당장 절박한 지옥의 고통을 생각한다면, 그는 외적인 강한 애착이나 헌신적인 신앙을 가지고 그렇게 고백할 것입니다. 그러나 이런 짓이 그 어떤 내적인 신앙심에서 비롯된 것이 아니라는 것을 어느 누가 모르겠습니까! 결과적으로 그것은 상상의 짓거리이고, 심중의 일이 아니고, 깊숙한 의지의 일이 아니고, 따라서 심장에 속한 일이 아니라는 것입니다. 왜냐하면 불신앙의 사람이나 더욱이 악마는 내적으로는 악행을 열망하는 탐욕이나 욕망 따위로 불태우고 있는데, 그것은 마치 강풍들에 의하여 연자 맷돌을 움직이는 것과 같이 굉장합니다. 그러므로 입술의 이런 선언 따위는 구출의 목적 때문에, 또는 소박한 사람을 속이기 위하여, 하나님을 기만(欺瞞)하고 속이는 간계(奸計) 이외에 아무것도 아닙니다. 왜냐하면 울부짖는 입술을 굴복, 제지하고, 그것에 맞게 입에서 내뿜는 입김을 제지하고, 그리고 눈을 위로 치뜨고, 손들을 흔드는 것 이상으로 쉬운 것이 무엇이겠습니까? 이러한 짓은 주님께서 마가복음서에서 말씀하신 것과 꼭 같습니다. 그 책의 말씀입니다.

> 예수께서 대답하셨다. "이사야가 너희 같은 위선자들을 두고 적절히 예언하였다. 이렇게 기록되어 있다.
> '이 백성은 입술로는 나를 공경해도,
> 마음은 내게서 멀리 떠나 있다.'"
> (마가 7 : 6).

마태복음서의 말씀입니다.

제 9장 회개(悔改・Repentance) 435

율법학자들과 바리새파 사람들아, 위선자들아, 너희에게 화가 있다! 너희는 잔과 접시의 겉은 깨끗이 하지만, 그 안은 탐욕과 방종으로 가득 채우기 때문이다. 눈먼 바리새파 사람들아! 먼저 잔 속을 깨끗이 하여라. 그러면 그 겉도 깨끗하게 될 것이다(마태 23 : 25. 26 ; 그 이하 절).

518. 만일 사람들이 화해(和解・propitiation)와 중보(仲保・mediation)에 관한 규정들에 따르기를 원한다면, 그것이 뜻하는 모든 사람의 죄들을 가리키는 이 세상의 모든 죄를 십자가의 고난에 의하여 주님께서 제거, 씻어주셨다는 현대교회의 믿음으로 자기 자신들을 다짐, 확증한 자들은 위선적인 예배(a hypocritical worship) 가운데 있습니다. 그런 무리 중 몇몇은 큰 소리와 외관상으로는 불타는 열정으로 회개와 인애에 관한 수많은 거룩한 말들을 설교단에서 폭포수 같이 쏟아낼 것입니다. 그러나 한편 그들은 그것들이 구원에 관해서는 모두가 쓸모없는 것이라고 생각할 것입니다. 왜냐하면 그들이 뜻하는 회개는 입술의 회개 이외에 다른 것이 아니고, 그들의 인애 역시 공적인 생활(public life)에 속한 인애이기 때문입니다. 그러나 이러한 것은 그들이 사람들을 기쁘게 하기 위해서 행하는 것입니다. 이런 부류가 주님께서 하신 이런 말씀이 뜻하는 자들입니다. 마태복음서의 말씀입니다.

그 날에 많은 사람이 나에게 말하기를 "주님, 주님, 우리가 주님의 이름으로 예언을 하고, 주님의 이름으로 귀신을 내쫓고, 또 주님의 이름으로 많은 기적을 행하지 않았습니까?" 할 것이다. 그 때에 내가 그들에게 밝히 말할 것이다. "나는 너희를 도무지 알지 못한다. 불법을 행하는 자들아, 나에게서 물러가라"(마태 7 : 22, 23).

나는 한번 영계에서 어떤 사람이 이런 식으로 하는 기도를 들은 적이 있습니다. "나는 어머니 태에서부터 헌데 투성이고, 나병 환자이고, 불결한 사람입니다. 머리부터 발끝까지 나에게는 성한 데는 한 곳도 없습니다. 또 나는 눈을 들어 하나님을 우러러 볼 자격도 없고, 나에게는 죽음이나 영벌이 마땅합니다. 그러니 당신의 아들의 목적을 위해서 나에게 자비를 베풀어 주시고, 아드님의 보혈로 나를 정결하게 해주십시오. 모두의 구원은 당신의 선하신 뜻(=의향・good pleasure)에 있사오니, 나는 간청합니다" 라는 내용이었습니다.

옆에 서 있던 자들이 그의 이런 기도를 듣고서, "어떻게 당신은 그런 인물인 줄을 아십니까?" 하고 물었습니다. 그가 대답하였습니다. "나는 그와 같은 소리를 들었기 때문에, 나도 잘 알고 있습니다."
그러나 그 때 그 사람은 검사하는 천사들(angelic examiners)에 보내졌고, 그는 그들 앞에서 이런 식으로 말하였습니다. 검토 뒤에, 그가 자신에 관해서 말한 것은 모두 참된 것이라고 보고되었습니다. 그럼에도 불구하고 그 사람 자신 안에는 단 하나의 악도 없다고 알고 있었는데, 그것은 그가 자신에 관해서 한번도 검토, 살피지 않았고, 다만 그는 입술로 고백한 뒤, 하나님의 안전에 더 이상 악은 없다고 믿었기 때문이고, 그리고 또한 하나님께서는 그들에게서 눈길을 돌리셨기 때문이고, 또한 하나님께서는 화해(和解)되셨기 때문입니다. 이런 결과로, 비록 그 사람은 외고집의 간음자이고, 도둑놈이고, 간계를 부리는 중상꾼이고, 복수심에 불타는 고약한 원수지만, 그는 어떤 죄 의식도 없었습니다. 그는 마음이나 의지에서는 이런 작자이기 때문에 그 사람은, 그를 억압, 억제하는 법률의 두려움이나 명성의 상실 따위는 두려워하지 않았습니다. 그가 이런 작자라는 것이 발견되었을 때, 그는 정죄 판결을 받고, 지옥에 있는 위선자들에게 보내졌습니다.

519. 이런 성품은 비교들에 의하여 예증될 수 있겠습니다. 그들은 용의 부하들만 가득히 있는 성전 모양의 건물들과 같고, 묵시록에서 "메뚜기들"이 뜻하는 자들이 집합된 건물들과 같습니다. 그리고 성언(=말씀·the Word)이 그들의 발 아래에 짓밟히기 때문에 성언이 존재하지 않는 설교단들과 같습니다. 그들은 아름다운 색깔로 덧칠한 벽돌로 꾸민 건물과 같아서, 그러나 창문들을 열면, 그것 안에는 올빼미들이나 흉악한 밤새들이 날아다니는 건물과 같습니다. 그들은 마치 죽은 사람의 뼈들로 채워진 회칠한 무덤들과 같습니다. 그들은 마치 쓰고 남은 기름찌꺼기들이나, 금으로 덧입힌 마른 똥으로 만든 동전들과 같습니다. 그들은 나무껍질이나 썩은 나무를 덮고 있는 나무껍질들과 같습니다. 그들은 나병환자의 몸통을 두른 아론의 아들의 겉옷들과 같고, 심지어 치유될 것이라고 여기고 있는 두꺼운 살갗으로 가려져 있는 종양들(ulcers)과 같습니다. 어느 누가 겉모습과 모독된 내적인 것이 일치하지 않는다는 것을 모르겠습니까? 이런 작자들은 다른 자들이 자기 자신들을 검토, 조사하는 것을 몹시 두려워합니다. 그러므로 그들은, 자신들의 밥통이

나 위 안에 있는 고약하고, 악취 나는 배설물들이 뒷간에 버려지기 전까지 더럽다고 느끼지 않는 것과 같이, 자신들 안에 있는 고약한 것들을 전혀 느끼지 않습니다. 그러나 반드시 기억하여야 할 것은, 위선자들과 옳게 믿고 바르게 행동하며, 진실 되게 자신들의 죄들을 회개하는 자들을 혼동해서는 안 된다는 것입니다. 그리고 영적인 시험을 겪고 있을 때나, 공중예배 때에 자신들의 기도소리를 높이는 자들과 혼동해서도 안 된다는 것입니다. 왜냐하면 이런 일반적인 고백은 개혁이나 중생에 선행하고, 뒤이어지기 때문입니다.

IV.
사람은 온갖 종류의 악에 기우는 성향을 가지고 태어났고, 그리고 회개에 의하여 어느 정도 그의 악이 옮겨지지 않는다면, 그는 그 악들 가운데 남아 있고, 악들 안에 머무르는 자는 구원될 수 없다.

520. 모든 사람은 온갖 악들에 기운 경향성(傾向性)을 가지고 태어난다는 것, 그러므로 사람은 그의 어머니 모태(母胎)로부터 악 이외에 아무 것도 아니라는 것은 교회에 잘 알려져 있습니다. 그리고 이와 같은 사실은 교회들의 종교회의들이나 지도자들이 아담의 죄가 그의 모든 후손들에게 전가되었다고 주장되기 때문입니다. 이 주장에 관해서 보면, 더욱이 교회들이 가르치는 다른 것 위에 기초하고 있는데, 예를 들면 그것은 이른바 세례(洗禮·baptism)라고 부르는 중생에 속한 씻음(洗滌· the washing of regeneration)은 그 죄가 제거되기 위하여 주님에 의하여 그 세례가 제정되었다는 것이고, 그리고 이것이 또한 주님의 강림(the Lord's coming)의 이유라는 것이고, 그리고 주님의 공로를 믿는 믿음이 그것에 의하여 곧 죄가 제거되는 방법들이라는 것이고, 그리고 이 밖에도 이 주장 위에 교회들에 의하여 세워진 다른 교리들도 여럿 있습니다. 그러나 그 죄의 근원(根源·origin)에서 비롯된 유전악(遺傳惡· the inherited evil)은 전혀 없었다는 것은 앞에서 입증된 것에서 잘 알 수 있겠습니다(본서 466항 참조). 그리고 아담(Adam)이 첫째 사람(the first man)이 아니라는 것, 그러나 아담과 그의 아내의 스토리는 이 땅의 첫

째 교회(the first church)를 표징적으로 기술하고 있다는 것입니다. 여기서 에덴 동산(the garden of Eden)은 그 교회의 지혜(it's wisdom)를 뜻하고, 생명나무(the tree of life)는 강림하실 주님에 대한 동경(憧憬・looking to the Lord)을 뜻하고, 선과 악의 지식의 나무(the tree of the knowledge of good and evil)는 자아(自我)를 우러르고, 주님을 동경하지 않는 것을 뜻합니다. 이 교회가 창세기서 첫 장에 의하여 표징적으로 기술되었다는 것은 런던에서 출간된 ≪천계비의≫(天界秘義・the Arcana Celestia)에 성경말씀에서 인용, 대비된 수많은 장절에게서 명료하게 입증되었습니다. 이런 내용들이나 사실들이 이해되고, 수용, 납득될 때, 지금까지 생각하고, 받아들여졌던, 이른바 사람 안에는 그의 부모에게서 비롯되었다는 선천적인 악에 관한 소견은 그것의 근원에서부터 땅에 떨어질 것입니다. 왜냐하면 그 악은 서로 다른 근원(a different origin)을 가지고 있기 때문입니다. 우리의 책 제 8장 "선택의 자유"(Freedom of Choice)에서 모든 사람 안에 있는 생명나무(the tree of life)와 선과 악의 지식의 나무(the tree of the knowledge of good and evil)는 충분하게 입증되었고, 그리고 그 동산에 자리 잡고 있는 것이 주님을 향하느냐, 또는 그분으로부터 외면하느냐 하는 것에 사람의 선택의 자유를 뜻한다는 것도 충분하게 언급되었습니다.

521. 친애하는 독자 여러분! 부모님들은 유전악(遺傳惡・inherited evil)의 근원일 뿐입니다. 그것은 사람이 실제적으로 범한 악 자체는 아니고, 다만 그것은 그것에 기우는 경향성(傾向性・inclination)일 뿐입니다. 이것이 사실이라는 것은 이성(理性)과 경험(經驗)을 결합, 연합시키는 모든 사람은 모두 시인할 것입니다. 어느 누가, 어린 아이들이 용모들・몸가짐들(manner)・기질(氣質)에서 일반적으로 그들의 부모들과 닮음을 가지고 태어난다는 것이나, 심지어 손자들이 조부모와, 그리고 증손자들이 증조부모들과 닮음을 가지고 태어난다는 것을 모르겠습니까? 따라서 수많은 것들은 가족들에게서 서로서로 분별, 구분하고 있습니다. 심지어 민족들에게서도 구분, 분별하고 있습니다. 예를 들면 아프리카 사람과 유럽 사람들이 서로 분별되고, 이태리 사람과 독일 사람이, 영국 사람이 불란서 사람과 구분, 분별되는 것과 같습니다. 어느 누가 그의 얼굴・눈매・언어・몸동작에 의하여 유대 사람을 알지 못하겠습니까? 만약에 여러분들이 모두의 선천적인 성품(the native genius)에서 나오는 생

명의 기운(the sphere)을 감지, 느낀다면, 여러분은 그와 마찬가지로 기질들이나 마음들의 닮음을 확신할 것입니다.
[2] 이렇게 볼 때 뒤이어지는 것은, 사람은 실제적인 악들(actual evil) 가운데 태어나지 않고, 다만 악들에 기운 경향성 가운데 태어난다는 것, 그럼에도 불구하고 개별적인 악들을 향한 크거나, 또는 작은 기질이나 성향(proclivity)을 지니고 태어난다는 것, 결과적으로 사람은 죽은 뒤 그 어떤 유전적인 악에서부터 판단, 심판되지 않고, 그 사람 자신이 범한 악에서부터 판단, 심판된다는 것입니다. 이러한 사실은 아래의 주님의 계율에서 명확합니다. 신명기서의 말씀입니다.

> 자식이 지은 죄 때문에 부모를 죽일 수 없고, 부모의 죄 때문에 자식을 죽일 수 없다. 사람은 저마다 자기가 지은 죄 때문에만 죽임을 당할 것이다(신명기 24 : 16).

이 말씀은 나에게 영계에서 유아기에 죽은 자들의 상태에서 명확하였습니다. 그 때 그들은 다만 악들에 기운 경향성을 지니고 있을 뿐, 따라서 의지에서는 그것들을 선호, 지지하였지만, 그러나 그것들을 범하지는 않았습니다. 왜냐하면 그들은 주님의 도움, 보호 아래에서 교육을 받았고, 그리고 그들이 구원되었기 때문입니다.
[3] 앞에서 언급한 악들에 대한 경향성이나 그 기질은 부모들에 의하여 자녀들에게, 그리고 후손들에게 전가되었다는 것은 이른바 중생(重生)이라고 부르는 주님으로 말미암아 새로운 탄생(the new birth)에 의하여 깨어졌습니다. 만약에 이것이 없다면, 그 경향성은 계속해서 방해를 받지 않을 것이고, 뿐만 아니라 계속되는 부모들에 의하여 그것은 계속 증대될 것이고, 그리고 악에 대한 그 기질은 점점 더 강해질 것이고, 종국에는 온갖 종류에 대한 그 기질만 있을 것입니다. 이렇게 볼 때 유대 사람들은, 가나안 여인을 아내로 취한 그들의 조상 유다나, 그의 며느리 다말에게 간통을 범하고, 따라서 그들의 세 족속들이 시작된 그들의 조상의 몰골에서 잘 볼 수 있겠습니다. 그러므로 이 유전적인 기질은 시간의 경과 속에서 증대하였기 때문에, 따라서 그들은 마음의 진실된 믿음으로 기독교를 마음에 품을 수 없게 되었습니다. 그들이 그렇게 할 수 없게 되었다고 언급된 것은 그들의 마음의 내면적인 의지가

아직까지도 뒤바뀌었기 때문이고, 그리고 이와 같은 뒤바뀐 의지는 그들의 무자격(無資格·an unability)의 원인이 되었기 때문입니다.

522. 만약에 그것들이 제거되지 않는다면, 모든 악이 사람 안에 남아 있다는 것, 그리고 만약에 그 사람이 그의 악에 머물러 있다면, 그 사람은 구원받지 못한다는 것은 그것 자체에서 뒤이어집니다. 악은, 주님에 의한 것을 제외하면, 결코 제거될 수 없다는 것, 그리고 주님을 믿고, 이웃을 사랑하는 자를 제외하면 악은 결코 제거되지 않는다는 것 등등은 이미 앞에서 언급된 것에서 명료하고, 그리고 특별히 "믿음의 장"(본서 6장 참조)의 아래 내용에서 명확합니다.

삶·의지·이해가 하나로 결합하는 것과 같이, 주님·인애·믿음은 하나(一體)를 이룬다는 것, 만약에 그것들이 각각으로 나누어진다면, 이들 각각은 마치 진주가 가루가 되듯이, 소멸한다는 것.

그러나 다시 질문되는 것은, 어떻게 사람이 이 합일(合一·union)에 들어올 수 있는가? 라는 것입니다. 그 대답은, 사람은 어느 정도 회개에 의하여 그의 악이 제거되지 않는다면 사람이 그 합일에 들어온다는 것은 불가능하다는 것입니다. 이 일이, 사람의 협동을 떠나서, 주님에 의하여 직접적으로 이루어지지 않았기 때문에, 여기서 말할 수 있는 것은 반드시 그것들을 제거하여야 한다는 것입니다. 그것의 내용은 "믿음"을 다룬 본서 6장과 "선택의 자유"를 다룬 8장에서 충분하게 입증되었습니다.

523. 강력하게 주장, 언급되는 것은, 십성언(=십계명)의 한 계명을 어긴 사람은 율법 전체를 성취할 수 없다는 것입니다. 그러나 이 주장의 본의와는 좀 다릅니다. 왜냐하면 의도적으로나 신중하게 십성언의 한 계명에 반대적으로 행동한 사람은 나머지 계명에 반대적으로 행동하는 것이라고 이해하기 때문입니다. 목적이나 심사숙고에서 그와 같이 행동한다는 것은 그것이 죄라는 것을 전적으로 반대하는 것이기 때문입니다. 그리고 그것이 죄라고 일러졌을 때 그것 때문에 그 사실을 배척하는 것이기 때문입니다. 죄의 개념을 그와 같이 부인하고 배척하는 사람은 죄라고 불리운 것에 대하여 전혀 생각을 하지 않기 때문입니다. 회개에 관한 어떤 것을 귀담아 들으려고 하지 않는 자들은 마음의 고정된 태도에 빠지게 되지만, 그러나 다른 한편 회개에 의하여 죄들을 가리키는 어떤 악들이 제거된다고 믿는 자들은 주님을 믿는다는 확고한 목적이

나, 이웃을 사랑한다는 정립된 목적에 몰입하게 되기 때문입니다. 이런 자들은 다른 악들에게서 물러난 목적 안에 주님에 의하여 간수(看守)됩니다. 그리고 만약에 무지(無知)에서 또는 어떤 넘치는 정욕으로 말미암아 그들이 죄를 범한다면 그것은 그들에게 전가되지 않는데, 그 이유는 그들이 고의적으로 그것을 범한 것이 아니기 때문이고, 그리고 스스로 그것을 확증한 것이 아니기 때문입니다. 이러한 사실은 아래의 사실들에 의하여 확증될 수 있겠습니다. 나는 영계에서 수많은 사람들과 만났는데, 그들 중에는 자연계에서 살 때 다른 사람들처럼 꼭 같이 멋진 옷을 입기도 하고, 맛있는 음식을 먹기도 하고, 다른 자들과 장사를 해서 돈을 벌기도 하고, 극장 구경도 하고, 마치 방탕(放蕩)에서 비롯된 것과 같은 여인들에 관한 농담도 하였고, 그 밖의 다른 짓들을 한 자들을 만났습니다. 그런데 천사들은 어떤 자들에게는 죄에 속한 악들을 그들에게 부과하기도 하고, 다른 자들에게는 묻지 않기도 했는데, 무지는 이노센트하다고 하였고, 그러나 전자에게는 죄가 있다고 선언하였습니다. 모두가 꼭 같은 일을 하였기 때문에 이것의 이유가 질문되었는데, 그들은, 모두는 그들의 목적, 의도, 결과에서 검토하게 되는데, 따라서 그것에 의하여 분별된 것이라고 대답하였습니다. 그러므로 선은 천계에 있는 모든 것의 결과이고, 악은 지옥에 있는 모든 것의 결과이기 때문에 누구는 용서되고, 누구는 정죄하듯이, 그들은 용서되기도 하고, 또는 정죄된다고 대답하였습니다.

524. 그러나 이런 판결은 여러 비교들에 의하여 예증되겠습니다. 죄들을 회개하지 않는 사람은, 치료를 하지 않고, 치료에 의하여 악성의 질병들을 제거하지 않으면, 그것으로 말미암아 그 사람이 죽는, 그 사람 안에 있는 다종다양의 질병들에 비교될 수 있겠습니다. 그것들은, 제때에 치료하지 않으면 병세가 퍼져나가 죽음을 피할 수 없게 하는, 이른바 악질적인 질병에 비교되겠습니다. 마찬가지로 그것들을 짜내지 않거나, 뽑아버리지 않는다면, 죽음을 피할 수 없게 하는 농양(膿瘍)이나 종기(腫氣)에 비교될 수 있겠습니다. 왜냐하면 그것들에게서 축농(蓄膿·empyemata)이나 또는 제거되어야 할 고름이 근처에 있는 기관이나 조직에 널리 확산, 침투될 것이고, 그리고 그것에서부터 인접해 있는 내장들이나 종국에는 심장에까지 확장, 침투되어 그것으로 말미암아 죽음을 불러오기 때문입니다.

[2] 죄는, 만약에 우리에 잡아 두거나 사슬이나 끈으로 묶어 두지 않으면 안 되는 호랑이들·표범들·사자들·여우들 따위에 비교될 수 있겠는데, 이런 것들은 양 떼나 가축들을 공격하고, 그것들을 죽여서 잡아먹을 것인데, 이런 짓은 마치 여우가 칠면조 새끼를 잡아먹는 것과 같다고 하겠습니다. 그리고 꼼짝 달싹 못하게 몽둥이로 억제하지 못하거나 그것들의 이빨을 모두 뽑아 버리지 못한 독사 뱀들에게 비교되겠는데, 그것들은 사람에게 치명적인 상처를 입힐 것입니다. 독초들을 들판에 방치(放置)하여 둔다면, 목자들에 의하여 안전한 초장에 인도되는 일이 없다면 전 양 떼들은 그 독초들로 멸망하고 말 것입니다. 그것은 다른 해충들이 그 나무의 잎들에게서 제거되지 않는다면, 그 잎을 먹고 명주를 생산하는 누에가 몰살(沒殺)하는 것과 같습니다.

[3] 이런 죄들은, 만약에 공기가 그것들을 잘 통과하도록 통풍(通風)이 용이하지 않다면 곰팡이가 쓸고, 썩어버리거나 쓸모가 없게 하는 창고들이나 광들(barns)에 비유되겠습니다. 죄들은, 불을 재빠르게 끄지 않으면 전 시가지나 숲을 태우는 불에 비유되겠습니다. 뿌리를 뽑지 않으면, 가시덤불들·찔레들·엉겅퀴들 따위가 정원을 전부 차지하는 것에 비유될 수 있겠습니다. 훌륭한 정원사들은 좋지 않는 종자나 뿌리에서 나온 나무가 좋은 나무의 가지에게 붙어서 수액(樹液)을 중간에서 빨아먹는다는 것을 잘 알고 있고, 그리고 그 좋은 가지의 그 수액은 종국에 쓸모 있는 열매를 생산한다는 것을 잘 알고 있습니다. 이러한 일은 사람 안에서 회개에 의하여 악의 제거를 통해서 일어나는 것과 꼭 같습니다. 왜냐하면 마치 가지가 포도나무에 접목, 좋은 열매를 맺는 것과 같이(요한 14 : 4-6), 사람은 그것에 의하여 주님에게 접목되기 때문입니다.

V.
회개의 시작은 자기 자신 안에서 죄를 발견하고, 그 죄를 시인하는 것이다.

525. 기독교계에 있는 사람은 죄의 시인 밖에 있을 수는 없습니다. 왜냐하면 모두는 젖먹이 때부터 악이 무엇인지, 그리고 어린 아이 때부터

는 죄에 속한 악이 무엇인지 교육을 받기 때문입니다. 모든 젊은이들은 이것을 부모님들이나 선생님들에게서, 그리고 기독교 국가에 있는 모두에게 주어지는 중요한 교육을 가리키는 십성언에서 이것을 배우고, 역시 뒤이어지는 그들의 성장과정에서 교회에서의 설교말씀이나 가정에서의 가정교육에서 성경말씀으로 충분하게 이것을 배우기 때문입니다. 더욱이 십성언이나 성경말씀의 다른 부분들에게서 가르치는 동일한 것들을 가리키는, 정의의 시민법(the civil law of justice)에서도 배웁니다. 왜냐하면 죄에 속한 악은 이웃에게 악을 저지르는 것 이외에 아무것도 아니기 때문이고, 그리고 이웃에게 저지르는 악은, 역시 죄를 가리키는, 하나님에게 거스르는 악이기 때문입니다. 그러나 죄의 인지(=앎·認知)는, 사람이 그의 삶의 행위들을 검토하고, 그리고 그가 공개적이든 숨어서든, 그 어떤 일을 행하였는지를 알기 전까지는, 아무런 소용이 없습니다. 그 때까지 거기에는 지식 이외에는 아무것도 없고, 그 때 설교자가 외친 것은 왼쪽 귀로 듣고, 오른쪽 귀로 나가는 단순한 소리일 뿐입니다. 그리고 최종적으로는 그것은 생각에 속한 사안이고, 숨결 속에 있는 간절한 희망이고, 수많은 사람에게 있는 공상적인 것들이고, 망상적인 것들에 지나지 않습니다. 그럼에도 불구하고, 만약에 사람이 그가 죄로 시인한 것에 따라서 자기 자신을 검토하고, 자기 자신 안에서 무엇인가를 찾고, 스스로 "이것은 죄이다"라고 말하고, 영원한 형벌 때문에 그것을 끊고, 삼가야겠다고 말하는 사람에게서는 전적으로 다릅니다. 그 때 교회들에 의하여 교육의 방법으로 일러진 것이나, 헌신적인 신앙이나 기도는 첫째는 양쪽 귀에 수용하는 것이고, 마음에 교류, 내통하는 것이고, 이교도에서부터 기독교인이 되는 것입니다.

526. 자기 자신을 예의 검토하고 살펴야 한다는 사람 이상으로 기독교계에 그 어떤 것을 더 잘 아는 사람은 없습니다. 왜냐하면 제국이든 왕국이든, 또는 로마 가톨릭을 지지 신봉하든, 복음적인 종교(the Evangelical religion)를 지지, 신봉하든, 성만찬에 나아가기 전에, 사람들이 가르침을 받고, 권면을 받는 것은 자기 자신을 예의 검토하고, 자신들의 죄들을 인지하고, 시인하는 것이고, 새로운 삶이나 종전과는 다른 삶을 살라는 것이기 때문입니다. 영국에서는 이 권고가 아래와 같은 매우 위협적인 것들을 첨가시키고 있는데, 거기에는 제단에서 사제에 의하여 읽혀지고 선언, 성찬식에 앞서 낭독됩니다. 그 내용은, 성만찬에

참여하기에 족한 자가 되는 "길과 방법"은 "먼저 하나님의 계명들에 속한 룰에 의하여 여러분의 삶의 행위들이나 언행들을 성찰(省察)하는 것이고, 따라서 어디에서나 뜻이나, 말이나 행위로 과오를 저지른 것을 스스로 깨닫는 것이고, 거기에서 여러분 자신의 죄악의 본성을 몹시 괴로워하고, 전능하신 하나님에게 전적으로 삶을 수정, 개선의 목적으로 고백하는 것입니다. 그리고 만약에 여러분이 하나님뿐만 아니라 여러분의 이웃에게 저지른 여러분의 죄를 지적한다면, 그 때 여러분은, 여러분의 능력에 따라서 미리 준비된 배상(賠償)이나 변제(辨濟)로 그 사람과 화해를 하십시오. 왜냐하면 어느 누구에게 저지른 모든 위해들이나 악행들은 여러분이 여러분에게 저지른 다른 자들을 이미 용서해 준 것과 같이, 여러분은 하나님의 손에서 여러분의 범죄의 용서를 받을 것이기 때문입니다. 왜냐하면 그렇지 않다면 여러분이 성만찬을 받는 것이 여러분의 영벌을 증가시키는 것 이외에 아무것도 아니기 때문입니다. 그러므로 여러분 중에서 어느 누가 하나님의 모독자(a blasphemer)・성언의 훼방꾼(a hinderer of the Word)・성언의 비방꾼(slanderer of the Word)・간통자 또는 적의(敵意)나 질투에 빠져 있다는 것, 또는 그 밖의 중증의 범죄에 빠져 있다면, 여러분은 여러분의 죄를 회개하십시오. 그렇지 않으려면 이 거룩한 식탁에 참여, 나오지 마십시오. 이 성례전에 참여한 뒤, 악마가 유다에게 들어간 것과 같이, 악마가 여러분에게 들어가서, 여러분을 온갖 범죄로 채우고, 여러분의 몸과 영혼에 파괴를 가져오는 것을 막기 위해서 입니다."

527. 그럼에도 불구하고 자기 자신을 성찰(省察)할 수 없는 이들이 있습니다. 예를 들면 젖먹이・자기 성찰을 할 수 있는 나이에 이르지 못한 소년・소녀, 깊이 반성, 성찰 할 수 없는 저능한 사람(the simple-minded) 등이 있습니다. 다시 꼽으면, 하나님을 결코 두려워하지 않는 자들이고, 이 밖에도 마음과 몸에 병든 자들이고, 그들 밖에도 그리스도의 공로가 사람에게 전가(轉嫁)된다는, 오직 믿음에 의한 칭의의 교리(依唯信得義・the doctrine of justification)로 확증한 자들이나, 자기 성찰이나 회개에 의하여 믿음을 파괴하는 사람의 어떤 것이 들어오고, 따라서 그것이 머무르는 유일한 장소에서 구원을 추방하고, 배척한다는 것 따위로 자기 자신을 설득한 자들입니다. 이런 무리들에게는 입술의 회개가 쓸모 있는 유효한 것이겠지만, 이 회개는 우리의 본문장에서 입증

하였듯이, 진정한 회개가 아닙니다.
[2] 그러나 죄가 무엇인지 아는 자들이나, 더욱이 성경말씀에서 수많은 것들을 알고, 그것들을 가르치는 자들도 여전히 자기 자신을 성찰하지 않으며, 결과적으로는 자신들 안에 있는 죄를 보지 못합니다. 이런 부류의 인물들은, 재물을 애써 긁어모으고, 금고나 돈궤에 그것을 넣어 두지만, 그것을 헤아리고, 쳐다보는 것 이외에 그것의 씀씀이를 활용하지 않는 자들에게 비교되겠습니다. 역시 금이나 은의 값진 보물을 긁어 모으고, 다락방에 그것들을 숨겨 두는 자들에게 비교되겠습니다. 왜냐하면 그는 부자가 되는 것이 진정한 목적이기 때문입니다. 복음서의 말씀입니다.

> 그 달란트를 땅에 숨겨 두었습니다. 여기에 그 돈이 있습니다(마태 25 : 25 ; 누가 19 : 20).
> 그가 씨를 뿌리는데, 더러는 길가에 떨어지니, 새들이 와서, 그것을 쪼아먹었다. 또 더러는 흙이 많지 않은 돌짝밭에 떨어지니……해가 뜨자 타 버리고, 뿌리가 없어서 말라 버렸다(마태 13 : 4-6).
> 멀리서 잎이 무성한 무화과나무를 보시고,……잎사귀 밖에는 아무것(=열매)도 없었다(마가 11 : 13).
> 어리석은 처녀들은 등불을 마련하였으나, 기름은 여분으로 마련하지 않았다(마태 25 : 1-12).

구약의 말씀입니다.

> 사람들은 마음이 차돌처럼 굳어져서, 만군의 주께서 이전 예언자들에게 당신의 영을 부어 전하게 하신 율법과 말씀을 듣지 않았다(스가랴 7 : 12).
> 불의로 재산을 모은 사람은
> 자기가 낳지 않은 알을 품는
> 자고새와 같아서,
> 인생의 한창때에
> 그 재산을 잃을 것이며, 말년에는
> 어리석은 사람의 신세가 될 것이다.
> (예레미야 17 : 11).

[3] 성경말씀에서 인애나 회개에 관해서 많은 것을 터득하고, 그것들의

가르침들의 넉넉한 지식을 가지고 있지만, 그럼에도 불구하고 그것들에 따라서 살지 않는 자들은, 그들의 음식을 덩어리들로 그들의 입에 넣고, 그것을 씹지 않고, 그것을 삼켜 버리는 포식자(捕食者)에 비교될 수 있겠습니다. 그러므로 그 음식은 소화되지 않은 것으로 위에 남아 있고, 그리고 그 때 유미(乳糜)를 손상시키고, 빠져 나아가며, 그리고 긴 병을 불러오는데, 그들은 이 병으로 말미암아 종국에 불행하게 죽는 포식자에 비교될 수 있겠습니다. 그들은 마치, 그들은 빛은 많이 차지 하지만, 영적인 볕이 없기 때문에, 그들은 냉수나 언 땅(凍土) 북극의 기후나 심지어 눈이나 얼음 들판이라고 부르겠습니다.

VI.
실제적인 회개는 자기성찰(自己省察)·자기 자신의 죄의 인지와 시인·주님에의 기도(praying to the Lord)·새로운 삶의 시작에 존재한다.

528. 사람은 반드시 구체적인 방법들에 의하여 회개하여야 한다는 것, 그리고 그의 구원은 회개에 의존한다는 것 등등은 성경말씀의 수많은 장절들이나, 성경말씀의 주님의 명확한 말씀들에서 아주 명확한데, 그 장절들에게서는 아래에 지금 거명된 것들이 있습니다. 복음서들의 말씀입니다.

> 요한은 요단 계곡 온 지역을 찾아 다니면서, 죄를 용서받게 하는 회개의 세례를 선포하였다.······"회개에 알맞은 열매를 맺어라"(누가 3 : 3, 8 ; 마가 1 : 4).
> 그 때부터 예수께서는 "회개하여라. 하늘 나라가 가까이 왔다" 하고 선포하기 시작하였다(마태 4 : 17).
> 때가 찼다. 하나님의 나라가 가까이 왔다. 회개하여라. 복음을 믿어라(마가 1 : 15).

이런 말씀도 있습니다.

> 너희도 회개하지 않으면, 모두 그렇게 망할 것이다(누가 13 : 5).

"그의 이름으로 죄를 사함받게 하는 회개가 모든 민족에게 전파될 것이다" 하였다(누가 24 : 47 ; 마가 6 : 12).
베드로가 대답하였다. "회개하십시오. 그리고 여러분은 각각 예수 그리스도의 이름으로 세례를 받고, 죄의 용서함을 받으십시오"(사도행전 2 : 38).

사도행전의 말씀입니다.

여러분은 회개하고 돌아와서, 죄씻음을 받으십시오(사도행전 3 : 19).
이제는 어디에서나 모든 사람에게 회개하라고 명하십니다(사도행전 17 : 30).
(바울은) 먼저 다마스쿠스와 예루살렘에 있는 사람들에게, 다음으로 온 유대 지방 사람들에게, 나아가서는 이방 사람들에게, 회개하고 하나님께로 돌아와서, 회개에 합당한 일을 하라고 전파하였다(사도행전 26 : 20).
나는 유대 사람에게나 그리스 사람에게나 똑같이, 회개하고 하나님께 돌아와야 하고, 우리 주 예수를 믿어야 한다고 증언하였습니다(사도행전 20 : 21).

묵시록서의 말씀입니다.

너에게 나무랄 것이 있다. 그것은 네가 처음 사랑(=인애)을 버린 것이다. 그러므로 네가 어디에서 떨어졌는지를 생각해 내서 회개하고, 처음 하던 일을 하여라. 네가 그렇게 하지 않고, 회개하지 않으면, 내가 가서 네 촛대를 그 자리에서 옮기겠다(묵시록 2 : 4, 5).
회개하여라. 만일 회개하지 않으면, 내가 속히 너에게로 가서, 내 입에서 나오는 칼을 가지고 그들과 싸우겠다(묵시록 2 : 16).
나는 네 행위와 네 사랑과 믿음과 섬김을 오래 참음을 알고, 또 네 나중 행위가 처음 행위보다 더 훌륭하다는 것을 안다……그와 더불어 간음하는 자들도 그와의 행위를 회개하지 않으면 큰 환난을 당하게 하겠다.……나는 너희 각 사람에게 그 행위대로 갚아 주겠다(묵시록 2 : 19, 22, 23).
나는 네 행위를 안다.……그러므로 너는 열심을 내어 노력하고, 회개하여라(묵시록 3 : 15, 19).

누가복음서의 말씀입니다.

하늘에서는 회개할 필요가 없는 의인 아흔아홉보다, 회개하는 죄인 한 사람을 두고 기뻐할 것이다(누가 15 : 7).

이 밖에도 여러 장절들이 있습니다. 이상에서 볼 때 명확한 것은 사람들은 반드시 모든 방법들에 의하여 구체적으로 회개하여야 한다는 것입니다. 그러므로 그들의 회개의 내용(quality)과 방법(mode)을 아래의 설명에서 입증하고자 합니다.

529. 어느 누가 위에서 언급된 위선자가 하는 짓같이(본서 518항 참조), 회개에 관해서 상세하게 나열된 다양한 개별적인 것들이나, 단순하게 죄인이라는 입술의 고백이 진정한 회개가 아니라는 것을 누가 이해하지 못하겠습니까? 왜냐하면 사람이 어려움이나 고뇌에 빠져 있을 때, 사실은 마음 속으로는 그 어떤 죄에 대한 의식도 없으면서, 자신이 모든 범죄를 범하였다고 하면서 가슴을 치고, 긴 한숨과 신음소리를 연발하는 것 이상으로, 그 사람이 하는 것 이상으로 더 쉬운 짓이 무엇이겠습니까? 그 때 그의 사랑들을 차지한 지옥적인 떼거지들(horde)이 그의 한숨과 함께 모두 떠나 버렸을까요? 오히려 그들은, 자신들의 집에 있는 것과 같이, 이런 것들을 야유(揶揄)하면서 예전과 아무런 차이가 없이 그 사람 안에 남아 있지 않을까요? 이렇게 볼 때 명확한 사실은 이런 부류의 회개는 성경말씀에서 뜻하는 회개가 아니고, 오히려 앞에서 언급한 것과 같이, 악한 행위들에게서 멀리 떠나는 것이 진정한 회개라는 것입니다.

530. 따라서 진정한 문제는 사람이 어떻게 회개를 하느냐? 라는 것입니다. 그 답은 실제적이고, 구체적이어야 합니다. 즉, 사람은 자기 자신을 예의 성찰(省察·檢討)하고, 자신의 죄들을 시인하고, 주님에게 기도하고, 새로운 삶을 살 것을 다짐하고, 고백, 말하는 것입니다. 자기 성찰이 없는 회개가 가능하지 않다는 것은 앞 단락에서 이미 입증하였습니다. 만약에 자기 자신의 죄를 인지하는 것을 제외한 것이라면 자기 성찰(=자기 검토)의 용도가 무엇이겠습니까? 만약에 자기 자신 안에 있는 죄들을 시인한다는 것을 제외하면 자신의 죄들을 인지하는 이유는 무엇이겠습니까? 만약에 주님 앞에서 자신의 죄를 고백하고, 도움을 기도, 간구하고, 추구(追求)한 목적을 가리키는 새로운 삶을 시작하는 것 등을 제외한다면 이런 세 가지—자기 성찰·주님의 도움을 기도하는 것·새로운 삶을 시작하는 것—가 무슨 소용이겠습니까? 이것이 실제적이

제 9장 회개(悔改 · Repentance) 449

고, 구체적인 회개입니다. 그러므로 사람은 먼저 행하여야 할 것과 그 뒤에 실천할 것을 알아야 합니다. 사람은 누구나 처음 생애의 첫 기간을 보낸 뒤, 자신의 삶의 통제나 자기 자신의 이성 아래에서의 삶의 실천에서 더욱 많은 것을 알아야 하는데, 그 첫째는 중생(重生)을 뜻하는 씻음(洗滌)을 가리키는 그의 세례에서 배워 아는 것입니다. 왜냐하면 세례에서 그의 대부나 대모(代父 · 代母 · sponsors)는 세례 받는 그를 위해서 그는 악마와 악마의 모든 일을 배척, 물리칠 것을 약속하기 때문입니다. 그리고 역시 성만찬(the holy supper)에서 배워 압니다. 왜냐하면 그들이 그것에 정당하게 가까이 가기 전에 그들에게 미리 경고된 것들은, 그들이 반드시 그들의 죄들을 회개하여야 한다는 것, 그리고 하나님을 향해 나아가야 한다는 것, 그리고 새로운 삶에 들어가야 한다는 것 등입니다. 더욱이 전 기독교도들의 손에 들려 있는 십성언, 또는 교리문답집(敎理問答集 · Catechism)에서 경고하고 있습니다. 거기에 있는 여섯 계명들은, 반드시 그들이 악한 것을 행하면 안 된다는 것 이외에는 아무것도 없습니다. 만약에 악들이 회개에 의하여 제거되지 않는다면, 그리고 사람은 그의 이웃을 사랑할 수 없고, 그뿐만 아니라 하나님을 사랑할 수 없다는 것입니다. 예, 맞습니다. 이 두 계명들—하나님사랑과 이웃사랑—위에 율법과 예언자들의 대강령이 세워져 있습니다. 다시 말하면 성언과 구원은 이 두 계명에 달려 있습니다. 만약에 결과적으로 실제적이고 구체적인 회개가 있는 호기(好機)에로 다시 돌아간다면, 예를 들면, 사람이 성만찬식을 준비하기 때문에, 그리고 만약에 그 뒤에 성찬식 때에 그 자신 안에서 드러난 하나 또 그 밖의 죄들에서 물러났다면, 이 일은 그 사람이 실제적으로 회개에의 첫발을 시작한 것만큼 충분한 것입니다. 그리고 그가 그것에 있을 때 그는 천계를 향한 길에 있는 것입니다. 왜냐하면 그 때 그는 자연적인 것에서 영적인 것이 되기 시작하였기 때문이고, 그리고 주님으로 말미암아 새롭게 태어나기 시작하였기 때문입니다.

531. 이러한 내용이나 사실은 아래의 비교들에 의하여 예증할 수 있겠습니다. 회개하기 전 사람은, 마치 가시넝쿨들 · 야생짐승들 · 용들 · 온갖 종류의 올빼미들 · 독사들이 우굴 거리는 사막과 같고, 오침(ochim)이나 치침(tziim)이 우굴 거리고, 새터(satyrs · 伴人半獸의 숲의 神)가 난무하는 덤불숲과 같습니다. 그러나 이런 것들이 사람의 애씀이나 노력에

의하여 쫓겨났을 때 그 거친 사막은 개간(開墾)하고 식수(植樹)를 위해 준비하고, 처음에 귀리 씨나 콩이나 아마(亞麻) 따위의 씨를 뿌리고, 나중에는 보리나 밀을 파종하게 될 것입니다. 회개하기 전 사람은, 마을도 없고, 심지어 나라도 없어서 계속해서 존속할 수 없는 법률에 따라서, 채찍이나 죽음에 의한 형벌에 따라서 교정(矯正)되지 않은 대부분의 사악한 사람들이 지배하는 불이나 악의에 비교될 수 있겠습니다. 사람은 마치 작은 사회(a miniature society)와 같습니다. 마치 사악한 사람이 주로 자연적인 방법으로 그 도시를 지배하는 것처럼, 사람이 영적인 방법으로 자기 자신을 다루지 않는다면, 사후 그 사람은 비록 그가 선에 속한 사랑으로 말미암아 선을 행하지 못한다고 해도, 그가 형벌의 두려움 때문에 악을 행하는 것이 소멸할 때까지, 교정을 받을 것이고, 형벌을 받을 것입니다.

VII.
참된 회개는 자기 자신의 삶에 속한 행위들을 성찰하는 것 뿐만 아니라, 자신의 의지에 속한 의도(意圖)도 성찰, 검토하는 것이다.

532. 참된 회개는 자기성찰(自己省察)을 뜻하지만, 그것은 자신의 삶의 행위들뿐만 아니라, 자신의 의지에 속한 의도(意圖・意向・intentions)들까지도 뜻합니다. 이런 이유 때문에 행위들은 이해와 의지에 의하여 행해집니다. 왜냐하면 사람은 그의 생각에서 말하고, 그리고 그의 의지로 말미암아 행동하기 때문입니다. 그러므로 언어는 생각이 말하는 것이고, 행위는 의지가 행하는 것입니다. 이것이 낱말들이나 행위들의 근원이기 때문에 그것에서 의심의 여지가 없이 뒤이어지는 것은 사람의 몸이 죄를 지을 때 그 죄는 의지이고, 생각이라는 것입니다. 사실 사람은, 그 사람이 몸으로 행한 악들은 회개할 수 있지만, 그러나 사람은 여전히 악을 생각하고 원합니다. 그러나 회개는 나쁜 나무의 몸통(trunk)을 잘라 버리는 것이고, 그리고 그 나쁜 나무가 그것에서 다시 자라나고, 그것의 가지들을 뻗치는 땅 속에 있는 그것의 뿌리를 송두리째 뽑아 버리는 것입니다. 그러나 그것은 뿌리가 뽑혀지는 것과는 다릅니다. 이런

제 9장 회개(悔改 · Repentance) 451

일은, 그가 그의 의지의 의도들을 성찰하고, 회개에 의하여 그의 악들을 포기, 없애 버릴 때, 사람 안에서 행해집니다. 사람은, 그가 자신의 생각들을 성찰할 때 그의 의지의 의도나 의향 따위를 성찰합니다. 왜냐하면 이런 의도나 의향들에게서 그 사람은 자기 자신을 명확하게 드러내기 때문입니다. 예를 들면, 그 사람의 생각 · 의지 · 의도 따위가 앙갚음이나 복수심에 기울어 있다면, 또는 간음 · 도둑질 · 거짓 증거, 따라서 온갖 정욕이나 탐욕에 기울어 있다면, 또는 하나님 · 성경말씀 · 교회나 그 밖의 것들에 대한 모독이나 불경(不敬)에 기운 것들이 되겠습니다. 만약에 그가 그의 의지를 이런 것들에게 계속해서 방향을 틀고 있다면, 만약에 법률의 두려움이나 그의 명성 따위의 상실에 대한 두려움이 방해를 받지 않는다면, 그 사람이 실제적으로 이런 악들을 범할 것인지 그 여부를 묻는 문의(問議)에 계속해서 방향을 잡고 있다면, 그리고 만약에 이런 것들에 대해서 깊이 음미(吟味)하고, 이런 것들이 죄들이기 때문에, 그가 이런 것들을 행하는 것을 원하지 않는다고 결정한다면, 그는 참되게, 내면적으로 회개한 것입니다. 그럼에도 불구하고 이런 악들이 그에게 매우 즐겁고 유쾌한 것이고, 그리고 그가 이런 것들을 행하는데 자유스럽다면, 아직도 억지로 참고 있는 것이고, 주저하고 있는 것입니다. 이런 일을 반복해서 실행하는 자는, 또는 악에 속한 쾌락을 느끼는 사람은, 그 때 불쾌한 것으로 여기고 다시 본래의 생각에 되돌아가고, 종국에 그는 그것들을 지옥에 선고, 판결할 것입니다. 주님께서 하신 말씀이 뜻하는 것이 바로 이것을 뜻합니다. 마태복음서의 말씀입니다.

　제 목숨을 얻으려는 사람은 목숨을 잃을 것이요, 나를 위하여 제 목숨을 잃는 사람은 목숨을 얻을 것이다(마태 10 : 39).

이런 회개에 의하여 자기 의지의 악들을 떨쳐 버리는 사람은 악마에 의하여 그의 밭에 뿌려진 가라지들을 제 때에 뽑아 버리는 사람과 같습니다. 그러므로 주님 하나님 구세주에 의하여 심어진 씨가 좋은 땅(沃土)에서 수확할 때까지 잘 자라고 있는 것을 알게 됩니다(마태 13 : 24-30).

533. 인류 안에 깊이 뿌리를 내린 두 사랑들(=애욕들 · loves)이 있는데,

하나는 모든 것을 지배하려는 지배애(支配愛·the love of ruling)이고, 다른 하나는 모든 것들을 소유하겠다는 소유욕(所有欲·the love of possessing)입니다. 전자의 지배애는, 만약에 자유 분망할 수 있는 고삐(拘束·free rein)가 허락된다면, 그 사랑(=애욕·욕망)은 심지어 천계에 계시는 하나님이 되겠다는 욕망에까지 돌진할 것입니다. 그리고 후자, 즉 소유욕에 그런 거침없는 구속이 그것에 허락된다면, 이 세상의 하나님이 되겠다는 것에까지 치달을 것입니다. 이들 두 사랑들에게는, 마치 주인들에게 속한 것들처럼, 그 밖의 모든 사랑들(=애욕들·욕망들)이 예속(隷屬), 종속(從屬)되어 있습니다. 그러나 이들 둘을 예의 주시, 검토한다는 것은 매우 어려운 일입니다. 그 까닭은 그것들은 아주 깊숙하게 자리 잡고 있고, 스스로를 숨기고 있기 때문입니다. 왜냐하면 그것들은, 자신들의 치명적인 독을 지니고, 바위 틈에 숨어 있는 독사들과 같기 때문입니다. 따라서 어느 누가 그 바위에서 쉬게 되면, 그 놈들은 치명적으로 달려들어 물고, 다시 그들이 숨어 있던 곳으로 숨어 버립니다. 그것들은 마치 고대의 사이렌(半人半鳥·妖精·siren)과 같아서, 그것들은 그들의 노래로 사람들을 유혹하고, 그리고 사람들을 죽인 그런 요정들과 같습니다. 이들 두 사랑들(=애욕들·욕망들)은, 마치 악마가 기가 막힌 환상(幻像)에 의하여, 그리고 자기가 속이려는 자들 가운데 있는 것처럼 자기 자신의 것으로 꾸민, 아주 멋진 의상으로 자신들을 꾸밉니다.
[2] 그러나 우리가 반드시 올바르게 이해하여야 할 사실은 이들 두 사랑들(=애욕들·욕망들)은 위대한 자 보다는 비천한 자들에게, 부자들보다는 가난한 자들에게, 왕들 보다는 그의 신하들에게 지배에 맞게 처신한다는 것입니다. 왜냐하면 후자의 계급들은 권력(=통치)이나 재물 가운데 선천적으로 태어났기 때문이고, 이들은 마침내 통치자·지배자·선장 심지어 가난한 자까지도 자기의 종들이나 소유물들로 여기듯이, 다른 사람들을 꼭 같은 방법으로 여기게 되기 때문입니다. 그러나 다른 나라들을 지배하겠다는 욕망을 품고 있는 왕들의 경우는 이와 다릅니다.
[3] 그러나 그의 의지 안에는 이 사랑(=애욕·욕망)이 살고 있기 때문에 의지에 속한 의도들이나 의향들 따위는 반드시 검토, 검증되어야 합니다. 왜냐하면 의지는, 앞에서 입증한 것과 같이, 그것들의 그릇이기 때문입니다. 모든 사랑은 의지에서부터 그것의 기쁨들을 이해에 속한 지각들이나 생각들에게 뿜어냅니다. 왜냐하면 이런 행위들은 의지에서 비

롯되는 것이지 결코 자기 자신에게서 비롯되는 것이 아니기 때문입니다. 그것은 그것들이 의지나, 또는 그것의 사랑에 속한 모든 것들의 동의나, 확증 따위를 모시고 있기 때문입니다. 그러므로 의지는 사람이 그것을 통해서 들어오고 나아가는 복도(hall)와 같습니다. 이러한 사실이나 내용이 바로 의지의 의도들이나 의향들은 반드시 점검, 검토되어야 한다고 언급된 이유입니다. 그리고 이런 것들이 점검, 검토되고, 그리고 제거되었을 때, 유전적인 악이나 실제적인 악들이 거기에서 그들의 자리를 차지하고 있는 자연적인 의지에서부터 그 사람은 주님께서는 영적인 의지에 올리우시고, 이런 방법들에 의하여 육체 안에 있는 감관적인 것이나 자의적인 것을 가리키는 자연적인 것을 개혁하시고, 중생시키십니다.

534. 자기 자신을 성찰, 검토하지 않는 자들은, 모세관이 막혀서, 혈액이 손상, 폐질(廢疾)된 것에 의하여 생긴 발육불능(atrophy)・수족들의 마비(numbness of the limbs)를 일으키는 고질적인 것들을 생기게 하고, 때로는 체액이나 혈액을 탁하게 하고, 점착성(粘着性)을 생기게 하고, 유해한 독으로 변화시키고, 산성화(酸性化)에 의하여 온갖 질병을 일으키는 자들에게 비교될 수 있겠습니다. 그러나 한편 의지에 속한 의도들이나 의향들에 관해서 자기 자신을 성찰, 검토하는 자들에게는 이런 질병들이 치유되어서, 그들이 젊음을 즐기던 삶에 회복된 자들에 비교되겠습니다. 올바르게 자신들을 성찰, 검토하는 자들은 금이나 은, 또는 귀하고 값진 것들로 만선(滿船), 오빌(Ophir)에서 오는 배들과 같습니다. 그러나 그들이 먼저 자신들을 성찰, 검토하지 않는다면, 그들은 마치 길가의 먼지나 오물을 씻어서 버린 불결한 것들을 가득 실은 배와 같습니다. 자기 자신들을 내면적으로 성찰, 살피는 자들은 마치 진귀한 광물들로 휘황찬란하게 꾸민 벽들과 같습니다. 그러나 먼저 이런 일이 없다면, 그들은 살갗이 빛을 내고, 영롱한 날개를 지닌 독이 있는 곤충들과 같고, 온갖 뱀들이나 독사들이 우글거리며, 고약한 악취를 내뿜는 습지와 같습니다. 자기 자신을 성찰, 검토하지 않는 자들은 마른 뼈다귀가 뒹구는 골짜기와 같고, 그러나 그들이 자기 자신을 성찰, 검토한 뒤에는 주님 여호와께서 마른 뼈들에게 힘줄을 입히고, 거기에 살이 돋아나게 하고, 부드러운 살갗으로 입히고, 그들에게 생기를 넣어 주어서 살아난 뼈들과 같습니다(에스겔 37 : 1-14).

VIII.
비록 자기 자신들에 대해서 성찰, 검토하지는 않지만, 그것들이 죄이기 때문에 그것들을 삼가고, 그리고 종교로 말미암아 인애에 속한 일을 실천하는 자들은 회개하는 자들이다.

535. 자기 자신을 성찰, 검토하고, 자신의 죄들을 인지하고, 시인하며, 주님에게 기도하고, 새로운 삶을 시작하는 것이 실제적인 회개이기 때문에 개혁교계(the Reformed Christian world)에는 수많은 원인들 때문에 무척 어렵다는 것을 우리의 본문장의 마지막 단락에서 설명 드리겠습니다. 그러므로 회개에 속한 비교적 수월한 것을 여기서 언급하겠는데, 사실 그것은 어느 누구나 어떤 악이나 그것에 대한 의도나 의향에 대하여 어떤 생각을 드러낼 때, 그는 혼잣말로 "비록 내가 죄에 관해서 생각하고, 그리고 그것에 대하여 의도한다고 해도, 나는 그것이 죄이기 때문에 그것을 행하지 않는다" 라고 말하는 그런 것들입니다. 이런 의미에서 보면 지옥에서 주입되는 시험을 억제, 저지하는 것이고, 더 나아가서는 그것의 입구를 예방, 막아버리는 것입니다. 이렇게 말하는 것이 이상하겠지만, 어느 누가 그의 악한 의도들이나 의향들 때문에 흠을 잡고, 비난하면서 "그것은 죄이기 때문에 그것을 하지 마시오" 라고 말하지만, 그러나 사실 그와 같이 자기 자신에게 이 말을 한다는 것은 무척 힘든 일입니다. 그러나 이것은, 전자는 의지에 손을 대는 것이고, 그러나 전자는 듣는 것(hearing)에 가장 가까이 있는 생각에 손을 대는 것이기 때문입니다. 영계에서 어느 누가 실제적인 회개를 할 수 있는지의 검토가 있었습니다. 그들에게서 드러난 사실은 마치 광활한 사막에서 비둘기를 보는 것과 같이 거의 불가능하다는 것입니다. 어떤 자들은, 그들이 아주 쉬운 방법으로 회개한다고 떠버리지만, 그러나 그들은 자기 자신들에 관해서 성찰, 검토할 수도 없고, 또한 하나님 앞에서 자신들의 죄들을 고백할 수도 없었습니다. 종교로 말미암아 선을 행하고, 그리고 실제적인 악들을 기피(忌避)하는 자들을 보면, 그럼에도 불구하고 그들은 의지에 속한 내면적인 것들에 대해서 거의 깊이 생각하지 않습니다. 왜냐하면 그들은 그들이 선 안에 있기 때문에 악 안에 있지 않

다고 믿기 때문입니다. 심지어 그들은 선이 악을 덮어서 가린다(cover)라고 믿기 때문입니다. 그러나 독자 여러분! 인애에 속한 첫째 되는 것은 온갖 악들을 기피하는 것입니다. 이러한 사실이나 내용은 전 성경말씀이 가르치는 것이고, 십성언(the Decalogue)·세례·성만찬에서 가르치는 것이고, 심지어 사람의 이성(理性)이 가르치는 것입니다. 자기검토(自己檢討·self-inspection) 없이 어느 누가 어떻게 악들에게서 피할 수 있고, 그것들에게서 없어질 수가 있겠습니까? 그리고 그것이 내면적으로 정화(淨化)되기 전까지 어떻게 선이 진정한 선이 될 수 있겠습니까? 내가 밝히 잘 알고 있는 것은 모든 경건(敬虔)한 사람들이나, 밝은 이성을 가진 모든 사람들은, 그들이 이것을 읽을 때 이 말에 동의, 찬성할 것이고, 그것이 진정한 진리로서 알 것이라는 것입니다. 그럼에도 불구하고 놀랍게도 거의 대부분이 이것에 따라서 행동하지 않는다는 것입니다.

536. 그럼에도 불구하고, 기독교인들뿐만 아니라, 심지어 이교도들까지도 종교로 말미암아 선을 행하는 자들은 모두 사후(死後), 주님에 의하여 영접되고, 그분의 자녀로 받아드려진다는 것입니다. 왜냐하면 주님께서 이렇게 말씀하셨기 때문입니다. 마태복음서의 말씀입니다.

> 그 때에 임금은 자기 오른쪽에 있는 사람들에게 말하기를 "내 아버지께 복을 받은 사람들아, 와서, 창세 때로부터 너희를 위하여 준비한 이 나라를 차지하여라. 너희는, 내가 주렸을 때에 내게 먹을 것을 주었고, 목말랐을 때에 마실 것을 주었고, 나그네 되었을 때에 영접하였고, 헐벗었을 때에 입을 것을 주었고, 병들었을 때에 돌보아 주었고, 감옥에 갇혔을 때에 찾아 주었다" 할 것이다(마태 25 : 34-36).

나는 이 장절에 새롭게 아래의 것을 부가하겠습니다. 즉, 종교로 말미암아 선을 행하는 모두는 사후 영원 전부터 존재한다는 세 신령 인격들(three Divine persons)에 관한 현대교회의 교리(the doctrine of the present church)를 배척하고, 그리고 또한 그분들의 서열 가운데 있는 세 분에 적용되는 그 교회의 믿음을 배척한다는 것입니다. 이들이 주님 하나님 구세주를 향해 나아가고, 그리고 새로운 교회(the New Church)에 속한 것을 기쁨으로 영접, 수용한다는 것입니다.

[2] 종교로 말미암아 인애를 실천하지 않는 나머지 자들은, 철석같은

마음들, 다시 말하면 굳어진 마음(a hardened heart)들을 가지고 있습니다. 그들은 처음에는 세 하나님들(三神·three Gods)에게 나아가고, 그 뒤에는 오직 아버지(the Father alone)에게만 나아가고, 그리고 종국에는 하나님도 없습니다. 그들은, 요셉과 혼인 뒤, 오직 마리아가 낳은 아들로서 주 하나님 구세주를 우러르지, 결코 하나님의 아들(the Son of God)로서 우러르지 않습니다. 그 때 그들은 새로운 교회에 속한 모든 선들이나 진리들을 폐기(廢棄)하고, 그리고 곧장 자신들을 용의 부하들과 결속(結束)하고, 그리고 그들과 더불어 사막들이나, 소위 기독교계에서 부르는 진정한 감금들(=유폐·監禁·幽閉·confines)에 밀착되어 있는 동굴로 쫓겨납니다. 그리고 시간이 흐른 뒤, 그들은 새로운 하늘(the New Heaven)에서 분리되었기 때문에, 그들은 온갖 범죄로 치닫고, 따라서 그들은 지옥으로 보내집니다.

[3] 이런 내용이 종교로 말미암아 인애에 속한 일들을 하지 않는 자들의 처지입니다. 그것은 사람이 공로를 요구하는 것을 제외하면 어느 누구도 자기 스스로 선을 행할 수 없다는 그들의 신념 때문입니다. 결과적으로 그들은 이런 일들에는 관심조차 없고, 무시하고, 그들은 그들이 양의 무리의 사람들에 의하여 행해진 것들을 전혀 행하지 않았기 때문에 정죄 받고, 그리고 악마나 그의 사자들을 위해 준비된 영원한 불(the eternal fire) 구덩이에 쫓겨나는 염소들의 무리와 제휴합니다(마태 25 : 41-46). 거기에는 악이 무엇이라고 언급되지 않았고, 다만, 그들은 선한 것을 행하지 않았다고만 기술되었습니다. 그리고 여기에서 종교로 말미암아 선한 것을 행하지 않는 자들은 악을 행한 것이라고 언급되었습니다. 왜냐하면 마태복음서에 이렇게 언급되었기 때문입니다.

> 아무도 두 주인을 섬기지 못한다. 한쪽을 미워하고, 다른 쪽을 사랑하거나, 한쪽을 중히 여기고 다른 쪽을 업신여길 것이다(마태 6 : 24).

여호와께서 이사야서에 두루 말씀하십니다.

> 너희는 씻어라.
> 스스로 정결하게 하여라.
> 내가 보는 앞에서

너희의 악한 행실을 버려라.
악한 일을 그치고
옳은 일을 하는 것을 배워라.
정의를 찾아라.……
너희의 죄가 주홍빛과 같다 하여도
눈과 같이 희어질 것이며,
진홍빛과 같이 붉어도
양털과 같이 희어질 것이다.
(이사야 1 : 16-18).

예레미야서의 말씀입니다.

주의 성전 문에 서서, 주를 경배하려고 문으로 들어오는 모든 유다 사람에게 주의 말씀을 큰소리로 일러주라고 하셨다. "나 만군의 주 이스라엘의 하나님이 말한다. 너희의 모든 생활과 행실을 고쳐라. 그러면 내가 이 곳에서 너희와 함께 머물러 살겠다. '이것이 주의 성전이다, 주의 성전이다, 주의 성전이다' 하고 속이는 말을, 너희는 의지하지 말아라.……너희는 모두 도둑질을 하고, 사람을 죽이고, 음행을 하고 거짓으로 맹세를 하고, 바알에게 분향을 하고, 너희가 알지 못하는 다른 신들을 섬긴다. 너희는 이처럼 내가 미워하는 일만 저지르고서도, 내 이름으로 불리는 이 성전으로 들어와서, 내 앞에 서서 '우리는 안전하다' 하고 말한다. 너희는 그런 역겨운 모든 일들을 또 되풀이 하고 싶어서 그렇게 말한다. 그래, 내 이름으로 불리는 이 성전이, 너희의 눈에는 도둑들이 숨는 곳으로 보이느냐? 여기에서 벌어진 온갖 악을 나도 똑똑히 다 보았다. 나 주의 말이다"(예레미야 7 : 2-4, 9-11).

537. 우리가 반드시 이해하여야 할 것은 오직 자연적인 선으로 말미암아 선을 행하고, 종교로 인해서는 선을 행하지 않는 자들은 사후 천계에 영접, 수용되지 않는데, 그것은 그들의 인애 안에는 자연적인 선만 있고, 역시 영적인 선은 없기 때문입니다. 그리고 영적인 것은 사람을 주님에게 결합시키지만, 자연적인 것은 영적인 것에서 떼어 놓기 때문입니다. 자연적인 선은 부모로부터 출생에 의하여 획득한 것으로, 단순히 육(肉)에 속한 것이지만, 그러나 영적인 선은 주님으로 말미암아 새롭게 태어난 영(靈)에 속한 것입니다. 주님에 관한 새로운 교회(the New Church)를 수용하기 전에 종교로 말미암아 인애에 속한 일들을

행하는 자들, 결과적으로 악을 범하지 않는 자들은, 비록 그것이 많지는 않다고 해도, 좋은 열매를 맺는 나무에 비유되겠습니다. 그리고 뿐만 아니라 정원에서 돌봄을 받고 있는 아주 작은 열매를 맺는 나무들에 비유되겠습니다. 이런 나무들은 과수원에 있는 올리브 나무들이나 무화과나무이고, 언덕들에 있는 향내 풍기는 목초들이나, 방향성의 관목(灌木)들에 비유되겠습니다. 그런 것들은, 거기에서 경건한 예배가 드리워지는 곳인, 작은 예배실들이나 교회에 비유될 수 있겠는데, 그 이유는 그것들은 오른쪽에 있는 양들이기 때문이고, 다니엘서와 같이(다니엘 8 : 2-14), 염소들을 살해한 숫양들과 같기 때문입니다. 천계에는 붉은 색깔의 옷을 입은 자들이 있는데, 그들이 새로운 교회의 선들에 입문하기 시작했을 때, 그들은, 그들이 역시 진리들을 수용하는 것에 비례하여 아주 멋진 황금색이 반짝이는, 진홍색(a purple color)의 옷을 착용합니다.

IX.
반드시 고백은 주 하나님 구세주 앞에서 이루어져야 하고, 뒤이어서는 도움의 간구(懇求)와 온갖 악들을 물리치는 능력의 간구에 의하여 이루어져야 한다.

538. 그분께서 천지(天地)의 하나님이시고, 구속주와 구세주이시기 때문에, 그리고 그분에게는 전능(全能)·전지(全知)·편재(=無所不在·遍在·omnipresence)·자비(慈悲) 자체 등이 속해 있기 때문에, 주 하나님 구세주에게 가까이 나아가야 하고, 그리고 또한 사람은 그분의 피조물(被造物)이고, 교회는 그분의 양 우리(羊舍)이기 때문이고, 그리고 신약의 말씀에서는 사람들이 그분에게 자주자주 가까이 나아가고, 그분을 예배하고, 경배할 것을 명령하셨기 때문입니다. 그분에 가까이 나아가야 한다는 것은 그분께서 요한복음서의 아래 말씀으로 엄명, 가르치셨습니다. 요한복음서의 말씀입니다.

"내가 진정으로 진정으로 너희에게 말한다. 양 우리에 들어갈 때에, 문으로 들어가지 않고 다른 곳으로 넘어 들어가는 사람은, 도둑이요 강도다. 그러나 문으로 들어가는 사람은 양의 목자다.……나는 문이다. 누구든지 이 문으로

제 9장 회개(悔改·Repentance) 459

들어오면 구원을 받고, 들어오고 나아가면서 꼴을 얻을 것이다. 도둑은 다만 훔치고 죽이고 파괴하려고 오는 것뿐이다. 나는 양들이 생명을 얻고 더 얻어서 풍성함을 얻게 하려고 왔다. 나는 선한 목자다. 선한 목자는 양을 위하여 자기 목숨을 버린다"(요한 10 : 1, 2, 9-11).

이 말씀에서 사람이 "다른 곳으로 넘어 들어간다"라는 말씀은 그분께서 보이지 않기 때문이고, 따라서 가까이 하기 어렵기 때문에 그가 하나님 아버지에게 가까이 나아가지 않는다는 것을 뜻하고, 따라서 그분과의 결합은 불가능하다는 것을 뜻합니다. 이러한 내용이 바로 그분께서 친히 이 세상에 오신 이유이고, 당신 자신을 보이게, 그리고 가까이 할 수 있는 존재가 되신 이유이고, 그리고 그분과의 결합을 가능하게 하신 이유입니다. 이러한 일은 오로지 사람이 구원받게 하기 위한 것입니다. 왜냐하면 만약에 생각 가운데 하나님께서 한 사람(as a Man)으로서 가까이 하는 존재가 아니라면 하나님에 속한 모든 개념은 소멸하기 때문이고, 그리고 그 생각은 마치 우주에서 방향을 잃은 시각(視覺)처럼 붕괴하는데, 다시 말하면 아무것도 존재하지 않는 공허(空虛·empty)에 빠지거나, 또는 자연(自然·nature)에 빠지거나, 또는 자연 안에 있는 어떤 것을 만나기 때문입니다. 영원부터 존재하신 한 분이신, 하나님 당신께서 이 세상에 오셨다는 것은 주님 구세주의 탄생에서 명확합니다. 그분의 탄생에서 보면, 그분께서는 성령(the Holy Spirit)을 통하여 지극히 높은 존재(the Most High)의 능력에 의하여 수태되셨고, 그리고 이 수태로 말미암아 그분의 인성(=신령인간·His Human)은 처녀 마리아에게서 출생하셨습니다. 이 사실에서 뒤이어지는 것은, 그분의 영혼(His soul)은, 하나님께서 비가시적이기 때문에, 아버지(聖父·the Father)라고 불리우신 신령존재 자체(神靈存在·the Divine Itself)시라는 것, 그리고 그것으로 말미암아 태어난 인성(=신령인간·the Human born)은 하나님의 아들(the Son of God)이라고 불리우신(누가 1 : 32, 34, 35) 하나님 아버지의 인성(=신령인간·the Human of God the Father)이라는 것입니다. 여기에서 재차 이어지는 것은 주 하나님 구세주(the Lord God the Saviour)에게 가까이 나아갔을 때, 역시 하나님 아버지(God the Father)에게 가까이 나아가는 것입니다. 그러므로 그들에게 아버지(聖父·the Father)를 보여 주기를 요청한 빌립에게 주님께서 이렇게 대답하셨습니다. 요한복음서의 말씀입니다.

예수께서 대답하셨다. "내가 곧 길이요 진리요 생명이다. 나로 말미암지 않고서는, 아무도 아버지께로 올 사람이 없다. 너희가 나를 알았더라면, 내 아버지도 알았을 것이다. 이제 너희는 내 아버지를 알고 있으며, 그분을 이미 보았다." 빌립이 예수께 말하였다. "주님, 우리에게 아버지를 보여 주십시오. 그러면 좋겠습니다." 예수께서 대답하셨다. "빌립아, 내가 이렇게 오랫동안 너희와 함께 지냈는데도, 너는 나를 알지 못하느냐? 나를 본 사람은 아버지를 본 사람이다. 그런데 네가 어떻게 '우리에게 아버지를 보여 주십시오' 한다는 말이냐? 내가 아버지 안에 있고 아버지께서 내 안에 계심을, 네가 믿지 않느냐? 내가 너희에게 하는 말은 내 마음대로 하는 것이 아니다. 아버지께서 내 안에 계시면서, 자기의 일을 하신다. 내가 아버지 안에 있고, 아버지께서 내 안에 계심을 믿어라. 믿지 못하겠거든, 내가 하는 그 일들을 보아서라도 믿어라"(요한 14 : 6-11).

그러나 이 주제에 관한 상세한 것들은 본서 하나님·주님·성령·삼일성을 다룬 장들에서 잘 알 수 있겠습니다.

539. 자기 성찰을 행한 뒤 사람에게는 꼭 지켜야 할 두 의무(義務)들이 있습니다. 말하자면 하나는 간구(懇求·supplication)이고 다른 하나는 고백(告白·confession)입니다. 전자 간구는, 주님께서 자비로우시고, 그리고 주님께서는 사람이 회개한 악들에 대항하는 힘(能力)을 주신다는 것, 그리고 그분께서는 선을 행하는 의도나 의향 그리고 정동을 장만하신다는 것을 뜻합니다. 요한복음서의 말씀입니다.

너희는 나를 떠나서는 아무것도 할 수 없다(요한 15 : 5).

후자 고백은, 사람이 자신의 온갖 악들을 보고, 인지하고, 시인하는 것이고, 그리고 자기 자신이 매우 비참한 죄인이라는 것을 고백하는 것입니다. 여기에는 사람이 주님 앞에 자신의 죄들을 낱낱이 열거할 필요는 없으며, 그리고 또한 그것들의 용서를 간구할 필요도 없습니다. 사람이 자신의 죄들을 열거할 필요가 없다고 하였는데, 그것은 사람이 이미 그것들을 찾아내었고, 자기 자신 안에서 그것들을 보았고, 그리고 결과적으로는 그것들이 자기 자신에게서 드러난 것이기 때문에, 따라서 그것들은 주님 앞에 드러난 것이기 때문입니다. 더욱이 주님께서는 그 사람으로 하여금 죄들을 찾게 내게 인도하셨고, 그것들을 밝히 드러나게 하셨고, 그것들 때문에 몹시 슬픔에 빠지게 하셨고, 그리고 이런 일과 더불어 그런 죄들에게서 삼가고, 물러나도록 애쓰게 하셨고, 그리고 새로운 삶을 시작하게 하셨기 때문입니다. 간구는 죄들의 용서를 위해서 주님에게 할 필요는 없습니다. 왜냐하면 이런 이유들 때문입니다. 그 첫째는 죄들은 완전히 폐기되지 않고(not abolished), 다만 옮겨지기 (removed) 때문입니다. 죄들은 사람이 그것들에게서부터 계속해서 삼가는 것에 비례하여, 그리고 그 사람이 새로운 삶에 들어가는 것에 비례하여 멀리 옮겨지기 때문입니다. 왜냐하면 거기에는 선천적인 헤아릴 수 없이 많은 정욕들이나 탐욕들이 있기 때문이고, 말하자면 모든 악에 똬리를 틀고 있기 때문이고, 그리고 그것들은 즉시(=일시에) 격리(隔離), 없어질 수 없기 때문이고, 다만 그것들은, 사람이 자기 스스로 개혁(=바로잡음)하고, 중생(=거듭남)을 허용할 때와 같이, 점차적으로 옮겨지기 때문입니다. 그 두 번째 이유는 주님 당신께서는 자비(慈悲·mercy) 자체이시기 때문에, 주님께서는 사람들의 모든 죄를 용서하시고, 또한 주님께서는 어느 누구에게도 단 하나의 죄도 전가시키지 않으시기 때문입니다. 왜냐하면 주님께서 "저들은 저들이 하는 것이 무엇인지 모른다"라고 말씀하셨기 때문입니다. 뿐만 아니라 온갖 죄들은 그것에 의하여 제거되지 않기 때문입니다. 그가 그의 형제의 허물들이나 죄를 용서할 때 얼마나 자주 해야 하는지 묻는 베드로에게 "일곱 번까지가 아니라, 일곱 번을 일흔 번까지라도 해야 한다"(마태 18 : 21, 22) 라고 주님께서 이렇게 말씀하셨습니다. 마태복음서의 말씀입니다.

> 예수께서 대답하셨다. "일곱 번까지가 아니라, 일곱 번을 일흔 번까지라도 해야 한다"(마태 18 : 21, 22).

그 때에 주님께서 무엇인들 하시지 않았겠습니까? 그럼에도 불구하고 자신의 짐을 가볍게 하기 위하여, 그리고 그 죄의 사면(赦免)을 얻기 위하여, 교회의 목사 앞에서 자신의 죄들을 열거하는 양심에 짐이 되는 것은 결코 해가 되지 않습니다. 그 이유는 그 사람은 그것에 의하여 자신의 성찰의 관습을 시작하는 것이고, 그리고 매일 매일의 죄에 관해서 깊이 생각하는 것이기 때문입니다.

560. 이 땅에서 어떤 교구 목사(vicar)를 하나님으로 숭배한다는 것이나 어떤 성인에게 하나님으로 기도한다는 것은, 마치 해·달·별에게 기원하고, 점쟁이(=예언자·diviner)에게 점괘나 응답을 구하는 것이나, 그가 무엇인가를 내놓은 것을 믿는 것 이상으로 천계에서 더 이상 무가치한 것이나 쓸모없는 것은 없습니다. 그런 짓거리는 마치 성전에 계시는 하나님을 예배하지 않고, 그 성전을 예배하는 것과 같습니다. 그리고 그것은 왕 대신에 홀이나 왕관이 그의 손에 잠시 들린 왕의 종에게 명예나 영광을 구하는 것과 같습니다. 그리고 이런 짓거리는 태양 광선의 황금빛이나 휘황찬란한 자주 빛의 어의(御衣)에 입 맞추려는 것처럼, 또는 그들의 실체에서 멀리 떠나버린 단순한 이름과 같이, 쓸모가 전혀 없는 것입니다. 왜냐하면 이런 짓거리를 행하는 자들은 곧 요한 일서에 언급된 말씀을 가리키기 때문입니다. 그 책의 말씀입니다.

> 우리는, 그 참되신 분, 곧 하나님의 아들 예수 그리스도 안에 있습니다. 이 분이 참 하나님이시오, 영원한 생명이십니다. 어린 자녀 여러분, 여러분은 우상을 멀리 하십시오(요한 1서 5 : 20, 21).

X.
실제적인 회개는, 그것을 알고, 실천하는 자들에게는 쉽지만, 그러나 그렇지 못한 자에게는 매우 힘든 일이다.

561. 실제적이고 구체적인 회개는 자기 자신을 성찰, 검토하는 것이고, 자신의 죄를 인지하는 것이고, 하나님에게 그 사실들이나 결과들을 고백하는 것이고, 그리고 따라서 새로운 삶을 시작하는 것을 가리킵니다. 이러한 내용은 그것에 관한 앞 단락의 기술 내용과 일치합니다. 로마 가톨릭 교회에서 분리된 자들이나, 실제적인 회개를 실천하지 않는 그 교회에 예속되어 있던 자들을 뜻하는 개신교계(the Reformed Christian world)에게 이와 같은 실제적인 회개는 정말로 힘들고, 난해한 일이었습니다. 그것은 어떤 자들은 그것을 원하지 않았고, 어떤 자들은 그것

제 9장 회개(悔改·Repentance) 463

을 실천하는 것이 두려웠기 때문입니다. 계속되는 무관심이나 방치상태는 일종의 관습(慣習·habit)을 생기게 하였고, 그리고 마지못해 하는 일종의 반항 같은 것이 야기되었고, 종국에는 추론적인 지성의 보증(the endorsement of the reasoning intellect)을 획득하였습니다. 이러한 것은 어떤 자들에게서는 회개의 생각에서 슬픔·두려움·공포 따위가 생겨나게 하였습니다. 이 때 거기에 만연되었던 지배적인 생각이나 신앙을 가리키는 회개나 인애는 구원에 이바지하는 것이 전무(全無)하고, 오히려 믿음만에 의한 죄의 용서·칭의·갱신·중생·성화(聖化)·영원한 구원 등등이 전가(轉嫁)에서 뒤이어진다는 그들의 신념이나 신앙(=믿음) 때문에 실제적이고, 구체적인 회개는 주로 개신교계에서는 무척 힘들고 어려운 일이었습니다. 더욱이 그들의 독단교리를 지지하는 저술가들이 주장하는 것은, 마치 자기 자신이 하는 짓과 같은, 사람 자신에게서 비롯된 인간의 협력은 아무런 소용이 없고, 그리스도의 공로에 장애물이 된다는 것이고, 그리고 그리스도의 공로에 맞지 않는 것이고, 심히 해로운 것이라는 것입니다. 그리고 이러한 개념이나 주장이 비록 그들이, 단순히 "오직 믿음이 구원하지 어느 누가 자기 스스로 선을 행할 수 있어?" 라는 말들에 의한 그 믿음의 신비들에 무지하다고 해도 일반적인 사람들의 마음에는 이른바 "오직 믿음이 구원한다" 라는 주장이나 신념이 뿌리를 깊이 내렸습니다. 이런 이유 때문에 개신교회에서의 회개는, 마치 야생 조류들을 잡아먹는 맹금류에 잡혀가서 어미 새들을 빼앗긴 새끼 새들의 둥지와 같았습니다. 여기에 또 다른 이유를 부가하면, 소위 개신교회의 교인들은 그의 영의 측면에서 볼 때 영계에서 그들은 자신들의 동류와 사귀고, 제휴하고, 그리고 자신들의 생각에는 이런 것들을 끌어들이고, 그리고 자기 검토나 자기 성찰을 향해서는 첫발자국을 떼어 놓은 일에서 아주 멀리 자신을 방치하기에 이르렀습니다.

562. 나는 영계에서 수많은 개신교도들에게 물었습니다. 앞에서 언급한 것과 같이, 성경말씀에서, 세례를 받을 때, 성찬 예배에 참석하였을 때, 그들에게 부과, 명해지는 실질적인 회개가 제대로 실행되지 않는 이유가 무엇인지 질문하였습니다. 그들은 다양한 대답을 하였습니다. 어떤 이들은 그들이 죄인들이라는 입술의 고백으로 통회(痛悔)하는 것이면 충족하다고 하였고, 어떤 이들은 사람이 자기 자신의 의지에서 행하는 동안에 회개가 일어나는 것이기 때문에, 이런 회개는 일반적으로 수용

된 믿음, 즉 정통주의 신앙과는 일치하지 않는다고 하였습니다. 또 다른 자들은 "자기는 죄인이라는 것 외에는 아무것도 알지 못한다고 하면서, 어떻게 자신을 성찰, 검토할 수 있겠습니까? 이것은 독이 있는 벌레들이 우글거리는 지저분한 습지의 밑에서부터 위에까지 빈틈없이 그물을 던지는 것과 같은 것입니다"라고 말했습니다. 또 다른 이들은 "어느 누가 자신의 실질적인 악들이 그것에서 흘러나온 아담의 죄를 자기 자신에게서 찾을 수 있겠습니까? 악에 속한 모든 것은 세례를 받을 때 수세(受洗)의 물에 의하여 씻어진 것이고, 예수의 공로에 의하여 제거되고, 완전히 가려져서 숨겨진 것 아닙니까? 그 때 회개는 양심적인 매우 서글픈 혼란이나 불안 따위를 가리키는 요구 조건 이외에 무엇입니까? 복음서에 따르면 우리는 은혜 아래 있고, 그와 같은 회개의 가혹한 율법 아래에 있는 것이 아니지요?"라고 대답하였고, 그 밖에 여럿들도 이와 비슷한 것들을 말하였습니다. 어떤 이들은, 자기들이 자신을 성찰하고, 검토할 때마다, 마치 여명(黎明)에 그들의 침대 가까이에 있는 괴물을 보는 것과 같이, 그들의 마음은 두려움과 공포로 꽉 차 있었다고 하였습니다. 이상의 여러 내용에서 볼 때 개신교계에서 실제적인 회개가 녹 쓴 칼처럼 무용지물이 된 이유를 잘 알 수 있겠습니다.

[2] 나는 로마 가톨릭 교회의 추종자들에게 그들의 사제들에게 실제적으로 행하는 고해성사(告解聖事)가 실제 어려운 것인지, 아닌지를 물었습니다. 그들은 그들이 고해성사에 들어갔을 때 그들은 엄하지 않은 (not severe) 고해신부(告解神父·confessor)에게 그들의 죄들이 다시 헤아려진다는 두려움은 없었다고 대답하였고, 그리고 그들은 보다 상쾌한 것이나, 또는 보다 수줍은 것을 말하는 것으로 일종의 마음의 후련함을 얻을 수 있었다고 하였습니다. 그리고 또한 관습으로 말미암아 그들은 자유스럽게 그들의 지정된 고해성사에 해마다 참여하였고, 그리고 고해신부로부터 사죄(赦罪)의 말을 들은 뒤, 그 어떤 축제에 참여한 것과 같은 감동을 받았다고 하였습니다. 더욱이 그들은, 불순한 것과 같은, 그들의 마음의 오욕(汚辱)들을 떨쳐버리지 않으려는 모두에 대하여 오히려 이상하게 여긴다고 말하였습니다. 이런 말을 듣자 거기에 있던 개신교도들은 큰소리를 지르면서 대들기도 하였고, 어떤 이들은 조롱하고 웃기도 하였고, 어떤 이들은 놀라기도 하였고, 어떤 이들은 칭찬하고, 격려하기도 하였습니다.

[3] 이런 일이 있은 뒤, 프로테스탄트 국가에서 살았던, 가톨릭교회에 속한 자들 몇몇이 왔습니다. 그들은 그들의 형제들처럼 다른 곳에 하는 것과 같은 특별한 고해성사는 하지 않았고, 그들을 위한 열쇠들을 가지고 있다는 사제에게 일반적인 고해성사를 하는 거기에 세워진 관례를 따랐습니다. 이들은 그들이 그들의 실제적인 악들이나, 그들의 생각들의 비밀들의 흔적을 찾아내고, 선언하는, 자기 자신의 성찰이나 검토는 솔직히 불가능하다는 것을 말하였고, 그리고 수많은 무장한 군인들이 서서 "뒤를 살펴라"라고 소리 지르는 방어용 도랑을 건너려는 공격에서와 같은, 모순되는 것이나 공포 따위를 느꼈다고 말하였습니다. 이상에서 볼 때 실제적인 회개가 때때로 그것을 실천하는 자들에게는 쉬운 일이지만, 그러나 그것을 실천하지 않는 자들에게는 무척이나 힘든 것이라는 것을 잘 알 수 있었습니다.

563. 주지하여야 할 사실은, 관습(=습관·habit)은 제 2의 천성(天性)이라는 것이고, 그리고 그러므로 어떤 것은 누구에게나 쉬운 것이지만, 그 쉬운 것이 그 누구에게는 어렵다는 것입니다. 이러한 것은 자기 성찰에서도 참된 것이고, 그리고 그것에 의하여 발견되는 것의 고백도 마찬가지입니다. 그리고 그것에 의하여 발견되는 것의 고백도 마찬가지입니다. 이러한 것은 마치 아침부터 저녁까지 일하는 숙련된 근로자·짐꾼·농부에게는 아주 쉬운 일이지만, 이에 반하여 지위가 높은 사람이나 허약한 인물이 피곤이 없이, 땀을 흘리지 않고, 반시간도 같은 일을 할 수 없다는 것과 마찬가지입니다. 자신의 일에 익숙한 몽둥이를 든 하인이나 구두닦이는 쉬운 일이지만, 이에 반하여 이 거리에서 저 거리까지 힘들게 천천히 말 타는 것에 익숙한 사람에게는 그것은 쉬운 것이 아닙니다. 자기 자신의 일에 세심한 모든 장인(匠人)은 그 일이 쉽고, 자진해서 기꺼이 처리하고, 그리고 그가 그 일을 마치고 떠날 때는 다시 돌아오기를 기대하고 있습니다. 이에 반하여 동일한 업무를 잘 이해하지만, 게으른 다른 사람은 그 일에 거의 몰입(沒入)할 수 없습니다. 이런 일은, 그것이 그의 임무가 됐든, 그의 일상의 일이 됐든, 모두에게 동일합니다. 경건하면서 근면한 자에게 하나님에게 기도하는 일보다 더 쉬운 것이 무엇이겠습니까? 이에 반하여 불경건에 사로잡혀 있는 자에게 하나님에게 기도하는 일은 무척이나 힘든 일이 또 어디에 있겠습니까? 처음에 임금 앞에서 설교하는 사제가 얼마나 두렵고 떨리지 않겠습

니까? 그러나 그 일을 자주자주 한 뒤에는 그는 두려움 없이 대담하게 잘 할 것입니다. 천사적인 사람이 그의 눈을 하늘을 향해 드는 일 보다 더 쉬운 일이 무엇이고, 악마적인 사람이 지옥을 향해 떨어진 일보다 더 쉬운 일이 무엇이겠습니까? 그러나 만약에 후자가 위선자라면 그는 역시 천계를 향해 쳐다보겠지만, 그러나 그의 마음은 천계를 외면, 다른 곳을 향해 있을 것입니다. 사람은 누구나 그가 마음 속으로 염원(念願)하고, 그것에서 일어나는 관습을 가지는 목적으로 감화되고, 고취(鼓吹)됩니다.

XI.
결코 회개하지 않고, 자기 자신을 살피고, 검토하지 않는 사람은 종국에 저주하는 악이 무엇이고, 구원하는 선이 무엇인지 아는 것까지 없어진다.

564. 개신교계에는 극소수가 회개를 실천하기 때문에, 여기서 부연하려는 것은, 자기 자신을 살피고, 검토하지 않는 사람은 종국에는 저주하는 악(damning evil)이 무엇이고, 구원하는 선(saving good)이 무엇인지 아는 것까지 상실, 없어져 버린다는 것입니다. 그 이유는 사람은 그것을 아는 것에서 비롯되는 종교를 결코 가지지 못하기 때문입니다. 왜냐하면 사람이 보지 못하고, 인식하지 못하고, 시인하지 않는 그 악은 여전히 그 사람에게 남아 있기 때문이고, 그리고 남아 있는 그 악은, 그것이 마음의 내면적인 것들을 방해하고, 차단(遮斷)할 때까지, 더욱 더 깊이 뿌리를 내리고, 그것에 따라서 사람은 처음에는 자연적이 되고, 다음에는 감관적이 되고, 종국에는 육체적(=관능적·corporeal)이 되고, 그리고 이런 상태에서 사람은 저주하는 악도, 구원하는 선도 알지 못하게 됩니다. 이 때의 그 사람은 굳은 바위에서 자라는 나무와 같아서, 그 나무는 비록 그 뿌리를 바위들 틈새에 뻗고 있지만, 종국에는 수분의 결핍(缺乏)으로 말라서 고사(枯死)하고 맙니다.

[2] 올바르게 교육을 받은 사람은 합리적이고, 도덕적이지만, 그러나 합리성(rationality)에 이르는 길은 둘이 있는데, 하나는 이 세상에서 비롯된 것이고, 다른 하나는 천계(=하늘)에서 비롯된다는 것을 알지 못합

니다. 천계로 말미암은 것이 아니고, 오직 이 세상으로 말미암아 합리적이고 도덕적인 사람은 말이나 태도(gesture)에서는 합리적이고 도덕적이지만, 그러나 내적으로는 짐승이고, 심지어 들짐승과 같은데, 그것은 그 사람이 마치 모든 야생 짐승들이 있는 곳인 지옥에 있는 자들과 같이 행동하기 때문입니다. 그러나 천계로 말미암아 합리적이고, 도덕적인 사람은 말 그대로 합리적이고 도덕적입니다. 그것은 곧 그가 영으로 말이나 몸에서 모두 합리적이고 도덕적이기 때문입니다. 후자들, 즉 합리적인 것이나 도덕적인 것 안에 있는 영적인 것은 마치 자연적인 것, 감관적인 것, 현세적인 것(=관능적인 것)을 움직이는 영혼(a soul actuating)과 같고, 역시 그것은 천계에 있는 자들과 같이 한 몸(as one)처럼 행동합니다. 그러므로 사람은 영적 합리적인 사람(a spiritual-rational man)이나 영적 도덕적인 사람(a spiritual-moral man)이 될 수 있고, 그저 단순히 자연적 합리적인 사람(a merely natural-rational man)이나 자연적인 도덕적인 사람(a merely natural moral man)이 될 수 있습니다. 이들 두 종류의 사람은 이 세상에서 서로서로 분별, 구분되지 않지만, 특히 만약에 사람이 관습이나 실천에 의하여 위선 따위에 물들었다면, 이들 둘은 전혀 분별, 구분되지 않습니다. 그럼에도 불구하고 그들은, 마치 천계에 있는 천사들에 의해서는 올빼미와 비둘기가, 호랑이와 양이 분별되는 것과 같이, 아주 쉽게 분별됩니다.

[3] 단순한 자연적인 사람은 다른 자들에게 있는 선과 악을 볼 수 있고, 또한 다른 사람들을 책망할 수 있지만, 그러나 자기 자신을 성찰, 검토하지 않기 때문에 그는 자신에게 있는 어떤 악도 보지 못하고, 그리고 만약에 그 어떤 악이 다른 사람에 의하여 발견되었을 때 그는 자신의 합리성에 의하여 그것을 숨기고 감추는데, 이런 짓은 마치 뱀이 돌멩이들이나 수풀 속에 머리를 숨기는 것과 같고, 그리고 자신을 그것 안에 몽땅 숨겨버리는, 그것은 마치 흙탕 속에 자신을 묻어버리는 것과 같습니다. 이런 일은, 마치 늪지가 뜨거운 햇볕을 완화(緩和)시키고, 소멸(掃滅)시키는 안개 속에 묻히듯이, 그 사람을 에워싸고 있는 악에 속한 쾌락에 의하여, 일어납니다. 지옥적인 쾌락은 이외에 다른 것이 아닙니다. 그것은 지옥에서 솟아오르고, 사람의 발뒤꿈치에, 등짝에, 머리의 후두부(後頭部)에, 따라서 모든 사람 속에 유입합니다. 그것이 머리의 앞이마나 사람 몸의 가슴 부위에 수용되면, 사람은 지옥의 노예가 됩니

다. 이런 이유 때문에 사람의 대뇌(cerebrum)는 이해에 전적으로 쏠려 있고, 그리고 그것이 담고 있는 지혜에 헌신합니다. 그러나 사람의 소뇌(cerebellum)는 의지에 전적으로 쏠려 있고, 그리고 그것의 사랑에 헌신하고 있습니다. 이것이 두 두뇌가 있는 이유입니다. 그러나 지옥의 쾌락은 오직 영적 합리적인 것이나 영적 도덕적인 것에 의해서만 교정될 수 있고, 바로잡아질 수 있고, 완전히 뒤바뀔 수 있습니다.

565. 지금은 단순히 자연적 합리적인 사람이나 자연적 도덕적인 사람에 관해서 간략하게 설명하고자 하는데, 그 사람을 살펴보면 그는 감관적입니다. 그리고 만약에 그 사람이 그런 식으로 계속해서 산다면, 그는 관능적인 사람(=현세적인 사람·corporeal man)이 되고, 고기 덩어리 사람(fleshly man)이 됩니다. 그러나 여기서 그것의 기술이나 설명은 서로 분리된 명제에서 간략하게 설명하겠습니다.

감관적인 사람(the sensual man)은 사람의 마음에 속한 생명의 극외적인 것(the outmost of the life of man's mind)으로, 사람의 육체적인 오관(五官)에 밀착되어 있습니다. 감관적인 사람(a sensual man)이라고 불리는 그 사람은 육체적인 오관들로 말미암아 모든 것을 판단하고, 그 사람은, 그 어떤 것을 사실적이라고 하고, 그 어떤 것은 배척하면서, 그가 눈으로 볼 수 있고, 손으로 만질 수 있는 것 이외에는 아무것도 믿지 않습니다.

천계의 빛에서 비롯된 통찰력(vision from the light of heaven)을 가지고 있는 사람이 마음의 내면적인 것들이 닫히게 되면, 따라서 그 사람은 천계나 교회에 관계되는 진리에 속한 것은 아무것도 보지 못합니다.

이런 부류의 사람은 영적인 빛으로 말미암아 내면적으로는 전혀 생각하지 못하고, 다만 극외적인 것들 가운데서 생각합니다. 그것은 그 사람이 매우 조악(粗惡)한 자연적인 빛 가운데 있기 때문입니다. 그러므로 그 사람은, 비록 그 사람이 그것들에 의하여 권력을 쥐려는 그의 욕망이나, 재물을 차지하려는 욕구에 비례하여, 겉보기에는 천계나 교회에 속한 것들에 편을 들어서 말하고, 심지어 열정적으로 주장하지만, 내면적으로는 천계나 교회에 속한 것들에 전적으로 반대하고 있습니다.

온갖 거짓들 가운데서 깊숙하게 스스로 확증하고, 더욱이 성경말씀의 진리들에 거슬러서 확증한, 이른바 유식한 사람들이나, 박식한 사람들은 다른 사람들에 비하여 더욱 더 감관적입니다.

제 9장 회개(悔改 · Repentance) 469

[2] 감관적인 사람들은 아주 영민(英敏)하고 능수능란하게 추론을 하는데, 그 이유는, 말하자면 마치 입술에 있는 것처럼, 그들의 생각은 그것 안에 전부 있는 것처럼 하기 위하여 아주 가까이 언어에 있기 때문입니다. 그리고 또한 그들을, 모든 총명은 오직 기억에서 비롯된 언어에 근거하고 있기 때문입니다. 더욱이 그들은 아주 능란하게 거짓들을 참된 것으로 확증할 수 있고, 그것들을 확증한 뒤에 그들은 그것들이 참된 것이라고 믿을 수 있기 때문입니다. 그러나 그들의 추론이나 확증은, 보통 사람을 사로잡고 있고, 설득하는 감관들의 오류들에서 비롯된 것입니다.

감관적인 사람들은 다른 사람들에 비하여 매우 교활하고 악의적입니다. 욕심 사나운 사람이나, 불의한 사람이나 교활한 사람은, 비록 이 세상에서는 유능하고 재주 많은 사람 같이 보이지만, 특히 감관적인 인물입니다.

그들의 마음의 내면적인 것들은 매우 야비하고, 불결합니다. 그들은 이런 것들에 의하여 지옥들과 교류, 내통하는데, 성경말씀에서는 그들은 죽은 자(亡者)라고 불리웠습니다.

지옥에 있는 자들은 감관적인데, 그것이 심하면 심할수록 그들은 지옥 깊숙한 곳에 있습니다. 악령들에게 속한 영기(靈氣 · the sphere)는 사람의 감관 넘어서 자체를 사람의 감관과 결합시킵니다. 천계의 빛에서 보면 그들의 자리는 공동(空洞)처럼 보입니다.

오직 감관적인 것들로 말미암아 추론하는 자들을 고대 사람들은 지식의 나무의 뱀들(serpents of the tree of knowledge)이라고 불렀습니다.

[3] 감관적인 것들은 반드시, 첫째 자리(上席)가 아니고, 마지막 자리(末席)를 차지하여야 합니다. 지혜로운 사람이나 총명스러운 사람에게서 그것들은 반드시 말석을 차지하여야 하고, 그리고 그것들은 내면적인 것들에 종속하여야 하지만, 그러나 어리석은 사람에게서 그것들은 상석을 차지하고, 지배권을 잡습니다.

감관적인 것들이 말석을 차지할 때, 그것들에 의하여 이해에 이르는 길이 열리고, 그리고 진리들은 빼어난 방법에 의하여 완벽하게 됩니다. 이런 부류의 감관적인 것들은 이 세상에 가장 가까이에 있고, 세상에서 비롯된 것은 무엇이나 그것들에 들어오는 것을 허락, 허입합니다. 말하자면 그것들이 주입하게 합니다.

이런 부류의 감관적인 것들에 의하여 사람은 이 세상과 내통, 교류하고, 그리고 합리적인 것들에 의해서는 천계와 내통, 교류합니다.

감관적인 것들은 마음에 속한 내면적인 것들을 돕는 것을 공급합니다. 이해의 영역이나 의지의 영역에 쓸모 있는 것으로 공급하는 것은 감관적인 것들입니다.

감관적인 것들을 뛰어넘는 생각이 일어나지 않는다면, 사람은 거의 지혜를 가지지 못합니다. 사람의 생각이 감관적인 것들에 비하여 뛰어나게 될 때 사람은 보다 밝은 빛 가운데 있게 되고, 종국에는 천계의 빛 가운데 있게 됩니다. 그리고 그 때 사람은, 마치 천계에서 내려오는 것들에 속한 지각을 가지게 됩니다. 이해의 극외적인 것은 자연적인 앎의 기능(the natural knowing faculty)을 가리키고, 의지에 속한 극외적인 것은 감관적인 기쁨입니다.

566. 사람의 자연적인 존재에 관해서 사람은 짐승과 같습니다. 그는 삶에 의하여 짐승의 형상을 취합니다. 결과적으로 영계에서는, 그것은 대응(對應·correspondences)들을 가리키는데, 그런 사람들 주위에는 이런 종류의 동물이 있는 모습으로 나타납니다. 왜냐하면 본질적인 관점에서 보면, 사람의 자연적인 것은 순전히 동물적이기 때문입니다. 그러나 거기에는 덧붙여진 영적인 것(a spiritual superadded)이 있기 때문에, 그는 하나의 사람이 될 수 있는 것입니다. 그리고 만약에 그가 그렇게 될 수 있는 능력(capacity)으로 말미암아 사람이 되지 않았다면, 비록 그가 그 때 말하는 짐승이라고 할지라도, 그는 사람과 흡사할 뿐입니다. 왜냐하면 그는 자연적 합리적인 것은 말하지만, 그러나 그는 영적인 광기(狂氣·spiritual insanity)로 말미암아 생각하기 때문입니다. 그리고 그는 자연적인 도덕성(natural morality)으로 말미암아 행하지만, 그러나 그는 영적인 음란증(a spiritual satyriasis)으로 말미암아 사랑합니다. 영적으로 합리적인 사람에 의하여 보여지는 그의 행위들은 독거미에 물린 사람이 추는 춤과 다르지 않고, 또한 성 비투스(St. Vitus)의 춤이나 또는 성 가이(St. Guy)의 춤과 다르지 않습니다. 위선자가 하나님에 관해서 말할 수 있고, 도둑이 정직에 관해서, 행음자가 순정에 관해서 말할 수 있다는 것 등등을 누가 모르겠습니까? 그러나 만약에 사람이 그의 생각들과 그의 낱말들 사이에 있는, 또는 그의 의도들이나 행동들 사이에 있는 문을 열고 닫는 능력을 가지고 있지 않다면, 그리고 만약에 영특하고,

숙련된 문지기가 아니라면, 그는 야생짐승에 비하여 더 지독하게 온갖 범죄들이나 잔악한 짓들에게 저돌(猪突)적으로 달려 갈 것입니다. 그러나 모든 사람에게 있는 그 문은 사후에 열려집니다. 그 때 그 사람이 어떤 존재였는지 드러나게 됩니다. 그러나 그 때 그는 지옥에서 형벌들이나 감금(監禁)들 따위들에 의한 구속 상태에 놓이게 됩니다. 그러니 슬기로우신 독자 여러분! 자신들을 성찰, 살피시고, 여러분 안에 똬리를 틀고 있는 이런 저런 악들을 찾아 내시고, 그리고 그것에서 종교로 말미암아 멀리 떠나십시오. 만약에 여러분께서 이런 저런 목적에서 비롯된 온갖 악들에게서 떠나지 않는다면, 여러분들이 이렇게 하는 것만이 그런 악들이 이 세상에서 드러나지 않을 수 있는 길입니다.

567. 이상 설명된 내용에 아래의 "영계 체험기들"(Memorable Relations)을 부가, 보충하고자 합니다.

첫 번째 영계 체험기입니다.

나는 질병에 의하여 거의 죽게 된 적이 있었습니다. 내 머리는 온통 고통에 사로잡혀 있었는데, 그것은 이른바 예루살렘에서 비롯된 아주 고약한 연기가 내 머리 속에 파고 들었기 때문입니다. 마치 그것은 묵시록서 11장 8절의 소돔과 이집트 같았습니다.

나는 지독한 고통 때문에 반쯤 죽게 되었습니다. 나는 나의 종말을 기다리고 있었습니다. 나는 그런 상태로 사흘 반을 병석에 누워 있었습니다. 내 영혼은 이런 상태에 놓이게 되었고, 그 때 그 일로 말미암아 내 몸에 이런 일이 일어났습니다.

그 때 나는 나에 관한 어떤 이의 음성을 들었습니다. 그 음성은 "보십시오. 그리스도께서 하시듯이 죄악의 용서에 대한 회개를 설교하던 그는 우리 도시의 거리에 시체로 누울 것입니다"라는 것이었습니다. 그리고 몇몇 사람들이 그 설교자가 매장(埋葬)될 자격이 있는지 없는지 교직자들에게 물었습니다. 그 교직자들은 "아니오, 여럿이 보게 그대로 두십시오"라고 대답하였습니다. 그리고 그들은 왔다 갔다 오고 가면서 조롱하고 비웃었습니다.

사실 이러한 일은 내가 묵시록서 11장의 해설을 쓰고 있는 동안에 그와 같이 나에게 일어난 일입니다. 나는 그 때 비웃고, 조롱하는 자들에게서 아주 고약한 말씀들을 들었는데, 특히 이런 말을 들었습니다. 즉, "어떻게 믿음이 없이 사람이 회개할 수 있는가? 어떻게 사람이 그리스도를 하나님으로 경배할 수 있겠는가? 우리가 우리 자신의 그 어떤 공로 없이도 자유스럽게 구원받을 수 있기 때문에 진정으로 필요한 것은 오직 믿음 이외에 아무것도 없는데, 그 믿음은 바로 하나님 아버지에게서 율법의 정죄(the damnation of the law)를 제거하시기 위하여, 그리고 그분의 공로를 우리 사람에게 전가(轉嫁)하기 위하여, 아들(聖子·the Son)을 보내셨다는 것, 그리고 그래서 사제의 선언에 의하여 우리의 죄에서 우리가 용서받고, 그리고 그 때 우리 안에서 모든 선이 역사하시기 위하여 우리에게 성령을 주심으로 하나님 앞에서 의롭게 한다는 것 아닌가? 그리고 이러한 사실은 성경말씀과 일치하고, 그리고 이성과 일치하지 않는가?"라는 말이었습니다. 이 말을 들었을 때 거기에 있던 수많은 군중은 그에게 박수갈채를 보냈습니다.

[2] 나는 이 말을 들었을 때에 답을 할 수가 없었습니다. 왜냐하면 나는 거의 죽어 있었기 때문입니다. 그러나 사흘 반이 지난 뒤 나의 영은 회복되었고, 그리고 영으로 나는 그 도성의 길거리에 나가게 되었고, 그래서 다시 말하였습니다. "회개하십시오. 그리스도를 믿으십시오. 여러분의 죄들이 용서될 것입니다. 그리고 여러분은 구원받을 것입니다. 그렇게 하지 않으면 여러분은 멸망할 것입니다. 주님 당신께서도 죄의 용서를 위한 회개를 설교하시지 않았습니까? 그분을 믿어야 한다는 것을 설교하시지 않았습니까? 그분께서는 당신의 제자들에게도 동일한 것을 설교할 것을 명령하시지 않았습니까? 여러분이 여러분의 믿음의 독단교리(the dogma of your faith)의 추종은 삶에 관한 무관심이나 냉담(unconcern)을 완벽하게 이루고 있지 않습니까?"라고 하였습니다.

그들은, "무슨 정신 나간 헛소리요! 아드님(聖子)께서 사죄(赦罪·satisfaction)를 이루시지 않았습니까? 아버님(聖父)께서는 이것을 우리에게 전가하시지 않았습니까? 이 사실을 믿는 우리를 그분께서 의롭게 하십니다. 따라서 우리는 은혜의 영(the spirit of grace)에 의하여 인도받고 있습니다. 그런데 우리 안에 있는 죄는 무엇이고, 우리에게 있는 죽음은 무엇이란 말이요? 죄와 회개를 외치는 설교자야! 당신은 이 복음을 이해하지 못합니까?"라고 말하였습니다. 그 때 하늘(=천계)에서 음성이 들려왔습니다. 말하기를 "회개하지 않은 사람의 믿음은 죽은 믿음(a dead faith) 이외에 무엇입니까? 때가 왔습니다. 이 무심한 자여!, 당신의 눈으로 보기에 아주 결백하고, 당신의 신념으로 의롭다는 사탄들

제 9장 회개(悔改·Repentance) 473

이여! 그 때가 여러분에게 왔습니다"라는 소리였습니다. 그 때 갑자기 그 도시 중앙에 큰 구멍(chasm)이 뚫렸습니다. 그 구멍은 점차 더 넓어졌습니다. 집들이 뒤이어서 그 속으로 떨어졌습니다. 그 구멍은 그자들을 모두 삼켜버렸습니다. 그 큰 심연(gulf)에서 큰 물이 솟구쳐 올라왔고, 나머지 것들을 범람시켰습니다.

[3] 그것들이 이렇게 가라앉고, 겉보기에 범람하셨을 때, 나는 아비소스에 있는 그것들의 처지를 알고자 하였고, 그 때 하늘에서 내게 일러진 것은 "그대가 보고, 들을 것입니다"라는 것입니다.

그리고 그 때 그것에 의하여 범람한 것 같이 보이던 그 물이 내 눈 앞에서 사라졌습니다. 왜냐하면 영계에서 많은 물(waters)은 대응들이기 때문에, 그러므로 거짓들 안에 있는 자들에게 관해서 보여 주고 있기 때문입니다. 그 때 나는 그들이 모래 바닥에 있는 것을 보았는데, 그곳은 돌무더기로 싸올려졌고, 거기에는 그들이 그 큰 도시에서 쫓겨난 것을 슬퍼하면서 이리 저리로 뛰어 다니고 있는 것이 보였습니다.

그들은 고래고래 소리를 질렀습니다. "이런 일이 어찌 우리에게 왔단 말인가? 우리는 우리의 믿음에 의하여 깨끗해지고, 정화(淨化)되고, 의롭게 되고, 성화(聖化)되지 않았는가?" 그 때 또 다른 무리가 악을 썼습니다. "우리는 우리의 믿음을 통하여 하나님 아버지 앞에서, 그리고 천사들 앞에서 깨끗하고, 순결하고, 의롭고, 거룩하다고 선언되었고, 그런 존재로 나타났고, 보여졌고, 평가되지 않았던가? 우리는 화해(和解)되었고, 속죄(贖罪)되었고, 속량(贖良)되었고, 그러므로 우리는 죄에서 용서받고, 깨끗이 씻어졌고, 정결하게 되지 않았던가? 그리스도에 의하여 율법의 정죄가 제거되지 않았던가? 그런데 왜, 우리는 마치 저주받은 자처럼 이런 곳에 떨어져 있다는 것인가? 우리는 우리의 큰 도시에서 죄에 대하여 '그리스도를 믿으십시오, 그리고 회개하시오'라고 담대하게 외치는 설교자의 말을 들었습니다. 우리가 그리스도의 공로를 믿었기 때문에, 우리는 그리스도를 믿지 않았던가? 우리는 우리들이 죄인들이라는 것을 고백하였기 때문에 우리는 회개한 것이 아닌가? 그런데 우리는 왜 여기에 떨어져 있는가?"라고 외쳤습니다.

[4] 그 때 또 다른 쪽에서 그들에게 하는 음성이 들렸습니다. "그대들은 그대들이 빠져 있는 죄가 어떤 죄인지를 알고 있소? 그대들은 자신들을 성찰, 검토하였고, 결과적으로 하나님에게 죄가 되기 때문에 악을

멀리 멀리 기피, 떠났습니까? 악을 멀리 피하지 않는 자는 악에 빠져 있습니다. 죄는 악마가 아닙니까? 그러므로 그대들은 주님께서 그들에 관해서 말씀하신 자들과 같습니다. 누가복음서의 말씀입니다.

> 그 때에 너희가 말하기를 "우리는 주인님 앞에서 먹고 마셨으며, 주인님은 우리를 길거리에서 가르치셨습니다" 할 터이나, 주인이 너희에게 말하기를 "나는 너희가 어디에서 왔는지 모른다. 악을 일삼는 자들아, 모두 나에게서 물러가거라" 할 것이다(누가 13 : 26, 27 ; 마태 7 : 22, 23).

그러니 너희는 너희의 각각의 곳으로 가거라. 여러분은 그 동굴들에서 열린 곳들을 볼 것입니다. 그리로 들어가십시오. 그대들 각자에게 해야 할 일이 주어질 것이고, 그리고 그 때 그대들의 일에 비례하여 먹거리도 주어질 것입니다. 만약에 그대들이 일을 하지 않는다면, 배고픔이 즉시 그대를 공격, 그대를 억압할 것입니다.

[5] 이런 일이 있은 뒤, 천계로부터 그 큰 도시 밖에 살고 있는 곳에 음성이 있었습니다. 그들은 묵시록 11장 13절에 언급된 자들입니다. 크게 일러졌습니다. "조심하십시오. 이런 영들과의 사귐을 조심하십시오. 그대들은 이른바 죄들이나 불법행위들(iniquities)이라고 하는 악들이 여러분으로 하여금 불결하고, 부정하게 만든다는 것을 잘 이해할 수 있지 않습니까? 사람이 실제적인 회개에 의하지 않고, 그리고 주님 예수 그리스도는 믿는 믿음에 의하지 않고 어떻게 깨끗해지고, 정화될 수 있겠습니까?" 라는 음성이었습니다.

"실제적인 회개"(actual repentance)는 자신을 성찰, 검토하는 것이고, 자신의 죄들을 인지하고, 시인하는 것이고, 스스로 죄를 범하였다는 것이고, 그리고 주님 앞에서 죄들을 고백하는 것이고, 그것들에 저항할 도움과 능력 주기를 기도하는 것이고, 그리고 따라서 그것들에게서 물러나 그것들을 단절하고, 새로운 삶을 시작하는 것 등등 입니다. 그리고 이 모든 것은, 마치 당신 스스로 하는 것처럼, 당신은 반드시 행하여야 합니다. 일 년에 한두 번 성찬예전에 참여하십시오. 그 뒤에는 당신에게서 그 범죄의 죄들이 발견되었을 때 당신 자신에게 "그것이 하나님에게 죄가 되기 때문에 우리는 그것을 하지 않을 것이다"라고 다짐하십시오. 이런 것이 바로 실제적인 회개입니다.

제 9장 회개(悔改 · Repentance) 475

[6] "자기 자신을 성찰, 검토하지 않고, 자신의 죄들을 보지 못하는 자가 죄들 가운데 남아 있다는 것을 어느 누가 이해하지 못하겠습니까? 왜냐하면 모든 악은 선천적으로 사람에게는 쾌락이기 때문입니다. 원수를 갚고, 간음을 저지르고, 나를 속이고, 욕설을 내뱉고, 특히 자아애로부터 다른 사람을 억압, 지배를 행하는 것 등등은 사람에게 큰 쾌락입니다. 이런 쾌락은 당신이 이런 죄들을 보지 못하게 막는 것이 아니겠습니까? 만약에 여러분에게 그런 것들이 죄들이라는 것이 일러지게 되면, 그것들의 쾌락으로 말미암아 그것들을 변명할 것이고, 심지어 그것들이 죄들이 아니라고 온갖 거짓들에 의하여 스스로 입증하지 않겠습니까? 그러므로 당신은 여전히 죄들 가운데 머물러 있고, 그리고 그런 뒤에는 종전에 비하여 더 많은 죄들을 아주 자주 범할 것입니다. 심지어 이런 일은 여러분이 죄가 무엇인지 모르기까지 범한 것이고, 사실은 그런 것들이 어디에 있는지 조차 알지 못할 것입니다. 실제적인 회개를 한 사람에게는 사정은 전혀 다릅니다. 그가 인지하고, 시인한 그런 부류의 그 악들을 그는 죄들이라고 부릅니다. 그러므로 그가 그것들로부터 멀리 기피하기 시작하고, 그리고 그것들에게서 떠나버립니다. 종국에 그들의 쾌락이 불쾌하다는 것을 느끼게 됩니다. 이런 일을 행하는 것에 비례하여 그는 선을 알게 되고, 선을 사랑하고, 종국에 그는 천계의 천사들의 기쁨을 가리키는, 선의 기쁨을 만끽할 것입니다. 한마디로 어느 누구나 그 사람 뒤에 멀리 악마를 두는 것에 비례하여 그는 주님에 의하여 영접 수용되고, 가르침을 받고, 악에서 멀리 떨어지게 되고, 주님에 의하여 선 안에 간수될 것입니다. 이것만이 천계에 오르는 유일한 길입니다"라고 하였습니다.

[7] 개혁교도에게서 놀랍고, 이상한 것은, 실제적인 회개에 대하여 거부, 반대하고, 그리고 반감이나 혐오하는 확고한 깊은 뿌리를 가지고 있다는 것입니다. 그것은 너무나도 그 정도가 심하기 때문에, 자신들을 성찰, 살펴야 하고, 그리고 그들의 죄들을 알아야 하고, 그것들을 주님 앞에 고백하여야 하는 자신들의 통제를 방해하고 막아 버린다는 것입니다. 그들에게 이런 일이 있게 되면 마치 공포가 그들을 사로잡듯이 옥죄입니다. 나는 영계에서 이것에 관해서 아주 많은 자들에게 물었습니다. 그 때 그들은, 그것은 자신들의 능력 밖의 일이라고 분명하게 밝혔습니다. 그들은 이것이 지금까지 가톨릭교도들에 의하여 행해지고 있는

것들이라고 하였습니다. 다시 말하면 그들이 자신들을 성찰, 검토하고, 그리고 공개적으로 그들의 죄를 사제에게 고백한다는 것을 들었을 때 그들은 매우 놀라워했습니다. 더욱이 개혁교도들은, 비록 그들이 성만찬에 참여하기 전에 똑같이 그들에게 명령된 것이기는 하지만, 하나님 앞에서 이 일을 비밀리에 할 수는 없었습니다. 그 때 몇몇은 왜 그런지를 알고 싶어 하였습니다. 그들이 알게 된 것은 이런 회개를 하지 않는 고집불통의 상태나, 그런 마음은 오직 믿음이라는 교리에 의하여 야기되었다는 것입니다. 그 때 가톨릭교도 중에 몇몇이 깨닫게 된 사실은 그리스도를 예배하고, 어떤 성인들에게 빌고, 간구하고 하지 않는 자가 구원을 받는다는 것이었습니다.

[8] 이런 일이 있은 뒤 천둥소리가 들렸습니다. 하늘로부터 한 음성이 들려 왔는데, "우리는 몹시 놀랐습니다! 개혁교도들의 무리에게 일러 주십시오. '그리스도를 믿고, 회개하십시오. 그대들은 구원받을 것입니다'" 라는 음성이었습니다.

나는 그렇게 하였고, 거기에 부연해서 "세례는 회개의 예전이 아닙니까? 그러므로 교회의 입문(入門) 아닙니까! 세례를 받으려는 자를 위해 대부대모(代父代母)가 약속하는 것이 무엇입니까? 그것은 그가 악마나 악마의 일을 단념하고, 부인하는 것 아닙니까! 성만찬은 회개의 예전(a sacrament of repentance)이고, 따라서 천계의 입문(introduction into heaven) 아닙니까? 왜냐하면 성찬에 참여하는 자들 모두는 거기에 참여하기 전에 회개에 관한 모든 것들이 일러지는 것 아닙니까? 교리문답(the catechism)이나 전 기독교회의 교리는 회개를 가르치는 것 아닙니까? 그것은 둘째 돌판의 여섯 계명들 안에, 너희는 이 일, 즉 악을 행하지 말고, 이 일, 즉 선을 행하라는 것이 언급되고 있지 않습니까? 이런 사실에서 여러분이 밝히 알 수 있는 것은 어느 누구나 악을 단념하고, 부인하고, 그것에서 떠나는 것에 비례하여, 그가 그 때 선이 무엇인지 알 때까지, 심지어는 악이 무엇인지 알 때까지, 그는 선에 의하여 움직이는 것이고, 선을 사랑하는 것이지요."

568. 둘째 영계 체험기

경건한 사람이나 현명한 사람은 사후 자신의 삶의 처지를 알기 원하지 않습니까? 그러므로 나는 그것에 관해서 알게 하기 위하여 일반적인 진리들을 명확하게 설명하고자 합니다.

제 9장 회개(悔改·Repentance)

모든 사람은 죽은 뒤에 그가 여전히 살아 있다는 것을 느끼고, 뒤에는 그가 다른 세상에 있다는 것을 느낍니다. 그리고 그는 자기 위에 있는 영원한 즐거움이 있는 천계에 관해서, 그리고 자기 아래에 있는 영원한 슬픔이 있는 지옥에 관해서 여러 가르침을 듣습니다. 그리고 처음에는, 그가 이전 세상에서 그것에 있었던, 그의 외적인 것들에게 보내집니다. 그 때 그는 자기가 확실하게 천계에 가고 있다는 것이나, 그리고 총명스럽게 말하고 영특하게 행동한다고 믿고 있습니다.

그 때 어떤 자들은 "우리는 윤리적으로 살았고, 우리는 정직을 추구하였고, 우리는 의식적으로 악을 행하지 않았습니다"라고 말합니다. 또 어떤 이들은 "우리는 자주 교회에 나아갔고, 미사에 참여하였고, 성상(聖像)들에게 입을 맞추었고, 무릎 꿇고 기도하였다"고 말합니다. 또 다른 자들은 "우리는 불쌍한 자에게 보시(布施)하였고, 가난한 자에게 도움을 주었고, 경건한 책들을 읽었고, 역시 성경말씀을 읽었다"는 것이나, 그 밖의 다른 많은 것들을 하였다고 말합니다.

[2] 그러나 그들이 이런 말들을 하고 있을 때 천사들이 다가와서, 이렇게 말하였습니다. "여러분이 지금 언급한 모든 것은 여러분이 외적으로 행한 것입니다. 그러나 여러분은 여러분이 여러분의 내적으로 무엇을 했는지 아직 모르고 있습니다. 여러분은 지금 본질적인 몸(a substantial body) 안에 있는 영들(spirits)입니다. 그 영들은 여러분의 속사람입니다. 이것은 바로 여러분 안에서 그것이 원하는 것을 생각하고, 그것이 사랑하는 것을 원합니다. 이것은 바로 그것의 삶에 속한 기쁨입니다. 젖먹이 때부터 모든 사람은 외적인 것들로 말미암아 삶을 시작하고, 그리고 도덕적으로 행동하고, 얌전하게 말하는 것을 배웁니다. 그리고 그가 천계의 개념들이나 그것의 행복의 개념을 터득하기 시작할 때 그는 기도하기 시작하고, 자주 교회에 출석하고, 예배의 의식을 준수합니다. 그럼에도 불구하고 악들이 자기 자신들의 샘에서 솟아날 때, 그는 그것들을 그의 마음속 깊은 곳에 숨기고, 아주 교묘하게 그가 그 악이 악이라는 것을 알지 못할 때까지 온갖 오류들에게서 비롯된 추론들을 가지고 그것들을 감추고 숨깁니다. 그 때 그 악들이, 마치 먼지를 가지고 덮듯이, 가리개들을 덮어 버리고, 완전하게 감싸 버리기 때문에, 이 세상에 그것들의 드러남에 대하여 자기는 그것을 지키는 것을 제외하면 그는 그것들에 관해서 더 이상 생각조차 하지 않습니다. 따라서 그는 외적인

것들 안에 있는 도덕적인 삶을 단순히 영위하려고 무척 애를 씁니다. 따라서 그는 이중의 사람(a double man)이 되는데, 말하자면 겉보기에는 양들이지만, 속으로는 이리입니다. 그는 마치 독이 가득 담긴 금으로 만든 금배(金杯)와 같고, 그는 자기 주위의 사람들이 그것을 알지 못하게 막으려고, 자신의 입에서 향기로운 어떤 것을 가지고 더러운 숨결을 내뿜는 자와 같습니다. 그리고 또한 그 사람은 향내를 풍기는 쥐새끼의 피부와 같습니다.

[3] 여러분은 지금 도덕적으로 살았고 경건한 가르침들(pious pursuits)에 따라서 산다고 말하였습니다. 그러나 나에게 말해 보십시오. 여러분은 여러분의 속사람을 살피면서 살았습니까? 여러분께서는 살인하고, 간음하고, 도적질하고, 거짓 증언을 하는 그런 탐욕들이나 정욕 따위를 속사람 안에서 살피지 않았고, 성찰하지도 않았습니다. 십성언의 네째 계명에는 여러분이 이런 것들을 하지 말 것을 언급하고 있고, 그리고 마지막 두 계명에는 그것들을 탐내지 말라고 엄명하고 있지 않습니까? 이런 것들에서 볼 때 여러분의 속사람이 여러분의 겉사람과 꼭 같다고 믿습니까? 만약에 그렇다고 한다면 자신을 속이는 것입니다."

[4] 나의 이런 말에 그들은 이렇게 대답하였습니다. "속사람(the internal man)이 무엇입니까? 속사람이나 겉사람은 모두 같은 것 아닙니까? 우리는 우리의 목사들에게서 믿음 이외에 속사람은 따위는 아무것도 아니다 라는 것을 들었고, 그리고 삶에 속한 경건한 대화나 도덕적인 것은 믿음의 증표라는 것을 들었습니다. 왜냐하면 그것들이 곧 그것의 활동이기 때문입니다."

이런 말에 천사들이 대답하였습니다. "인애도 마찬가지이지만, 구원하는 믿음(saving faith)은 속사람 안에 있습니다. 이것들에게서 겉사람에게 있는 기독교인의 성실함(fidelity)이나 도덕성(morality)은 비롯되는 것입니다. 그러나 만약에 위에 언급된 탐욕들이나 정욕들이 속사람 안에 있다면, 따라서 의지나 그것에서 비롯된 생각에 머물러 있다면, 결과적으로 만약에 여러분이 내면적으로 이런 것들을 사랑한다면, 그럼에도 불구하고 겉보기에 달리 행동하고 말한다면, 그 때 악은 당신과 더불어 선 위에 있고, 그리고 선은 악 아래에 있습니다. 결과적으로 마치 이해로 말미암아 말할 수 있고, 사랑으로 말미암아 행동할 수 있다고 해도 악은 안(within)에 있고, 따라서 악은 감추어져 있습니다. 그 때 여

제 9장 회개(悔改·Repentance) 479

러분은 다른 사람들의 것들과 꼭 같이 행동들을 하는 교활한 원숭이와 꼭같은 것입니다. 그러나 그 원숭이에게는 인간적인 심성은 전혀 없습니다.
[5] 그러나 여러분은 여러분의 속사람이 무엇인지 그것에 관해서 아무 것도 알지 못하는데, 그 이유는 여러분이 자신에 관해서 성찰, 검토하지 않았고, 그 뒤에는 회개하지 않았기 때문입니다. 여러분은 한참 뒤에 여러분이 겉사람을 벗고, 속사람의 상태에 들어갈 것입니다. 이런 일이 일어나게 되면, 여러분은 더 이상 여러분의 친구들에 인지되지 않을 것이고, 심지어 여러분 자신도 자신을 알지 못할 것입니다. 나는, 치명적인 증오로 불태우면서 잔인한 눈매로 이웃을 노려보는 들짐승 같은 사악한 사람들을 본 적이 있는데, 그들이 겉사람으로 사는 동안에는 그들이 경배하던 하나님을 모독하는 사람들입니다" 라고 말하였습니다.
이런 말들을 듣자 그들은 떠나갔습니다. 그 때 천사들은 "여러분은 조금 후에 여러분의 삶의 처지를 보게 될 것입니다. 왜냐하면 여러분의 겉사람은 여러분에게서 곧 벗겨질 것이고, 그리고 지금 당신의 영(your spirit)을 가리키는 속사람의 상태에 들어갈 것이기 때문입니다" 라고 말하였습니다.

569. 셋째 영계 체험기
사람 안에 있는 모든 사랑은 그것에 의하여 그것 자체가 느꼈던, 기쁨을 발산(發散)합니다. 처음에는 영에 흡수(吸收)되고, 그리고 그것으로 말미암아 육신에 흡수됩니다. 각자의 사랑에 속한 기쁨(the delight of one's love)은 생각에 속한 즐거움(the pleasantness of thought)과 더불어 그 사람의 생명을 형성합니다. 이 기쁨과 즐거움은, 그가 자연적인 몸으로 사는 동안에는, 그는 거의 불영명하게 느끼는데, 그것은 그 몸이 그것들을 모두 빨아들이고, 무디게(blunt) 하기 때문입니다. 그러나 사후, 물질적인 몸이 벗겨지고, 그리고 그 영에 속한 가리개나 피복(被覆)이 이렇게 제거되었을 때 사람은 사랑에 속한 기쁨들이나, 생각에 속한 즐거움의 충분한 감관이나 지각을 가지게 됩니다. 그리고 놀라운 일은 가끔 그것들을 향내들(odors)로 지각되기도 합니다. 이런 일 때문에 영계에 존재하는 것은 모두 그들의 사랑들에 따라서 제휴(提携)하고, 천계에 있는 자들은 그들의 사랑에 일치하여 제휴하고, 그리고 지옥에 있는 자들 역시 그들의 사랑(=애욕)에 따라서 결속(結束)됩니다.

[2] 천계에서 사랑들의 기쁨들이 바뀐 향내음들은 정원이나 화단이나 들판의 초원에서 봄날 아침에 맡는 싱그럽고, 달콤한 향기와 같습니다. 그러나 지옥에 있는 자들의 사랑들(=애욕들)의 쾌락(=기쁨)이 변한 향내음(=악취)은 물이 섞은 웅덩이나 송장에게서 나오는 구역질나는 악취와 같습니다. 그리고 놀라운 것은 지옥에 있는 악마들이나 사탄들은 이런 악취를 마치 향기로운 수지(樹脂)의 냄새나, 그리고 그들의 코나 마음을 상쾌하게 하는 향내음이나 유향(乳香)으로 지각한다는 것입니다. 자연계에서는 이런 향기들에 따라서 짐승들·새들·곤충들은 서로 제휴, 결합하지만, 그러나 마치 허물(exuviae)을 벗듯이 그들의 몸들을 벗기까지 사람들은 그런 것들에 따라서 결집하지 않습니다.

[3] 이런 이유 때문에 천계는 선에 속한 사랑의 모든 다종다양함들에 따라서 아주 명확하게 정리 정돈되지만, 반대로 지옥은 악에 속한 애욕들의 다종다양함에 따라서 역시 명확하게 구분, 정리 정돈됩니다. 이와 같은 상반되는 기질 때문에 천계와 지옥 사이에는 서로 왕래할 수 없는 큰 구멍(深淵)이 가로 놓여 있습니다. 왜냐하면 천계에 있는 자들은 지옥에서 올라오는 어떤 향기도 참을 수가 없기 때문입니다. 그것은 만약에 그들이 그것을 받아서, 흡수한다면 그것은 메스꺼움이나 구토(嘔吐)를 자극할 것이고, 몽롱함으로 그들을 협박할 것이기 때문입니다. 이런 일은, 만약에 그들이 그 구덩이의 중간 정도를 지난다고 해도 지옥에 있는 자들에게도 꼭 같이 일어납니다.

[4] 나는 한번, 자기 자신을 빛의 천사 모습으로 바꾸는 기교를 가지고 있는 자가 며칠 동안 가장 낮은 천계의 천사들 가운데 보였는데, 멀리에서 보기에는 표범의 모습인 어떤 악마를 본적이 있습니다. 그 악마는 중간 정도 아래를 지나고 있었고, 그리고 두 올리브 나무들 사이에 서 있었는데, 그러나 그가 살아가는 데에는 불쾌한 냄새를 지각하지 못하였습니다. 그 이유는 거기에 천사들이 현존해 있지 않았기 때문입니다. 그러나 곧 천사들이 나타나자, 그는 경련(痙攣)에 사로잡혔고, 그의 온 수족들이 뻣뻣해져서 땅 바닥에 쓰러졌는데, 그 때 그는 마치 큰 뱀이 똬리를 틀듯이 스스로 온 몸을 뒤틀었고, 나중에는 구멍을 통해서 미끄러지듯 빠져나갔는데, 그것으로 말미암아 그는 그의 동료들에 의하여 동굴 속으로 옮겨졌고, 거기에서 그는 자기 자신의 쾌락에 알맞은 냄새(=악취)에 의하여 되살아났습니다.

[5] 재차 나는 자신의 동료들에 의하여 벌을 받고 있는 사탄을 본 적이 있습니다. 내가 그 이유를 묻자, 내게 일러진 대답은, 그는 코를 막고서 천계의 향내음 가운데 있는 자들에게 가까이 갔다가, 그가 자기가 있었던 곳에 돌아왔는데, 그는 그의 옷에 그 향내음을 묻혀가지고 왔기 때문이라는 것입니다. 이와 같은 일은 자주 일어나는데, 지옥의 열린 구멍들을 통해서 온 큰 무리에게서 나는 아주 고약한 악취가 나의 코를 고통스럽게 강타, 자극하였고, 그리고 토하게 하였습니다.

이상의 내용에서 볼 때 성경말씀에서 냄새가 지각(知覺・perception)을 뜻한다는 것을 밝히 알 수 있겠습니다. 왜냐하면 여호와께서 번제물에서 비롯되는 맛갈스러운 향기를 맡으신다고 자주 성경말씀에 언급되고 있기 때문입니다. 그리고 또한 성유(聖油・anointing oil)나 향기로운 것들로 만든 향(香)이 성경말씀에 자주 언급되기 때문입니다. 다른 한편 이스라엘 자손들은 그들 안에 있는 불결한 것들을 그들의 영내에서 쫓아내라는 명령을 받았고, 그리고 그들의 배설물은 땅에 묻거나, 불에 태우라는 명령을 받았기(신명기 23 : 12, 13) 때문입니다. 이것은 곧 이스라엘의 진영(陣營)이 천계를 표징하기 때문이고, 그 진영 밖의 광야는 지옥을 표징하기 때문입니다.

570. 넷째 영계 체험기

나는 한번 이 세상에 있을 때 천계와 지옥에 관해서 아주 많이 명상(冥想)을 했던 신참 영(新參 靈・a novitiate spirit)과 대화를 한 적이 있습니다. 그 신참 영들은 근자에 죽은 사람들을 뜻하고, 그리고 그 때 그들은 영적인 사람들(spiritual men)이기 때문에 영이라고 부릅니다. 이 영(靈・spirit)이 영계에 들어오자, 즉시 그는 마찬가지로 천계와 지옥에 관해서 명상하기 시작하였고, 그리고 천계에 관해서 생각할 때는 자신에게 기쁜 것으로 여겨졌고, 지옥에 관해서 생각할 때는 슬픈 것처럼 느꼈습니다. 그가 영계에 있다는 것을 알게 되자, 즉시 그는 천계가 어디에 있고, 지옥이 어디에 있는지, 그리고 그것들이 어떤 것인지, 그것의 각각의 성질은 무엇인지 등등을 물었습니다.

그들은 말하기를 "천계는 그대 머리 위에 있고, 지옥은 그대 발 아래에 있습니다. 왜냐하면 지금 그대는, 천계와 지옥 사이의 중간을 가리키는, 영들의 세계(the world of spirits)에 있기 때문입니다. 그렇지만 그것들이 어떤 것인지, 그것의 각각의 성질이 무엇인지, 우리는 몇 마디 말로 기술할 수가 없습니다" 라고 대답하였습니다.
그 때 그는 그것을 매우 알고 싶었습니다. 그는 무릎을 꿇고 경건하게 하나님에게 그가 가르침을 받게 해주기를 기도하였습니다.
놀랍게도 한 천사가 그의 오른쪽에 나타났고, 그를 손으로 잡아서 일으켰습니다. 그리고 "그대는 천계와 지옥에 관해서 가르침 받기를 기도하였습니다. 그러니 기쁨이 무엇인지 묻고 배우십시오. 그대는 그것을 곧 알게 될 것입니다" 라고 대답하였습니다. 천사는 이런 말을 남긴 뒤 곧 떠나 버렸습니다.

[2] 그 때 신참 영은 자문자답했습니다. "이 말의 뜻이 무엇이람? 기쁨이 무엇인지 묻고 배워라! 그리고 당신은 천계가 무엇이고, 지옥이 무엇인지 알게 될 것이고, 그것들의 성질 또한 알게 될 것이라니." 그는 그 장소를 즉시 떠났고, 주위를 여기 저기 다니면서 그가 만나는 자들에게 물었습니다. "원하건대, 부디 기쁨이 무엇인지 내게 일러주십시오."

그러나 어떤 이는, "그런 질문도 있습니까? 기쁨이 무엇인지 어느 누가 알겠습니까? 즐거움이나 반가움(gladness)이 아니겠습니까? 기쁨은 기쁨이지요. 전자나 후자나 동일한 것입니다. 우리는 그 차이를 전혀 모르겠습니다" 라고 말하였습니다.

또 다른 사람은, "기쁨은 마음의 웃음(the mind's laughter)입니다. 왜냐하면 마음이 웃을 때 얼굴은 유쾌하고(merry), 말(言語)은 재미있고 몸동작은 발랄하고(playful), 그 사람 전체는 기쁨 안에 있기 때문이지요" 라고 말하였습니다. 또 다른 사람들은, "기쁨은 잔치 이외에 아무것도 아니고, 그리고 진미(珍味)의 음식을 먹고, 귀한 고급 포도주를 마시고, 그 때 다양한 것들에 관해서 다정다감하게 환담하고, 특히 비너스나 큐피드의 사랑 이야기들을 즐기는 것입니다" 라고 말하였습니다.

[3] 이런 내용의 말을 듣고서 신참 영은 화가 나서, 혼잣말을 하였습니다. "이런 대답들은 시골 촌뜨기의 말이지, 품위 있는 사람들의 말은 아니지! 이런 부류의 기쁨들은 천계의 것도 아니고, 지옥의 것도 아니지. 나는 현명한 사람들을 만나면 좋겠는데!" 라고 중얼거렸습니다.

그는 이런 인물들에게서 떠나가면서, "현명한 사람들은 어디에 계십니까?" 라고 말하였습니다. 그 때 그는 천사적인 영에게 발견되었는데, 그 영은 "나는 그대가 보편적인 천계가 무엇인지 알려는 열망을 가지고

제 9장 회개(悔改·Repentance) 483

있다는 것을 알았고, 그리고 보편적인 지옥이 무엇인지 알려고 하는 열망을 가지고 있다는 것을 알았습니다. 이것은 기쁨을 가리키기 때문에, 결과들을 조사하고 원인들을 연구하며, 목적들을 찾으려는 자들이 매일 화합이 있는 언덕으로 당신을 안내하겠습니다. 결과들(effects)을 조사하는 자들은 지식의 영들(spirits of knowledge)이라고 불리우고, 추상적으로 지식들이라고 합니다. 원인들(causes)을 연구, 조사하는 자들은 총명의 영들(spirits of intelligence)이라고 불리우고, 추상적으로는 총명이라고 합니다. 그리고 목적들을 찾는 자들은 지혜의 영들(spirits of wisdom)이라고 불리고, 추상적으로는 지혜라고 합니다. 이들 바로 위에 있는 천계에는 목적들에게서 원인들을 아는 천사들이나, 그리고 원인들에서 결과들을 아는 천사들이 있는데, 천사들로 말미암아 그들 세 동료들은 조요(照耀·enlightenment)를 취합니다" 라고 말하였습니다.

[4] 그 때 신참 영의 손을 잡고서, 그는 그를 언덕 꼭대기로 안내하였고, 그리고 목적을 찾는, 지혜들이라고 하는 자들로 이루어진 모임에 안내되었습니다. 신참 영은 그들에게 "제가 여러분들에게 온 것을 용서하십시오. 내가 여기에 온 것은 나는 어린 아이 시절부터 천계와 지옥에 관해서 깊이 생각하였기 때문입니다. 나는 최근에 이 세계에 왔습니다. 그 때 나와 함께 있었던 몇몇들은 천계는 내 머리 위에 있다고 말하였고, 그리고 지옥은 내 발 아래에 있다고 하였습니다. 그러나 그들은 천계와 지옥이 무엇인지, 그리고 그것의 성질이 무엇인지는 말하지 않았습니다. 따라서 나는 그것들에 관한 계속되는 생각으로 말미암아 불안, 걱정 가운데 있기 때문에 나는 하나님에게 기도하였습니다. 그 때 한 천사가 내게 와서, '기쁨이 무엇인지 연구하고, 배우십시오. 그러면 당신은 알게 될 것입니다' 라고 말하였습니다. 그러므로 원하옵건대 만약에 좋으시다면 여러분께서는, 기쁨이 무엇인지 가르쳐 주십시오" 라고 말하였습니다.

[5] 이 말에 지혜의 영들이 대답하였습니다. "기쁨은, 천계에 있는 모두에게나, 그리고 지옥에 있는 모두에게나 생명(=삶)에 속한 전부입니다. 천계에 있는 자에게는 그것은 선과 진리에 속한 기쁨이고, 그러나 지옥에 있는 자에게 그것은 악과 거짓에 속한 기쁨(=쾌락)입니다. 왜냐하면 모든 기쁨은 사랑에 속해 있고, 그리고 사랑은 사람의 생명의 존재이고 본질이기 때문입니다. 그러므로 사람은 그의 사랑에 일치하여

사람이기 때문에, 그러므로 그는 그의 기쁨에 일치하여 사람입니다. 사랑의 활동(activity)은 감관에게 기쁨을 제공합니다. 천계에서 그것의 활동은 지혜와 함께 있고, 지옥에서 그것은 광기(狂氣·insanity)와 함께 있습니다. 그러나 이들 양자의 경우들에서 그 활동은 그것의 주체들(subjects)에게서 기쁨을 생산합니다. 그러나 천계의 기쁨과 지옥의 기쁨(=쾌락)은 정반대의 기쁨입니다. 천계의 기쁨은 선에 속한 사랑 안에 있고, 그리고 결과적으로는 선을 행하는 것의 기쁨입니다. 그러나 지옥의 기쁨(=쾌락)은 악에 속한 사랑(=쾌락)에 있고, 그리고 결과적으로 악을 행하는 것의 기쁨(=쾌락)입니다. 그러므로 만약에 여러분이 그 기쁨이 무엇인지를 안다면, 여러분은 천계가 무엇이고, 그리고 지옥이 무엇인지를 아는 것이고, 그리고 그것의 성질 역시 압니다" 라고 말하였습니다.

[6] "그러나 기쁨이 무엇인지 더 상세한 것은 원인들을 조사하는 자들에게서, 즉 총명이라고 불리우는 자들에게서 묻고, 더 배우도록 하십시오. 그들은 오른쪽에 떨어져 있습니다" 라고 말하였습니다.

그리고 그는 그들을 떠나서 그 모임으로 다가갔습니다. 그리고 그들에게 그가 거기에 온 이유를 말하였고, 그리고 기쁨이 무엇인지 가르쳐줄 것을 그들에게 청하였습니다.

그들은 이 질문을 즐겁게 맞이하였고, 그들은 "기쁨이 무엇인지를 아는 사람이 천계나 지옥이 무엇인지를 알고, 그리고 그것들의 성질들을 안다는 것은 맞는 말입니다. 그것으로 말미암아 사람이 사람인 의지는 기쁨에 의한 것을 제외하면 지극히 조금도 움직이지 않습니다. 왜냐하면 본질에서 보면 의지는 어떤 사랑의 정동 이외에 아무것도 아니기 때문입니다. 따라서 어떤 기쁨이기 때문입니다. 왜냐하면 그것은 어떤 즐거움(pleasure)이고, 결과적으로는 의지의 작용(volition)을 일으키는 것은 만족감(satisfaction)이기 때문입니다. 그리고 의지가 생각하는 이해를 움직이기 때문에, 생각은 의지에 속한 기쁨의 유입(influent)을 제외하면 지극히 조금도 움직이는 것은 불가능합니다. 이런 이유 때문에 당신 자신에게서 비롯된 입류(入流·influx)에 의하여 주님께서는 영혼에 속한 모든 것들을 작동(作動), 움직이셨고, 그리고 천사들·영들·사람들에게 있는 마음에 속한 것들(all things of the mind)을, 그리고 이런 것들 안에 있는 모든 것들은 주님께서는 사랑의 입류나 지혜의 입류에 의하여 작동, 움직이셨습니다. 그리고 이 입류는 모든 기쁨이 거기에서 비롯된 활동 자체입니다. 그것의 근원에는 지복(至福·bliss)·행복(happiness)·경사(慶事·felicity)라고 부르는 것이 있고, 그리고 그것의 파생에는 기쁨·즐거움·쾌감이 있고, 보편적인 뜻으로는 선(good)이 있습니다. 그러나 지옥의 영들은 그것들 안에 있는 모든 것들을 거꾸로 전화(轉化)시키고, 따라서 선을 악으로 바꾸고, 진리를 거짓(falsehood)으로 바꾸고, 기쁨은 그침이 없이 계속해서 남아 있습니다. 왜냐하면 기쁨의 지속적인 영속성이 없다면 그들은 의지를 결코 가지지 못할 것이고, 그리고 그 어떤 느낌도 가지지 못할 것이고, 따라서 생명(=삶)도 결코 가지지 못할 것입니다. 이러한 내용이나 사실은 지옥의 기쁨이 무엇인지, 그리고 그것의 성질이나 근원이 무엇인지 아주 명료하게 만듭니다. 그리고 또한 천계의 기쁨이 무엇인지, 그리고 그것의 성질이나 근원이 무엇인지도 명료하게 합니다" 라고 말하였습니다.

[7] 이 말을 듣자 그는 세 번째 모임에 안내되었습니다. 그 모임에는 결과들(effects)을 탐구, 추구하는 자들, 곧 지식들이라고 불리우는 자들이 있었습니다. 그들은 "보다 낮은 땅으로 내려 오셨다가, 보다 높은 땅으로 오르십시오. 귀하는 거기에서 천계와 지옥의 기쁨 모두를 지각할 것이고, 느낄 것입니다" 라고 말하였습니다.

놀라지 마십시오. 그 순간 멀리 떨어진 곳에 땅이 열리고, 틈바구니를 통해서 악마들 셋이 올라왔는데, 그들은 그들의 사랑들(=애욕들)의 불꽃 위에 있는 것 같이 보였습니다. 신참 영과 함께 하는 천사들은 운 좋겠고 이들 셋이 지옥에서 나왔다는 것을 잘 알고 있기 때문에, 그들이 악마들에게서 왔다는 것을 알고 있기 때문에, "가까이 오지 마시오. 당신들이 있는 거기에서 당신들의 기쁨들에 관해서 무엇을 우리에게 말하십시오" 라고 말하였습니다.

그들은 이렇게 대답하였습니다. "이 사실을 밝히 아십시오. 선한 자이든 악한 자이든, 모두는 자기 자신의 기쁨 안에 있는데, 그의 선 안에 있을 때, 소위 선한 사람이라고 부르고, 그의 악 안에 있을 때 악한 사람이라고 합니다" 라고 말하였습니다.

천사들은 "그대들의 기쁨이 무엇입니까?" 라고 물었습니다. 그들은 그것은 음란·복수·시기·모독 따위들 안에 있는 것이라고 대답하였습니다.

재차 천사들은 "당신들에게 그런 기쁨들의 성질은 무엇입니까?"라고 물었습니다.

그들은, 다른 자들은 그것들을 똥에서 나온 고약한 냄새들 따위로 느끼고, 죽은 시체에서 나는 아주 불쾌하고 고약한 냄새들로 느끼고, 썩은 오줌에서 나는 지독한 냄새들로 느낀다고 말하였습니다.

그 때 천사들은, "이런 것들은 당신들에게는 유쾌한 것들입니까?"라고 묻자, 그들은 "아주 유쾌한 것입니다"고 대답하였습니다.

천사들은 "그래요, 그대들은 이런 불결한 것들 안에서 사는 더러운 짐승들과 같군요"라고 말하였습니다.

그들은 "우리들은 그럴 수도 있겠지요. 그러나 이런 것들은 우리들의 코에는 상쾌합니다"라고 대답하였습니다.

그 때 천사들은 "더 다른 것은 무엇입니까?"라고 물었습니다.

그들은, "모두는 자신들의 기쁨에 있는 것이 허락되었지요. 심지어 가장 불결한 것이라고 해도 거기에 허락되지요. 그가 선한 영들이나 천사들을 공격, 괴롭히지 않는다고 하면 그들은 그것을 기쁨이라고 부릅니다. 그러나 우리들의 기쁨 때문에, 우리들은 그들을 공격, 괴롭힐 수밖에 없고, 우리는 더 지독한 것을 참고 견디어야 하는 작업장으로 쫓겨나지요. 우리들의 기쁨의 금지나 제약 또는 움추림 따위를 지옥의 고통이라고 부르는 것입니다. 그리고 그것은 역시 내면적인 고통을 가리킵니다"라고 대답하였습니다.

천사들은 "당신네들이 선한 사람을 공격, 괴롭히는 이유는 무엇입니까?"라고 물었습니다.

그들은, "우리는 그렇게 할 수밖에 없습니다. 우리가 천사를 보게 되고, 천사 주위에 있는 주님의 신령영기(靈氣)를 느끼게 되면 그것은 마치 격노(激怒)가 우리를 사로잡는 것과 같기 때문입니다"라고 대답하였습니다. 이런 대답에 우리들은 "여러분은 그 때 야생 짐승들과 같군요"라고 말하였습니다.

그 때 그들이 천사들과 함께 있는 신참 영을 보자 마자 그들에게 격노가 일어났는데, 그것은 마치 증오의 불꽃(the fire of hatred)과 같이 보였습니다. 그래서 그들이 해치는 짓들을 막기 위해서 그들은 지옥으로 다시 쫓겨났습니다.

이런 일이 있은 뒤, 목적들에게서 원인들을 아는, 그리고 원인들을 통해서 결과들을 아는 천사들이 나타났습니다. 그 천사들은 이들 세 모임들 위에 있는 천계에 있는 자들입니다. 이들 천사들은 그들의 빛나는 흰 빛 가운데 나타났고, 나선형으로 만든 화관을 가지고 내려와서, 그것을 신참 영의 머리에 그것을 씌웠습니다. 그 때 위에서부터 음성이 있었는데 그에게는 "이 월계수 화관을 그대에게 줍니다. 그것은 그대가 어린 아이 때부터 천계와 지옥에 관해서 명상을 가지고 왔기 때문입니다"라는 말이 일러졌습니다.

제 10 장

개혁(改革·reformation)과 중생(重生·regeneration)

571. 회개가 다루어진 뒤 개혁(=바로잡음·改革·reformation)과 중생(=거듭남·重生·regeneration)이 다음 순서에 이어지는데, 이것은 그것들이 회개에 뒤이어지기 때문이고, 그리고 회개에 의하여 그것들은 일보 일보 진전하기 때문입니다. 사람이 반드시 들어가야 하고, 그것을 통과하여야 하는 두 상태들이 있는데, 그 때 자연적인 것에서 그는 영적이 됩니다. 그 첫째 상태를 개혁(=바로잡음)이라고 하고, 둘째 상태를 중생(=거듭남)이라고 부릅니다. 첫째 상태에서 사람은, 그의 자연적인 데서부터 그의 영적인 상태를 우러르고, 그 상태를 동경(憧憬)합니다. 둘째 상태에서는 그는 영적 자연적(spiritual-natural)이 됩니다. 첫째 상태는 믿음에 속한 진리들을 가리키는, 진리들에 의하여 형성되고, 이런 것들을 통해서 그는 인애를 우러릅니다. 둘째 상태는 인애에 속한 선들에 의하여 형성되고, 이런 선들에 의하여 그는 믿음에 속한 진리들에게 들어갑니다. 꼭 같은 것이지만 첫째 상태는 이해에서 비롯된 생각의 상태를 가리키고, 둘째 상태는 의지에서 비롯된 사랑의 상태를 가리킵니다. 후자의 상태가 진전하기 시작할 때 마음에서 변화가 일어납니다. 마음이 반대로 거꾸로 움직이는 상태에 있을 때 그 때 의지에 속한 사랑은 이해에 유입하고, 그리고 그것에 작용하고, 그리고 이해로 하여금 그것의 사랑에 일치하고, 동의하여 생각하게 합니다. 결과적으로 사랑에 속한 선이 첫째 영역으로 하여금 활동하게 하고, 그리고 믿음에 속한 진리들이 둘째 영역으로 하여금 활동하게 될 때 사람은 영적인 것이고, 그리고 새로운 피조물(a new creature)입니다. 그 때 그는 인애로 말미암아 행동하고, 믿음으로 말미암아 말을 합니다. 그는 인애에 속한 선을 느끼고, 믿음에 속한 진리를 지각합니다. 그 때 그는 주님 안에 있고, 그

제 10장 개혁(改革 · reformation)과 중생(重生 · regeneration) 489

리고 평화 안에 있고, 따라서 그는 중생한 것입니다. 이 세상에 있는 동안 그 사람은 첫째 상태에 들어가고, 그리고 죽은 뒤에 그는 둘째 상태에 인도, 안내됩니다. 그러나 이 세상에 있는 동안 처음 상태에 들어가지 못한 자는 죽은 뒤에 둘째 상태에 들어갈 수 없습니다. 이들 두 상태는 봄철 한낮의 볕과 빛의 진전 상태에 비교될 수 있겠습니다. 첫째 상태는 여명(黎明), 곧 수탉이 홰를 칠 때에, 둘째는 아침, 곧 일출(日出)에 비교될 수 있겠습니다. 둘째 상태에의 진전은 한낮으로의 진전에 비교될 수 있고, 따라서 빛과 볕의 진전에 비교될 수 있겠습니다. 그것은, 처음에는 잎의 상태에 있고, 그런 다음에는 꽃망울이나 이삭의 성장에 있고, 그런 다음에는 낟알들(=알맹이들)이 형성되는 곡식의 농사에 비교될 수 있겠습니다. 그리고 나무의 경우, 처음에는 씨에서 땅 밖으로 나오는 새싹에, 그리고 그 뒤 그것에서 가지들이 나오고, 그리고 뒤에는 잎들로 장식되는 줄기(樹幹)에, 종국에는 꽃을 피우고, 그리고 그 꽃들의 극내적인 것에서 열매를 형성하기 시작하는, 그리고 그것이 성숙, 다 익었을 때에는, 새로운 세대(a new generation)와 꼭 같은, 새로운 씨앗들을 생산하는 한 그루의 나무에 비유, 비교될 수 있겠습니다. 개혁(=바로잡음 · 改革 · reformation)의 상태를 가리키는 첫째 상태는 그것 자체에서 명주실을 뽑아내고, 끄집어내는, 누에의 상태에 비교될 수 있고, 그리고 그것의 부지런한 애씀을 마친 뒤에는 공중으로 날아오르고, 종전처럼 나무 잎들에 의한 것이 아니고, 꽃들의 수액들에 의하여 영양분을 취하는, 나비에 비유되겠습니다.

I.
만약에 사람이 다시 태어나지 않는다면, 소위 새롭게 창조되지 않는다면, 그 사람은 하나님의 나라에 들어갈 수 없다.

572. 사람이 다시 나지 않으면 하나님의 나라에 들어갈 수 없다는 것은 요한복음서에서 인용한 아래의 장절의 주님의 가르침(敎理 · the Lord's doctrine)입니다. 요한복음서의 말씀입니다.

예수께서 니고데모에게 말씀하셨다. "내가 진정으로 진정으로 너에게 말한다. 누구든 다시 나지 않으면(=위로부터 나지 않으면), 하나님 나라를 볼 수 없다"……예수께서 대답하셨다. "내가 진정으로 진정으로 너에게 말한다. 누구든지 물과 성령(=영)으로 나지 않으면, 하나님 나라에 들어갈 수 없다. 육으로 난 것은 육이요, 영으로 난 것은 영이다"(요한 3 : 3, 5, 6).

"하나님 나라"(the kingdom of God)는 천계와 교회 양자를 뜻합니다. 왜냐하면 교회는 지상에 있는 하나님 나라(=하나님의 나라)이기 때문입니다. 그러므로 하나님의 나라가 다른 곳들에 언급, 거명되었습니다(예를 들면 마태 11 : 11 ; 12 : 28 ; 21 : 43 ; 누가 4 : 43 ; 6 : 20 ; 8 : 1, 10 ; 9 : 11, 60, 62 ; 17 : 21 ; 그 밖의 여러 곳).

여기서 "물과 성령"(=영)으로 다시 태어난다는 것은 그것들에 일치하여 믿음의 진리들이나 생명에 의하여 태어나는 것을 뜻합니다. 여기서 "물"(water)이 진리들을 뜻한다는 것은 ≪묵시록 계현≫ 50・614・615・632・685항에서 볼 수 있고, "성령"(=영・spirit)이 신령진리에 따라서 사는 삶(=생명・life)을 뜻한다는 것은 요한복음 6장 63절의 주님의 말씀에서 명확합니다. 여기서 "진정으로, 진정으로" 또는 "아멘, 아멘"이라는 말씀은 이것이 진리라는 것을 뜻하고, 그리고 주님께서 아주 자주 이 표현을 사용하셨는데, 그것은 그분께서 진리 자체이시기 때문입니다. 주님 당신께서는 역시 "아멘!"이라고 불리셨습니다(묵시록 3 : 14). 성경말씀에서 중생한 사람(重生者)은 "하나님의 아들들" 그리고 "하나님으로부터 난 자"(born of God)라고 불리셨고, 그리고 중생(=거듭남)은 "새로운 마음"(a new heart)이나 "새로운 영"(a new spirit)이라는 낱말에 의하여 기술되었습니다.

573. 말하자면 새롭게 창조되었다(created anew)는 것을 뜻하는 "다시 난다"(born again)는 표현이 여기서 사용되었는데, 그것은 "창조되었다"(to be created)는 말씀이 중생되었다(to be regenerated)는 것을 뜻하기 때문입니다. 이것이 성경말씀에서 "창조되었다"(=지음 받았다・to be created)는 말씀의 뜻이라는 것은 아래의 장절들에서 잘 볼 수 있겠습니다.

아, 하나님,
내 속에 깨끗한 마음을 새로 지어 주시고

내 안에 정직한 새 영을 넣어 주십시오.
(시편 51 : 10)
주께서 그들에게 먹이를 주시면,
그들은 받아 먹고,
주께서 공급하여 주시면
그들은 좋은 것으로 배를 불립니다.……
주께서 주의 영(=주의 숨)을 불어넣으시면,
그들이 다시 창조됩니다.
주께서는 땅의 모습을
다시 새롭게 하십니다.
(시편 104 : 28 , 30)
아직 창조되지 않은 백성이
그것을 읽고 주를 찬양하도록 하여라.
(시편 102 : 18)
내가 예루살렘을
기쁨이 가득 한 도성으로 창조하고,
그 주민을
행복을 누리는 백성으로 창조하겠다.
(이사야 65 : 18)
이제 야곱아,
너를 창조하신 주께서 말씀하신다.
이스라엘아,
너를 지으신 주께서 말씀하신다.
"내가 너를 속량하였으니,
두려워하지 말아라.
내가 너를 지명하여 불렀으니,
너는 나의 것이다.……
'나의 이름을 부르는 나의 백성,
나에게 영광을 돌리라고 창조한 사람들,
내가 빚어 만든 사람들을 모두 오게 하여라'
라고 말하겠다."
(이사야 43 : 1, 7)
사람들이 이것을 보고,
주께서 이 일을 몸소 하셨다는 것을
알게 될 것이다.

> 이스라엘의 거룩하신 하나님께서
> 이것을 창조하셨다는 것을
> 깨닫게 될 것이다.
> (이사야 41 : 20)

역시 어디에서나 주님께서는 창조자(Creator)・조성자(造成者・Maker)・완성자(完成者・Former)라고 불리셨습니다. 이러한 것은 주님께서 제자들에게 하신 말씀이 뜻하는 것을 명료하게 합니다. 마가복음서의 말씀입니다.

> 예수께서 그들에게 말씀하셨다. "너희는 온 세상에 나가서, 만민에게 복음(=기쁜 소식)을 전파하여라"(마가 16 : 15).

여기서 "만민"(=피창조물・creatures)은 중생될 수 있는 모든 자들을 뜻합니다(묵시록 3 : 14 ; 고린도 후서 5 : 16, 17).
574. 모든 이성은 사람이 반드시 중생되어야 한다는 것을 입증하고 있습니다. 왜냐하면 그의 부모에게서 파생된 온갖 종류의 악들 가운데 태어났기 때문입니다. 그리고 이런 악들은 영적인 사람에게 정반대되는 그의 자연적인 사람 안에 그들의 자리들을 차지하고 있기 때문입니다. 그럼에도 불구하고 사람은 천계를 위해 태어났습니다. 비록 그가 영적인 존재가 안 된다면 그는 천계에 들어가지 못하지만, 그러나 사람은 오직 중생에 의하여 영적인 존재가 될 수 있습니다. 이것에서 필수적으로 뒤이어지는 것은, 그것의 탐욕이나 정욕과 더불어 자연적인 사람은 영적인 것에 정복되어야 하고, 예속되어야 하고, 개과천선(改過遷善)되어야 한다는 것이고, 그리고 그렇지 않으면 사람은 천계를 향해 한 발자국도 나아갈 수 없고, 오히려 지옥 속으로 깊이깊이 가라앉는다는 것입니다. 만약에 사람은 온갖 종류의 악들 가운데 태어났다고 믿고, 선과 악이 존재하고, 그리고 양자는 서로 모순, 상반된다는 것을 시인한다면, 그리고 또한 사후 삶이 있다는 것을, 그리고 지옥과 천계가 있다는 것을 믿는다면, 그리고 악은 지옥을 형성하고, 선은 천계를 형성한다는 것을 믿는다면 어느 누구가 이 사실을 알 수 없겠습니까? 자기 자신을 살필진대, 자연적인 사람은 짐승들의 본성으로 말미암아 그의 자연적인

사람은 본성에서 결코 짐승과 차이가 없습니다. 그 사람은 그것들과 꼭 같이 야생적이고 미개합니다. 그러나 그것은 그가 그런 존재라는 그의 의지의 측면에서 입니다. 그는 이해의 측면에서는 짐승들과 전혀 다릅니다. 그런 상태에서 이해는 의지에 속한 탐욕들 위에 높이 제고(提高)될 수 있고, 그리고 또한 그 탐욕들을 볼 수 있을 뿐만 아니라 그것들을 알맞게 조절할 수도 있습니다. 이런 이유 때문에 사람은 이해로 말미암아 생각할 수 있고, 생각으로 말미암아 말을 할 수 있는데, 짐승은 그것을 할 수 없습니다. 선천적으로 사람은 어떤 것이고, 만약에 중생되지 않는다면 그가 무엇이 될 것인지는 온갖 종류의 포악한 동물들에게 잘 볼 수 있겠습니다. 그는 아마도 호랑이 같을 것이고, 또는 표범들이나, 들개(wild dog)·전갈·독거미·독사·악어나 그 밖의 사나운 짐승 같은 것들이 될 것입니다. 결과적으로 만약에 그가 중생에 의하여 양들로 바뀌지 않는다면, 그는 지옥에 있는 악마들 가운데 있는 악마 이외에 무엇이겠습니까? 그리고 그 상태에서 시민법(civil laws)에 의하여 억제, 속박되지 않는다면, 선천적인 잔인성으로 말미암아 그는 사람이 아니고, 다른 사람에게 저돌(猪突)적으로 달려들고, 서로 서로 죽일 것이고, 서로 서로 약탈하고, 심지어 종국에는 옷가지의 남은 조각까지 빼앗기까지 할 것입니다. 인류는 그 얼마나 새터들(satyrs)이나, 괴물 또는 네 발 가진 도마뱀들로 태어난 것이 아니겠습니까? 만약에 중생하지 않는다면 이들 가운데 어느 누가 원숭이가 아니겠습니까? 그들의 내적인 것들은 숨길 목적으로 외적인 도덕성(external morality)만 요구되었습니다. 역시 그런 것만 행하였습니다.

575. 사람이 중생되지 않았을 때 사람이 무엇인지는 아래의 이사야서의 비교들이나, 유사점에 의하여 매우 명료하게 밝혀 주고 있습니다. 이사야서의 말씀입니다.

> 펠리컨과 고슴도치가 그 땅을 차지하겠고,
> 부엉이와 까마귀가
> 거기에서 자리를 잡을 것이다.
> 주께서 에돔을 '혼돈의 줄'과 '황무의 추'로
> 재실 터이니,
> 에돔을 창조 전처럼 황무하게 하실 것이다.……

궁궐이 있던 곳마다 가시나무가 돋아나고,
그 요새에는
쐐기풀과 엉겅퀴만 무성할 것이다.
그 곳은 승냥이 떼의 굴이 되고,
타조들의 집이 될 것이다.
거기에서는 들짐승들이 이리 떼와 만나고,
숫염소가 소리를 내어 서로를 찾을 것이다.
밤짐승이 거기에서
머물러 쉴 곳을 찾을 것이다.
부엉이가 집을 만들어 거기에 깃들고,
그 알을 낳아 까서,
제 몸으로 그늘을 만들어 덮을 것이다.
솔개들도 제 짝과 함께 그리로 모일 것이다.
(이사야 34 : 11-15)

II.
새로운 출생, 즉 창조는 이들 둘이 사람의 협동을 뜻하듯이, 인애와 믿음을 통하여 오직 주님에 의하여 성취, 완성된다.

576. 중생이 인애와 믿음을 통하여 주님에 의하여 성취, 완성된다는 것은 인애와 믿음에 관한 장, 즉 본서 6장과 7장에 설명된 것에서, 특히 주님·인애·믿음은 하나(一體)를 이룬다는 것에서, 그리고 사람 안에서 생명·의지·이해가 하나인 것에서, 그리고 만약에 이것들이 분리된다면 그것들의 각각은 마치 진주가 가루가 되는 것 같이 소멸할 것이라는 것에서 뒤이어집니다. 인애와 믿음(charity and faith) 양자는, 그것들이 주님과 사람을 결합시키는 것이기 때문에, 방편들(means)이라고 불리웁니다. 다시 말하면 인애는 인애가 되게 하고, 믿음은 믿음이 되게 하는데, 만약에 사람이 그의 중생에서 그 어떤 본분(本分·역할·part)을 가지지 못한다면, 이 결합은 결코 성취, 완성될 수 없습니다. 이것이 앞에서 협동하는 사람(man co-operating)이라고 부른 이유입니다. 앞서의 장들에서 주님과 사람의 협동(man's co-operation)이 여러 차례 다루어졌는데, 그러나 사람의 마음(the human mind)은 사람이 자기 자신의 힘에

제 10장 개혁(改革·reformation)과 중생(重生·regeneration)

의하여 이것을 성취, 완성하는 것 이외에는 달리 지각할 수 없는 그런 것이기 때문에, 이 주제는 다시 설명, 예증되어야 하겠습니다. 모든 운동(all action) 안에는, 결과적으로 모든 활동(all action) 안에는 능동적인 것과 수동적인 것이 있습니다. 다시 말하면 능동적인 것 (the active)은 활동하고, 피동적인 것(the passive)은 능동적인 것으로 말미암아 활동합니다. 그러므로 양자로 말미암아 하나의 활동은 일어납니다. 이 양자를 비교해서 말한다면 그것의 바퀴들에 의하여 움직이는 제분기(mill)나, 말들에 의하여 움직이는 마차와 같고, 그것은 운동이 결과에서, 결과가 그것의 원인에서, 그리고 죽은 힘(a dead force)은 살아 있는 힘(a living force)에서 비롯되는 것과 같습니다. 일반적으로 도구(the instrument)가 동인(動因·the principal)에 의하여 움직여지는 것과 같습니다. 이들 양자가 함께 하나의 활동을 만든다는 것은 누구나 잘 알고 있습니다. 인애와 믿음에 관해서 보면, 주님께서는 역사하시고, 사람은 주님으로 말미암아 행동합니다. 왜냐하면 주님의 능동적인 것은 사람의 수동적인 것 안에 있기 때문입니다. 그러므로 정확하게 움직이는 힘은 주님에게서 비롯되고, 그리고 그것으로 말미암아 움직이는 의지는 마치 사람의 것과 같습니다. 그것은 사람이 선택의 자유(the freedom of choice)를 가지고 있기 때문인데, 그것에 의하여 사람은 주님과 더불어 마치 하나처럼 활동할 수 있고, 따라서 사람은 자신을 주님에게 결합시킵니다. 또는 외부적인 힘(an extraneous power)을 가리키는 지옥의 힘(the power of hell)으로 말미암아 활동한다는 것, 따라서 사람은 자신을 주님에게서 분리시킵니다. 주님의 활동과 조화의 상태에 있는 사람의 활동은 여기서 협동(協動·co-operation)이 뜻합니다. 이것에 대한 보다 명료한 지각을 주기 위하여 아래와 같은 비교들에 의하여 더 상세하게 설명, 예증되겠습니다.

577. 앞서의 설명에서 뒤이어지는 것은, 주님께서는 중생하는 사람의 행동 안에 끝없이 존재하신다는 것입니다. 그것은 주님께서 구원하시는 사람의 행동 안에 계속해서 끝없이 계시기 때문이고, 그리고 요한복음서의 주님의 말씀과 같이, 사람이 중생되지 않는다면 어느 누구도 구원받을 수 없기 때문입니다. 요한복음서의 말씀입니다.

　　예수께서 대답하셨다. "내가 진정으로 진정으로 너에게 말한다. 누구든지 다시 나지 않으면(=위로부터 나지 않으면), 하나님 나라를 볼 수 없다"(요한 3 : 3).

그러므로 중생은 구원에 속한 방편(=수단)들이고, 이에 반하여 인애와 믿음(charity and faith)은 중생의 수단들입니다. 현대교회가 사람의 협동을 무시하는 믿음에서 중생이 비롯된다고 말한다는 것은 헛되고 헛된 것의 극치입니다.

[2] 여기에 기술된 행동(action)과 협력(co-operation)은 활동의 상태(state of activity)나 기동성의 상태(state of mobility)에 있는 모든 것에서 볼 수 있겠습니다. 이러한 것은 마음의 행동이고 협동이고, 그리고 그것의 모든 동맥의 행동이고 협동입니다. 마음은 행동하고, 주요 동맥들은 그것들의 덮개들에 의하여 행동하고, 외막들에 의하여 협력합니다. 거기에서 순환, 유통이 일어납니다. 그와 같은 일은 폐장에서도 동일합니다. 공기는 대기의 높이에 일치하는 그것의 의무로 부과되는 무게에 의하여 행동하는데, 처음에는 갈비뼈들과 폐장이 협력하고, 그 뒤에 즉시 폐장은 갈비뼈들과 협력합니다. 이것으로 말미암아 인체의 모든 세포막에는 호흡이 있습니다. 따라서 두뇌의 막이나 늑막 · 복막 · 횡경막이나, 내장을 덮는 것이나, 그것들의 구성에 들어가는 그 밖의 다른 것들은 그것들에 의하여 작용되고, 따라서 그것들은 서로 협력합니다. 왜냐하면 그것들은 탄력적이기 때문입니다. 이것으로 말미암아 그것들의 존재나 실체는 존재하기 때문입니다. 이러한 것은 모든 섬유나 신경, 모든 근육이나 심지어 모든 연골에서도 동일합니다. 잘 알려진 것과 같이 이런 것들의 개별적인 모든 것 안에는 작용과 협력이 있습니다.

[3] 모든 감관 안에도 역시 이런 부류의 협력이 있습니다. 왜냐하면 인체의 지각기관들(the sensories)은, 운동신경들(the motories)과 같이, 섬유들 · 세포막들 · 근육들로 구성되기 때문입니다. 그러나 이것의 각각의 협력적인 활동을 기술한다는 것은 별로 소용이 없기 때문입니다. 왜냐하면 마치 빛이 눈에 작용하듯이, 소리가 귀에, 냄새가 코에, 맛이 혀에 작용하듯이 그것들의 관계는 이미 잘 알고 있기 때문입니다. 그리고 기관들이 스스로 자신들에게 작용한다는 것도 잘 알려져 있기 때문입니다. 그것에서부터 감관은 존재합니다. 만약에 두뇌의 영적인 유기체 안에 유입하는 생명과의 그런 활동이나 협력이 없다면, 의지나 생각이 존

제 10장 개혁(改革·reformation)과 중생(重生·regeneration) 497

재할 수 없다는 것은 이런 모든 것에서 어느 누가 알 수 없겠습니까? 왜냐하면, 주님에게서 비롯된 생명은 그런 유기체 안에 유입하기 때문입니다. 그리고 이런 협력 때문에 사람은 그가 생각한 것의 지각을 소유하는 것이고, 마찬가지로 그가 깊이 생각하고, 끝맺음 한 것에, 그리고 행동으로 결정한 것에 대한 지각을 마찬가지로 소유하기 때문입니다. 만약에 생명이 단순하게 행동하는 것이라면, 그리고 사람이 마치 스스로 하듯이 협력하지 않는다면, 사람은 나무등걸 이상으로 더 이상 생각할 수 없고, 목사가 성전 안에서 설교하는 동안 성전 이상으로 더 생각할 수 없을 것입니다. 사실 성전은 그것의 문들에서 비롯되는 소리의 여운(the reverberation of the sound from its doors) 때문에 의미를 가지는 것이고, 말하자면 오고 가는 대화가 아니고 산울림의 여운에서 의미를 가지는 것입니다. 그러므로 인애와 믿음에 관해서 사람이 주님과의 협력이 없다면 사람도 그러할 것입니다.

578. 사람이 주님과 함께 협력하지 않는다면 그가 어떤 존재인지 비교들에 의하여 예증될 수 있겠습니다. 사람이 천계나 교회에 속한 영적인 것들에 대한 지각이나 의미를 가지고 있을 때, 그것은 마치 맛없고, 불협화음적인 것이 흘러들어오는 것 같이, 예를 들면 코에 들어온 더러운 악취나, 귀에 들어온 불협화음의 시끄러운 소리나, 소름끼치는 극악의 광경이나, 혀를 자극하고 구린내 나는 고약한 냄새와 같다고 하겠습니다. 만약에 인애의 기쁨이나 신념의 즐거움이 악이나 거짓에 있는 자들의 마음의 영적인 유기체의 조직에 유입되었다면, 만약에 이런 기쁨이나 즐거움이 그들에게 밀려온다면, 그들은 고민이나 고통 속에 빠져 있을 것이고, 종국에는 기절할 것입니다. 유기체의 조직은 끝없는 소용돌이들로 구성되기 때문에, 이런 경우 그것은 나선형으로 똘똘 감긴 것이고, 개미 둑 위에 있는 뱀처럼 몸부림치며 괴로워할 것입니다. 이것이 사실이라는 것은 영계에서의 수많은 경험에 의하여 나에게 입증되었습니다.

III.
모두는 이미 속량(贖良)되었기 때문에, 각각의 그의 상태에 따라서 모두는 중생될 수 있다.

579. 이 명제를 이해하기 위하여 속량(贖良)에 관해서 몇 가지 사실을 제언하여야 하겠습니다. 주님께서는 두 목적을 위하여 이 세상에 강림하셨는데, 하나는 천사나 사람에게서 지옥을 제거, 옮기는 것이고, 다른 하나는 그분의 인성을 영화하시는 것(to glorify His Human)입니다. 왜냐하면 주님의 강림 이전에는 지옥은 천계의 천사들을 괴롭힐 정도까지 증대하였기 때문이고, 또한 천계와 지옥 사이를 막는 것에 의하여, 지상의 사람들과 주님과의 교류나 내통이 차단되기에 이르렀습니다. 그러므로 신령진리나 신령선은 주님으로부터 사람들에게 결코 통과할 수가 없었습니다. 결과적으로 전 인류를 협박하는 전체적인 영벌이 있었고, 그리고 천계의 천사들은 그들의 순수성(純粹性·integrity)에 머물 수가 없었습니다.

[2] 따라서 지옥이 깨끗하게 치워지기 위해서, 그리고 그것에 의한 절박한 영벌이나 저주가 제거되기 위해서는 주님께서 이 세상에 강림하셨고, 주님께서는 지옥을 구축(驅逐)하셨고, 그것을 정복하셨고, 따라서 천계를 여셨습니다. 그러므로 그 후부터 주님께서는 지상의 사람들과 함께 계시고, 그리고 당신의 계명들에 따라서 사는 자들을 구원하셨습니다. 결과적으로 주님께서는 그들을 중생시키시고, 구원하셨습니다. 왜냐하면 중생된 자들은 구원을 받기 때문입니다. 이것이 어떻게든 반드시 이해되어야 하는 내용입니다. 다시 말하면 모두는 속량(贖良)되었기 때문에 그들은 중생할 수 있다는 것이고, 그리고 중생과 구원이 하나를 이루었기 때문에 모두는 구원받을 수 있다는 것입니다. 그러므로 교회가 가르치고 믿는 교리는, 주님의 강림이 없다면 사람은 어느 누구도 구원받을 수 없다고, 다시 말하면 주님의 강림이 없으면 어느 누구도 중생될 수 없다는 것으로 이해되어야 하겠습니다.

[3] 주님께서 이 세상에 강림하신 다른 목적입니다. 그것은 이름하여 그분의 인성(His Human)을 영화하는 것인데, 그것은 그것에 의하여 그

분께서는 영원히 속량주(the Redeemer) · 중생주(the Regenerator) · 구세주(the Saviour)가 되시는 것입니다. 왜냐하면 이것은 이 세상에서 이루신 한 번의 속량에 의하여, 그리고 그것에 의하여 모든 사람들이 속량되었다는 것을 믿게 하려는 것이기 때문입니다. 그러나 이러한 주제나 내용들에 관해서는 "주님 속량주"를 다룬 장, 본서 제 2장에서 볼 수 있겠습니다.

580. 모든 사람은, 각자 자신의 상태에 따라서 중생될 수 있습니다. 왜냐하면 소박한 사람이나 유식한 사람은 서로 다르게 중생되기 때문입니다. 그것은 서로 다른 직업에 종사하는 자들이 있고, 서로 상이한 임무를 수행하는 자들이 있기 때문입니다. 그리고 성경말씀의 외적인 것들을 연구하는 자들이 있고, 성경말씀의 내적인 것을 연구하는 자들이 있습니다. 그들의 부모들에게서 이어 받은 자연적인 선에 원칙을 세우고 사는 자들도 있고, 또는 악에 원칙을 세우고 사는 자들도 있습니다. 그리고 유아부터 세상의 허무한 일들(vanities)에 빠져 있는 자들도 있고, 조만간 그것들에게서부터 물러날 자들도 있습니다. 한마디로 주님의 외적인 교회(the Lord's external church)를 형성하는 자들은 주님의 내적인 교회(the Lord's internal church)를 형성하는 자들과 서로 다르게 중생됩니다. 그것은, 마치 사람들의 생김새들(features)이나 성격들(dispositions)과 같이 매우 다양하고, 무한합니다. 그럼에도 불구하고 모두는 그의 상태에 따라서 중생되고, 구원받습니다.

[2] 이러한 내용이 사실이고, 진실이라는 것은 천계에서 잘 볼 수 있는데, 천계에서 중생자는 모두 천계를 향해 가고, 거기에는 세 천계들(three heavens)이 있는데, 그것은 가장 높은 천계 · 중간 천계 · 가장 낮은 천계가 되겠습니다. 중생을 통해서 주님사랑을 취득한 자들은 가장 높은 천계(the highest heaven)에 오르고, 이웃사랑을 취득한 자들은 중간천계(the middle heaven)에 오르고, 단순히 외적인 인애(external charity)를 실천하고, 그러나 동시에 주님을 하나님 속량주 구세주로 시인한 자들은 가장 낮은 천계 (the lowest heaven)에 오릅니다. 그러나 이들은 방법은 다르지만 모두 구원을 받았습니다.

[3] 모두는 중생될 수 있고, 따라서 구원받을 수 있습니다. 그것은 주님께서 주님의 신령선과 신령진리와 함께 모든 사람에게 존재하시기 때문입니다. 이것은 바로 주님께서 모든 사람의 생명의 근원이기 때문이

고, 그리고 이것은 영적인 것들 안에 있는 선택의 자유와 더불어 이해하고 뜻하는 그의 능력이기 때문입니다. 이런 것들이 결여된 사람은 아무도 없습니다. 그리고 이들에게 부여된 은사(恩賜)입니다. 그리고 그 은사는 성경말씀에서 기독교인들이나, 그들의 종교들에서 소위 이방 사람들에게 가르쳐지는 것은 하나님은 한 분이시다는 것, 그리고 선이나 악에 관한 가르침들(precepts)이 제공되고 있다는 것 등입니다. 이상의 사실에서 뒤이어지는 것은 모두는 구원받는다는 것입니다. 결과적으로 만약에 사람이 구원받지 못한다는 것은 사람의 과오이지 결코 주님의 과오(the Lord's fault)는 아닙니다. 왜냐하면 사람이 주님에게 협력하지 않았기 때문입니다.

581. 속량과 십자가의 고난(the passion of the cross)은 명확히 구분되고, 그리고 결코 혼돈되지 않는 두 사실은, 주님께서는 이 양자에 의하여 사람들을 속량하시고, 구원하시는 능력을 지니셨다는 것은 본서 제2장 "주님 속량주"(the Lord the Redemption)에서 이미 입증하였습니다. 그것 자체가 속량이라고 하는 십자가의 고난에 관한 현대 교회에 수용된 믿음으로부터 하나님·믿음·인애와 이들 셋에 의존하는 떼어놓을 수 없는 교리와 그 밖의 것들에 관한 모골이 송연해지는 온갖 거짓들이 야기되었고, 그리고 그것의 지지자들은 허다한 무리들을 이루었습니다. 예를 들면 하나님에 관한 것입니다. 그것은 하나님께서 인류의 천벌(天罰·damnation of the human race)을 결정하셨다는 것, 그리고 그분께서 그분의 아들(聖子·His Son)에게 그 영벌을 돌리시는 것에 의하여 자비(慈悲)에 되돌리시기를 원하셨다는 것, 또는 성자께서 자기 자신에게 그 일을 담당하게 하시는 것에 의하여 자비에 돌아오셨다는 것, 그리고 예지(豫知·foreknowledge)나 예정(豫定·predestination)에 의하여 그리스도의 공로(Christ's merit)가 그들에게 부여(賦與)된 자들은 오직 구원받는다는 것 등등이 되겠습니다. 이런 오류에서 그 믿음에 속한 또 다른 오류가 새끼 쳐 나왔습니다. 다시 말하면 그 믿음이 부여된 자들은 자기 자신이 해야 할 그 어떤 협력이 없이 동시에 중생되었다는 것이고, 그리고 심지어 그들은 율법의 정죄나 저주(the condemnation of the law)에서 면제(免除), 용서받았다는 것이고, 그리고 더 이상 율법 아래에 있지 않고 예수 그리스도의 은혜 안에 있다는 것 등입니다. 그럼에도 불구하고 주님께서는 이렇게 말씀하셨습니다. 복음서들의 말씀입니다.

제 10장 개혁(改革·reformation)과 중생(重生·regeneration) 501

내가 진정으로 너희에게 말한다. 천지가 없어지기 전에는 율법은 일점 일획도 없어지지 않고 다 이루어질 것이다. 누구든지 이 계명 가운데 가장 작은 것 하나라도 폐지하고 사람들을 그렇게 가르치는 사람은, 하늘 나라에서 가장 작은 사람이라고 일컬음을 받을 것이요, 또 누구든지 이 계명을 지키며 가르치는 사람은, 하늘 나라에서 큰 사람이라고 일컬음을 받을 것이다(마태 5 : 18, 19; 누가 16 : 17).

그분의 제자들에게는 이렇게 명령하셨습니다.

"그의 이름으로 죄의 사함을 받게 하는 회개가 모든 민족에게 전파될 것이다" 하였다(누가 24 : 47; 마가 6 : 12).

주님께서는 또 이렇게 말씀하셨습니다.

때가 찼다. 하나님의 나라가 가까이 왔다. 회개하여라. 복음을 믿어라(마가 1 : 15).

그들이 중생할 수 있고, 구원받을 수 있다는 것을 뜻하는 "복음"(the gospel)은 만약에 주님께서 속량의 대업(贖良大業)을 성취하시지 않으셨다면, 그들이 결코 구원받을 수 없다는 것을 뜻합니다. 다시 말하면 지옥에 대항하여 싸운 싸움들에 의하여, 그리고 그 싸움의 승리에 의하여 지옥의 능력을 빼앗았다는 것은 만약에 주님께서 그의 인성(His Human)을 영화하셨다는 것, 다시 말하면 그것을 신령하게 완성하셨다는 것이 없으면 그들은 중생하고, 구원받을 수 없다는 것을 뜻합니다.

582. 만약에 현대교회의 믿음이 계속해서 이어진다면 전 인류가 무엇이 될 것인지 합리적으로 생각하시고, 말씀해 보십시오. 사실 이 믿음은, 사람들이 오직 십자가의 고통에 의하여 속량된다는 것, 그리고 그리스도의 공로가 부여된 사람들은 율법의 정죄에 놓이지 않는다는 것입니다. 다시 말하면 사람이 자신 안에 그것이 있든 없든, 그리고 그것에 관해서 알든 모르든, 관계없이 이 믿음은 온갖 죄들을 용서한다는 것, 그리고 중생한다는 것이고, 그리고 그것의 행위 안에 있는 사람의 협동(man's co-operation), 다시 말하면 그것은 사람이 사람 자신의 공로와

그리스도의 공로를 뒤섞는 것이기 때문에, 사람에게 그것이 주어지고, 그것에 들어간다는 것은 구원을 모독(冒瀆)하는 것이고, 동시에 그 사람에게서 구원을 빼앗는 것입니다. 합리적으로 생각하십시오. 내가 말하는 것은, 온갖 악들의 영적인 세척(洗滌·the spiritual washing of evils)에 의하여, 그리고 특히 인애의 실천(the exercise of charity)에 의하여 중생이 성취된다고 가르치는 전 성경이 배척되는 것인지, 아닌지 나에게 말씀해 주십시오. 개혁의 출발점인, 십성언(=십계명·the Decalogue)이 무엇입니까? 그 때 그것은 마치 구멍가게에서 양념을 포장하기 위해 사용하고, 그것을 파는데 쓰이는 종이 조박지 이외에 무엇입니까? 그 때 이른바 종교는 무엇입니까? 그 때 그것은, 어느 누가 자기는 죄인이라는 일종의 슬픔(哀悼)이나 또는 아드님(聖子)의 고통 때문에 자비로우신 하나님 아버지에게 간청하는 간구나, 따라서 마음 속에서 행하는 그 어떤 것이 아니고 다만 입 안의 말이나 폐장의 숨결 이외에 종교가 무엇입니까? 속량은 그 때 교황의 사면(赦免·a papal indulgence) 이외에 무엇입니까? 그것은 전 무리를 목적해서 행해지는, 그리고 가끔 이런 일이 행해지는, 어느 수도승 자신의 채찍질(a monk's flagellation) 이외에 무엇입니까? 만약에 오직 믿음만이 사람을 회개시킨다면, 그리고 회개나 인애를 행하는 것은 아무런 가치가 없다면, 사후에 사는 사람의 영을 가리키는 속사람(the internal man)은 무엇입니까? 그것은 마치 불타버린 도시나, 겉사람을 형성하는 잔해(殘骸)들인가? 아니면 풀쐐기들이나 메뚜기들에 의하여 황폐하게 된 경작지나 들판들인가? 이런 부류의 인물들은 천사들에게는, 마치 자기 가슴에는 독사를 품고 있으면서, 그것을 자기 옷으로 감추려고 애쓰는 자들처럼 보입니다. 또는 이리와 함께 자고 있는 어린 양처럼 보이고, 거미줄로 짠 잠옷을 입고 멋진 침대에서 잠을 자는 사람처럼 보입니다. 그들의 중생의 서로 상이한 계도에 따라서 천계에서 정리 정돈된 모두를 살피거나, 그들이 중생을 배척하는 서로 상이한 계도에 따라서 지옥에서 정리 정돈된 모두를 살필 때 사후의 삶(=생명)은 고기 덩어리의 생명 이외에 아무것도 아니고, 따라서 물고기나 게의 생명과 다르지 않을 것입니다.

IV.
중생은 사람이 모태에서 수태(受胎)되고, 출생하고, 교육을 받는 것과 같은 유사한 방법으로 이루어진다.

583. 사람에게는 자연적으로 일어나는 것과 영적으로 일어나는 것 양자 사이에, 사람의 육신에 일어나는 것과 그의 영(靈)에 일어나는 것 양자 사이에, 영원한 대응(對應·a perpetual correspondence)이 있습니다. 이것은 사람이 그의 영의 측면에서는 영적으로 태어나기 때문이고, 그리고 사람은 그의 물질적인 몸을 구성하는 자연적인 것으로 옷입혀져 있기 때문입니다. 그러므로 이 몸이 벗겨질 때, 영적인 몸(a spiritual body)으로 옷입혀진 그의 영혼(his soul)은 영적인 모든 것들이 있는 세계에 들어오고, 거기에서 그것과 비슷한 것들과 사귀게 됩니다. 그 때 영적인 몸은 반드시 물질적인 몸 안에 형성되어야 하고, 그리고 영계를 통해서 주님에게서 유입하는 진리들이나 선들에 의하여 영적인 몸은 형성되어야 합니다. 그리고 영적인 몸은, 이른바 시민적, 도덕적이라고 불리는 자연계로부터 이루어지는 것과 같이, 그 사람 안에 있는 이런 것들에서 사람이 내적으로 수용한 것으로 이루어집니다. 그런 방법으로 그것의 형성이 이루어진다는 것은 명확합니다. 앞에서 언급한 것과 같이, 자연적으로 일어나는 것과 영적으로 일어나는 것 양자 사이에 불변(不變)의 대응(a constant correspondence)이 사람 안에 있기 때문에 여기에서 뒤이어지는 것은, 이 형성(formation)은 마치 수태(conception)·임신(gestation)·출생(birth)·교육(education)의 진행과정과 같다는 것입니다. 이런 이유 때문에, 성경말씀에서 자연적인 출생들(natural births)은, 선과 진리에 속한 출생들을 가리키는, 영적인 출생들(spiritual births)을 뜻합니다. 왜냐하면, 자연적인 것을 가리키는 성경말씀의 문자적인 뜻으로 언급된 것은 영적인 것을 내포하고 있고, 뜻하기 때문입니다. 성경말씀의 문자적인 뜻에 속한 개별적인 것들이나 전체적인 것들에는 영적인 뜻이 있다는 것은 "성서" 또는 "주님의 말씀"을 다룬 본서 제 4장에서 충분하게 입증하였습니다. 성경말씀에 언급된 자연적인 출생들(the natural births)이 영적인 출생들을 뜻한다는 것은 아래의 장절들에서 아주 명확합니다. 선지서들의 말씀입니다.

우리가 임신하여 산고를 치렀어도,
아무것도 낳지 못하였습니다.
우리는 이 땅에 구원을 베풀지 못하였고,
이 땅에서 살 주민을 낳지도 못하였습니다.
(이사야 26 : 18)
땅아, 네 주님 앞에서 떨어라(=출산하여라).
(시편 114 : 7)
시온은 진통이 오기도 전에 해산한다.
해산의 고통이 오기도 전에 아들을 낳는다.……
"바로 내가 아이를 모태에서 나오게 하거늘,
어찌 내가 아이를 낳게 할 수 없겠느냐?"
주께서 말씀하신다.
"아이를 낳게 하는 이가 나이거늘,
어찌 내가 아이를 못 나오게 막겠느냐?"
너의 하나님께서 말씀하신다.
(이사야 66 : 7-10)
내가 이집트에 불을 지르면
신(=펠루시움 · Sin)의 요새가
고통으로 몸부림칠 것이고,
노(=테베 · No)는 적에게 뚫릴 것이며,
놉(=멤피스 · Noph)에는 날마다 적들이 쳐들어갈 것이다.
(에스겔 30 : 16)
에브라임이
다시 태어나는 진통을 겪고 있다.
그러나 그는,
때가 되었는데도 태를 열고 나올 줄 모르는
미련한 아들과도 같다.
(호세아 13 : 13)

성경말씀에서 자연적인 출생들(natural generations)이 영적인 출생을 뜻하기 때문에, 이런 출생들이 주님에게서 비롯되기 때문에, 주님께서는 조물주(the Maker)나 조성자(the Former)라고 불리셨는데, 이런 것은 아래의 장절들에서 잘 드러나 있습니다.

제 10장 개혁(改革·reformation)과 중생(重生·regeneration) 505

너를 지으신 분
네가 태어날 때부터
'내가 너를 도와주마' 하신 주께서
말씀하신다.
(이사야 44 : 2)
주님은 나를
모태에서 끌어내신 분,
어머니의 젖을 빨 때부터
나에게 믿음을 주신 분이십니다.
(시편 22 : 9)
나는
태어날 때부터 주님을 의지하였습니다.
어머니 뱃속에서 나올 때에
나를 받아 주신 분도 바로 주님이셨다.
(시편 71 : 6)
너희가 태어날 때부터
내가 너희를 안고 다녔고,
너희가 모태에서 나올 때부터
내가 너희를 품고 다녔다.
(이사야 46 : 3)

이런 이유 때문에 주님께서는 이렇게 불리셨습니다.

아버지라고 불리셨습니다(이사야 9 : 6 ; 63 : 16 ; 요한 10 : 30 ; 14 : 8, 9).

주님에게서 온 선들이나 진리들 안에 있는 자들은 아들들(Sons)이나 하나님에게서 난 자(born of God), 또는 서로서로 형제들(brethren)이라고 불렀습니다(마태 23 : 8, 9). 그리고 교회는 어머니라고 불리웠습니다(호세아 2 : 2, 5 ; 에스겔 16 : 45).
584. 이상에서 볼 때 지금 명료하게 된 것은 자연적인 출생(natural generations)과 영적인 출생(spiritual generations) 사이에 대응이 있다는 것이고, 그리고 이 대응 때문에 뒤이어지는 수태(conception)·임신(gestation)·출생(birth)·교육(education)은 새로운 출생(the new birth)

뿐만 아니라 그것들이 실제적으로 존재한다는 것을 서술합니다. "중생"에 관한 우리의 본문장에서는 그것들의 본래 순서에서 따라서 그것들의 내용(=본성)을 제시하고자 합니다. 간략하게 말한다면 남자의 정자(=씨·精子·man's semen)는 이해에서 내면적으로 수정(受精)되고, 의지에서 형체가 주어집니다. 그리고 거기에서 자연적인 가리개(a natural covering)로 자체를 옷입히는 고환(睾丸·testicle)에 옮겨지고, 그리고 자궁에 호송(護送)되고, 그리고 세상에 들어옵니다. 더욱이 식물계에 있는 모든 것들과 같이 사람의 중생의 대응이 있습니다. 그러므로 성경말씀에서 사람은 나무에 의하여 묘사되고 있고, 그리고 나무의 씨는 사람의 진리를, 그리고 나무의 열매는 사람의 선을 묘사하고 있습니다. 좋지 않은 나무(evil tree)는 새롭게 태어나야 한다는 것, 말하자면, 그렇게 된 뒤에 좋은 열매를 맺고, 그리고 좋은 씨를 맺어야 한다는 것은 접목(椄木·grafting)이나 아접(芽椄·budding)에서 확실합니다. 왜냐하면 비록 동일한 수액(樹液·sap)이 뿌리로부터 접목이나 아접된 줄기(樹幹)에 올리워진다고 해도, 그 때 그 수액은 좋은 수액으로 바뀌고, 그리고 바뀐 수액은 좋은 나무를 만들기 때문입니다. 이와 같은 것은 교회에 있는 주님에게 접목된 사람들에게서도 꼭 같습니다. 주님께서 그것을 이런 말씀으로 가르치셨습니다. 요한복음서의 말씀입니다.

> 나는 포도나무요, 너희는 가지다. 사람이 내 안에 머물러 있고, 내가 그 사람 안에 머물러 있으면, 그는 많은 열매를 맺는다. 너희는 나를 떠나서는 아무것도 할 수 없다. 사람이 내 안에 머물러 있지 않으면, 그는 쓸모 없는 가지처럼, 버림을 받아서 말라 버린다. 사람들이 그것을 모아다가, 불에 던져서 태워 버린다(요한 15:5, 6).

585. 나무들뿐만 아니라 관목(灌木)들까지 식물의 성장과정은 사람의 자식낳이(human prolification)에 대응한다는 것은 수많은 학자들에 의하여 가르쳐졌습니다. 그러므로 나는 이 주제에 관해서 추가적인 방법으로 몇 가지를 부연하고자 합니다. 식물계의 나무들이나 그 밖의 다른 대상물들에는 자웅(雌雄) 양성(兩性)만 있는 것이 아니고, 오히려, 하나의 성(性)인 웅성(雄性·男性)이 있고, 땅(the earth)이나 토양(soil)은 공동의 어머니(the common mother)이고, 따라서 소위 여성(女性)입니다.

왜냐하면 어머니인 땅이나 토양은 모든 열매들의 씨들을 받아들이고, 그것들의 눈을 띄우고, 그것들을 이른바 자궁으로 옮기고, 그리고 그 때 그것들을 양육하고, 열매를 맺기 때문입니다. 다시 말하면 한낮의 빛에 안내하고, 그리고 그 뒤에는 옷을 입히고, 그것들을 계속 유지하기 때문입니다.

[2] 제일 먼저 씨가 땅에 의하여 발아(發芽)되었을 때 그것은 일종의 심장을 가리키는 뿌리로 시작하고 이 뿌리에서부터 마치 혈액과 같은 수액(樹液)을 분출(噴出)하고, 전달합니다. 그러므로 사지(四肢)들이 제공, 소위 몸을 형성하는데, 그것의 몸통은 줄기(樹幹) 자체이고, 이에 반하여 가지들이나 그것의 잔가지들은 그것의 수족입니다. 그것의 출생 직후 나무의 잎들은 폐장으로 종사합니다. 왜냐하면 폐장이 없는 심장은 결코 심장의 박동이나 의식을 결코 생산하지 못하는 것과 같이, 그리고 이런 것들에 의하여 사람이 살아가듯이, 따라서 잎들이 없으면 뿌리는 나무들이나 관목들이 자라게 하지 못하기 때문입니다. 열매에 선행하여 피는 꽃들은 나무의 피를 가리키는 수액을 조잡한 것에서 순수한 부분을 분리하는 것에 의하여 정화합니다. 그것들이 역시 새롭고 연한 나무 줄기를 형성하는데, 그것을 통해서 정화된 수액이 흘러, 열매를 형성하는데, 그것은 마치 고환에 비교할 수 있겠는데, 그 열매는 그것 안에 씨가 완벽하게 합니다. 수액의 각 분자를 살게 하는 식물의 혼(The vegetative soul)이나 그것의 결실의 본질은 영계의 볕(熱) 이외의 다른 근원에서 비롯되지 않습니다. 이 볕이 거기에 있는 영적인 태양에서 비롯되기 때문에 그것은 자식낳이 이외에는 아무것도 열망하지 않고, 그리고 그것에 의한 계속적인 창조를 열망합니다. 그리고 영적 태양은 본질적으로 사람의 출생을 열망하기 때문에 그것은 사람에게 유사한 것을 생산하는 것을 촉진, 야기시킵니다.

[3] 식물계의 주체들이 오직 웅성(雄性·masculine) 뿐이고, 땅이나 토양은 공동의 어머니(a common mother)이고, 또한 자성(雌性·feminine)이라는 진술(statement)에 누구나 별로 놀라지 않는데, 그것은 벌들 가운데 있는 어떤 유사한 것에 의하여 예증될 수 있겠습니다. 스왐메르담(Swammerdam)의 저서 ≪자연의 책들≫(Book of Nature)이라는 보고에 따르면, 벌들은 공통의 어미를 가지고 있고, 전 벌통에 있는 새끼들은 그 어미에게서 생산되었다는 것입니다. 이들 작은 곤충들을 위한 한

마리 공동 어미(=암펄)가 있듯이, 모든 나무들에게 동일하지 않은 이유는 무엇입니까?

[4] 대지(the earth)가 공동의 어미라는 것은 영적으로 예증될 수 있겠습니다. 따라서 성경말씀에서 "대지"(=땅·the earth)가 교회를 뜻한다는 사실에 의하여 예증될 수 있겠는데, 교회가 공동의 어머니이고, 역시 성경말씀에서는 그렇게 불리웠습니다. 대지가 교회에 대응한다는 것은 ≪묵시록 계현≫(Apocalypse Revealed) 285·902항을 참조하십시오. 그러한 내용은 거기에 잘 입증되었습니다. 그러나 대지나 토양이 순환을 일으키고, 그것에 순환을 주는, 씨의 극내적인 것에, 심지어 그것의 다산(多産)의 본질(its prolific principle)에까지 들어올 수 있는데, 그것은 티끌의 지극히 작은 입자나 분말(粉末)도 영계에서 비롯된 볕에 속한 능동적인 것의 효과를 가리키는, 일종의 형언하기 힘든 침투하는 발산(發散·a kind of subtle penetrating effluvium)의 본질에서 나옵니다.

586. 오직 사람만이 점차적으로 중생될 수 있다는 것은 자연계의 존재에 있는 개별적인 것들이나 전체적인 것들에 의하여 예증될 수 있겠습니다. 나무는 하루에 그것의 충분한 성장에 이룰 수 없지만, 그러나 처음에는 씨에서부터 성장하고, 그리고 뿌리에서, 큰 줄기가 되는, 수간은 새 싹에게서 성장하고, 이것에서 가지들이나 잎들이 나오고, 나중에는 꽃들이나 열매들이 나옵니다. 밀이나 보리는 하루에 알곡으로 익지 못하고, 집(house)은 하루에 세워지지 않으며, 그리고 또한 사람은 하루에 그의 충분한 성장을 취하지 못합니다. 하물며 지혜는 어떻겠습니까! 교회도 하루에 완전하게 세워지지 않습니다. 시작에서 비롯되는 것을 제외하면 목적에의 그 어떤 진전이나 성장 역시 존재하지 않습니다. 중생의 상이한 개념을 가지고 있는 자들은 인애와 믿음에 관해서 아무것도 알지 못하고, 또한 사람과 주님의 협력에 따라서 서로 성장하는 것에 관해서도 아무것도 알지 못합니다. 이상에서 볼 때 사람이 수태되고, 자궁에 옮겨지고, 태어나고, 교육받는 것과 비슷한 방법으로 중생이 성취, 이루어진다는 것은 아주 명백합니다.

V.
새로운 탄생의 첫째 장은 이해에 속한 개혁(=바로잡음·改革)이라고 부르고, 둘째 장은 의지에 속하고, 이해에서 비롯된 중생(=거듭남·重生)이라고 부른다.

587. 개혁(=바로잡음)과 중생(=거듭남)이 여기서, 그리고 뒤이어 다루어지고 있기 때문에, 그리고 개혁은 이해에서 기인하고, 중생은 의지에서 기인하기 때문에, 이해와 의지의 명확한 분별들을 잘 알아야 한다는 것은 필수적입니다. 사실 그 분별들은 이미 기술되었습니다(본서 397항 참조). 그러므로 거기에 무엇이 기술되었는지 먼저 읽어야 하겠고, 그리고 그 다음에는 우리의 지금 단락을 읽는 것입니다. 이미 입증된 것은 사람이 태어난 악들은 자연적인 사람의 의지에 형성되어 있다는 것이고, 그리고 그 의지는 이해로 하여금 그것에 동의하여 생각하는 것에 의하여 그것에 선호하게 한다는 것입니다. 이런 이유 때문에, 사람은 중생하여야 한다는 것이고, 그리고 그의 중생은, 중간적 원인(the mediate)으로서 이해에 의하여 성취되어야 한다는 것은 필수직입니다. 그리고 이런 일은, 처음에는 부모님이나 선생님들에게서, 다음에는 성경말씀을 읽는 것에서, 그리고 설교말씀에서 또는 책들이나 여러 대화에서, 이해가 수용한 다종다양한 교육에 의하여 행해집니다. 이해가 이런 근원들에서 수용한 것들은 이른바 진리들이라고 불리웁니다. 그러므로 개혁은 이해에 속한 방법들에 의하여 성취된 것이라고 말하든, 또는 이해가 수용한 진리들에 의해 성취된 것이라고 말하든 그것은 동일한 것입니다. 왜냐하면 진리들은 그 사람이 자기 자신 안에서 반드시 믿어야 한다고 가르치기 때문이고, 그리고 그가 반드시 믿어야 한다는 진리들은 그가 반드시 행하여야 한다는 것, 따라서 그가 어떻게 원하는지를 가르치고 있기 때문입니다. 왜냐하면 누구나 행한 것은 그의 이해와 일치하여 의지로 말미암아 행하기 때문입니다. 그 때 사람의 의지 자체는 선천적으로 악하고, 그리고 이해는 선이 무엇이고, 악이 무엇인지를 가르치기 때문에, 그리고 사람은 선이나 또는 악을 원할 수 있기 때문에, 여기서 뒤이어지는 것은 사람은 반드시 이해에 속한 수단들에 의하여 개혁되어

야 한다는 것입니다. 그리고 사람은 누구나 악은 악이고, 선은 선이라는 것을 잘 알고 있고, 마음 속으로 시인하고 있는 한, 그리고 선은 반드시 선택되어야 한다는 것을 생각하고 있는 한, 그 사람은 이른바 개혁의 상태(the state of reformation)라고 부르는 것에 존재합니다. 그러나 그의 의지가 그 사람으로 하여금 악을 멀리 기피하고, 선을 행한다면, 중생의 상태(the state of regeneration)는 시작하였습니다.

588. 이런 목적을 위하여 사람에게는 천계의 천사들이 그 속에 있는 빛 속에까지 그의 이해를 제고(提高)시키는 능력이 주어졌습니다. 그것은 사람이 반드시 원하는 것이 무엇이고, 그것으로 말미암아 행해야 하는 것이 무엇인지 알게 하기 위한 것이고, 그리고 일시적으로는 이 세상에서 번영하고, 죽은 뒤에는 영원히 누리는 만복을 알게 하기 위한 것입니다. 만약에 사람이 자신을 위하여 지혜를 터득하였다면 번영하고, 만복을 누릴 것이고, 그리고 그는 그의 의지를 그것에 대한 순종의 상태에서 보존, 간수할 것이지만, 그러나 그가 자신의 이해를 그의 의지에 대하여 비굴하게 한다면 그는 불행하고, 불행하게 될 것입니다. 이러한 일은, 선천적으로 의지가 온갖 악들에게, 심지어 극악(極惡)에 기울어 있기 때문입니다. 그러므로 만약에 이해의 수단들에 의하여 점검, 억제되지 않는다면, 그의 의지에 속한 자유에 머물러 있는 사람은 아주 매우 큰 사악에게로 돌진할 것이고, 그 사람 안에 있는 타고난 야생적인 성품으로 말미암아 자기 자신의 목적을 위하여 자신을 지지하지 않거나, 그의 욕망이나 탐욕을 충족시키지 않는 자들을 약탈하고, 살해할 것입니다. 더욱이 만약에 사람이 그의 이해를 완벽하게 분리할 수 없다면, 그리고 그것에 의하여 그의 의지가 완전하게 될 수 없다면, 그는 사람이 아니고, 다만 짐승일 것입니다. 왜냐하면 그의 의지 이상으로 그의 이해가 분리될 수 없다면, 그리고 이해를 뛰어 넘는 상승이 없다면, 그는 무엇을 생각할 수도 없을 것이고, 그 생각으로부터 말도 할 수 없을 것이고, 다만 오직 소리들에 의하여 자신의 감정들을 겨우 표현할 것입니다. 아니면, 이성으로 말미암아 행동할 수 있지만, 그러나 본능으로 말미암아 행동할 것입니다. 하물며 하나님과 관계되는 것을 어떻게 알 수 있겠으며, 그리고 그것에 의하여 하나님 그분이나, 그리고 그분과 결합하고, 영원히 산다는 것을 어떻게 알 수 있겠습니까! 왜냐하면 사람은, 마치 자기 스스로 하듯이 생각이나 뜻을 실천하기 때문

제 10장 개혁(改革·reformation)과 중생(重生·regeneration)

입니다. 여기서 '마치 자기 스스로 하는 듯이'라고 한 것은 결합 (conjunction)에는 상호적인 요소가 있기 때문입니다. 왜냐하면 이 상호적인 것이 없다면 결합은 불가능하기 때문인데, 그것은 적응(adaptation)과 적용(application)이 없이, 능동적인 것과 수동적인 것의 결합은 있을 수 없는 것과 꼭 같기 때문입니다. 하나님께서는 당신 홀로 활동, 역사하십니다. 사람은, 비록 내면적으로는 하나님으로 말미암은 것이지만 마치 자기 자신이 하는 것처럼, 사람 자신에게 활동, 역사하는 것을 허락한 것이고, 모든 외현(appearance)에 협력하는 것입니다. 그러나 이런 것들의 올바른 지각에서 이해에 속한 수단들에 의하여 사람의 의지가 제고되었을 때 사람의 의지에 속한 사랑이 무엇인지 잘 볼 수 있고, 그리고 의지가 제고되지 않았다면 그것이 무엇인지 알 수 없고, 따라서 사람이 무엇인지도 알 수 없습니다.

589. 모든 사람에게는 창조에 의하여 천계의 천사들이 있는 총명에까지 이르는 이해를 제고하는 능력이 선천적으로 있다는 것을 반드시 알아야 합니다. 이것은 선한 사람과 꼭 같이 악한 사람, 심지어 지옥에 있는 모든 악한 사람에게도 꼭 같습니다. 왜냐하면 지옥에 있는 모두는 사람들이었기 때문입니다. 이러한 것은 생생한 경험에 의하여 내게 자주 입증된 것입니다. 그러나 총명스럽지 못한 자들은 영적인 것들에서는 미치광이입니다. 그것은 그들이 선을 원하지 않고, 악을 원하기 때문이고, 결과적으로는 그들은 진리들을 알고, 이해하는 것에 반대하고, 그것들을 싫어하기 때문입니다. 왜냐하면 진리들은 선을 선호하고, 악을 반대하기 때문입니다. 이렇게 볼 때 명확한 사실은, 새로운 탄생에서 첫 발자국은 이해에 의한 진리들의 수용이라는 것이고, 그리고 둘째 발자국은 수용된 진리들에 일치하여 의지가 행하는 것이고, 마지막 발자국은 그것들 즉 진리들에 순종, 실천하는 것입니다. 그러나 어느 누구나 단순한 진리의 지식들에 의하여 개혁된다고 말할 수는 없습니다. 왜냐하면 사람은, 그의 의지에 속한 사랑 이상으로 그의 이해를 고양하는 능력을 통하여 그것들을 터득할 수 있고, 그것들에 관하여 말하고, 가르치고 설교할 수 있기 때문입니다. 그러나 사람은 진리를 목적해서 진리에 대한 정동을 가지고 있는 사람이 개혁된 사람입니다. 왜냐하면 이런 정동은 자체를 의지에 결합시키기 때문이고, 그리고 만약에 그 결합이 계속된다면 그것은 의지를 이해에 결합시키는 것이고, 그리

고 그 때 중생은 시작합니다. 그러나 그 뒤 중생이 어떻게 진전하고 완벽하게 되는지는 아래에서 언급, 설명하겠습니다.

590. 그러나 이해를 가지고 있는 사람의 본성(=됨됨이·the nature of the man)이 고양되었다고 해도 그것에 의하여 의지의 사랑(the will's love)은 고양되지 않는다는 것은 비교들에 의하여 예증하겠습니다. 그는 마치 높이 창공을 나는 독수리 같지만, 그러나 그것이 아래에 있는 먹이를 보는 순간, 예를 들면 암탉이나, 어린 백조들이나, 심지어 어린 양들을 보면 그것은 한 순간에 확 날아들어, 그것들을 삼켜버립니다. 그는 역시 아래에 있는 방에는 매춘부를 숨겨 두고 있는 음란자와 같고, 그리고 번갈아서 그의 집의 가장 높은 층에 올라와서는 그의 아내와 방문자들과 함께 순정에 관해서 지혜롭게 대화하는 자와 같고, 그리고 또한 벗에게서 도둑질을 하고, 아래에 숨겨 둔 창녀와 더불어 자신의 욕망을 만족시키는 자와 같습니다. 그리고 그는 마치 육신으로는 달리는 말의 머리 주위를 나는 늪지의 파리 떼들과 같아서, 말이 달리는 것을 멈추면 내려앉아서 그들의 늪에 내려앉는 파리 떼들과 같습니다. 이런 부류의 작자들은 그의 이해의 측면에서는 고양되지만, 그러나 한편 그의 의지의 사랑은 발에 붙어 있고, 본성의 불결들(the uncleannesses)에 빠져 있고, 감관들에 속한 호색적인 성질들에 빠져 있습니다. 그러나 이런 사람들은 마치 이해에서는 지혜에서 같이 빛이 나지만, 그러나 다른 한편 의지는 지혜에 정반대되기 때문에 그들은 마치 비늘이 빛을 내는 뱀들에 비유될 수 있겠고, 그리고 금으로 만든 빛나는 스페인 파리들(Spanish flies)에 비유되고, 늪에 있는 도깨비불에 비유되고, 빛을 내는 썩은 고목들에 비유될 수 있겠습니다. 이런 무리들 중에는 이 세상의 사람들이나, 사후 천계의 천사들 가운데 있는 빛의 천사들로 가장(假裝)할 수 있는 자들도 있습니다. 그러나 간단한 시험을 치룬 뒤 이들은 그들의 옷가지들이 빼앗기고, 나체로 던져졌습니다. 이러한 일은 이 세상에서는 일어날 수 없는데, 그것은 이런 부류의 영들은 공개되지 않고, 그들은 마치 무대 위의 배우들이 사용하는 가면에 의하여 가려져 있기 때문입니다. 그들은, 앞에서 언급한 것과 같이, 의지의 사랑은 천사적인 지혜 너머에 이해를 고양시키는 그들의 능력에 속한 결과나 입증을 가리키는 용모나 입술로는 그들은 능히 빛의 천사를 가장할 수 있습니다. 그 때 사람의 내적인 것이나 외적인 것은 서로에게 반대의 입

장을 연출할 수 있기 때문에, 그리고 몸은 이쪽에 있고, 반면 영은 저쪽에 머물러 있기 때문에, 어두운 영은 확실히 멋진 얼굴 뒤에 있을 수 있고, 그리고 온화한 입술 뒤에는 불꽃같은 입술을 꾸밀 수 있습니다. 그러므로 독자 여러분, 사람에 관한 여러분의 소견은 입술에서가 아니고, 마음에서 형성하십시오. 다시 말하면 입술의 말에서 아니고, 그의 행위들에게서 형성하십시오. 왜냐하면 주님께서 이렇게 말씀하셨기 때문입니다. 마태복음서의 말씀입니다.

"거짓 예언자들을 삼가라. 그들은 양의 탈을 쓰고, 너희에게 오지만, 속은 굶주린 이리들이다. 너희는 그 열매로 그들을 알아야 한다"(마태 7 : 15, 16).

VI.
먼저 속사람이 개혁되어야 하고, 그것에 의하여 겉사람이 개혁되어야 한다 ; 이렇게 사람은 중생한다.

591. 속사람(the internal man)이 먼저 반드시 중생해야 하고, 그리고 그것에 의하여 겉사람(the external man)이 중생되어야 한다는 것은 일반적으로 오늘의 교회에서 인정되고 있습니다. 그러나 "속사람"은 하나님 아버지께서 그분의 아드님의 공로와 의(義)가 사람들에게 전가하는 것을 가리키는, 그리고 하나님 아버지께서 성령(聖靈 · the Holy Spirit)을 보내 주셨다는 믿음 이외에는 생각에 제공하는 것은 아무것도 없습니다. 반드시 믿어야 할 것은, 이 믿음이 속사람을 형성한다는 것이고, 그리고 속사람에게서 겉사람에게 유입하는데, 그것은 도덕적인 자연적인 사람(the moral natural man)이고, 이 사람은 전자에게 예속되어 있다는 것, 비교해서 말하면 그것은 말이나 암소의 꼬리와 같고, 또는 그것들과 결부된 것이 없는, 발들에까지 뻗쳐 있는 공작새의 꼬리나, 낙원의 새(bird of paradise)와 같습니다. 왜냐하면 인애는 그 믿음에 뒤이어지는데, 만약에 인애가 사람의 의지에서 비롯된 것이라면, 그 믿음은 소멸할 것이라고 언급되었기 때문입니다. 그러나 오늘의 교회에서는 믿음과 동일시하는 속사람은 그들에게는 결코 존재하지 않습니다. 왜냐하면 어느 누구도, 그런 믿음이 그 사람에게 부여되었는지 아닌지, 알지 못

하기 때문입니다. 더욱이 앞에서 입증한 것과 같이 그와 같은 일은 불가능하고, 따라서 그것은 지극히 단순한 허구(purely imaginary)일 뿐입니다. 여기에서 뒤이어지는 것은 오늘날 그 믿음으로 확증된 자들 가운데는 온갖 종류의 악들이 출생에서부터 넘쳐 나오는 그것의 근원을 가리키는 자연적인 사람(natural man) 이외에 다른 속사람은 없다는 믿음만 거기에 있습니다. 여기에 부연할 수 있는 것은, 그런 믿음에 뒤이어져서 중생이나 성화(聖化·sanctification)가 언급된다는 것입니다. 그리고 그것에 의하여 중생이 성취되는 수단들을 가리키는 사람의 협력(man's co-operation)은 반드시 제거, 삭제되어야 한다는 것입니다. 그러므로 그럼에도 불구하고, 그 때 주님께서 중생하지 못한 사람은 하나님 나라를 볼 수 없다고 말씀하신 오늘의 교회에 중생의 지식이 있다는 것은 불가능하다고 할 수 있겠습니다.

592. 그러나 새로운 교회(the New Church)의 속사람이나 겉사람의 개념은 전적으로 다릅니다. 속사람은 의지에 속한 사람이고, 사람은 마치 사람이 집에 있을 때와 같이, 자기 자신에게 방임(放任)되어 있을 때, 그 사람으로 말미암아 생각하지만, 그러나 겉사람은 그의 행위들이고 말들인데, 이런 것들은, 사람이 다른 것들과 함께 할 때, 따라서 광범위하게 있을 때, 속사람에게서 나옵니다. 결과적으로 속사람은 인애와 믿음을 가리키는데, 그것은 인애는 의지에 속하기 때문이고, 믿음은 생각에 속하기 때문입니다. 중생하기 전에는 이들 양자는 자연적인 사람을 형성하는데, 따라서 자연적인 사람은 속사람과 겉사람으로 분리됩니다. 이러한 것은, 마치 혼자 있을 때, 즉 집에서 혼자 생각하고 말할 때와 같이, 여러 사람들 앞에서 행동하고 말하는 것이 사람에게 허락되지 않는다는 사실에서 입증되겠습니다. 이 분리(=나뉨)의 원인은, 시민법은 사악하게 행동하는 자들을 위해서는 온갖 형벌들을 규정, 명하고 있고, 그리고 올바른 행동을 하는 자들을 위해서는 상급들을 규정, 명하고 있기 때문입니다. 결과적으로 사람들은 속사람으로부터 겉사람을 분리시키는 것이 강요되고 있습니다. 왜냐하면 어느 누구도 벌 받는 것을 원하지 않고 상 받기를 원하기 때문입니다. 이런 상은 재물이나 명예에 의하여 행해집니다. 그리고 사람이 이런 법들에 따라서 살지 않는다면, 사람이 이런 것들을 성취하지 않아도 되겠습니다. 이것에서 초래하는 결과는 도덕성이나 자비심은 내적으로 아무것도 가지고 있지 않는 자들

에게 외적인 것들에 존재한다는 것입니다. 그리고 동일한 근원에서 위선·아첨·속임수 따위들은 비롯됩니다.

593. 두 형체들로 나뉘는 자연적인 사람의 분할(分割·division)의 측면에서 보면 거기에는 의지와 그것에서 비롯된 생각, 양자의 능동적인 분할(actual division)이 있다는 것입니다. 왜냐하면 사람의 모든 행위는 그의 의지에서 나오기 때문이고, 그리고 그의 모든 언어는 그의 생각에서 나오기 때문입니다. 결과적으로 둘째 의지(=또 다른 의지)는 첫째 의지 아래에 있는 사람에 의하여 형성되기 때문입니다. 그리고 둘째 생각도 그와 같습니다. 그러나 이들 양자는 여전히 자연적인 사람(the natural man)을 형성합니다. 그 사람에 의하여 형성되는 그 의지는 육체적인 의지(a bodily will)라고 부르는데, 그것은 육체로 하여금 도덕적인 활동들(moral activities)의 입증(show)을 이루기를 강요하기 때문입니다. 그리고 생각은 폐의 생각(pulmonary thought)이라고 불리우는데, 그것은 혀나 입술로 하여금 이해에 속한 것들을 발설하기를 강요하기 때문입니다. 이와 같은 합쳐진 외적인 생각이나 뜻(=의지·the will)은 나무의 바깥 껍데기(the outer bark)에 밀착되어 있는 나무의 안쪽 껍데기(the inner bark)에 비교될 수 있겠고, 또한 계란의 껍데기에 밀착되어 있는 얇은 막(membrane)에 비교될 수 있겠습니다. 내적인 자연적인 사람(the internal natural man)은 이런 내적인 것 안에 있는데, 만약에 이 사람이 악하면, 썩은 나무의 목질(木質)에 비교될 수 있겠는데, 그러나 앞에서 언급한 나무의 바깥 껍질이나 안의 껍질로 겉보기에는 온전한 것 같이 보입니다. 그리고 또한 하얀 껍데기 안에 있는 섞은 계란도 마찬가지입니다. 그러나 선천적인 내적 자연적인 사람이 무엇인지 몇 말씀 부연하겠습니다. 그 사람의 의지는 온갖 종류의 악들에 기울어 있고, 그리고 그것에서 비롯된 생각 또한 온갖 종류의 거짓에 기울어 있습니다. 그 때 이 사람이 중생되어야 할 사람은 속사람입니다. 왜냐하면 만약에 이 속사람이 중생되지 않는다면 이 사람은 인애에 속한 모든 것에 거스르는 증오(憎惡) 이외에 아무것도 아니기 때문이고, 그리고 결과적으로 믿음에 속한 모든 것들에 거스르는 격노(激怒·rage) 이외에 아무것도 아니기 때문입니다. 이것에서 뒤이어지는 것은, 이 자연적인 속사람은 제일 먼저 반드시 중생되어야 한다는 것이고, 그리고 그것에 의하여 겉사람도 역시 중생되어야 한다는 것입니다. 왜냐하면 이 일은 질서에 일치

하기 때문입니다. 이에 반하여 겉사람에 의하여 속사람이 중생한다는 것은 질서에 반대되기 때문입니다. 왜냐하면 속사람은 겉사람 안에 있는 영혼과 같기 때문이고, 뿐만 아니라 일반적인 것 안에 있는 영혼이나 개별적인 것 안에 있는 영혼과 같기 때문입니다. 결과적으로 어느 누가 말한 지극히 작은 한마디의 낱말 안에 속사람은 존재합니다. 그것은 사람이 알고 있는 것 너머에 있는 이런 것들에도 현존합니다. 이런 이유 때문에 천사들은 사람의 단 하나의 행위에서, 지옥적인 것인지 천국적인 것인지, 그의 의지가 무엇인지 깨달을 수 있고, 그가 말한 단 한마디의 낱말에서 그의 생각이 어떤 것인지 지각할 수 있습니다. 이와 같이 천사들은 그 사람 전체를 압니다. 그의 음성의 음색(tone)에서 그들은 그의 생각의 정동(his thought's affection)의 개념을 깨닫고, 그의 행동의 동작이나 겉모양에서 그들은 그 사람의 의지의 사랑(his will's love)의 개념을 취합니다. 어쨌든 그는 기독교인인지, 또는 하나의 도덕적인 시민으로 가장, 꾸민 것인지를 이런 것에서 깨닫고, 인지합니다.

594. 사람의 중생은 에스겔서에서 근육들이 입혀지고, 다음에는 살이나 살갗으로 옷입혀진 "마른 뼈들"에 의하여 기술되었습니다. 그리고 마지막에는 그들에게 영(=생기)이 불어넣어졌는데, 그것에 의하여 그들은 다시 살아났습니다(에스겔 37 : 1-14). 중생이 이런 것들에 의하여 표징되었다는 것은 거기에 언급된 이런 말씀에서 명확합니다.

사람아, 이 뼈들이 바로 이스라엘 온 족속이다(에스겔 37 : 11).

거기에서는 무덤들에 비교되었습니다. 왜냐하면 이렇게 기술되었기 때문입니다. 에스겔서의 말씀입니다.

"그러므로 너는 대언하여 그들에게 전하여라. '나 주 하나님이 말한다. 내 백성아, 내가 너희 무덤을 열고, 무덤 속에서 너희를 이끌어 내고, 너희를 이스라엘 땅으로 들어가게 하겠다. 내 백성아, 내가 너희의 무덤을 열고 그 무덤 속에서 너희를 이끌어 낼 그 때에야 비로소 너희는, 내가 주인 줄 알 것이다. 내가 내 영을 너희 속에 두어서 너희가 살 수 있게 하고, 너희를 너희의 땅에 데려다가 놓겠으니, 그 때에야 비로소 너희는, 나 주가 말하고 그대로 이룬 줄을 알 것이다. 나 주의 말이다'"(에스겔 37 : 12-14).

제 10장 개혁(改革·reformation)과 중생(重生·regeneration) 517

여기나, 다른 곳에서 "이스라엘의 땅"(the land of Israel)은 교회를 뜻합니다. 여기서 중생은 뼈들(bones)이나 무덤들(graves)에 의하여 표징되었는데, 그것은 중생하지 못한 사람(the unregenerate man)이 죽은 사람(=시체)이라고 불리웠기 때문이고, 중생한 사람은 살아 있는 사람이라고 불리웠기 때문입니다. 왜냐하면 후자에게는 영적인 생명(a spiritual life)이 있지만, 그러나 전자에게는 영적인 죽음(a spiritual death)이 있기 때문입니다.

595. 이 세상에 있는 창조된 것들에는, 그것이 살아 있든 죽어 있든, 내적인 것과 외적인 것이 있습니다. 하나는 다른 것 없이 결코 존재하지 못합니다. 그것은 마치 원인(cause)이 없이 결과(effect)가 없는 것과 같습니다. 그리고 창조된 모든 것은 그것의 내적인 선함(its internal goodness)에 따라서 존경받고, 그리고 또한 그것 안에 내적인 악의(internal malignant)가 있다면, 그것은 곧 외적인 선함(external goodness)을 가리키기 때문에, 만약에 내적으로 악의라면, 비천한 것으로 여기는 것에 따라서 대접을 받습니다. 이 세상에 있는 모든 현명한 사람이나, 천계에 있는 모든 천사도 그와 같이 평가합니다. 그러나 미중생자의 성품과 중생자의 성품은 이런 비교들에 의하여 예증될 수 있겠습니다. 도덕적인 시민이나 기독교인을 가장하는 미중생자는, 코 속에 그것 자체가 흡입된, 그리고 두뇌를 해치는 향내음으로 감염된, 고약한 악취를 내뿜는 향내음에 가리워 있는 시체에 비교되겠습니다. 금으로 도금한 은관(銀棺)에 안치된 소름끼치는 시커먼 시체인 미라(a mummy)에 비교되겠습니다.

[2] 또 다시 미중생자는 청금석(靑金石·lapis lazuli)이나 그 밖의 보석들(gems)로 장식한 무덤 안에 있는 뼈들이나 해골에 비교되겠고, 그리고 그의 내적인 것은 홍포와 세마포가 입혀진 지옥의 부자(누가 16 : 19)에게 비교될 수 있겠습니다. 뿐만 아니라 그는 당의(糖衣)로 입힌 독약이나 만개한 독당근(poison hemlock)에 비교되고, 속은 벌레가 먹었지만 겉보기에는 먹음직스러운 과일에 비교되고, 아주 고약한 것 이외에는 아무것도 없지만 처음에는 연고를 바르고, 그 다음에는 두꺼운 껍질에 싸여 있는 궤양(潰瘍·ulcer)에 비교되겠습니다. 이 세상에서 내적인 선함(internal goodness)은 전혀 가지고 있지 않고, 따라서 겉모습(外貌)에 의하여 판단하는 자들은 외적인 것에 의하여 내적인 것을 평가할 수

있지만, 천계에는 그렇지 않습니다. 왜냐하면 영에 관해서 움직일 수 있고, 그리고 악에서부터 선으로 쉽게 방향을 바꾸는 육체가 죽음에 의하여 분리되었을 때, 속사람은 남아 있기 때문입니다. 왜냐하면 이 속사람은 그 사람의 영을 구성하기 때문입니다. 그 때 멀리 떨어진 거리에서는 그는, 마치 그의 허물을 벗은 뱀 같이 보이고, 겉보기에는 아주 멋져 보였지만, 수피(樹皮)나 껍데기가 벗겨졌고, 속은 썩은 나무와 같기 때문입니다.

[3] 그러나 중생한 사람은 전혀 다릅니다. 그의 내적인 것은 선하고, 그리고 그의 외적인 것은 다른 자의 외적인 것과 닮았습니다. 그럼에도 불구하고 그의 외적인 것은, 마치 천계가 지옥과 다르듯이, 미중생자와는 전혀 다릅니다. 선에 속한 영혼은 그것 안에 있기 때문에, 그가 위대한 사람이든, 궁궐에 살았든, 군중에 에워싸여서 다니든, 오두막에 살든, 소년에 의해 시중을 받든, 그에게는 문제가 되지 않습니다. 또는 자주색의 대주교의 의상들을 입었든 그의 신분에 맞는 모자를 쓰고 있든, 또는 숲속에서 적은 수의 양 떼의 목자로 허술한 촌뜨기의 작업복을 입고, 머리에 초라한 목동의 모자를 쓰고 있든, 그에게는 문제가 되지 않습니다.

[4] 그것이 불빛에 반짝이든, 연기에 그을린 화덕과 같은 것이든, 관계없이, 금은 여전히 금입니다. 그리고 그것이 젖먹이의 멋진 모습으로 주물되었든, 또는 생쥐 모양의 추한 모양으로 만들어진 것이든 관계가 없이 금은 변함없는 금입니다. 금으로 만든 생쥐가 속죄제물로 드려져서 법궤 옆에 놓여 있었는데, 그것들은 기쁘게 열납(悅納)되었습니다(사무엘 상 6 : 3-5). 왜냐하면 금은 내적인 선을 뜻하기 때문입니다. 모암(母巖·matrix)·석회(石灰)·진흙에서 얻은 금광석들이나 루비들은 마찬가지로 그것들의 내적인 선함에 일치하여 평가됩니다. 마찬가지로 여왕의 목걸이에 있는 것과 동일하게 평가됩니다. 이상에서 볼 때 여기서 얻는 결론은 외적인 것은 내적인 것으로 말미암아 평가되는 것이지, 그 반대는 아니라는 것입니다.

VII.
속사람과 겉사람 사이에 다툼이 일어났을 때 한쪽은 다른 쪽을 정복하고, 다스린다.

596. 속사람은 진리들에 의하여 개혁되기 때문에, 그리고 진리들로 말미암아 그는 악한 것이나 그릇된 것을 보는데, 악이나 거짓은 여전히 겉사람, 즉 자연적인 사람 안에 남아 있기 때문에, 그 때 다툼(conflict)이 일어납니다. 결과적으로 위에 있는 새 의지(the new will)와 아래에 있는 옛 의지(the old will) 사이에 먼저 불일치(不一致・논쟁・disagreement)가 일어납니다. 그리고 이 불일치(=논쟁)가 두 의지들 사이에 있기 때문에, 그리고 역시 그것은 그들의 기쁨들(=쾌락들) 사이에 있습니다. 왜냐하면 우리가 잘 알고 있듯이 육(肉・the flesh)은 영(靈・the spirit)에 반대이고, 그리고 영은 육에 반대이기 때문이고, 그리고 육은 자신의 온갖 탐욕들(=정욕들・lusts)과 더불어 영으로 활동할 수 있기 때문에, 사람이 새롭게 되기 전에, 육은 반드시 정복되어야 하기 때문입니다. 두 의지의 불일치(=불화)가 있은 뒤 다툼이 일어나는데, 이것을 가리켜 영적인 시험(spiritual temptation)이라고 부릅니다. 이 시험, 즉 다툼(conflict)은 선들과 악들 사이에 일어나지 않고, 오히려 선에 속한 진리들(the truths of good)과 악에 속한 거짓들(the falsities of evil) 사이에서 일어납니다. 왜냐하면 선은 자기 자신으로 말미암아서는 싸울 수 없고, 오히려 진리들에 의하여 싸울 수 있기 때문입니다. 그리고 또한 악은 자기 자신으로 말미암아는 싸울 수 없고, 오히려 그것의 거짓들에 의하여 싸울 수 있기 때문입니다. 그것은 곧 의지(the will)는 자기 자신으로 인해서는 싸울 수 없지만, 그러나 그것의 진리들이 거기에 머물러 있는 이해(the understanding)에 의하여 싸울 수 있기 때문입니다.
[2] 사람은, 자기 자신의 것을 제외하면, 그리고 양심의 가책(呵責・remorse of conscience)을 제외하면 그 다툼 따위는 느끼지 못합니다. 그럼에도 불구하고 사람 안에서 싸우는 존재는 하나는 주님이시고, 다른 하나는 악마, 즉 지옥입니다. 그리고 이것들은 상대를 통치하기 위하여, 또는 어느 누가 그 누구를 차지하는 것을 결정하기 위하여 서로 싸웁니다. 악마, 즉 지옥은 사람을 공격하고, 그리고 그의 악들을 불러

냅니다. 이에 반하여 주님께서는 사람을 보호, 방어하시고, 그리고 사람의 선들을 불러내십니다. 비록 그 다툼이 영계에서 일어날지라도 여전히 사람 안에서, 그 사람 안에 있는 선에 속한 진리들과 그 사람 안에 있는 악에 속한 거짓들 사이에서 일어납니다. 그러므로 사람은 자기 스스로 하는 것처럼 전력을 다하여 반드시 싸워야 합니다. 왜냐하면 사람은 주님을 위하여 행동하는 선택의 자유(the freedom of choice)를 가지고 있기 때문이고, 또한 악마를 위하여 행동하는 선택의 자유를 가지고 있기 때문입니다. 만약에 그가 선에서 비롯된 진리들 안에 남아 있다면, 그는 주님을 위한 것이고, 만약에 악에서 비롯된 거짓들 안에 머물러 있다면 그는 악마를 위한 것입니다. 이렇게 볼 때 여기서 뒤이어지는 것은, 속사람이든 겉사람이든 어느 쪽이 정복자(征服者)가 되면, 하나는 상대를 지배합니다. 정확하게 말하면 두 적의의 힘들(two hostile powers)은 다른 자의 왕국의 주인이 되기 위하여 피 흘리며 싸우는 양상(樣相)과 꼭 같습니다. 정복자는 그 왕국의 모든 소유를 차지하고, 그 나라에 있는 모든 것을 자기 자신에게 복종하는 상태 아래에 둡니다. 그러므로 이런 경우 만약에 속사람이 정복하면, 그는 겉사람의 악들 모두를 다스리는 통치권을 차지하고, 그것들을 자신에게 복종시킵니다. 그리고 그 때 중생은 계속 이어집니다. 그러나 만약에 겉사람이 정복하면 그는 통치권을 쥐고, 속사람에 속한 모든 선들을 쫓아 흩어 버리고, 소멸시킵니다. 그리고 중생은 소멸, 사라져 버립니다.

597. 온갖 시험들(temptations)이 있다는 것은 오늘날 주지의 사실이지만, 어느 누구도 그것이 어디에서 오는지, 그리고 그것이 무엇인지, 그리고 그것이 이루는 선이 무엇인지, 거의 알지 못하고 있습니다. 그것들의 근원(=출처)과 그것이 어떤 것(=성질)인지는 바로 앞에서 언급, 설명되었습니다. 그리고 또한 시험들이 이루는 좋은 결과, 다시 말하면 속사람이 그 싸움에서 이겼을 때 겉사람은 속사람에게 예속된다는 것을 설명하였습니다. 그리고 그 예속(=정복)은 온갖 탐욕들이나 정욕들을 정복하는 것이고, 그것들을 쫓아 버리고, 추방(追放)시키는 것이기 때문에, 선이나 진리에 대한 정동들은 그들의 자리에 활착(活着)되고, 그리고 정리 정돈되기 때문에 그 사람은 사람이 뜻하고 생각하는 선들이나 진리들을 실천할 수 있고, 그리고 마음 속에서부터 그것들을 말할 수 있습니다. 더욱이 겉사람을 지배하는 승리에 의하여 사람은 영적인 존재가

됩니다. 그 때 모든 영적인 존재인 천계의 천사들과 더불어 주님에 의하여 서로 제휴(提携)되고, 사귀게 됩니다. 이때부터는 시험들은 인지(認知)되지 않고, 모르게 됩니다. 그리고 어느 누구도 시험의 출처(=근원)나 그것들의 성질이 무엇인지 알지 못하고, 그것들이 이룬 선이 무엇인지도 거의 알지 못합니다. 그 이유는 지금부터는 교회는 진리들 안에 있지 않고 선 안에 있기 때문입니다. 사람이 주님에게 직접 가까이 나아가지 않는다면 사람은 결코 진리들 안에 있지 않고, 그리고 예전의 믿음(the former faith)을 거부, 배척하지 못하고, 새로운 믿음(the new faith)을 영접, 수용하지 못합니다. 그리고 이것은, 니케아 종교회의(the Nicene Council)가 세 분 하나님들(three Gods)을 믿는 신념을 소개한 이래, 수세기가 지나는 동안, 그 어떤 영적인 시험을 어느 누구도 허입(許入)하지 않는 이유입니다. 왜냐하면 만약에 어느 누가 그것을 허입하였다면 그는 즉시 굴복하였을 것이고, 따라서 그는 자기 자신을 지옥의 보다 깊은 곳에 처넣었을 것이기 때문입니다. 오늘의 믿음에 선행한다고 일러지는 죄의 뉘우침(contrition)은 시험이 아닙니다. 나는 그것에 관해서 수많은 사람들에게 질문하였고, 그리고 그들이 하는 대답은, 아마도 소박한 사람에게 있는 지옥불(hell-fire)에 관한 겁먹은 생각들을 제외한다면 일고(一考)의 가치도 없는 한마디 말에 지나지 않는다는 것입니다.

598. 사람이 시험들을 겪을 때 그는 그의 속사람의 측면에서는 천계에 있지만, 이에 반하여 겉사람에 의해서는 그는 이 세상에 있습니다. 따라서 온갖 시험들에 의하여 사람 안에서는 천계와 이 세상의 결합이 이루어지고, 그리고 그 때 그 사람 안에 계신 주님은 질서에 일치하여 그 사람의 세상을 다스리십니다. 만약에 사람이 자연적으로 남아 있다면 앞서와는 정반대의 일이 일어납니다. 그 때 그 사람은 이 세상으로 말미암아 천계를 다스리기를 열망합니다. 자기사랑(自我愛)에서 비롯된 지배애(=주도애 · the love of ruling)에 빠져 있는 자들은 이런 자들이 됩니다. 만약에 내면적으로 점검, 검토한다면 이런 부류의 사람은 다만 자기 자신을 믿지만, 결코 하나님은 믿지 않습니다. 그리고 죽은 뒤에, 그는 자기가 다른 자들을 다스리는 통치를 능히 실천할 수 있는 하나님이라고 믿습니다. 이런 미치광이 짓(狂氣)은 지옥에 널리 만연(蔓延)되어 있고, 심지어 그런 미치광이 짓을 종국에 어떤 자들은 자신들을 하나님

아버지(God the Father)라고 부르고, 어떤 자들은 하나님 아들(God the Son), 어떤 자들은 하나님 성령(God the Holy Spirit)이라고 부르고, 유대 사람 중에서 어떤 자들은 자신들을 메시아(the Messiah)라고 부르는 것에 이릅니다. 이러한 사실은, 만약에 자연적인 사람이 중생하지 않았다면, 죽은 뒤에 사람이 무엇이 되는지를 명료하게 보여 주고, 그러므로 주님께서 순수한 진리들 가운데서 새로운 교회(a New Church)를 세우시지 않고, 그 진리들로 가르치시지 않는다면 종국에 그의 망상(妄想)들이 자신을 끌고 가는 것이 무엇인지 명료하게 보여 주고 있습니다. 이러한 내용이 주님의 이런 말씀들이 뜻하는 것입니다. 마태복음서의 말씀입니다.

> 그 때에 큰 환난이 닥칠 것인데, 그런 환난은 세상 처음부터 이제까지 없었고, 앞으로도 없을 것이다. 그 환난의 날들을 줄여주지 않으면, 구원을 받을 사람이 하나도 없을 것이다(마태 24 : 21, 22).

여기서 "그 때" 즉 "이 세상의 종말"(the consummation of the age)은 현대교회의 마지막을 뜻합니다.

599. 사람들에게 있는 다툼들(conflicts)이나 시험들(temptations)에는 주님께서 역사하는 개별적인 속량(贖良)이 있습니다. 그것은 마치 주님께서 이 세상에 강림하셨을 때 역사하신 전체적인 속량의 대업과 같습니다. 주님께서는 이 세상에서 이와 같은 다툼들이나 시험들에 의하여 그분의 인성(=인간성정·His Human)을 영화하셨습니다. 다시 말하면 그분의 인성을 신령하게 완성하셨습니다. 그와 마찬가지로 사람에게서도 지금은 점진적으로 완성하십니다. 사람이 시험들 안에 빠져 있을 때 주님께서는 그 사람을 위하여 싸우시고, 그리고 그 사람을 괴롭히고, 공격하는 악마들을 물리치시고, 그리고 시험들을 겪은 뒤에 그 사람을 영화롭게 하십니다. 다시 말하면 그 사람을 영적인 존재로 만드십니다. 주님의 이 보편적인 속량(His universal redemption) 뒤, 주님께서는 천계나 지옥에 있는 모든 것들을 질서에 맞게 회복시키셨습니다. 시험 뒤에는 이와 같이 주님께서는 사람에게 행하십니다. 다시 말하면 사람 안에 있는 천계나 이 세상에 속한 모든 것들을 질서에 맞게 회복하십니다. 속량 뒤에는 주님께서 새로운 교회를 설시하십니다. 마찬가지로 역시

주님께서는 사람 안에 있는 교회에게 속한 것을 설시, 세우십니다. 그리고 개별적으로는 사람으로 하여금 교회가 되게 하십니다. 속량 뒤에는 주님께서 주님을 믿는 사람들에게 평화를 주십니다. 왜냐하면 주님께서 이렇게 말씀하셨기 때문입니다. 요한복음서의 말씀입니다.

나는 평화를 너희에게 남겨 준다. 나는 내 평화를 너희에게 준다. 내가 주는 평화는, 세상이 주는 평화와 같은 것이 아니다(요한 14 : 27).

이와 같이 주님께서는 시험 뒤에 평화의 마음(=느낌 · a sense of peace)을 주십니다. 다시 말하면 마음의 기쁨(gladness of mind)과 위로(慰勞)를 주십니다. 이렇게 볼 때 주님께서는 영원히 속량주(贖良主 · the Redeemer)이시라는 것은 명확합니다.

600. 겉사람의 중생 없이 속사람의 중생은, 뱀들과 개구리들이 우글거리는 늪지 외에는 쉴만한 마른 땅이 없어서 이리 저리 날다가 죽는 공중을 나는 한 마리 새에 비교될 수 있겠습니다. 그리고 그것은 해변에 도달할 수가 없고, 둥지를 만들 수 없어서 그래서 물에다 알을 낳고, 고기들이 그 알들을 먹어 버리는 바다 한 가운데를 헤엄치는 백조에 비교될 수 있겠습니다. 성벽에서 아래를 향해 거꾸로 머리를 박고 떨어져서 파멸, 죽어 버리는 성벽 위에 있는 패잔병에게 비교될 수 있겠습니다. 벌레의 떼가 그것의 뿌리를 갉아 먹어서 죽게 될 더러운 땅에 심어진 멋진 나무에 비교될 수 있겠습니다. 그리고 기초가 없는 집에 비교되겠고, 주춧돌 없이 세운 기둥에 비교될 수 있겠습니다. 이런 부류는 마치 겉사람은 개혁되지 않고, 속사람만 개혁된 사람들과 같습니다. 왜냐하면 그 때 그것은 선행(善行)에 대하여 결정하는 방법을 가지고 있지 않기 때문입니다.

VIII.
중생한 사람은 새로운 의지와 새로운 이해를 갖는다.

601. 오늘의 교회는, 중생한 사람이 새롭게 태어난 사람, 즉 새로운 사람이라는 것을 성경말씀에서, 그리고 이성으로부터 잘 알고 있습니다. 성경말씀에서 안다는 것은 아래의 장절들에 의한 것입니다.

너희는, 너희가 지은 죄를 모두 너희 자신에게서 떨쳐내 버리고, 마음과 영을 새롭게 하여라. 이스라엘 족속아, 너희가 왜 죽고자 하느냐?(에스겔 18 : 31) 너희에게 새로운 마음을 주고 너희 속에 새로운 영을 넣어 주며, 너희 몸에서 돌같이 굳은 마음을 없애고 살갗처럼 부드러운 마음을 주며, 너희 속에 내 영을 두어, 너희가 나의 모든 율례대로 행동하게 하겠다. 그러면 너희가 내 모든 규례를 지키고, 실천할 것이다(에스겔 36 : 26, 27).

전에는 우리가 육신의 잣대로 그리스도를 알았지만, 이제는 그렇지 않습니다. 누구든지 그리스도 안에 있으면, 그는 새로운 피조물입니다. 옛 것은 지나갔습니다. 보십시오, 새 것이 되었습니다(고린도 후서 5 : 16, 17).

이들 장절들에서 "새로운 마음"(a new heart)은 새로운 의지를 뜻하고 "새로운 영"(a new spirit)은 새로운 이해를 뜻합니다. 왜냐하면 성경말씀에서 "마음"(heart)은 의지를 뜻하고, "영"(spirit)은 그것이 마음과 관계를 가질 때, 이해를 뜻하기 때문입니다. 교회는 역시 중생한 사람이 새로운 의지와 새로운 이해를 갖는다는 것을 이성에서 알고 있습니다. 왜냐하면 이들 두 기능들(two faculties)이 사람을 형성하기 때문에, 그리고 그것들은 중생한 것을 가리키기 때문입니다. 그러므로 모든 사람은 이들 두 기능들과의 관계에서 그런 부류의 존재라는 것, 다시 말하면, 사람은 그의 의지가 악하면 악한 사람이고, 그럼에도 불구하고 그의 이해가 악을 선호하면 그는 더욱 악한 사람입니다. 한편 그와 반대는 선에 속한 참된 것입니다. 종교만이 오직 사람을 새롭게 하고, 사람을 중생시킵니다. 종교는 인간 마음의 가장 높은 자리를 차지하고, 그리고 그것 아래에 있는 이 세상에 속한 시민적인 사안들을 살피고, 그리고 그것들에 의하여, 마치 순수한 수액을 나무의 줄기를 통해서 그 꼭대기에 올리우는 것과 같이, 위로 올리우고, 그리고 그 높은 것에서부터, 마치 탑이나 산봉우리에서 아래에 펼쳐진 평원을 살피듯이, 자연적인 것을 관찰합니다.

602. 그러나 반드시 이해하여야 할 것은, 사람은 그의 이해의 측면에서는 천계의 천사들이 있는 빛에 거의 이르기까지 올라갈 수 있지만, 만약에 그가 그의 의지의 측면에서 역시 올라가지 못한다면, 그는 새 사람이 아니고, 여전히 옛 사람이라는 것입니다. 그러나 이해가 어떻게 의지를 자기 자신의 높이에까지 올리는지는 이미 앞에서 입증하였습니

제 10장 개혁(改革·reformation)과 중생(重生·regeneration)

다. 이런 이유 때문에 중생을 일차적으로 의지에 관해서 서술되어야 하고, 이차적으로는 이해에 관해서 서술되어야 합니다. 왜냐하면 사람의 이해는 이 세상에 있는 빛과 같고, 의지는 거기에 있는 별과 같기 때문입니다. 그리고 우리가 알고 있는 것은 별(熱)이 없는 빛(光)은 생기를 주지 못하고, 따라서 식물의 성장도 촉진하지 못하지만, 그러나 별과 함께 하는 빛은 생기를 주고, 성장도 줍니다. 더욱이 마음의 낮은 영역으로서의 이해는 실제적으로 이 세상의 빛 안에 있지만, 이에 반하여 보다 높은 영역으로서의 이해는 천계의 빛 안에 있습니다. 결과적으로 만약에 의지가 낮은 영역에서 높은 영역으로 올리워지지 않는다면, 그리고 거기서 이해와 결합되지 않는다면, 의지는 역시 이 세상에 남아 있는 것입니다. 그리고 그 때 이해는 위로, 또는 아래로 오르내릴 수 있는데, 이해는 매일 밤바다 아래에 있는 의지에 내려와서 거기에서 쉼(休息)을 갖습니다. 그 때 이들 양자는 창녀와 어울리는 한 남자와 같고, 그들은 머리가 둘인 자녀를 낳습니다. 이렇게 볼 때, 만약에 사람이 새로운 의지나 새로운 이해를 가지지 못한다면 그가 중생되지 않았다는 것은 명확합니다.

603. 사람의 마음(the human mind)은 세 영역으로 나뉘어져 있는데, 가장 낮은 영역은 자연적이라고, 중간 영역은 영적이라고, 가장 높은 영역은 천적이라고 불리웁니다. 중생에 의하여 사람은 자연적인 것을 가리키는 가장 낮은 영역에서 영적인 것을 가리키는 보다 높은 영역에 올리워지고, 그리고 이 영역을 통해서 천적인 영역에 올리워집니다. 거기에 있는 마음에 속한 세 영역에 관해는 아래의 단락에서 언급되겠습니다. 이것이 바로 중생하지 못한 사람(=미중생자)이 자연적이라고 불리우는 이유이고, 그리고 중생한 사람(=중생자)이 영적이라고 부르는 이유입니다. 이러한 사실은 중생한 사람의 마음이 영적인 영역에 올리워진다는 것을 명확하게 하고, 그 마음은 보다 높은 것에서 낮은 마음, 즉 자연적인 마음에서 일어나는 것을 살펴봅니다. 사람의 마음에는 낮은 영역과 높은 영역이 있다는 것, 그리고 각자는 자기 자신의 생각에 대한 약간의 주의(a slight attention)에 의하여 알고, 그것을 인지할 수 있습니다. 왜냐하면 그가 생각한 것은 그가 보고, 알기 때문입니다. 그러므로 사람은, 그가 이미 이것이나 저것을 생각한 것이나 지금 그가 생각하고 있는 것을 말합니다. 그러나 만약에 거기에 생각(thought)이라고

불리우는 낮은 영역을 내려다보는 이른바 지각(知覺·perception)이라고 불리우는 내면적인 생각(an interior thought)이 없다면, 생각하고 있는 것을 말한다는 것은 불가능한 것입니다. 재판관이 변호사에 의하여 제시되는 길고 긴 논쟁의 주장들(arguments)을 듣거나, 읽을 때, 그는 그것들 모두를 자기 자신의 높은 영역에 하나의 견해로 수집할 것이고, 그리고 그는 그것들을 하나의 일반적인 개념으로 형성할 것입니다. 그는 그 때 그것에서부터, 자연적인 생각을 가리키는, 낮은 영역을 잘 살펴 볼 것이고, 거기서 그는 질서에 맞게 정리 정돈할 것이고, 그리고 보다 높은 것에 일치하여 자신의 소견(=견해)을 제시하고, 판결을 선언할 것입니다. 어느 누구가, 그의 낮은 생각들에 의하여 반 시간 이상 표현할 수 있는 것에 비하여 일 이 초의 짧은 순간에 더 많은 생각들이나 결론들을 형성할 수 있다는 것을 모르겠습니까? 사람의 마음(the human mind)이 보다 낮은 영역들이나 보다 높은 영역들로 나뉘어진다는 것을 명확히 알게 하기 위하여 이런 내용은 제시, 언급된 것입니다.

604. 새로운 의지(the new will)에 관해서 언급하겠습니다. 새로운 의지는 영적인 영역에서 옛 의지 위에 있고, 그리고 새로운 이해도 그러합니다. 따라서 전자는 후자와 함께 있고, 후자는 전자와 함께 있습니다. 그 영역에서 그것들은 결합해 있고, 그리고 그것들은 결합해서 옛 의지, 즉 자연적인 의지를 살피고, 그리고 이해 또한 그렇게 합니다. 그리고 그것들을 조절, 온건하게 하기 위해서 그것 안에 있는 모든 것들을 정리 정돈됩니다. 그리고 만약에 사람의 마음에 한 영역에만 있다면, 그리고 악과 선들이, 또는 진리들과 거짓들이 함께 뒤섞여 있다면, 마치 이리들과 어린 양들이, 호랑이들과 송아지들이, 매들과 비둘기들 사이에서 일어나는 다툼이나 충돌이 한 울타리 안에 일어날 것이라는 것을 어느 누가 모르겠습니까? 거기에는 잔인한 살인이 있을 것이고, 야수들이 유순한 짐승들을 갈기갈기 찢을 것이라는 것을 어느 누가 모르겠습니까? 이것이 그들의 진리들과 함께 선들이 보다 높은 영역에 수집되는 이유인데, 그래서 그것들은 안전 가운데 살아갈 수 있고, 그리고 기습에 저항, 방어할 수 있고, 그리고 또한 억압들(constraints)이나 그 밖의 다른 방법에 의하여 그것들을 예속, 정복시키고, 그 뒤에는 그것들의 온갖 거짓들과 더불어 온갖 악들을 분산, 쫓아 버릴 수 있었습니다. 그 때 이러한 사실은 앞 단락에서 언급한 것과 동일한 것인데, 중생한 사

람 안에서는 주님께서 천계를 통하여 이 세상에 속한 것들을 다스리십니다. 사람의 마음의 높은 영역, 즉 영적인 영역은 축소형의 천계입니다. 이에 반하여 그것의 낮은 영역, 즉 자연적인 영역은 축소형의 이 세상입니다. 이런 이유 때문에 옛 사람들은 사람을 가리켜 작은 우주(=작은 세상・a microcosm)라고 불렀고, 그리고 역시 사람을 소천계(=작은 하늘・a *microuranos*)라고 불렀습니다.

605. 중생한 사람, 다시 말하면 의지나 이해에서 새롭게 된 사람은 천계의 볕(the heat of heaven) 가운데, 다시 말하면 천계의 사랑 안에 있고, 그리고 동시에 천계의 빛(the light of heaven) 가운데, 다시 말하면 천계의 지혜 가운데 있다는 것, 다른 한편 중생하지 못한 사람(=미중생자・unregenerate man)은 지옥의 볕(the heat of hell) 가운데, 다시 말하면 그 지옥의 욕망(=지옥의 사랑) 가운데 있고, 동시에 그것의 어둠 가운데, 다시 말하면 지옥의 광기(狂氣) 가운데 있다는 것은 잘 알려져 있지만, 그럼에도 불구하고 오늘날에는 모르고 있습니다. 이런 일련의 내용이 오늘의 교회가 중생을 그 교회의 믿음의 부속물이나 똘마니로 말하는 이유이고, 그리고 그것을 이성(理性)이 결코 허락되지 않는 이유입니다. 결과적으로 앞에서 언급한 것과 같이, 갱신(更新・renovation)이나 중생을 포함해서 이성이 그것의 부속물이나 똘마니에 속한 것 이외에 아무것도 아닌 것으로 여겨, 허입되지 않는 이유입니다. 믿음 자체와 더불어 이것들은 현대교회에게는 문들이나 유리창들이 닫혀 있는 한 가옥과 같습니다. 그러므로 그 집안에 무엇이 있는지 알지 못하고, 그 집이 비워 있는지, 아니면 지옥에서 온 악마들로 꽉 채워 있는지, 또는 천계에서 온 천사들로 채워 있는지 알지 못합니다. 여기서 더 첨가하여야 할 것은 사람이 이해에 의하여 천계의 빛에까지 오른다는 사실에서 야기된 오류(誤謬・a fallacy)에 의해 생겨난 이런 혼돈(混沌・confusion)은, 결과적으로 생겨난 이런 혼돈은, 그의 의지의 사랑이 무엇이냐는 관계없이 총명에서 생각할 수 있고, 그리고 영적인 것들에 관해서 말할 수 있다는 것에서 생긴 일이라는 것입니다. 이런 진리에 관한 무지(無知)는 중생이나 쇄신에 속한 모든 것의 무지에서 비롯된 것입니다.

606. 이상에서 얻을 수 있는 결론은 중생하지 못한 사람은 한 밤 중에 유령들(phantoms)을 본 자가 그것들이 사람이라고 믿는 것과 같습니다. 그리고 그 뒤에 그가 중생되었을 때에는, 그가 한 밤 중에 본 것들은

미망(迷妄·delusions)들이라는 것을 이른 새벽에 그것들을 보는 사람과 같고, 그리고 더 시간이 지나서 그 사람이 중생되었고, 그리고 그것들이 망상의 후손이라는 한낮의 빛 가운데서 보는 자와 같습니다. 미중생자는 꿈을 꾸고 있는 사람과 같고, 중생자는 깨어 있는 사람과 같습니다. 그리고 성경말씀에서 자연적인 생명(natural life)은 잠자는 것에 비유되었고, 그리고 영적인 생명(spiritual life)은 깨어 있는 상태에 비유되었습니다. 미중생자는 기름이 없이 등(燈)만 가지고 있는 어리석은 처녀들이 뜻하고, 중생자는 기름과 등 모두를 가지고 있는 슬기로운 처녀들이 뜻합니다. 여기서 "등들"(lamps)은 이해에 속한 그런 것들을 뜻하고, "기름"(oil)은 사랑에 속한 것들을 뜻합니다. 중생자들은 성막 안에 있는 등잔대의 등과 같고, 그리고 그들은 그것 위에 향료와 더불어 거기에 있는 진설병(陳設餅·the bread of faces)과 같습니다. 그리고 그들은, 다니엘서에 언급된 것과 같이(다니엘 12 : 3) "하늘의 밝은 별처럼 빛날 것이요,……별처럼 영원히 빛날 것이다"라는 사람과 같습니다. 미중생자는 에덴 동산에 있으면서 선악의 지식의 나무 열매를 먹고, 그 결과로 그 동산에서 쫓겨난 자와 같습니다. 그러나 중생자는 그 동산에 있으면서 생명 나무의 열매를 먹는 자와 같습니다. 그들에게 그 열매를 먹는 것이 허락되었다는 것은 묵시록서의 아래 말씀에서 명백합니다.

> 이기는 사람에게는, 내가 하나님의 낙원에 있는 생명 나무의 열매를 주어서 먹게 하겠다(묵시록 2 : 7).

여기서 "에덴 동산"(=하나님의 낙원)은 진리의 사랑에서 솟아 나오는 영적인 것들 안에 있는 총명(intelligence)을 뜻합니다(≪묵시록 계현≫ 90항 참조). 한마디로 미중생자는 "악한 자의 자녀"(a son of the evil one)이고, 중생자는 "왕국의 아들"(a son of the kingdom)입니다(마태 13 : 38). 거기서 "악한 자의 아들"은 악마의 자녀를 뜻하고, "왕국의 아들"은 주님의 자녀를 뜻합니다.

IX.
중생한 사람은 천계의 천사들과의 교제(交際) 안에 있고, 중생하지 못한 사람은 지옥의 영들과의 교제에 있다.

607. 모든 사람은 교제의 관계에 있습니다. 다시 말하면 제휴(=협력·協力·affiliation) 안에 있습니다. 즉 사람은 영적인 존재가 되기 위하여 태어나기 때문에, 천계의 천사들이나, 아니면 지옥의 영들과의 교제(=제휴) 안에 있습니다. 이와 같은 일은, 만약에 사람이 영적인 자들과의 어떤 결합 안에 있기 위하여 태어나지 않았다면, 불가능할 것입니다. 사람의 마음의 측면에서 그는 양계(兩界), 곧 자연계와 영계 안에 있다는 것은 나의 저서 《천계와 지옥》(Heaven and Hell)에서 잘 입증되었습니다. 그러나 사람은 물론, 천사도 영도 이 결합에 관해서 아무것도 모릅니다. 이런 이유 때문에 사람은, 그가 이 세상에 살고 있는 동안, 자연적인 상태(a natural state)에 있지만, 이에 반하여 천사들이나 영들은 영적인 상태(a spiritual state)에 있습니다. 자연적인 상태와 영적인 상태의 명확한 구분(distinction) 때문에 한쪽은 다른 쪽을 보지 못합니다. 이 구분의 성질은 나의 저서 《혼인애》(Conjugial Love) 326-329항의 "영계 체험기"에 잘 기술되었습니다. 그것에서 명확한 것은, 그들의 결합이 생각들에 속한 것이 아니고, 오히려 정동들에 속한 것이라는 사실입니다. 그리고 어느 누구도 자신의 정동들에 관해서는 거의 깊이 생각하지 않는데, 그것은 그들이 이해가 있는 그 빛 안에 있지 않기 때문입니다. 그러므로 역시 그의 생각이 있는 그 빛 안에 있지 않지만, 그러나 그들은 오직 의지가 있는 그 별 가운데 있고, 따라서 그것의 사랑에 속한 정동이 있는 그 별 가운데 있기 때문입니다. 사랑에 속한 정동들에 의한 사람들, 천사들, 영들 사이에 있는 결합은 매우 밀접하기 때문에 만약 그 결합이 단절, 끊긴다면, 그리고 그 둘이 그 단절(斷絶)에 의하여 분리된다면 사람들은 즉시 기절의 상태에 빠질 것이고, 그리고 만약에 분리의 관계가 회복되지 않고, 그리고 그들의 결합이 다시 살아나지 않는다면 사람들은 죽을 것입니다.

[2] 사람이 중생에 의하여 영적인 존재가 된다고 언급하였는데, 그러나 이것은 본질적으로 천사와 같이, 그가 영적인 존재가 되는 것을 뜻하는

것은 아니고, 다만 그가 영적 자연적이라는 것(spiritual natural)을 뜻합니다. 다시 말하면 영적인 것이 내적으로는 그의 자연적인 것 안에 있다는 것입니다. 그것은 마치 생각이 언어(speech) 안에 있는 것과 같고, 또한 뜻이 행위 안에 있는 것과 같습니다. 왜냐하면 이들 양자 중에 하나가 중지(中止)하면, 다른 것 역시 중지하기 때문입니다. 이와 마찬가지로 사람의 영(man's spirit)은 육체 안에서 일어난 지극히 작은 모든 것 안에 있기 때문이고, 그리고 그것은 자연적인 것이 무엇인가를 행하기를 강요하기 때문입니다. 본질에서 보면 자연적인 것은 피동(被動·passive)적이고 그리고 생명이 없는 죽은 힘(a dead force)입니다. 그러나 영적인 것은 능동(能動·active)적이고, 살아 있는 힘(a living force)입니다. 피동적인 것, 즉 죽은 힘은 그것 자체로부터는 행동할 수가 없고, 다만 능동적인 것에 의하여, 즉 살아 있는 힘에 의하여 반드시 피동적인 것은 행동할 수 있습니다.

[3] 사람은 영계에 있는 주민들과 함께 계속해서 교제 안에 있기 때문에, 그리고 그가 이 세상을 떠날 때는 역시 사람은 그 즉시 그가 그 세상에 있는 자들과 제휴하는 자들과 같은 그런 부류에 소개, 안내됩니다. 그러므로 사후 누구나 모두는 여전히 자신이 이 세상에 살고 있는 것처럼 자신에게는 보여집니다. 왜냐하면 그 때 그는 그들의 의지의 정동들의 측면에서 그 사람과 같은 그들의 동료들에게 들어가 그들과 함께 지내기 때문입니다. 그 때 그 사람은 그들을, 이 세상에서 그들 자신을 시인했던 혈족들이나 친척들처럼 시인하기 때문입니다. 이러한 내용은 성경말씀에서 죽은 사람에 관해서 그들이 그들 자신의 성품에 맞게 소집(召集)되고, 모인다고 언급된 것을 뜻합니다. 이상의 모든 것에서 볼 때 우리가 밝히 잘 알 수 있는 것은 중생한 사람은 천계의 천사들과의 교제의 상태에 있지만, 중생하지 못한 사람은 지옥의 영들과의 교제의 상태에 있다는 것입니다.

608. 우리가 반드시 주지하여야 할 사실은, 세 천계들(three heavens)이 있다는 것, 그리고 이들 천계들은 사랑과 지혜(love and wisdom)의 세 계도(階度·the three degrees)에 따라서 서로서로 명확하게 구분된다는 것, 그리고 사람은 그의 중생의 정도로 이들 세 천계들의 천사들과의 교제의 상태에 있다는 것 등등입니다. 이것이 사실이기 때문에 사람의 마음(the human mind)은 천계들과의 일치에 따라서 세 계도들, 또는 세

제 10장 개혁(改革·reformation)과 중생(重生·regeneration)

영역들로 나뉩니다. 그러나 사랑과 지혜의 세 계도들에 일치하는 그들의 천계들이나 그들의 구획들(=영역들)에 관해서는 나의 저서 ≪천계와 지옥≫(Heaven and Hell) 29항을 참조하십시오. 그리고 작은 책자 ≪영혼과 육체의 교류≫(Intercourse between the Soul and the Body) 16·17항을 참조하십시오. 여기서는 천계들과의 일치에 따라서 나뉘어진 세 계도들의 성질에 관해서 직접적인 비유(比喩·simile)에 의하여 단순하게 예증하는 것으로 충분하겠습니다. 그것들은 마치 사람에게 있는 머리(head)·몸통(body)·발들(feet)과 같습니다. 가장 높은 천계는 머리를 형성하고, 중간천계는 몸통을 형성하고, 가장 낮은 천계는 발들을 형성합니다. 왜냐하면 전 천계(whole heaven)는 주님 앞에서 한 사람과 같기 때문입니다. 이와 같은 사실은 실제적인 관찰(actual observation)에 의하여 나에게는 밝혀졌기 때문입니다. 왜냐하면 수천의 것으로 구성되는 천계의 단 하나의 사회가 한 사람으로 온전히 볼 수 있는 것이 나에게 허락되었기 때문입니다. 그 때 전 천계가 그와 같이 주님에게 나타나지 않는 이유는 무엇입니까? 이것에 관한 생생한 경험은 나의 저서 ≪천계와 지옥≫ 59항을 참조하십시오. 이러한 일련의 것은 기독교계에 잘 알려진, 교회는 그리스도의 몸(the body of Christ)을 형성한다는 것, 그리스도께서는 그 몸의 생명이시라는 것 등이 뜻하는 것이 무엇인지 명료하게 합니다. 그리고 이러한 사실은 그와 같이 명료하게 하는데, 다시 말하면 그분께서 그 몸의 생명이시기 때문에 주님께서는 천계에 있는 모든 것들의 전부(the all in all things of heaven)라는 것을 아주 명료하게 합니다. 마찬가지로 주님을 천지의 하나님으로서 시인하고, 그분을 믿는 자들에게는, 교회이십니다. 그분께서 천지의 하나님이시라는 것은 주님 친히 마태복음 28장 18절에서 가르치셨고, 그리고 사람은 반드시 그분을 믿어야 된다는 것은 요한복음 3장 15, 16, 36절과 6장 40절 그리고 11장 25, 26절에서 가르치셨습니다.

609. 천계에 세 계도들(three degrees)이 있다는 것, 그리고 결과적으로 사람의 마음에도 세 계도들이 있다는 것은 이 세상에 있는 물질적인 것들의 비교들에서 어느 정도는 예증될 수 있겠습니다. 그것들의 상대적인 고귀함(nobility)에서의 세 계도들은 금·은·동과 같은데, 이런 금속들(metals)은 느부갓네살의 신상에 비유되겠습니다(다니엘 2 : 31-35). 이들 세 계도들은 서로서로 명확하게 분별되는데, 그것은 마치 그것의

순수함이나 선함에 대해서 루비・사파이어・마노(瑪瑙・agate)와 같고, 또한 올리브 나무・포도나무・감람나무나 그 밖의 등등의 분별과 같습니다. 더욱이 성경말씀에서 "금" "루비" "기름"은 가장 최고의 천계의 선을 가리키는 천적인 선을 뜻하고, "은" "사파이어" "포도나무"는 중간천계의 선을 가리키는 영적인 선을 뜻하고, 이에 반하여 "동"(=구리) "마노" "무화과 나무"는 가장 낮은 천계의 선을 가리키는 자연적인 선을 뜻합니다. 그리고 거기에 이 세 계도들, 즉 천적・영적・자연적 계도들이 있다는 것은 이미 앞에서 설명되었습니다.

610. 앞서 언급된 것에 아래의 것을 더 첨가하고자 합니다. 그것은 사람의 중생은, 일순간에 이루어지는 것이 아니고, 점차적으로 이 땅에서의 그의 삶의 시작에서부터 마지막에 이르기까지, 그리고 그 뒤에도 계속해서 이어지고, 점차적으로 완벽하게 이루어지기 때문입니다. 그리고 사람은 자신의 육신의 온갖 악들을 다스리는 승리들과 함께 온갖 다툼들에 의하여 개혁되기 때문에 사람의 아들은 일곱 교회들의 각각에 그 다툼에서 이기는 자에게는 상을 주실 것이라고 말씀하십니다. 에베소 교회에게 하시는 말씀입니다.

> 이기는 사람에게는, 내가 하나님의 낙원에 있는 생명 나무의 열매를 주어서 먹게 하겠다(묵시록 2 : 7).

서머나 교회에게 하신 말씀입니다.

> 이기는 사람은 둘째 사망의 해를 받지 않을 것이다(묵시록 2 : 11).

버가모 교회에게 하신 말씀입니다.

> 이기는 사람에게는, 내가 감추어 둔 만나를 주겠고, 흰 돌도 주겠다(묵시록 2 : 17).

두아디라 교회에게 하신 말씀입니다.

> 이기는 사람, 곧 내 일을 끝까지 지키는 사람에게는, 민족들을 다스리는 권세를 주겠다(묵시록 2 : 26).

사데 교회에게 하신 말씀입니다.

　이기는 사람은 이와 같이 흰 옷을 입을 것이다(묵시록 3 : 5).

빌라델비아 교회에게 하신 말씀입니다.

　이기는 사람은, 내가 내 하나님의 성전에 기둥이 되게 하겠다(묵시록 3 : 12).

라오디게아 교회에게 하신 말씀입니다.

　이기는 사람은 마치, 내가 이긴 뒤에 내 아버지와 함께 아버지의 보좌에 앉은 것과 같이, 나와 함께 내 보좌에 앉게 하여 주겠다(묵시록 3 : 21).

여기서 마지막으로 부연하고자 하는 것은, 사람이 중생하는 것에 비례하여, 또는 그 사람 안에서 중생이 완전하게 되는 것에 비례하여, 그는 선과 진리를, 다시 말하면 인애와 믿음을 자기 자신의 공(功)으로 전혀 돌리지 않고, 오직 주님에게 그 공을 돌린다는 것입니다. 왜냐하면 그가 점차적으로 터득한 진리들은 이 사실을 명확하게 가르치고 있기 때문입니다.

X.
사람이 중생되는 것에 비례하여 죄들이 제거되고, 그리고 이 제거는 죄들의 용서를 가리킨다.

611. 사람이 중생하는 것에 비례하여 죄들은 제거됩니다. 그 이유는 중생이, 그것이 다스리지 못하게 하기 위한 육의 억제(=금지・抑制・the restraining of the flesh)를 가리키고, 그리고 그것의 탐욕들이나 정욕들인 옛 사람(the old man)의 정복(the subjugating of the old man)을 가리키기 때문입니다. 그것은 그것이 기승(氣勝)을 부리지 못하고, 총명적인 기능(the intellectual faculty)을 파괴하지 못하기 위한 것입니다. 왜냐하

면 그것은 사람으로 하여금 개혁을 불가능하게 하기 때문입니다. 그리고 만약에 육(肉)적인 것 위에 있는 사람의 영(man's spirit)이 가르침을 받을 수 있고, 완벽하게 되지 않는다면, 개혁은 불가능하기 때문입니다. 만약에 여전히 사람이 건전한 이해를 가지고 있다면, 이런 일이 점차적으로 이루어지는 것이지, 결코 일순간에 이루어질 수 없다는 것을 이런 모든 것들로 말미암아 깨닫고 아는 것에 어느 누가 실패할 수 있겠습니까? 그리고 그와 같이 점진적으로 이루어진다는 것은 위에서 입증한 것에 일치하여 마치 사람이 수태되고, 자궁에 옮겨지고, 태어나고, 교육받는 것과 같기 때문입니다. 왜냐하면 육에 속한 것들이나, 옛 사람(the old man)에 속한 것들은, 그의 출생에서부터 선천적으로 사람 안에 있는 것이기 때문이고, 그리고 그것들은 사람의 마음의 첫째 주거를 구축(構築)하기 때문이고, 그 주거지에는 탐욕들이나 정욕들이, 마치 그들의 굴 속에 있는 야생짐승들처럼, 자신들의 거처를 취하기 때문입니다. 그리고 그것은 마치 처음에는 바깥 뜰에서 자리 잡고 살다가, 다음에는 점차적으로 지하 방들에게 들어오는 것과 같은데, 말하자면 집안으로 들어와 사는 것과 같습니다. 그리고 최후에는 계단들을 통해서 위로 올라오고, 그리고 자신들을 위해서 거기에 침실들을 꾸미는 것과 같습니다. 이러한 일은, 마치 젖먹이가 점차적으로 성장하는 것과 같고, 뒤에는 소년이 되고, 청년이 되는 것과 같이, 점차적으로 일어납니다. 그 때 그는 자기 자신의 이해로 말미암아 생각하기 시작하고, 그리고 그의 의지로 말미암아 행동하기 시작합니다. 어느 누구가 이와 같이 오랜 기간 지은 마음의 집에서 오침과 디침, 새터들(the ochim, tziim, satyrs)이 손에 손을 잡고 춤을 추는 이 집이 일순간에 무너지고, 그 자리에 새로운 집이 세워질 수 없다는 것을 그 어느 누가 모르겠습니까? 손을 꼭 잡고 있는 것과 같은 이런 탐욕들이나 정욕들, 그리고 자신들을 그와 같이 떠받치는 정욕들이나 탐욕들이 제일 먼저 반드시 제거되고, 선과 진리에 속한 새로운 열망들이 악이나 거짓에 속한 탐욕들이나 물욕의 자리에 소개되어야 한다는 것을 어느 누가 모르겠습니까? 이런 것들이 일순간에 제거될 수 없다는 것은 모든 현명한 사람은, 모든 악은 헤아릴 수 없이 수많은 탐욕들이나 정욕들로 구성되었다는 것, 그리고 그것은 또는 몸은 희고, 머리는 검은 기생충으로 가득 찬 지면 아래에 있는 열매와 같다는 것, 그리고 악들은 부지기수이고, 처음에 부화할 때 거미의 새끼 같이 서로 결합되어 있다는 것 등등을 그것 자체에서 잘 알고 있습니다. 그러므로 모든 악이 서로 뒤이어서 계속해서 쫓겨나지 않는다면, 그리고 그들의 연결 관계가 깨어질 때까지 이런 일이 일어나지 않는다면, 사람이 새로워진다는 것은 불가능합니다. 여기에 인용, 열거된 것들은, 어느 누구나 중생되는 것에 비례하여 죄들이 옮겨진다는 것을 명확하게 하기 위한 것입니다.

612. 사람은 출생에서부터 온갖 종류의 악들에 기울어져 있고, 그리고 기울음(傾斜)으로 말미암아 그것들은 열망, 탐닉(耽溺)합니다. 그리고 사람은, 그가 마음대로 할 수 있는 것에 비례하여, 그런 짓들을 자행(恣行)합니다. 왜냐하면 사람은 출생에서부터 다른 자들을 지배하기를 열망하기 때문이고, 그리고 다른 사람들의 재산을 소유하기를 열망하기 때문입니다. 이와 같은 두 종류의 욕망이나 정욕은 이웃사랑을 산산조각으로 파괴하고, 그리고 그 때 그 사람은 자신에 대하여 거부, 반대하는 자를 모두 미워하고, 그리고 그 미움이나 증오로 말미암아 내면적으로는 살인(殺人)을 모색(摸索)하는 복수심(復讐心)을 내뿜습니다. 동일한 이유 때문에 그는 간음 외에는 아무것도 생각하지 않고, 절도 외에는 아무것도 생각하지 않고, 그리고 거짓증거를 포함해서 불경(不敬)이나 모독(冒瀆) 이외의 것은 아무것도 생각하지 않습니다. 이런 것들에 대해서 아무것도 아니라고 생각하는 사람은 마음 속으로는 무신론(無神論·an atheist)입니다. 사람은 출생에서부터 이런 부류의 존재입니다. 이런 사실에서 명확한 것은 출생에서부터 사람은 축소형의 지옥(a hell in miniature)이라는 것입니다. 그의 마음의 내면적인 것들의 측면에서 볼 때 사람은 영적으로 태어나고, 짐승들과 같이 태어나지 않기 때문에, 결과적으로 사람은 천계를 위해 태어납니다. 그럼에도 불구하고, 앞에서 언급한 것과 같이, 그의 자연적인 사람, 즉 겉사람은 축소형의 지옥이기 때문에, 여기서 뒤이어지는 것은, 지옥이 제거, 옮겨지지 않는다면, 천계는 이런 지옥에 결코 들어올 수 없다는 것입니다.

613. 천계와 지옥 사이의 관계를 알고, 그리고 전자가 후자에게서 어떻게 옮겨지는지를 아는 사람은 사람이 어떻게 중생하는지, 그리고 또한 중생한 사람이 어떤 사람인지를 압니다. 그것을 이해하기 위하여 간략하게 알아야 할 것은 천계에 있는 자들의 얼굴은 모두 주님을 향해 있지만, 이에 반하여 지옥에 있는 자들의 얼굴은 주님에게서 얼굴을 돌리

고 있다는 것입니다. 그러므로 천계에서 지옥을 볼 때에는 오직 등판(occiput)이나 뒷면(背面)만 드러나 보입니다. 그리고 심지어 거기에서는 거꾸로 된 모습, 마치 정반대의 사물(the antipodes)과 같은데, 그것은 곧 머리를 아래로 발은 위로 도립(倒立)하고 걷는 모습입니다. 그러나 비록 그들이 발로 걷는다고 해도 그들의 얼굴은 주위를 두루 살피고 있습니다. 왜냐하면 그것은 이런 모습을 드러내는 그들의 마음의 내면적인 것의 방향은 정반대이기 때문입니다. 내가 나의 관찰에서 말할 수 있는 것은 이것들이 놀라운 사실들이라는 것뿐입니다. 이런 놀라운 것들은 중생이 어떻게 이루어지는지 나에게는 매우 명확하게 합니다. 다시 말하면 지옥은 이와 꼭 같이 옮겨지고, 따라서 천계에서 분리된다는 것입니다. 왜냐하면, 앞에서 설명한 것과 같이, 출생에 의하여 그가 지니고 있는 그의 처음 본성의 측면에서 사람은 작은 모형(miniature)의 지옥이라는 것입니다. 그리고 두 번째 출생에 의하여 터득한 또 다른 본성의 측면에서는 사람은 작은 모형의 천계라고 하겠습니다. 이상에서 뒤이어지는 것은 사람 안에 있는 모든 악들은, 큰 형태인 천계와 지옥이 분리되는 동일한 방법으로, 옮겨지고 분리된다는 것이고, 그리고 그것들이 옮겨지기 때문에, 악들은 자기들 스스로 주님에게서 외면, 떠나 버린다는 것입니다. 그리고 점차적으로 자신들을 도립(倒立)시킨다는 것이고, 그리고 이런 일은 천계가 활착(活着)되는 정도에 따라서, 다시 말하면 사람은 새롭게 됩니다. 여기서 예증의 목적으로 더 부연할 수 있는 것은 사람 안에 있는 모든 악은 동일한 악 안에 있는 지옥에 있는 자들과의 결합의 상태에 있지만, 그러나 다른 한편 사람 안에 있는 모든 선은 동일한 선 안에 있는 천계에 있는 자들과의 결합의 상태에 있다는 것입니다.

614. 지금까지 제시된 내용에서 볼 때 죄들의 용서(forgiveness of sins)는 그것들의 뿌리가 뽑혀지지도 않고, 말끔히 씻어지지 않고, 오히려 그것들의 옮겨짐(their removal)이 있고, 따라서 그것들의 분리(their separation)만 있다는 것을 밝히 알 수 있겠습니다. 그리고 또한 사람이 가지고 있는 모든 악은 그 사람 자신에게 전유(專有)되고, 남아 있다는 것입니다. 죄들의 용서가 곧 그것들의 옮김이고, 분리이기 때문에 여기서 뒤이어지는 것은 사람은 주님에 의하여 악에서부터 저지(沮止)되고, 그리고 주님에 의하여 선 안에 간수(看守), 지켜진다는 것이고, 그리고

제 10장 개혁(改革·reformation)과 중생(重生·regeneration)

이런 일은 중생에 의하여 사람에게 주어지는 것입니다. 나는 언젠가 가장 낮은 천계에서 어떤 사람이 하는 말을 들은 적이 있는데, 그가 한 말은, 그는, 악들이 모두 씻겨 졌기 때문에, 온갖 죄들에게서 면제(免除)되었다는 것이고, 더 이어진 것은 "그리스도의 보혈"(by the blood of Christ)에 의한 것이라는 것입니다. 그러나 그가 천계에 있었기 때문에, 그리고 또한 무지(無知)에서 비롯된 오류 가운데 있었기 때문에, 그는 자기 자신의 개별적인 죄들이 알려진 것이고, 그리고 그것들이 자신에게 돌아왔을 때 그가 그것들을 시인하였기 때문에, 그리고 그것에 의하여 새로운 신념(a new belief)을 터득하였기 때문에, 다시 말하면 모든 천사와 꼭 같이, 모든 사람은 주님에 의하여 악에서 저지되었고, 선 안에 간수되기 때문입니다.

[2] 이러한 내용이나 사실은 명료하게, 그것이 동시적인 것은 아니지만, 죄의 용서가 무엇인지 보여 주고 있지만, 그러나 중생은 그것의 진전에 일치하여 뒤이어진다는 것입니다. 이른바 죄들의 용서라고 하는 죄들의 옮김은 이스라엘 자손들의 진영(陣營)에서 그들 주위에 펼쳐 있는 사막으로 불결한 것들이 쫓겨나는 것에 비유될 수 있겠습니다. 왜냐하면 그들의 진영들은 천계를 표징하고, 그 사막은 지옥을 표징하기 때문입니다. 그것은 또한 가나안 땅에서 이스라엘 자손으로부터 여러 이방 민족들의 옮김에 비유될 수 있겠고, 그리고 예루살렘에서 여부스 족속의 옮김에 비유될 수 있겠습니다. 이런 것들은 쫓겨난 것이 아니고 다만 분리된 것입니다. 그것은 또 블레셋 사람들의 신 다곤(Dagon)에게 일어난 사건에 비교될 수 있겠습니다. 그것은 법궤가 옮겨졌을 때 다곤이 처음에는 땅에 그의 얼굴을 쑤셔 박고 있었고, 그 뒤에는 그의 머리와 팔이 잘려서 문지방에 나뒹굴었습니다. 이와 같이 그는 쫓겨나지 않았고, 다만 옮겨져 있었습니다.

[3] 그리고 그것은, 주님에 의하여 돼지 떼 속에 들어가게 되고, 그 뒤에는 그 돼지들이 바다에 빠져서 죽게 된 군대 마귀(the demons)에 비교될 수 있겠습니다. 거기서나, 그리고 성경말씀의 다른 곳에서 "바다"(sea)는 지옥을 뜻하기 때문입니다. 그것은 또한 천계에서 분리되고, 처음에는 땅을 공격하고, 나중에는 지옥에 던져진 그 용을 추종(追從)하는 군중(群衆)에 비교될 수 있겠습니다. 그리고 그것은 역시 숲이 벌채될 때 근처 덤불 속으로 도망하는 온갖 종류의 야생동물이 있는 밀림에

비교될 수 있겠는데, 그러나 그 땅이 개간되고, 경작되면, 열매를 맺는 옥토(沃土)에 비교될 수 있겠습니다.

XI.
영적인 사물들 안에 선택의 자유가 없다면 중생은 불가능하다.

615. 얼간이를 제외하면, 영적인 사물들 안에 선택의 자유(freedom of choice)가 없다면 사람이 중생할 수 없다는 것을 어느 누구가 알지 못하겠습니까? 선택의 자유가 없다면 사람이 주님에게 가까이 나갈 수 없으며, 그리고 주님께서 친히 가르치신 것과 같이(마태 28 : 18), 주님을 속량주(the Redeemer)·구세주(the Saviour)로, 그리고 천지(天地)의 하나님으로 어느 누가 시인할 수 있겠습니까? 선택의 자유가 없다면 어느 누가 주님을 믿을 수 있겠습니까? 다시 말하면 어느 누가 믿음으로 말미암아 주님을 우러르고, 주님을 예배하고, 주님으로부터 구원의 방편들이나 은혜들을 받는 일에 자기 스스로 적응하고, 그리고 주님으로 말미암아 그것들의 수용에 협력할 수 있겠습니까? 선택의 자유가 없다면 어느 누가 이웃에게 선을 행할 수 있고, 어느 누가 인애를 실천할 수 있고, 믿음이나 인애에 속한 그 밖의 다른 것들을 자신의 생각이나 뜻에 담을 수 있겠고, 그리고 그것들을 생출할 수 있고, 그것들을 행동에 담을 수 있겠습니까? 그렇지 않다면 중생은 주님의 입술에서 떨어지는 단순한 낱말 이외에 무엇이겠습니까?(요한 3장) 그것은 귀에 남아 있던가, 언어에 가장 가까이에 있는 생각에서부터 입술에 떨어지는, 열두 글자들에 속한 분명한 소리가 될 것인데, 그 소리는 어떤 뜻에 의하여 마음의 보다 높은 영역에 올리워질 수 없고, 다만 대기에 떨어져서 사라지지 않겠습니까?

616. 가능하시면 독자 여러분 말씀해 보십시오. 중생에 관해서 분별없는 어리석음(a blinder stupidity)이 오늘날의 믿음으로 자기 스스로 굳게 다짐한 자들에게 널리 만연(蔓延)된 것 이상 또 다른 것이 있을까요? 다시 말하면 그 믿음은 사람에게 주입된다는 것인데, 그것은 마치 나무 등걸이나 돌멩이 같은 사람에게 주입된다는 것이고, 그리고 그 믿음이

제 10장 개혁(改革・reformation)과 중생(重生・regeneration)

주입될 때, 온갖 죄의 용서(forgiveness of sins)・중생(regeneration) 그리고 그 밖의 다른 은사를 가리키는, 칭의(稱義・justification)에 의하여 뒤이어지는 것입니다. 그리고 또한 사람의 애씀(努力・man's effort)은 전적으로 필히 배제(排除)되어야 한다는 것 등입니다. 왜냐하면 그런 것은 예수의 공로(the merit of Christ)에게 폭행(暴行・violence)을 저지르는 것을 막기 위한 것입니다. 이 교리(敎理・信條・dogma)가 더욱더 굳건하게 세워지기 위하여, 그들은, 그것 안에 있는 그의 절대무능(絶對無能・his complete impotence)을 지지 주장하는 것에 의하여, 영적인 사물들 안에 있는 모든 선택의 자유(all freedom of choice)를 사람에게서 박탈하였습니다. 그 때 그와 같은 주장이나 그 자유의 박탈 같은 일은 마치 오직 하나님께서만 그분의 본분(本分)이나 임무(任務) 따위를 행하실 수 있는 것처럼, 그리고 사람의 본분이나 임무를 수행하는 사람에게 전혀 능력이 주어지지 않았다는 것입니다. 따라서 하나님과 사람의 결합이 불가능하다는 주장입니다. 이와 같은 경우 중생에 관해서 사람은 무엇입니까? 그것은 마치 손과 발을 꼼짝하지 못하게 결박(結縛)하는 것이고, 갤리선(galley)을 젖는 노예(=죄수)라고 부르는 자들처럼 배에 감금된 죄수들이나 노예들과 같지 않습니까? 이와 같은 것은 만약에 사람이 이와 같은 수갑(手匣)이나 족쇄(足鎖)에서 자유하려면, 그는 형벌을 받아야 하고 죽음의 유죄판결을 받아야 할 것입니다. 다시 말하면 이웃에게 선을 행하려는 사람은, 그리고 구원을 목적해서 하나님을 믿으려는 사람은 선택의 자유로 말미암아 죽음과 영벌을 받아야 한다는 것입니다. 만약에 사람이 이런 소견이나 주장 따위로 자신을 확증한다면, 그럼에도 불구하고 천계를 위한 경건한 열망(a pious desire)을 가지고 있다면 그 사람은, 그것의 은혜와 더불어 그 믿음이 자신에게 주입되었는지 여부에 관해서, 궁리하면서 서 있는 한낱 유령(幽靈・specter)이나 구경꾼 이외에 무엇이겠습니까? 만약에 주입되지 않았다면 그것이 주입될 것이라는 것을 점검하는, 그러므로 하나님 아버지께서 그에게 동정(同情)을 가지고 있는지 아닌지, 또는 그분의 아드님께서 그를 위해 중재(仲裁)하시는가의 여부, 또는 성령께서, 어디에서나 고용되시기 때문에, 활동, 역사(役事)하고 있는지 여부를 점검하면서 서 있는 유령이나 구경꾼 이외에 무엇이겠습니까? 그럼에도 불구하고 어떤 사안에 대한 그의 절대무지(his complete ignorance) 때문에 그는 "아마도 그 은혜는,

내가 가지고 있고, 그리고 전에도 가지고 있었던, 나의 삶의 품행(=도덕
· morality)이나, 그러므로 그것은 내 안에서 그것은 거룩하게 될 것이
지만, 이에 반하여 그 믿음에 이르지 못한 자들 안에서 그것은 불경스
러운 것이나, 그러므로 이 거룩함이 나의 품행(=도덕성)에 계속 머물러
있기 위해서 나는 지금부터 나 자신의 인애나 믿음 따위를 실천하지 않
을 것이다(not to exercise)는 것을 예의 주시할 것이다"는 등등의 말이
나 그 밖의 많은 것을 말하면서 그는 떠나갈 것이고, 스스로를 위로할
것입니다. 이와 같은 유령이나 구경꾼은 혹시 여러분이 선호한다면, 영
적인 사물들 안에 있는 선택의 자유에서 분리된 중생에 관해서 생각하
는 사람들은 모두가 소금기둥(a statue of salt)이 될 것입니다.

617. 중생이 영적인 사물들 안에 있는 선택의 자유 없이 가능하다고
믿는 사람은, 따라서 상호간의 협력 없이 중생이 가능하다고 믿는 사람
은 교회에 속한 모든 진리들에 관해서는 마치 망부석처럼, 무감각한 존
재가 될 것입니다. 아니면, 만약에 그가 무엇을 느끼는 온화한 사람이
라면, 그 온화함이 온갖 탐욕들이나 정욕들에게서 생긴 것이기 때문에
그는 아궁이에서 불이 붙고 있는 나무토막과 같고, 그것 안에 있는 불
이 쉽게 붙는 불쏘시개들에게서 일어나는 불꽃과 같습니다. 그 사람은
지붕 꼭대기까지 땅 속으로 가라앉는 궁전에 비교되겠고, 그리고 흙탕
물로 범람, 침수(沈水)하는 것에 비교되겠습니다. 그런 뒤에는 지붕이
날아가 버린 집에서 사는 사람, 그리고 늪지의 습격들에 대비, 자신들
을 위해 오두막을 짓는 사람, 그리고 종국에는 역시 지붕이 내려앉고,
그리고 그 사람마저 물에 빠져 버리는 자에게 비교될 수 있겠습니다.
그는 역시 보물을 가리키는 성경말씀에서 온갖 종류의 진귀한 상품들을
가득 실은 배가 생쥐들이나 좀벌레에 의하여 갉아 먹힌 배나, 그리고
뱃사람들에 의하여 바다에 던져진, 그래서 그들의 재물들이나 상품들을
날려버린 상인들과 같습니다. 그 믿음의 신비들에 빠져 있는 유식한 사
람들이나 돈 많은 부자들은 병 속에 넣은 우상들·과일들·향기 좋은
꽃들·조개들·뱀들이나 이와 비슷한 것들을 파는 작은 가게의 장사꾼
들과 같습니다. 주님께서 사람에게 적용하기 위하여 주어진 영적인 능
력의 결핍(the lack of spiritual power) 때문에, 그들은 위를 쳐다보려는
의욕도 결코 가지고 있지 않고, 실제적으로는 그의 머리를 땅을 향해
응시하는 짐승들과 같고, 숲 속에서 먹을 것 이외에는 전혀 관심조차

없는 짐승들과 같습니다. 만약에 그들이 과수원에라도 들어가게 되면 그는 나무 잎을 갉아 먹는 벌레들처럼 나무의 잎들을 모두 먹어치우고, 그리고 그들이 눈으로 나무의 열매를 보게 되면, 더욱이 그들이 손으로 그것을 만지게 되면, 그들은 그것들을 마치 벌레들처럼 그것으로 배를 채웁니다. 종국에 그들은 아주 고약한 뱀들(scaly serpents) 같이 되고, 그리고 그들의 온갖 오류들은 뱀들의 비늘들에서와 같이 소리를 내고, 번쩍입니다.

XII.
중생은, 그것에 의하여 믿음이 형성되고, 인애 자체가 그것들과 결합하는, 진리가 없으면 불가능하다.

618. 사람이 중생하는 방법에는 세 가지가 있는데, 그것들은 주님(the Lord)・믿음(faith)・인애(charity)입니다. 이 셋은, 만약에 성경말씀에서 비롯된 신령진리들(Divine truths)이 그것들을 계시하지 않는다면 마치 땅 속에 묻혀 있는 가장 귀중한 보석들처럼 숨겨져 있습니다. 비록 그것들이 밝은 빛 가운데 서 있다고 해도, 심지어는 그들이 성경말씀을 수백 수천 번을 읽고, 또 읽는다고 해도, 사람의 몫인 협력을 부인한다면, 사실 그것을 부인하는 자들에게서는, 그것들은 숨겨져 있습니다. 오늘날 널리 만연하고 있는 믿음으로 주님에 관해서 다짐하고 있기 때문에 주님은 아버지와 한 분이시라는 주님은 천지(heaven and earth)의 하나님이라는 것, 그리고 아버지의 뜻은, 신・구약에서 주님에 관하여 동일한 종류의 수많은 설명들이나 진술들(statements)에서도 사람들은 아드님(聖子・the Son)을 믿어야만 한다는 것 등등의 선언들이나 고백들(declarations)을 눈 크게 뜨고 보아야 하는 것 아닙니까? 그들이 진리들 안에 있지 않기 때문에, 그들은 그런 주제들을 보지 못합니다. 결과적으로 그들이 이런 주제들을 볼 수 있는 그런 빛 가운데 있지 않기 때문에 그런 것들을 보지 못합니다. 그리고 그들에게 그런 빛이 주어진다고 해도, 온갖 거짓들이 그 빛을 소멸시킬 것이고, 그리고 그 때 이들 진리들은 그것들을 전적으로 말살(抹殺), 삭제(削除)시키는 그 어떤 것처럼 여겨 그들의 배려(配慮)나 주의력 따위에서 기피, 도망할 것이고, 그리

고 발로 짓밟은 것이고, 그리고 섞은 물이 통과하는 하수관처럼 여겨, 기피할 것입니다. 이런 것들이 언급된 것은 진리들이 없다면 중생에서 첫째 되는 것을 보지 못한다는 것을 알게 하기 위한 것입니다.

[2] 진리들이 없다면 믿음을 안다는 것은 불가능합니다. 그것은 믿음과 진리(faith and truth)가 하나의 사물(one thing)을 완성하기 때문입니다. 왜냐하면 믿음의 선(the good of faith)은 영혼(a soul)과 같고, 진리들은 그것의 몸통(its body)을 형성하기 때문입니다. 그러므로 당당하게 주장할 수 있는 것은, 만약에 사람이 그것의 진리들에 속한 것들에 관해서 무지(無知)할 때, 사람이 믿고, 믿음을 갖는다는 것은 마치 몸 밖에서 영혼을 취하는 것과 같고, 따라서 보이지 않는 영혼과 말을 하는 것과 같다고 하겠습니다. 더욱이 믿음의 몸(the body of faith)을 만드는 모든 진리들은 빛을 발산(發散)하고, 빛을 발출합니다. 그리고 믿음에 속한 특징들(features)이나 요소들을 가시(可視)적으로 만듭니다. 이러한 사실은 인애에서도 동일합니다. 인애는 진리의 빛과 그것 자체를 결합시키는 볕(熱·heat)을 발산합니다. 이 볕은 봄철에 이 세상에서 빛과 같은 역할을 하기 때문에 그것의 결합으로 말미암아 땅 위의 동물들이나 식물들의 다산(多産)을 가능하게 합니다.

[3] 이와 같은 일은 영적인 볕(spiritual heat)이나 영적인 빛(spiritual light)에도 꼭 같습니다. 이것들, 즉 영적인 볕이나 빛은 사람이 믿음의 진리들 안에 있고, 동시에 인애의 선들 안에 있을 때 사람 안에서 그것들이 결합하듯이, 마찬가지로 결합합니다. 왜냐하면 본서 제 6장 믿음(Faith)에서 언급한 것과 같이, 믿음에 속한 진리의 모든 개별적인 것에서 조요(照耀)하는 빛이 입류하고, 그리고 인애에 속한 선의 모든 개별적인 것에서 불을 지피는 볕(熱·heat)이 입류하기 때문입니다. 여기서 이렇게 언급하는 것은 영적인 빛은 그것의 본질이 총명(intelligence)이고, 영적인 볕은 그것의 본질에서 사랑(love)이기 때문입니다. 그리고 주님께서는 사람을 중생시킬 때 사람 안에서 이들 두 양자를 결합시키십니다. 주님께서 이렇게 말씀하셨습니다. 요한복음서의 말씀입니다.

 내가 너희에게 한 그 말은 영이요, 생명이다(요한 6 : 63).
 너희는 빛이 있는 동안에 그 빛을 믿어서, 빛의 자녀가 되어라.······나는 빛으로 세상에 왔다(요한 12 : 36, 46).

제 10장 개혁(改革·reformation)과 중생(重生·regeneration)

주님께서는 영계에서 태양이십니다. 이 태양(the Sun)은 영적인 빛과 영적인 별의 근원입니다. 그 빛은 조요하고 그 별은 불을 지핍니다. 이들 두 양자의 결합에 의하여 주님께서는 사람에게 생명(=생기)을 주시고(vivify), 사람을 중생시킵니다.

619. 이상에서 볼 때 밝히 알 수 있는 것은 진리들이 없으면 주님에 관한 지식도 결코 없다는 것이고, 그리고 진리들이 없으면 역시 믿음도 없다는 것이고, 따라서 인애도 없다는 것입니다. 결과적으로 진리들이 없으면 거기에 신학도 없고, 그리고 신학(神學·theology)이 없는 곳에는 결코 교회도 없습니다. 오늘날 자신들을 가리켜 기독교인이라 부르는 그들의 상태는, 비록 그들이 자신들은 복음의 빛(the light of the Gospel) 가운데 있다고 말하지만, 그럼에도 불구하고 그들은 가장 짙은 흑암 가운데 있습니다. 왜냐하면 그들에게서 진리들은 거짓들 아래에 숨겨져 있기 때문입니다. 그것은 마치 금·은·보석들 따위가 힌놈 골짜기(the valley of Hinnom)에 묻혀 있는 뼈다귀들과 같습니다. 이것이 사실이라는 것을, 나는 오늘의 기독교 국가에서 나오고, 그리고 그것들을 널리 보급, 퍼뜨린 영계에 있는 영기(靈氣·the spheres)들에게서 명료하게 볼 수 있었기 때문입니다.

[2] 그 영기의 하나는 주님에 관한 것이었는데, 이것은 유식한 성직자나, 박식(博識)한 평신도가 살고 있는 곳인, 남녘에서 발산, 흘러나왔습니다. 어디에서나 이 영기는 자기 자체를 여러 관념들 속에 주입시켰고, 그리고 수많은 자들에게서 일어난 일은 주님의 인성에 속한 신성(神性·the Divine of the Lord's Human)을 믿는 믿음을 제거(除去)하였고, 그리고 수많은 자들에게서는 그것을 약화(弱化)시켰고, 그리고 또 수많은 자들에게서는 그것을 어리석고, 하찮은 존재로 만들었습니다. 이러한 일은 그것이 그것과 더불어 세 분 하나님들(three Gods)을 믿는 믿음을 불러들였기 때문입니다. 따라서 그것이 혼돈(混沌)을 생산하였기 때문입니다.

[3] 또 다른 영기(靈氣)는 겨울철의 검은 구름과 같은 믿음을 제거하였는데, 그것은 짙은 어둠을 일으키고, 비를 눈으로 바꾸고, 나무들을 앙상한 가지만 있는 벌거숭이로 만들고, 물을 얼리고, 양들에게서 모든 초지를 없애 버렸습니다. 이 영기는 전자와의 결합 안에 한 분 하나님

에 관한, 그리고 중생, 구원의 방법들에 관한 일종의 무기력증(無氣力症
·lethargy)을 주입합니다.
[4] 셋째 영기는 믿음과 인애의 결합과 관계가 있는데, 이것은 저항할 수 없을 만큼 매우 강하였는데, 그러나 오늘날 그것은 매우 혐오(嫌惡)스러운 것입니다. 그것은 마치 유행병(流行病·pestilence)과 같아서, 그것이 한 번 스치고 지나간 사람은 모두 감염(感染)을 일으키고, 그리고 세상 창조 이래 정립된 구원의 두 방법들 사이에 굳게 결속(結束)된 모든 것을 산산조각으로 찢어 놓았고, 그리고 주님에 의하여 새롭게 회복시킨 것까지 여러 갈래로 찢어 놓았습니다. 이 영기는 심지어 자연계 안에 있는 사람들까지 내습, 공격하였습니다. 그리고 진리들과 선들 사이의 혼인의 횃불까지 소멸시켰습니다. 나는 이 영기를 느끼었습니다. 가끔 내가 믿음과 인애의 결합에 관해서 생각할 때면, 그 영기는 그들 사이의 그 결합 자체에 끼어들어서 간섭하고, 의식적으로 그것들 사이를 분리시키려고 애를 썼습니다.
[5] 천사들은 이 영기들에 대해서 불평, 불만을 토로하였고, 그리고 그들은 주님에게 그것들이 흩어지기(消散)를 기도하였지만, 그러나 그들이 받은 대답은 용(龍·dragon)이 이 땅에 있는 한, 소멸될 수 없다는 것입니다. 그것은 그것이 가혹한 영들(the draconic spirits)에게서 온 것이기 때문입니다. 왜냐하면 그 용에 관해서 그 때 아래에서와 같이 용이 땅으로 내던져졌다고 언급되고 있기 때문입니다. 묵시록서의 말씀입니다.

> 그러므로 하늘아,
> 그리고 그 안에 사는 자들아,
> 즐거워하여라.
> 그러나 땅과 바다에는 화가 있다.
> 악마가,
> 자기 때가 얼마 남지 않은 것을 알고,
> 몹시 성이 나서
> 너희에게 내려왔기 때문이다
> (묵시록 12 : 12)

[6] 이와 같은 영기들은, 영적인 것으로, 마음을 내습, 공격하고, 그것을 좌지우지 다스리는, 용들에 속한 숨구멍에서 발산하는 매우 무서운

제 10장 개혁(改革·reformation)과 중생(重生·regeneration) 545

대기와도 흡사합니다. 거기에는 영적인 진리에 속한 영기는 거의 없는데, 그 진리의 영기는 다만 새 하늘(the new heaven)에만 있습니다. 용들의 영들에게서 분리된 천계 아래에 있는 자들에게만 그런 영기는 있습니다. 이것은 이런 진리들이 오늘날 이 세상에 있는 자들에게 거의 인지되지 않는 이유인데, 그것은 마치 동쪽 바다에 있는 배가 서쪽 바다에서 항해하는 선장이나 함장에게 보이지 않는 것과 같습니다.

620. 중생은, 그것에 의해 믿음이 생성되는 진리들 없이는 불가능하다는 것을 아래의 비교들에 의하여 예증하겠습니다. 그것은 마치 이해 없이 사람의 마음이 존재할 수 없는 것과 같기 때문입니다. 그러므로 이해는 반드시 무엇을 믿어야 하는지, 무엇을 행하여야 하는지를 가르치고, 그리고 중생이 무엇인지, 그리고 중생이 어떻게 성취되는지를 가르치기 때문입니다. 진리 밖의 중생은, 마치 태양에서 비롯되는 빛이 없이 동물들의 생기(生氣·vivification)나 식물의 성장이 불가능한 것과 꼭 같습니다. 왜냐하면 만약에 태양이 빛을 주지 않고, 동시에 별을 주지 않는다면, 그것은 마치 묵시록서에 기술된 것과 같이(묵시록 6 : 12), "해는 검은 머리털로 짠 천"과 같이, 요엘서에 기술된 것과 같이(요엘 2 : 10, 31), "검은 것"(=어두운 것·black) 같이 될 것입니다. 따라서 땅 위에는 칠흑 같은 어둠만 있을 것입니다(요엘 3 : 15). 그것은 자기 자신에게서 빛을 내쫓아 보내는, 진리들이 없는 사람의 경우도 꼭 같습니다. 왜냐하면 진리들의 빛이 나오는 근원인 태양은, 영계에 계시는 주님이시기 때문입니다. 만약에 영적인 빛이 거기에서부터 마음에 입류하지 않는다면 교회는 진정한 흑암 가운데 있을 것이고, 아니면 영원한 빛의 상실 상태(a perpetual eclipse)에서 비롯된 어둠 가운데 있을 것입니다. 가르치고 인도하는 진리가 없이 믿음과 인애에 의하여 성취되는 중생은, 키(rudder)가 없이 광활한 바다에서의 항해(航海)와 같은 것이고, 선원의 나침판이나 해도(海圖)가 없는 항해와 같은 것입니다. 그것은 역시 한밤중에 무성한 숲에서 말을 타는 것과 같은 것입니다. 자신들이 진리라고 믿는 거짓들 안에 있지만, 진리들 안에 있지 않는 자들의 마음의 내적 시각(the mind's internal sight)은 시신경이 장해를 입은 자들의 시각에 비교될 수 있겠는데, 비록 그것이 아무것도 볼 수 없지만, 그러나 여전히 시각이 겉보기에는 건전하고, 보는 일이 가능한 것처럼 보일 것입니다. 의사들은 이런 종류의 맹목(盲目)을 청맹과니(黑內

障・amaurosis)나 녹내장이라고 부릅니다. 왜냐하면 이런 부류의 질병의 환자는 합리성이나 총명적인 기능이 아래쪽만 열리고 위쪽은 열리지 않기 때문입니다. 그것은 합리적인 빛(rational light)이 눈에 속한 빛과 같기 때문입니다. 결과적으로 그들의 모든 소견들은 오직 상상력(imagination)일 뿐이고, 그리고 전적인 오류에서 빚어진 것이기 때문입니다. 이런 경우의 사람들은 커다란 망원경을 가지고 시장 바닥에 서서 아무런 의미도 없는 예언을 짓거리는 점술가(占術家)에 비교되겠습니다. 만약에 진정한 진리들이 주님에 의하여 성경말씀에서 까발려지지 않는다면 신학을 공부하는 모든 학생들은 그런 부류가 될 것입니다.

621. 영계 체험기

이러한 내용에 아래의 "영계 체험기들"이 첨가되겠습니다. 그 첫째입니다. 나는 영들의 모임을 보았는데, 그들은 모두 무릎을 꿇고, 그들에게 천사들을 보내 주기를 하나님에게 기도하고 있었습니다. 그들은 서로 얼굴을 마주 보면서, 그들은 그들의 심중의 생각들이 열리기를 서로 말하였습니다. 그들이 일어났을 때 흰 옷을 입은 세 천사들이 그들 앞에 서 있었습니다. 그 때 그 천사들은 "주님 예수 그리스도께서 여러분의 기도를 들으셨습니다. 그래서 우리들을 여러분에게 보내셨습니다. 여러분들의 마음의 생각들을 우리에게 열어 보여 주십시오" 라고 말하였습니다.

[2] 영들이 대답을 하였습니다. "우리들의 사제들이 우리에게 하는 말은, 신학적인 사안들에서 값있는 것은 이해가 아니고, 값있는 것은 믿음이라는 것이고, 그리고 총명적인 믿음(an intellectual faith)은 이런 사안들에서 별로 득(得)이 되지 않는데, 그 이유는 그것이 하나님에게서 나오는 것이 아니고 사람의 냄새(savors)에서 나오기 때문입니다. 우리들은 영국 사람들이고, 우리는 우리가 믿는 우리의 성직자에게서 수많은 것들을 들었습니다. 그러나 자신들이 개신교도들이라고 하는 다른 자들과도 우리는 이야기를 나누었고, 그리고 자신들이 로마 가톨릭 교도라고 하는 자들과도 이야기를 나누었습니다. 그리고 다양한 종파(sects)의 사람들과도 대화를 하였습니다. 그들은 모두 유식한 사람으로 보였습니다. 그럼에도 불구하고, 그들은 모두 '우리를 믿으십시오' 라고 말하였고, 몇몇은 '우리는 하나님의 종'(ministers of God)이고, 그리고 '그 문제를 잘 안다'고 말하였지만, 여러 사안들에서 그들은 서로서로

일치하지 않았습니다. 그러나 우리는, 믿음에 속한 진리들이라고 부르는, 그리고 교회에 속한 진리들이라고 하는, 신령한 진리들은 오직 생득권(生得權)이나, 또는 모든 유전에 의한 누구의 것이 아니고, 오히려 천계로부터 하나님에게서 주어지는 것이라고 알고 있기 때문에, 그리고 그것들이 천계에 가는 길이라고 지적하고, 그리고 그것들이 인애에 속한 선들과 더불어 생명에 들어가는 길이라고, 따라서 그것들이 영생으로 인도하는 길이라, 지적하기 때문에 우리는 걱정스러웠고, 그리고 무릎을 꿇고 하나님에게 기도하였습니다" 라는 내용이었습니다.

[3] 그 때 천사들은 이렇게 대답하였습니다. 즉, "성경말씀을 읽어 보십시오. 그리고 주님을 믿으십시오. 그러면 여러분은 여러분의 믿음이나 여러분의 삶에 속한 진리가 되어야 할 진리들을 보시게 될 것입니다. 기독교계에 있는 자들은 모두 유일무이(唯一無二)한 샘(源泉)을 가리키는, 성경말씀에서 그들의 교리적인 것들을 얻고 있습니다" 라고 말하였습니다. 그러나 그 무리의 둘(two)은, "우리는 성경말씀을 이미 읽었지만, 이해하지 못하였습니다" 라고 말하였습니다. 그 천사들은, "여러분은 말씀(聖言)이신 주님에게 가까이 나아가지 않았고, 그리고 역시 여러분들께서는 먼저 자신들을 거짓들로 확증하였습니다" 라고 대답하였습니다. 천사들은 더 이어서 "빛 밖에 있는 믿음이 무엇입니까? 이해 없이 생각한다는 것이 무엇입니까? 그것은 인간적인 것 아닙니까? 갈까마귀들이나 까치들은 이해 없이 말하는 것을 배울 수 있습니다. 우리가 확실하게 말할 수 있는 것은 영혼을 가지고 있는 사람이 간절히 원하면 모두 밝은 빛 가운데서 성언에 속한 진리들을 볼 수 있다는 것입니다. 사람들이 그것을 볼 때 자기 자신의 생명의 양식을 알지 못한다면 그것은 짐승이지 사람이 아닙니다. 그리고 사람은 합리적인 동물(a rational animal)이고 영적인 동물(a spiritual animal)입니다. 따라서 사람은, 만약에 그것을 갈망하고, 그리고 주님에게서 그것을 찾으려고 한다면 믿음의 진리를 가리키는, 그의 육신의 양식은 아니지만, 그의 영혼의 양식(his soul's food)인 그의 생명의 양식을 잘 압니다.

[4] 더욱이 이해에서 영접, 수용되지 않는 것은 아무것도 기억 안에 남아 있지 않고, 오히려 그것은 그 누구의 어휘적인 설(=말·statement)로 기억에 남습니다. 그러므로 우리가 하늘에서 이 세상을 내려다 볼 때 우리는 어떤 것도 보지 못하고 다만 소리들(sounds)만 듣습니다. 왜냐

하면 그 소리들은 대부분 불일치하는 불협화음이기 때문입니다. 그러나 우리들은 교직자 중에서 유식한 교직자가 이해에서 분리(分離)한 어떤 것들을 열거하려고 합니다. 그들은 이해에 이르는 데는 두 길이 있다는 것을 알지 못하는데, 그 중의 하나는 이 세상에서 비롯되는 것이고 다른 하나는 천계에서 오는 것입니다. 그리고 주님께서 이해에 빛을 비출(照耀) 때 주님께서는 이 세상에서 비롯된 그 길은 뒤로 물러나게 하십니다. 그러나 만약에 이해가 종교에 대해서 닫혀 있다면, 다시 말하면 천계로부터 그것에 이르는 길이 폐쇄(閉鎖)되었다면, 그 사람은 그 때 성경말씀에서 맹인처럼 아무것도 보지 못합니다. 우리들은 그 구덩이에서 다시 일어날 수 없는 그런 구덩이에 빠지는 그와 같은 수많은 사람들을 보았습니다.

[5] 예를 들어서 이 사실을 잘 알게 하겠습니다. 여러분들께서는 인애가 무엇인지, 믿음이 무엇인지, 이해하실 수 있으십니까? 인애는 이웃과 더불어 올바르게 행하는 것이고, 믿음은 하나님에 관해서 올바르게 생각하는 것입니다. 그리고 이것들은 교회에 속한 본질적인 것들입니다. 결과적으로 올바르게 행하고, 올바르게 생각하는, 다시 말해서 착하게 살고, 올바르게 믿는 사람은 구원을 받는다는 것을 이해하실 수 있으십니까?" 등등의 말을 부연하였습니다. 이 말에 대하여 영들은, 그들이 모두 이해한다고, 대답하였습니다.

[6] 천사들은 더 말을 이어갔습니다. "사람은, 그가 구원을 받기 위해서, 반드시 그의 죄들을 회개하여야 한다는 것, 그리고 만약에 그가 회개하지 않는다면, 그가 태어난 그 죄들 안에 남아 있다는 것, 그리고 회개는, 악들이 하나님에게 정반대이기 때문에, 사람이 온갖 악들을 원하는 것에서 사람이 그것을 멈추는 사람의 멈춤(man's ceasing)에 존재한다는 것, 그리고 회개는 일 년에 한두 번씩 자기 자신을 성찰하는 것에, 자신의 악들을 살피는 것에, 그것들을 주님 앞에 고백하고, 도움을 기도하고, 온갖 악들을 삼가고, 물러나는 것에, 그리고 새로운 삶을 시작하는 것에 존재한다는 것, 그리고 사람이 이런 일을 행하는 것에 비례해서, 그리고 주님을 믿는 일에 비례해서, 그의 죄가 용서된다" 라는 것들을 부연하였습니다.

그 때 그 모임에서 온 몇몇이 "우리는 그것을 이해하였습니다. 다시 말하면 죄들의 용서(the forgiveness of sins)가 무엇인지 잘 이해하였습니다"라고 말하였습니다.

[7] 그 때 그들은 천사들에게 더 많은 가르침(=정보)을 주기를 간청하였습니다. 그 중에 첫째는 하나님에 관한 것이고, 다음은 영혼의 불멸(the immortality of the soul)·중생(regeneration)·세례(baptism) 등이었습니다.

이런 간청에 대하여 천사들은 이렇게 대답하였습니다. "우리는 여러분이 이해할 수 있는 것만 말합니다. 그렇지 않다면 우리의 말은 모래 밭에 떨어지는 빗방울과 같을 것입니다. 그러면 모래 밭에 떨어진 씨는 마르고, 죽어 버리겠지요. 그러나 우리는 그것들이 하늘에서 내리는 생명의 물이 되기를 바랍니다"라고 하였습니다.

그들은 하나님에 관해서 이렇게 말하였습니다. "천계에 있는 모든 자들에게는 거기에 있는 어떤 장소가 할당(割當), 주어집니다. 따라서 그들은 그들의 하나님의 개념(=신념)에 일치하여 영원한 즐거움을 향유(享有)합니다. 그 이유는 이 개념(=신념)이 보편적으로 예배에 속한 모든 것 안에서 지배하기 때문입니다. 하나님의 개념(=신념)에서 하나는 그분께서 영이라는 것이지만, 그러나 그 영이 마치 에텔이나 바람과 같은 것으로 여겨질 때, 그것은 아무런 의미가 없다는 것입니다. 그러나 하나님의 개념은 하나의 사람(as a Man)이라는 것은 올바른 개념(=신념)입니다. 왜냐하면 하나님은 신령사랑(Divine love)이시고 신령지혜(Divine wisdom)이기 때문이고, 이것이 그것의 모든 성품(quality)이기 때문입니다. 그리고 이것들의 두 속성은 에텔(ether)이나 바람(wind)과 같은 것이 아니고 사람(=원인간·原人間·Man)이십니다. 천계에서 하나님의 개념(=신념)은, 곧 그분께서 주님 구세주(the Lord the Saviour)이시라는 것, 그리고 그분께서 친히 가르치신 것과 같이, 그분께서는 천지(天地)의 하나님이시라는 것입니다. 여러분의 하나님 신념이 우리의 신념과 같기를 바랍니다. 우리들은 여러분들과 함께 결합, 제휴(提携)할 것입니다"라고 말하였습니다. 이 내용이 언급되었을 때 그들의 얼굴에는 광채가 났습니다.

[8] 영혼 불멸(the immortality)에 관해 그들은 이렇게 말하였습니다. "사람은 영원히 삽니다. 그것은 모든 사람이 사랑과 믿음을 통하여 하나님과의 결합이 가능하기 때문입니다. 모든 사람은 누구나 다 이럴 수 있는 존재입니다. 이 가능성이 영혼의 불멸을 형성하는 것이고, 그리고

만약에 이 사안에 관해서 조금이라도 깊이 생각한다면 여러분은 충분하게 이해하실 것입니다" 라고 하였습니다.

[9] 그들은 중생(重生 · regeneration)에 관해서 이렇게 말하였습니다. "어느 누구가, 만약에 하나님이 계신다는 것을 배우게 되면, 모든 사람은 하나님에 관해서 생각하는 자유를 가지고 있고, 그리고 하나님에 관해서 생각하지 않는 자유를 가지고 있다는 것을 어느 누가 모르겠습니까? 따라서 모든 사람은 시민적인 것들이나 자연적인 것들 안에서와 꼭 같이 영적인 것들 안에 선택의 자유를 가지고 있다는 것을 잘 알고 있습니다. 주님께서는 이것을 모두에게 끊임없이 주십니다. 그러므로 사람이 만약에 그렇게 생각하지 않는다면 그것은 사람의 큰 오류(man's fault)입니다. 이런 능력 때문에 사람은 사람입니다. 이에 반하여 그 능력의 결여(缺如) 때문에 짐승은 짐승입니다. 결과적으로 사람은, 만약에 그가 주님에게서 비롯된 그 능력이 그의 마음 안에 있는 것을 시인한다면, 마치 자기 자신이 스스로 하는 것처럼 자신을 개혁하고, 중생시키는 능력을 가진 것입니다. 주님을 믿고, 회개하는 자는 모두 개혁되고, 중생됩니다. 사람은 이 일을 마치 자기 자신 스스로 하는 것처럼 행합니다. 여기서 마치 '자기 자신 스스로 한 것처럼'이라고 하였는데, 그것은 주님으로 말미암은 것이기 때문입니다. 사람이 자기 자신 스스로는 일점일획도 할 수 없는 것과 같이, 자기 자신으로부터 이 일을 하는데, 무엇인가를 공헌(貢獻)할 수 없다는 것은 만고의 진리(萬古眞理)입니다. 뿐만 아니라, 여러분은 망부석 같은 조각물로 창조된 것이 아니고, 사람들로 창조되었습니다. 이것은 여러분 스스로 하는 것처럼 주님으로 말미암아 이 일을 하기 위한 것입니다. 이 일이나, 사랑과 믿음의 상호작용(reciprocation of love and faith)은 주님께서 사람들에게 요구하는 것입니다. 한마디로 말하면 당신들 스스로 하듯이 행하시고, 그것이 주님으로 말미암은 것이라고 믿으십시오. 이것이 바로 자기 스스로 하듯이 행한다는 내용입니다" 라고 하였습니다.

[10] 그 때 그들은 마치 자기 스스로 하는 듯한 행동은 창조에 의하여 사람 안에 활착된 것인지 여부를 물었습니다. 천사가 대답하였습니다. "그것은 아닙니다. 그 이유는 스스로 행동한다는 것은 오직 하나님에게만 속한 것이기 때문이지요. 그러나 그분께서는 부단하게 주십니다. 다시 말하면 그침이 없이 하나님께서는 사람에게 결합하십니다. 그리고

제 10장 개혁(改革·reformation)과 중생(重生·regeneration)

그 때 사람이 마치 자기 홀로 하는 듯이 선을 행하고, 진리를 믿는 것에 비례하여 그는 천계의 한 천사입니다. 이에 반하여 사람이 마치 자기 스스로 하는 듯이 악을 행하고, 그것으로 말미암아 거짓을 믿으면, 그것에 비례하여 그 사람은 지옥의 영입니다. 그런데 여러분은 마치 자기 스스로 하는 듯이 이런 일을 한다는 것을 이상하게 생각할 것입니다. 그럼에도 불구하고 여러분은 그것이 사실이라는 것을 잘 알 수 있을 것입니다. 만약에 여러분이, 마치 악마가 유다에게 들어가 그런 짓을 한 것과 같이, 여러분이 모든 범죄로 채워지고, 그것이 여러분의 영혼이나 몸을 파괴하는지에 관해서, 악마가 여러분을 유혹하기 때문에 여러분이 악마에게서부터 보호, 지켜지기를 간구한다면, 그런 것을 잘 알 수 있을 것입니다. 그러나 사람 자신이, 비록 그것이 선한 것이든 악한 것이든 상관하지 않고, 자기 자신으로 말미암아 행동한다는 것을 믿는다면 사람은 간악한 범죄자가 됩니다. 만약에 그 때 마치 자기 스스로 하는 듯 그가 행동한다는 것을 믿지 않는다면 범죄자가 되는 것은 아닙니다. 왜냐하면 사람이 선이 자기 자신에게 비롯되는 것이라고 믿을 경우, 그 사람은 하나님에게 속한 것을 자신의 것으로 요구하는 것이기 때문이고, 그리고 악이 자신에게서 비롯된 것이라고 믿으면 그 사람은 악마에게 속한 것을 자기 자신의 탓으로 돌리는 것이기 때문입니다" 라고 말하였습니다.

[11] 그들은 세례(洗禮·baptism)에 관해서 이렇게 말하였습니다. 세례는 영적인 세척(spiritual washing)을 가리키는데, 그것은 개혁과 중생을 뜻합니다. 어린 아이가 성인이 되었을 때 개혁되고 중생합니다. 그 사람은, 그의 대부(代父·god father·sponsors)가 그를 위해 약속할 때, 다시 말하면 이들 양자가 회개하고 하나님을 믿겠다고 약속할 때 이 일들을 합니다. 왜냐하면 그들이 제일 먼저 약속하는 것은 악마를 단념, 부인하고, 그리고 그의 모든 악을 기피, 물리칠 것을 약속하는 것이고, 두 번째는 그가 하나님만을 믿고, 섬길 것을 약속하는 것이기 때문입니다. 천계에 있는 어린 것들은 이런 두 임무(=약속)에 입문, 시작합니다. 그러나 그들에게 악마는 지옥이고, 하나님은 주님이십니다. 더욱이 천사들에게서 세례는 사람이 교회에 속한 하나의 증표(a sign)입니다" 라고 하였습니다. 이런 내용의 말을 듣자, 그 모임에 속한 자들은 "우리는 그것을 이해합니다" 라고 말하였습니다.

[12] 그 때 옆에서 소리 지르는 소리가 들렸습니다. "우리는 이해하지 못합니다." 그리고 또 다른 소리는 "우리는 이해하기를 원하지도 않습니다." 이런 소리가 누구에게서 왔는지 조사되었고, 그리고 밝혀진 사실은 그런 것들이 믿음에 속한 거짓들로 자신들을 확증한 자들에게서, 그리고 그것을 신탁(神託·oracles)으로 믿기를 원하고, 그래서 예배받기를 원하는 자들에게 왔다는 것입니다.

천사들은 "놀라지 마십시오. 오늘날 이런 무리는 아주 많이 있습니다. 천계에서 우리들에게는 그런 무리들이 입술을 움직여서, 그리고 소리의 기관을 움직여서 소리를 내는 교묘한 기술을 가진 조각된 신상들처럼 보입니다. 그러나 그들은 그 소리가 지옥에서 오는지, 천계에서 오는지, 그 영감이 어디에서 오는지 알지 못합니다. 그것은 그들이 그것이 거짓인지 참인지 모르기 때문입니다. 그들은 추론하고 또 추론하였고, 그리고 확인하고 확인하였지만 그러나 아직까지 어떤 것이 사실이고, 아닌지를 알지 못합니다. 다만 그들은 이런 사실만 알았습니다. 즉 인간의 재주(=창의력·ingenuity)는 그 어떤 것이 실제적으로 참된 것이라고 보일 때까지는 그것이 뜻하는 것이 무엇인지 확증할 수 있다는 것입니다. 그러므로 이단들은 물론, 경건하지 못한 자들도 그렇게 할 수 있다는 것입니다. 그리고 하나님은 존재하지 않고, 다만 자연만 존재한다고 입증할 수 있는 무신론자들까지 능히 그렇게 할 수 있다는 것입니다"고 하였습니다.

[13] 이런 일이 있은 뒤 영국에서 온 무리들은 지혜로워야 한다는 열망으로 흥분, 열기가 상기(上氣)해서, 천사들에게 "그들은 성만찬(the holy supper)에 관해서 아주 다른 많은 것을 말하였습니다. 그것에 관한 진리가 무엇인지 우리에게 말씀해 주시지요" 라고 말하였습니다. 천사들은 "진리는 이런 것입니다. 주님을 우러르고, 회개한 사람이 가장 거룩한 예전(=성만찬)에 의하여, 진리에 의하여, 주님과의 결합을 이루고, 천계에 인도되는 것을 뜻합니다" 라고 대답하였습니다.

그 모임의 몇몇이 "놀랍고 신비스러운 것입니다" 라고 감탄하였습니다. 천사들이, "그것은 놀라운 신비입니다. 그럼에도 불구하고 이런 사실을 이해하여야 하겠습니다. 빵과 포도주(the bread and wine)가 이것을 성취하는 것은 아닙니다. 그것들에게서 거룩한 것이 나오는 것은 아무것도 없습니다. 그러나 물질적인 빵과 영적인 빵(spiritual bread)은, 물질적인 포도주와 영적인 포도주가 그러하듯이, 상호적으로 대응합니다. 영적인 빵은 사랑에 속한 거룩한 본질(the holy principle)이고, 영적인 포도주는 믿음에 속한 거룩한 본질입니다. 이들 양자는 주님에게서 비롯되고, 이 양자는 곧 주님을 가리킵니다. 이것에서 사람과 주님의 결합이나 주님과 사람의 결합이 비롯되고, 그리고 그것들은 빵과 포도주에서 비롯되지 않고, 오히려 회개한 사람의 사랑과 믿음으로 이루어집니다. 그리고 주님과의 결합은 역시 천계에의 입문입니다" 라고 대답하였습니다.

천사들이 대응에 관해서 몇 가지 내용을 그들에게 가르친 뒤에 그 무리의 몇몇이, "우리는 이제야 처음으로 역시 이것을 이해할 수 있었습니다" 라고 말하였습니다. 그들이 이런 말을 하고 있을 때, 보십시오. 천계에서부터 빛과 같이 불꽃이 내려오고 있었습니다. 그들은 천사들과 손을 잡고 사귀고, 그들은 서로서로 사랑하였습니다.

622. 두 번째 영계 체험기

천계와 지옥 중간에 영들의 세계(the world of spirits)에서 행해지는, 천계를 준비하는 모든 영들은, 그 준비가 완전히 끝났을 때 그들은 천계에 들어가기를 매우 열망합니다. 순식간에 그들의 눈이 열리고, 그들은 천계에 있는 어떤 사회로 인도하는 길을 봅니다. 그들은 이 길을 택하고, 그리고 오릅니다. 거기에 오를 때 거기에는 대문(a gate)과 문지기도 있습니다. 문지기는 대문을 열어주었고, 그들은 그것을 통과해서 들어갔습니다.

그 때 한 검문자(an examiner)가 그들을 맞아 주었고, 그 검문자는 그들이 어디선가 그들 자신의 것으로 인식하야야 하는 집을 찾기 위해 여기 저기를 살피고 보면서 더 들어가야 한다는 통치자가 하는 말을 그들에게 전하였습니다. 왜냐하면 거기에는 신참 천사(novitiate angel)를 위한 새 집(a new house)이 있기 때문입니다.

그러나 만약에 그들이 그 집을 찾지 못한다면, 그들은 되돌아와서, 아무것도 찾지 못하였다는 것을 말합니다. 그러면 그 때 그들 앞에 있는 빛이 그 사회에 있는 빛과 조화가 되는지, 특히 그 별이 거기의 별과 조화가 되는지 현명한 자에 의한 조사가 있습니다. 왜냐하면 천계의 빛은 본질적으로 신령진리이고, 천계의 별은 본질적으로 신령선이기 때문이고, 그리고 이들 양자는 거기의 태양이신 주님에게서 나오기 때문입니다. 만약에 그들 안에 있는 빛과 볕이 그 사회의 것과 다르면, 다시 말하면 선과 진리가 다른 종류의 것이라면 그들은 거기에 영접, 수용되지 않기 때문입니다. 따라서 그들은 그 곳을 떠나야 하고, 그리고 그들은 천계의 여러 사회들 사이에 있는 개방된 길을 지지, 통과하는데, 이와 같은 일을 그들은 그들의 정동들과 완전히 조화로운 사회를 찾을 때까지 행하여야 합니다. 그리고 찾게 되는 그것은 그들의 영원한 거처(居處)가 됩니다. 왜냐하면 그 때 그들은 자기 자신의 것 가운데 있게 되는데, 그것은 마치 그들이 마음으로부터 사랑하는 친척들이나 친구들 가운데 있는 것과 같기 때문입니다. 그것은 그들이 동일한 정동들 안에 있기 때문입니다. 그리고 거기에서 그들은 그들의 삶의 행복(their life's happiness) 안에 있고, 그리고 그들은 마음의 평온에서 솟아나는 그들의 따뜻한 애정의 즐거움 가운데 있기 때문입니다. 왜냐하면 천계의 빛과 볕 안에는 그들에게 분배되는 형언할 수 없는 기쁨이 존재하기 때문입니다. 따라서 이와 같은 일은 천사들이 되는 자들에게서 일어납니다.

[2] 그러나 악들이나 거짓들 안에 있는 자들이 어떤 허용에 의하여 천계에 오르게 되면, 그리고 그들이 거기에 들어가면, 그들은 숨이 몹시 가빠지기 시작하고, 몹시 고통스럽게 숨을 쉬기 시작하고, 그리고 그들의 시각은 즉시 점점 어두워지고, 그들의 이해는 점점 캄캄해지고, 그들은 생각하는 것을 멈추고, 그들의 눈 앞에는 일종의 하늘에 떠 있는 망각이 펼쳐지고, 따라서 그들은 일종의 나무 등걸처럼 멍하니 서 있습니다. 그 때 심장은 몹시 요동치기 시작하고, 가슴은 옥죄이기 시작하고, 마음은 고통과 번민(煩悶)에 사로잡히고, 그들의 고통이나 번민은 점점 더 증가, 심해져서, 그리고 이런 상태에서의 그들은, 마치 뱀이 불꽃에 던져졌을 때처럼, 몸을 배배 뒤틉니다. 그래서 그들은 자신들을 비비꼬고, 땅바닥에서 때굴때굴 구릅니다. 그들은 그 때 보이는 비탈진 길을 내달려서, 그들과 같은 지옥에 있는 자들이 있는 데까지 쉴 새도 없이, 아래로 떨어지듯이 달려갑니다. 거기에서 그들은 숨을 쉴 수 있고, 그들의 심장은 자유스럽게 박동(搏動)하였습니다. 이런 일이 있은 뒤, 그들은 천계를 증오하였고, 진리를 배척, 거부하였습니다. 주님에게서 비롯된 천계에 있는 그들의 아픔과 고통을 알기 때문에, 마음 속으로는 주님을 모독, 벌 받을 짓을 하였습니다.

[3] 이런 일을 겪으면서 밝히 알게 된 것은, 그럼에도 불구하고 천계의

제 10장 개혁(改革·reformation)과 중생(重生·regeneration)

천사들이 있는 빛을 구성하는 것을 가리키는, 믿음의 진리들에 대하여 전혀 관심조차 가지지 않았던 그들의 처지(=운명)가 무엇인지 밝히 알 수 있겠고, 그리고 천계의 천사들이 있는 생명의 별(the heat of life)을 형성하는, 사랑의 선들이나 인애의 선들을 무시, 멸시하였던 자들의 운명이 무엇인지 밝히 알 수 있겠습니다. 그것들로부터 밝히 알 수 있는 사실은 만약에 그렇게 알고 믿었던 사람이 천계에 올라가는 것이 허락된다면, 어느 누구나 천계적인 행복이나 즐거움을 향유할 수 있다고 믿는 그들의 과오가 얼마나 큰지 알 수 있다는 것입니다. 왜냐하면 오늘날 교회의 신념은, 천계 오르는 것이 용납, 수용되기 위해서는 자비(慈悲·mercy)의 문제이고, 천계에 들어가는 사람의 수용은, 마치 이 세상에서 혼인이 있는 혼인 집에 들어가는 것과 같고, 한 번 허입이 허락되어 들어가면 천계의 기쁨과 지복(至福)들에 들어가는 것과 같다는 것입니다. 그러나 반드시 이해하여야 할 것은 영계에는 사랑의 정동에 속한, 그리고 그것에서 비롯된 생각에 속한 배분(配分·sharing)이 있다는 것입니다. 그것은 그 때 사람이 영(靈·a spirit)이기 때문이고, 그리고 영의 생명은 사랑의 정동(the love's affection)이고, 그것의 생각이기 때문입니다. 그리고 유사한 정동들은 서로 결합하지만, 이에 반하여 서로 유사하지 않은 정동들은 분열하기 때문입니다. 이들 양자는 천계에 있는 악마에게나, 기옥에 있는 천사에게 이질성(異質性·heterogeneity)은 곧 고통이라는 것입니다. 이런 이유 때문에 그들은 차이점들(diversities)이나 다양다종한 변화들에 따라서 엄격하게 분리, 분별되고, 그리고 그 사랑에 속한 정동들의 차이에 따라서 분리, 분별됩니다.

623. 세 번째 영계 체험기

나는 한번 300명의 교직자들과 평신도들을 본 적이 있습니다. 그들 가운데는 믿음만이 칭의(稱義)에 이른다는 방법이나 그 밖의 다른 사안들에 관해서 잘 알고 있기 때문에 박학한 자들이라고 평판이 높은 사람들이었습니다. 그리고 그들은 천계는 은혜에서 비롯된 허입의 사안이라는 신념에 있었기 때문에, 높은 천계에 있는 것은 아니지만, 천계적인 사회에 올리워지는 것이 그들에게 허락되었습니다. 그들이 올리워졌을 때, 그들은 멀리에서 송아지들(calves)처럼 보였습니다. 그들이 천계에 들어갔을 때 그들은 아주 정중하게 천사들에 의하여 영접되었습니다. 그러나 그들이 대화를 하게 되자, 처음에는 분노의 떨림에 사로잡혔고, 그 뒤에는 공포(horror)에 사로잡혔고, 나중에는 죽음에 속한 고민에 사로잡혔습니다. 그 때 그들은 그들 스스로 머리를 땅으로 향해서 거꾸로 떨어졌는데, 그들이 그와 같이 떨어질 때 그들은 죽은 말들처럼 보였습니다. 그들이 올리워질 때 송아지들처럼 보인 것은, 그것의 대응을 가리키는 보고(see), 알고자(know) 하는 간절한 자연적인 정동 때문에, 송아지처럼 보인 것입니다. 그러나 그들이 떨어질 때에 죽은 말처럼 보인 것은 그것의 대응 때문인데, 진리의 이해(the understanding of truth)가 말처럼 그렇게 보인 것입니다. 그리고 교회에 속한 진리의 이해의 결핍(缺乏 · lack of understanding of truth)이 죽은 말처럼 보인 것입니다.

[2] 그들이 떨어지는 모습을 보는 아이들이 아래에 있었습니다. 그들의 떨어지는 모습은 죽은 말들 같았습니다. 그 때 그들은 그들과 함께 있었던 그들의 선생에게 얼굴을 돌리고, 물었습니다. "이 기괴한 광경은 무엇입니까? 우리는 사람을 보고 있었는데, 지금은 사람들 대신에 죽은 말들을 보고 있습니다. 우리는 차마 그것을 볼 수가 없어서 우리는 외면할 수밖에 없습니다. 선생님, 우리가 이 장소에 머물지 말고, 우리를 떠나게 해주십시오?" 라고 말하였습니다.

그 때 그 선생님은, 가는 길에 죽은 말의 뜻을 그들에게 가르쳐 주었습니다. 선생님이 말씀하시기를 "말(馬 · a horse)은 성경말씀에서 비롯된 진리의 이해(the understanding of truth)를 뜻한단다. 이 뜻은 곧 여러분들이 이미 본 모든 말들의 뜻이지. 왜냐하면 사람이 성경말씀에 관해서 깊이 명상(瞑想)을 계속 할 때, 그의 명상은 멀리에서는 말처럼 보이고, 그리고 그가 영적으로 명상하는 것에 비례하여 고상한 말이나 살아 있는 말로 나타나지. 그러나 또 다른 한편 그가 물질적으로 명상을 하면 초라하고(poor), 생기가 없는(lifeless) 말로 보이지" 라고 말하였습니다.

[3] 그 때 소년들이 물었습니다. "성경말씀에 관해서 영적으로 하는 명상은 무엇이고, 물질적으로 하는 명상은 무엇입니까?" 그 선생님이 대답하였습니다. "내가 예를 들어서 그것을 예증하겠다. 성경말씀을 경건하고, 공손하게 읽을 때 하나님이나, 이웃, 그리고 천계에 관해서 마음속으로 어느 누가 생각하지 않겠니? 하나님에 관해서, 본질을 떠나서, 다만 인격(人格 · person)으로 말미암아 하나님을 생각하는 사람은 물질적으로 생각하는 것이고, 그리고 이웃을 오직 그의 외적인 형태(his outward form only)로 말미암아 생각하고, 성품(性稟 · quality)을 떠나서

제 10장 개혁(改革·reformation)과 중생(重生·regeneration)

생각하는 사람은 물질적으로 생각하는 것이고, 천계를 단순히 어떤 장소로 말미암아 생각하고, 그리고 그것으로 말미암아 천계가 천계인 것을 가리키는, 사랑이나 지혜로 말미암아 생각하지 않는 사람은 물질적으로 생각하는 것이란다"라고 말하였습니다.

[4] 그러나 그 소년들은 "우리들은 하나님에 관해서 사람(人格·person)으로 생각하였고, 이웃에 관해서는 그가 사람이라는 형체(=겉모습)로 생각하였고, 천계에 관해서는, 우리들 위에 있는 장소로 생각하였습니다. 우리가 성경말씀을 읽을 때 우리는 어떤 누구에게는 죽은 말로 나타나겠지요?"라고 말하였습니다.

그 선생님은 "아니요, 여러분은 여전히 소년들이지요. 여러분은 달리 생각할 수 없어요. 그러나 나는 여러분에게 알고(knowing), 이해하고자(understanding) 하는 정동이 있는 것을 지각하였지. 이것은, 여러분이 영적으로 생각하는 영이기 때문이지요. 왜냐하면 바로 여러분이 그것에 관해서 알지 못한다고 해도, 여러분의 물질적인 생각 안에는 숨겨져 있는(latent) 영적인 생각이 있기 때문이지. 그러나 나는 앞에서 여러분에게 말한 것에 돌아가 보겠어요. 그것은 사람이, 성경말씀을 읽고 그것에 관해서 명상할 때 물질적으로 생각하는 사람은 먼 거리에서는 죽은 말처럼 보이지요. 그리고 영적으로 생각하는 사람은 살아 있는 말(a living horse)처럼 나타나는 것이고, 그리고 본질에서가 아니고, 사람으로 그분을 생각하는 사람은 그가 하나님에 관해서 물질적으로 생각한다는 것을 말하였지. 왜냐하면 신령본질(the Divine Essence)에 속한 특성은 많이 있기 때문이란다. 예를 들면 그 본질의 특성은 전능(omnipotence)·전지(omniscience)·편재(=무소부재·omnipresence)·영원성(eternity)·사랑(love)·지혜(wisdom)·자비(mercy)·은혜(grace)나 그 밖의 여러 것들이 있지. 그리고 신령본질에서 비롯된 속성들도 여럿 있지. 말하자면 창조(creation)·보존(preservation)·속량(redemption)·구원(salvation)·조요(enlightenment)·교육(instruction) 등이지. 하나님을 사람(=인격·person)으로 생각하는 사람은 모두 세 분 하나님들(three Gods)의 신관(神觀)을 만들었지. 말하자면 창조주(the Creator)와 보존주(the Preserver)를 한 분 하나님(one God)으로, 속량주(the Redeemer)와 구세주(the Saviour)를 또 다른 하나님으로, 조요하는 분(the Enlightener)과 가르치는 분(the Instructor)을 세 번째 하나님으로 만들었지. 한편 본질(essence)에서 하나님을 생각하는 사람은 모두 한 분 하나님의 신관을 만들었지. 말하자면 '우리를 창조한 하나님은, 우리를 속량하시고 구원하신 동일한 하나님이시고, 그리고 그분은 우리를 조요하시고, 가르치시는 분이시지.' 이것이 인격에서 하나님의 삼일성(the trinity of God)을 생각하는 사람들의 이유이지. 따라서 물질적으로 생각하는 사람은 물질적인 것을 가리키는 그들의 생각의 관념들(the ideas of their thought)에서 하나에서 나온 세 분 하나님들을 만들 수밖에 없었지. 그럼에도 불구하고 그들의 반대되는 것에서 그들은 그 본질에 의하여 이들 셋의 합일(a union of these three)이 있다고 말하지 않을 수 없었지. 그 이유는, 비록, 말하자면 짜 맞춘 것(a lattice)을 통해서 생각한 것이지만, 그들은 본질에서 비롯된 하나님의 생각(=신관)을 가졌기 때문이지.

[5] 그러므로 나의 제자들이여, 본질에서(from essence) 그리고 인격의 본질에서(from essence of person) 생각해 보아라. 왜냐하면 인격에서 비롯된 본질에 관해서 생각한다는 것은 역시 물질적으로 본질에 관해서 생각하는 것이기 때문이지. 이에 반하여 인격의 본질(essence of person)에서 생각한다는 것은 역시 영적으로 인격(person)에 관해서 생각하는 것이지. 고대의 이교도들(the ancient heathen)은 하나님에 관해서 물질적으로 생각하였기 때문에, 따라서 하나님의 속성들(the attributes of God)을 물질적으로 생각하였기 때문에, 그들은 세 분 하나님들(three gods)을 생각하였을 뿐만 아니라 더 많은 신들을, 심지어 백 분의 신들을 생각하였지. 왜냐하면 그들은 각각의 속성에서 한 하나님(=신·a god)을 만들었기 때문이지. 너희들이 반드시 이해하여야 할 것은 물질적인 것(the material)은 영적인 것(the spiritual)에 들어가지 못하지만, 그러나 영적인 것은 물질적인 것에 들어간다는 것이지. 그의 성품에서가 아니고, 외적인 모양(the outward form)에서 이웃에 관한 생각도 이와 꼭 같단다. 그리고 역시 천계가 그것으로 말미암아 존재하는, 사랑이나 지혜로 말미암아 생각하지 않고, 장소에서 비롯된 천계에 관한 생각도 그와 꼭 같지. 성경말씀 안에 있는 개별적인 것이나 전체적인 것도 마찬가지이지. 그러니 하나님의 물질적인 개념(a material idea of God)을 애지중지, 마음에 품고 있는 사람은, 그리고 역시 이웃이나 천계를 물질적인 개념으로 품고 있는 자는, 성경말씀에 있는 것을 제대

제 10장 개혁(改革・reformation)과 중생(重生・regeneration) 559

로 아무것도 이해할 수 없단다. 그런 사람에게 성경말씀은 죽은 글자(a dead letter)이고, 그리고 성경말씀을 읽을 때, 그리고 그것을 명상할 때 그 사람은 먼 거리에서 마치 죽은 말(a dead horse)처럼 보이지.

[6] 너희의 눈 앞에서 죽은 말이 되어 버린 너희가 본 하늘에서 내려온 자들은, 이해가 반드시 그들의 믿음의 복종 하에 있어야 한다는 그들의 특유의 교리(dogma)에 의하여 그것 자체나 그것 이외의 다른 것들에 대해서 교회에 속한 신학적인 사안들이나, 영적인 사안들에 관해서 합리적인 시각(the rational sight)을 닫아버린 그런 자들이란다. 종교에 의하여 닫혀진 이해를 보면, 짙은 흑암 이외에는 아무것도 가지지 못한 두더지와 꼭 같은 장님이지. 영적인 빛 자체에서 배척하는 이런 흑암(darkness)은, 주님으로부터, 그리고 천계로부터 비롯되는 그 빛의 입류를 차단(遮斷), 폐쇄(閉鎖)하지. 그런 흑암 앞에 놓여진 장소들은, 믿음의 사안들 안에 있는 합리적인 것 아래에 있는 육체적 감관적인 것 안에 있는 장벽이지. 다시 말하면 그것은 그것을 코 가까이 두고, 그것을 코의 연골에 고정시키고, 따라서 그 뒤에는 영적인 것을 냄새조차 맡을 수 없게 한단다. 이런 이유 때문에 어떤 자들은, 그들이 영적인 것들에게서 비롯되는 향기를 지각하면 그들이 기절 상태에 빠지는 그런 부류의 성품이 되어 버리지. 나는 그 향기가 지각을 뜻한단다. 이런 부류가 하나님을 셋으로 만드는 작자들이지. 사실 그들은, 본질에서는 하나님은 한 분이라고 말을 하지. 그러나 그들이 그들의 신념(=신앙)에 따라서 기도할 때엔, 그 기도는, 하나님 아버지는 아들 성자의 목적(the Son's sake)을 위해서 자비심(mercy)을 가지실 것이고, 그 아드님은 성령을 보내 주실 것이라는 신념이지. 이것들 즉 하나님 아버지・아드님・성령은 곧 세 분 하나님들을 이루는 것이지. 그들은 이것 이외에 다른 것을 할 수 없지. 왜냐하면 그들은 두 번째 목적을 위해서는, 그리고 셋째 존재를 보내시기 위해서는 자비로우신 한 분(=어떤 분・one)에게 기도하기 때문이지" 라고 길게 말하였습니다.

624. 넷째 영계 체험기
한밤중 잠에서 깨었을 때 태양의 빛 가운데서 번쩍이는 것처럼 보이는 종이를 오른손에 들고 있는 천사가 동쪽 약간 높은 곳에 있는 것을 나는 보았습니다. 그 밝음 한가운데에는 금 글자들(golden letters)로 기록된 것이 보였습니다. 나는 이런 글을 보았습니다. "선과 진리의 혼인"(The Marriage of Good and Truth)이라는 글이었습니다. 이 글에서 그 종이를 에워싸고 있는 후광(後光) 속으로 뻗쳐 나아가는 광휘(=빛남 · 光輝 · splendor)가 빛났습니다. 그래서 그 주변이나 후광은 봄철 아침의 여명처럼 빛났습니다. 이런 일이 있은 뒤, 나는 그의 손에 종이를 든 천사가 아래로 내려가는 것을 보았습니다. 그가 내려갔기 때문에, 그 종이는 점점 밝기가 점점 줄었고, "선과 진리의 혼인"이라는 글씨도 금빛에서 은빛으로 변하였고, 그리고 이어서 구리 빛에서, 철 빛으로, 나중에는 구리의 녹이나 녹슨 쇠의 색깔로 바뀌었습니다. 마지막에 그 천사는 어둠 속에 들어갔다가, 그것을 통해서 땅에 내려오는 것처럼 보였습니다. 거기에서 비록 그의 손에 그 종이가 있는 것 같았지만 보이지는 않았습니다. 이런 일은, 모든 사람이 죽은 뒤에 제일 먼저 모이는 곳인 영들의 세계에서 있었습니다.

[2] 그 때 천사가 나에게 말하였습니다. "여기에 오는 자들에게 그들이 나를 보고 있는지, 또한 내 손 안에 있는 어떤 것을 보고 있는지를 물으시오" 라고 말하였습니다. 어떤 자는 동쪽에서, 어떤 자는 남쪽에서, 어떤 자는 서쪽에서, 어떤 자는 북쪽에서, 큰 무리가 되어 왔습니다. 나는 동쪽과 남쪽에서 온 자들에게 물었는데, 그들은 세상에 있을 때 가르치는 일에 헌신한 그런 부류였습니다. 나는 그들이 나와 같이 있었던 자를 보았는지, 그리고 그의 손에 무엇이 있는 것을 보았는지를 물었습니다. 그들은 모두 그들이 아무것도 보지 못하였다고 말하였습니다.

그 때 나는 서쪽과 북쪽에서 온 자들에게 물었습니다. 그들은 세상에 있을 때 학자들의 말을 믿는 그런 부류였습니다. 이들 역시 아무것도 보지 못하였다고 말하였습니다. 비록 그들 중 마지막에 온 사람은, 이 세상에 있을 때 인애에서 비롯된 단순한 믿음(simple faith)의 생활을 하였고, 선에서 비롯된 약간의 진리에 있었던 사람이었는데, 전자들이 어디론가 가버린 뒤 그들은 우아한 옷을 입고 있고, 손에 그 종이를 가지고 있는 그 사람을 보았고, 그리고 그 종이 위에는 글자들이 쓰여 있었다고 말하였습니다. 그리고 그들이 그들의 눈을 그 종이에 가까이 하였을 때, 그 종이에서 "선과 진리의 혼인"이라는 글자를 보았다고 말하였습니다.

[3] 이들이 그 천사에게 이런 말을 하였고, 그리고 천사에게 그것들이 무엇을 뜻하는지를 말해주기를 청하였습니다.

그 천사는 "천계에 있는 모든 것들이나 지상에 있는 모든 것들은 창조에 의한 선과 진리의 혼인 이외에는 아무것도 없습니다. 그 이유는 살아 있는 것이나, 생명이 붙어 있는, 개별적이나 전체적인 모든 것들이나, 생명이 있는 것이나, 생명이 없는 것들 모두는 선과 진리의 혼인으로 말미암아 지어졌고, 그 혼인 가운데 창조되었기 때문입니다. 진리 홀로, 그리고 선 홀로 창조된다는 것은 불가능합니다. 이것들 하나만으로 존재한다는 것은 불가능합니다. 그러나 그것의 혼인에 의하여 양자는 존재하고, 그 혼인에 일치하는 성질로 그 어떤 것이 됩니다. 주님 하나님 창조주(the Lord God the Creator) 안에는 그것들의 본질 자체로서 신령선과 신령진리가 존재합니다. 신령선은 그분의 본질(His substance)의 존재(being·esse)이고, 신령진리는 그분의 본질의 현현(顯現·the outgo·existere)입니다. 그리고 그것들은 역시 그것들의 진정한 단일성(單一性·일치·their very oneness) 안에 있습니다. 왜냐하면 그분 안에서 그것들은 무한히 하나(one)를 완성하기 때문입니다. 이들 양자가 하나님 창조주 그분 안에서 하나(one)이기 때문에 그것들은 역시 그분에 의하여 창조된 개별적인 것들이나 전체적인 것들 안에 있는 하나(one)입니다. 그리고 이것에 의하여 창조주께서는 그분으로 말미암아 창조된 모든 것들과 혼인에 속한 것과 꼭 같은 영원한 서약 가운데 결합하십니다"라고 대답하였습니다.

[4] 천사는 더 말을 이어갔습니다. 주님에 의하여 구술된 성경책(聖書·the Sacred Scripture)은 전체적인 부분에서나 개별적인 부분에서 선과 진리의 혼입입니다(본서 248-253항 참조). 교회는 교리에 속한 진리들에 의하여 형성되기 때문에, 그리고 종교는 교리에 속한 진리들에 일치하는 삶에 속한 선들에 의하여 형성되기 때문에, 그리고 기독교인들에게서 종교는 오로지 성경말씀에서 비롯됩니다. 따라서 일반적으로나 개별적으로나 교회는 선과 진리의 혼인이라는 것은 아주 명확합니다. 선과 진리의 혼인에 관해서 언급된 것은 "인애와 믿음의 혼인"(The Marriage of Charity and Faith)에 관해서 언급하고 있습니다. 그것은 선은 인애에 속해 있고, 진리는 믿음에 속해 있기 때문입니다.

이런 말이 언급되었을 때 천사는 땅에 일어난, 구름을 거쳐서 천계에 올라갔습니다. 그 때 그가 올라가는 것에 따라서 그 종이가 그전과 같이 빛이 났습니다. 여명의 빛과 같은 종전의 후광이, 땅을 뒤덮었던 구름을 헤쳐 버렸고, 그 후광의 빛은 밝게 비치었습니다.

625. 다섯 번째 영계 체험기

나는 한번 주님의 재림에 관해서 명상을 하고 있을 때입니다. 그 때 갑자기 내 눈을 부시게 하는 빛의 번쩍임이 있었습니다. 나는 위를 쳐다 보았습니다. 어쩐 일입니까? 내 위에 있는 온 하늘이 마치 불꽃처럼 밝게 나타났습니다. 그리고 동쪽에서부터 서쪽에 이르기까지 울려 퍼지는 길고 긴 찬양이 들렸습니다. 내 곁에 한 천사가 서 있었는데, 그 천사는 "이 찬양은 주님의 강림 때문에 울려지는 것입니다. 그 찬양은 동쪽과 서쪽 천계의 천사들에게서 온 것입니다" 라고 말하였습니다.

남쪽과 북쪽 하늘에서는 부드러운 속삭임이 들렸습니다.

이런 모든 것들이 천사들에게서 들렸기 때문에 첫째 천사가 나에게 말을 한 것은 주님의 이런 찬양이나 축하의 메시지는 성경말씀에서 만들어진 것입니다. 곧 천사는 이렇게 말하였습니다. 그들은 지금 다니엘서의 예언에 언급된, 이런 말씀으로 주님을 찬양하고 축하하였습니다. 다니엘서의 말씀입니다.

> 임금님께서 진흙과 쇠가 함께 있는 것을 보신 것 같이, 그들이 다른 인종과 함께 살 것이지만, 쇠와 진흙이 서로 결합되지 못하는 것처럼, 그들이 결합되지 못할 것입니다. 이 왕들의 시대에, 하늘의 하나님이 한 나라를 세우실 터인데, 그 나라는 영원히 망하지 않을 것이며, 다른 백성에게 넘어가지 않을 것입니다. 그 나라가 도리어 다른 모든 나라를 쳐서 멸망시키고, 영원히 설 것입니다(다니엘서 2 : 43, 44).

[2] 이 말이 있은 뒤, 나는 노래 소리를 들었습니다. 나는 동쪽 더 깊은 곳에서 전 보다 매우 더 밝은 광채를 보았습니다. 그래서 나는 천사에게 거기에 있는 광채가 무엇인지 물었습니다. 그는 다니엘서의 이런 말씀으로 대답하였습니다. 다니엘서의 말씀입니다.

> 내가 밤에 이러한 환상을 보고 있을 때에
> 인자 같은 이가 오는데,
> 하늘 구름을 타고 와서,
> 옛적부터 계신 분에게로 나아가,
> 그 앞에 섰다.

제 10장 개혁(改革 · reformation)과 중생(重生 · regeneration)

> 옛부터 계신 분이
> 그에게 권세와 영광과 나라를 주셔서,
> 민족과 언어가 다른 뭇 백성이
> 그를 경배하게 하셨다.
> 그 권세는 영원한 권세여서,
> 옮겨 가지 않을 것이며,
> 그 나라가 멸망하지 않을 것이다.
> (다니엘 7 : 13, 14)

이 외에도 묵시록서의 이런 말씀으로 주님을 칭송하였습니다. 묵시록서의 말씀입니다.

> 예수 그리스도께……영광과 권세가 영원무궁 하도록 있기를 빕니다.……
> "보아라, 그가 구름을 타고 오신다."……
> 주 하나님께서 "나는 알파요 오메가다" 라고 말씀하십니다.……내가 돌아서서 보니, 일곱 금 촛대가 있는데, 그 촛대 한가운데 '인자 같은 이'가 계셨습니다. 그는 발에 끌리는 긴 옷을 입고, 가슴에는 금띠를 띠고 계셨습니다(묵시록 1 : 5-13 ; 22 : 8, 13 ; 마태 24 : 30, 32).

[3] 나는 다시 동쪽 천계를 보았습니다. 그 때 오른쪽에서 빛이 비추었고, 그 밝기가 남쪽 영역에까지 뻗치었습니다. 그 때 나는 감미로운 음성을 들었습니다. 나는 그 천사에게 그들이 거기에서 주님에게 광영을 돌리는 것이 주님에게 속한 것인지 물었습니다. 그는 그것은 묵시록서에 있는 이런 말씀이라고 대답하였습니다. 묵시록서의 말씀입니다.

> 나는 새 하늘과 새 땅을 보았습니다. 이전의 하늘과 이전의 땅이 사라지고, 바다도 없어졌습니다……그 때에 나는 보좌에서 큰 음성이 울려 나오는 것을 들었습니다.
> "보아라,
> 하나님의 집이 사람들 가운데 있다.
> 하나님께서 그들과 함께 계실 것이요,
> 그들은 하나님의 백성이 될 것이다.
> 하나님께서는 친히 그들과 함께 계시고,"……
> 일곱 천사 가운데 하나가 나에게로 와서 말하기를 "이리로 오너라. 어린 양

의 아내인 신부를 너에게 보여 주겠다" 하고, 나를 성령으로 휩싸서 높고 큰 산 위로 데리고 가서, 하나님께로부터 하늘에서 내려오는 거룩한 도성 예루살렘을 보여 주었습니다(묵시록 21 : 1, 3, 9, 10).

또 이런 말씀도 있습니다.

나 예수는,……빛나는 새벽별이다.
성령과 신부가 "오십시오!"
하고 말씀하십니다.……
이 모든 계시를 증언하시는 분이 "그렇다. 내가 곧 가겠다" 하고 말씀하셨습니다. 아멘. 오십시오. 주 예수님!(묵시록 22 : 16, 17, 20).

[4] 이런 일과 그 밖의 다른 더 많은 일이 있은 뒤에, 동쪽에서 서쪽으로, 역시 남쪽에서 북쪽으로 울려 퍼지는 일반적인 찬양의 소리가 내게 들렸습니다. 나는 또 천사에게 "지금 저것은 무엇입니까?" 하고 물었습니다. 천사는 "이것들은 예언자들에게서 오는 것입니다" 하고 대답하였습니다. 예언서의 말씀입니다.

모든 사람이,
나 주가 네 구원자요,
네 속량자요,
야곱의 전능자임을 알게 될 것이다.
(이사야 49 : 26)
이스라엘의 왕이신 주,
이스라엘의 속량자이신
만군의 주께서 말씀하신다.
"나는 시작이요, 마감이다.
나 밖에 다른 신이 없다."
(이사야 44 : 6)
그 날이 오면
사람들은 이런 말을 할 것이다.
바로 이분이 우리의 하나님이시다.
우리가 하나님을 의지하였으니,
하나님께서 우리를 구원하신다.

바로 이분이 주님이시다.
우리가 주님을 의지한다(=우리가 그를 기다렸으니).
우리를 구원하여 주셨으니
기뻐하고 즐거워하자.
(이사야 25 : 9)
한 소리가 외친다.
"광야에 주께서 오실 길을 닦아라.
사막에 우리의 하나님께서 오실 큰길을
곧게 내어라.……
주의 영광이 나타날 것이니,
모든 사람이 그것을 볼 것이다.……
만군의 주 하나님께서 오신다.
그가 권세를 잡고 친히 다스릴 것이다.……
그는 목자와 같이 그의 양 떼를 먹이시며,
어린 양들을 팔로 모으시고 품에 안으시며,
젖을 먹이는 어미 양들을
조심스럽게 이끄신다.
(이사야 40 : 3, 5, 10, 11)
한 아기가 우리에게서 태어났다.
우리가 한 아들을 얻었다.
그는 우리의 통치자가 될 것이다.
그의 이름은 '기묘자, 모사,
전능하신 하나님,
영존하시는 아버지,
평화의 왕'이라고 불릴 것이다.
(이사야 9 : 6)
내가 다윗에게서 의로운 가지가 하나 돋아나게 할 그 날이 오고 있다.……그는 왕이 되어 슬기롭게 통치하면서, 세상에 공의와 정의를 실현할 것이다. 그 때가 오면 유다가 구원을 받을 것이며, 이스라엘이 안전한 거처가 될 것이다. 사람들이 그 이름을 '우리를 공의로 다스리시는 주'라고 부를 것이다(예레미야 23 : 5, 6; 28 : 15, 16).
그분의 이름은 만군의 주님이시다.
너를 구속하신 분은
이스라엘의 거룩하신 하나님이시다.
그분은 온 세상의 하나님으로 불릴 것이다.

(이사야 54 : 5)
주께서 온 세상의 왕이 되실 것이다.
그 날이 오면,
사람들은 오직 주 한 분만을 섬기고,
오직 그분의 이름 하나만으로
간구할 것이다.
(스가랴 14 : 9)

나는 이런 것들을 듣고, 이해하였기 때문에 내 마음은 매우 매우 기뻤습니다. 나는 기쁨이 충만해서 집으로 갔습니다. 나는 지금 영적인 상태에서 육신적인 상태에 되돌아 왔기 때문에 나는 지금 내가 보고, 들은 것을 모두 기록하는 것입니다.

≪순정기독교≫ 중권 끝

□ **옮긴이 약력**

이 영 근 서강대학교 경상대학 경제학과, 중앙대학교 사회개발 대학원 사회복지학과, 한국 새교회 신학원에서 공부하였으며, 예수교회 목사로 임직한 이후 예수교회 공의회 의장을 역임하였고, 월간「비지네스」편집장, 월간「산업훈련」편집장, 한국 IBM(주) 업무관리부장을 역임하였다. 현재 예수+교회 제일예배당 담임목사이고, 「예수 + 교회」 발행인 겸 편집인, 도서출판 〈예수인〉 대표이다. 역서로는 스베덴보리 지음 〈창세기1·2·3장 영해〉(1993), 〈순정기독교 상·하〉(공역·1995), 〈최후심판과 말세〉(1995), 우스터 지음〈마태복음 영해〉(1994), 스베덴보리 지음〈천계비의1권〉·아담교회·2권 노아교회[1]·3권 노아교회[2]·4권 표징적 교회[1]·5권 표징적 교회[2]·6권 표징적 교회[3]·7권 표징적 교회[4]·8권 표징적 교회[5]·9권 표징적 교회[6]·10권 표징적 교회[7]·11권 표징적 교회[8]·12권 표징적 교회[9]와 13권 표징적 교회[10]·14권 표징적 교회[11]·15권 표징적 교회[12]·16권 표징적 교회[13]·17권 표징적 교회[14]·18권 표징적 교회[15]·19권 표징적 교회[16]·20권 표징적 교회[17]〈천계와 지옥(上·下)〉·공역·1998), 〈신령사랑과 신령지혜〉(공역·1999), 〈혼인애〉(2000)〈새로운 교회·새로운 말씀〉(공역·2001), 〈스베덴보리 신학 총서(上·下)〉(2002), 〈영계일기[1]〉(공역·2003)·〈영계일기[2]〉공역·2006)·〈영계일기[3]〉(공역·2008), 〈묵시록해설[1-6]〉, 〈새로운 교회의 사대교리〉(2003)와 저서로는 〈이대로 가면 기독교 또 망한다〉(2001), 성서영해에 기초한 설교집 〈와서 보아라〉[1]·[2](2004)와 [3](2005)과 편찬으로는 〈천계비의 색인·용어 해설집〉이 있다.

순정기독교 [중]

2017년 8월 10일 인쇄
2017년 8월 20일 발행
지 은 이 임마누엘 스베덴보리
옮 긴 이 이 영 근
펴 낸 이 이 영 근
펴 낸 곳 예 수 인

　　1994년 12월 28일 등록 제 11-101호
　　(우) 07732
　　연락처·예수교회 제일예배당·서울 강서구 화곡 4동 488-49
　　전 화·0505-516-8771·2649-8771·2644-2188
　　대금송금·국민은행 848-21-0070-108 (이영근)
　　　　　　우리은행 143-095057-12-008 (이영근)
　　　　　　우 체 국 012427-02-016134 (이영근)

ISBN 97889-88992-73-9 04230(set)　　　　값 40,000원
ISBN 97889-88992-75-3

◇ 예수인의 책들◇

순정기독교(상.하) 스베덴보리 지음 · 이모세 · 이영근 옮김 각권 값 20,000원
혼인애 스베덴보리 지음 · 이영근 옮김 값 35,000원
천계와 지옥(상 · 하) 스베덴보리 지음 · 번역위원회 옮김 각권 값 11,000원
신령사랑과 신령지혜 스베덴보리 지음 · 이모세 · 이영근 옮김 값 11,000원
최후심판과 말세 스베덴보리 지음 · 이영근 옮김 값 9,000원
천계비의 ① **아담교회** —창세기 1-5장 영해— 스베덴보리 지음 · 이영근 옮김 값 11,000원
천계비의 ②③ **노아교회** [1]·[2] —창세기 6-8장 / 9-11장 영해— 스베덴보리 지음 · 이영근 옮김 각권 값 11,000원
천계비의 ④-⑱ **표징적 교회** [1]·[2]·[3]·[4]·[5]·[6]·[7]·[8]·[9]·[10]·[11]·[12]·[13]·[14]·[15] —창세기 12-14/15-17/8-19/20-21/22-23/24-25/26-27/28-29/30-31/32-34/35-37/38-40 /41-42장 /43-46/47-50장영해— 스베덴보리 지음 · 이영근 옮김 각권 값 11,000원
천계비의 ⑲ **표징적 교회** [16]·[17] —출애굽기1-4장/ 5-8장 영해— 스베덴보리 지음 · 이영근 옮김 각권 값 14,000원
묵시록 해설[1]·[2] 스베덴보리 지음 · 이영근 · 박예숙 옮김 각권 값 15,000원
스베덴보리 신학총서 개요 (상 · 하) 스베덴보리 지음 · M. 왈렌 엮음 · 이영근 옮김 각권 값 45,000원
영계 일기[1]·[2]·[3] 스베덴보리 지음 · 안곡 · 박예숙 옮김 각권 값 11,000원
새로운 교회의 사대교리 스베덴보리 지음 · 이영근 옮김 값 40,000원
이대로 가면 기독교 또 망한다 이영근 지음 값 12,000원
성서영해에 기초한 설교집 ≪와서 보아라≫[1]·[2]·[3] 이영근 지음 각권 값 9,000원

* 이 책들은 영풍문고 · 교보문고 · ≪예수인≫본사에서 구입할 수 있습니다.